剑桥
罗马骑士等级史

[澳] 凯兰·达文波特 著
王晨 译

上海译文出版社

献给我的父母

目 录

缩写说明	001
导言：描绘骑士等级的历史	001
目标和基本原则	001
历史背景下的骑士等级	005
君主制与贵族	006
共和国	009
君主制共和国	017
军人与文官身份	022
君主制与贵族（续）	024
新的骑士等级	026
本书的结构	028

第一部分　共和国

第一章　为罗马而骑	3
导言：普林尼舅舅的历史	3
马背上的贵族	5

	骑士的财产级别	9
	骑士的组成和凝聚力	14
	政治冲突与地位分化	19
	（i）贸易与税收	20
	（ii）身份象征	25
	骑兵服役的下降	29
	两位保民官，两部法律	39
	结论：从武士到陪审员	50
第二章	西塞罗的骑士等级	53
	导言：维勒斯审判	53
	骑士与刑事法庭	59
	包税人的权力	71
	好总督	83
	闲适与责任	87
	结论：一个难以捉摸的等级	96
	附录：发饷人	100
第三章	身份问题	103
	导言：卢基乌斯·安东尼的雕像	103
	身份象征和集体身份	107
	（i）金指环	108
	（ii）骑士服饰	114
	（iii）十四排坐席	115
	西塞罗的意大利	122
	其他人的生活	134
	三头时期：动荡还是现状？	146

结论：互补的视角　　　　　　　　　155

第二部分　帝国

第四章　通往元首制的道路　　　161
　　导言：君主制回归罗马　　　　161
　　恺撒的朋友们　　　　　　　　164
　　大长官　　　　　　　　　　　177
　　管理帝国　　　　　　　　　　188
　　在奥古斯都的营中　　　　　　193
　　新秩序中的陪审员和包税人　　205
　　　　（i）陪审员　　　　　　　206
　　　　（ii）包税人　　　　　　　212
　　结论：帝国的机遇　　　　　　216

第五章　帝国的骑士等级　　　　220
　　导言：一位诗人的骄傲　　　　220
　　界定帝国的骑士等级　　　　　223
　　　　（i）骑士方阵　　　　　　224
　　　　（ii）骑士百人队　　　　　228
　　　　（iii）十四排坐席　　　　　232
　　　　（iv）金指环　　　　　　　235
　　　　（v）元老之子　　　　　　238
　　皇帝的恩赏　　　　　　　　　240
　　行省视角　　　　　　　　　　247
　　骄傲与偏见　　　　　　　　　267

	结论：身份与个人	278
第六章	**履历与人生（I）：军官**	*281*
	导言：普林尼不那么成功的朋友	*281*
	铭文履历	*285*
	骑士军阶	*289*
	恩庇与提拔	*294*
	军队生涯和自我展现：地方机制	*313*
	美德与德行	*326*
	结论：雕像与书信	*334*
第七章	**履历与人生（II）：行政官员**	*338*
	导言：马尔西亚努斯的委任	*338*
	贵族生涯的发展	*342*
	效力与竞争的文化	*361*
	晋升、资历和恩庇	*384*
	安宁与职责：生涯之外的选择	*400*
	希腊人的荣誉	*411*
	结论：帝国官职的益处	*421*

第三部分　公开展示的骑士

第八章	**仪式和共识**	*427*
	导言：意见的组织	*427*
	集体行动	*429*
	游行中的道德	*436*
	青年、美德和皇位继承	*454*

严格规划的哀悼　　　　　　　　468
　　　结论：共识的模式　　　　　　　475

第九章　观众与表演者　　　　　　479
　　　导言：佩鲁西亚的问题　　　　　479
　　　视野好的坐席　　　　　　　　　481
　　　神圣之城以外　　　　　　　　　486
　　　作为表演者和角斗士的骑士：意识形态与规定　492
　　　修辞与现实　　　　　　　　　　502
　　　结论：身份的界限　　　　　　　510

第十章　宗教与国家　　　　　　　513
　　　导言：日耳曼尼库斯的凯旋式　　513
　　　准入与意识形态　　　　　　　　517
　　　祭司的城市　　　　　　　　　　530
　　　神圣的周边　　　　　　　　　　542
　　　结论：宗教与声望　　　　　　　553

第四部分　晚期帝国

第十一章　总督与将军　　　　　　559
　　　导言：向伽利埃努斯的奉献　　　559
　　　务实的行政与身份等级　　　　　562
　　　士兵的野心　　　　　　　　　　589
　　　帝国的高级指挥官　　　　　　　602
　　　伽利埃努斯的变革　　　　　　　619
　　　结论：罗马国家的重塑　　　　　642

第十二章　最后的罗马骑士　　646
导言：李基尼乌斯的诏令　　646
财产条件的终结　　652
骑士身份的结构与特权　　658
政府的革新　　673
元老与士兵　　694
骑士身份的留存　　703
结论：改变的东西越多……　　710

结语　　714
角色与职能　　715
阐明身份　　720
骑士等级的延续　　725

术语表　　731
参考文献　　741
致谢　　821

注：除非在脚注中具体说明，本书中的大部分古代文献和档案的翻译都出自我本人。

缩写说明

AE	*L'Année épigraphique*, Paris (1888-present).
ANRW	Temporini, H. (ed.) (1972 – 88), *Aufstieg und Niedergang der romischen Welt*, Berlin.
BGU	*Aegyptische Urkunden aus den staatlichen Museen zu Berlin, Griechische Urkunden*, Berlin (1895 – 2005).
CAH IX^2	Crook, J.A., Lintott, A. and Rawson, E. (eds.) (1994), *The Cambridge Ancient History*, vol.IX: The Last Age of the Roman Republic, 146 – 43 BC, 2nd edition, Cambridge
CAH X^2	Bowman, A.K., Champlin, E. and Lintott, A. (eds.) (1996), *The Cambridge Ancient History*, vol.X: The Augustan Empire, 43 BC-AD 69, 2nd edition, Cambridge.
CAH XI^2	Bowman, A.K., Garnsey, P. and Rathbone, D. (eds.) (2000), *The Cambridge Ancient History*, vol.XI: The High Empire, AD 70 – 192, 2nd edition, Cambridge.
CAH XII^1	Cook, S. A., Adcock, F. E. and Charlesworth, M. P. (eds.) (1939), *The Cambridge Ancient History*, vol.XII: The Imperial Crisis and Recovery, AD 193 – 324, Cambridge.
CAH XII^2	Bowman, A.K., Cameron, A. and Garnsey, P. (eds.) (2005),

缩写说明

	The Cambridge Ancient History, vol.XII: The Crisis of Empire, AD 193 - 337, 2nd edition, Cambridge.
CAH XIII	Cameron, A. and Garnsey, P. (eds.) (1998), The Cambridge Ancient History, vol.XIII: The Late Empire, AD 337 - 425, 2nd edition, Cambridge.
ChLA	Bruckner, A. and Marichal, R. et al. (eds.) (1954-present), Chartae Latinae Antiquiores, Lausanne.
CIL	Mommsen, T. et al. (eds.) (1862-present), Corpus Inscriptionum Latinarum, Berlin.
CJ	Krüger, P. (ed.) (1892), Corpus Iuris Civilis Volumen Secundum: Codex Iustinianus, 5th edition, Berlin.
CLE	Bücheler, F. and Lommatzsch, E. (eds.) (1930), Carmina Latina Epigraphica, 2nd edition, Leipzig.
Corinth VIII.2	West, A. B. (ed.) (1931), Corinth: Results of Excavations Conducted by the American School of Classical Studies at Athens, vol.VIII, Part II: Latin Inscriptions 1896 - 1926, Cambridge, MA.
Corinth VIII.3	Kent, J. H. (ed.) (1966), Corinth: Results of Excavations Conducted by the American School of Classical Studies at Athens, vol.VIII, Part III: The Inscriptions, 1926 - 1950, Princeton.
CTh.	Mommsen, T. and Meyer, P.M. (eds.) (1905), Theodosiani Libri XVI cum Constitutionibus Sirmondianis et leges novellae ad Theodosianum pertinentes, Berlin.
Eph. Ep.	Mommsen, T. et al. (eds.) (1872 - 1903), Ephemeris Epigraphica: Corporis Inscriptionum Latinarum Supplementum, Berlin.
FGrH	Jacoby, F. et al. (eds.) (1923-present), Die Fragmente der

	griechischen Historiker, Berlin and Leiden.
FHG	Müller, C. (ed.) (1878 – 85), Fragmenta Historicorum Graecorum, 4 vols., Paris.
I. Ankara	Mitchell, S. and French, D. (eds.) (2012), The Greek and Latin Inscriptions of Ankara (Ancyra), vol.I: From Augustus to the End of the Third Century AD, Munich.
I. Aph.	Reynolds, J., Roueché, C. and Bodard, G. (eds.) (2007), Inscriptions of Aphrodisias URL: http://insaph.kcl.ac.uk/iaph2007
I. Didyma	Wiegand, T. (ed.) (1958), Didyma 2: Die Inschriften, Berlin.
I. Eph.	Wankel, H. et al. (eds.) (1979 – 81), Die Inschriften von Ephesos, 8 vols., Bonn.
I. Ilion	Frisch, P. (ed.) (1981), Die Inschriften von Ilion, Bonn.
I. Keramos	Varinlioglu, E. (ed.) (1986), Die Inschriften von Keramos, Bonn.
I. Magn.	Kern, O. (ed.) (1900), Die Inschriften von Magnesia am Maeander, Berlin.
I. Perge	Şahin, S. (ed.) (1999 – 2004), Die Inschriften von Perge, 2 vols., Bonn.
I. Prusias	Ameling, W. (ed.) (1985), Die Inschriften von Prusias ad Hypium, Bonn.
I. Selge	Nollé, J. and Schindler, F. (eds.) (1991), Die Inschriften von Selge, Bonn.
IDR III.2	Russu, I.I. and Pippidi, D.M. (eds.) (1980), Inscriptiones Daciae Romanae III. Dacia Superior 2. Ulpia Traiana Dacica (Sarmizegetusa), Bucharest.
IG	Inscriptiones Graecae, Berlin (1890-present).
IGBulg.	Mihailov, G. (ed.) (1956 – 97), Inscriptiones Graecae in Bulgaria

缩写说明

	repertae, 5 vols., Sofia.
IGR	Cagnat, R. et al. (eds.) (1906 - 27), Inscriptiones Graecae ad Res Romanas pertinentes, 4 vols., Paris.
ILAfr.	Cagnat, R. and Merlin, A. (eds.) (1923), Inscriptions latines d'Afrique, Paris.
ILAlg.	Gsell, S. and Pflaum, H.-G. (eds.) (1922 - 23), Inscriptions latines d'Algérie, 2 vols., Paris.
ILLRP	Degrassi, A. (ed.) (1963 - 5), Inscriptiones Latinae Liberae Rei Publicae, 2 vols., Florence.
ILS	Dessau, H. (ed.) (1892 - 1916), Inscriptiones Latinae Selectae, 3 vols., Berlin.
Inscr. It. XIII	Degrassi, A. (ed.) (1937 - 63), Inscriptiones Italiae XIII: Fasti et Elogia, 3 vols., Rome.
IRT	Reynolds, J. M. and Ward-Perkins, J. B. (eds.) (1952), The Inscriptions of Roman Tripolitania, Rome.
LIA	Ehmig, U. and Haensch, R. (eds.) (2012), Die lateinischen Inschriften aus Albanien, Bonn.
LSA	Smith, R. R. R. and Ward-Perkins, B. (eds.) (2012), The Last Statues of Antiquity Database. http://laststatues.classics.ox.ac.uk
LTUR	Steinby, E. M. (ed.) (1993 - 9), Lexicon Topographicum Urbis Romae, 6 vols., Rome.
M. Chr.	Mitteis, L. and Wilcken, U. (eds.) (1912), Grundzüge und Chrestomathie der Papyruskunde, vol. II: Juristischer Teil, Part II: Chrestomathie, Berlin and Leipzig.
ME	Monumentum Ephesenum in Cottier, M. et al. (eds.) (2008), The Customs of Law of Asia, Oxford.

OGIS	Dittenberger, W. (ed.) (1903 – 5), Orientis Graecae Inscriptiones Selectae, 2 vols., Leipzig.
OLD	Glare, P. G. W. (ed.) (2012), Oxford Latin Dictionary, 2nd edition, 2 vols., Oxford.
ORF[4]	H. Malcovati (ed.) (1976), Oratorum Romanorum Fragmenta, 4th edition, 2 vols, Turin.
P. Berl. Leihg.	Kalén, T. and Tomsin, A. (eds.) (1932 – 77), Berliner Leihgabe griechischer Papyri, Uppsala.
P. Berol.	Papyrus Berolinensis (Berlin papyri). Inv. 8334 published in Kortenbeutel, H. (ed.) (1940), Ein Kodizill eines romischen Kaisers, Berlin.
P. Dura	Welles, C.B., Fink, R.O. and Gilliam, J.F. (eds.) (1959), The Excavations at Dura-Europos: Final Report V, Part 1: The Parchments and Papyri, New Haven.
P. Euphr.	Feissel, D. and Gascou, J. (1995), 'Documents d'Archives romains inédits du moyen Euphrate', Journal des Savants, 65 – 119.
P. Flor.	Vitelli, G. and Comparetti, D. (eds.) (1906 – 15), Papiri greco-egizii, Papiri Fiorentini, Milan.
P. Giss.	Eger, O., Kornemann, E. and Meyer, P.M. (eds.) (1910 – 12), Griechische Papyri im Museum des oberhessischen Geschichtsvereins zu Giessen, Leipzig and Berlin.
P. Harr.	Powell, J.E. et al. (eds.) (1936 – 85), The Rendel Harris Papyri of Woodbrooke College, Birmingham, Cambridge.
P. Hib.	Grenfell, B.P. and Hunt, A.S. (eds.) (1906), The Hibeh Papyri I, London. Turner, E. G. and Lenger, M.-T. (eds.) (1955), The Hibeh Papyri II, London.

P. Lond.	Kenyon, F.G. et al. (eds.) (1893 – 1974), Greek Papyri in the British Museum, London.
P. Mert.	Bell, H.I. et al. (eds.) (1948 – 82), A Descriptive Catalogue of the Greek Papyri in the Collection of Wilfred Merton, London.
P. Oxy.	The Oxyrhynchus Papyri, London (1898-present).
P. Stras.	Griechische Papyrus der kaiserlichen Universitats- und Landesbibliothek zu Strassburg, Leipzig, Paris and Strasbourg (1912 – 89).
PLRE	I Jones, A.H.M., Martindale, J.R. and Morris, J. (eds.) (1971), The Prosopography of the Later Roman Empire, vol.I: AD 260 – 395, Cambridge.
PME	Devijver, H. (ed.) (1976 – 2001), Prosopographia militiarum equestrium quae fuerunt ab Augusto ad Gallienum, 6 vols., Leuven.
PSI	Papiri greci e latini, Florence (1912-present).
RE	Pauly, A.F., Wissowa, G. and Kroll, W. et al. (eds.) (1893 – 1980), Real-Encyclopadie der classischen Altertumswissenschaft, Stuttgart.
RECAM IV	McLean, B.H. (ed.) (2002), Greek and Latin Inscriptions in the Konya Archaeological Museum (Regional Epigraphic Catalogues of Asia Minor IV), London.
RG	Cooley, A.E. (ed. and trans.) (2009), Res Gestae Divi Augusti: Text, Translation, and Commentary, Cambridge.
RIB	Collingwood, R.G. and Wright, R.P. (eds.) (1965), The Roman Inscriptions of Britain, vol.I: Inscriptions on Stone, Oxford.
RIC	Mattingly, H., Sydenham, E.A. et al. (eds.) (1923-present), Roman Imperial Coinage, London.

RPC IV Online	Howgego, C., Heuchert, V. and Yarrow, L.M. (eds.) (2006), Roman Provincial Coinage, vol.IV: The Antonine Period. http://rpc.ashmus.ox.ac.uk/
RS	Crawford, M.H. (ed.) (1996), Roman Statutes, 2 vols., London.
SB	Shackleton Bailey, D.R. (ed.) (1965 – 80), Cicero's Letters, 6 vols., Cambridge. (Shackleton Bailey's numbering is cited in square brackets following the traditional reference.)
SCPP	Eck, W., Caballos, A. and Fernández, F. (1996), Das senatus consultum de Cn. Pisone patre, Munich.
SEG	Supplementum Epigraphicum Graecum, Leiden and Amsterdam (1923-present).
SIG^3	Dittinberger, W. et al. (eds.) (1915 – 24), Sylloge Inscriptionum Graecarum, 3rd edition, Leipzig.
Tab. Vind. II – III	Bowman, A.K. and Thomas, J.D. (eds.) (1994 – 2003), The Vindolanda Writing Tablets, vols.II – III, London.
TAM	Tituli Asiae Minoris, Vienna (1901-present).
vdH^2	van den Hout, M.P.J. (1988), M. Cornelii Frontonis Epistulae, 2nd edition, Leipzig.
W. Chr.	Mitteis, L. and Wilcken, U. (eds.) (1912), Grundzüge und Chrestomathie der Papyruskunde, 2 vols., Lepizig and Berlin.

导言：描绘骑士等级的历史

目标和基本原则

本书是一部关于罗马世界骑士等级的制度史和社会史。它描绘了从公元前8世纪到公元5世纪形形色色的骑士（*equites*）的历史。我们从王政时代的骑士贵族和共和早期的骑兵说起，是因为罗马人把这些武士视作后来的骑士等级的祖先。直到公元前2世纪末，这个等级本身才成为罗马国家（*res publica*）内部的一个不同于元老和平民的按地位构成的群体。在共和时代，骑士等级的成员包括包税人、商人、陪审员和军官。罗马骑士有区分自己身份的标志（比如金指环和镶窄边的短袍），带有宗教和政治涵义的仪式，以及在剧场中坐在前排等特权。在帝制下，骑士等级官员包括总督、财政管理人员和其他官员，奥古斯都及其继承者们让他们和元老一起在国家管理中扮演重要角色。[1] 在帝国时代中，骑士等级被进一步细分，其中地位更高的那些只有通过在军队服役或行政系统任职才能获得。罗马国家授予的头衔和荣誉的激增意味着到了公元4世纪中期，罗马骑士（*eques*

---

[1] "共和时代""帝国""帝国时代""元首制"和类似表达，都是现代人为了方便起见而用来表示特定时代的术语，从而让我们的罗马史叙事具体化。不过，在"共和时代"和"帝国时代"，罗马人自己也把他们的国家称为"共和国"（*res publica*），认为皇帝是在该体系内活动的。因此，我们可以把一直延续到1453年君士坦丁堡陷落的"帝国时代"称为"君主制共和国"。关于这种观点，见 Kaldellis 2015:1 – 31。

Romanus）身份已经变成这些帝国特权中最不起眼的，尽管它仍然保持着内在的价值，提供了凌驾于普通公民之上的豁免权。在一千多年的历史中，被称为骑士的特权公民以这种或那种形式构成了罗马国家的一个基本的社会-政治等级。

对于骑士等级，不乏来自现代的评论者。蒙森在其里程碑式的三卷本《罗马公法》（*Römisches Staatsrecht*, 1871－1878）中界定了其社会和政治历史的基本方面。第一部单独写骑士等级史的著作是1927年施泰因（Stein）出版的《罗马骑士等级》（*Der römische Ritterstand*）。施泰因的作品从骑士等级本身在罗马共和国晚期的起源说起，但该书主要关注帝国时代的骑士。他的研究基于对源自碑铭证据的骑士材料所做的开创性群体传记分析。这显示了蒙森的《拉丁碑铭集成》（*Corpus Inscriptionum Latinarum*）和其他碑铭集对群体传记研究和社会史具有内在的分析潜力。王政时代和共和时代在希尔（Hill）的《共和时代的罗马中产阶层》（*The Roman Middle Class in the Republican Period*, 1952）中得到了更多的重视，尽管标题有误导之嫌，但这是一部重要的基础性的学术作品。不过，希尔的书很快被尼科莱（Nicolet）影响深远的《共和时代的骑士等级，公元前312—前43年》（*L'ordre équestre à l'époque républicaine*［*312－43 av. J. -C.*］）所超越。第一卷是分析性的，出版于1966年，然后是1974年出版的有关共和时代骑士的详细而庞大的群体传记。在超过1000页的篇幅中，尼科莱为共和时代的骑士研究奠定了新的基础，特别是该等级的意识形态功能及其同元老等级的关系。巴迪安（Badian）1972年出版的短小但精辟的《包税人与罪人》（*Publicans and Sinners*）一书对尼科莱的作品进行了补充，它生动地描绘了商人和包税人在日益扩张的共和国中的角色。

20世纪下半叶又出现了两部帝国时代的群体传记集,对施泰因的作品进行了更新和补充。普弗劳姆(Pflaum)利用大批记录骑士生涯的碑铭,完成了他对皇帝代理官职务的基础研究。《罗马帝国盛期的骑士皇帝代理官》(*Les procurateurs équestres sous le Haut-Empire Romain*)于1950年出版,接着又在1960—1961年出版了三卷本的详细的群体传记《罗马帝国盛期的骑士皇帝代理官的生涯》(*Les carriers procuratoriennes équestres sous le Haut-Empire Romain*),1982年更推出了增补本。普弗劳姆所描绘的骑士的生涯模式遭到了一些批评,他的结论也不应被全盘接受,但他对材料的研究仍然是无与伦比的。德费弗尔(Devijver)在其六卷本的《从奥古斯都到伽利埃努斯的骑士军官群体传记》(*Prosopographia militiarum equestrium quae fuerunt ab Augusto ad Gallienum*, 1976-2001)中煞费苦心地汇编了帝国骑士等级军官的材料。此外,他还撰写了一系列关于这些军官及其生涯(称为"骑士军阶",*militiae equestres*)的重要文章。

沿着尼科莱为共和时代确立的研究路线,普弗劳姆和德费弗尔的工作双双为新的帝国骑士社会-政治研究提供了必要的基础。然后有了德穆让(Demougin)的研究成果,分为上下两部:《尤利乌斯-克劳狄乌斯王朝的骑士等级》(*L'ordre équestre sous les Julio-Claudiens*, 1988)和《尤利乌斯-克劳狄乌斯王朝罗马骑士的群体传记,公元前43—70年》(*Prosopographie des chevaliers romains julio-claudiens [43 av. J.-C.-70 ap. J.-C.]*, 1992a)。德穆让从尼科莱的研究告一段落的三头时期开始,考察了骑士等级从共和国到帝国的关键性转变,以及帝国骑士行政职务体系的建立。帝国时代骑士等级的经济世界和社会世界是邓肯-琼斯(Duncan-Jones)的一系列重要研究的主题,尤其是他2016年的专著《罗马社会的权力与特权》(*Power and Privilege in Roman Society*）。最后，骑士在帝国早期的政治性和仪式性功能在罗伊（Rowe）2002年一部鞭辟入里的专著《君主与政治文化：提比略时代的元老院新决议》(*Princes and Political Cultures: The New Tiberian Senatorial Decrees*) 中重新受到了关注。罗伊展现了该等级在塑造帝国国家政治文化中的关键且重要的角色，国家决策并不完全由皇帝本人那里"自上而下"，而是也来自骑士个人和集体的自愿参与。我的研究站在上述著作和其他许多学者的研究工作的基础上，不仅得益于他们汇编的骑士群体传记目录，也得益于他们对骑士等级的文本和档案材料的解读。

本书想要呈现一部从王政时代到古代晚期的骑士和骑士等级的新史，（就我所知）这是自施泰因以来第一次有人尝试这样做。本书有三大目标。第一是研究骑士为罗马国家服务的多种不同职能——诸如骑兵、军官、刑事法庭陪审员和财政管理人员（仅仅列举几种）。我们将探究为何随着时间的推移，骑士等级成员可以担任的官方职务大大增加，特别是在共和时代晚期和帝国时代。第二是考察骑士等级的成员身份如何在个人和集体层面上发挥作用，从而发现在罗马世界身为罗马骑士意味着什么。在追求前两个目标的过程中，本书不仅将历时性地从共和国来到帝国，也会从地理学角度比较罗马城、意大利和行省的骑士地位的意义与功能，以及他们担任的职务。我们还将考察将骑士统一起来的共同点，以及其成员的四分五裂和对骑士身份的抗拒。

第三个也是最后一个目标是考察骑士等级更广泛的社会功能。我们将探究为何该等级及其成员构成了罗马社会如此重要的组成部分，以及为何"骑士"这个头衔在许多个世纪里都一直是区别标志，即便当骑士已经不再是国家的骑兵之后。罗马人因其在职务的最初功能早已改变之后仍然保留其官方头衔而出名,诸如"财务官"(*quastor*)或"近卫军长官"(*praefectus praetorio*)。但骑士等级得以保留以及其身份所传递出的区别不只代表了行政管理上的惰性;它显示了对远比该等级所代表的东西更深刻的依恋。事实上,本书的年代框架旨在让读者可以追溯长时段下骑士等级的演变。尽管这种类型的叙事史几乎已经不再流行,但它仍然是评估和解释随着时间发生的延续与改变的有力方式。① 本书涵盖了一千多年的罗马历史,这一宽广的年代范围让我们可以把骑士等级的演变放在罗马国家本身的变迁背景之下,后者从王政时代的君主制变成了共和国,然后又变成了一种奇特的混合体,即"君主制共和国"(更多被称为帝国)。骑士等级与其他前现代社会的精英身份群体有着许多相似点,但它具有独一无二的特性和发展轨迹,必须放在罗马国家本身的变迁框架内来解释。我们的分析将由此展开。

历史背景下的骑士等级

近年来,对古代世界文明的比较研究可能特别流行。② 这不仅是时尚潮流,也代表了古代史学家在历史分析中迈出的重要一步。相比古典学家,比较史学在太多情况下是社会学家、政治科学家和现代史学家的领域,但古典学家对理解希腊和罗马的社会与文化有着重要的潜在价值。③ 就像沙伊德尔(Scheidel)非常贴切地指出的那样:"只

---

① Heather 2005 是一个近来的成功例子(尽管它面向的读者群要比本书大得多)。
② 例如,见 Raaflaub and Rosenstein 1999;Mutschler and Mittag 2008;Scheidel 2009d and 2015;Arnason and Raafluab 2010;Bang and Scheidel 2013。
③ 我从许多此类涵盖了大范围人类历史的研究中获益,特别是 Mosca 1939;Powis 1984;Mann 1986;Kautsky 1997;and Crone 2003。

有同其他文明的比较才能让我们把共同的特点与在文化上特定或独特的特征及发展区分开来。"① 换句话说，比较史学让我们可以提出这样的问题：罗马帝国何以成为"罗马"？本导言意在用比较视角考察骑士等级的历史，从而确定它与其他前工业社会中可资比较的身份群体的相似点和不同之处。在整个导言乃至全书中，我将更倾向于使用"身份群体"或"等级"而不是"阶级"来描绘骑士，一如罗马人自己使用 ordo 一词时所做的那样。阶级是经济分层的术语，而骑士等级是由一系列标准所定义的精英群体，金钱财富只是标准之一。② 为了突出基本的比较点，这里的讨论必然会涉及一些对复杂历史现象的简化，但我希望由此获得的回报能够超过将其一般化所造成的任何潜在的负面影响。③ 这也将是本书中给出的许多关键的社会学论点的缩影。为了避免重复，我将向读者指明给出详细证据的具体章节。

君主制与贵族

我们从君主制的罗马说起。公元前 8 世纪到前 6 世纪这一阶段传统上被称为王政时代，该时期引发了激烈的争论，而且在很大程度上无法还原。罗马人自己相信，从罗慕路斯建城（通常被认定为公元前 753 年，尽管也有不同说法）到公元前 509 年"高傲者"塔克文被驱逐，他们曾经被 7 位国王所统治。罗慕路斯本人据说建立了由 300 名骑兵武士组成的"快马队"（Celeres），老普林尼认为他们就是骑士等

---

① Scheidel 2009a:5.
② 基本的定义见 Weber 1968:930-2 and Crone 2003:101-4；关于它们对古代罗马和骑士的重要性，见 Cohen 1975:261-7, Demougin 1988:1-3, and Finley 1999:49。不过，用"统治阶级"来表示"统治精英"并无不妥，因为这是社会学家和政治科学家学术研究中的普遍做法（Mosca 1939:50；Mann 1986:25, 270）。
③ 特别见 Matthews 2000b 对"精英"这样的宽泛用语背后的复杂性的明晰评论。

级的鼻祖。① 历史上的罗马国王得到了骑兵贵族的支持,这点毫无疑问,尽管他们很可能不是作为国家军队,而是国王(rex)的个人扈从。在该时期,意大利中部生活着一个个武士贵族的家族,他们广泛分布在该地区,为了影响力和像罗马这样的城邦的王位而相互争斗。这种情况一直持续到公元前5世纪,即传统上被认为是共和国开始的时期,这些武士家族变成了地主贵族。他们作为新国家的骑士,而不是国王个人的军队保留了军事上的优势地位。早期罗马并非唯一被军事精英统治的国家,这是大部分前工业时代君主制社会的一个基本特征。② 在传统上,财富以及为自己和追随者提供作战装备的能力为建立在军事勇武之上的独特精英身份提供了基础。在历史上的许多社会中,贵族会让他们的儿子追随自己的脚步,通过接受军事技艺的训练来融入社会。③ 这帮助创造了一种共同的精英价值体系,或者说意识形态。相比仅凭土地财富,它为把贵族团结成有凝聚力的社会群体提供了更持久的基础。④ 我们可以在中世纪欧洲的骑士和他们的骑士守则,或者在我们称为武士的日本骑射手身上,看到这种意识形态,他们追求的是一种仪式化的战斗,其独特之处在于他们的英勇和男子气概(仅举这两个例子)。⑤ 在罗马世界,古风时代的武士贵族的墓葬和威望物品展现了这种军事卓越性的文化。这些军事贵族通过马克

---

① 本书第十一章将详细讨论这里所描绘的演变过程。
② Mosca 1939:53-6, 222-3; Bendix 1978:231; Kautsky 1997:144-50; Crone 2003: 26, 42-3; Wickham 2005:158, 175.
③ Mosca 1939:61; Ferguson 1999:406。关于具体的例子,阿契美尼德王朝时代的波斯,见 Briant 1999:113-16, 古典时代雅典的骑兵,见 Spence 1993:198-202。
④ 关于由意识形态定义的群体团结,见 Mann 1986:519。
⑤ 骑士: Barber 1995:26-7; Kaeuper 2009:94-115。日本武士: Farris 1999:60-6; Friday 2003:103-7, 137-40。Momigliano 1966:16-17 否定了将早期罗马骑士同中世纪欧洲骑士进行比较,但鉴于世界史中贵族和骑士清晰可见的联系,这种观点并无根据(Cornell 1995:446 n. 31)。

斯·韦伯所谓的"传统权威"行使着自己的权力,其优势地位源自公认的习俗和准则,而非法治。[1]

骑兵和贵族之间的特定联系并不是罗马独有的。在欧洲、近东和亚洲的前工业社会(通常被称为"旧世界"),驯服和繁殖马匹,然后在战斗中部署它们的能力是区分富有的军事精英的主要特征之一。[2] 马车作战是从公元前18世纪到前7世纪的希腊与近东贵族自我展示和战斗的最重要形式。[3] 例如,公元前7世纪,战车在荷马的《伊利亚特》中占据主导就证明了这点。[4] 到了公元前7世纪,希腊和近东文明在很大程度上已经完成了从马车战到骑兵战的过渡。这是骑马作战从欧亚大草原向南扩散的结果,它最先就是在公元前9世纪从那里发展起来的。[5] 战车的使用在近东并没有完全消失,比如阿契美尼德人和塞琉古人就使用镰刀战车,但与骑马作战相比仍然非常有限。[6] 从战车向骑兵的转变并不是在整个旧世界同时发生的。在亚洲,马车作战的广泛使用持续的时间更长,春秋时期(公元前722—前481年)的中国贵族乘坐战车,使用弓箭。[7] 在意大利本土,古风时期从战车到骑马的转变很大程度上受到了与希腊殖民地接触的影响。虽然雅典、斯巴达和科林斯在公元前5世纪才采用骑兵部队,但在色萨利、比俄提亚和马其顿等适合养马的地区,贵族骑兵精英的传

---

[1] Weber 1968:226 - 7.
[2] Ferguson 1999:424; Bachrach 1999:292 - 4; Raber and Tucker 2005.
[3] Drews 2004:51 - 4.
[4] Drews 2004:72. 参见 Kelder 2012,作者收集了有关迈锡尼时代的希腊骑士的有限证据。
[5] Drews 2004:99. 征服者到来前的"新世界"文明没有马匹,但在阿兹特克社会中有区分贵族战斗者的其他方式(Hassig 1999)。不过,在古代玛雅,精英和非精英甚至不用不同的武器(Webster 1999:343 - 6)。
[6] Sabin and De Souza 2007:417 - 18.
[7] Yates 1999:18 - 20. 骑兵在后来的战国时代变得重要(Graff 2002:21 - 2)。

统由来已久。① 意大利最古老的希腊殖民地是库迈,由来自优卑亚的定居者于公元前8世纪建立,当地存在贵族骑兵部队显然影响了公元前6世纪时附近的卡普阿出现以擅长骑术而闻名的类似精英。② 意大利的托斯卡纳和阿普利亚等地区适合养马,让半岛上出现骑马作战成为可能,只不过作为骑兵入伍仅限于那些足够富有,可以饲养和装备马匹的人。③ 我们可以把王政时代拉丁姆和罗马本身的流动骑兵贵族的崛起放在这一背景下。

共和国

罗马共和国形成于公元前四五世纪国王被驱逐后,但这是一种不断演化的统治体系和社会组织。④ "共和国"（res publica）这个名字意味着国家本质上是"公共财产"。⑤ 在共和国初期,国家的骑兵是由最富有的公民供应的,在每五年一次的人口调查中,他们被划分为"骑士"。这意味着骑士不再是一个从"传统权威"获得权力的群体,就像曾经的武士精英那样。按照韦伯的身份分类,他们现在变成了一个"职业身份群体",由他们的官方职能所界定。⑥ 适合表示这个新的身份群体的拉丁语单词是 ordo（复数为 ordines）,英语中的 order（等级）是恰当的翻译,即使这个基本概念并不能很好地对应到我们

---

① Spence 1993:176-8; Sekunda 2013:201. 关于色萨利的马匹,见 Hyland 1990:16-17。关于公元前5世纪雅典骑兵的诞生,见 Spence 2010。
② Nicolet 1962; Frederiksen 1968.
③ Frederiksen 1968:10; Hyland 1990:17, 188.
④ 关于罗马共和国的演变,见 Hillard 2005 and Flower 2010。
⑤ Judge 1974:280-1; Hammer 2014:30-1.
⑥ Weber 1968:306. 特别见 Stein 1927:1,他把骑士等级描绘成一个经济、社会和法律上的"身份群体"（德语中的 Stand）。

的现代社会等级制度。"等级"是根据他们在罗马国家中的地位所定义的,"具有相同的政治或社会地位的一群人"。① 因此,罗马人认为自己的国家是由若干等级,而不是经济阶级组成的。② 由于早期罗马国家按照军事划分来组织自己的公民(就像百人队大会那样),最早的几个等级是骑士(骑马作战的最富有的人)、公民步兵(*pedites*)和无产者(*proletarii*,不作战的穷人)。③

作为军事精英的骑士代表了韦伯所说的真正的职业身份群体之一,他们是如何多样化并转变为一个并非仅仅以勇武来定义的贵族的呢?骑兵最初只有 1800 人,被称为"公共马骑兵"(*equites equo publico*),他们的马匹开销由国家承担。公元前 403 年,国家允许达到人口调查最高要求的所有男性公民作为骑士参军,只要他们能自备马匹。④ 不过,在随后的几个世纪里,罗马国家开始依赖辅助军作为骑兵,意味着骑士本人现在只是担任军官。虽然勇武善战对骑士的集体身份仍然重要,但其他的威望来源也开始不遑多让,比如通过拥有土地来追求和展示财富,商业冒险和收税,以及文学、修辞和口才方面的优异。这意味着最初的骑士贵族变成了富有的统治精英。这样的发展并非罗马独有;事实上,它可以被描绘成社会在政治和经济上变得更加复杂的演化过程中的典型特征。⑤ 到了公元前 2 世纪中叶,罗马贵族由乐于被称作骑士的精英组成,即便他们不再是骑兵的主体。当初的职业身份成了地位的标志。

骑士由元老(只有 300 人)和所有同样满足骑兵财产条件的非元

---

① 《牛津拉丁语词典》*ordo* 词条 4;Nicolet 1974:175。
② Nicolet 1974:175 – 6;Cohen 1975;Finley 1999:45。
③ Cohen 1975:281。关于军队组织作为社会等级体系的基础,见 Ferguson 1999:400。
④ 这一讨论概括了第一章的结论。
⑤ Mosca 1939:57;Bottomore 1993:29。

老组成。情况在公元前 2 世纪的最后几十年间发生了变化,当时 18 个骑士百人队的成员被迫在跻身元老院时放弃了自己的马匹,从而不再是骑士。此举之后立即又出台了一系列法律,赋予剩下的(非元老)骑士突出且独立的政治角色,让他们在刑事法庭上担任陪审员。这两个动向是迫使元老和非元老精英在地位差别上出现分化的催化剂,而这种分化已经酝酿了几个世纪。① 在共和国的这一新的等级体系中,元老等级(ordo senatorius)和骑士等级(ordo equester)之间有了清晰的差别。两者在地位和威望上要超过第三个等级,即人民或平民(plebs)。尽管罗马人在投票时继续被按照百人队大会这种军事组织来编排,但新的社会等级体系取代了共和国早期旧有的骑兵、步兵和无产者等级。② 这种改变并不意味着骑士等级在任何意义上构成了经济上的"中产阶级";相反,他们是罗马贵族的第二层级。③ 对共和时代不断扩张的罗马国家所获得的财富的分配造就了这种双层贵族群体。帝国的获益被不成比例地分配给富裕的精英(元老和骑士),而不是普通公民。④ 事实上,在波吕比乌斯对罗马国家以及作为其统治组成部分的元老院、执政官和人民之间的关系所做的描述中,"人民"主要指富有的非元老,而不是平民。⑤ 因此,骑士等级的出现使这些富有的非元老在共和国的框架内获得了官方地位,让他们凌驾于

---

① Weber 1968:306 注意到,政治影响力的获取如何常常导致形成新的身份群体。
② Cohen 1975:281.
③ Cohen 1975:265; De Ste. Croix 1981:42, 339 – 40; Finley 1999:49 – 50. 不幸的是,Hill 1952(除此之外,是当时一本非常重要的著作)称骑士为"中产阶层"。古代罗马真正的"中产阶层"(如果我们可以把这个概念用于前现代世界的话)是平民的一部分。关于对该问题的方法论和理论反思,见 Harris 2011:15 – 26 and E. Mayer 2012:8 – 14。他们认为,按照罗马的经济阶层来进行思考是可行的,即便罗马人自己并不这样看待自己的社会。
④ Mann 1986:256.
⑤ 本书第一章中将做更多的讨论。

其他公民之上。①

当然，这并非任何个人或群体有计划的决定，而是长期演化的结果。事实上，对贵族的社会学研究表明，它们在为国家提供必要的结构和凝聚力方面发挥着关键的功能。② 从历史的角度来看，我们会发现，罗马国家的双层贵族结构并不是一种新的社会组织形式。正如莫斯卡（Mosca）所指出的，"在统治阶级的最高阶层之下，总是存在着……另一个阶层，他们的人数要大得多，包含了这个国家全部的统治人才"。③ 在共和时代和帝国时代，骑士等级都是新元老的主要来源，根据时间的不同，元老的人数在 300 到 600 人之间。公元前 1 世纪时，每代人中大约有 1.5 万名骑士，到了元首制时期增加到 2 万至 3 万人。④ 此外，元老群体本身不是封闭和完全世袭的贵族。⑤ 跻身元老和骑士等级是基于监察官（后来是皇帝）所做的财产和道德评估。⑥ 因此，演化出独立的罗马元老和骑士等级与更大的历史趋势保持一致。⑦ 骑士等级扮演的社会职能确保了范围广大的富有精英加入到共和国之中。⑧

我们在上文谈到武士贵族时已经讨论过，需要通过共同的价值观

---

① 关于国家在组织社会等级中的角色，见 Poulantzas 1978:127。
② 比如，见 Weber 1968:305-7; Zmora 2001:1-2; Scheidel 2013:19-20。
③ Mosca 1939:404.
④ 见本书第一和第五章。
⑤ Hopkins and Burton 1983. 关于贵族更新的基本原则，另见 Mosca 1939:413。
⑥ 当然，这并未阻止罗马出现世袭贵族的冲动，因为元老的儿子通常是骑士，因而是社会上层的一部分。在帝国时代，奥古斯都正式将元老身份授予了元老的家族成员，尽管他们的后代仍需要被正式提拔进元老院。这些发展将在本书第四和第五章中讨论。
⑦ 社会分层的方法似乎没有一定之规：有时，不同的身份群体有严格的法律定义，就像元老和骑士等级，而有时则不会施加这种法律标准（Eisenstadt 1993:84-6）。
⑧ 在这方面，见 Hillard 2005:6 and Flower 2010:11-12 对共和国的评论，他们认为那是一种意识形态概念，通过将所有公民包括在内来推动罗马的团结，即便在事实上，身份对他们做了清晰的划分。

和意识形态来赋予身份群体意义和团结。曼恩（Mann）称这种目的意识是"内在的"。[①] 就新的骑士等级而言，他们继承了曾经属于贵族骑兵的武德、仪式和身份象征。[②] 尽管共和时代晚期的骑士并不都是骑兵（虽然有些人确实是军官），但这些军事特征（比如每年骑马穿过罗马城的游行）帮助赋予了他们一种本来可能没有的独特的意识形态目的。正如芬利（Finley）所说，对于骑士等级来说，骑士头衔"含有真正的社会心理意义"。这意味着作为一个集体，骑士变得不仅仅是包税人、商人、演说家、文法学家、军官或小城的意大利精英，而且是一种悠久且引以为傲的为国家效劳的传统的继承者。[③] 他们外在的存在理由不是获取财富，而是展示自己的美德，从而捍卫罗马及其利益。[④] 这使得骑士能够与元老院成员一起在共和国占有一席之地，他们自己的意识形态目标是"文武兼顾"（*domi militiaeque*，字面意思是"在国内和战场上"，指作为文官和军事指挥官）地为国家效劳。

一边是维系骑士等级集体身份的意识形态表达，一边是大部分骑士的日常生活，两者间的不一致并非问题，而是力量的源泉。就像希拉德（Hillard）所指出的，罗马所有的公共意识形态实际上都是"戏剧"——并非指毫无意义的表演，而是"对共同价值观的反映"。[⑤] 因此，这些仪式和象征为一个非常现实的目的服务，让骑士等级具有了社会和政治的内在性。在前现代社会，缺乏有凝聚力的意识形态的统治或社会群体往往会崩溃或衰亡。[⑥] 所以，军事成就常常会作为群体

---

① Mann 1986：519. 另见 Weber 1968：935。
② 相关讨论见本书第三章。
③ Finley 1999：46.
④ M. I. Henderson 1963：61. 关于意识形态和群体的团结，见 Mann 1986：519，对于为国家服务方面，见 Kautsky 1997：169 - 71。
⑤ Hillard 2005：4.
⑥ 见 Crone 1980：62 - 71 对早期的阿巴斯王朝没能为其国家创造"政治理由"的评点。

导言：描绘骑士等级的历史

凝聚力的基础被保留下来，即便与之相关的精英后来从军事勇武之外获得威望。① 比如，骑兵贵族演化成由国家定义的身份群体的现象（就像罗马的骑士等级）也出现在中世纪欧洲骑士的变迁中。② 不过，中世纪骑士后来有了截然不同的发展轨迹，成为世袭贵族，这是骑士等级从未经历过的。③

至此，我们看到了共和时代的罗马贵族身上许多为前现代社会所共有的方面。首先，骑士群体拥有共同的价值观，这给了他们意识形态目标。其次，我们注意到，复杂社会④通常在最高层次的精英之下拥有规模更大的次级群体。不过，需要强调的是，骑士等级并非不可避免地会完全按照它出现的方式诞生。相反，只能用罗马本身的具体形势来解释它的演变。在这一背景下，将罗马共和国同古典时代的雅典及其民主统治体系进行比较具有指导意义。这两个国家不仅在地中海世界同时存在，而且在前工业化社会的全球背景中，它们很大程度上都是特例，因为社会的自然演化通常会走向君主制，而非共和或民主制度。⑤ 不过，骑兵贵族在这两个国家的演变采用了根本不同的方式。与罗马共和国一样，从梭伦时代开始，雅典社会按照基于财产的标准被分成不同的身份群体。⑥ 即便在梭伦的等级体系不再具有现实意义后，作为骑兵服役仍然是能够负担得起马匹的最富有贵族的专属。⑦ 因

---

① Kautsky 1997:169-77.
② Duby 1976:356; Barber 1995:43; Zmora 2001.
③ Duby 1980:295.
④ complex societies，指的是在古代世界的一些地区中出现的大规模的社会组织形态。——译者
⑤ Crone 2003:42. 我们不禁会想到波吕比乌斯在这一语境下的政体循环论（波吕比乌斯 6.4.1—9.14）。关于世界史中的共和国，见 Everdell 2000。
⑥ Raaflaub 1999:135.
⑦ Kamen 2013:3 拒绝用"等级"一词来表示雅典的社会群体，因为前者与罗马人的联系。

此，骑兵是富有的年轻贵族的领地，他们一起接受训练，在公开展示和节日上表演，类似于罗马骑士每年穿越罗马城的游行。① 不过，雅典的民主意识形态意味着骑兵不会像罗马骑士那样被赞美。对雅典人来说，骑马带有强烈的君主制意味，因为它会被人和马其顿与波斯这样的专制国家联系起来。② 公元7世纪时，重甲步兵的兴起被理想化地视为大众的政治参与对专制的胜利，即便所谓的重甲兵革命事实上是远比史料想让我们相信的更加缓慢的进程。③ 从此，展现真正的男性勇武（*andreia*，在希腊语中相当于 *virtus*）的成了公民步兵，而不是骑兵。④ 雅典的民主意识形态并不总是符合其崇高的平等主张，关于民主是否总是最好的政府形式，当然存在着争执和讨论，尤其是在精英阶层中，尽管这从未产生任何长期的社会变革。⑤ 因此，雅典政治制度的性质意味着在骑兵中服役的公民没有凝聚成一个独特的身份群体。

为何骑兵精英的演变在罗马走上了不同的道路呢？罗马不是像雅典那样的民主国家，但它在形式上仍然是共和国，人民会在缔结和平与宣战、授权立法、判决死刑等事务上行使权力。⑥ 答案无疑在于，

---

① 关于这点和其他更多，见 Spence 1993:181 - 230. 57。
② Spence 1993:193 - 5；Finley 1999:47. 关于实践中对骑兵的"民主焦虑"，见 Blanshard 2010:214 - 18。
③ Lintott 2001:158 - 60；Raaflaub 1999:132。
④ 学者们广泛认可这点，比如 Spence 1993:165 - 76；Raaflaub 1999:137；Low 2002:104 - 6；P. Hunt 2007:126 - 7。不过，鉴于骑兵在帕特农神庙饰带上的醒目地位，我们必须谨慎，避免过于简单化：他们没有完全被排除出雅典人的公民骄傲。见 Spence 1993:202；Balot 2006:820。
⑤ Balot 2006:82 - 3, 89 - 90, 177；Spence 2010:116. Low 2002 对公元前4世纪初，骑兵服役如何既符合雅典的政治意识形态，又与其存在冲突做了敏锐的评价。关于古典雅典在身份表达中的意识形态和实践差异，见 Kamen 2013。
⑥ 波吕比乌斯 6.14.4 - 12；Lintott 1999:199 - 208；Millar 2002:32 - 3. 事实上，在一系列重要的文字和著作中，米勒强调了罗马体系中之前被忽视的民主元素（Millar 1984，1986，1998，2002）。

罗马共和国是"混合政体",就像波吕比乌斯所看到的,它依赖民主、寡头和君主制元素的平衡。① 事实上,在王政时代之后,武士贵族氏族的首领继续施加影响,主宰着政治事务和高级官员直到共和时代。② 这意味着贵族意识形态在罗马并未受到怀疑,就像在希腊那样,而且成为了界定在罗马国家内部的社会身份和等级的必要部分。③ 骑士身份让无法(或不愿)加入元老院的富有的土地贵族获得了官方地位和公众身份。这把我们带回到骑士等级被巩固为一个身份群体的社会原因,即它让非元老的精英公民在罗马国家内部得到认可和尊敬。而对雅典来说,像这样给予贵族精英突出地位的唯一方式是将整个统治体系从民主制改为寡头制;这样的尝试没能取得长期成功。④

至此,我们考察了骑士等级演化的文化原因和社会原因,但同样重要的是认识到个体政治家在其发展中的重要性。⑤ 该等级在公元前2世纪末作为一个不同于元老的身份群体的出现也是盖乌斯·格拉古关于勒索案法庭陪审员组成的法律的结果。虽然骑士之前也因为税务合同问题与元老发生过政治冲突,但这是他们第一次在罗马自身的民事政治领域中(与军队中的指挥官职务相反)获得了官方职务。⑥ 这一改变可以被归功于盖乌斯·格拉古作为改革者的眼光,他的目标之

---

① 波吕比乌斯6.11.1—18.1。该体制的初衷并未考虑这种平衡,就像斯巴达的吕库格斯那样,而是随着时间而演变的(波吕比乌斯6.10.1—13)。North 1990:20-1认为,尽管罗马有着各种"民主"特征,但相比雅典,斯巴达实际上与罗马共和国更为相似。
② 见本书第一章。
③ 此外,就像Hillard 2005:3-4所指出的,精英之间的竞争是罗马共和国政治文化的固有组成部分。
④ Brock and Hodkinson 2001:16-17.
⑤ Mann 1986:531-2.
⑥ 第一章末将讨论这两部法律。

一是让元老为自己的行为负责。任用骑士陪审员让元老和骑士之间的矛盾大大加深，因为这意味着元老不得不第一次向骑士做出解释。因此，在共和晚期，元老和骑士间的这种冲突主要是盖乌斯·格拉古赋予骑士的新的政治角色，而非任何阶级冲突的结果。[①] 就像通过西塞罗的作品所看到的，公元前1世纪的骑士故事专注于应该如何把该等级新的政治权威纳入到罗马国家的框架中去，他们之前在其中仅仅是由财富和身份所定义的等级。[②] 用韦伯的话来说，骑士等级从一个职业身份群体变成了具有政治权力和影响的身份群体。[③] 不过，有必要在这里提醒注意的是，骑士并不完全符合韦伯对政治身份群体的刻画。这是因为骑士的政治影响主要是被动的，他们没有也无法贯彻自己的政策，只是作为集体介入直接影响他们利益的事。[④]

君主制共和国

公元前1世纪末，随着像盖乌斯·尤利乌斯·恺撒、马可·安东尼和屋大维（公元前27年成为奥古斯都）这样的强大贵族或"强人"（dynasts）的崛起，罗马国家中的君主制元素变得日益突出。虽然传统上，奥古斯都在现代历史话语中被称为罗马的"第一位皇帝"，但这种称呼是事后之见。对于"奥古斯都时代"的罗马人来说，他们的国家仍然是共和国，尽管执政官的君主式权力逐渐被集于一人身上。[⑤] 因

[①] 在这点上，见 Kautsky 1997:49 的重要评论，他表示贵族帝国没有"阶级冲突"，有的只是贵族之间的政治争端。
[②] 见本书第二章。
[③] Weber 1968:30 将政治身份群体定义为"通过对政治……权力的垄断式占用"而产生的。不能像这样来描绘骑士，尽管他们的确拥有政治影响。
[④] Badian 1962:224.
[⑤] Flower 2010:12 - 15.

此，就像卡尔德利斯（Kaldellis）所指出的那样，罗马国家是"君主制共和国"（monarchical *res publica*）。① 罗马国家的演变对骑士等级产生了重要的影响。比如，像许多君主一样，奥古斯都试图确保骑士依赖他作为他们的威望来源，以此来巩固他的统治。② 首先，奥古斯都确保了骑士在他的国家中具有定义明确的地位。他亲自监督新成员的登记，制定了严格的道德和社会标准，为骑士设立了新的祭司职务，并在该等级和自己的家族之间建立了纽带。③ 公元1世纪期间，随着新的君主制"共和国"的成形，骑士身份基本上成为了皇帝的奖赏。骑士数量显著增加，囊括了来自行省的最有威望的精英。每代人中的帝国骑士等级很可能达到约2万到3万人。④ 奥古斯都及其继承者的做法代表了一个"驯化"过程，让骑士——来自意大利和行省的数以千计的非元老富裕精英——依赖皇帝获得荣誉和特权。⑤

其次，奥古斯都及其继承者不仅任用骑士担任军官，还安排他们担任一系列文职代理官职务，比如财政管理官和行省总督。这让骑士能够担任大量与元老没有区别的政府职务。⑥ 这意味着骑士现在可以像元老一样声称自己文武兼顾地为国家服务。罗列着他们的军队指挥

---

① Flower 2010:12-15。另见 Bang 2011，在一篇很有启发性的论文中，他指出早期罗马帝国不是唯一处于过渡中的国家，统治的不同方面之间的妥协常常是君主制国家的特征。
② Bendix 1978:219-20; Eisenstadt 1993:132-4; Crone 2003:64-6。一个很好的例子是中世纪时由皇帝、国王和诸侯用剑拍肩部授予爵位的仪式（见 Duby 1980:300-1; Barber 1995:36）。另外注意阿兹特克国王蒙特祖玛·伊鲁伊卡米纳（Moteuczoma Ilhuicamina）授予军人贵族头衔的方式，从而将他们与自己维系起来（Hassig 1999:372）。这是跨越新旧世界社会的普遍历史潮流。
③ 见本书第八、九、十章。
④ 见本书第五章。
⑤ 关于"驯化"原则，见 Elias 1982 and 1983。关于它在罗马世界的应用，见 Bang 2011:107-8, 2013:430; Weisweiler 2015。就像 Rosenstein 2009:39-40 所指出的，元老贵族不得不与皇帝"合作"，以便从后者那里获得荣誉。
⑥ 见本书第四、六和七章。

官职务、行政职务、祭司职务以及其他荣誉的纪念碑和铭文体现出了这种服务理念。① 不过，可以担任的代理官数量十分有限。在奥古斯都时期，有据可查的只有不到 30 个职位，虽然这个数字在公元 3 世纪中期增加到了 180 多个，但相比骑士等级的规模，这仍是一个非常小的数字。② 因此，在每代人的 2 万到 3 万名骑士中，很可能只有约 600 人能够担任代理官。③ 竞争非常激烈，并且随着晋升的级别升高而加剧，因为越往上可以担任的职位就更少了。因此，即便是帝国公职中的一个职务也是重要的荣誉，标志着皇帝的垂青。④ 担任过代理官的骑士构成了该等级中的精英群体，塔西佗称之为骑士贵族（*equestris nobilitas*）。⑤ 用社会学术语来说，他们组成了"公职精英"，即这个精英群体成员的头衔和地位并非来自他们的出身，而是因为他们在国家中担任的职务。⑥ 从公元 2 世纪开始，担任官方职务的骑士等级成员获得了一系列新的头衔（诸如"出众者"[vir egregius]），表明他们的地位要高于其他骑士。⑦ 该过程是罗马国家君主化的一个基本部分。⑧

骑士等级（或者更准确地说是该等级的一部分）逐渐演化为"公职贵族"的现象，在其他前现代社会中也能找到类似的例子。就像莫斯卡所说，"贵族专制几乎总是会发展为或多或少的官僚专制"。⑨ 随

---

① 本书第六至七章做了讨论。
② Pflaum 1950:105.
③ Bang 2011:124.
④ 见本书第五和第七章。
⑤ 塔西佗《阿格里古拉传》4.1。
⑥ 关于对公职贵族的讨论，见 Mosca 1939:60; Kautsky 1997:127 - 32; Crone 2003: 67 - 8。并非所有的国家都成功形成了公职贵族：注意阿巴斯王朝在这方面的失败 (Crone 1980:70 - 1)。
⑦ 见本书第七章。关于贵族要求获得越来越准确的身份区分来让他们不同于自己的同僚的做法，见 Kautsky 1997:213 - 17。
⑧ 关于为国家官员的凝聚力提供基础的主导理念，见 Poulantzas 1978:154 - 6; Mann 1986:269 - 70。
⑨ Mosca 1939:405.

导言：描绘骑士等级的历史

着这些国家的演变和成为更加官僚化的综合体，它们需要规模更大的领导者和官员，这些人只能从统治阶层中选取。[1] 比如，中世纪欧洲的骑士凭借自身的社会地位和威望而获得司法和行政职位，这让他们的影响扩大到了军事领域之外。[2] 不过，就像我们之前所指出的，需要强调的是，公职贵族演变的准确原因与具体的文明有关。在罗马，骑士等级被纳入文官统治是由盖乌斯·格拉古的法律推动的，该法指定他们可以在刑事法庭上担任陪审员的角色。奥古斯都想要任命骑士同元老一起担任行政职务的愿望大大推动了这一过程。事实上，奥古斯都任用骑士担任一些职务（比如新设立的埃及长官）的动机正是在于他们并非元老贵族成员这个事实。选择骑士，是因为相信他们会忠于奥古斯都，不会被视作皇位的可能对手。[3] 在共和时代，骑士等级的扩张让富有的非元老精英有理由投身国家事务。该原则在帝国时代的罗马仍然适用，但得到了一位新演员的助力，那就是皇帝，他不仅希望把这些精英同罗马国家拴在一起，而且希望把他们同他本人绑在一起。

罗马帝国的元老和骑士共同组成的贵族群体有时被定性为地道的"文官"而非"军事"精英，这代表了某种历史上的异常现象，在前工业社会中与之类似的例子只有中国有。[4] 相比之前的战国时期，秦

---

[1] 关于中国科举考试的"唯才是举"，见 Kautsky 1997:92-5；最成功的候选人已经是精英或者拥有精英人脉。Scheidel 2009b:19 也提到在中国的体系中，推荐和恩荫扮演着与罗马类似的角色。
[2] Barber 1995:41-3. 关于汉朝，见 Bang and Turner 2015:17-18。
[3] 本书第四章将探究这点。来自行政体系或军官团体的骑士等级成员在公元3世纪将成为皇位的可能候选人，关于这一点，见本书第十一、十二章。
[4] Mann 1986:270; Wickham 2005:158. 比如，见 Leyser 1994:67 对公元9世纪的骑士身份的评价："这些世俗贵族中没有文官。非战斗的世俗贵族就像佩武器的教士一样是怪物。"此类情形跨越了东西方的分界线。比如，在思想观点和文化价值上，中国贵族与日本的武士阶层截然不同，后者在某些方面与中世纪欧洲的骑士有更多的共同点（Holcombe 1994:56-8,72；参见 Friday 2003:10，他更一般地强调了武士与日本文官统治的反差）。

汉时期（公元前221—公元220年）统一的中华帝国无疑见证了文官贵族及其意识形态的生根发芽。[1] 新的社会等级体系建立在旧有的军事模式上，但宫廷文人所推行的意识形态强调皇帝本人的贤德，以及通过他们的统治来维持和平与繁荣。[2] 在这点上，它和罗马有几点明显的相关性，特别是继承了军事社会制度（罗马的百人队大会）、统治者的贤德（罗马人思想中的"公民元首"[civilis princeps]）以及和平的讯息（"罗马和平"）。[3] 但认为这两个帝国的统治精英完全都是"文官"是有问题的。[4] 罗马的元老和骑士等级当然不是武士贵族，但军队仍然是他们的生涯和形象中的重要部分。最重要的是，他们想要文武兼顾地为国家效劳。军队指挥官职务对骑士来说仍然带有可观的威信和声望。[5] 帝国时代的所有骑士等级成员仍然有资格参加每年罗马的骑士游行，那是当骑士仍然是骑兵时的遗产。该游行和其他一系列仪式继续强调了该等级的军事起源，以及其成员的美德。这一理念让骑士拥有了自己的目的意识，或者说"内在"。[6] 元老院的情况同样如此，其成员直到公元3世纪中期都在继续担任军队指挥官。因此，不能完全把帝国的元老和精英贵族说成"文官"，因为其成员希望在需要他们的任何职务上为国家效劳，无论是作为军官还是文官。[7]

---

[1] 关于这一"大合流"，即在中国和罗马建立的稳定而统一的君主制，见 Scheidel 2009b: 17–18。
[2] Yates 1999: 33–4; Rosenstein 2009: 41–2.
[3] Mittag and Mutschler 2008: 442 在对帝国罗马和汉朝的比较中指出，和平意识形态的发展在达到了疆域极盛的社会中很常见。
[4] Bang and Turner 2015: 20–2 对汉朝精英做了重要评点，让我们注意到曾被学者低估的军队生涯或尚武理念的不同方面。
[5] 见本书第六章。
[6] 见本书第八章。
[7] Powis 1984: 43–62 描绘了随着前现代国家的演变，军事能力如何同其他贵族意识形态的文官标志继续共存。

军人与文官身份

公元3世纪，随着来自军队普通士兵的新的军事精英的出现，上述范式受到了挑战。该群体的成员是直接被提拔为军队指挥官的士兵，因得到任命而成为了骑士（而不是骑士身份是他们被选中的先决条件）。[1] 这些军官与来自市镇精英的骑士一起服役，但在3世纪中叶的几十年间组成了一股独立的重要力量。一系列军事危机促使伽利埃努斯皇帝更偏爱任命这些军官而不是元老担任高级军职，后者实际上失去了指挥军队作战的权力。从公元3世纪末开始，大部分皇帝都来自这个军官群体而不是元老贵族，因为军事成就成了委任帝国职务的首要标准。马修斯（Matthews）指出，成为将军和皇帝的士兵拥有"另一套价值体系"，不同于现有的元老和骑士精英以及他们文武兼顾的理念。[2] 一边是在军队里成长起来的人，一边是蓝血贵族和文官精英，两者之间无疑存在着社会和文化分歧。在我们的文献材料中，关于出身多瑙河一带的皇帝生性粗俗野蛮的描绘司空见惯，比如共治四帝（Tetrarchs）和瓦伦提尼安兄弟。[3] 但也不乏融入其中的努力。公元3世纪和4世纪的士兵皇帝宣称拥护元老与骑士的文武兼顾的精神。[4] 这些出身多瑙河的皇帝会确保自己的儿子们接受足够的教育，能够平等地同元老贵族打交道，就像瓦伦提尼安一世任用奥索尼乌斯

---

[1] 本书第十一章将详细讨论该过程。
[2] Matthews 2000b: 436-8; P. Brown 2000: 332-3.
[3] 共治四帝：维克托尔《皇帝传》40.12，以及拉克坦提乌斯《论迫害者之死》19.6 对马克西米努斯·达扎（Maximinus Daza）的描绘。瓦伦提尼安一世和瓦伦斯：阿米安29.3.6，31.14.5，以及Lenski 2002:86-8的评论。
[4] Davenport 2015a;2016.

担任格拉提安的老师一事所显示的那样。①

将军们自己的情况同样如此。公元4世纪中叶，高级军队指挥官被授予了元老身份，让他们成为广大"最显赫者"（*viri clarissimi*）贵族阶层的一部分。② 尽管出身军营，但罗马帝国晚期的将军们仍然会试图通过皇帝赏赐的文官荣誉（比如骑士或元老身份、普通执政官）、同传统贵族通婚和结交以及获得土地、财富和在宫廷中的权力来获得认可。③ 这一过程也不是完全单向的，因为城市精英和元老院会接受或借用尚武美德。市议员阶层的成员继续同从普通士兵中晋升上来的军人一起谋求军队指挥官职务，而元老贵族也会借用武人的着装和象征，作为展示他们威望的行头的一部分。④ 因此，新的军队精英和现有的贵族与元老精英都接受了对方的生活和习惯的某些方面。其结果就是，这两个群体都在某种程度上接受了文官和军人价值观，推动了团结意识，避免了出现绝对自行其是的武士贵族。⑤ 这与王政时代拉丁姆⑥流行的状况截然不同，当时罗马及其周边由军阀及其部属主宰。

在上述所有变化过程中，骑士等级在形式上始终是罗马国家的组

---

① McEvoy 2013:106 - 7.
② 见本书第十二章。
③ Wickham 2005:158; Halsall 2007:92 - 3，以及 P. Brown 1992 and Näf 1995 对元老价值观的分析。关于对一个蛮族家族及其在罗马政治中的身份表达的个案研究，见 McEvoy 2016 对公元 5 世纪的阿尔达布里乌斯家族（Ardaburii）的描绘。另见 Demandt 1980 对军队精英的联系和网络的更一般研究。
④ Halsall 2007:109 - 10, 350 - 1, 474 - 5, 484.
⑤ 因此，罗马帝国晚期的军官与匈人截然不同（Maenchen-Helfen 1973:190 - 9）。我们还可以比较罗马和中世纪中国的情况。南朝宋齐梁陈时，军队精英和武人皇帝的崛起并没导致整个帝国意识形态或贵族价值观的改变。相反，新的武人集团接受了汉朝时就已经确立的贵族生活方式。见 Holcombe 1994:21, 36, 56 - 8, 72; Graff 2002:90 - 3, 115 - 16, 256; Scheidel 2009b: 21 - 2.
⑥ 古意大利罗马东南地区。——译者

成部分。但骑士身份现在被分成了一系列身份级别，其中"罗马骑士"是最低的。军官、行政官员和市议员精英追求"出众者"和"最完美者"这些更高的级别，它们能够带来更多的特权和豁免权。这意味着虽然骑士身份仍旧宝贵，但所有拥有它的人是否都会自认为"骑士等级"的一部分是存疑的。① 此外，在公元4世纪期间，元老身份逐渐扩大到行政职务、行省总督和军队指挥官。在公元5世纪最初的几十年之后，罗马世界中仅有的骑士是帝国行政体系中的下级官员、被授予荣誉的团体（比如船主）以及没有足够的运气获得他们渴望的"最显赫者"元老身份的市镇精英。对这些个体来说，骑士身份仍然是重要的荣誉，因为他们是"尊贵者"（honestiores），可以免于受到卑贱的惩罚。但它无法带来像其曾经带给共和晚期的包税人或是奥古斯都的代理官的那种社会地位。到了帝国晚期，将骑士等级联系起来，团结成一个等级的仪式不再进行。尤其是，骑士身份、美德和军事勇武的联系从罗马的公共生活中消失了。这至少在一定程度上可以被归因于罗马行政体系的普遍军事化，因为所有的职务都被说成是在服"兵役"（militia）。不过，在文官和军官职务上为国家效力的精神现在属于一个统一的元老等级，高级行政官员、总督和将军们都被提拔为其成员。

君主制与贵族（续）

直到西罗马帝国作为一个独立的政治组织逐步瓦解，而文官行政体系中的机会逐渐减少，西欧的贵族阶层才变得愈加炫耀其军事色

---

① 见本书第十二章。

彩。公元 5 世纪,高卢的一些贵族拿起了武器,有的试图保卫罗马国家,有的想要自己掌握权力,也有的支持入侵的蛮族。① 从西部帝国的躯壳中诞生的后继国家,比如西哥特王国、勃艮第王国和墨洛温王朝,都采用了君主制。它们持续不断地处于战时状态,因此王权意识牢牢地建立在了胜仗之上,而非个人的品格或公民美德之上。② 社会等级中最重要的是那些能够在战斗中支持国王的人。③ 高卢贵族不再选择文武结合的元老生涯,因为 6 世纪时不再有能够让他们成为执政官或长官的罗马官阶。④ 唯一的文官生涯就是教会职务。⑤ 公元 5 世纪后期和 6 世纪之间在中部及南部高卢的这些变化导致贵族风俗在性质上变得日益尚武。⑥ 在卢瓦尔河以北的地区也出现了新的公职贵族,他们拥有鲜明的武人气质,依附墨洛温诸王。到了公元 7 世纪,在高卢各地(当时称为法兰西亚 [*Francia*])都可以看到世袭的军事贵族。⑦

公元 6 世纪后期和 7 世纪,意大利贵族的军事化背后也有类似的原因。⑧ 当西罗马皇帝不复存在后,意大利的元老精英最初还很活跃,因为他们新的东哥特人领主维持了原有的体系,将他们自己的普通士兵充实到军队和军事精英中。⑨ 不过,东哥特人统治的崩溃和拜

---

① Halsall 2007:494 - 6, 2010:375 - 6. 关于转向日耳曼人侵者的贵族,见 Wickham 1984:18 - 19。
② 关于军事神学,见 McCormick 1986. 另见 I. Wood 1994:66 - 70; Halsall 2007:489 - 90。
③ 在西部,晚期罗马帝国同样战事不断,但会任命将军们来应对这些危机。他们被授予了元老身份,因此并未出现独立的武人阶层。
④ Wickham 1984:21.
⑤ Mathisen 1993:32, 53, 89 - 104, 125 - 31, 136 - 9. 关于行政体系和生涯的地方性质,另见 I. Wood 1994:60 - 1; Halsall 2007:480 - 2。
⑥ Wickham 2005:174 - 7. 关于军事陪葬品和男性风尚,见 Halsall 2010:357 - 81。
⑦ Wickham 2005:179 - 85, 194 - 5, 200 - 1. 关于对后罗马时代贵族的性质的讨论,另见 Fouracre 2000。
⑧ T. S. Brown 1984; Wickham 2005:207, 239.
⑨ 这一画面大体上是真实的,尽管总能找到例外:B. Swain 2016:215 - 18。

占庭入侵意大利导致了公元 7 世纪时"元老贵族和与其相关的制度的式微",就像布朗(Brown)所指出的那样。[1] 与后罗马时代的高卢一样,整个意大利都出现了军事封地制。[2] 罗马国家及其制度的崩溃也导致了其贵族文官价值体系的灭亡。在西部,取代帝国的不是"共和国",而是由武人国王统治的赤裸裸的专制政权。在东罗马(或拜占庭)帝国,"共和国"的文官制度和理想的延续推迟了真正的军事贵族的发展。[3] 拜占庭的变化过程直到公元 7 世纪才开始,原因是旧有的元老等级的衰亡,近乎不间断的战事压力,作为帝国行政基础的军事主题的确立,以及越来越多像亚美尼亚人这样的外来者涌入帝国公职体系担任指挥官。[4] 不过,世袭的拜占庭军事贵族是科穆宁王朝时期的产物,这一发展同那位皇帝对尚武美德的重新强调密切相关。[5] 在此时期,权力和恩荫网络的重组导致了旧有元老精英的消失。[6] 因此,直到那些后继王国在西欧站稳了脚跟,东部的拜占庭帝国抛弃了早前的结构和制度,王政时代存在过的那种军事贵族才回归地中海世界。

新的骑士等级

对罗马制度的记忆继续极大地影响着欧洲人的想象。比如,在公

---

[1] T. S. Brown 1984:46 - 61(引文见第 42 页); Barnish 1988.
[2] T. S. Brown 1984:83, 125. 与高卢的贵族相反,对意大利的贵族来说,教会生涯似乎并不那么有吸引力(Barnish 1988:138 - 40)。
[3] 关于拜占庭是"共和国",见 Kaldellis 2015。
[4] Haldon 1990:388 - 97, 2004:213 - 15; Wickham 2005:236 - 9。
[5] Kazhdan and Wharton Epstein 1985:62 - 70, 110 - 16. 另见 Cheynet 2006:5; Haldon 2009:192。
[6] Haldon 2004:225 - 6 还指出,到了公元 9 世纪,所有的元老都由皇帝直接任命,由此终结了"元老世袭制"。

元12世纪,布雷西亚的阿诺德(Arnold of Brescia)参与了名为"罗马公社"(Roman Commune)的运动,作为打破教廷权力的尝试的一部分,该运动希望复兴罗马共和国以及它的元老院和骑士等级。[1] 但罗马人的骑士等级概念在对中世纪骑士身份的塑造中也扮演了影响巨大的角色,他们被视作社会阶序中一个单独的"等级"。骑士有区分自己身份的仪式,包括仪式性的用剑拍肩,以及身份象征,比如腰带(cingulum)。[2] 骑士与骑士等级的关联实际上源于宗教话语。中世纪的基督教会用其从罗马世界继承的"等级"(ordines)概念来看待社会。[3] 基督教思想家鼓励骑士是为基督效劳的等级这一观念,这让他们以作战为业有了神学上的理由。[4] 用剑拍肩的仪式(人们通过它成为骑士)变成了一种神圣典礼,被称为"受任"(ordination),与教士的仪式类似。[5] 因此,由骑士组成的新的骑士等级(中世纪拉丁语作 ordo equestris)带着上帝的祝福参加了保卫基督教世界的军事行动,最著名的就是十字军。[6] 与罗马骑士等级扯上关系得到了中世纪君主的鼓励,后者希望利用罗马皇帝的遗产。[7] 当然,中世纪欧洲出现骑兵武士贵族要归因于我们已经描绘过的基本历史和社会趋势,比如精英与骑马的关联,以及围绕在君主身边的这些骑士精英的凝聚力。但他们意识形态上的目的感或内在性要直接归功于罗马和对骑士等级的记忆。

---

[1] Bumke 1977:110-11. Luscombe and Evans 1988:314-15 关注了这场运动更大的思想和文化意义。
[2] Barber 1995:26-37. 关于仪式,另见 Leyser 1994:57; Kaeuper 2009:146。
[3] Duby 1980:295.
[4] Morris 1978; Kaeuper 2009:55,137-45.
[5] Chenu 1968:225-6; Duby 1980:295-7.
[6] Luscombe and Evans 1988:308-9.
[7] Jackson 1990:104 分析了红胡子腓特烈的骑士身份和帝国野心。

本书的结构

本书分为四个部分。在第一部分，经过对王政时代的简单盘点后，我们将专注于罗马共和国。第一章"为罗马而骑"分析了骑士作为罗马骑兵的起源，以及马背上的勇气和勇武对贵族身份之形成的重要性。然后我们将探索骑士如何形成自己不同于元老和人民的等级，成为共和国的组成部分。在第二章"西塞罗的骑士等级"中，我们将通过马尔库斯·图利乌斯·西塞罗的研究来审视公元前1世纪的事件，他的书信、演说和论文成为了我们关于共和晚期的主要证据。这一章将考察西塞罗本人对骑士等级（包括其中的陪审员、包税人和商人）的描绘如何反映了当时对这个新等级在罗马国家中的地位还不确定。第三章"身份问题"大体上涵盖了与第二章所言相同的时期，但视角稍有不同。在这一章中，我们将分析界定骑士等级成员的新的身份象征，比如财产条件、金指环、剧场中的保留座位，以及窄边短袍。对骑士地位的意义不仅从拥有既定背景的罗马人的角度，也从新加入该等级的成员的角度来讨论。

第二部分关注的是君主制罗马国家时代骑士等级的制度变化。第四章"通往元首制的道路"描绘了奥古斯都统治下君主制的到来如何让骑士有了共和时代不曾存在的新机会来为国家效劳。在第五章"帝国的骑士等级"中，关注点转向了骑士身份本身，以及它在公元1世纪的进程里开始被视作帝国的恩赐。我们将研究骑士身份是如何在各个行省得到表达的，以及在北非和小亚细亚等地那些截然不同的宗教中，它对罗马公民而言具有的内在价值。第六章和第七章是相互关联的两部分——"履历与人生（I）：军官"和"履历与人生（II）：行政官员"。这两章分析了由奥古斯都确立、他的继承者们扩充的帝国体系是如何让骑士们以军官和行政职务终生为国家效劳，一路晋升到皇帝宫廷中的长官之职。大量荣誉纪念物和墓碑上的铭文记录了皇帝赐予的职位与荣耀，清楚地在公共领域中表现了骑士生涯结构的演变。新的统治等级让骑士可以在军队和行政体系中拥有元老所追求的类似生涯，从而在整个骑士等级中造就了一个公职精英群体。但并非所有的骑士都想要长期的职业生涯，而是拿到一两个职位，甚至是以示皇帝垂青的荣誉头衔就心满意足了。

第三部分"公开展示的骑士"专注于对骑士等级的表演性、文化和宗教三方面的研究，主要关注帝国时代，但也融合了来自共和时代的材料。第八章"仪式和共识"考察如何通过游行和公共展示在集体层面上表现骑士身份，以及它和皇帝及其家族的联系。在第九章"观众与表演者"中，我们转向剧场、斗兽场和竞技场。在这里，我们将考察究竟为何有如此之多的骑士等级成员想要在舞台上表演或是作为角斗士战斗，以及国家如何试图约束这种行为。与之相关，我们还将分析骑士等级可以坐在剧场前十四排座位的特权，以及这如何在罗马和行省成为社会地位的标志。然后，在第十章"宗教与国家"中，焦点将转向在罗马及其神圣的周边地区（特别是拉丁姆的崇拜所）专为骑士保留的官方祭司职务。我们将展示这些宗教职务如何为骑士提供了不同于军事和行政职务，但与之互补的荣耀和尊严。

第四部分将我们带到晚期帝国，以及骑士等级的最终转变。第十一章"总督与将军"专注于公元3世纪罗马军队和行政体系的变革，特别是骑士如何开始取代元老担任军队指挥官和行省行政官。本章还考察了行伍出身的新人崛起并跻身骑士的情况。第十二章"最后的罗马骑士"分析了骑士身份随着该等级的传统身份条件被抛弃而崩溃，以及该等级本身变成了一系列官方地位等级。军队和行政体系中的骑士摇身一变成为元老，而骑士身份本身在社会等级中也有了截然不同的位置。骑士等级跨越了一千多年的罗马历史，它的长寿可以归功于这样的事实，即它为并非元老，但仍然渴望在整个国家中占有一席之地的富有精英带去了荣耀和尊严。随着皇帝获得赐予骑士身份的特权，这种联系在君主制罗马国家中获得了更大的动力，创造了一种犒赏行省贵族精英和把他们纳入帝国体系的方式。

第一部分　共和国

第一章　为罗马而骑

导言：普林尼舅舅的历史

今天，盖乌斯·普林尼乌斯·塞孔都斯（C. Plinius Secundus，更为人所知的名字是"老普林尼"）作为维苏威火山喷发最著名的受害者而被广泛铭记，那次喷发在公元79年摧毁了庞贝、赫库兰尼姆和周边地区。作为驻扎在米塞努姆的帝国舰队的长官，普林尼以英勇的表现进行了救援，最终在斯塔比亚的海滩上死于窒息。若干年后，他很有学究气的外甥小普林尼所写的两封书信描绘了火山喷发和老普林尼不幸遇难的故事，令人难以忘怀。这些书信在今天的中学和大学课堂里继续被人阅读。① 不过，老普林尼丰富多彩的一生远不止他著名的死亡。他是个非凡的作家，写过关于骑兵的战斗、罗马的日耳曼战争，续写了奥菲狄乌斯·巴苏斯（Aufidius Bassus）记述的历史，还有他存世的巨著：汇编了他所生活的世界的基本事实和数据的37卷《博物志》。② 这项浩大的成果是他在罗马帝国军队和行政系统任职的生涯中完成的，他担任过军官、骑兵指挥官和皇帝代理官。③ 这些职务只向普林尼开放，因为他是骑士等级成员。

---

① Pliny the Younger, *Ep.* 6.16, 6.20.
② 关于老普林尼的《博物志》（*Natural History*），见 Levick 2013。
③ Pliny the Younger, *Ep.* 3.5 对他的舅舅做了令人难忘的描绘。

第一章 为罗马而骑

没有罗马人写过骑士等级的历史（就我们所知），老普林尼是最接近的一个。在《博物志》第 33 卷中，普林尼把主题转向了金属。作为对黄金的讨论的一部分，他谈到了金指环（anulus aureus）的历史，帝国早期的骑士会佩戴它们，作为自己在罗马社会等级内部特权地位的象征。① 普林尼由此简略地描述了骑士等级的历史，包括罗马骑兵的起源、骑士的司法角色、佩戴金指环的权力以及骑士之名的变更等基本话题。② 但这些并非按照时间顺序的简单叙述，因为普林尼的重点仍然主要是黄金、奢侈品及它们的腐化和侵蚀作用。骑士等级的形成和用金指环作为身份象征只是这个更大的主题的一个方面。③ 普林尼略去了展现连贯的历史所必需的关键发展和立法。这让试图盘点骑士等级演化的现代历史学家们受到极大的挫折。④ 不过，虽然普林尼的描述缺乏我们可能想要的精确时间指引和具体细节，它确实让我们真切地感受到了骑士等级在罗马世界是如何被不断重新定义、塑造和挑战的，无论是在个人还是集体层面上。

与元老院和人民不同，在罗马历史伊始，骑士等级并非罗马国家的组成元素之一，直到公元前 2 世纪后期才作为共和国的"第三群体"（tertium corpus）出现。⑤ 该等级诞生于王政时代和共和初期的说法（就像普林尼和其他罗马作家所讲述的）很大程度上是公元前 2 世纪的发明，旨在让骑士等级及其成员拥有与其新的集体身份相匹配的悠久历史和传统。本章的目标是分析王政时代的骑兵武士精英是如何在共和初期变成了骑士这一骑兵贵族，以及骑士后来又如何分化为

---

① Pliny the Elder, *NH* 33.18.
② Pliny the Elder, *NH* 33.18 – 36.
③ Wallace-Hadrill 1990a: 91.
④ Brunt 1988: 515 – 16.
⑤ Pliny the Elder, *NH* 33.33. 关于骑士形成一个等级，见本章最后一节和第三章。

元老和骑士等级。这一过程将包括对文献的不断过滤,以便尝试和区分发明出来的传统与历史现实。

马背上的贵族

罗马人相信,他们的城市在公元前8世纪中期到前6世纪后期曾被7位国王统治过。他们中的第一位是罗慕路斯(公元前752—前716年在位),他拥有一支由300名身手熟练的骑兵组成的部队,称为"快马队"。① 按照老普林尼的说法,这些骑兵是骑士等级的前身。② 关于这个名字的起源流传着各种故事。有的认为这源于他们的迅捷速度(拉丁语形容词 celer 表示"迅捷");有的认为来自希腊语单词 κέλης (坐骑);还有的认为是因为骑兵的指挥官叫 Celer,此人曾经奉罗慕路斯的命令杀害了雷慕斯。③ 普林尼等人声称"快马队"是罗马骑士的远祖,这表明后世的罗马人普遍愿意相信该等级可以上溯到罗马城本身的建立之初。④ 在李维的史书《自建城以来史》(From the Foundation of the City)中,骑兵据说曾经由三个百人队组成,每队百名骑兵。根据原先的部落名,他们被称为拉姆奈斯队(Ramnes)、提提埃斯队(Tities)和卢克莱斯队(Luceres)。⑤ 据说,罗慕路斯的一位继承者老塔克文(公元前616—前578年在位)将骑

---

① 诸王的统治时间都按照传统说法,过于相信它们是不明智的。
② Pliny the Elder, *NH* 33.35.
③ Servius s. v. *Aen.* 11.603. 关于 Celer 本人的不同传统,见 Wiseman 1995b: 9 – 10。
④ *Celeres and equites*: Pomp. Dig. 1.2.2.15, 2.15.9; Festus 48L, 以及塞尔维乌斯,前揭。一些权威作者将快马队形容为保镖: Livy 1.15.8; Plut. *Rom.* 26.2; Dion. Hal. 2.13, 2.29, 4.71, 4.75.
⑤ Livy 1.15.3. 这些名字都源于伊特鲁里亚(Ogilvie 1970: 80)。

兵百人队的数字翻番,达到六个,以便应对来自萨宾人的威胁。① 对军队进行最激进的扩张和组织的要算塞尔维乌斯·图利乌斯国王(Servius Tullius,公元前 578—前 534 年在位)。他是传统上认定的"塞尔维乌斯宪法"的缔造者,该法依据财产情况将全体罗马公民分成 193 个百人队,用于兵役目的。② 这也构成了百人队大会的基础,在通过法律、审判死刑案件、宣布议和与开战时,全体罗马公民会在这一大会上集结。大会上有 18 个骑士百人队,普林尼告诉我们,这一称号源于他们拥有"军马"(*militares equi*)。③ 这些故事把具体的发展归功于某个国王,是为了向共和晚期和帝国早期的罗马人解释政治和军事制度的起源。但它们的史实性非常可疑。

那么,对于罗马的早期历史,以及骑士在国家中的地位,我们能说些什么呢?古风时代的罗马无疑由国王统治,即便我们并不接受传统上的全部七王都是真正的历史人物(事实上可能要比七人多得多)。④ 拉丁姆和伊特鲁里亚的贵族精英是个武士群体,他们的地位和威望来自军事成就。⑤ 来自公元前 7 世纪墓葬的考古学和艺术品证据显示了骑兵的存在和战车的使用,尽管后者似乎是用于展示威望,而不是战斗。⑥ 这些骑兵贵族按照氏族群体被组织起来。虽然氏族出自具体的城邦,但他们到处流动,在整个地区与其他群体争夺影响力,就像康奈尔(Cornell)和阿姆斯特朗(Armstrong)所描绘

---

① Festus 452 L; Livy 1.36.2,7-8; Cic. *Rep.* 2.36.
② 见 Cornell 1995:179-81; Lintott 1999:55-63。
③ Pliny the Elder, *NH* 33.29. 在这 18 个百人队中,较为年长的百人队被称为"投票六队"(*sex suffragia*)——据说始于老塔克文的统治——因为他们在投票过程中扮演了特权角色(Cic. *Rep.* 2.39)。
④ Cornell 1995:119-20, 140.
⑤ Frederiksen 1968:15-16; D'Agostino 1990:71-5,81.
⑥ 关于对证据及其局限的讨论,见 Frederiksen 1968:15-16; D'Agostino 1990:69-71; Cornell 1995:81-2; Barker and Rasmussen 1998:260-1; J. Armstrong 2016:69-70。

的。① 罗马的土著贵族氏族被现代史学家形容为"元贵族",即共和时代贵族家族的前身。② 但罗马的王位不是世袭的,而且常常由并非土生土长的罗马人担任。③ 因此,国王是从范围更广的地方贵族中选出,而不局限于"元贵族"。国王的首要责任是司法、宗教和战争事宜。在自己的氏族群体——他们构成了军队——支持下,他控制着罗马的"对外政策"。④ 在整个公元前6世纪乃至到了公元前5世纪,都有关于这些流动的贵族氏族的证据,从而跨越了传统上王政和共和时代的分界线(以公元前509年"驱逐国王"为标志)。⑤ 真正的断层似乎是国王的消亡,被名为 *praetor* 的行政官所取代。贵族氏族的领袖可以通过选举来争取这个职位。⑥ 在公元前5世纪期间,武士精英变得越来越以罗马为中心,而不是跨地区的,这个变化标志着他们转变成了罗马社会等级中的贵族。⑦

这对骑兵有何影响呢?阿尔弗迪(Alföldi)认为,罗慕路斯的"快马队"就是王政时代罗马的贵族。⑧ 不过,鉴于有证据表明拉丁姆存在一个流动和地区性的骑兵贵族,而且军阀们会对罗马王位展开争夺,我们需要更仔细地看待这种说法。罗马贵族的巩固用了几个世纪才完成。"快马队"本身显然是虚构的,就像罗慕路斯和其他早期

---

① Cornell 1995:143 – 50;J. Armstrong 2016:53 – 4,57 – 8,70 – 1.
② J. Armstrong 2016:54,96 – 7. 关于早期的做法,见 Cornell 1995:142 – 3;Richard 1995:110 – 11。
③ Cornell 1995:141 – 3;Rawlings 1998:104 – 7;J. Armstrong 2016:60 – 1,86 – 93.
④ J. Armstrong 2016:59,73.
⑤ Cornell 1995:144 – 5;Rawlings 1998:110 – 12;J. Armstrong 2016:71,130 – 1,134 – 46.
⑥ J. Armstrong 2016:129 – 36,172 – 6.
⑦ J. Armstrong 2016:54,73,84,134 – 5,148.
⑧ Alföldi 1952:87 – 92,1968:450 – 2. 阿尔弗迪在其关于罗马社会组织的权威作品中也采用了这种观点,见 Alföldy 1984:7。

罗马的神话一样。① 然而，神话背后的动机与现实本身一样有趣。把"快马队"说成是罗马骑士祖先的传统很可能产生于公元前2世纪后期，当时骑士等级成为了一个不同于元老的等级。作为该过程的一部分，让骑士在早期罗马历史中拥有自己戏份的故事被创造了出来。② 如果罗马骑士真被视为共和国的"第三部分"，就像老普林尼所指出的，那么他们必须从一开始就同元老和人民一起为罗慕路斯而骑。

百人队大会的情况与此类似，它被归功于塞尔维乌斯·图利乌斯国王。现在，大部分学者都认同，对罗马社会如此有条理地组织可能是长期缓慢改变的结果，而不是由某位国王发起的。③ 我们已经指出，公元前5世纪时，骑士精英变得越来越多地在罗马城中定居下来。作为该过程的一部分，拥有土地成了财富和威望的更重要来源，把流动的氏族群体变成了地主贵族。④ 与这一转变相对应的是阿姆斯特朗所称的"基于共同体"的罗马军队（相对于国王的私人军队）的形成。⑤ 因此，基于财产的军事等级概念很可能源于公元前5世纪末，当时罗马第一次开始向士兵发饷。⑥ 在这支军队中，新生的富有地主贵族组成了骑兵。⑦ 那些后来被人和骑士等级联系起来的身份标志，诸如，特拉比亚袍（*trabea*）金指环，最初是贵族或元老的特征——也就是说，它们是新的地主贵族的象征。⑧ 这种解读保留了阿

---

① 参见 Hill 1938。
② Ogilvie 1970:83.
③ Cornell 1995:181；J. Armstrong 2016:80-1.
④ J. Armstrong 2016:153-63.
⑤ J. Armstrong 2016:163-4.
⑥ Cornell 1995:187-90. 不过，需要指出的是，当时还没有罗马铸币，这意味着军队获得的是"非铸币的金属"（Burnett 2012:298）。
⑦ Hill 1952:5；Grieve 1987:308-11. 参见持更加怀疑态度的 Cornell 1995:250-1，他不相信贵族是骑兵。
⑧ Alföldi 1952:13-72 是非常重要的作品。另见 Hill 1952:215；Nicolet 1974:139-43；Kolb 1977b:246-7；Oakley 2005a:636-7。

尔弗迪所说的贵族与骑兵之间的联系，但将其从王政时代移到了共和早期，即稳定的贵族集团正在罗马出现的时候。李维和哈利卡纳苏斯的狄俄尼修斯所描绘的百人队大会中各个百人队的确切构成无疑与公元前4世纪和前3世纪时共和中期的大会有关。① 大会的设立后来被归功于塞尔维乌斯·图利乌斯，因为罗马人习惯于将自己重要的政治和宗教制度与具体的国王及其性格联系起来。②

事实上，从王政时代到共和时代的转变远不像公元前509年"驱逐国王"可能暗示的那么突然。关于这一年发生了明确断裂的观念源于新"共和国"的理念，即国家属于全体罗马公民，个人与集体的"自由"（*libertas*）受到拥护。③ 相反，转变要平缓得多。一边是流动的骑兵精英，由他们中的一员作为国王来统治；一边是地主贵族，其成员为当选最高行政官而展开竞争，公元前6世纪和前5世纪见证了从前者向后者的转变。在新共和国中，公民群体就是军队，而最富有的公民不可避免地在马背上服役。这种划分在财权政治的百人队大会上被奉为圭臬，百人队大会随着时间的推移逐渐演化，直到在公元前4世纪或前3世纪的某个时候达到了李维和狄俄尼修斯所描绘的成熟阶段。大会代表了军队与国家，其中最有特权的成员是名为骑士的富有贵族。

骑士的财产级别

将罗马公民吸纳进百人队大会是两位名为监察官的高级行政官的

---

① Nicolet 1974:18 - 19; Cornell 1995:179 - 81; Lintott 1999:55 - 60; Forsythe 2005:111.
② Beard, North and Price 1998:3 - 4, 60 - 1.
③ Mouritsen 2001:11 - 12; Hammer 2014:53.

第一章　为罗马而骑

责任。① 在每五年一次的人口调查中，监察官会根据财产条件将全体 17 岁及以上的罗马公民划分成各个级别。② 骑士有 18 个百人队，从国家最富有的成员中选出。他们被要求作为骑兵入伍 10 年，这也是所有想要开始从政生涯的公民的最低服役要求。③ 公民在共和国作为骑士服役究竟需要什么样的财产条件仍不确定。我们主要依靠后世的描述。哈利卡纳苏斯的狄俄尼修斯写道，骑士百人队中的罗马人是从"那些在人口级别中排名最前和出身高贵者"（ἐκ τῶν ἐχόντων τὸ μέγιστον τίμημα καὶ κατὰ γένος ἐπιφανῶν）中选出的，西塞罗也有类似的表述，说他们拥有"最高的人口级别"（censu maximo）。④ 记录中的最高级别是一等步兵（prima classis）的 10 万阿斯。根据阿斯来划分公民的做法不可能早于公元前 3 世纪罗马引进铸币，尽管这当然不能排除更早之前有过基于财产的财权政治划分，因为罗马在此前用过非铸币形式的金属。⑤ 西塞罗和狄俄尼修斯的表述似乎暗示，公元前 3 世纪初的骑士需要与一等步兵相同的财产条件。⑥ 因此，除了财富，被选为骑士百人队成员的特权还取决于其他因素。在选择可以获得这种荣耀的罗马公民时，监察官会考虑他们的身体状况是否适合在军中效力，以及性格和道德上是否合适。⑦ 据说监察官在将公民纳入和逐

---

① 按照 Livy 4. 8. 3 和 Dion. Hal. 2. 62 的说法，监察官一职是公元前 443 年设立的。在某个不明确的时间点，人口调查开始每五年进行一次（Lintott 1999: 115 – 17）。
② Nicolet 1974: 73 – 5；McCall 2002: 8.
③ Polyb. 6. 19. 1 – 4.
④ Dion. Hal. 4. 18. 1；Cic. Rep. 2. 39. Livy 1. 43. 8 含糊地表示，他们是"从头面公民中"（ex primoribus civitatis）选出的。
⑤ 关于该过程及其背后的原因，见 Burnett 2012。
⑥ Hill 1939，1952: 8；Walbank 1956: 700；Rathbone 1993: 149 n. 25.
⑦ Livy 4. 8. 2 – 3；Polyb. 6. 20. 9. 另见 Hill 1952: 34；Lintott 1999: 119。关于监察官登记骑士的最早描绘来自公元前 312 年（Diod. Sic. 20. 36. 5），尽管这几乎不可能是举行的时间（Hill 1952: 37）。关于监察官的道德权力，见 Astin 1988。

出百人队的过程中非常谨慎，不会随意或没有理由地使用这些权力。①

不过，随着时间的推移，骑士的财产条件被提升到高于一等步兵的水平。② 这次提升很可能发生在公元前 3 世纪末，即第二次布匿战争时。③ 它可能与罗马钱币体系的重组有关，伴随着公元前 211 年引入第纳里。④ 条件提高的证据来自波吕比乌斯，他在公元前 2 世纪描绘了罗马军队的组成。他表示，每个军团的骑兵由监察官"根据财富"（$\pi\lambda o\upsilon\tau i\nu\delta\eta\nu$）选出，暗示当时骑士的标准要高于军队中的步兵所需要的。⑤ 李维对公元前 214 年的事件的描绘——当时公民必须提供奴隶作为罗马舰队的桨手——为高等骑士级别的潜在数量提供了指征。在国家遭遇危机时，被监察官认定拥有 10 万阿斯的公民需要为舰队提供 3 名奴隶，拥有称号过 30 万阿斯的需要提供 5 名，拥有 100 万阿斯以上的需要提供 7 名，元老需要提供 8 名。⑥ 我们并非一定要认为这些数字对应着具体的财产条件，因为元老院可能只是临时定下这些标准。⑦ 但它们的确表明，可以很容易地在高于一等步兵成员所需的 10 万阿斯的标准之上对公民进行划分。

我们能进一步确定骑士级别的精确标准吗？最熟悉的数字是近乎

---

① Astin 1988：26 - 8.
② Rosenstein 2008：7 n. 33.
③ Nicolet 1974：47 - 68.
④ 关于第纳里，见 Woytek 2012：315 - 16。
⑤ Polyb. 6.20.9; Gabba 1976：126 - 8，尽管奇怪的是，他不相信这适用于公共马骑士，而是只适用于自备马骑士。他们无疑有着相同的条件，就像 Nicolet 1974：54 - 5 所指出的。
⑥ Livy 24.11.7 - 8.
⑦ 按照李维的这段话，有人认为骑士的条件是 100 万阿斯（Nicolet 1974：63 - 6；Wiseman 1971：66；Gabba 1976：125 - 8；McCall 2002：3 - 5），但那是不可能的（Brunt 1971：700；Crawford 1985：149）。关于其他征税水平与财产条件不符的情况，见 Rathbone 1993：149 n. 25。

权威的40万塞斯特斯这一标准，它最早出现在贺拉斯《书信集》的一首作品中，时间是公元前20/19年。① 拉斯伯恩（Rathbone）指出，对这一调查排名的描绘用的都是塞斯特斯，表明这一具体标准很可能是公元前141年之后的。② 罗马人在那年调整了自己的币制，作为货币单位的阿斯被贬值，行政当局对"国家支付和官方价值评估"的计算从阿斯改为塞斯特斯。③ 因此，克劳福德（Crawford）提出，这一改变导致骑士级别的条件从40万阿斯（改革之前）变成了40万塞斯特斯（改革之后）。④ 贺拉斯提到的40万塞斯特斯无疑暗示这成了被普遍接受的数字，至少可以上溯到公元前67年的《洛斯基乌斯法》（lex Roscia）。⑤ 不过，我们无法确定它是否出现在更早的时期，即公元前141年的改革之时或早于公元前67年的某个时间。⑥ 我们也不能言之凿凿地表示，级别标准没有多次改变过。我们能说的只是，骑士最初与一等步兵有着同样的级别，但后来超过了步兵，很可能是在第二次布匿战争时。公元前141/140年的币制调整后，财产级别的数字单位从阿斯变成了塞斯特斯。到了公元前1世纪后期，标准被定为40万塞斯特斯。

虽然富有且拥有特权，18个百人队中的骑士却无需为马匹自掏腰包。相反，是由国家出钱向每人提供马匹，称为"公共马"。⑦ 按

---

① 40万塞斯特斯这个数字出现在 Hor. *Epist.* 1.57-9（R. Mayer 1994:10-11）。本书第三章将做进一步讨论。
② Rathbone 1993:149 n.25。
③ Woytek 2012:320。关于这次调整币制背后的原因，见 Kay 2014:103-4。
④ Crawford 1985:147-51。另见 Briscoe 2008:287。
⑤ 本书第三章将对此做详细讨论。参见 Brunt 1988:146；Kay 2014:12, 287，他们认为公元前67年的《洛斯基乌斯法》将财产条件定为40万塞斯特斯。
⑥ Rathbone 1993:149 n.25 认为是在公元前129年，也就是将骑士与元老分开的那一年引入的。
⑦ 最初的300名骑士每人获得两匹马，但这在某个未知的时间点发生了变化（Momigliano 1966:17）。

照传统，财库为这些所谓的"公共马骑士"每人拨款1万阿斯购买马匹（称为"骑兵费"[aes equestre]），另外还有2000阿斯用于马匹的给养（"草料费"[aes hordiarium]）。① 这些资助来自向寡妇和孤儿征的税。② 与他们显赫的地位相对应，18个公共马骑士百人队最初拥有在百人队大会上率先投票的特权，甚至还在第一级别之前，尽管这在公元前3世纪时变了。③ 不过，即便当罗马的领土扩大到整个意大利时，没有改变的一点是监察官选出的公共马骑士的数量。1800人的数字在整个王政时代都是固定的（18个百人队各100名骑士）。④ 这些公共马骑士中的300人最初被划拨给前四个军团。⑤ 这很快被证明不够，于是从公元前403年开始，所有具备必要财产条件的罗马公民都被允许加入骑兵，尽管他们不得不自掏腰包准备和供养马匹（因而被称为"自备马百人队"[equites equo suo]），不被纳入百人队大会的骑士百人队。⑥ 自备马百人队的人数最终大大超过了公共马百人队。到了公元前225年，在第二次布匿战争期间，罗马和坎帕尼亚共有2.3万人有资格作为骑士在骑兵中服役，但其中只有1800人作为公共马骑士被正式纳入骑士百人队。⑦ 能够作为骑兵入伍的罗

---

① Livy 1.43.9, Hill 1952:11 – 12; Nicolet 1974:36 – 7; Ogilvie 1970:171 – 2 对此做了讨论。在老加图的时代仍会发放骑兵费（Hill 1943）。
② Livy 1.43.9（仅限寡妇）; Cic. Rep. 2.36.1（寡妇和孤儿）。
③ Livy 1.43.9; Ogilvie 1970:173. 公元前3世纪末，这个角色由抽签选出的第一级别百人队扮演，称为优先百人队（centuria praerogativa）(Momigliano 1966:18; Grieve 1987:313 – 17)。然后，"投票六队"在第一级别之后，但在第二级别之前投票（Cic. Phil. 2.82 – 3; Livy 43.16.14）。
④ Livy 1.43.8; Dion. Hal. 4.18.1; L. R. Taylor 1966:85 – 6. 参见 Nicolet 1974:113 – 1，作者提出百人队中有2400名骑士。
⑤ Polyb 6.20.9.
⑥ McCall 2002:2 – 3. Livy 5.7.4 – 13 认为，公共马骑士的引入是在公元前403年与维伊的战争期间（得到 Ogilvie 1970:642 的认同; cf. Nicolet 1974:54 – 5）。Rosenstein 2008:7 暗示，对自备马骑兵的条件较低。
⑦ Polyb 2.24. 关于史学家波吕比乌斯给出的第二次布匿战争期间罗马军队的组成数字，见 Walbank 1956:196 – 9 的评论。

马人数量的上升使得更高比例的富有公民能够以精英身份参与国家事务，并因自己的努力获得认可。公共马骑士和自备马骑士之间的人数差异证明了公共马带给其拥有者的威望。不过，这两个群体都被认为是，而且都被称作"骑士"。[1] 他们组成了一个通过为共和国服役而联合起来的贵族。

骑士的组成和凝聚力

直到公元前 129 年，骑士的成员中既有元老也有非元老公民。所有的元老都是公共马骑士，保有他们的公共马和在 18 个百人队中的地位。[2] 这是因为百人队大会和元老院从根本上讲是两个不同的政治机构，前者是由全体公民组成的大会，而后者是顾问议事会。[3] 这意味着骑士百人队的 1800 个席位中总是有 300 个被元老占据。[4] 其余的公共马骑士都是元老的儿子或其他男性亲属，比如堂表兄弟或侄甥，或是没有元老亲戚的富有公民。[5] 人数更多的自备马骑士群体来源更加多样，虽然他们同样富有，因为必须满足骑士的财产条件。这意味着元老和骑士二者之间没有明确的区分：元老就是骑士。把他们

---

[1] Stein 1927:5-6.
[2] Cic. Rep. 4.2 中明确提到了这点。见 Stein 1927:5-6 的讨论。监察官根据公元前 4 世纪后期通过的《奥维尼乌斯法》(lex Ovinia) 选择元老，可惜的是法律条文晦涩难懂 (Cornell 1995:369-70; Lintott 1999:68-72)。直到苏拉的改革，财务官才会带来元老身份 (Lintott 1999:136)。
[3] 关于元老的权力，见 Lintott 1999:65-8。
[4] Stone 2005:75-6 认为，300 名元老组成了"投票六队"中的三个百人队。
[5] 我们不清楚这些群体的准确人数结构，尽管元老无疑不可能超过 1800 名公共马骑士中的 300 人。一直难以弄清的是元老的亲戚和那些与元老没有关系的人的数字。Hill 1952:46 估计，大约一半的公共马骑士与元老没有关系，这似乎是合理的估算。当然，这三个群体只是对复杂的社会网络所做的简化，就像 Nicolet 1974:253-69 在他对元老和骑士之关系的讨论中所指出的。不过，它们在将来发生的改变概念化方面仍然重要。

成为一体的是以任何被要求的身份为共和国服务的精神,无论是作为文官还是军官(domi militiaeque)。这一表达的字面意思是"在国内和战场",涵盖了元老作为行政官、代行政官或公民所必须扮演的民事和军事角色。①

强调这一点很重要,因为李维的史书在此事上很有误导性,他把骑士等级描绘成甚至在共和早期和中期就形成的一个介于元老等级和罗马人民之间独立且界定清晰的群体。李维最早使用这个表述是在他对公元前440年的描述中,称斯普利乌斯·麦利乌斯(Spurius Maelius)是个"来自骑士等级"(ex equestri ordine)的富人。② 这种表述对公元前5世纪而言时间不对,李维的描述受他本人对于奥古斯都时代独立的骑士等级的看法影响,当时元首重新强调了骑士在共和国中的位置。③ 在李维笔下公元前403年的事件中(公民第一次志愿带着自己的马匹参加骑兵),他写到元老们如何以大家长的口吻对骑士和人民大加赞美。④ 甚至更引人注目的是李维对公元前210年的描绘,当时为舰队筹款的计划得到了国家各组成部分的拥护:"骑士等级遵循了元老院的共识,平民又跟随骑士等级的共识行事"(hunc consensum senatus equester ordo est secutus, equestris ordinis plebs)。⑤ 任何熟悉奥古斯都和提比略的荣耀诏令用语的人都可以看到后来的帝国政治话语在这里的影响。⑥ 公元前3世纪的罗马人没有骑士等级的概

---

① Sall. *Cat.* 9.1-3 盘点了这种服务理念同共和国运作的关系。关于元老生涯,见 Rosenstein 2007, 2009:35-9。关于文武兼顾这一表达及其意义,另见 Drogula 2015:47-56,关于其在李维作品中的频繁使用,见 Humm 2015:345。
② Livy 4.13.1.
③ Hill 1952:45-6; Nicolet 1974:163-7; Oakley 2005a:636-8; Briscoe 2012:439. 参见 Hill 1930 更为乐观的结论,他为对麦利乌斯的描绘做了辩护。
④ Livy 5.7.5-13. 关于本节中使用的政治语言,见 Ogilvie 1970:643。
⑤ Livy 26.36.12.
⑥ 这将在本书第八章中讨论。

念,更无法想象不同于元老的骑士等级。

相反,我们在共和早期看到的骑士是统一的骑兵贵族,构成了韦伯式的职业身份群体,由他们的官方功能所定义。① 此类群体通常通过荣誉、身份象征和意识形态来赋予自己的地位以意义,就像本书导言中所讨论的。罗马贵族由骑士的 *virtus* 所定义——这个基本上无法翻译的词表示"勇气"或"英勇",但也代表了罗马男性(*vir*)所意味的一切。② 公元前5世纪和前4世纪时,罗马非常重视庆祝它的骑兵所取得的成就和胜利。传统上,其中首先值得一提的是公元前499年或前496年的雷吉鲁斯湖战役(Battle of Lake Regillus),当时罗马人确保了对拉丁同盟的胜利,这要归功于双子神卡斯托尔和波吕克斯在关键时刻的显灵。③ 为了向他们对这场战役的贡献致敬,人们在罗马广场的南边建起了卡斯托尔和波吕克斯神庙(有时被称作卡斯托尔兄弟神庙),于公元前484年落成。④ 双子神成了罗马骑兵的守护神,醒目地出现在钱币上,他们是唯一得到如此荣耀的骑兵武士。⑤ 按照哈利卡纳苏斯的狄俄尼修斯的说法,雷吉鲁斯湖战役后不久,罗马人设立了每年一度的骑士游行(称为 *transvectio equitum*)。公共马骑士会穿着特拉比亚袍(一种红色或紫色的短托袈),骑在挂着仪式性胸牌(*phalerae*)的白马上。⑥ 游行代表了对作为统一社会群体的共和

---

① Weber 1968:306.
② 见 Massa-Pairault 1995;McCall 2002:6-9;McDonnell 2006:154-8,185-95,248-58 的重要讨论。
③ Dion. Hal. 6.13.1-4;Plut. *Cor*. 3.2-4;Cic. *De Nat. Deorum* 2.6;Livy 2.19-20(省略了双子神的显灵);Nicolet 1974:19-20. 本书第五和第八章将更详细地讨论这一游行。
④ Livy 2.24-5 认为落成的时间是7月15日,而其他权威材料(比如 Ovid, *Fasti* 1.705-6)给出的是1月27日。
⑤ Forsythe 2005:186;McDonnell 2006:249-50. 考古学证据证明,整个拉丁姆有更广泛的双子神崇拜(Massa-Pairault 1995:46-7)。
⑥ Mommsen 1887-8:III, 513;Kolb 1977b:246-7.

国中最富有和最杰出的公民的赞颂。① 举行庆祝的日期是 7 月 15 日，即雷吉鲁斯湖战役胜利以及卡斯托尔和波吕克斯节那天。② 不过，李维、瓦雷利乌斯·马克西姆斯（Valerius Maximus）和伪奥雷利乌斯·维克托尔（Pseudo-Aurelius Victor）的作品中还有另一个传统，认为游行制度是监察官昆图斯·法比乌斯·马克西姆斯·鲁里亚努斯（Q. Fabius Maximus Rullianus）于公元前 304 年设立的。③ 为了调和这些不同的故事，有人不无道理地提出，鲁里亚努斯并未发明这一仪式，而是把游行从赞颂罗马骑兵变成专为赞颂公共马骑士。④ 这可能是对作为自备马骑士服役的公民人数日益上升的反应，试图更精准地显示 18 个百人队及其成员的威望。

除了上述集体仪式，公元前 4 世纪时，骑士的勇武也在个人层面上得到赞颂。有一些关于该时期擅长骑马单挑的罗马贵族的故事。特别是从公元前 4 世纪 40 年代开始，所有此类关于单挑的叙述都包含了马上作战者。⑤ 其中最令人难忘的故事以提图斯·曼利乌斯·托尔夸图斯（T. Manlius Torquatus）为主角，此人是那位同名执政官之子，他不顾父亲让他在敌方拉丁人面前稳住阵脚的命令，进行单挑。⑥ 他的抗命是托斯卡纳武士格米努斯·麦基乌斯（Geminus Maecius）的挑衅所致，后者表示会让他瞧瞧"拉丁骑士要比罗马骑士出色多少"（*quantum eques Latinus Romano praestet*）。⑦ 在展示骑士

---

① Nicolet 1974:44-5; Massa-Pairault 1995:58; McDonnell 2006:187-8.
② Dion. Hal. 6. 13. 4; Weinstock 1937a:15.
③ Livy 9.46.15; Val. Max. 2.2.9; Ps.-Aur. Vict. *Vir. ill.* 32.3.
④ Weinstock 1937a: 7-18,1937b: 2182; McDonnell 2006:187-8; Sumi 2009:130. 公元前 4 世纪中期，罗马骑兵在萨莫奈之战中的重组可能进一步推动了此事。
⑤ McCall 2002:84-5; McDonnell 2006:189-93. Oakley 1985:397 认为这种单挑会每年举行。
⑥ Livy 8.7.1-22; Oakley 1985:394 讨论该故事的这个和其他版本。
⑦ Livy 8.7.7.

本领时,托尔夸图斯刺中了麦基乌斯坐骑的两耳之间,把敌人从马背上掀翻在地。老曼利乌斯·托尔夸图斯后来以抗命为由处死了儿子,向所有试图越阵而出的罗马人发出了警告。这个故事表明,曼利乌斯和其他年轻人非常为自己的骑术感到骄傲,这构成了他们跻身贵族的社会活动的一部分。

  年轻人无疑花了大量时间来训练作战本领,让他们可以在骑士的勇武方面出众。麦唐内尔(McDonnell)认为,罗马在这一时期获得的财富、资源和奴隶的不断增加,使得贵族青年有时间和空间致力于这些活动。① 以纪念碑形式颂扬骑士美德的罗马将军骑马的荣誉雕像最早出现在公元前 4 世纪,这绝非巧合。② 公元前 338 年,罗马广场上竖起了执政官盖乌斯·麦尼乌斯(C. Maenius)和卢基乌斯·弗里乌斯·卡米卢斯(L. Furius Camillus)的骑士形象的雕像,以此向他们战胜拉丁同盟致敬。③ 正如李维所指出的,在这个时期之前,此类纪念碑在罗马并不常见。④ 但很快,双子神庙前又竖起了一座骑士像,向打败赫尔尼基人(Hernici)的昆图斯·马尔基乌斯·特雷穆鲁斯(Q. Marcius Tremulus,公元前 306 年的执政官)致敬。⑤ 老普林尼提到,奉献骑士雕像的习俗承自希腊人,后者会竖立这类雕像,用来向赛马或赛车比赛中的英雄运动员致敬。⑥ 使用这种风格的纪念碑来纪念军事胜利是罗马人的发明,证明了骑士对共和国延续的重要

---

① McDonnell 2006:193 – 5.
② 据说在公元前 506 年竖立的克洛伊利娅(Cloelia)的雕像很可能不是真的(Livy 2. 13. 11, 以及 Ogilvie 1970:268 的评论)。
③ 就像 Oakley 1998:535 所指出的,最终击败拉丁同盟配得上这种新的荣誉。
④ Livy 8. 13. 9. 关于这些雕像的历史真实性有一些争议:Wallace-Hadrill 1990b:172 认为它们是"编年史作者的幻想",但另一些学者表示接受,特别是 Tanner 2000:29; Oakley 1998:533 – 5; Oakley 2005b:575; McDonnell 2006:155 – 6。
⑤ Livy 9. 43. 22; Cic. *Phil.* 6. 13; Pliny the Elder, *NH* 34. 23.
⑥ Pliny the Elder, *NH* 34. 19 – 20.

性。① 骑士的美德代表了罗马贵族的基本特质之一，为这些富有的精英提供了有凝聚力的存在理由。

政治冲突与地位分化

骑士的团结在共和时代中期开始破裂。元老一直仗着自己的元老院成员而有别于其他骑士，担任要职的元老行政官更是如此，但这在公元前 5 世纪或前 4 世纪似乎并未引起任何严重的问题或分裂。不过，元老骑士和非元老骑士身份的不同在共和时代中期变得更加明显，无论是在骑士百人队中，还是在全体骑士内部。这些群体之间更大的差异来自公元前 3 世纪和前 2 世纪一系列相互关联的动向。首先，元老和非元老之间在商业与贸易利益以及分配公共税收合同上发生了争执。这并非因为非元老骑士有任何导致冲突的革命性或创新性计划：他们没有也无法制定任何形式的政策。但他们的确反对任何会影响他们在商业领域的利益的做法。② 其次，元老希望突出自己在整个骑士群体内部的更高地位，这一地位不仅源于其元老院成员的身份，而且因为他们有资格担任行政官并掌握由此带来的指挥权。他们能够真真正正地宣称自己在所有卓越的领域文武兼顾地为共和国效劳。在人口调查中具有骑士条件的罗马公民基本上一直与共和早期是同一批人，但骑士内部的差异很快变得更加明显。③

---

① Massa-Pairault 1995:50; McDonnell 2006:154 – 6; Spencer 2007:93. 关于罗马人对其他希腊纪念方式的改造，见 Wallace-Hadrill 1990b。
② 见 Badian 1962:224; Meier 1966:65 – 9。
③ 这种观点来自 Brunt 1988:144 – 50 关于共和晚期的经典描述，因为其基本原则仍然适用于更早的时期。

第一章　为罗马而骑

(i) 贸易与税收

第一个值得考虑的问题是元老骑士和非元老骑士在财务及贸易领域的差异。公元前 3 世纪罗马领土帝国的扩张（更不用说它在整个地中海日益增长的政治影响力）带来了新的商业机会。[①] 但在公元前 218 年，汉尼拔战争爆发前不久通过的立法大大限制了元老利用这些机会的能力。在这一年里，保民官昆图斯·克劳狄乌斯（Q. Claudius）成功通过了《克劳狄乌斯法》（*lex Claudia*），禁止元老或他们的儿子拥有能够装载超过 300 个双耳细颈瓶的船。[②] 很难找出这项具体的法律背后的动机。李维将其描述为一种道德措施，旨在维护传统的观点，即元老唯一体面的赚钱方式是拥有土地和从事农业。[③] 参与贸易不受欢迎，除非是与本人农庄有关的收益。[④] 一艘装载 300 个双耳细颈瓶的船可以为当地市场运输额外的葡萄酒、橄榄油和其他产品，但无法为重大的商业活动提供坚实的基础。[⑤]《克劳狄乌斯法》明确禁止更大的船只这一事实表明，当该法律在公元前 3 世纪末通过时，元老已经从这种活动中获利了。[⑥]

元老们将面临来自非元老骑士和其他富有公民的竞争，后者在意

[①] Badian 1972：11‑47；D'Arms 1981：33‑4；Kay 2014：8‑18. Gruen 1984：302‑3 讨论了公元前 3 世纪初与希腊东方打交道的罗马人与意大利人。
[②] Livy 21. 63. 2‑4. 300 个双耳细颈瓶相当于每条船上有约 7700 升酒，或者 5985 公斤的粮食（Rosenstein 2008：16 n. 75）。
[③] 这种说法是合理的，因为许多罗马法背后的道德理由在实践中并无效果。见 D'Arms 1981：31；Gruen 1984：300‑1。
[④] 这方面的经典描绘见 Cato, *De Agr*. pref. 1‑4。关于意识形态问题，见 Badian 1972：50‑3；D'Arms 1981：20‑31；Rosenstein 2008：18‑19。严格说来，放贷会受到鄙视，但共和时代和帝国时代的元老和骑士并未因此罢手（Andreau 1999a：12‑14）。
[⑤] Wiseman 1971：79。
[⑥] D'Arms 1981：33；Gruen 1984：307。

大利也拥有大片土地,希望在市场上出售他们的货物。① 销售者之间肯定存在激烈的竞争,因为正如罗森斯坦(Rosenstein)最近所指出的,拥有土地本身并不会带来丰厚的利润。② 因此,有理由认为,争夺市场份额的竞争(李维没有提到)意味着,包括骑士和其他富有个人在内的非元老都会游说昆图斯·克劳狄乌斯实行一项法律,以限制他们的竞争对手元老的商业活动。③ 这项措施不受元老院欢迎是可以理解的。根据李维的说法,只有执政官盖乌斯·弗拉米尼乌斯(C. Flaminius)支持克劳狄乌斯的提议。④ 当然,《克劳狄乌斯法》实际上没能阻止元老从事贸易和其他商业活动,因为他们继续通过亲戚、代理人和中间人(包括骑士)追求这些利益。⑤ 西塞罗表示,这项法律在公元前1世纪被搁置,尽管它背后的意识形态想法仍然活跃着。公元前59年,它被尤利乌斯·恺撒恢复。⑥ 上述考虑并不否认这样一个事实,即《克劳狄乌斯法》暴露了元老父子同其他非元老骑士之间的一个关键分歧。⑦ 这使我们能够理解这些群体的利益如何在某些情况下可能会相合,在其他情况下又会相背。

公元前3世纪末,大约在《克劳狄乌斯法》通过的同一时间,一个被称为包税人(publicani)的群体第一次出现在李维的编年史中,

---

① 关于拥有土地是骑士财富的基础,见 Nicolet 1974:285 – 311; Brunt 1988:163。关于非元老骑士和其他商人同元老的竞争,见 Rosenstein 2008:5, 20。
② Rosenstein 2008:18 – 24。
③ Hill 1952:88; Yavetz 1962:339 – 42; Nicolet 1980:80 – 1; D'Arms 1981:31 – 3。
④ Livy 21. 63. 4. Yavetz 1962:341 认为,弗拉米尼乌斯是《克劳狄乌斯法》背后真正的策划者。
⑤ Wiseman 1971:77 – 82; Shatzman 1975:99 – 103; D'Arms 1981:34 – 47。
⑥ Cic. II *Verr*. 5. 45; *Dig*. 50. 5. 3 (Scaevola)。
⑦ Hill 1952:51 关于这些非元老骑士构成了"中产阶层"的解读弄错了年代,尽管他的分析中也有许多有价值的东西。

尽管他们肯定在此之前很久就已经存在了。① 包税人是受雇从事与罗马国家的"公共财产"(*publica*)相关服务的承包人。② 监察官负责分配合同，可能包括为陆军或海军提供物资，建造或维护公共建筑，以及征收赋税和关税。③ 更鲜为人知的合同包括喂养卡皮托山上的圣鹅，铺设喷泉地基，清理罗马的下水道。④ 包税人会被组织成商团，拉丁语中称为 *societates*，但合同也会给到个人。⑤ 许多包税人是公共马骑士或自备马骑士，从而在百人队大会的富有成员中形成了一个有话语权的突出群体。⑥ 当我们第一次在公元前 215 年得知包税人时，他们正受雇于元老院，帮助向危机中的西班牙军队提供衣服、食物和其他必需品。⑦ 由 19 名个人组成的三个商团竞标军需供应权，但坚持认为在履行合同期间应免除他们的兵役，并要求共和国为他们的一切损失负责。⑧ 此事表明了罗马国家对包税人的依赖。但关系是双向的。所有的合同都由监察官分配，由元老院管理，因此包税人的继续受雇取决于元老院的支持。⑨ 波吕比乌斯在讨论罗马政治制度的权力划分时明确指出了这点，这一制度的运行正是因为执政官、元老和人民的相互依赖。⑩ 当他谈到"人民"($ὁ\ δῆμος$)如何依赖元老院时，

---

① Badian 1972:16; Gruen 1984:299 - 300. 李维第一次提到包税人是在第二次布匿战争时期（比如李维 23. 48. 9—11, 25. 1. 2—4, 25. 3. 8—5. 1)。
② Badian 1972:15 - 16; Nicolet 1974:320 - 1.
③ Polyb. 6. 17. 2; Brunt 1988:149 - 50.
④ Livy 5. 23. 7, Badian 1972:16（朱诺神庙和那里的鹅）；Livy 39. 44. 4 - 5（地基和下水道）。
⑤ 关于个体包税人的重要性，见 J. S. Richardson 1976 和 Erdkamp 1995。
⑥ Nicolet 1974:318 - 20.
⑦ Livy 23. 48. 4 - 12.
⑧ Livy 23. 49. 1 - 3.
⑨ 监察官分配公共合同，而元老院也参与对它们的管理（Walbank 1956:694 - 5; Lintott 1999:119 - 20)。
⑩ Polyb. 6. 11. 1 - 18. 8, 以及 Walbank 1956:673 - 97 的讨论。

他的讨论完全专注于公共合同的分配。① 这意味着在这语境中，波吕比乌斯提到"人民"时想到的不是全体"罗马人民"，而是最富有的非元老公民。②

当元老骑士和非元老骑士的利益在分配公共合同中发生分歧时，就可能发生政治冲突，因为包税人和其他骑士商人会抵制任何限制他们在各行省的金融活动的企图。③ 公元前169年，提图斯·森普洛尼乌斯·格拉古（T. Sempronius Gracchus）和盖乌斯·克劳狄乌斯·普尔克（C. Claudius Pulcher）监察官任内的事件证明了这种裂隙的存在。格拉古和普尔克对骑士百人队的审核十分严格，剥夺了许多骑士的公共马。李维表示监察官的这种做法"冒犯了骑士等级"（*equestrem ordinem offendissent*），但接下来又变本加厉地规定从他们的前任那里得到过合同的包税人没有资格再次竞标。④ 李维的叙述具有误导性，他使用了"骑士等级"这一表达，并把包税人等同于该等级。⑤ 不过，如果我们认为被冒犯的是非元老骑士，那么情况就更容易理解了，因为这个群体包括了包税人和他们的合伙人。⑥ 作为对监察官行动的回应，包税人拉拢保民官普布利乌斯·鲁提里乌斯（P. Rutilius）提出一项法律，宣布格拉古和普尔克分配的合同是无效的；鲁提里乌斯还提议对两人进行审判。投票开始时，前12个公共

---

① Polyb. 6.17.1-6.
② Walbank 1956:692 认为"人民"是指包税人，Brunt 1988:148 则认为他们是骑士。Nicolet's 1980:213 用"富人"来描绘他们可能是最合适的，因为很难确定有多少包税人是骑士，反之亦然。
③ Brunt 1988:148-9. 元老被禁止担任包税人（Nicolet 1974:327-31），尽管前包税人可以成为元老（见 Wiseman 1971:197-8 的名单）。
④ Livy 43.16.1-2. 他们的前任是指公元前174年的监察官昆图斯·弗尔维乌斯·弗拉库斯（Q. Fulvius Flaccus）和奥鲁斯·波斯图米乌斯·阿尔比努斯（A. Postumius Albinus），但我们不知道他们分配合同时的情况（Badian 1972:39-40）。
⑤ Nicolet 1974:318-19; Briscoe 2012:439.
⑥ 骑士包税人的名单见 Nicolet 1974:344-6，但大部分证据来自公元前1世纪。

马骑士百人队中的 8 个以及第一级别中的部分百人队都支持判普尔克有罪。① 由此可以看出在百人队大会上的骑士百人队和第一级别中，包税人、他们的合伙人和同情者的人数。作为对这场闹剧的回应，元老院决定不把马其顿王国并为罗马领土，从而明确拒绝让包税人获得任何采矿或是在森林中伐木的合同。② 这表明元老院承认其出于行政和经济目的会依赖包税人，但不会受他们牵制。此事暴露了罗马社会上层内部的分歧，特别是元老骑士和非元老骑士之间的。③ 这并非任何意义上的贵族和"中产阶级"间的斗争，而是不同的精英群体就如何最好地分配罗马帝国扩张的回报和收益而发生的政治冲突。④

这种有关分配公共合同的争端引人注目的地方在于，它们不会常年发生。冲突只会在包税人受到委屈时出现。在其他时候，这一体系会按照波吕比乌斯所描绘的那样运行，而且包税人在元老中无疑有支持者，就像公元前 184 年的事件所证明的。那一年，监察官马尔库斯·波尔基乌斯·加图（M. Porcius Cato）和卢基乌斯·瓦雷利乌斯·弗拉库斯（L. Valerius Flaccus）决定以不会给包税人足够大利润空间的报价来分配合同。⑤ 作为回应，包税人请求元老院让监察官重新考虑，并找到了一位元老身份的律师提图斯·弗拉米尼努斯（T. Flamininus）在元老院代表他们发言。⑥ 因此，包税人和骑士并不

---

① Livy 43. 16. 3 – 14. 另见 Cic. Rep. 6. 2；Val. Max. 6. 5. 3. 在投票这个阶段只提到了 18 个百人队中的 12 个，因为现在"投票六队"在第一级别之后投票（Briscoe 2012：445）。
② Livy 45. 18. 3 – 5；Badian 1972：40 – 1；Gruen 1984：306；Brunt 1988：150. 有人认为，元老的反应可能年代错乱，更符合公元前 1 世纪的情况（J. S. Richardson 1976：143 – 4；Briscoe 2012：659 – 60）。但我不明白为何要这样说。
③ 当然，四个公共马骑士百人队没有投票起诉普尔克这个事实表明，骑士并不直接等同于包税人。
④ 导言中讨论了这点。
⑤ Livy 39. 44. 7 – 8，按照 Briscoe 2012：367 的解读。
⑥ Plut. Cato Maior 19. 2，Flam. 19. 3. 就像 Gruen 1984；305 所指出的，老加图得到了元老的强势支持，而弗拉米尼努斯则可能被个人仇怨所驱使（Astin 1978：85）。

是作为一个受到压力群体提出自己的政策。相反，就像巴迪安和迈耶尔（Meier）所指出的，他们主要是被动反应，只有当他们的地位受到威胁时才会进行干预。① 在共和国中期，他们首要的政治关切是确保自己的盈利机会不被限制，从而可以从罗马的新帝国获益。

(ii) 身份象征

元老骑士与其他骑士的区别在于，他们是元老院成员，可以当选民事行政官，可以担任附属于这些行政官职务的军事指挥官。② 他们作为司法长官、战场上的将军为罗马效劳，这意味着元老拥有一致的群体身份和存在理由。这让他们有别于其他骑士，后者在军中担任军官，但不会参选行政官。共和中期引入的新特权突出了这些元老的地位和威望，让他们在公共领域明显有别于其他非元老骑士，就像罗森（Rawson）和怀斯曼（Wiseman）所指出的那样。③ 这些特权中的第一个是仪式性的。比如，只有元老能在为卡皮托山三主神举行的罗马赛会（*ludi Romani*）和平民赛会（*ludi Plebeii*）上享用国家出钱置办的饮食。公元前196年，为了监督这些用餐者而设立了一个新的祭司团体，名为祭宴三人团（*tresviri epulones*）。④ 而更重要的是，公元前194年，元老被赋予了在罗马赛会期间坐在剧场中专属座位的权利。此前他们不得不与大众争座，此次的举措让当时的监察官在他们的元

---

① Badian 1962:224; Meier 1966:65 - 9, 94.
② 关于元老生涯的这种安排，见 Rosenstein 2007。
③ E. Rawson 1971:16 - 17; Wiseman 1971:68.
④ 关于祭宴三人团，见 Livy 33.42.1。对宴会的描述，见 Gell. *NA* 12.8.2; Livy 38.57.5; Briscoe 2008:202。

老同行中大受欢迎。① 相比之下，骑士直到公元前 67 年《洛斯基乌斯法》通过后才得到了自己的专属座位。②

官方着装和相关的身份象征在区分元老与其他骑士时也扮演了关键的角色。诚然，作为公共马骑士，元老会继续穿着紫色的特拉比亚袍参加每年的骑士游行，那是他们集体团结一致的标志。③ 不过，也有一些差异。比如，作为对军事勇武之奖赏的仪式性马匹的胸牌通常是银的，而元老行政官坐骑上的是金的。④ 在骑士游行的仪式之外，可以根据带宽镶边（latus clavus）的短袍来辨别他们。⑤ 传统上认为是图鲁斯·霍斯提利乌斯国王引入了这种元老服饰，但宽边短袍最早是由不同社会身份的人穿着的。⑥ 在对公元前 203 年的描绘中，李维提到了元老院给努米底亚国王马西尼萨（Masinissa）送礼，其中包括两件紫色斗篷、带宽边的短袍、两匹佩戴胸牌的马，以及两套骑士盔甲。⑦ 以上描述暗示，元老给了马西尼萨两套骑士游行的装束，但不清楚这是否专供元老骑士的。⑧ 不过，有可靠的理由假设，宽边短袍在公元前 2 世纪末成为了专门的元老服饰。西西里的狄奥多罗斯（Diodorus Siculus）提到，奴隶特吕丰（Tryphon）在西西里领导奴隶叛乱时（公元前 104—前 101 年）穿上了宽边短袍，从而自许拥有元

---

① Livy 34.44.5. 李维之前评论说（1.35.8），塞尔维乌斯·图利乌斯在竞技场中为元老和骑士安排了座位。这种说法显然是年代错乱（Ogilvie 1970:149–50）。
② 关于对此事的讨论，见第三和第九章。
③ Kolb 1977b:246–7; Stone 2005:69.
④ 关于胸牌，见 Polyb 6.39.3; Livy 39.31.17; McCall 2002:83–4。关于金银装饰的观点，见 Oakley 2005a:639。到了奥古斯都时期，也发胸牌给步兵，让他们戴在胸口（Maxfield 1981:92–5）。
⑤ Rothfus 2010:436. Livy 9.7.8 提到公元前 4 世纪有人穿窄边袍，这种说法年代错乱（Hula 1900:7）。
⑥ Pliny the Elder, NH 9.127，9.136，33.29.
⑦ Livy 30.17.3.
⑧ Hula 1900:7.

老身份。① 公元前 1 世纪，有充足的证据表明宽边短袍是元老的特征，将元老院成员与穿窄边袍（angustus clavus）的骑士区分了开来。②

另一个在共和中期和晚期发生变化的重要身份象征是金指环。它们最早由显贵（nobiles）佩戴，这些人构成了骑士等级内部的精英。③ 公元前 304 年，为了抗议被释奴隶之子格奈乌斯·弗拉维乌斯（Cn. Flavius）当选平民保民官，显贵们除去了自己的金指环和作为骑士装饰的马胸牌。④ 这并不表示所有的元老，甚至是所有的公共马骑士都参与了抗议——就像老普林尼所指出的，我们所讨论的仅限显贵，即元老院中祖先担任过执政官的成员。⑤ 不过，到了第二次布匿战争时，金指环作为元老的象征变得更加流行，因为据说汉尼拔的弟弟玛戈（Mago）在迦太基议事会展示了据说是从坎尼战役中的死者身上缴获的金指环。⑥ 玛戈告诉迦太基议事会，"只有骑士，而且只有其中地位最高的那些才佩戴这种象征"（neminem nisi equitem atque eorum ipsorum primores id gerere insigne）。⑦ 这表明金指环不再仅限于显贵，元老也会佩戴，因为他们可以理直气壮地自称是骑士的领袖。⑧

李维对公元前 169 年事件的描绘无疑在暗示，到了公元前 2 世纪

---

① Diod. Sic. 36.7.4.
② Varro, LL 9.79. 本书第三章将讨论窄边袍。
③ Alföldi 1952:34; Kolb 1977b:247.
④ Livy 9.46.12; Pliny the Elder, NH 33.17 – 18; Stein 1927:31 – 2. 佩戴指环的习惯尤其被归于骑士，这个事实暗示，李维之前提到的（9.7.8）元老脱下托袈、窄边袍和金指环的说法是年代错乱的（Oakley 2005a:111 – 12）。
⑤ Pliny the Elder, NH 33.18. 虽然两人都提到这个故事，但普林尼似乎没有引用李维（Oakley 2005a:636）。
⑥ Livy 23.12.1 – 2.
⑦ Livy 23.12.2.
⑧ Pliny the Elder, NH 33.20 – 21; Oakley 2005a:638 – 9.

中期，金指环已经成为元老的象征。那年，"公民领袖"（principes civitatis）脱下指环，穿上悼服，以抗议八个骑士百人队投票反对监察官克劳狄乌斯·普尔克。① 如果阿皮安（Appian）所言无误，那么公元前 2 世纪中期的军政官会佩戴金指环，不同于普通士兵佩戴的铁指环。② 当时，大部分军政官仍然是元老。③ 因此，金指环这种之前仅限于显贵的特权扩大到了元老精英。④ 老普林尼无疑正确地强调了金指环被元老接受是个缓慢的过程，他指出，即便到了同盟战争时，元老也并不都会佩戴金指环，甚至前大法官们也偏爱铁指环。⑤ 这一说法当然有道德考虑，因为老普林尼将金指环和其他更华丽指环的扩散与罗马人对奢侈品的喜爱联系在了一起。⑥ 但我们清楚的是，共和时代中期是一个过渡时期，特权和身份象征进一步区分了元老骑士和非元老骑士，诸如剧场中的座位安排，他们的服饰和个人饰品。那是对元老希望被认可为地位更高的身份群体这一事实的外在反映。凭借他们的行政官职务以及相关的民事和军事责任，他们可以自许拥有一种为国家效力的独特意识形态，无论是在国内还是战场上。这一发展在很多方面是不可避免的，因为不言而喻，随着贵族人数的上升，相应地也更有必要对其成员进行地位区分。⑦ 在罗马世界，这一趋势将对作为共和国组成元素的独特骑士等级的诞生起到关键作用。

---

① Livy 43.16.14；Scholz 2005：419. 关于元老和金指环之间的联系，另见 Livy 26.36.5。
② App. *Pun.* 104.
③ 这一点是基于 Suolahti 1955：243 的研究。公元前 218—前 134 年，有据可查的贵族军政官有 55 名，另有 10 名元老背景的，还有 18 名非元老骑士。
④ Kolb 1977b：248.
⑤ Pliny the Elder, *NH* 33.21.
⑥ Pliny the Elder, *NH* 33.22. 关于道德议程，见 Hawley 2007：106 - 7；Wallace-Hadrill 2008：349 - 51。
⑦ Mosca 1939：402.

骑兵服役的下降

引发元老和非元老的分化,并导致非元老骑士内部出现更大分化的最重要发展是实际骑兵服役的下降。这在一定程度上是罗马军队本身内部变化的结果,特别是对由罗马盟友而非自己公民组成的辅助骑兵(cavalry)的日益依赖。与军团类似,辅助军队并非常设部队,必须为了具体的军事行动而招募。[1] 公元前3世纪和前2世纪,罗马军队中的辅助军骑兵(horsemen)数量大幅增加,超过了公民骑士,无论是拥有公共马还是自掏腰包服役的。[2] 波吕比乌斯在公元前2世纪写道,军队中的辅助军骑兵数量是罗马公民的三倍。[3] 当时,富有的骑士开始寻找从军之外的其他地位和威望来源,就像麦考尔(McCall)和麦唐内尔都曾中肯指出的。[4] 从不断扩张的罗马帝国涌入的财富和资源意味着,从公元前167年开始,意大利的所有公民都被免缴部落税(tributum)。最富有的罗马人开始营建庞大的庄园,装饰华美的房屋和别墅成为社会竞争的新舞台。这尤其是来自希腊的文化影响的结果,这种影响在这一时期开始渗入罗马社会。与希腊人的接触也带来了对研究法律和演说的新兴趣,它们成为骑士在公共生活中崭露头角的有效新途径。这些社会和文化的变化并不必然会取代骑士作为骑兵服役——军事勇武仍然是骑士个人和集体身份对外表达的关键部分——但它确实意味着军队不再是过去那种单一的统一因素。从

---

[1] Prag 2011:16-22.
[2] McCall 2002:108-10.
[3] Polyb 6.26.7; Walbank 1956:709.
[4] McCall 2002:114-36; McDonnell 2006:259-65,2011,下一节中我在很大程度上遵循了他们的观点。

一个以勇武为基础的群体向一个以财富获取为基础的群体的这种转变是前现代国家贵族演变的典型现象。① 该变化反过来又往往导致了军事地位以外的个人威望来源的多样化。② 我们可以在共和时代中期看到这种发展，当时骑士成了不同类型的富裕公民的集合，去军中效力只是他们生活的一个方面。

公元前 3 世纪和前 2 世纪初，骑士被要求完成 10 年的兵役，如果没能履行义务，就得承受后果。③ 公元前 252 年，在第一次布匿战争期间，400 名公共马骑士（占骑士百人队的很大比例）因为没有按照命令完成防御工事的修建而被剥夺了公共马。④ 骑士与为共和国服役的义务之间的这种强关联无疑在第二次布匿战争期间得到了延续。可以肯定的是，骑士百人队的成员参加了坎尼战役。其中许多人是担任军政官的元老。⑤ 参加战役的公民骑兵很可能有 1200 到 2400 人，由公共马骑士和自备马骑士组成。⑥ 这场灾难过后，试图抛弃国家的行为受到了严厉的惩罚。公元前 214 年，财务官马尔库斯·梅特鲁斯（M. Metellus）成了被监察官没收公共马的众多骑士之一，因为他们计划在坎尼战役之后放弃意大利。⑦ 这些惩罚到公元前 209 年还在继续，即马尔库斯·科尔内利乌斯·科特古斯（M. Cornelius Cethegus）和普布利乌斯·森普洛尼乌斯·图迪塔努斯（P. Sempronius Tuditanus）担任监察官时。监察官不仅剥夺了从坎尼逃到西西里的骑士

---

① Mosca 1939:56-7; Bottomore 1993:29.
② Kautsky 1997:169-77.
③ 古代文献表明，直到公元前 1 世纪末仍有这种要求（Polyb. 6. 19. 1-5; Plut. *C. G.* 2.5）。
④ Val. Max. 2. 9. 7; Front. *Strat.* 4. 1. 22.
⑤ Nicolet 1974:76. Livy 22. 49. 16-17 没有具体提到公共马骑士，尽管应该这样理解。
⑥ 关于这些数字，见 McCall 2002:36。
⑦ Livy 24. 19. 6-7, 24. 43. 2-3；瓦雷利乌斯·马克西姆斯 2. 9. 8。

的公共马,而且命令他们继续服役 10 年,为马匹自掏腰包,不管他们已经服役了多久。① 骑士很少被允许放下自己的军事义务,除了例外情况,比如上文提到的包税人。② 公元前 186 年,监察官决定为普布利乌斯·埃布提乌斯(P. Aebutius)在曝光酒神节(Bacchanalia)丑行一事中所起的作用而奖赏他,免除了他的兵役,不为他分配公共马。③ 但这个决定似乎是绝无仅有的。公元前 2 世纪初,作为一个整体的罗马骑兵的勇武继续受到赞誉。公元前 180 年,在罗马人和凯尔特-伊贝鲁斯人(Celtiberi)之间的一场艰苦战斗中,蛮族占了上风,执政官昆图斯·弗尔维乌斯·弗拉库斯命令骑士扭转局势。公民们面对凯尔特-伊贝鲁斯人的冲锋陷阵展示了他们的军事勇武,激励了辅助骑兵的斗志,两者一起击败了那个部落。④ 弗拉库斯许愿要在回到罗马后建造一座骑士命运女神庙(Fortuna Equestris),它于公元前 173 年正式落成。⑤ 这座神庙是骑士美德的胜利象征,但它建成时,骑士服役的性质已经开始改变。

对辅助骑兵的日益依赖意味着骑士往往会被迅速提升为军官,而不是像过去那样作为普通骑兵。主要的指挥职位是军政官(*tribunus militum*)和指挥官(*praefectus*,领导公民骑兵或盟友部队的长官)。前四个军团的军政官(公元前 207 年后共 24 人)都是选举产生的。其中只有 10 名军政官在当选前需要服役满 10 年;其余人满 5 年即

---

① Livy 27.11.13-15.
② 参见上面讨论的 Nicolet 1974:74; Livy 23.49.1-3。
③ Livy 39.19.3-4. 埃布提乌斯的父亲之前曾伴着公共马完成了兵役(*publico equo stipendia*, Livy 39.9.2-3)。A. Watson 2005 和 O. F. Robinson 2007:24 暗示,这一奖赏有两面性,因为如果没有在军中服过役,埃布斯乌斯就没有资格担任元老行政官,但这似乎不是李维文本的本意(Briscoe 2008:237,287)。
④ Livy 40.40.1-9.
⑤ Livy 40.40.10,40.44.8-12,42.10.5.

可。① 对除此之外所有的军政官来说，条件更加宽松——统兵官员可以委任任何他们看中的人担任。② 这些官员职位在公元前 1 世纪前对主要的元老家族（包括贵族和平民）仍有吸引力，因为它们为任职者带来了威望。③ 骑士也会被任命为指挥公民骑兵和盟友提供的辅助部队的长官。④ 不过，就辅助部队而言，似乎没有统一的规制，因为根据特定战役的需要，有时他们由骑士等级的大法官指挥，有时则由元老院等级的军团长指挥。⑤ 军政官的职务，尤其是前四个军团的，似乎比指挥官更有威望，因此后者吸引的贵族元老家族成员较少。⑥ 对公共马骑士身体条件的强调得以保留，因为他们仍然是现役军官。⑦ 公元前 184 年的监察官马尔库斯·波尔基乌斯·加图（M. Porcius Cato，即老加图）认为，罗马人变得过于软弱，没有达到他们祖先的标准，并对被他剥夺了公共马的人严加申斥。⑧ 加图认为，如果马骨瘦如柴且没有经过精心打理，或者骑手自己太胖，那就不能给他公共马。正是因为这个原因，他没收了肥胖的卢基乌斯·维图利乌斯（L. Veturius）的公共马。⑨ 加图还主张将公共马骑士的数量从 1800 人增加到 2200 人。这一提议背后的确切原因不得而知，但肯定与他关于公共马是罗马军队关键组成部分的信念有关，即使他们

---

① Polyb. 6.19.2; Suolahti 1955:51-3 将这些规定同公元前 180 年通过的规范元老行政官职务《维里乌斯年序法》联系了起来。
② Suolahti 1955:56-7.
③ 见 Suolahti 1955:57-141 的群体传记研究和结论。
④ Suolahti 1955:202-4; Polyb. 6.26.5. 关于辅助部队，四个元老军团会被分配安排三名长官（*praefecti*），他们是在盟友军队自己的军官之外被任命的（Suolahti 1955:200-1; Walbank 1956:709）。
⑤ Prag 2007:84-5, 2010:102-5.
⑥ Suolahti 1955:275-9.
⑦ Giovannini 2010:356-7.
⑧ Astin 1978:88-9, 96-7; McDonnell 2006:260-1; Livy 39.42.6.
⑨ Astin 1978:81-2; Aulus Gell. *NA* 4.12.1-3, 6.22.3-4. Veturius: Cato, *ORF*[4] 8, 72-82; Plut. *Cato Maior* 9.5.

现在是军官而不是普通骑兵。①

通过兵役展示勇武的骑士理念仍然很重要，但并不总是在现实中得到体现，因为即使当他们不再是军队的一部分后，富有的罗马公民仍然会保留他们的公共马作为其地位的象征。骑士百人队中的元老成员并不作为普通骑兵服役，而前行政官们甚至不会被任命为军官，除了例外情况，比如坎尼战役。② 此外，元老们在过了服正式兵役的年龄之后仍会保留他们的公共马，李维认为取消公共马是罕见且骇人听闻的事。③ 公元前204年，两位监察官马尔库斯·李维乌斯·萨里纳托尔（M. Livius Salinator）和盖乌斯·克劳狄乌斯·尼禄（C. Claudius Nero）仍然保留着他们的公共马。④ 瓦雷利乌斯·马克西姆斯告诉我们，这是"考虑到他们在这个年龄仍然精力充沛"（*propter robur aetatis*），尽管两人都曾担任过执政官，而且萨里纳托尔至少有50岁左右。⑤ 在一个主要因其闹剧性质而被铭记的场景中，萨里纳托尔和尼禄试图通过剥夺对方的公共马来发泄旧恨，尽管年龄大或体弱从未成为这样做的理由。⑥ 公元前184年，加图将注意力转向元老——"亚细亚征服者"卢基乌斯·科尔内利乌斯·西庇阿（L. Cornelius Scipio Asiagenes），剥夺了他的公共马。⑦ 普鲁塔克说，这是加图对西庇阿家族的敌意造成的，但那位监察官公开声称"亚细亚征服者"西庇阿不再适合作为骑兵服役。⑧ 当时，

---

① Cato, *ORF*⁴ 8, 85 - 6; E. Rawson 1971: 16.
② Hill 1952: 42; Briscoe 2008: 363.
③ Crawford 1992: 200.
④ Livy 29. 37. 8.
⑤ Val. Max 2. 9. 6; Nicolet 1974: 75.
⑥ Livy 29. 37. 8 - 17.
⑦ Livy 39. 44. 1; Plut. *Cato Maior* 18. 1; Ps. -Aur. Vict. *Vir. Ill.* 53. 2.
⑧ Plut. *Cato Maior* 18. 1; Hill 1952: 43 - 4; Briscoe 2008: 363. 就像 Astin 1978: 81 所指出的，"亚细亚征服者"西庇阿没有被赶出元老院，因此身体不适是加图唯一能够给出的不会导致他本人的行事方式受到质疑的理由。

"亚细亚征服者"西庇阿的年龄并不大,可能只有40多岁,但由于担任过执政官,他无论如何都不能再作为普通骑兵服役了。① 和其他元老行政官一样,他保留了公共马作为一种荣誉,一种更高地位的象征。因此,骑士百人队中的高级成员——诸如萨里纳托尔、尼禄和"亚细亚征服者"西庇阿等早已不在骑兵中服役的元老——和地位较低的成员之间的鸿沟越来越大,后者仍在服役,即便只是作为军官。元老骑士和非元老骑士的一个共同点是,他们与辅助部队截然不同,后者在公元前2世纪逐渐在罗马骑兵中占多数。骑士不能再像共和早期那样自称为是一支有凝聚力的战斗部队,现在他们成了由军官和前军官组成的特权团体。

在兵役性质发生变化的同时,元老和非元老也获得了日益壮大的罗马帝国所提供的财富机会。凯伊(Kay)认为,公元前2世纪流入罗马的新收入使财富集中在一个比从前小得多的精英阶层手中。② 这加剧了富有的罗马人为了获得帝国的奖赏而展开的竞争,就像我们在包税人的例子中已经看到的。位于财富金字塔顶端的精英中的精英希望通过展示财富来彰显自己的地位。③ 然而,一边是由军事勇武定义的旧有贵族价值体系,一边是获取财富和奢侈品的动力,两者之间存在着矛盾。我们可以在公元前142年普布利乌斯·科尔内利乌斯·西庇阿·埃米利阿努斯(P. Cornelius Scipio Aemilianus)的监察官任期内看到这种冲突。埃米利阿努斯剥夺了几位骑士的公共马,包括提比略·克劳狄乌斯·阿塞鲁斯(Ti. Claudius Asellus)的,此人的祖先在第二次布匿战争中有过英勇的军事生涯。④ 阿塞鲁斯还为自己作为罗

---

① 关于他的年龄,见 Nicolet 1974:75。
② Kay 2014:288-91。
③ McCall 2002:123-7。
④ Gell. *NA* 3.4.1. 关于祖先,见 Livy 23.46-7, 27.41.7, 28.11, 29.11-12。

马骑士的履历辩护,宣称"他在服役期间走遍了各个行省"(omnes provincias stipendia merentem peragrasse)。① 尽管埃米利阿努斯的同僚卢基乌斯·姆米乌斯(L. Mummius)后来重新给阿塞鲁斯配了公共马,但这个受了冤屈的人在公元前140年将监察官告上法庭。② 埃米利阿努斯在审判期间的演说残篇显示,这位监察官取消阿塞鲁斯公共马的理由是基于他的生活方式,特别是他的"恶意"(malitia)和"挥霍"(nequitia)。他指责阿塞鲁斯挥霍自己继承的遗产,在一个妓女身上花的钱要比其萨宾庄园家当的全部价值还多。③ 虽然以前肯定也有骑士因为这样的原因被剥夺过公共马,但公元前2世纪的情况更加紧张,因为更多的骑士开始追求财富,在一些人看来这与他们的身份不符。

我们许多关于骑士的具体例子都来自公元前1世纪,这一时期有丰富的文献证据。其中包括卡尔维里乌斯·波利奥(Carvilius Pollio),他是第一个用迦太基人的方式以金银装饰宴会长榻的罗马人。这是一项创新,因为以前这种家具只用青铜制作。老普林尼引用科尔内利乌斯·奈波斯(Cornelius Nepos)的话说,在苏拉时代之前,罗马只有两张银质的宴会长榻。④ 公元前2世纪的罗马人对奢华的私人宅邸表现出道德上的焦虑,但这并没有妨碍它们的建造。⑤ 演说家和公元前95年的执政官卢基乌斯·李基尼乌斯·克拉苏(L. Licinius Crassus)率先在他的宅邸里使用了产自国外的大理石制成的柱子;但克拉苏宅邸的雄伟程度被骑士盖乌斯·阿奎里乌斯(C. Aquilius)位于维米纳

---

① Cic. Orat. 2. 258. Astin 1967:256 认为那是在埃米利亚努斯担任监察官的时候。
② Astin 1967:175 - 7. 关于恢复公共马,见 Cic. Orat. 2. 268。
③ Gell. NA 6. 11. 9;另见 2. 20. 6;Nicolet 1974:836 - 8;Astin 1967:120。
④ Pliny the Elder, NH 33. 144, 146. 考古学记录证明了这种变化:Wallace-Hadrill 2008:422 - 35。
⑤ M. Nicols 2010。

尔山上的宅邸所超越，大家都说那是当时最漂亮的房子。① 对财物和不动产的经营为公元前 2 世纪的骑士提供了展现其地位的新方法。这并不一定与为国家从军相抵触，正如提比略·克劳狄乌斯·阿塞鲁斯的事例所证明的，但保守的罗马人认为这有损于骑士勇武的传统。

　　需要考虑的最后一个方面是作为个人声望来源的演说和修辞技巧的发展。② 在格奈乌斯·奈维乌斯（Cn. Naevius）写于公元前 3 世纪的一部剧作中，有人贬斥新手演说者是"愚蠢的年轻人"（*stulti adulescentuli*）。③ 但情况很快开始改变，公开演说成为罗马公民的决定性品质之一，与军事和政治才能并列。④ 根据西塞罗的说法，第一个真正以演说家身份成名的罗马人是马尔库斯·科尔内利乌斯·科特古斯（公元前 204 年任执政官），他的口才受到恩尼乌斯的称赞。⑤ 西塞罗将演说术的发展放在罗马建立帝国之后的时期，特别是在其公民接触到希腊的演说技巧之后。⑥ 对演说和修辞技巧日渐浓厚的兴趣可以用于法律领域，这是社会和政治竞争的一个新的重要领域。公元前 204 年，《金基乌斯法》（*lex Cincia*）对法庭辩护人的报酬做了限制。需要对辩护进行立法这个事实暗示它正成为该时期更为常见的职业。⑦ 本人是公共马骑士的老加图在职业生涯早期就以律师的身份赢得了声誉，并因为这点和他的兵役生涯而闻名，这可能不是

---

① Pliny the Elder, *NH* 36.7（关于克拉苏），*NH* 17.2（关于阿奎里乌斯）。
② McCall 2002:118-23.
③ Cic. *Sen*. 20.
④ G. Kennedy 1972:37-8.
⑤ Cic. *Brut*. 57-61. Cic. *Brut*. 61 只引用了几篇他认为值得一读的早期作品，特别是公元前 280 年阿皮乌斯·克劳狄乌斯·凯库斯（App. Claudius Caecus）关于同皮洛士议和的演说，以及一系列他手头的葬礼演说——很难说是对早期拉丁语修辞有力的认可。G. Kennedy 1972:27 指出，西塞罗可能只读过恩尼乌斯《编年记》（*Annales*）中流传的凯库斯的演说。
⑥ Cic. *Orat*. 1.14.
⑦ 关于对这部法律的讨论，见 Shatzman 1975:70-3.

巧合。① 公元前2世纪末，骑士马尔库斯·尤尼乌斯·布鲁图斯（M. Iunius Brutus）在服完兵役之后选择从事法律职业，而不是寻求担任元老行政官。② 研究拉丁语本身亦对骑士有吸引力。西塞罗认为加图是第一位"著述应广为人知"（cuius quidem scripta proferenda）的演说家，昆体良（Quintilian）称他是第一个写了有关修辞技巧作品的罗马人。③ 罗马人最初对正式的修辞术训练抱有怀疑，公元前161年通过的一项将哲学家和修辞学家驱逐出罗马的元老院政令证明了这点。④ 元老们想来担心这些人会对传统价值观构成威胁。⑤ 但到了公元前2世纪末，骑士卢基乌斯·埃利乌斯·斯蒂洛·普莱科尼努斯（L. Aelius Stilo Praeconinus）帮助奠定了拉丁语语法研究的基础。⑥ 在这方面还可以举出其他骑士的例子，比如讽刺诗的发明者盖乌斯·卢基利乌斯（C. Lucilius），以及活跃于公元前161年前后的悲剧诗人兼演说家盖乌斯·提提乌斯（C. Titius）。⑦

重要的是，这些努力的领域都不与从军相矛盾，而且许多骑士实际上将它们结合了起来。上面提到的讽刺诗人卢基利乌斯就在努曼提亚的西庇阿·埃米利阿努斯的军中服役。⑧ 西塞罗的叔叔卢基乌斯·图利乌斯·西塞罗（L. Tullius Cicero）于公元前102年去世，他曾陪同马尔库斯·安东尼乌斯（M. Antonius）前往奇里乞亚，以其博学而

---

① Plut. *Cato Maior* 1.4,6. 关于后来的演说，见 Gell. *NA* 10.3.14–17。
② Cic. Orat. 2.226, Brut. 130, Off. 2.50；Nicolet 1974：918。
③ Cic. Brut. 61；Quint. Orat. 3.1.19. Cf. Cic. Brut. 293–4，其中的"布鲁图斯"对加图不那么热情，特别是与演说术领域的希腊前辈相比。
④ Gell. NA 15.11；Suet. De Rhet. 1. 这两位作家还都引用了一条类似的政令，由公元前92年的监察官发布。
⑤ 讨论见 G. Kennedy 1972：53–5。
⑥ Cic. *Brut*. 205；Suet. *Gram*. 3.1；Pliny the Elder, *NH* 33.29.
⑦ Lucilius: Nicolet 1974：926–9. Titius: Nicolet 1974：1040–1；Cic. *Brut*. 167.
⑧ Vell. Pat. 2.9.4.

闻名。① 进入公元前 1 世纪，卢基乌斯·奥尔比利乌斯·普皮鲁斯（L. Orbilius Pupillus）曾作为骑士参加骑兵，然后回归他的研究，最终在罗马成名，此时西塞罗 50 岁。② 最后，就连包税人也开始从军。公元前 1 世纪 90 年代，一个包税人商团的负责人格奈乌斯·普兰基乌斯（Cn. Plancius）在西班牙担任了军政官。③ 问题的关键不是骑士的服役在公元前 2 世纪消失了——显然没有——而是出现了大量获得和展示威望的其他方式。这意味着活跃的军旅生涯不再是现实中所有骑士唯一的决定性因素，即使勇武仍然具有其意识形态上的重要性。

罗马精英阶层拥有的各种获取成功的途径和方式强调了元老骑士和非元老骑士之间的差异，而非将他们统一成一个富有的贵族社会阶层的相似性。让元老成员与众不同的是他们作为元老院一员的显赫地位，他们文武兼顾的文职和军职，以及他们新的身份象征，诸如宽边袍和金指环，在剧场中拥有保留座位的特权。非元老骑士可以参与商业和贸易而不用担心受惩罚，由此积累了庞大的财富。另一方面，元老们不得不通过中间人来处理商业事务。包税人的权力和影响突显了在骑士身上投入的政治资本，后者经常在帝国收益的管理和分配上与其元老同僚发生冲突。最后，在共和时代中期，罗马越来越依赖辅助骑兵部队，而不是现在往往只担任军官的公民骑士。罗马在整个地中海地区的扩张和财富涌入意大利，再加上其他文化变化，这些都为贵族的声望创造了从军以外的新途径。现在，骑士们在财富、土地和宅邸方面，或者通过他们在法律和演说方面的成就展开竞争。综合来看，这些发展不仅加深了元老骑士和非元老骑士之间的区别，也使骑

---

① Cic. *Orat*. 2.2-3.
② Suet. *Gram*. 9; Hor. *Sat*. 1.10.8.
③ Cic. *Planc*. 32.

士作为一个社会群体变得更加多样化。在其历史余下的时间里，骑士仍将是一个异质的富裕精英群体。从这一点上，问题变成了如何让他们在共和国中获得一种集体目的和重要性的意识。

两位保民官，两部法律

公元前 2 世纪末见证了一个独立的骑士等级的创建，它与元老院分开，代表了上述发展的终点。有两部立法成了催化剂。第一部于公元前 129 年通过，迫使元老放弃他们的公共马和骑士百人队成员身份。① 关于这一举措的唯一证据来自西塞罗在公元前 1 世纪 50 年代所写的《论共和国》(De Re Publica) 中的一段话。② 按照西塞罗的描述，它通常被称作"关于交还马匹的公民投票"(plebiscitum reddendorum equorum)。现在仅有残篇存世的《论共和国》以普布利乌斯·科尔内利乌斯·西庇阿·埃米利阿努斯在公元前 129 年初（此人在略带可疑的情况下英年早逝之前）同另外八位罗马头面人物之间对于政治和哲学的讨论为形式。③ 在《论共和国》卷四的一段残篇中，西庇阿做了如下的评点：

> 按照年龄、级别和骑士身份（包括元老的票）划分等级是多

---

① 这一解读被广泛接受，比如 Stein 1927：1 - 4；Hill 1952：15；M. I. Henderson 1963：70 - 1；Badian 1972：56 - 7；Gabba 1976：128；Brunt 1988：146。参见 Nicolet 1974：107 - 11, 513 - 15，他认为这种措施的实行是在公元前 123 年后的某个时候。
② 参见 Lintott 1994：75，他认为这种做法实际上旨在彻底废除公共马。Giovannini 2010：360 - 4 也对传统解读提出了挑战，认为元老继续在骑士百人队中投票，一直到共和时代末。但鉴于文献材料中没有对此的暗示，这种说法并不令人信服（比如西塞罗《反腓力辞》6. 13，7. 16）。
③ Zetzel 1995：3 - 13。

么合适，但现在有太多人愚蠢地希望取消这一有用的制度，通过某个关于归还马匹的公民投票来寻求新的贿赂。①

西塞罗笔下的历史对话都经过彻底的研究，以确保其准确性，因而如果公元前 129 年没有讨论过这样一项立法，他就不可能在《论共和国》中列入这一表述。② 此外，公元前 2 世纪末和 1 世纪的证据表明，元老们确实不再是骑士百人队的成员。③ 但既然如我们所见，公共马仍然是元老们小心翼翼守护的身份象征，为什么要提出这一举措呢？巴迪安的观点是，在经历了提比略·森普洛尼乌斯·格拉古 (Ti. Sempronius Gracchus) 的保民官任期之后，此举旨在给骑士"一种显著的集体身份，作为对元老院的制衡"。这种说法显得过于极端，而且好像对他弟弟盖乌斯的立法未卜先知。④

不过，这并不意味着我们应该完全否定公元前 133 年的事件对罗马政治的影响，因为直到公元前 129 年仍能感受到它的余波。⑤ 正如我们上面所讨论的，公元前 2 世纪，元老骑士和非元老骑士之间的关系日益紧张，特别是在商业事务和向包税人分配合同方面。对公元前 129 年那项法律最好的解释是，它是对那些拥有骑士身份但没有公共

---

① Cic. *Rep.* 4.4.2: *quam commode ordines discripti aetates classes equitatus, in quo suffragia sunt etiam senatus, nimis multis iam stulte hanc utilitatem tolli cupientibus, qui novam largitionem quaerunt aliquo plebiscito reddendorum equorum.* 我把 largitionem 译成"贿赂"而非"赈济"。

② Badian 1972:56; Stone 2005:77.

③ Nicolet 1974:104 - 6. 这方面最明显的例子来自公元前 70 年，当时"大将"格奈乌斯·庞培舍弃公共马，进入了元老院（Plut. *Pomp.* 22）。参见 Giovannini 2010:359，他认为这是惯例，但并非必需。

④ Badian 1972:58 - 60. M. I. Henderson 1963:70 - 1 和 Stone 2005:78 - 9 认为，该法出自盖乌斯·格拉古或他的某位助手之手，这似乎是对公元前 123 年事件的未卜先知。

⑤ 关于公元前 129 年的政治气候，见 Beness 2005。

马的富有公民的"贿赂",他们现在可以获得骑士百人队中由元老腾出的 300 个位置。① 任何提议该法的人——人们一致认为可能是某位雄心勃勃的平民保民官——都会赢得骑士百人队新成员的支持,从而有利于他们的职业前景和未来的政治计划。② 新法将使更多的罗马人获得成为公共马骑士而拥有的精英地位。③ 从此,我们不能再说元老骑士和非元老骑士了,因为元老不再有资格成为骑士。

虽然公元前 129 年的法律将元老从公共马骑士百人队中剔除,但除了在百人队大会上的常规投票权外,它没有赋予骑士在罗马国家中任何具体的政治角色。公元前 123 年,在盖乌斯·森普洛尼乌斯·格拉古(C. Sempronius Gracchus,为简便起见,下文中均称为盖乌斯·格拉古)的保民官任期内就出现了这种情况。导火索是罗马元老官员对行省人的苛待。这个问题于公元前 171 年首次在罗马政治中出现,当时西班牙的居民对元老总督的所作所为怨声载道。④ 公元前 149 年,保民官卢基乌斯·卡尔普尼乌斯·皮索·弗鲁吉(L. Calpurnius Piso Frugi)建立了第一个常设法庭(*quaestio perpetua*),以审理"偿还财产"案件(*repetundae*,字面意思是"必须偿还的东西",但通常译为行省的行政失当或勒索行为)。元老总督将由其同僚(即其他元老)组成的陪审团审判。如果罪名成立,他们必须偿还从行省人那里拿走的财物,却没有其他惩罚。⑤ 不过,这个法庭并没能阻止元老总

---

① 这种观点被 Hill 1952:106; Wiseman 1970b:79, 1973:191 - 2; Stockton 1979:94; Crawford 1992;201 所接受。新的公共马骑士想来要等到公元前 125 年的下一任监察官时才会被正式登记在册。
② Wiseman 1973:192. 参见 Nicolet 1974:109 - 11,他承认这对骑士的好处和对选举的影响。
③ McDonnell 2006:254.
④ Livy 43.2.1 - 3.4; J. S. Richardson 1987:1.
⑤ Cic. *Brut*. 106; Stockton 1979:139 - 40; J. S. Richardson 1987. 元老会在绝大多数的民事和刑事法庭上担任法官,这自不必说(Brunt 1988:197 - 8)。

督的腐败事件。

公元前 123 年，保民官盖乌斯·格拉古通过了《森普洛尼乌斯偿还财产法》(lex Sempronia de repetundis)，设立一个更严格的法庭来审理这些案件。① 格拉古此法的一段残篇被保存在铜版上（《本波铜版》[Tabula Bembina]），其中详细记录了该法的条款。② 开头部分提到，该法庭的设立是为了指控元老及其近亲，或者元老等级的行政官。③ 盖乌斯的立法关键在于，它规定陪审员不再从元老院中选取。大部分古代文献都指出，该法庭的陪审员（iudices）名单（album）完全由骑士组成。④《本波铜版》保存了该法的确切条款，其中明确规定了哪些人没有资格担任陪审员：

> 关于每年［挑选］的 450 人。［大法官……他］在他任期开始后［的 10 天内］需如是选出［在这个城邦中的……］450 人，不得选择以下的人，他们担任或曾经担任过平民保民官、财务官、死刑三人官（III viri capitales）、前四个军团的军政官、授田三人官，担任或者曾经担任过元老，［收受过贿赂、在法庭和公开审判上被定罪，因而无法进入元老院的，或者年纪小于 30 岁］或超过 60 岁，或者在罗马城或距离罗马城一里之内没有住所的，或者担任过这些行政官，或是担任或者曾经是元老者的父亲、兄

---

① 关于该法通过的时间，见 Stockton 1979: 230‑6; Brunt 1988: 214‑15。
② Crawford 1996 编集的《罗马法令》(RS) 第 1 卷超越了该文本之前所有的版本。
③ RS 1, ll. 1‑3, 尽管他们在仍然拥有治权时不可受审: ll. 8‑9。就像 Brunt 1988: 198, 202 所指出的，可以被起诉的行政官名单意味着一些公共马骑士的确会根据该法受到审判。
④ Cic. I Verr. 38; Diod. Sic. 34/5. 25. 1; Vell. Pat. 2. 13. 2, 2. 32. 3; Tac. Ann. 12. 60; App. BC 1. 22. Cf. Plut. C. G. 5. 2, Comp. 2. 1, 普鲁塔克表示陪审员是从元老和骑士中选的，而 Livy, Per. 60 则提到有骑士加入元老院。Brunt 1988: 236‑8 据此提出，除了审理元老勒索案的法庭，其他所有法庭的陪审团人员都采取多样来源。

弟或儿子,或者是在海外的。①

因此,盖乌斯·格拉古的法律规定,大法官不得选择元老或曾担任过与元老院有关的行政官的人担任陪审团成员。在历史上的这一时期,平民保民官和行政官的职位并不会带来元老院成员的资格,但他们显然被认为具有"元老"性质,以至于人们无法信任任此职者在对元老院成员进行审判时会足够公正。②同样的原则显然适用于死刑三人官和在格拉古土地委员会任职的三人官,以及前四个军团的当选保民官。最后,法律规定陪审员不能是元老或行政官的父亲、兄弟或儿子。③格拉古法的总体目标是确保元老或与元老有关系的人不能对他们的同僚进行审判。

非常详细地规定了哪些人不能成为陪审员的这部分法条相对完整地保留了下来。但规定谁可以担任陪审员的条件已经不复存在(它原本在"在这个城邦中的"之后)。④鉴于我们从后来的文献资料中知

---

① RS 1, ll. 15 - 17: *de CDL vireis quot annis [legundis. praetor, —— is in diebus X proxum(eis), quibus|quis]que eorum eum mag(istratum) coiperit, facito utei CDL viros ita legat, quei ha[c ceivitate —, d]um ne quem eorum legat, quei tr(ibunus) pl(ebis), q (uaestor), IIIvir cap(italis), tr(ibunus) mil(itum) l(egionibus) IIII primis aliqua earum, trium vir(um) a(gris) d(andis) a(dsignandis) siet fueritve, queive in senatu siet fueritve, queive merc[edem ceperit quaestioneve ioudicioque puplico condemnatus siet quod circa eum in senatum legei non liceat queive minor anneis XXX | maior a]nnos LX gnatus siet queive in urbe Romae propiusve urbem Roma[m p(assus) m(ille) domicilium non habeat, queive eorum quoius mag(istratuum),] queive eius, quei in senatu siet fueritve pater frater filiusve siet queive trans mare erit.* 方括号中的复原得到了第12—15行几乎如出一辙的文字的印证,后者提到了该法通过那年对陪审员的选择。
② 就像 Hill 1952:110 所指出的,这份官员名单同第二次布匿战争期间从中提拔新元老的官员名单很相似(Livy 23. 23. 5 - 6)。保民官根据《阿提尼乌斯法》(*lex Atinia*,约公元前122—前102年)成为元老,而财务官则在公元前81年苏拉主政期间进入元老院(Lintott 1999:68 - 9)。
③ Rowland 1965:365 n. 18 指出了这和公元前218年的《克劳狄乌斯法》的相似点。
④ 阙文出现在提到正面条件的两个地方(ll. 12: *quei in hac ceivit[ate —]*; l. 16: *quei ha[c ceivitate —]*)。一定存在某种正面条件,否则所有非元老公民都有资格。

043

道格拉古的陪审员是骑士,有两种不同的方式可以填补这一阙文。法律规定,有资格的公民应该拥有公共马或在人口调查中被划入骑士级别。[1] 乍看之下,可能会认为前者是更有可能的选择,特别是考虑到法律中其他地方提到"收回公共马"(equom adimito)。[2] 但如果我们看一下法条的语言并与其他立法相比较,情况就不是这样了。假如拥有骑士级别是正面条件,那么该法也必然会规定陪审员必须是自由出身的正式公民。这实际上是补全"在这个城邦中的"这一残句的自然方式。[3] 克劳福德近来指出,法条中没有足够的空间同时包括自由出身和骑士级别。他表示,只要指明"公共马骑士"就够了(因为所有的公共马骑士都可以被认为是自由的)。[4] 但鉴于在重建法条的准确文本方面存在问题,各处阙文的确切长度仍不确定,克劳福德所见不可能是定论。

另一方面,有令人信服的正面论点支持骑士级别是主要的条件。正如林托特(Lintott)所指出的,每年定下的陪审员名单有 450 人——占 1800 名公共马骑士总数的四分之一。[5] 在这 1800 名公民中,我们必须去掉元老之子,担任所有使其不具备此资格的行政官的公民,以及 30 岁以下或 60 岁以上的人。[6] 这肯定会淘汰相当数量的公

---

[1] Nicolet 1974:513-15; Stockton 1979:142; Lintott 1992:20; Crawford 1996:98. 蒙森在 CIL I^1 198(census)和 CIL I^2 583(equus publicus)分别提出了两种不同的复原(另见 Mommsen 1887-8: III, 530 n. 1)。参见 Hill 1952:110-11, 他人认为该法实际上是第一次被用于骑士人口调查。
[2] RS 1, l. 28; Nicolet 1974:165, 485.
[3] Lintott 1992:116. Mattingly 1970:168,1975b:727 认识到需要提及自由出身,并援引了公元前 100 年的《大法官形式法》(lex de provinciis praetoriis)作为比较(文本见 RS 12, Delphi Copy, Block C, l. 23)。
[4] Crawford 2001:432 提出将第 16 行复原为"由在这个城邦中拥有公共马的服役者担任"(quei h [ac ceivitate equo publico stipendia fecit fecerit d] um)。
[5] Lintott 1992:20-1. Cic. Planc. 41 描绘了这一选择过程。
[6] Stein 1927:20-1.

共马骑士。① 从剩下的人中挑选的陪审员名单将大大缩水——尽管并非不可能。② 如果条件是拥有骑士级别,那么有资格任职的人将多得多。据凯伊估计,当时意大利约有 3 万户家庭足够富裕,有资格被列入骑士级别。我们必须去掉大批富有意大利人,他们非公民,因而无法被列入骑士,还有那些并不居住在罗马或附近的人,该法明确排除了这些人。③ 不过,这仍然会导致潜在的陪审员候选人数量要比完全由公共马骑士来界定的情况下多得多。④ 还有一项证据也让天平偏向骑士级别。在公元前 44 年的《第一篇反腓力辞》(First Philippic)中,西塞罗提到了关于罗马法庭的三部重要法律:《尤利乌斯陪审员法》(lex Iulia iudicaria,公元前 46 年)、《庞培陪审员法》(lex Pompeia iudicaria,公元前 55 年)和《奥雷利乌斯陪审员法》(lex Aurelia iudicaria,公元前 70 年),它们在公元前 123 年的格拉古法之后修改了陪审团的构成。他表示,这些立法中"定义了陪审员的级别条件(census praefiniebatur)",并且"不仅是针对百人队,也是针对罗马骑士的(non centurioni quidem solum sed equiti etiam Romano)"。⑤ 因此,格拉古的《偿还财产法》很可能也对陪审员做了基于财产的规定。⑥

为何盖乌斯·格拉古将法庭的控制权交给与元老院没有关系的骑士,这是如何与他更大的政治计划契合的呢?阿皮安对该法庭的设立

---

① Stone 2005:78 - 9 援引 Livy. Per. 60 为依据,认为在排除了没有资格的公共马骑士后,仍有 600 名骑士陪审员组成的群体。
② J. S. Richardson 1998:57 认为,拟定 450 人的陪审员名单可能并不太费劲。他暗示,每年的名单可能都一样,因为真正的选择过程是在审判中进行的。
③ 居住地要求见 RS 1, ll. 13, 17。
④ 关于计算,见 Kay 2014:292。
⑤ Cic. Phil. 1. 20,就像 Mattingly 1975b 所指出的。不过,和 Crawford 1996:99 一样,我不认同马丁利(Mattingly)关于骑兵服役是必要条件的观点。
⑥ 此外,需要指出的是,盖乌斯的《土地法》提到一个由征税第一级别的成员组成的陪审团,这是另一种基于人口调查的条件(RS 2, ll. 37)。见 Lintott 1992:51; Crawford 1996:168 - 9。

给出了一个合理的动机。他写到，盖乌斯认为现有形式的"偿还案法庭"已被腐化，因为不久前有几名元老在元老陪审员受贿后被宣告无罪。[1] 对"偿还案法庭"的详细研究表明，它明显表现出对公正性的关心。[2] 这一点可以从以下事实中得到证明：曾担任过平民保民官、财务官或军政官的骑士也被排除在陪审员之外，因为他们有望走上元老生涯，尽管他们还不是元老院成员。由此，老普林尼表示，格拉古的一系列改革建立了一个特别的陪审员群体，因为与元老有关联的骑士实际上不被允许参加陪审团。[3] 此外，该法也让军政官和其他初级行政官（他们不是元老，而是骑士）可以被起诉。[4] 所以元老和骑士的划分并不像后来的资料显示的那样完全泾渭分明。但与此同时，我们也不应该天真地认为，当盖乌斯·格拉古赋予骑士身份的公民对行政官和元老院成员的审判权时，他并不知道自己在做什么。[5] 即使他的目的不是为了打造骑士等级本身，[6] 他的法律还是在罗马贵族之间建立了前所未有的明确区别。尤其是他将新的政治权力赋予了那些没有当过行政官或是与元老没有关系，但仍居住在罗马的骑士。

盖乌斯·格拉古的其他立法印证了这一论点，特别是有关亚细亚行省结算问题的法律，该行省是在帕加马国王阿塔鲁斯三世将其王国遗赠给罗马后建立的。[7] 盖乌斯的《森普洛尼乌斯亚细亚行省法》

---

[1] App. *BC* 1. 22; Steel 2013:24. 被宣告无罪的是卢基乌斯·奥雷利乌斯·科塔（L. Aurelius Cotta），李维乌斯·萨里纳托尔（Livius Salinator）和马尔库斯·阿奎里乌斯（M.' Aquilius）。见 Gruen 1968:37 – 8, 77 – 8, 297。

[2] Stockton 1979:141; Sherwin-White 1982. 关于对条款的综述，见 Crawford 1996:51。

[3] Pliny the Elder, *NH* 33. 34. 不过，这并没有取代骑士一词的一般用法（Ferrary 1980:316）。

[4] Sherwin-White 1982:19.

[5] 见 Meier 1966:72; Stockton 1979:152 – 3; Lintott 1992:26, 1994:81 的评论。

[6] 见 Sherwin-White 1982:28。

[7] Plut. *T. G.* 14; Livy, *Per.* 58; Badian 1972:63 – 5.

（lex Sempronia de provincial Asia）规定，新行省的税收合同将由罗马的监察官进行拍卖，确保包税人能够竞标这些有利可图的机会。① 尽管包税人和骑士不是同一群体，但关于亚细亚行省的法律无疑对国家中这些富有的非元老阶层有利。② 正如我们在本章中早前所指出的，包税人和骑士通常只有在被剥夺了从帝国的回报中获利的机会时才会与监察官和元老院发生政治冲突。包税人和骑士在很大程度上是被动反应的群体，被格拉古等有政治远见的政治家所拉拢。

正如舍尔温-怀特（Sherwin-White）所认为的，盖乌斯设立偿还财产案件法庭的影响至少在十年内都没有充分显现。③ 事实上，他暗示骑士最初可能对他们新的政治角色感到不满，因为在罗马担任陪审员是强制性的，代表着承诺付出大量的时间，而且要接受严格的审查。④ 西塞罗的演说中有一些证据支持这一观点，因为骑士显然抵制引入旨在规范他们作为陪审员行为的限制和惩罚措施。⑤ 当然，需要将这与一个事实结合起来看，即共和时代后期的骑士作为一个整体反对任何削弱他们在刑事法庭上的影响力的做法。但这个例子表明，骑士的政治参与主要是被动的，他们只在自己的利益受影响时才会介入。到了西塞罗的时代，他们在刑事法庭上担任陪审员的权利已不再被视为新事物，而是公认的骑士等级的特权。

因此，是两位保民官——盖乌斯·格拉古和推动公民投票的那位

---

① Cic. II *Verr*. 2.12. 公元前66年，西塞罗在《为曼利乌斯法辩护》（Pro *Leg. Man*）14宣称，亚细亚的税收收入超过了其他所有行省。
② Stockton 1979:154-5; Brunt 1988:151; Lintott 1994:79. 关于盖乌斯立法的其他可能惠及包税人的经济元素，见 Rowland 1956。
③ Sherwin-White 1982:22-3.
④ Sherwin-White 1982:28.
⑤ 本书第二章将对此进行讨论。

第一章 为罗马而骑

不知名的保民官——通过制定旨在有利于自己的职业和政治愿景的新措施最终重塑了罗马国家。他们从未明确提出要打造一个"骑士等级",尽管这是他们的法律的最终结果。① 到了公元前 2 世纪末,我们在法学家尤尼乌斯·孔古斯·格拉卡努斯(Iunius Congus Gracchanus,这个称呼源于他是盖乌斯·格拉古的朋友,很可能还是支持者)那里看到了"骑士等级"一词被使用的最早证据。② 它出现在老普林尼逐字引用的他的一段作品节选中:

> 至于"骑士等级",我们曾经称他们为 trossuli,但现在称他们为 equites,因为他们不理解 trossuli 这个名字表示什么,而且许多人羞于被如此称呼。③

trossuli 一称意为"特洛苏鲁姆征服者",指的是早年间意大利城市特洛苏鲁姆(Trossulum)被罗马骑兵占领的那场冲突。④ 格拉古的评论表明,公元前 2 世纪末的骑士并不了解这一成就。相反,他们更愿意被看作一个身份群体或者说等级,在国家中具有明确的职能。⑤ "骑士等级"一词下一次有确切时间的出现是在西塞罗写于公元前 70 年的《诉维勒斯》(*In Verrem*)中,当时它已经是普通且正常的用法。⑥ 虽然在此之前,骑士们获得地位和声望的途径已经变得越来越

---

① Gruen 1968:90; Badian 1972:65-6; Brunt 1988:151-2.
② Pliny the Elder, *NH* 33.36; see also Cic. *Orat.* 1.256; Cic. *De Leg.* 3.49; Rankov 1987.
③ Pliny the Elder, *NH* 33.36: *quod ad equestrem ordinem attinet, antea trossulos vocabant, nunc equites vocant ideo, quia non intellegunt trossulos nomen quid valeat, multosque pudet eo nomine appellari.*
④ Pedroni 2010.
⑤ Nicolet 1974:163-5; Ferrary 1980:316-17.
⑥ Cic. I *Verr.* 38; Cic. II *Verr.* 2.175, 3.94, 3.166, 3.223, 3.224, 4.45.

多样化——从军、演说、从事法律工作以及获取和展示财富——但他们现在获得了新的政治权力和影响力,可以将他们定义为共和国中的一个等级,既与元老院和人民并列,又与之不同。

关于新的骑士等级是由公共马骑士还是由在人口调查中拥有骑士级别的所有罗马公民组成的问题引发了大量的学术争议。尼科莱在其关于骑士等级的基础性论述中提出,只有那些拥有公共马的人才是真正的骑士,然而他的论点并不总是被接受。[1] 不过,以财产条件为依据就很容易解决这个问题。[2] 拥有必要的骑士财产条件和作为公共马骑士服役的罗马公民一直被称为骑士。正如我们在这一章中所看到的,在共和时代,拥有成为骑士所必需的财产条件的富有罗马人不再仅仅作为骑兵实实在在服役,而是成为了军官,甚至选择不去军中服役。但这并没有改变他们被称为"骑士"的权利,这个头衔显示了他们在共和国的显赫地位。西塞罗在公元前76年发表的演说《为喜剧演员洛斯基乌斯辩护》(*Pro Roscio Comoedo*)中有一句评论印证了这一点。在提到陪审员盖乌斯·克鲁维乌斯(C. Cluvius)时,西塞罗宣称:"如果你根据财产级别来评价他,他是一个罗马骑士,而如果你根据生活方式来评价他,他是最显赫者。"[3] 因此,新的骑士等级包含了所有拥有必要的人口调查财产条件的公民,那1800名公共马骑士在整个等级中形成了一个排外的精英阶层。

---

[1] Nicolet 1974:163 – 76. 另见 Stein 1927:4 – 6; Demougin 1988:210 – 12。支持骑士财产条件的学者包括 M. I. Henderson 1963:65; Wiseman 1970b; Brunt 1988:146,515; Bleicken 1995:45。奥古斯都和帝国时代的情况要复杂得多,将在本书第四和第五章中讨论。

[2] 最新论述见 Giovannini 2010:363 – 4 的有力论断,尽管我不认同他文章中的其他方面,就像上面已经指出的。

[3] Cic. *Rosc. com.* 42: *quem tu si ex censu spectas, eques Romanus est, si ex vita, homo clarissimus est*. 见 Bleicken 1995:45; Wiseman 1970b:74。

第一章 为罗马而骑

结论：从武士到陪审员

坐在盖乌斯·格拉古的偿还财产案法庭上的骑士陪审员与公元前 8 世纪到前 6 世纪徜徉在拉丁姆的骑兵贵族几乎没有共同之处。事实上，公元前 2 世纪后期的骑士将认不出本章中描绘的王政时代罗马的画面——对他们来说，那是罗慕路斯和他的快马队，是努马和他的宗教创新，也是塞尔维乌斯·图利乌斯和他的百人队组织的世界。这些起源神话为共和时代的罗马政治和宗教制度赋予了意义与古老性。还出现了关于新诞生的骑士等级起源的故事：骑士同样是由国王创造的——不是别的国王，正是罗马的缔造者罗慕路斯本人。这意味着该等级及其成员不仅是两部立法相对晚近的创造，而且是罗马国家一个古老而受人尊敬的组成部分。

骑士等级出现的来龙去脉要比罗马人相信的复杂得多。在本章中，我们追溯了骑兵贵族氏族转变为作为国家骑兵为共和国效劳的地主精英的过程。这个因其在马背上展现勇武的理念而统一起来的骑士贵族群体在共和时代发生了重大变化。在被盟友提供的辅助骑兵取代后，骑士不再是罗马国家的骑兵，其成员转而担任军官或完全不从军。不过，骑士的地位仍然备受追捧，因为它为富有的罗马公民在共和国中的显赫地位提供了官方认可，即使他们作为骑兵服役是有限的。在这方面，骑士身份的仪式性和意识形态方面仍然至关重要，比如骑士游行，因为它们代表了骑士的地位和威望的外在表现。从社会学角度来看，一个从军事才能中获得权力的精英阶层已经转向从财富中获得权威。因为正是财富使公民从一开始就被分为第一级别和骑士，这使他们在百人队大会上有了更大的权威（那是一个偏向于国家最富有阶层的财权政治大会),同时让他们有资格竞选元老行政官。这是在政治和社会方面变得更加复杂的前现代社会演化的典型发展路线。

与此同时,元老骑士和非元老骑士之间的差异变得更加明显。既因为元老获得了其他骑士所不具备的身份象征和特权,也因为对罗马新的财富资源的控制发生的冲突。元老们有能力批准或阻止将国家合同分配给包税人,后者本身就是骑士,或者是骑士的合伙人。不过,元老骑士和非元老骑士最终分离成两个不同的群体还需要一个催化剂。那就是公元前129年和前123年通过的两项法律,它们迫使所有元老归还他们的公共马,并为没有元老亲属的骑士安排了新的公众角色,即偿还财产案法庭的陪审员。这些立法表明,骑士的演变和骑士等级的诞生在一定程度上是罗马国家复杂性的长期历史变化的结果(在其他前现代社会中可以找到相似的例子),但也源于两个不同寻常的人物的动议:那位不知姓名的保民官和盖乌斯·格拉古。特别是格拉古,他赋予了骑士真正的独一无二的公众角色,从而使他们成为一个与众不同的具有政治影响力的身份群体(尽管主要是以被动而不是主动方式行使这种影响力)。[1] 在勒索案法庭上作为陪审员,让富有的罗马公民更有理由投身于共和国中,这不仅仅是为了骑士身份本身的威望。

将元老从骑士队伍中移除再加上骑士本身作为陪审员的新角色,使得公元前2世纪后期的罗马人将骑士视作一个新的等级,成为共和国的组成部分。这有助于为一个本质上由富有精英组成的异质群体提供某种统一意识,这个群体包括军官、演说家、诗人、商人和收税

---

[1] Badian 1962:224.

人。当然，这个新等级的出现并不意味着元老和骑士之间突然有了社会、经济或"阶级"鸿沟，特别是因为这两个群体的成员有血缘、婚姻、友谊和盟友关系。[1] 元老有向包税人分配收税合同的权力，骑士则控制着勒索案法庭，尽管他们无法将元老定罪。在随后的几十年里，骑士的政治力量将成为一种重要矛盾的来源。新的秩序来到了。

---

[1] Nicolet 1974:253-69; Brunt 1988:148-52; Harris 2011:18-19.

第二章　西塞罗的骑士等级

导言：维勒斯审判

公元前70年，36岁的元老马尔库斯·图利乌斯·西塞罗开始了在偿还财产案法庭上起诉盖乌斯·维勒斯（C. Verres）的艰巨任务，后者是腐败的前西西里总督。西塞罗是个新人（*novus homo*），是他的家族中第一个进入元老院的；他的祖先来自罗马东南面的山城阿尔皮努姆（Arpinum），拥有骑士身份。① 如果西塞罗胜了，他作为律师和政治家的声望将会提高，未来的选举成功就有了保证，他就能沿着元老官阶一路升到执政官的位置。② 但形势对他很不利。大名鼎鼎的昆图斯·霍滕西乌斯（Q. Hortensius）担任辩护律师，而维勒斯强大的盟友们则密谋让西塞罗没有多少时间在西西里收集证据和寻找证人。③ 此外，西塞罗面对的不是与元老院没有任何关系的骑士陪审团，就像盖乌斯·格拉古的《偿还财产法》所规定的。相反，根据独裁官苏拉的立法，他的陪审团由元老组成——公元前81年苏拉结束了几十年来围绕着法庭的政治争论，为所有的常设法庭设立了元老陪

---

① Stockton 1971: 1 - 3; T. N. Mitchell 1979: 2 - 9. 关于这些新人的崛起，见 Wiseman 1971。
② 关于此案对西塞罗政治生涯的意义，见 Vasaly 2009; Tempest 2011: 45 - 6, 50 - 3。参见 T. N. Mitchell 1979: 107 - 9，他弱化了此案的重要性。
③ Lintott 2008: 84 - 8; Tempest 2011: 53 - 5. 关于西塞罗本人对霍滕西乌斯的看法，见 *Brut*, 318 - 20。

审团。① 在西塞罗看来，新的元老陪审员被证明极易买通，非常乐于让他们的同僚免受行省行政失当的指控，那正是盖乌斯·格拉古的骑士陪审团想要防范的。② 但后来，到了公元前 70 年，随着《奥雷利乌斯陪审员法》的通过，这种趋势会很快改变，该法将恢复在刑事法庭上使用骑士陪审员。

不过，西塞罗仍然处境艰难。他本人在公元前 75 年担任财务官后成为了元老，但元老院中的显贵不太可能认为他是"我们中的一员"——他是骑士集团的新人，常常为骑士代理人和包税人辩护。③ 他采取了大胆且毫不妥协的修辞策略，揭露了苏拉的元老陪审团的腐败，但也敦促坐在他面前的陪审员代表"我们的等级"维持元老的尊严。④ 在公元前 70 年的那个夏天，西塞罗在法庭上站起身来告诉在场的元老们：

> 过去 10 年间，当陪审权被移交给元老院后，案件判决得可耻且令人发指。各位陪审员，罗马人民将会通过我认识到，为何骑士等级连续坐在这里做出裁决近 50 年来，从未有丝毫迹象表明担任陪审员的罗马骑士因受贿而影响了决定。他们还将认识到：当陪审权被移交给元老等级，罗马人民失去了可以对每个人行使的权力时，为何受到指控的盖乌斯·卡里都斯会表示，一位

---

① Cic. I *Verr.* 37; Vell. Pat. 2.32; Tac. *Ann.* 11.22. 苏拉的立法缩减了陪审团的规模，维勒斯审判的陪审团总计约 15 人。见 Lintott 2004:74, 2008:87 – 8。
② Vasaly 2009:107. Cf. Gruen 1974:30 – 4.
③ 西塞罗本人在 II *Verr.* 2.181 中提到了这点；另见 Q. Cic. Comm. *Pet.* 3, 33, 50。T. N. Mitchell 1979:100 – 1.
④ Cic. I *Verr.* 42. 关于西塞罗娴熟的修辞技巧，见 Berry 2003:224 – 5; Lintott 2008:90 – 1; Vasaly 2009:105 – 6, 114, 127 – 8。他的演说往往旨在说服他所面对的陪审团，而不是其他任何观众（Levene 2004:122 – 3）。

前大法官受贿还不到 30 万塞斯特斯是不会被判有罪的。①

这段表述有力且令人信服，让西塞罗把对维勒斯的审判变成了对元老正直与否的考验。作为新人，他可以把自己描绘成罗马传统道德的代表，未被近来的腐败所污染，从而督促元老们找回他们昔日的美德。② 在发表这一演说的同时，改革陪审团和让骑士重回法庭的行动也在酝酿中，西塞罗的语言巧妙地表明了他对此类举措的支持。③ 这段话特别重要的地方在于，它让我们了解到公元前 70 年的政治环境，④ 让我们看到自己现在正身处一个截然不同于前一章中描绘的老加图、西庇阿·埃米利阿努斯和盖乌斯·格拉古所在的世界。到了西塞罗起诉维勒斯的时候，骑士等级已经稳稳地成为共和国的组成部分，与元老等级并列，同时又存在竞争。⑤

新的骑士等级在法庭上获得的权力被证明是骑士与元老之间矛盾和对立的几大起源之一。⑥ 西塞罗之前在处理谋杀案的法庭（quaestio de sicariis）上所做的演说充分证实了这点，那是在公元前 80 年，就

---

① Cic. I Verr. 37‑8:... quae inter decem annos, postea quam iudicia ad senatum translata sunt, in rebus iudicandis nefarie flagitioseque facta sunt. cognoscet ex me populus Romanus quid sit quam ob rem, cum equester ordo iudicaret, annos prope quinquaginta continuos ⟨in⟩ nullo, iudices, equite Romano iudicante, ne tenuissima quidem suspicio acceptae pecuniae ob rem iudicandam constituta sit: quid sit quod, iudiciis ad senatorium ordinem translatis sublataque populi Romani in unum quemque vestrum potestate, Q. Calidus damnatus dixerit minoris HS triciens praetorium hominem honeste non posse damnari....
② 关于新人的观念，见 Wiseman 1971:107‑16; van der Blom 2010:50‑9, 176。
③ Cic. Div. in Caec. 8; Berry 2003:225; Vasaly 2009:128; van der Blom 2010:176.
④ 虽然演说的第一篇和第二篇（特别是后者）后来为发表而做了修改，但西塞罗想要给人留下它们都已经在公元前 70 年发表了的印象。见 Vasaly 2009:128‑33。
⑤ In Verrem (II Verr. 2.175, 3.94, 3.166, 3.223‑4, 4.45) 到处可见"骑士等级"一词。关于在西塞罗的思想中，骑士等级是罗马国家的一部分，见 Bleicken 1995:58‑60。
⑥ Brunt 1988:150‑4.

在苏拉设立完全由元老组成的陪审团后不久。① 这是西塞罗的第一个刑事案件,他为被控弑父的阿梅利亚的塞克斯图斯·洛斯基乌斯辩护。为了帮当事人开脱罪责,他不得不暗示其他人曾密谋杀害老洛斯基乌斯,包括苏拉的希腊释奴克吕索格诺斯(Chrysogonus)。② 当时西塞罗才 26 岁,还是个骑士,在为另一位骑士(小洛斯基乌斯)辩护。这意味着他要在元老陪审员面前倍加小心。③ 不过,在演说中最意味深长的一句话里,他提醒元老贵族,如果他们希望维系苏拉交给他们的对法庭的垄断,就必须以符合德行的方式行事。④ 为此,西塞罗高呼,"他们应该证实那些无法忍受骑士的光芒却能忍受一个最卑鄙的奴隶主宰的人是可耻且可悲的"。⑤ 与在《诉维勒斯》中一样,西塞罗的论点并非旨在攻击元老陪审员,而是要敦促他们做出正确的决定,宣布他的当事人无罪。⑥ 意味深长的是,西塞罗没有把骑士说成是一个统一的等级,而是将其形容为有"光辉"(*splendor*)品质的等级,他在自己其他作品中提到骑士等级时也用了这个词。⑦ 骑士的光辉是通过他们在法庭上有效和可敬的工作赢得的。尽管西塞罗本人的身份从骑士变成了元老,但他在公元前 80 年和前 70 年的论点显示出不同寻常的一致性。他巧妙地把自己的观点同法庭听众的预期结合了

---

① Lintott 2008:426.
② T. N. Mitchell 1979:90 – 3; Dyck 2010:9 – 10; Tempest 2011:32 – 7.
③ Berry 2003:224.
④ Cic. *Rosc. Amer.* 139. 见 Gruen 1974:269 – 70,他认为"陪审员的自由"是贯穿该演说的主题。
⑤ Cic. *Rosc. Amer.* 140: *videant ne turpe miserumque sit eos qui equestrem splendorem pati non potuerunt servi nequissimi dominationem ferre posse*. 这个奴隶指的当然就是苏拉的释奴克吕索格诺斯。
⑥ Lintott 2008:427. 关于苏拉的新元老,见下文。
⑦ M. I. Henderson 1963:70; Berry 2003:224 n. 10. 使用的是 *splendor* 或者形容词 *splendidus*:见《牛津拉丁语词典》*splendidus* 4b 词条。参见 Nicolet 1974:213 – 24,其中指出,*splendidus* 还被用来形容某些元老。

起来。

正是通过西塞罗的演说、书信、修辞和哲学作品，我们对当时人们关于罗马共和国晚期政治的看法以及骑士在共和国中的地位有了关键的宝贵的了解。老普林尼在其关于从格拉古兄弟到公元前1世纪中期的骑士等级简史中让西塞罗扮演了主角：

> 现在，格拉古兄弟率先用"陪审员"的称呼，通过一种拉拢民众、触怒元老的破坏性方式把这个等级区分开来。很快，这个名称的权威因为各种内讧的爆发而被彻底抹黑后，又被用在了包税人身上，有段时间他们成了［共和国的］第三类人。最后，马尔库斯·西塞罗在他担任执政官，也就是喀提林阴谋叛乱那年确定了骑士（equestre）之名，他常常自称来自那个等级，以个人号召力寻求这些人的支持。正是从那时开始，这个等级成了共和国的第三个组成部分，现在跟罗马元老院与人民放在一道。之所以写在人民之后，因为他们是最近加上的。①

老普林尼对于西塞罗在确立骑士等级的过程中扮演的角色说得再确切不过了。但我们应该留个神。西塞罗与骑士和包税人关系密切。他依靠他们的支持打赢了自己的官司并当选要职。如果没有骑士的支持，西塞罗

---

① Pliny the Elder, *NH* 33:34: *iudicum autem appellatione separare eum ordinem primi omnium instituere Gracchi discordi popularitate in contumeliam senatus, mox debellata auctoritas nominis vario seditionum eventu circa publicanos substitit et aliquamdiu tertiae sortis viri publicani fuere. M. Cicero demum stabilivit equestre nomen in consulatu suo Catilinianis rebus, ex eo ordine profectum se celebrans eiusque vires peculiari popularitate quaerens. ab illo tempore plane hoc tertium corpus in re p. factum est, coepitque adici senatui populoque Romano et equester ordo. qua de causa et nunc post populum scribitur, quia novissime coeptus est adici.*

不太可能成为执政官。① 他们在他个人的自我展示和政治修辞中都占有突出地位。现存证据的性质意味着我们要通过西塞罗的眼睛来审视骑士,我们要了解他的个人和政治议程。正如我们刚刚在《诉维勒斯》和《为阿梅利亚的塞克斯图斯·洛斯基乌斯辩护》(*Pro Roscio Amerino*)中所看到的,西塞罗的每部作品都是特定地点和时间的产物,旨在说服陪审团或提出特定的观点,而骑士在这些争论中都有着自己的角色。②

本章将通过西塞罗的视角来追溯骑士等级从盖乌斯·格拉古担任保民官到公元前 1 世纪中期的历史。它将展示西塞罗作品中关于骑士的描述对理解有别于元老的骑士等级的形成,界定他们在共和国中的作用,以及其成员如何对待自己作为陪审员的新的公众角色这些问题如何至关重要。西塞罗的演说将骑士描绘成国家的一个组成部分,与元老院和人民放在一起,就像老普林尼后来对整个该等级的描绘一样。无论他们是在法庭上担任陪审员,作为把国家税款收上来的包税人,还是军官,抑或仅仅是以私人身份行事,骑士们都像好公民应该做的那样支持着国家。对骑士的上述看法成了西塞罗观点的一部分,他认为,只有通过"等级的和谐"(*concordia ordinum*)才能保护共和国的制度不受野心家的影响。这一政治箴言于公元前 1 世纪 60 年代首次出现在西塞罗的作品中,它设想所有的公民都将作为其所在等级的一部分共同维护罗马国家,而国家将赋予人民选举行政官、通过立法以及宣战和缔结和平的权力。③

这一理想与西塞罗公开表达的另一观点存在矛盾,即应该设法让

---

① Bleicken 1995:103 – 10; Berry 2003.
② Morstein-Marx 2004:27 – 31; Lintott 2008:3 – 4, and passim.
③ N. Wood 1991:193 – 9; Lintott 2008:148. 关于在西塞罗的思想中,罗马共和国是依赖团结和共识的国家,见 Hammer 2014:46 – 9。关于骑士等级在这种和谐中扮演的角色,见 Nicolet 1974:637 – 55, 673 – 98。

骑士免受作为公共代表的元老受到的那些限制。我们从西塞罗的私人信件中得知，他并不真正相信这一立场是站得住脚的。只有当必须为他的当事人辩护或者这符合他的政治立场时，他才会提出这种论点。当我们把西塞罗的作品当成一个整体来考虑时，"骑士等级"在西塞罗对共和国的设想中的位置并不确定——它是国家的一部分，其成员为国效劳，但同时并不总是受国家法律的约束。本章将指出，西塞罗作品中骑士这种模棱两可的矛盾形象实际上反映了共和时代后期的政治现实，在其中，骑士只是刚刚组成了一个不同于元老的等级，并试图在共和国内部商定自己的地位。他们重视、珍惜并捍卫自己在刑事法庭上担任陪审员的权利；尽管在盖乌斯·格拉古的法律出台之初，这似乎只是一种不受欢迎的强加之责，但它很快就成为骑士地位的一个重要方面。[1] 但与此同时，骑士对任何进一步限制他们履行陪审员责任的企图都感到警惕，而且也没有为自己争取任何新的政治角色。整体上而言，骑士满足于维护自己的利益，并赢得有权势的朋友的支持，比如西塞罗，他可以帮助他们实现这一目标。这就解释了为什么在从王政时代向共和时代的过渡中，骑士从建立在"传统权威"之上的韦伯式身份群体发展成了以"职业地位"为中心的群体，却没有在共和晚期完全演变为韦伯式的"政治群体"。[2] 这是因为骑士等级的政治角色是具体和有限的，是被动而非主动的。

骑士与刑事法庭

盖乌斯·格拉古的《偿还财产法》使骑士有能力在投票大会之外

---

[1] Meier 1966:73.
[2] 见本书的导言，其中大略描绘了这些改变。

对元老院的成员行使权力和权威。被指控在行省滥用权力的元老行政官的案件会在偿还财产案法庭上由陪审团审理，组成陪审团的不是他们的同僚，而是与元老没有关系的骑士。勒索案法庭并非骑士和元老唯一的角逐场所，因为后来还出现了一系列常设刑事法庭，包括负责处理选举腐败、叛国和谋杀案的（quaestio de ambitu，quaestio de maiestate，quaestio de sicariis）。① 上述法庭的陪审团是否都完全由骑士组成还是由骑士和元老混合而成，是存在争议的。② 相关法律中只有一部有细节存世：《本波铜版》上的格拉古法。因此，我们需要一个案子一个案子地考虑骑士陪审员的作用和影响。

关于盖乌斯·格拉古死后最初几年里刑事法庭运作情况的证据非常零散，但它们的确揭示了因为骑士陪审团对元老的定罪而引起的不满。③ 这促使公元前106年的执政官昆图斯·塞维利乌斯·卡伊皮奥（Q. Servilius Caepio）提出立法，将陪审团的控制权移交给元老。④ 他的《塞维利乌斯法》（lex Servilia）无疑在偿还财产案法庭上用元老取代了骑士，而该法通常被称为"陪审员法"表明了它具有更广泛的影响，强制所有的刑事法庭都采用元老陪审团。⑤ 该法的支持者之一是演说家卢基乌斯·李基尼乌斯·克拉苏，他刚刚当选平民保民官，可能

---

① Brunt 1988:216-22; Cloud 1992:510-11（对这些法庭的设立年代有不同说法）。
② 见 Brunt 1988:216-39（混合法庭）和 Cloud 1992:511-12（仅限骑士）的不同观点。
③ 见 Gruen 1968:106-56 的精彩描述。
④ Cloud 1992:511-12。参见 Gruen 1968:158-9；Brunt 1988:204-5，根据卡西奥多鲁斯《编年表》（Cassiod. Chron. 106）和奥布塞克温斯（Obsequens 41）（他们借鉴了李维的摘要），他们认为卡伊皮奥设立了元老和骑士皆有之的陪审团。不过，西塞罗的证据似乎质疑了关于混合陪审团的这一有限证据，他常常提到骑士憎恶法律（比如 Cic. Inv. 1.82, Orat. 2.199），暗示骑士完全被排除在外。
⑤ 该法从未被专门称为《财产偿还法》；Gruen 1968:159; Cloud 1992:511; J. S. Richardson 1998:48. Cf. Griffin 1973:114-15; Brunt 1988:204-5。

急于赢得卡伊皮奥的青睐。① 克拉苏发表了一篇著名的演说，怒斥了骑士陪审员和他们的行为。② 在向罗马人民发表的讲话中，克拉苏敦促他们投票取消骑士对法庭的控制：③

> 把我们从这些不幸中，从那些以我们的鲜血来满足其残忍的家伙的爪牙中解救出来吧：确保我们不服从任何人，除了你们，你们才是我们可以——而且必须——服从的人。④

克拉苏的意思是，元老院及其成员只对作为共和国主权团体的罗马人民而不对骑士陪审团负责。他的修辞旨在迎合罗马人，因为他们自然会对并非经过选举产生的骑士拥有这种权威心生怀疑。⑤ 骑士们一直对《塞维利乌斯法》的通过忿忿不平。公元前1世纪80年代，西塞罗写道，不应在骑士面前称赞这部法律。⑥ 这表明了一个事实，即一旦骑士获得了担任陪审员的特权，他们就不愿意放弃。

卡伊皮奥将骑士排除在刑事法庭之外的做法最终是短命的，因为没过几年，很可能是在公元前104年，它就被保民官盖乌斯·塞维利乌斯·格劳基亚（C. Servilius Glaucia）推翻了。⑦ 卡伊皮奥的立法被

---

① 关于将这篇演说放在克拉苏生涯背景中的分析，见 Fantham 2004：32 - 3。
② Cic. Clu. 140.
③ Cic. Brut. 164 透露，演说是向民众发表的。
④ Cic. Orat. 1. 225: eripite nos ex miseriis, eripite ex faucibus eorum, quorum crudelitas nisi nostro sanguine non potest expleri; nolite sinere nos cuiquam servire, nisi vobis universis, quibus et possumus et debemus.
⑤ Morstein-Marx 2004：235 - 6.
⑥ Cic. Inv. 1. 92. 在 Orat. 2. 199 可以看到类似的想法，西塞罗提及公元前1世纪90年代中期的事件时说起了骑士对卡伊皮奥的憎恶。
⑦ Cic. Scaur. 引自 Asc. 21 C，提到"法庭掌握在骑士等级手中"（iudicia penes equestrem ordinem）。阿斯科尼乌斯（Asconius）把格劳基亚的做法称为反勒索法，但他可能通过了关于其他法庭陪审团的法律，或者为其他法庭使用骑士陪审员提供了先例。相关讨论见 Gruen 1968：166 - 7；Cloud 1992：512；Lewis 2006：222。

推翻让格劳基亚赢得了骑士的支持和爱戴。① 对刑事法庭的争夺很可能导致盖乌斯·格拉古为选择陪审员制定的详细流程宣告终结，该流程特别将与元老有关系的骑士排除在外。林托特令人信服地提出，格劳基亚的新法第一个抛弃了上述条件，为骑士等级的所有成员担任陪审员铺平了道路，无论他们是元老之子，还是担任过某个行政官。② 即便我们接受理查森（Richardson）的说法，即格拉古的偿还财产案法庭立法仍然有效，③ 公元前104/101年之后，大部分行省滥用权力的指控也很可能是按照格劳基亚法的条款来进行的。④ 这是个关键时刻，因为它意味着身为元老的儿子、兄弟和父亲的骑士现在也可以加入陪审团了。格劳基亚的保民官盟友卢基乌斯·阿普列伊乌斯·萨图尔尼努斯（L. Appuleius Saturninus）紧随其后，也在争取骑士等级的支持。公元前103年，在萨图尔尼努斯的第一次保民官任期中，他建立了一个常设法庭来处理"侵害罗马人民权力"（*maiestas populi Romani minuta*）的案件，实际上指的是叛国罪。⑤ 新的叛国罪法庭由骑士担任陪审员，他们忿忿不平地回想起塞维利乌斯·卡伊皮奥之前曾试图剥夺他们在法庭中的位置。⑥ 骑士们将继续在刑事法庭中审理案件，直到苏拉推行独裁。

在其整个职业生涯发表的演说中，西塞罗都称赞了骑士陪审员在这个动荡时期的行为。他赞许地提到，他们给在自己行省有失德行为

---

① Cic. *Brut*. 224。关于对格劳基亚的态度，见 Cic. *Orat*. 3.164, *Rab. Post*. 14。
② Lintott 1992:21, 27.
③ J. S. Richardson 1998:48-51.
④ 比如，公元前92年，根据《塞维利乌斯法》，马尔库斯·埃米利乌斯·斯考鲁斯被昆图斯·塞维利乌斯·卡伊皮奥（公元前106年的执政官之子）指控，名目是偿还财产（Cic. *Scaur*. 引自 Asc. 21 C）
⑤ Gruen 1968:167-8; Cloud 1992:518.
⑥ Cic. *Orat*. 2.199.

的元老行政官定罪时表现"严厉"(severitas)。① 他称赞公元前 111 年参与对"努米底亚征服者"昆图斯·梅特鲁斯（Q. Metellus Numidicus）审判的骑士是"最有权威的人"(gravissimis viris)。② 这番话成了西塞罗职业生涯中大部分出庭发言时用来打动骑士陪审员的策略的一部分。③ 西塞罗的骑士们通过可敬而冷静的行事来履行自己对共和国的责任。这并不必然意味着他们总是会判元老有罪，因为当他们觉得有理由认为元老无辜（当然是在西塞罗看来）时，就会为他们开脱。公元前 69 年，也就是他赢了诉维勒斯案之后的那年，西塞罗为他的第一位元老当事人马尔库斯·丰特伊乌斯（M. Fonteius）辩护，此人被控勒索。④ 他的演说中有一部分赞美了有良心的骑士，后者在公元前 2 世纪末判决盖乌斯·门米乌斯（C. Memmius）和盖乌斯·弗拉维苏斯·芬布里亚（C. Flavius Fimbria）的勒索罪不成立。⑤ 西塞罗认为，这些骑士陪审员拥有"如此巨大的勇气和力量"(tantum animi, tantum roboris)，因为他们甚至没有被著名元老马尔库斯·埃米利乌斯·斯考鲁斯（M. Aemilius Scaurus）对门米乌斯和芬布里亚的指控所左右。这点非常重要，因为它显示了刑事法庭是如何作为元老的较量场所的，某个元老可以因为纷争和因小事生妒而在庭上指控其敌人有腐败或其他罪行。骑士远不是盖乌斯·格拉古所设想的公正裁决者，他们必然会被卷入这种政治争斗中。

当《为丰特伊乌斯辩护》(Pro Fonteio) 的演说发表时，根据我

---

① Cic. *Brutus* 103, I *Verr*. 51, II *Verr*. 3. 210, 4. 22, 4. 133.
② Cic. I *Verr*. 51, II *Verr*. 3. 210, 4. 22, 4. 133, *Balb*. 11，以及 Gruen 1968: 132 - 3。Mattingly 1975a: 261 n. 5 指出 *severus*（严厉的）不同于敌意更深的 *acerbus*（尖刻的）。
③ Bleicken 1995: 33 指出，西塞罗会根据每次演说的具体打算来编排自己的话。
④ 背景见 Lintott 2008: 101 - 3; Tempest 2011: 60 - 2。
⑤ Cic. *Font*. 24 - 6. 见 Gruen 1968: 174 - 5。

们在本章开始时提到的公元前 70 年的《奥雷利乌斯陪审员法》，骑士们刚刚与元老和发饷人（tribuni aerarii）一起坐回了陪审员席。因此，赞扬他们的前辈独自控制法庭时行事正直对西塞罗来说是有利可图的。① 公元前 63 年发表《为被控叛国罪的拉比里乌斯辩护》（Rabirio per perduellionis reo）的演说时，他进一步拓展了骑士作为好公民的形象。② 在西塞罗当上执政官那年，他为自己的当事人盖乌斯·拉比里乌斯（C. Rabirius）辩护，后者被控在公元前 100 年攻击元老院时，扔出的瓦片砸死了保民官卢基乌斯·阿普列伊乌斯·萨图尔尼努斯。③ 西塞罗描绘了所有公民，包括骑士等级成员，团结起来支持执政官面对元老院的最终决议采取行动的场面：

> 不朽的神明啊，骑士们重现了我们先辈时代的骑士的风采，那时候他们为支持共和国发挥了重要作用，并且独自维护了法庭的权威。④

《为被控叛国罪的拉比里乌斯辩护》的演说是在大会上而不是法庭上发表的。⑤ 但西塞罗对骑士支持的需要并未因此减少，他认为后者通过"等级和谐"在维护罗马政治体系中扮演着关键的角色，与元老院和人民一起阻止了野心家们颠覆现有秩序的企图。⑥ 因此，在西

---

① Berry 2003:228 – 9.
② 很可能是在战神校场上发表的（Morstein-Marx 2004:60 n. 93）。
③ Lintott 2008:120 – 5; Tempest 2011:89. Tyrrell 1978 对此案的背景做了全面讨论。关于演说中的流行修辞，见 Morstein-Marx 2004:214 – 15, 225 – 8。
④ Cic. *Rab. perd* 20: *at quorum equitum, di immortales, patrum nostrorum atque eius aetatis, qui tum magnam partem rei publicae atque omnem dignitatem iudiciorum tenebant*. 关于对骑士的类似情感，另见 27 和 31。
⑤ Lintott 2008:120.
⑥ 见 Bleicken 1995:58 – 71。

塞罗看来，公元前 2 世纪末和前 1 世纪初的骑士陪审员是诚实且未被腐蚀的公民，他们的行为代表了罗马共和国最大的利益。

西塞罗对骑士等级的赞美与其他晚近得多的文献形成了鲜明的反差，后者将骑士陪审员描绘成腐败的。公元前 92 年对普布利乌斯·鲁提里乌斯·鲁弗斯（P. Rutilius Rufus）臭名昭著的偿还财产案审判清楚地展现了这种敌意。① 鲁弗斯曾是公元前 94 年的亚细亚代执政官昆图斯·穆基乌斯·斯凯沃拉（Q. Mucius Scaevola）的副手，两人想为行省的行政治理打下坚实的基础，他们的努力触怒了包税人。尽管鲁弗斯多年来声名显赫，一个骑士陪审团还是判决他在行省滥用权力。② 维勒伊乌斯·帕特尔库鲁斯（Velleius Paterculus）声称，骑士们"向许多最显赫和最清白的人泄愤"（*in multos clarissimos atque innocentissimos viros saevissent*），包括鲁弗斯。③ 在讨论同一年对马尔库斯·埃米利乌斯·斯考鲁斯的偿还财产案审判时，阿斯科尼乌斯写道："普布利乌斯·鲁提里乌斯·鲁弗斯被判有罪后，再没有人看上去清白到不用害怕什么了（*P. Rutilio damnato nemo tam innocens videretur ut non timeret illa*）。"④ 至于西塞罗本人，虽然他确信鲁弗斯是清白的，但他从未提及骑士陪审员的行为本身。⑤ 此案是个非常热门的话题，突显了包税人在广大骑士等级内部的影响力。⑥ 但我们没有确凿的理由相信，鲁弗斯像古代材料所说的那样清白，尤其是因为

---

① 传统上认为是在公元前 92 年，但 Kallet-Marx 1990:129 暗示是在公元前 94 年左右。
② Diod. Sic. 37.5.1 - 4; Cic. *Brut.* 114 - 16. 相关讨论，见 Gruen 1968:204 - 5 and Badian 1972:90 - 2. Kallet-Marx 1990 弱化了格鲁恩和巴迪安对派系政治的强调。
③ Vell. Pat. 2.13。"最显赫者"是元老的标准尊号，这个事实突出了他的指控的力度。类似的观点，见 Livy, *Epit.* 70; Val. Max. 2.10.5。
④ Asc. 21C. 关于背景，见 Gruen 1968:206。
⑤ Cic. *Brut.* 115, *Font.* 38.
⑥ Gruen 1968:205; Kallet-Marx 1990:138. 参见 Nicolet 1974:543 - 9，他否认了审判结果与骑士的敌意有关。

各种版本主要都依赖于他本人的回忆录。① 同样需要指出的是，包税人并不是单枪匹马：他们有强大的元老盟友，包括盖乌斯·马略，这些人为了自己的目的而追查此案。② 因此，双方似乎都有过错。一方面，要求骑士陪审员将其定罪的压力不仅来自包税人，因为他试图遏制他们的权力，而且也来自元老院中的对立派系。另一方面，鲁提里乌斯显然不是他的朋友们所说的那种清廉的元老。在受到偿还财产案指控的元老中，在骑士陪审员手里脱罪的与被他们定罪的一样多。③ 不过，这并不表明他们必然是不会被腐蚀的，因为他们可能被贿赂，或在其他方式的诱使下为被告洗脱罪名。这意味着西塞罗对骑士廉洁性的正面描述反映了他本人及其当事人的利益。与骑士敌对的历史传统主要是因为他们被认为拥有超过元老的不当权力，后者在共和国地位要高于他们。但与此同时，只要符合自己的利益，元老们也乐于利用与包税人和其他骑士的关系，特别是当这会导致他们的敌人被定罪或者他们的朋友被无罪释放时。

元老们对鲁提里乌斯·鲁弗斯被定罪的不满促使保民官马尔库斯·李维乌斯·德鲁苏斯（M. Livius Drusus）尝试了另一轮陪审员改革。④ 公元前 91 年，德鲁苏斯成功地通过了一项法律，让 300 名骑士加入元老院，并规定陪审员今后应从 600 多人的元老院中产生。⑤ 这项措施耍了个有趣的花招，实际上将法庭送回了元老手中，但同时又

---

① Lintott 1981:194-5.
② Badian 1972:91-2.
③ Lintott 1981:209-12, 1992:27 认为，直到公元前 51 年，定罪率达到 50%。Brunt 1988:152 则表示，公元前 123 年和前 91 年之间，18 个案件中有 4 个罪名成立。鉴于材料的性质，这些数字只能作为参考。
④ Asc. 21C; Gruen 1968:206-7; Kallet-Marx 1990:125; Steel 2013:37.
⑤ App. *BC* 1.35; Livy. *Per.* 70-1; Ps.-Aur. Vict. *Vir. Ill.* 66; Gruen 1968:208-9; Brunt 1988:206-7.

以地位的提高来奖赏骑士中的领头人物。跻身元老后的骑士将继续坐在陪审员席上,就像过去几十年里那样,但新的身份可能会促使他们改变观点——至少德鲁苏斯的元老支持者们无疑是这样希望的。① 虽然这项法律可能会受到被提升为元老的少数骑士的欢迎,但被排除在外的其他数以千计的骑士肯定不会那么乐于接受。② 在他的公民权提案迅速招来昔日元老院盟友的怒火后,德鲁苏斯和他雄心勃勃的改革计划夭折了。③ 德鲁苏斯被谋杀,他的立法被宣布无效,这意味着元老院仍然维持300名成员,骑士则保留了对陪审团的控制。④ 公元前90年,保民官昆图斯·瓦里乌斯·许布里达(Q. Varius Hybrida)通过了一项关于叛国罪的新法《瓦里乌斯叛国罪法》(*lex Varia de maiestate*),专门用于起诉德鲁苏斯的支持者。⑤ 将这位保民官之前的合作者定罪想来符合留任的骑士陪审员的既得利益,阿皮安也是这么说的,他把骑士描绘成渴望对元老院进行报复。⑥ 不过,我们有充分的理由不去完全赞同阿皮安的观点。⑦ 我们的史料常常以如此粗略的笔触和尖锐的二分法来处理冲突——骑士对元老——以至于骑士陪审员看起来像"没有面目的人",看不出个性和动机。但在这件事中,我们知道一些受到《瓦里乌斯叛国罪法》指控的元老们用一位名叫卢基乌斯·埃利乌斯·斯蒂洛·普莱科尼努斯的人所写的演说辞为自己辩护。⑧ 对他们的定罪也不是既成事实,马尔库斯·埃米利乌斯·斯

---

① 他的立法通常被认为是"向着元老的":Cic. *Orat.* 1. 24, *Brut.* 222; Diod. Sic. 37. 10; Vell. Pat. 2. 13; Florus 2. 5。
② Gruen 1968:208.
③ Gabba 1992:111 – 13.
④ 关于无效的理由,见 Asc. 69C, B. A. Marshall 1985:244 – 5。
⑤ Asc. 22C; Cic. *Pro Corn.* 引自 Asc. 79C。
⑥ App. *BC* 1. 37.
⑦ Gruen 1968:216 – 19.
⑧ Cic. *Brut.* 169,205 – 7; Gruen 1968:219.

考鲁斯等元老实际上被认为是想要复仇的骑士陪审员宣判无罪。①

公元前 81 年，独裁官卢基乌斯·科尔内利乌斯·苏拉（L. Cornelius Sulla）试图一劳永逸地解决刑事法庭的问题，他基本上采用了与马尔库斯·李维乌斯·德鲁苏斯在保民官任期内提出的相同措施。② 苏拉扩大了元老院的规模，增加了 300 名骑士，并规定常设法庭的所有陪审员都要是元老。③ 此举是苏拉对常设法庭、元老院及其行政官所做的大规模改革的关键部分，旨在巩固共和国的地位。④ 一些古代文献对苏拉的元老们的卑鄙天性保留了惯常带有偏见的措辞，但没有得到更可靠的群体传记证据的支持。⑤ 阿皮安表示，苏拉选出了大约 300 名 "最好的骑士"（οἱ ἄριστοι ἱππεῖς）擢升入元老院，这些人由各自的部落投票产生。⑥ 由于新的陪审员从元老院选出，规模要比骑士小得多，元老们会被频繁招去审理案件。事实上，斯蒂尔（Steel）指出，在后苏拉时代，元老主要的本职就是担任陪审员。⑦ 这意味着陪审团的组成实际上有很大的延续性，从前作为骑士担任此职的人现在会作为元老继续任职。⑧ 公元前 74 年奥皮亚尼库

---

① Cic. Sest. 101; Asc. 22C, with B. A. Marshall 1985:137-8.
② Gruen 1968:256-7.
③ Senate: Appian, *BC* 1.100; Livy, *Epit.* 89. Courts: Cic. I*Verr.* 37. Vell. Pat. 2.32; Tac. *Ann.* 11.22. 人们往往认为，此举将元老数量提高到正好 600 人，但这一数字很难维持，元老数量最初可能大约在 450—500 人（Develin 1987; Santangelo 2007:100）。
④ Cloud 1992:512-30; Seager 1992:197-207; Keaveney 2005:140-55; Steel 2013:126-31.
⑤ Sall. *Cat.* 37; Dion. Hal. 5.77. 关于苏拉时期的元老院，见 Hill 1932; Syme 1938a:22-5; Nicolet 1974:581-91(仅骑士); Gabba 1976:63-7。参见 Santangelo 2007:100，他对群体传记证据能告诉我们的表示怀疑。
⑥ App. *BC* 1.100. Gabba 1976:145-7 认同部落从符合骑士条件的人中进行选择的真实性。参见 Hill 1932:172，他认为这些人是公共马骑士。
⑦ Steel 2013:129.
⑧ Hawthorn 1962:56; Nicolet 1974:589-91; Gruen 1974:8, 201-2.

斯（Oppianicus）审判中的陪审员马尔库斯·尤文提乌斯·佩多（M. Iuventius Pedo）就是这样一个从骑士转型元老被招去参加陪审的例子。西塞罗表示，此人"出自那些老派的陪审员"（*ex vetere illa iudiciorum disciplina*），即前苏拉时代的骑士。① 尽管西塞罗在《为阿梅利亚的塞克斯图斯·洛斯基乌斯辩护》和《诉维勒斯》中用夸张的修辞描绘了元老陪审员的腐败天性与他们的骑士同僚的诚实，但陪审团中的骑士和元老的界线事实上非常模糊，甚至有时并不存在。② 在苏拉改革后的那个十年里，许多陪审员是同一批人，履行着同样的职责，只不过现在他们属于元老而非骑士行列——被重新定义的只是他们的身份。

当然，对西塞罗的修辞也不能无视：他的言论旨在迎合听众的观点和偏见，这意味着它们对刑事法庭问题所引发的强烈情绪提供了宝贵的证据。在听《为阿梅利亚的塞克斯图斯·洛斯基乌斯辩护》演说时，公元前 80 年的元老陪审员们无疑会被他提到的"骑士光辉"所触动，它提醒他们骑士陪审员过去曾如何让他们耿耿于怀。十年后，听到第一篇《诉维勒斯》时，元老陪审员会被提醒，他们必须用配得上骑士等级的方式行事，否则法庭可能被交还给曾经将其管得如此之好的骑士。即便这些元老中有的之前是骑士，他们还是会关心维持自己新等级的权威。③ 关于元老与骑士对立的修辞在后格拉古时代的政治修辞中变得极为有力，掩盖了社会和家族关系的现实，迎合了精英竞争的更卑劣本能。

---

① Cic. Clu. 107；Nicolet 1974：587；Wiseman 1971：236 no. 218.
② 比如，参加了公元前 70 年的维勒斯审判的元老昆图斯·提提尼乌斯（Q. Titinius）有位骑士兄弟格奈乌斯·法尼乌斯（Cn. Fannius）（Cic. II *Verr*. 1. 128；Wiseman 1971：266 no. 433）。
③ Gruen 1974：8.

第二章 西塞罗的骑士等级

这把我们带回到公元前 70 年的那个夏天，即本章开始的地方，当时西塞罗发表了《诉维勒斯》，而《奥雷利乌斯陪审员法》也即将颁布。大法官卢基乌斯·奥雷利乌斯·科塔很难成为人们指望的那种人——能恢复骑士在法庭的一席之地。正如西塞罗所说，他"并非出身祖先是骑士的家族，而是来自最高贵的家族"（*non ex equestri loco profecto, sed nobilissimo*）。① 该法得到了公元前 70 年的执政官"大将"格奈乌斯·庞培（Cn. Pompeius Magnus）的支持，他承诺如果自己当选，就会改革法庭制度。② 科塔的新法适用于刑事和民事法庭，规定陪审团由元老、骑士和发饷人组成，各占三分之一，从总共 900 名公民中选取。③《奥雷利乌斯陪审员法》根据人口调查的等级来定义陪审团中的骑士，而不是根据拥有公共马这一条件，就像我们认为盖乌斯·格拉古的《偿还财产法》所规定的那样。④ 发饷人是一个鲜为人知的群体：他们的头衔源于他们曾是罗马军队的发饷人，但早已不再履行这一职能。他们就算不是全部也大多拥有骑士级别，故而西塞罗常常称他们为骑士。⑤ 因此，在公元前 70 年后，陪审团的组成三分之二为骑士，使他们在法庭上占了上风。这就解释了为什么西塞罗在法庭演说中经常提到骑士等级，因为他们拥有最大的投票比重。⑥ 在盖乌斯·格拉古担任保民官之后的几十年里，关于刑事陪审

---

① Cic. II *Verr*. 2.174.
② Cic. I *Verr*. 1.45.
③ Asc. 17C, 67C, 78C; Nicolet 1974:611 – 13; Brunt 1988:210. 昆图斯·西塞罗写了一首关于该法的风趣铭辞，似乎对其表示否定（*Ad Q. Fr*. 1.3）。有人暗示，该法最初旨在将法庭整个交还给骑士，但这种观点主要依据西塞罗在《诉维勒斯》中的修辞（Vasaly 2009:106 – 7; B. A. Marshall 1975:145 – 7 对此更加确定）。
④ Cic. *Phil* 1.20; Nicolet 1974:604 – 5; Ramsay 2003:125 – 6. 关于格拉古法律的条款，见本书第一章。
⑤ 关于对这点的详细讨论，见本章的附录。
⑥ Berry 2003.

团的争论以骑士等级参与法庭得到认可告终。陪审员身份让他们在共和国中有了官方角色，他们也对共和国悉心守护。不过，这些骑士陪审员远不是盖乌斯·格拉古所期望的公正的观察者，他们经常卷入会影响他们判断的元老冲突，或者做出旨在保护包税人或扩张的罗马帝国中其他商人的经济利益的判决。

包税人的权力

如果没有骑士等级的支持，西塞罗的政治生涯将无法成功。他并非作为军人成名，而是作为演说家和律师成名，是第一个通过这种职业路径成为执政官的新人。[1] 包括元老和骑士在内的西塞罗的当事人将被证明是他在官阶晋升时的成功盟友和顾问。公元前64年，昆图斯·图利乌斯·西塞罗为兄长的执政官选举准备的拉票指南中明确指出了这一点。[2] 昆图斯提醒兄长，他的支持者包括"所有的包税人，几乎整个骑士等级，许多市镇，以及你为之辩护过的各个等级的许多人"。[3] 包税人可以通过在百人队大会上的投票和其他不太正式的方式（如个人同盟和幕后交易）发出自己的声音。他们的政治干预完全专注于保护他们的经济利益，正如我们在起诉鲁提里乌斯·鲁弗斯的案件中所看到的。像西塞罗这样的新人会拥护包税人的商业利益，因为他需要他们的选票来确保他当选元老行政官，尤其是执政官。早在公元前70年，当他还是个年轻人，尚未成为大法官时，西塞罗就宣

---

[1] 见 Steel 2001:162-73 的讨论。
[2]《竞选指南》（*Commentariolum Petitionis*）现在通常被认为不是伪作（Morstein-Marx 1998:260-1，作者还提到了之前的研究）。
[3] Q. Cic. Comm. Pet. 3: *omnis publicanos, totum fere equestrem ordinem, multa propria municipia, multos abs te defensos homines cuiusque ordinis.*

称:"我为包税人的事投入了人生的很大一部分(nam quod in publica- norum causis vel plurimum aetatis meae versor)。"① 他的整个职业生涯中都在继续争取他们的支持和友谊,即使他私下里不赞同他们的野心。

必须指出的是,并非所有的包税人都是骑士,也不是所有的骑士都是包税人。但他们被认为是该等级中的一支重要力量,西塞罗曾用"罗马骑士之花"(flos ... equitum Romanorum)这一著名的说法来形容他们。② 包税人以及他们的观点和决定常常被认为基本上就是骑士等级本身的。③ 比如,公元前1世纪初,骑士和元老之间发生了矛盾,因为元老院不愿并吞昔兰尼王国,它已在公元前96年被阿皮翁(Apion)遗赠给罗马,并向包税人开放。④ 根据撒鲁斯特《历史》(Histories)中一段残缺不全的话的暗示,对昔兰尼的管理问题引发了"不同等级的竞争"(diversorum ordinum ⟨certamina⟩)。⑤ 公共商团为包税人提供了作为一个集体会商和通过决议的场所——简而言之就是作为压力群体行事——这对整个骑士等级来说往往是不可能的。所说的决议并非关于制定政策,而是被动的,是对具体事件做出认同和不认同的反应。⑥ 在行省层面,商会是最重要的骑士小团体,他们会私下与总督见面并提出请求,也会在公开场合向他表示感谢。⑦ 在公元前57年发表的演说《论他的宅邸》(De Domo Sua)中,西塞罗

---

① Cic. II *Verr*. 2. 181.
② Cic. *Planc*. 23. 在 Cic. II *Verr*. 2. 175,他称某几个包税人是"那些骑士等级的首脑"(*istos ipsos principes equestris ordinis*)。
③ Brunt 1988:165; Rowe 2002:76 - 7.
④ Oost 1963; Harris 1979:154 - 5.
⑤ Sally. Hist. 2. 41; McGushin 1992:207 - 8. 感谢 Tom Hillard 提到这条材料。
⑥ 注意 Meier 1966:87 - 88 的评论,他表示包税人只有在自己的利益受到威胁时才会采取行动。
⑦ Badian 1972:72 - 3. 私下会面:Cic. II *Verr* 1. 137 (这些会面对维勒斯来说很丢脸,因为它们是在他的女释奴克里东[Chelidon]的家里进行的)。公开场合:Cic. II *Verr*. 2. 171。

声称共和国的各个组成群体都支持他在执政官任内的行动，特别提到了对喀提林阴谋分子的处决，而此事最终导致他被流放。西塞罗先是描绘了他在《元老院决议》一事上获得元老院的支持，然后转而谈及"在地位方面仅次于该群体"（proximus est huic dignitati）的骑士等级。但由于骑士等级本身无法通过决议，西塞罗又转而提到了包税人的举动。他宣称："全部包税人的所有商会对我的执政官任期和我的行事做出了最全面和最精彩的决议。"① 为了看清这种关系是如何发展的，我们需要回到公元前66年的事件，当时西塞罗发表了他的第一次公开政治演说。

公元前66年最重要的政治问题是由谁来指挥亚细亚行省对米特拉达梯（Mithridates）作战。② 最初负责这场战争的元老卢基乌斯·李基尼乌斯·卢库鲁斯（L. Licinius Lucullus）免除了苏拉的高得多的利率，导致包税人对亚细亚城市兴趣缺缺。③ 包税人通过他们在罗马的代理人，特别是平民保民官，设法剥夺了卢库鲁斯的权威，用几年时间逐渐取消了他的减税。④ 这是那些商人进行的有限几种政治干预的一个例子——它是被动的，受他们本人利益的驱使。⑤ 指挥权随即被授予了公元前67年的执政官马尔库斯·阿基里乌斯·格拉布里奥（M. Acilius Glabrio）。但第二年，保民官盖乌斯·曼尼利乌斯（C. Manilius）在一个骑士与元老的联盟支持下提出了一项法令，将亚

---

① Cic. Domo 74: omnes omnium publicorum societates de meo consulatu ac de meis rebus gestis amplissima atque ornatissima decreta fecerunt.。关于对包税人的类似情感，另见 Cic. Sest. 32, In Piso. 41。
② 关于这场辩论的背景和西塞罗在其中的角色，见 Steel 2001:114 - 56。
③ Plut. Luc. 20.1 - 4. 关于原先的利率水平，见 Plut. Luc. 7.5 - 6; App. Bell. Mith. 63。
④ 参见 Brunt 1988:188,316，他暗示卢库鲁斯无论如何都将被免职。
⑤ Meier 1966:82 - 8.

细亚的指挥权交给了"大将"庞培。① 几位显赫的前执政官支持《授予格奈乌斯·庞培海军指挥权的曼尼利乌斯法》(*lex Manilia de imperio Cn. Pompeii*)。西塞罗也追随他们,虽然他当时只是大法官级别,但急于在官阶上再上一步,在有资格竞选执政官的第一年(*suo anno*,字面意思是"在他自己的大日子")就能当选。② 在《为曼尼利乌斯法辩护》(*Pro lege Manilia*)中,西塞罗把自己打扮为包税人和整个骑士等级的支持者:

> 每天都有从亚细亚寄给罗马骑士的书信,这些最可敬的人,他们为收取你们的赋税投入了大量资源。因为我和那个等级关系特殊,他们向我通报了情况,因为这影响到了共和国,也有损于他们的个人利益。③

西塞罗发表《为曼尼利乌斯法辩护》这一演说的背景对于理解它的重要性和影响至关重要。演说不是在封闭的法庭上对着陪审员,而是在最著名的公共场所罗马广场的讲坛上发表的。④ 在聚集到此的罗马公民面前吹嘘与骑士等级的"特殊关系"是一种精心安排的政治手段。⑤ 这加强了西塞罗与被他真正视作朋友和支持者的那些骑士的友

---

① Badian 1972:98.
② Steel 2001:173-81. 西塞罗在《为曼尼利乌斯法辩护》(*Leg. Man* 68)提到了发言的几位前执政官。在这里,我沿用 Lintott 2008:429 的说法。参见 Morstein-Marx 2004:182 n.95,他认为那些前执政官支持该法,但没有明言。
③ Cic. *Leg. Man*. 4: *equitibus Romanis, honestissimis viris, adferuntur ex Asia cotidie litterae, quorum magnae res aguntur in vestris vectigalibus exercendis occupatae; qui ad me pro necessitudine quae mihi est cum illo ordine causam rei publicae periculaque rerum suarum detulerunt.*
④ Cic. *Leg. Man*. 1-3 告诉我们,这是西塞罗第一次在讲坛上发表演说。
⑤ Berry 2003 用"特殊关系"来形容西塞罗与骑士的关系,在该语境下,这是对 *necessitudo* 的贴切翻译。

谊，同时又向还不是他可靠盟友的骑士等级成员表示，他是他们可以依靠的元老。

在随后特别有感染力的一段中，西塞罗呼吁全体罗马公民把他们的注意力转向在亚细亚受苦的骑士：

> 因为包税人，这些最杰出和最可敬的人，把自己的财务投资和资源转移到了那个行省，这些人的事务和际遇应该是令你们关切的。确实，因为我们一直把税收视作国家的命脉，我们无疑可以说，应将那个监督收税的等级视作其他等级的支柱。①

这番话充满恭维，而且过于热情，许多行省人很难把负责收税的包税人称为"最杰出和最可敬的人"。但他们不是西塞罗的目标听众；他面对的是广场上聚集的公民，后者将被叫去对曼尼利乌斯法进行投票。西塞罗的修辞是为了迎合包税人，向他们表明他现在和今后都是他们利益的保护者。这将确保他们继续从打理不断扩张的罗马帝国的税收中获益。另一方面，西塞罗也在为他未来的执政官竞选争取支持。②这是一种互惠关系。西塞罗的意图是在不疏远其他公民的情况下表明这点。事实上，他声称包税人问题关系到整个国家。③作为政治修辞，《为曼尼利乌斯法辩护》是一部绝妙之作，它旨在拉拢骑士，

---

① Cic. *Leg. Man.* 17: *nam et publicani, homines honestissimi atque ornatissimi, suas rationes et copias in illam provinciam contulerunt, quorum ipsorum per se res et fortunae vobis curae esse debent. etenim, si vectigalia nervos esse rei publicae semper duximus, eum certe ordinem qui exercet illa firmamentum ceterorum ordinum recte esse dicemus.*
② Berry 2003:225. 注意《为曼尼利乌斯法辩护》2明确提到，他被全部百人队选为大法官。
③ Cic. *Leg. Man.* 18; Nicolet 1974:675 – 6; Steel 2001:129 – 30; Lintott 2008:42. 关于西塞罗演说中所用修辞的亲民性质，见 Morstein-Marx 2004:215, 261。

同时又不孤立共和国的其他元素。正如昆图斯·西塞罗所说的那样，他赢得了"包税人和骑士等级的热情"（studia publicanorum et equestris ordinis）。① 而《为曼尼利乌斯法辩护》所传达的更广泛信息迎合了大众情感，确保了人民对他的支持。② 公元前 63 年，他在自己达到年龄要求的那年如愿当选执政官，这对一位没有真正军功的新人来说是惊人的成就。

包税人和他们的盟友经常与其他骑士一起跻身刑事案件的陪审团，西塞罗为了打赢官司常常专门向他们求助。公元前 55 年，一位年轻的元老、父母家族的先人中都出过执政官的马尔库斯·尤文提乌斯·拉特伦西斯（M. Iuventius Laterensis）竞选贵族营造官③没能成功。④ 他对此恼羞成怒，愤而起诉他的候选对手、新人格奈乌斯·普兰基乌斯，理由是新人只可能通过贿选赢得行政官职务。⑤ 不同于拉特伦西斯的显赫血统，他的对手普兰基乌斯是罗马骑士之子。其父也叫格奈乌斯·普兰基乌斯，曾在普布利乌斯·李基尼乌斯·克拉苏的军队中担任军政官，在前苏拉时期的法庭上担任过陪审员，并被认为是一位重要的包税人。⑥ 公元前 54 年，西塞罗在审理选举腐败案的法庭上为年轻的普兰基乌斯辩护。《为普兰基乌斯辩护》的演说因其关于骑士团结的表达而引人注目。尽管当时已经是执政官级别的元老了，但西塞罗还是直接把自己认同为骑士等级和包税人。西塞罗反驳

---

① Q. Cic. *Comm. Pet.* 50.
② Q. Cic. *Comm. Pet.* 51, 53. 见 Morstein-Marx 1998: 263。
③ curule aedile，古罗马时期，负责公共设施的维护和市政工作的官员，包括粮食供给、道路和上下水道的修建和维修、公安警察，还负责召开各种竞技比赛、庆祝仪式庆典。——译者
④ Cic. *Planc.* 18.
⑤ 见 Wiseman 1971: 133, 141 - 2; Lintott 2008: 219 - 21。
⑥ 关于普兰基乌斯和他父亲的生涯，见 Wiseman 1971: 251; Nicolet 1974: 981 - 3。

了拉特伦西斯的观点，即新人只能通过见不得人的手段当选为行政官，他宣称这条路一直向"出身我们骑士等级的人"（*hominibus ortis hoc nostro equestri loco*）开放。① 事实上，此次选举中拉特伦西斯的所有对手恰好都是新人，都是罗马骑士之子，来自意大利有头有脸的家族。② 西塞罗特别注意到普兰基乌斯的父亲是包税人这个事实，认为像拉特伦西斯这样傲慢的有元老血统的人可能会以此向他发难。不过，就像西塞罗指出的，这反倒成了好事而非坏事，事实上帮助普兰基乌斯赢得了选举：

> 如果你愿意，我们可以把这与你认为不利于他的地方，即他的父亲是包税人，联系起来；有谁不知道这个等级对追求公职有多少帮助呢？因为包税人等级中包含了罗马骑士之花，国家的骄傲，共和国的支柱，因此谁会否定这个等级对普兰基乌斯追求公职的非凡热情呢？③

在此，鉴于他们作为集体对国家的贡献，包税人本身被设想成一个等级。④ 在罗马人的国家观念中，大等级内部还有等级是完全可以接受的。⑤ 为了恭维包税人，西塞罗宣称他们的等级包含了更大的骑士等级中最好的元素。他们的影响对所有候选人的获胜都至关重要。这反

---

① Cic. *Planc*. 17. 在 Cic. *Mur*. 15，17 中可以看到类似的观点。虽然贵族显然是确保当选的重要因素，但不是唯一的（Morstein-Marx 1998:273 - 4）。
② Brunt 1988:155. 本书第三章将详细考察意大利人加入骑士等级的事。
③ Cic. *Planc*. 23 - 24: *adiungamus, si vis, id quod tu huic obesse etiam putas, patrem publicanum; qui ordo quanto adiumento sit in honore quis nescit? flos enim equitum Romanorum, ornamentum civitatis, firmamentum rei publicae publicanorum ordine continetur. quis est igitur qui neget ordinis eius studium fuisse in honore Planci singulare?*
④ Nicolet 1974:175；Cohen 1975:276 - 9；Harris 2011:18 - 19.
⑤ Cohen 1975:280.

映了包税人在罗马政治中主要是被动的角色：他们并不作为一个群体倡导或提出政策（他们的决议很大程度上是意识形态的装饰性展示），但会支持代表他们的利益，保护他们利用罗马行省来获取经济利益之能力的候选人。①

我们可以在刑事法庭上的举动中看出包税人的利益同罗马行政当局的这种关系。在前苏拉时代完全由骑士陪审员组成的法庭上，包税人行使着重要的权力。西塞罗在《诉维勒斯》中明确指出了这点："从前，当骑士等级负责审判时，邪恶和贪婪的行省行政官们会服从包税人。"②西塞罗表示，这使得全体骑士被总督和其他官员极为礼待，以免对某个骑士的攻击被视作针对整个骑士等级的。这并非空洞的说法。我们已经看到当公元前94年的亚细亚代执政官昆图斯·穆基乌斯·斯凯沃拉和他的副将普布利乌斯·鲁提里乌斯·鲁弗斯试图限制包税人在他们行省的影响时，骑士们是如何回应的。当然，包税人并不是孤身奋战——他们有强大的元老盟友——但他们对斯凯沃拉和鲁弗斯的敌意在随后几十年里都不曾遗忘。在公元前54年12月的一封信中，西塞罗建议奇里乞亚总督普布利乌斯·兰图鲁斯·斯宾特尔（P. Lentulus Spinther）出于这个理由避免与他行省中的包税人为敌："你了解这些人的习惯，知道他们对昆图斯·斯凯沃拉的敌意有多深。"③在法庭演说中，西塞罗也大肆渲染他同包税人的私交，因为他知道骑士陪审员将决定他当事人的命运。在公元前63年发表的演说《为穆雷纳辩护》（*Pro Murena*）中，他称赞卢基乌斯·李基尼

---

① 见 Meier 1966:82-3 的敏锐分析。
② Cic. II *Verr*. 3.94: *antea cum equester ordo iudicaret, improbi et rapaces magistratus in provinciis inserviebant publicanis*. 另见 Cic. II *Verr*. 3.168，他在其中提到了包税人担任陪审员的可能，如果他们是骑士的话。
③ Cic. *Fam*. 1.9.26［SB 20.26］: *nosti consuetudinem hominum, scis quam graviter inimici ipsi illi Q. Scaevolae fuerint*. Cic. *Planc*. 33 也提到此事。

乌斯·穆雷纳（L. Licinius Murena）是位好行省总督，因为此人让"我们的人"（nostri homines）拿回了被拖欠的债——这个熟悉的第一人称复数通常被用来指有商业利益的骑士。[1] 在接下来的演说中，西塞罗近乎漫不经心地提到一个事实，即法庭上有包税人商团的成员。[2]

包税人影响国家事务的能力取决于他们在更广大的骑士等级内部和与元老之间建立的网络。为了获得收税合同，他们需要与监察官和元老院保持工作关系，波吕比乌斯称这些合同是罗马政治制度中的制衡因素之一。[3] 西塞罗本人也渴望元老院内部能有这种平衡，因为"等级和谐"是他最珍视的政治梦想。他相信，只有元老、骑士和人民携起手来，共和国才能有效运作。在他的私人信件中，我们注意到西塞罗为安抚包税人所做的努力，即使他不同意他们的立场。第一个例子来自公元前61年，当时包税人因为亚细亚税收合同的分配而与某些元老发生了冲突，起因是某个拿到在亚细亚收税权的商团意识到自己为合同出的价太高了，希望取消它。[4] 按照波吕比乌斯的说法，元老院有权修改合同条款，或者在必要的时候解除投标者的责任。[5] 亚细亚的包税人这次提出的要求并非史无前例，但被证明非常有争议。就像西塞罗在当年12月5日写给他颇有影响力的骑士朋友提图斯·庞波尼乌斯·阿提库斯（T. Pomponius Atticus）的信中

---

[1] Cic. *Mur*. 42; Fantham 2013:144.
[2] Cic. *Mur*. 69.
[3] Polyb. 6.17.1–6; Brunt 1988:148.
[4] Cic. *Att*. 1.17.9 [SB 17.9]. Dio 37.46.6 提到了当年进行的监察官选举，但没有提到当选者的名字。相关商团的身份同样不明：见 Baldson 1962:136–7，他驳斥了在亚细亚、奇里乞亚和比提尼亚有超级商团活动的观点。其他商团可以为庞培的征服开拓的行省报价（Badian 1972:99–100）。
[5] Polyb. 6.17.5. 一个具体的例子见 Livy 39.44.8。

所说的：

> 看，骑士又提了个新奇而且真的近乎无理的要求——而我不仅忍了，还费口舌相助。从监察官那里获得了亚细亚收税合同的人在元老院抱怨说，他们因为太急切而给出了过高的报价，要求取消合同。我是他们的第一个听众，或者说第二个，因为是克拉苏怂恿他们提出如此胆大包天的要求。真是件讨厌的事，要求提得那么无耻，做派那么轻率。①

在写给朋友阿提库斯的私信中，西塞罗毫无顾忌地表达了对包税人贪婪的沮丧，这是他在公共场合永远不会表露的。因为就像他坦陈的，他的公开立场是坚定支持包税人和他们的请求。文中透露是马尔库斯·李基尼乌斯·克拉苏怂恿亚细亚的商团请求撤销他们的合同，这显示了罗马元老院的交道背后复杂的关系网。② 它揭示了任何个体商团的政治权力靠的都是愿意支持他们的人撑腰。西塞罗支持这个商团的利益，不仅因为他已经作为包税人律师而出名，也因为他相信国家的和谐正处于危险之中。

收税合同并非公元前 61 年涉及骑士等级成员的唯一政治大事。当年颁布的一项元老院决议允许起诉所有陪审员，包括此前被豁免的骑士。这引发了骑士成员的广泛反对。③ 西塞罗告诉阿提库斯，他担

---

① Cic. *Att*. 1. 17. 9 [SB 17. 9] : *ecce aliae deliciae equitum vix ferendae! quas ego non solum tuli sed etiam ornavi. Asiam qui de censoribus conduxerunt questi sunt in senatu se cupiditate prolapsos nimium magno conduxisse, ut induceretur locatio postulaverunt. ego princeps in adiutoribus atque adeo secundus; nam ut illi auderent hoc postulare Crassus eos impulit. invidiosa res, turpis postulatio et confessio temeritatis.*
② Badian 1972:99 - 100 指出，这是已知克拉苏支持骑士商业利益的唯一例子。
③ Cic. *Att*. 1. 17. 8 [SB 17. 8].

心如果亚细亚商团的案子被驳回,骑士"将彻底与元老院决裂"(plane alienarentur a senatu)。因此,他在元老院花了整整两天大谈"等级的公共地位与和谐"(de ordinum dignitate et concordia)。① 等级和谐被西塞罗视作他的个人成就,他决心不惜一切代价捍卫它。② 西塞罗列举了两名反对修改税收合同提议的人。第一位是公元前60年的执政官昆图斯·凯基利乌斯·梅特鲁斯·刻勒尔(Q. Caecilius Metellus Celer),他在公元前61年12月初表态反对西塞罗。第二位是马尔库斯·波尔基乌斯·加图(M. Porcius Cato,小加图),在西塞罗写给阿提库斯的信中尤为突出地提到了这个主要的对头。③ 争议持续了一整年,西塞罗在3月哀叹"我们的包税人"(nostros publicanos)与元老院有了隔阂,在6月又表示骑士已经彻底抛弃了元老院。④ 他向阿提库斯重申,自己私下里并不赞同包税人,但在公开场合,"为了保有该等级的支持"(retinendi ordinis causa),他需要反对加图。⑤ 这是西塞罗直到生命终点都坚持的观点;就像他在《论责任》(De Officiis)中所解释的,骑士和元老等级的联合对"国家的安全"(ad salute rei publicae)是必需的,能保护国家不被那些试图掌握更多权力的野心之辈左右。⑥

西塞罗对共和国和等级和谐的一再关注代表了一种崇高的原则,但我们不应认为他完全是利他的。就像他在他弟弟昆图斯开始担任亚

---

① Cic. *Att*. 1.17.9[SB 17.9].
② Cic. *Att*. 1.17.10[SB 17.10].
③ Metellus and Cato: Cic. *Att*. 1.17.9[SB 17.9]. 当时,梅特鲁斯已与庞培决裂(Gruen 1974: 85 – 6)。Cato: *Att*. 1.18.7[SB 18.7], *Att*. 2.1.8[SB 21.8], *Off*. 3.88. 西塞罗总体上称赞了梅特鲁斯任执政官时的行为: *Att*. 1.18.5[SB 18.5], *Att*. 1.19.4[SB 19.4], *Att*. 1.20.5[SB 20.5], *Att*. 2.1.4[SB 21.4]。
④ Cic. *Att*. 1.19.6[SB 19.6], *Att*. 2.1.7[SB 21.7].
⑤ Cic. *Att*. 2.1.8[SB 21.8].
⑥ Cic. *Off*. 3.88.

细亚总督时给其写的信中所提到的,他对包税人的支持对他们两人的政治生涯都是必要的。① 西塞罗写此信时显然知道它可能会流传开去。这封信是关于一位好总督行为的宣言,他需要维护包税人的利益。② 盖乌斯·尤利乌斯·恺撒最终解决了亚细亚税务合同的问题,在公元前 59 年他担任执政官时将需要支付的金额减少了三分之一。西塞罗和后来的史学家都将此举解读为他企图赢得骑士等级的支持。③ 第一个为恺撒的法律投票的不是别人,正是包税人领袖(*princeps*)老格奈乌斯·普兰基乌斯(Cn. Plancius the Elder),此人曾经反复为自己等级的利益游说。④ 老普兰基乌斯在西班牙担任过普布利乌斯·李基尼乌斯·克拉苏手下的军政官,后者是敦促亚细亚商团向元老院申诉他们的案子的那位马尔库斯·李基尼乌斯·克拉苏的父亲。⑤ 我们无需过分追问群体传记的可信性就可以假设,由恺撒、克拉苏和庞培组成的前三头同盟(first triumvirate)支持小普兰基乌斯竞选公元前 55 年的贵族营造官。⑥ 因此,普兰基乌斯的当选不仅是他得到包税人支持的结果,就像西塞罗在公元前 54 年的《为普兰基乌斯辩护》中所描绘的,而且得益于更广泛的政治支持。包税人没有控制罗马的对外或对内政策,但商团成员在国家行政体系的核心占有非常重要的位置,不可忽视。在亚细亚合同事件发生几年后所发表的《为普兰基乌斯辩护》中,西塞罗没有表示出个人对那些贪婪地报价过高的商团

---

① Cic. *Q. Fr.* 1.1,特别是 6-7, 32-4[SB 1.6-7, 32-4];Badian 1972:80-1;Steel 2001:195-8。
② Lintott 2008:253-4。
③ Cic. *Att.* 2.16.2[SB 36.2];Suet. *Iul.* 20.3;App. *BC* 2.13;Dio 38.7.4. 这不一定会让全体骑士成为恺撒的衷心支持者(Brunt 1988:161)。
④ Cic. *Planc.* 34-5。
⑤ L. R. Taylor 1964:22。
⑥ Gruen 1974:319。

的反感。相反，他哀叹了包税人受到的"伤害"（iniuria）。① 包税人和骑士等级是他的人。

好总督

在西塞罗那些关于他公元前 51—前 50 年在奇里乞亚担任行省总督的书信中，他在朋友们面前标榜自己是包税人的坚定支持者，也是行省的保护者。这些关系在他把自己描绘成理想的罗马行政官形象中扮演了关键角色。② 当西塞罗在公元前 51 年 7 月抵达亚细亚的以弗所时，对他就任总督的积极接受甚至在他抵达奇里乞亚之前就开始了。就像他告诉阿提库斯的，他在那里受到了人们以行动表示的欢迎，包括什一税征收人（decumani），"仿佛我已经是他们的总督了"（〈quasi ad se〉venissem cum imperio）。③ 当然，他们感兴趣的是他准备用来治理该省的行省政令条款。西塞罗抵达之前就在萨摩斯接待了一个包税人代表团；他们明确请求他保留其前任阿皮乌斯·克劳狄乌斯·普尔克（App. Claudius Pulcher）政令中的一个条款。④ 抵达奇里乞亚后，西塞罗声称自己发现由于普尔克管理不善，该行省财政混乱。虽然他本人在与普尔克的通信中一直使用外交辞令，但他写给阿

---

① Cic. Planc. 34.
② 这一点经常被提到，比如：Nicolet 1974: 678 - 9; Hutchinson 1998: 89 - 90; Steel 2001: 197 - 8; Lintott 2008: 253 - 55。西塞罗本人多年来一直在起诉贪腐的行省总督，他有很高的标准要维持，他向阿提库斯承认了一个事实："我知道你从这一点可以看出，我多年来的职业生涯现在正经受考验。"（ex quo te intellegere certo scio multorum annorum ostentationes meas nunc in discrimen esse adductas）（Att. 5. 13. 1）[SB 106. 1]（Shackleton Bailey 译）。
③ Cic. Att. 5. 13. 1 [SB 106. 1]. 关于商团内部的什一税征收人的角色，见 Badian 1972: 73 - 4。
④ Cic. Fam. 3. 8. 4 [SB 70. 4].

提库斯的信中充满了对奇里乞亚行政事务的抱怨。[1] 我们从通信中得知，阿提库斯对有关包税人的事特别感兴趣。西塞罗意识到了他朋友对包税人的影响以及与他们的联系，因此很想让他安心。[2] 事实上，包税人处在奇里乞亚已经持续一段时间的财政腐败的中心。授权包税人收税的条款对奇里乞亚人采取了过高的税率，这种做法由来已久，至少可以上溯到公元前78—前74年"伊索里人征服者"普布利乌斯·塞维利乌斯（P. Servilius Isauricus）任总督时期。但由于当地官员的腐败以及他们同罗马总督——特别是一直在中饱私囊的克劳狄乌斯·普尔克——勾结，包税人无法以一直以来的方式拿到自己的钱。

西塞罗必须采取行动。他的行省政令将利率削减为每月1%，确保行省人民能够承受，而且包税人也能收到一些钱。[3] 西塞罗对这些事的描述是正面的，却并不可靠——他的确因为渴望成为好总督而改善了行省的状况。[4] 但他也无疑急于作为包税人及其利益的保护者而被铭记。他在写给颇有影响力的阿提库斯的信中不遗余力地强调这一点，后者将把这些传达给自己在骑士等级中的朋友和支持者。[5] 公元前50年2月，西塞罗收到一封来自阿提库斯的信，信中对叙利亚代执政官马尔库斯·卡尔普尼乌斯·比布鲁斯（M. Calpurnius Bibulus）的行省政令有些抱怨。阿提库斯告诉西塞罗，政令中有"不少对我们等

---

[1] Lintott 2008:258 – 9; Tempest 2011:154 – 5.
[2] Cic. Att. 6.1.151 – 6 [SB 115.15 – 16]. 关于西塞罗希望阿提库斯"理解和支持他的行动"，见 Hutchinson 1998:21 – 2。
[3] 关于这些事件，见 Cic. Att. 6.1.16 [SB 115.16], 6.2.4 – 5 [SB 116.4 – 5]; Badian 1972:113 – 14; Lintott 2008:263。
[4] Badian 1972:155 n.140; Berry 2003:227; Tempest 2011:153.
[5] 关于阿提库斯对西塞罗作品的传播，见 Murphy 1998:495。从他不时谨慎地要求保密来看，西塞罗知道朋友和同僚在传阅他的信。他还考虑在未来发表自己的书信，尽管只是在去世前不久（Nicholson 1994:59 – 62; Hutchinson 1998:4）。

级太过严重的偏见"(nimis gravi praeiudicio in ordinem nostrum)。① 西塞罗回答说,他的政令中也有类似的条款,但表达方式更圆滑。他的策略表明,他是公共关系的大师。他向阿提库斯保证,对于包税人,"我宠着他们,迎合他们,用赞美来讨好他们——并安排好让他们不伤害任何人"。② 在离开那个行省之前不久,西塞罗向在罗马的朋友马尔库斯·卡伊里乌斯·鲁弗斯(M. Caelius Rufus)传达了同样的信息,将自己的总督任期描绘成大获成功:

> 我计划在5月7日从奇里乞亚出发,因为现在我已经伸张完正义,让各个城市富有,甚至确保上一个周期的欠款也给了包税人,没有听到任何商团的抱怨。我已经确保我得到了地位从最高到最低的所有人的认可。当我抵达军团的夏季营地,向军队发表讲话后,我将按照元老院的决议离开。③

确保包税人得到保护对阿提库斯来说是有既得利益的,而西塞罗让他安心。在行省总督任期的最后一个月里,西塞罗向阿提库斯夸口说,他取得的众多成就中包括他在保护奇里乞亚各城市利益的同时安抚了包税人。④ 西塞罗得到了包税人和行省人的持续支持,从而实现了他的承诺,即做一个比被他依据偿还财产罪名起诉的那些不择手段的元

---

① Cic. *Att*. 6. 1. 15 [SB 115. 15].
② Cic. *Att*. 6. 1. 16 [SB 115. 16]: *habeo in deliciis, obsequor, verbis laudo, orno: efficio ne cui molesti sint* (Shackleton Bailey 译)。
③ Cic. *Fam*. 2. 13. 4 [SB 94. 4]: *mihi erat in animo, quoniam iuris dictionem confe‹ce›ram, civitates locupletaram, publicanis etiam superioris lustri reliqua sine sociorum ulla querela conservaram, privatis, summis infimis, fueram iucundus, proficisci in Ciliciam Non. Mai. et, cum primum aestiva attigissem militemque collocassem, decedere ex senatus consulto.*
④ Cic. *Att*. 6. 3. 3 [SB 117. 3].

老要好得多的总督。①

西塞罗在总督任内的通信很大程度上是政治表态。我们已经看到，他私下里对亚细亚的收税合同有疑虑，并对阿提库斯表达了这点，尽管他公开支持包税人。比如，西塞罗曾在私下里指责包税人在他因处决喀提林阴谋分子而被普布利乌斯·克劳狄乌斯·普尔克迫害时没有伸出援手，最终导致他在公元前58年3月从罗马被流放。当年8月，还没从难过中走出来的西塞罗从塞萨洛尼卡写信给弟弟昆图斯，慨叹自己最亲近的朋友缺乏决心。② 有些伤害比其他的更让他心痛，特别是包税人的没骨气。③ 几年后西塞罗还记得此事，想起他在奇里乞亚总督任期内一直在迁就和安抚包税人。公元前50年4月，他在写给阿提库斯的信中表示，他的新安排意味着"我是包税人的最爱。你也可以说是'恩人'。我体会到了他们的感激！"④ 其反讽的口吻一览无余。⑤ 但这种说法很不公平。骑士和包税人在公元前58年其实伸出了援手，就像西塞罗在《为塞斯提乌斯辩护》(*Pro Sestio*)中承认的（当时他正在争取陪审团中骑士成员的票）。⑥ 到了公元前50年12月，西塞罗对共和国的状况以及恺撒和庞培之间的日益剑拔弩张感到特别不安。他告诉阿提库斯，他不知道这个国家中的

---

① Lintott 2008:255 注意到，西塞罗的自夸中有某种程度的如释重负，因为他没有给敌人起诉他的机会。
② Cic. *Q. Fr*. 1.4.1 [SB 4.1]。
③ Cic. *Q. Fr*. 1.4.1[SB 4.4]；Shackleton Bailey 1980:169。在差不多同一时间写给阿提库斯的信中，西塞罗回应了朋友对其思想状态的关心：Cic. *Att*. 3.13.2 [SB 59.2]。他还指责阿提库斯没有提供足够的意见：Cic. *Att*. 3.15.7-8[SB 60.7-8]；Shackleton Bailey 1965a:19-22。
④ Cic. *Att*. 6.2.5[SB 116.5]：*itaque publicanis in oculis sumus. 'gratis' inquis 'viris'. sensimus.*
⑤ Shackleton Bailey 1968:259，他将其解读为对西塞罗"公元前58年的老盟友不冷不热"的一种指责。
⑥ Kaster 2006:153-4，175。

哪个等级配称正直之人："是包税人吗？他们从来没有坚定的立场，现在与恺撒走得最近。是放贷者或农民吗？他们最想要的是太平。"① 这一听就是一个为当下形势感到忧虑的政治家的语气。公元前50年12月，等级和谐的梦想破灭了。西塞罗意识到，包税人更关心他们自己的事，而不是共和国的团结。② 在骑士等级内部，个人利益与公共责任之间的矛盾最终是无法解决的，就像我们将会看到的那样。

闲适与责任

公元前66年，即西塞罗担任大法官的那年，他为来自拉里努姆（Larinum）的一位名叫奥卢斯·克鲁恩提乌斯·哈比图斯（A. Cluentius Habitus）的骑士做了辩护。此人被控下毒，其依据是苏拉的《科尔内利乌斯谋杀和毒杀法》（*lex Cornelia de sicariis et veneficiis*）中的条款。③ 在这个复杂的家庭密谋案中，克鲁恩提乌斯同母异父的兄弟奥皮亚尼库斯指控他谋杀了继父斯塔提乌斯·阿尔比乌斯·奥皮亚尼库斯（Statius Albius Oppianicus）和另外两个人。④ 此案实际上是公元前74年那次著名审判的后续，当时，克鲁恩提乌斯指控老奥皮亚尼库斯试图对自己下毒。奥皮亚尼库斯最终被判有司法腐败行为，因为双方都牵涉到企图贿赂陪审团

---

① Cic. *Att.* 7. 7. 5[SB 130. 5]: *an publicanos, qui numquam firmi sed nunc Caesari sunt amicissimi, an faeneratores, an agricolas, quibus optatissimum est otium.* 就像Shackleton Bailey 1968:305所指出的，我们不知道恺撒做了什么赢得了包税人的支持。
② Meier 1966:92; Lintott 2008:277-8.
③ 关于该法，见Ferrary 1991和 *RS* 50。
④ Hoenigswald 1962:109-11; Lintott 2008:36-7概括了复杂的案情。

成员。① 接下了为公元前 66 年的克鲁恩提乌斯被控下毒案辩护的任务后，西塞罗不得不面对一种广为流传的——无疑也是准确的——观点，即他的当事人在不到十年前对其继父的指控是通过司法腐败赢的。② 因此，西塞罗的演说《为克鲁恩提乌斯辩护》（Pro Cluentio）对克鲁恩提乌斯真正被控的罪行关注得相对较少，反而侧重于回击有关克鲁恩提乌斯犯有司法谋杀罪的看法，即阴谋操纵审判结果以致无辜者被定罪。③ 西塞罗可以在这点上大做文章，因为罗马人关于司法谋杀的法规《森普洛尼乌斯防止司法构陷法》（lex Sempronia ne quis iudicio circumveniatur）只适用于元老而不是骑士。④

该法于公元前 123 年由盖乌斯·格拉古在自己第一次担任保民官期间通过，但其中的一些原则被苏拉沿用在《科尔内利乌斯谋杀和毒杀法》中。⑤ 虽然没有明确将骑士排除在外，但该法言明其条款仅适用于任职过前四个军团的军政官、财务官、平民保民官，以及任何在元老院发表过意见和担任过行政官的人。简而言之，大部分骑士不可据此受指控。⑥ 公元前 74 年，将司法腐败的法律适用范围扩大到全体骑士的努力失败了。⑦ 骑士可以免受这类指控当然是可笑的，他们

---

① Cic. I *Verr.* 1. 29, 38 – 9，II *Verr.* 1. 157，*Clu.* 77 – 9, 89 – 116.
② 现代学者认为克鲁恩提乌斯有罪，比如 Hoenigswald 1962：118 n. 23；Lintott 2008：36.
③ 这是西塞罗在此案中所用策略的一个关键部分，因为它把陪审团的注意力从真正的罪行上转移开：Hoenigswald 1962：123；Classen 1978：609 – 10；Lintott 2008：36.
④ "司法谋杀"并不适用于受贿，犯下这一罪行的元老陪审员会按照《偿还财产法》进行指控（Cic. *Clu.* 104；这段指的是苏拉关于偿还财产的新法，而不是盖乌斯·格拉古的）。Stockton 1979：124 – 5 指出，由于克鲁恩提乌斯在前一个案件中并非陪审员，因此《防止司法构陷法》必然不是针对收受贿赂的陪审员的法律，而是适用范围更广的法律。
⑤ Cic. *Clu.* 151；Stockton 1979：122 – 6. 相关条款见苏拉法令的第六章（Ferrary 1991：426 – 8）。
⑥ Cic. *Clu.* 147 – 8, 156. 那些在前四个军团中担任军团长的骑士是例外。
⑦ Cic. *Clu.* 136 – 7；Gruen 1968：241.

从公元前70年开始就在陪审团名单中占多数,并且作为原告和被告亲身参与了各种刑事审判。这是当初盖乌斯·格拉古的法律的产物,它们把骑士陪审员设想成公正的仲裁者,能够将腐败的元老绳之以法。随着骑士在各种刑事法庭上扮演陪审员的角色,这种情况甚至变得越来越成问题。克鲁恩提乌斯案件是共和晚期矛盾的典型表现,因为骑士和元老试图通过协商来为新诞生的骑士等级找到在共和国中的位置。诚然,绝大多数骑士没有公共角色或野心,满足于确保自己的利益得到保护,就像巴迪安和迈耶尔所指出的。① 但与此同时,参加陪审团的骑士基本上是国家官员,拥有毋庸置疑的政治权力。② 此前,当骑士担任军官,甚至是当选行政官、成为前四个军团的军政官时,这种矛盾还没有显现。军队指挥官为罗马同敌人作战,因而并不像陪审员那样会卷入内部政治争端。

在《为克鲁恩提乌斯辩护》中,西塞罗表示,骑士可以根据格拉古和苏拉的立法中的条款得到豁免,这已经不仅仅是法律漏洞,而是承认骑士和元老在罗马社会与政治中扮演不同角色:

> 那么,鉴于元老凭着罗马人民的支持而取得了更崇高的公众地位,他们中的哪个人会拒不认为自己应该适用更严厉的法律呢?我们因为这些法条而放弃了多少好处,遭受了多少麻烦和困难!但这一切都通过荣誉和优异带来的益处得到了补偿。现在,把这些生活的束缚也用于骑士等级和其他等级吧;他们可受不住。因为他们认为自己应该免受众多法律的惩处或法庭制度的规

---

① Badian 1962:224; Meier 1966:72-94.
② Nicolet 1974:704.

范，因为他们既没有能力也不想登上国家的最高职位。①

西塞罗试图在共和国框架内定义元老和骑士的职能，以此为骑士开脱根据罗马法他们要为自己行为承担的责任。由于他们没有取得元老那样的荣耀和威望，他们不应面对同样的法律惩处。骑士和元老在罪责上的不同源于这样的事实，即法律只是为了让元老和行政官对自己的行为负责；这种世代相传的观点掩盖了骑士有真正的公共角色的事实。在代表自己的骑士当事人提出这一论点时，西塞罗把自己描绘成一个维护骑士等级的权利、特权和豁免权的律师，意在以此打动陪审团中的骑士。②

之前曾有元老试图填补立法上的漏洞，让骑士陪审员也能受到起诉。西塞罗将这些元老描绘成恶毒的惹是生非之人，想要打压骑士。他把这些人同元老院里大部分人做了对比，后者在他看来把骑士等级视作国家内部的平等伙伴。③ 试图纠正该问题的行政官之一是马尔库斯·李维乌斯·德鲁苏斯，他在公元前91年通过了一项法令，让骑士陪审员可以跟元老适用一样的法律惩处。④ 西塞罗如此描绘骑士首

---

① Cic. *Clu.* 150: *deinde quis umquam hoc senator recusavit ne, cum altiorem gradum dignitatis beneficio populi Romani esset consecutus, eo se putaret durioribus legum condicionibus uti oportere? quam multa sunt commoda quibus caremus, quam multa molesta et difficilia quae subimus! atque haec omnia tamen honoris et amplitudinis commodo compensantur. converte nunc ad equestrem ordinem atque in ceteros ordines easdem vitae condiciones; non perferent. putant enim minus multos sibi laqueos legum et condicionum ac iudiciorum propositos esse oportere qui summum locum civitatis aut non potuerunt ascendere aut non petiverunt.*
② Cic. *Clu.* 157，他自愿为任何可能受到不公指控的人（即骑士）辩护。关于西塞罗在这里使用的修辞策略，见 Berry 2003:229 – 30; Burnand 2004:286 – 7。
③ Cic. *Clu.* 152.
④ 这方面的证据来自 Cic. *Clu.* 151 – 5 和 *Rab. Post.* 15 – 18。该法后来和德鲁苏斯的其他立法一起被废除。

脑们对德鲁苏斯的反应：

> ［骑士们说］他们注意到了元老生活中的种种显赫：那是一种超乎常人的荣光，随之而来的是许多权势象征和一定的公众地位。他们并非看不起这些，而是满足于留在自己所在的骑士等级，一如先辈那样。他们更喜欢过一种安宁的不受打扰的生活，远离种种政治动荡和类似这个案子里的法律纠纷引起的风暴。①

就这样，西塞罗假想的骑士宣称他们对"安宁"（quies）的看重超过了对地位的争取。然后，他们又罗列了元老享有的特权和身份象征，诸如行政官穿的镶宽边的托袈，象牙座椅，以及担任行省总督的资格。② 上述想法的反讽之处在于，到了西塞罗发言的时代，骑士等级已经拥有了自己的身份象征，比如特拉比亚袍和金指环，以及在剧场中拥有十四排专座，就像我们在下一章将要讨论的。但这不符合西塞罗在《为克鲁恩提乌斯辩护》中的核心观点，即骑士根本上不是政治生物，这些公民特意回避竞逐权力，是为了过上"安宁的不受打扰的生活"。诚然，骑士通常只有在他们的利益受到威胁时才会作为一个群体主动介入国家事务。③ 但与此同时，如果他们坐上刑事法庭审判元老和行政官，他们就是在作为国家官员参与政治，那就必须准备好

---

① Cic. *Clu.* 153: *sese vidisse in ea vita qualis splendor inesset, quanta ornamenta, quae dignitas; quae se non contempsisse sed ordine suo patrumque suorum contentos fuisse et vitam illam tranquillam et quietam, remotam a procellis invidiarum et huiusce modi iudiciorum sequi maluisse.*
② 西塞罗《为克鲁恩提乌斯辩护》154。
③ Badian 1962:224; Meier 1966:85-9.

为自己的行为负责。对此,克劳福德说过一句令人难忘的话,他说,西塞罗为骑士"流下了鳄鱼的眼泪"。① 他用法律的文字打败了法律的精神,成功说服陪审员宣布克鲁恩提乌斯无罪。② 西塞罗完全清楚自己在做什么,后来他自夸说,"他用烟雾弹蒙蔽了陪审员的眼睛"(*se tenebras offudisse iucidibus*)。③

这一策略如此成功,以至于西塞罗在公元前54年末或前53年初发表的辩护演说《为拉比里乌斯·波斯图姆斯辩护》(*Pro Rabirio Postumo*)中用上了类似的论点。骑士盖乌斯·拉比里乌斯·波斯图姆斯被控违反了《尤利乌斯偿还财产法》(*lex Iulia de repetundis*),特别是"钱款去向"(*quo ea pecunia peruenerit*)的条款。④ 这项指控是控方的一种尝试,意在拿回波斯图姆斯的副手奥卢斯·加比尼乌斯(Aulus Gabinius)因在偿还财产案中被判有罪而被要求支付的1万塔兰特中的一部分。⑤ 为了用该条款起诉波斯图姆斯,必须以加比尼乌斯那个案子为由提到他,西塞罗表示那个案子里的情况其实并未发生。⑥ 他还提出,无论如何都不能用《尤利乌斯偿还财产法》起诉波斯图姆斯。只有元老和行政官受该法管辖,自盖乌斯·格拉古关于行省滥用权力的法律以来一贯如此。⑦ 西塞罗呼吁陪审席上的骑士成员维护自己的权利,就像当马尔库斯·李维乌斯·德鲁苏斯试图让骑士也可以以司法谋杀罪起诉时他们所做的那样。他重复了《为克鲁恩提

---

① Crawford 2001:432. 另见 Nicolet 1974:704,720。
② Hoenigswald 1962:123; Classen 1978:609 – 10,617. 关于西塞罗的其他成功之处,见 Hughes 1997:157 – 9; Burnard 2004; Goldberg 2007:58 – 9。
③ Quint. *Inst.* 2.17.21. 拉丁语字面意思是"向陪审员投下阴影"。
④ 恺撒的法律包含了100多个条款,关于其范围,见 Gruen 1968:240 – 3。
⑤ Siani-Davies 2001:70,84 – 91。
⑥ Cic. *Rab. Post.* 10; Siani-Davies 2001:90,138 – 9; Lintott 2008:246 – 7。
⑦ Cic. *Rab. Post.* 9,11 – 12. 西塞罗明确表示"你那个等级不受该法约束"(*at iste ordo lege ea non tenetur*). 相关讨论见 Gruen 1968:240 – 2。

乌斯辩护》中的策略,再次借虚构出来的骑士之口声称只有元老应适用法律的全部惩罚:①

> "我们从未轻视过你们生涯中的那些方面,"他们这样说道,"但我们过惯了这种不受打扰、政治中立的生活;既然它不是随公职而来,就不应该伴有政治压力。"
> "但你是陪审员,就像我是元老。"
> "确实如此,但那个位子是你所求,而我是被迫做陪审员。因此,我应该有权选择:要么可以拒绝当陪审员,要么可以不受针对元老的法律管束。"②

这番话与《为克鲁恩提乌斯辩护》中的几乎如出一辙。在前番话中,那位骑士声称自己追求的是"安宁的不受打扰的生活"(*vitam illam tranquillam et quietam*);这里则是"不受打扰的政治中立的生活"(*hanc vitam quietam atque otiosam*)。两段演说中都出现了"安宁"的概念,但在《为拉比里乌斯·波斯图姆斯辩护》中,形容词"宁静的"(*tranquillus*)被"闲适的"(*otiosus*)取代,这一改变并非全无意义。由形容词"闲适的"而来的名词"闲适"(*otium*),有着丰富的语义,因为西塞罗的不同用法而变得更加复杂。在这个例子中,*otium/otiosus*特指不担任公职的生活,被他视作非元老(包括骑士)

---

① Cic. *Rab. Post.* 16-17.
② Cic. *Rab. Post.* 17: '*nos ista numquam contempsimus*'—*ita enim disputabant*—'*sed hanc vitam quietam atque otiosam secuti sumus; quae quoniam honore caret, careat etiam molestia.* ' '*tam es tu iudex quam ego senator.* ' '*ita est, sed tu istud petisti, ego hoc cogor. qua re aut iudici mihi non esse liceat, aut lege senatoria non teneri.*'我保留了抄本中 *tam es tu iudex quam ego senator* 的读法,而不是 *tam es tu iudex* 〈*eques*〉 *quam ego senator*(但你是〈骑士〉陪审员,就像我是元老)。见 Lintott 2008:247n. 107.

的生活状态。①

追求闲适并不可耻，在西塞罗的心目中，那是骑士的自然状态。他在公元前 61 年写给阿提库斯的一封信中明确指出了这点："抱负引我追求公职（ad honorum studium），而另一种完全不同却又完全可以理解的决心则会引你去追求体面的个人生活（ad honestum otium）。"②要将西塞罗在这些语境下对 otiosus 和 otium 的使用同他提起自己的政治生涯和有必要退归个人生活时所说的区分开来，后者表示的意思截然不同。③ 包括骑士在内，罗马公民不踏入元老官职阶序也可以用体面的方式为国家效劳。④ 但这有点牵强。即便骑士是被迫担任陪审员的，他们仍然是在以公职身份在政治中发挥积极作用，如果行为不当，也应该受到失职指控。在《为拉比里乌斯·波斯图姆斯辩护》中，西塞罗在这番话的最后呼吁骑士陪审员投票时不要为他们的整个等级设立先例，以致所有骑士都受偿还财产的起诉。⑤ 他这样做的时候有些共谋的意味，提醒他们说他本人曾经是个骑士，会为他们的等级说话。⑥

西塞罗在《为克鲁恩提乌斯辩护》和《为拉比里乌斯·波斯图姆斯辩护》中的论点都实现了它们的直接目的，因为他的两位当事人都被宣布无罪。⑦ 但它们也错误地将元老和骑士对政治的参与一分为二，这不仅掩盖了现实——西塞罗本人也知道那是错的。如果成为法

---

① Nicolet 1974:700 - 2; Hanchey 2013:182 - 3. 对于元老来说，根据意图的不同，这个词可以被用于表示可敬和可耻的意思（Balsdon 1960:47）。
② Cic. *Att.* 1. 17. 5［SB 17. 5］: *quod me ambitio quaedam ad honorum studium, te autem alia minime reprehendenda ratio ad honestum otium duxit.*
③ E. A. Marshall 1986:56 - 7; Hanchey 2013:183 - 91.
④ Cic. *Sest.* 96 - 9; Kaster 2006:322 - 3.
⑤ Cic. *Rab. Post.* 18.
⑥ Cic. *Rab. Post.* 15; Berry 2003:233 - 4.
⑦ 关于拉比里乌斯审判的结果，见 Siani-Davies 2001:82 - 4。

令，公元前61年的一项元老院决议将允许起诉所有受贿的陪审员，包括骑士。西塞罗告诉阿提库斯，他为骑士等级做了辩护。他对朋友坦言："为了不那么可敬的理由，我如此疾言厉色。"① 在写于公元前60年中期的第二封信中，西塞罗透露，该法案得到了小加图的支持（此人同时反对为当时在亚细亚的包税人减少税收合同金额，就像我们之前提到的）。西塞罗赞同小加图的想法，即便他承认自己无法公开表示支持：

> 加图那样发表观点仿佛他身处柏拉图的《理想国》中，而不是罗慕路斯的贱民中。有什么比让一个坐上审判席却又受贿的人受到审判更公平的呢？加图提议这样做，元老院也同意，于是骑士现在向元老院宣战（没有向我，因为我不同意）。还有什么比包税人背弃税收合同更无礼呢？但为了维护秩序，我必须做出这样的牺牲。②

尽管西塞罗表示悲观，动议从没有变成法律，因为它在大会上被否决了。③ 不过，法庭腐败的问题并没有消失。公元前55年，"大将"格奈乌斯·庞培通过了《庞培陪审员法》，规定陪审员将不再由大法官选定，而是自动来自元老、骑士和发饷人三个等级中在人口调查里居

---

① Cic. *Att.* 1. 17. 8［SB 17. 8］: *in causa non verecunda admodum gravis et copiosus fui*. 另见 Cic. *Att.* 1. 18. 2 ［SB 18. 3］。该法案的动机可能是不久前的法庭腐败事件（Lintoo 2008:159）。

② Cic. *Att.* 2. 1. 8［SB 21. 8］: *dicit enim tamquam in Platonis πολιτεία non tamquam in Romuli faece, sententiam. quid verius quam in iudicium venire qui ob rem iudicandam pecuniam acceperit? censuit hoc Cato et adsensit senatus: equites curiae bellum-non mihi, nam ego dissensi. quid impudentius publicanis renuntiantibus? fuit tam retinendi ordinis causa facienda iactura.*

③ Cic. *Att.* 1. 18. 3 ［SB 18. 3］.

于最高的级别。① 如果被叫到，骑士仍然不得不担任陪审员。② 同一年有关于行省总督的属官——包括军政官、指挥官和书吏（scribae），他们中很多人可能是骑士——是否应适用偿还财产法律起诉的讨论。不过，该动议在元老院全体会议上被否决了。③ 让骑士也能受到偿还财产起诉的这次尝试证明，他们在国家中的角色也并不完全是非政治性的，即便让他们准备采取主动政治立场的问题很有限。他们不仅作为陪审员审判元老总督，还积极在行省向总督提供建议和支持。骑士还在罗马军队中担任军政官和指挥官，为共和国作战。④ 包税人和其他骑士同元老建立了盟友关系和商业关系，能够对元老施加巨大的压力来实现自己的目标。⑤ 骑士等级则以一种盖乌斯·格拉古在公元前 123 年完全无法预料的方式同共和国保持着密切的政治和行政联系。

结论：一个难以捉摸的等级

老普林尼表示，西塞罗在他担任执政官的那年"确立了"骑士等级这样的叫法，这不可能是正确的：这个表达的使用远早于公元前 63 年，就像我们已经看到的。但就像普林尼作品中经常出现的那样，尽管在事实方面可能有误，但他无疑保留了西塞罗与骑士之间关系的

---

① Cic. *Pis*. 97; Gruen 1974:231 – 2.
② Cic. *Rab. Post*. 17; Siani-Davies 2001:161 – 2.
③ Cic. *Rab. Post*. 13; Siani-Davies 2001:150.《尤利乌斯偿还财产法》并不包括总督的属官，而是只涉及元老，至少在共和时代是这样。见 Gruen 1974:240, 242 n. 132; Lintott 2008:248 n. 108. 不过，该法令在帝国时代适用于担任总督属官的骑士（Brunt 1990a:62 – 3, 499 – 500）。
④ Nicolet 1974:714 – 15. 本书第三章中将继续讨论骑士军官。
⑤ L. R. Taylor 1968:472 – 3.

本质。公元前 63 年 12 月 4 日夜是西塞罗的执政官任期内的一个重要时刻。当时生活在罗马的骑士们集合起来，以阿提库斯为领导，即便只是暂时的，那也是他"生命中第一次，也是最后一次公开的政治行动"。① 他率领集合的骑士前往卡皮托山坡道，表达对元老院的支持，保卫受到试图为自己夺权的卢基乌斯·塞尔基乌斯·喀提林那（L. Sergius Catilina, 今天更多称为喀提林）威胁的共和国。② 这是"等级和谐"的公开展现，西塞罗在发表第四篇《反喀提林》演说的那天将在元老院中提到这点。在该演说的发表版本中，他表达了这种想法：

> 我该如何描绘罗马骑士的角色呢？他们把最高的等级和决断权让给了你们元老，以此告诉大家他们对共和国的爱与你们不相上下。他们结束了自己等级多年的不和，回归团结与和谐，今天的事件和这个理由再次把他们和你们团结到了一起。③

当天晚上，在处决了喀提林阴谋分子后，一群罗马公民护送西塞罗回家。阿提库斯的支持举动表明，他和其他骑士并不完全是非政治生物——他们只在合适的时候介入。几年后的公元前 55 年，西塞罗称阿提库斯是"天生的政治家，但你没有特别的束缚"（*natura πολιτικός, tamen nullam habes propriam servitutem*）——与之不同，西

---

① Shackleton Bailey 1965a:14.
② Cic. *Att*. 2.1.7[SB 21.7], *Sest*. 28, *Leg. Agr*. 2.70 – 1.
③ Cic. *Cat*. 4.15: *quid ego hic equites Romanos commemorem? qui vobis ita summam ordinis consilique concedunt ut vobiscum de amore rei publicae certent; quos ex multorum annorum dissensione huius ordinis ad societatem concordiamque revocatos hodiernus dies vobiscum atque haec causa coniungit.*

097

塞罗本人为了讨好其他更强大的势力而不得不噤声。① 就像韦尔奇（Welch）所证明的，阿提库斯是那种"在元老院外活动的政治操盘手，向里面的人提供建议，对他们施加影响"。② 有许多方式可以在国家事务中发挥权威和影响。骑士等级的成员完全不是西塞罗所想象的对现状持严肃态度的支持者，而是会在合适的情况下介入政治，其采用的方式无法用政治制度来定义，常常冒犯元老的权威。当然，就像公元前50年末，当西塞罗的头顶被内战的阴影笼罩时，他对阿提库斯承认，现实是，"只要不必承担政治责任"（dum modo otiosi essent），包税人和其他自由公民并不一定会关心王政的幽灵。③ 在这里，otiosus 仍然用来表示不关心政治的骑士的个人生活，但带有一丝苦涩的味道。如果公元前50年恺撒构成的威胁没有影响他们的商业利益，那就不需要表明立场。

问题的关键在于，骑士等级是个难以捉摸的等级。它的成员想要两全其美——既想要特权和身份象征，对影响他们的事有掌控权，但仍想在适当的时候保持与政治无关（比如受到司法谋杀和偿还财产的指控时）。④ 该等级从格拉古时代开始的发展路线导致它成为一个政治异类：他们最初被设想为独立的仲裁者，能够在法庭上让元老行政官承担罪责，但在现实中，他们根本不独立。我们看到骑士是如何卷入作为元老院对抗工具的刑事审判。包税人会向骑士陪审员试压，要求其判对他们不公的总督有罪。西塞罗乐于迎合骑士们对免遭起诉威胁的期求，不仅因为他想要打赢克鲁恩提乌斯和波斯图姆斯的官司，

---

① Cic. Att. 4.6.1 [SB 83.1].
② K. Welch 1996:450. 另见 Nicolet 1984:125，"另一种参与公共生活的方式"。
③ Cic. Att. 7.7.5 [SB 130.5].
④ 见 Crawford 2001:432 的评论，他指出了骑士等级的集体意愿同个别骑士在他们面临指控时不愿介入的差异。

还因为他的政治生涯依赖他们的支持。① 公元前66年对克鲁恩提乌斯的审判尤其如此，当时西塞罗是大法官，急于在自己达到规定年龄时实现当选执政官的梦想。② 完全不参与政治，过着安宁而平静生活的骑士只是西塞罗自己的圈子和罗马城中高层政治群体里的幻象。只有从不需要担任陪审员，没有海外的商业利益，还很少前往罗马的意大利骑士才能将此变成现实。我们不应忽视这个沉默的大多数的实情，他们的观点已不复存在。但与此同时，关于这整个等级的未来及其在共和国中的位置正在罗马引起异议。③

西塞罗的作品对罗马政治哲学、演说术和书信写作产生了深刻的影响。他无疑希望被铭记，即便不是作为骑士等级的缔造者，也是作为他们最大的恩人。他在《诉维勒斯》和其他演说中为骑士陪审员的正直辩护，在《为克鲁恩提乌斯辩护》和《为拉比里乌斯·波斯图姆斯辩护》中支持他们免受起诉，在《为普兰基乌斯辩护》中维护了包税人的主张。我们还可以列举西塞罗写给阿提库斯和朋友们的大量书信，他在信中一直寻求着骑士的认可。但就像我们看到的，问题在于，就连西塞罗也不能向我们提供关于骑士等级的始终如一的画面。他有时会在公开和私下场合表达不同的观点。本章的目的并非指责西塞罗文字的前后不一。对于一个笔耕不辍近40年的人来说，得出这种结论是相当无意义和不公平的。相反，我们已经指出，他关于骑士等级的表述反映了该等级自身在共和国中模棱两可的地位。我们需要

---

① 对于西塞罗关于骑士在剧场中特权的演说（《为奥托辩护》[pro Othone]）如何符合他担任执政官期间的整体政治纲领，见 Lintott 2008：136。
② 《竞选指南》强调了西塞罗在这些年里需要骑士的支持（Lintott 2008：132 - 3）。
③ 见 Nicolet 1974：720 的重要评论，作者表示即便是没有其他政治兴趣的骑士也不是真正的个体公民，因为他的头衔让他在共和国中有了特权地位。罗马和意大利其他地方的关系将在第三章中讨论。

第二章 西塞罗的骑士等级

记住，到西塞罗之前的那代人，该等级才最终获得了不同于元老的身份。随着骑士获得了新的特权和身份象征，就像我们在下一章会看到的，这种身份将在西塞罗本人的一生中继续发展。因此，可以理解在共和晚期出现了关于究竟应该如何将骑士等级纳入国家的讨论和争议，西塞罗利用了这些争议，它们对他具体的政治和法律计划是必需的。西塞罗的存世作品虽然很多，但它们无疑只是当初规模要大得多的对话的一部分。

附录：发饷人

公元前70年的《奥雷利乌斯陪审员法》规定，陪审团的三分之一应由发饷人构成，他们之前在法庭争议中并没有扮演过角色。这些发饷人究竟是谁呢？在共和时代早期和中期，他们负责向罗马士兵发饷，后来这一责任被移交给了财务官。[①] 有人令人信服地提出，这些发饷人是来自第一级别的富有公民，需要自掏腰包给军队发饷，然后通过征收部落税来收回这笔钱。[②] 每个投票部落似乎都有公民被指派为发饷人。[③] 我们关于共和晚期的发饷人的大部分证据来自西塞罗，但有一些矛盾之处。当西塞罗提到共和国的社会等级时，他明确将骑士同发饷人区分开。[④] 在他的一些私人通信中可以看到同样的区分。

---

① Varro, *LL* 5.181; Gell. *NA* 6.10. 如果发饷人没有按照要求支付军饷，士兵可以诉诸法律（盖乌斯《法学阶梯》4.26—7）。
② Nicolet 1980:161-3; Rosenstein 2011:136-9.
③ Dion. Hal. 4.15; Nicolet 1980:608. 共和晚期的证据来自 Cic. *Planc*. 21，西塞罗在演说中提到，来自泰伦提乌斯部落的骑士和发饷人现身法庭提供支持。
④ Cic. *Planc*. 21, *Cat*. 4.15, *Rab. perd* 27. 在后一个案子中提到了公元前100年的事件，但提及发饷人似乎是西塞罗在谈及所有等级团结起来时的标准修辞，而非当时所发生事件的真实历史证据（Hill 1952:214）。

当西塞罗致信自己的弟弟昆图斯，谈及塞克斯图斯·克洛伊利乌斯（Sex. Cloelius）的审判时，他表示元老们投票认定无罪，骑士两种意见都有，而发饷人则投票认定有罪。① 不过，西塞罗在法庭演说中常常无视发饷人也是自成一体的，提起陪审团时仿佛认为它只由元老和骑士组成。② 在公元前55年的《为普兰基乌斯辩护》中，他表示陪审员包括50名骑士；因为大部分陪审团由75名成员组成，这个数字肯定包括发饷人和罗马骑士。③ 最后，在公元前66年发表的《为克鲁恩提乌斯辩护》中，西塞罗宣称，苏拉的元老陪审团的腐败导致根据《奥雷利乌斯法》的条款，"法庭要与骑士等级共享"（iudicia cum equestri ordine communicata）。④ 乍看之下，人们可能会得出结论，"发饷人"一词指所有在人口调查中具备骑士级别但并非公共马骑士的公民。⑤

不过，有充分理由修正这一结论。发饷人似乎是一个类似于书吏的群体，也就是说，他们是因为在国家中的官方职能而作为一个等级存在的。⑥ 西塞罗本人在第四篇《反喀提林》演说中就做了这样的暗示，当时他描绘了支持他的不同等级，包括骑士、发饷人和书吏。⑦ 作为第一级别的成员，发饷人可能在早已不再为士兵发饷后仍

---

① Cic. Q. Fr. 2.5.6 [SB 9.4]。在 Q. Fr. 2.16.3 [SB 20.3] 中，发饷人投票判一个叫德鲁苏斯的人无罪，而元老和骑士宣布他有罪。关于这三个等级的陪审员票数的准确分配，见 Nicolet 1974：595-7。
② Cic. Font. 36, Rab. Post. 13-14, Flac. 4, 96。
③ Cic. Planc. 41. 关于陪审团的规模，见 Berry 1996：16；Lintott 2004：75。公元前54年的埃米利乌斯·斯考鲁斯的审判中有22名元老、23名骑士和25名发饷人组成的陪审团（Asc. 28C, B. A. Marshall 1985：157）。
④ Cic. Cluent. 130。
⑤ 见 Mommsen 1887-8：III, 192-3, 532-3；Hill 1952：212-14；M. I. Henderson 1963：63-4；Wiseman 1970b：71-2, 79-80；Nicolet 1974：598-613；Brunt 1988：210-11；Cloud 1992：509 等人的讨论。
⑥ Cohen 1975：278-9。
⑦ Cic. Cat. 4.15；Nicolet 1974：600-4。

然保留了自己的荣誉头衔，类似于骑士即便早就不再是罗马国家骑兵的组成部分但仍被称作骑士。① 我们知道每个部落都有自己的发饷人，而《奥雷利乌斯法》根据部落挑选陪审员。② 可能只有一部分发饷人财产够达到骑士等级的条件，就像只有一部分执行吏（*apparitores*）是骑士。在此事上，西塞罗有充分的理由假设至少一部分发饷人是骑士。③ 但另一种观点可能性更大，所有的发饷人的确拥有骑士级别，但他们的古老头衔使其成为更广大的骑士等级中一个排外性公民群体。④ 等级中有等级是完全可以接受的，就像我们在谈到包税人等级是"骑士等级之花"时已经讨论过的。这个结论符合西塞罗的全部证据。当然不能认为所有具备骑士级别但并非公共马骑士的公民会被称为发饷人。不仅在早于公元前70年的材料中看不到这种迹象，而且这些人还一如既往地被称为骑士。

---

① Hill 1952:213. 另见 Crawford 2001:432 的评论，他表示发饷人"在罗马立法中一定不是根据财产级别来定义的"。
② L. R. Taylor 1960:53.
③ 比较 Hill 1952:214 的观点，他认为并非所有的发饷人都具备骑士的财产条件，而是只有那些参加陪审团的才具备。
④ Bleicken 1995:38："骑士等级中的一个特殊群体"。

第三章　身份问题

导言：卢基乌斯·安东尼的雕像

公元前43年1月4日，西塞罗登上罗马广场上的恺撒论坛，向被保民官普布利乌斯·阿普列伊乌斯召集到那里的一群公民发表演说。[1] 他在讲坛上发表了第六篇《反腓力辞》演说，主题是关于元老院投票决定派往马可·安东尼的代表团。西塞罗宣称，因为安东尼及其支持者的腐败天性，代表团注定会一败涂地。[2] 安东尼的亲信包括他的弟弟卢基乌斯·安东尼，后者曾领导过前一年根据《安东尼土地法》(*lex Antonia agraria*) 建立的委员会，负责公地的重新分配。[3] 该法在西塞罗发表第六篇《反腓力辞》的当天被废止，因此这位演说家借机攻击了在显眼的公共场所为卢基乌斯·安东尼塑像，以此向他表达感激的各类选民。这些人中包括军政官和银钱商群体，以及35个部落的成员，后者在罗马广场上奉献了一座卢基乌斯·安东尼的镀金像。[4] 骑士等级的成员同样参与了这场谄媚表演，让西塞罗本人非常反感：

---

[1] 关于西塞罗在讲坛上发言的结论，见 Manuwald 2007:792。
[2] Manuwald 2007:736-42 深入讨论了该演说的背景。
[3] 关于该法，见 Manuwald 2007:574-6。
[4] Cic. *Phil.* 6.12, 14-15.

第三章　身份问题

　　另一座来自罗马公共马骑士：上面同样标明"献给庇主"。这个等级认过谁做庇主？如果有的话，那应该是我。但请不要提我，他们认过哪位监察官，哪位凯旋的将军做庇主吗？你说什么，"他分给了他们土地"？啊，接受的人可鄙，给予的人可耻！①

　　这显然触怒了西塞罗，他代表骑士等级做了那么多，却没有被选为他们的庇主。相反，骑士被依据公元前44年6月的《安东尼土地法》分配的土地收买了。② 这篇演说最引人注目的地方（至少对我们来说）在于，它记录了公共马骑士第一次作为一个团体选出庇主，并奉献雕像向其致敬。

　　抛开西塞罗个人当时的义愤暂且不论，值得考虑的是，这种拥立行动是如何实现的。在上面的引文中，西塞罗特意提到了安东尼被拥立为公共马骑士的庇主，而在第七篇《反腓力辞》中，他又称安东尼是罗马骑士百人队的庇主。③ 这暗示，荣誉可能是通过骑士百人队召开大会时进行的投票授予的。④ 此外，也可能是因为坐进庞培剧场那十四排坐席上的骑士们的拥护。⑤ 这种行动的成功取决于骑士等级内外的重要个体，他们具备组织或操纵投票乃至拥立行动的手段和影响

---

① Cic. *Phil.* 6.13: *altera ab equitibus Romanis equo publico: qui item ascribunt, 'patrono.' quem umquam iste ordo patronum adoptavit? si quemquam, debuit me. sed me omitto; quem censorem, quem imperatorem? agrum eis divisit. o sordidos qui acceperint, improbum qui dederit!*
② Manuwald 2007:796.
③ Cic. *Phil.* 7.16.
④ 注意，35个部落奉献的雕像很可能是由部落大会投票决定的（Manuwald 2007: 788–9）。
⑤ 关于剧场作为骑士集会地点的日益增加的重要性，见 Rowe 2002:77–81。

104

力。我们知道的确存在这种权力掮客。公元前 43 年，西塞罗曾请求德基姆斯·尤尼乌斯·布鲁图斯（D. Iunius Brutus）帮助卢基乌斯·拉米亚（L. Lamia）当选大法官，"因为你掌握着骑士百人队，你有权让他们听命"（quoniam equitum centurias tenes inque iis regnas）。① 但对骑士的恩庇或者说领导始终是非正式的（不同于以选举控制），就像公元前 63 年阿提库斯率领骑士代表守在卡皮托山坡道上那样。尽管地位显赫，但阿提库斯大多数情况下都会避免采取这种公开的政治行动，就像我们在上一章所看到的。公元前 44 年，当盖乌斯·弗拉维乌斯（Gaius Flavius）请他领导所有为刺杀恺撒出资的骑士时，阿提库斯拒绝了。② 西塞罗本人提供的恩庇从未得到像卢基乌斯·安东尼雕像这样永久形式的认可，尽管他为该等级投入了巨大的政治资本，当然也从中获得了回报。

卢基乌斯·安东尼被拥立为骑士的庇主，人们还塑像向他致敬，这一切的不同寻常之处在于，它代表了作为共和国组成部分的骑士等级概念第一次得到了意义深远的彰显，就像我们在上一章中所看到的，这个概念在西塞罗的政治修辞中占据了如此突出的地位。本章大致涵盖了与第二章相同的时期，但角度不同。它首先考察了骑士等级的巩固，成为了一个具有自己的身份象征和特权的实体，比如有权佩戴金指环，穿窄镶边的短袍，以及在剧场中坐在前十四排。然后，它将分析同盟战争和授予意大利半岛人民公民权后，意大利骑士在共和国中扮演的角色。在这一讨论中，作为当时政治话语的例子，西塞罗的材料将再次占据重要地位。但我们也将利用铭文来分析意大利人在多大程度上公开承认自己是骑士等级的成员。最后，本章将分析三头

---

① Cic. Fam. 11. 16. 3 ［SB 434. 3］.
② Nep. Att. 8. 3 – 4. 关于盖乌斯·弗拉维乌斯，见 Nicolet 1974：800 – 1。

第三章 身份问题

时期的发展，就骑士身份的获得和定义而言，该时期通常被描述为不确定的阶段。我将会指出，动荡的程度被夸大了，在罗马转向君主制罗马国家的整个这一时期，对骑士地位的定义和该等级的价值实际上保持了惊人的延续性。

在许多方面，公元前1世纪都是骑士等级历史上最关键的时期，因为它见证了该等级的公共身份象征、集体身份和在整个共和国中的地位的逐步确立。就像我们在本书导言中讨论过的，没能为自己的存在找到一致的意识形态理由的身份群体通常都无法长期存在。通过接受共和国骑兵（最初的骑士）的象征和价值，以及一系列新的特权和标志，骑士等级——尽管是由商人、包税人、陪审员、军官、地主、市政官员、诗人和剧作家组成的大杂烩——获得了凝聚力和意识形态上的动力。这不是突然发生的，而是逐渐改变以及赋予骑士新特权的各项具体立法的结果。新获得公民权的意大利骑士被纳入了这个更大的等级也是在公元前1世纪逐步做到的，这些人需要商定自己在罗马共和国中的新身份，以及这种身份与他们在自己母邦的生活和责任的关系。我们将会看到，去军中效力对于打造意大利各个城市同罗马国家之间的联系特别重要。许多骑士个人作为百人队长、军政官和指挥官加入了罗马军队；他们在自己的商业、行政或艺术兴趣之外担任着各种国家公职。对于意大利市镇的骑士来说，军官的指挥权是他们的公共身份中最有"罗马"色彩的方面，就像他们的荣誉纪念碑和墓碑所表明的。这表明，美德和武功这些骑士理念在让富有精英融入共和国的过程中继续发挥着重要作用。这些过程在公元前1世纪的累积效应催生了一种公共骑士身份，为该等级在罗马世界的长期延续、生存和现实意义奠定了基础。

身份象征和集体身份

　　随着骑士在公元前 2 世纪末成为不同于元老和平民的等级，他们开始获得了自己的象征和社会特权。① 其中一些——诸如戴金指环，穿着仪式性的特拉比亚袍和窄边短袍——是一个缓慢的演化和社会接受过程的结果，这个新等级在该过程中采用了骑兵精英的若干象征来定义自己的公共地位。另一些特权的产生要归因于具体的立法，比如在剧场中为骑士保留前十四排坐席（*XIV ordines*）。这些特权让骑士等级的成员可以公开显示他们的地位高于大部分罗马公民。它们还把集体统一感加诸这个成员性质实际上差异很大的等级，因为所有被监察官评估为拥有必要财产的罗马人都可以自称罗马骑士。我们不清楚共和晚期骑士的准确数字，学者曾经估算过，认为从 5000 到 1 万人不等。② 书面材料稀少且分散。普鲁塔克表示，当西塞罗遭到克劳狄乌斯的骚扰时，几乎所有的骑士都换上了悼服，以示对他的支持，而且常常有 2 万年轻人陪在他身边。③ 如果仅仅是骑士，那是个很高的数字，很可能夸大了。④ 在奥古斯都时代早期，我们知道多达 5000 名公共马骑士有资格参加骑士游行。这是个更为可靠的数字，是哈利卡纳苏斯的狄俄尼修斯在目击后报告的，但它不包括根据人口调查分级所界定的全部骑士。⑤ 近来通过统计分析做出的估计是，公元前 50 年，具备骑士级别的家庭有 1.5 万户，在帝国时代则为 2 万到 3 万

---

① 关于在罗马，这些身份象征被用来表达法律身份，见 Kolb 1977b:239-41。
② 见 Jongman 1988:193(5000)；Scheidel 2006:50(10000)。参见 Goldsmith 1984:277，他预计帝国初期有 4 万名骑士。
③ Plut. *Cic*. 31.1.
④ Lintott 2008:177 说的这个数字包括了元老和骑士。
⑤ Dion. Hal. 6.13.4. 另见本书第五章。

户。① 关于骑士死亡的古代证据符合这些估计：苏拉时期死亡2600人；公元前45年的蒙达战役（Battle of Munda）死亡3000人；三头时期的公敌通告中有2000人死亡。② 因此，我们可以猜想西塞罗时期的骑士等级约有1.5万名成员。新的身份象征让这些骑士有了身份和集体目标。它们使得罗马骑士不仅仅是拥有40万塞斯特斯的公民。通过自己的着装、个人饰物和剧场中的坐席，骑士被公开承认为共和国中一个有威望的等级的成员。

(i) 金指环

我们将从金指环的故事讲起。金指环通常被视作骑士等级的象征，但它是如何以及何时获得这一地位的呢？该过程事实上是非常缓慢的、逐步的。在罗马世界，指环被视作自由出身（*ingenuitas*）的象征；具体的金属材质是个人的选择，尽管按照卡西乌斯·狄奥的说法，只有元老和骑士被允许佩戴金质的。③ 在公元前2世纪末，一些元老佩戴了金指环，但绝不是全部。公元前111年，大法官卢基乌斯·卡尔普尼乌斯·皮索在西班牙的任上弄坏了自己的金指环，让人给他打造了一个新的，而盖乌斯·马略于公元前103年，即他第三次担任执政官期间开始佩戴金指环。④ 在同盟战争期间，按照老普林尼的说法，许多前大法官仍然佩戴铁质而非金质的指环。⑤ 普林尼在他

---

① Kay 2014:292-6（公元前50年有1.5万户）；Scheidel and Friesen 2009:77（帝国时代有2万到3万名骑士）。
② App. *BC* 1.103（苏拉）；Ps. - Caesar, *Bell. Hisp.* 31（蒙达战役）；App. *BC* 4.5（三头时期）。
③ Scholz 2005:418; Dio 48.45.8.
④ Calpurnius Piso: Cic. II *Verr.* 4.56. Marius: Pliny the Elder, *NH* 33.21.
⑤ Pliny the Elder, *NH* 33.21.

著名的一段话中描绘了金指环如何将骑士等级界定为自成一体的团体：

> 一旦开始习以为常，指环便将这第二个等级同平民区分了开来，就像短袍将元老从戴指环的人中区分开一样。不过，短袍是后来发展出来的，因为我们通常会看到有人穿着带紫色宽镶边的短袍，就连像卢基乌斯·埃利乌斯·斯蒂洛·普莱科尼努斯的父亲这样的传令官也是如此（他的绰号由此而来）。但指环显然把第三个等级插进了平民和贵族之间。之前得自战马的名字，现在来自财产标准。①

不幸的是，普林尼别具风格的描述不能被当作直接的历史叙事，因为他用佩戴金指环从贵族扩大到元老乃至骑士来表明奢侈之风在整个罗马世界的扩散。② 此外，就像华莱士-哈德里尔（Wallace-Hadrill）所指出的，普林尼从未告诉我们金指环究竟何时成为了骑士等级的象征（这一省略让罗马史学家们沮丧）。③ 他关于紫色宽镶边（latus clavus）的讨论可以被放在公元前2世纪末的某个时候，因为骑士卢基乌斯·埃利乌斯·斯蒂洛·普莱科尼努斯生活在公元前154—前74年前后。④ 普林尼所述的事件显示出，金指环在共和晚期逐渐被元老等级

---

① Pliny the Elder, *NH* 33.29: *anuli distinxere alterum ordinem a plebe, ut semel coeperant esse celebres, sicut tunica ab anulis senatum. quamquam et hoc sero, vulgoque purpura latiore tunicae usos invenimus etiam praecones, sicut patrem L. Aelii Stilonis Praeconini ob id cognominati. sed anuli plane tertium ordinem mediumque plebei et patribus inseruere, ac quod antea militaris equi nomen dederant, hoc nunc pecuniae indices tribuunt.*
② Wallace-Hadrill 1990a:90-1, 2008:349-53.
③ Wallace-Hadrill 2008:352.
④ Nicolet 1974:765-6.

第三章 身份问题

以外的人佩戴。

西塞罗的《诉维勒斯》为公元前1世纪70年代金指环的重要性提供了宝贵的同期证据。这位演说家指责维勒斯在担任西西里岛总督期间滥发金指环，说他从当地民众手中抢来授予自己的亲信。西塞罗说，罗马统帅（*imperatores*）惯常是在大胜后授予他们的书吏金指环，以奖励他们的劳苦功高。① 维勒斯破坏了这种传统，他给自己的书吏麦维乌斯（Maevius）金指环是在他掠夺了西西里民众的财富后，而不是在某场战斗之后。② 值得注意的是，西塞罗并没有质疑统帅授予属下金指环的特权，只是质疑维勒斯滥发金指环这件事。③ 西塞罗并没有明说麦维乌斯因为维勒斯之举而成了骑士，倒是指出指环是"勇士"（*virum fortem*）的标志和"勇气的证明"（*testem virtutis*）。④ 不过，对西塞罗的听众来说，金指环等同于骑士等级可能是明摆着的。《诉维勒斯》的其他地方也提到，一些寡廉鲜耻的书吏靠贿赂跻身罗马社会上层：

> 如你愿意，让我再回过头来谈谈那些可敬的书吏吧，你不要考虑这些人，他们好不容易才从败家子给的赏赐和戏子的馈赠中抠下了点钱。当他们买下书吏团的一个资格时，就会说自己从剧院观众座席的头排喝彩者跻身这个国家的第二等级。⑤

---

① 书吏是众多类别的执行吏（*appartitores*）中的一种，是罗马国家的自由公仆。见 Purcell 1983。
② Cic. II *Verr*. 3.185 – 7. See also II *Verr*. 1.157, 2.29, 3.175 – 6.
③ Nicolet 1974:935; Bleicken 1995:51. 为书吏和其他执行吏提供不当庇护或者敛财机会是腐败元老的典型行为（比如，见 Purcell 1983:132 n.34）。
④ Cic. II *Verr*. 3.187.
⑤ Cic. II *Verr*. 184: *ad eos me scribas revoca, si placet, noli hos colligere, qui nummulis corrogatis de nepotum donis ac de scaenicorum corollariis, cum decuriam emerunt, ex primo ordine explosorum in secundum ordinem civitatis se venisse dicunt.*

西塞罗的嘲讽暗示出身卑微的人可以通过不光彩的方式获得钱，买下书吏团（decuria scribarum）的资格。然后，他们会吹嘘自己已跻身骑士等级。当然，购买这种资格对罗马公民来说是完全无可厚非的，书吏团中有许多是骑士。① 西塞罗本人称赞自己在西西里的书吏是"最朴素的人"（frugalssimos homines），承认书吏群体（ordo scribarum）本身是"正直的"（honestus）。② 他憎恶的只是那些用不光彩的方式敛财，以非正当方式利用他们的影响的书吏。从他对卢基乌斯·帕皮里乌斯·波塔莫（L. Papirius Potamo）的刻画中可以看出这点，此人曾是维勒斯在西西里的前任昆图斯·凯基利乌斯·尼格尔手下的书吏，但继续为新总督服务。③ 西塞罗极尽挖苦地将波塔莫描绘成"老派骑士作风培养出的严格之人"（hominem severum ex vetere illa equestri disciplina），暗指他其实不是这种人，不过是新加入骑士等级的。④

授予金指环会让麦维乌斯成为骑士吗？答案当然是否定的，因为罗马公民仍然必须达到符合骑士要求的财产条件。⑤ 这对麦维乌斯很难，因为维勒斯从西西里农民缴纳的供书吏个人使用的资金中抽走了2/50（4%）。⑥ 麦维乌斯的财产需要经过监察官的审核，以确定他达到了要求，可以被正式认可为罗马骑士。卡西乌斯·狄奥认为，"拥有权力者"（ὁ τὸ κράτος ἔχων）可以把金指环授予释奴，作为他们自由身份的标志，这随后将让他们跻身骑士等级。⑦ 这显然就是发生在

---

① Wiseman 1971:73; Purcell 1983:138-9; Badian 1989:601.
② Cic. II Verr. 3.182-3.
③ Cic. Caec. 29, II Verr. 3.154.
④ Cic. II Verr. 3.137; Nicolet 1974:972-3.
⑤ Mommsen 1887-8: III, 518; Stein 1927:35-45; Badian 1989:600.
⑥ Cic. II Verr. 3.181.
⑦ Dio 48.45.8-9. 狄奥向读者提到他的《罗马史》前文中（现已失传）对金指环的讨论。

第三章 身份问题

演员昆图斯·洛斯基乌斯·伽卢斯（Q. Roscius Gallus）身上的事，苏拉把金指环赏给了他，时间很可能是公元前81年或前80年，尽管没有古代材料具体提到他因此成了骑士。[1] 被授予金指环本身是罗马行政官给的荣誉，而不代表自动擢升进骑士等级（无论当时的罗马人有多少会这样解读）。[2]

来自尤利乌斯·恺撒生前的两则轶闻证明，要成为骑士仍需拥有必要的财产条件。公元前49年，在渡过卢比孔河后不久，恺撒向自己的军队发表了演说，其间频频指向他左手上的指环，以此表示自己的权威受到了冒犯。但大部分士兵实际上听不清他在说什么，以为他承诺让他们"有权佩戴40万塞斯特斯的指环"（ius anulorum cum milibus quadrigenis），这会让他们在人口调查中达到"骑士级别"（equestres census）。[3] 几年后，在公元前46年恺撒的胜利赛会上，这位独裁官给了剧作家德基姆斯·拉贝利乌斯（Decimus Laberius）50万塞斯特斯和金指环，以此认可他的骑士身份。[4] 后来，卢基乌斯·安东尼乌斯·巴尔布斯（L. Antonius Balbus）在西班牙的加迪斯效仿了此举，尽管他只赏了演员赫瑞尼乌斯·伽卢斯（Herennius Gallus）金指环。[5] 无论确切的法律和司法的技术性细节如何，金指环都被普遍视作骑士地位最典型的象征。最明确提到这点的同时代作品是诗人昆图斯·贺拉提乌斯·弗拉库斯（Q. Horatius Flaccus，通常称贺拉

---

[1] Macrob. *Sat.* 3. 14. 13. 西塞罗在 *Pro Roscio Comoedo* 23 中表示，洛斯基乌斯拒绝接受他服务十年的报酬，这被解读为那些钱是因为他的骑士身份而塞给他的。参见 Lintott 2008:61 - 3。
[2] Reinhold 1971:279; Nicolet 1974:95 - 6, 141; Demougin 1988:48.
[3] Suet. *Iul.* 33. 在帝国时代的作者笔下常常出现"指环权"（ius anulorum）之说（Kolb 1977b:253 n. 57）。
[4] Suet. *Iul.* 39. 2; Sen. *Controv.* 7. 3. 9; Macrob. *Sat.* 2. 7. 1 - 3.
[5] Cic. *Fam.* 10. 32. 2 [SB 415. 2].

斯）的《讽刺诗》（Satires），他本人也是骑士等级的成员。① 在通常被认为写于公元前30年前后的《讽刺诗》2.7中，奴隶达乌斯（Davus）提到，贺拉斯为了在城里过一夜而乔装：

> 当你丢下种种身份标志，骑士指环
> 和你的罗马服饰，你从陪审员变成了
> 鄙俗的达玛，用斗篷盖住香喷喷的脑袋，
> 你不就是你假扮的那个人吗？②

"骑士指环"（anulus equester）这种表达在拉丁文学中仅见于此处，但它作为贺拉斯身份的外在表征之一的重要性是毋庸置疑的。③ 摘下指环和脱下托袈的举动把贺拉斯——或者他在诗中的化身——从骑士变成了达玛，那是罗马世界常见的奴隶名。④ 这表明，金指环被视为骑士等级的一个显著特征，即便这种假定没有法律依据。

西塞罗强调的是维勒斯用不合适的方法将金指环分发给了书吏和其他属下，这暗示他非常担心不合格的人进入骑士等级，或者至少是被允许佩戴该等级的身份象征。⑤ 就像霍普金斯（Hopkins）所指出的，只有当出身是唯一的准入条件时，精英集团才可能是排外的；一旦引入了其他"成就标准"，新人就能够获得成员身份。⑥ 骑士等级

---

① L. R. Taylor 1925; Nicolet 1974:914 – 15; D. Armstrong 1986.
② Hor. Sat. 2.7.53 – 6: *tu cum proiectis insignibus, anulo equestri | Romanoque habitu, prodis ex iudice Dama | turpis, oderatum caput obscurante lacerna, | non es quod simulas?*
③ L. R. Taylor 1925:162 – 3; D. Armstrong 1986:257 – 8.
④ 关于贺拉斯的诗性人格，见 D. Armstrong 1986:259。
⑤ 维勒斯授予指环出现在西塞罗《诉维勒斯》第二篇 1.157, 2.29, 3.176, 3.185, 3.187。
⑥ Hopkins 1965:16 – 17。

和元老等级在不同程度上都是如此。两者都向新人开放，但进入元老院至少可以通过当选为合适的行政官来严格监管。骑士等级的确有成员资格，这需要由监察官进行评估，但如果没能定期展开人口调查，就像公元前1世纪所发生的，那么即便是条件合格的骑士也很难让自己的身份合法化。① 从理论上说，任何人都能——也的确做到了——通过佩戴金指环和其他标志自称是骑士，从而让自己拥有比实际更高的地位。② 西塞罗如此强调维勒斯对制度的滥用，反映了骑士作为一个集体，作为真正的等级日益强烈的集体自豪。因此，金指环充当了骑士团结的外在象征，但他们存在争议的身份暴露了社会矛盾。

(ii) 骑士服饰

骑士等级的成员也可以通过服饰来区分，无论是在仪典场合还是日常生活中穿着的。前者中首先是特拉比亚袍，一种带猩红条纹的托袈，这是公共马骑士在骑士游行中穿的巡游制服。③ 因此，与金指环类似，它最初也是一种贵族身份的象征，后来成为元老身份的象征。不过，随着公元前2世纪后期骑士等级同元老分离，特拉比亚袍成了骑士的仪式制服。④ 所有的罗马骑士都被允许穿着带窄镶边的短袍，这把他们同穿着宽镶边短袍的元老区分开。很难确定这种区分究竟是何时产生的：就像我们在第一章中所看到的，宽边短袍很可能在公元前2世纪末成为了元老的标准服饰。关于窄边短袍最早的证据来自公

---

① 本章稍后将对此做详细讨论。
② Rothfus 2010:437.
③ Dion. Hal. 6.13.4; Val. Max. 2.2.9; Gabelmann; Gabelmann 1977:326-7. 到了公元前3世纪时，特拉比亚袍不再是短袍，而是像托袈那样更长的服饰（Gabelmann 1977:346）。
④ Gabelmann 1977:367-9; Kolb 1977b:248; Wrede 1988:384.

元前1世纪。① 按照卡西乌斯·狄奥的说法，公元前59年，当被克洛狄乌斯骚扰的西塞罗寻求支持者时，他脱下元老服饰，穿上骑士服装以示谦卑。② 后来，到了公元前56年，经过一年的内部纷争，元老们集体脱下元老服，穿上了骑士服饰，以示哀悼。③ 虽然狄奥没有具体提到窄边短袍，但元老们脱掉宽边短袍是他们普遍接受的哀悼习俗。④ 瓦罗无疑知道窄边短袍，在写于公元前1世纪40年代的作品《论拉丁语》(*De Lingua Latina*) 中提到了它。而书面材料也显示，奥古斯都时代初期，它明确被认可为骑士服饰。⑤ 但考古学证据表明，骑士在公元前1世纪穿着窄边短袍的时间要早得多。制作于公元前80—前60年，现藏于佛罗伦萨国家考古博物馆的著名雕像《演说者》(*L'Arringatore*) 在这方面至关重要。雕像描绘了当地贵族奥鲁斯·梅特鲁斯身着窄边短袍，炫耀戴在左手上的金指环（图3.1）。⑥ 几乎没有理由怀疑它在西塞罗时代已经被接受为罗马骑士的服饰，并充当了该等级的外在身份标志。

(iii) 十四排坐席

与这些身份象征相伴的是骑士被公开定为共和国的第二等级。公元前67年，保民官卢基乌斯·洛斯基乌斯·奥托（L. Roscius Otho）

---

① Mommsen 1887 - 8: III, 514; Stein 1927:48 - 9.
② Dio 38. 14. 7.
③ Dio 40. 46. 1.
④ Edmondson 2008:29 - 31.
⑤ Varro, *LL* 9.79; Ovid, *Tristia* 5.10; Vell. Pat. 2.88.2; Suet. *Aug*. 73. 见 Demougin 1988:778 - 9; Rothfus 2010:437 n. 30。形容词 angusticlavius (Suet. *Otho* 10. 1) 和希腊语中对应的 στενόσημος (Arr. *Epict*. 1. 24. 12) 很少出现。
⑥ Demougin 1988:781 - 2. 关于短袍上的窄边，见 Granger-Taylor 1982:7。

成功通过了（《洛斯基乌斯剧场法》[lex Roscia theatralis]），为骑士等级成员保留了紧靠舞台乐池背后的十四排坐席。① 最早提到该法的是西塞罗在公元前 63 年发表的演说《为穆雷纳辩护》：

> 卢基乌斯·奥托，最坚定不移的人，我的挚友，不仅恢复了骑士等级的公众地位，也把公众娱乐归还了他们。正因如此，那部关于赛会的立法是所有法律中最令人感激的，因为它把快乐的享受归还给那个带有最正直的光芒的等级。②

这段话没有具体提到前十四排坐席被留给了骑士等级，但从其他提到《洛斯基乌斯法》的地方可以清楚地看到这点。③ 西塞罗对洛斯基乌斯为骑士划出特权坐席的赞美很可能会打动他为穆雷纳辩护时的听众，即陪审团中的骑士。④ 不过，人民对（《洛斯基乌斯剧场法》的整体接受远没有那么好。在发生于公元前 63 年的另一件事中，剧场观众对洛斯基乌斯发出了嘘声和咒骂，后者当时很可能是作为城市大法官在主持阿波罗赛会（ludi Apollinares）。⑤ 直到西塞罗的一篇演说（不幸已经失传）让人民明白自己的行为是错的，他们才有所转变。⑥

---

① 相关讨论见 Stein 1927:21 – 30；E. Rawson 1987:102 – 5；Demougin 1988:796 – 802。
② Cic. *Mur.* 40: *L. Otho, vir fortis, meus necessarius, equestri ordini restituit non solum dignitatem sed etiam voluptatem. itaque lex haec quae ad ludos pertinet est omnium gratissima, quod honestissimo ordini cum splendore fructus quoque iucunditatis est restitutus.*
③ Cic. *Phil.* 2. 44；Asc. 79 C；Livy, *Per.* 99.
④ Fantham 2013:141.
⑤ Plut. *Cic.* 13. 2 – 4（误将《洛斯基乌斯法》放在公元前 63 年）；Pliny the Elder, *NH* 7. 117. 关于奥托的城市长官一职，见 Ryan 1997。
⑥ Cic. *Att.* 2. 1. 3[SB 21. 3].

图 3.1 《演说者》雕像，佛罗伦萨国家考古博物馆

第三章 身份问题

西塞罗在《为穆雷纳辩护》中的语言引发了关于奥托为骑士保留坐席的动议是不是原创想法的讨论。他两次使用了"归还"一词（*restituit* 和 *est restitutus*），这使得一些学者提出，骑士原本在公元前2世纪的某个时候就被分配了十四排坐席，但这种特权后来被剥夺，很可能是苏拉所为。① 不过，西塞罗说的不是坐席被归还给骑士，而是"公众地位"（*dignitatem*）、"公众娱乐"（*voluptatem*）和"快乐的享受"（*fructus … iucunditatis*）。② 大多数材料强调了洛斯基乌斯此举的革命性，维勒伊乌斯·帕特尔库鲁斯是个例外，直截了当地表示"他把剧场中的坐席归还给骑士"（*equitibus in theatro loca restituit*）。③ 不过，这不足为据，因为古代材料几乎总是表示，奉行十四排坐席原则的是《洛斯基乌斯剧场法》及其在奥古斯都时代的接替者《尤利乌斯剧场法》，而不是洛斯基乌斯修订的某部更早的法律。就像怀斯曼所暗示的，将这些坐席留给骑士最初可能是惯例，在洛斯基乌斯的法律出台前，需要由主持工作的行政官来执行这种安排。④ 公元前63年平民的反应无疑表明，为地位高的公民保留最好的坐席会引起一定的怨恨，就像公元前194年元老被首先分配坐席时那样。因此，根据怀斯曼的观点，《洛斯基乌斯法》可以被视作"恢复"了曾经被冒犯的骑士权威。⑤

---

① 关于这种观点，见 Mommsen 1887–8: III, 519–20; Hill 1952: 160; Nicolet 1974: 99; Badian 1975: 92; Brunt 1988: 159。
② *OLD* s. v. *restituo* 8 词条，被归还者采用与格形式，这里是骑士等级（*equestri ordini*）和"最可敬者"（*honestissimo ordini*）。
③ Livy, *Per.* 99; Juv. *Sat.* 3. 159; Plut. *Cic.* 13. 2; Dio 36. 42. 1; cf. Vell. Pat. 2. 32. 3. 关于这种观点，见 Wiseman 1970b: 80 and 1973: 194–5。
④ Scamuzzi 1969: 270; Wiseman 1973: 194–6，依据 Asc. 78C，他提到"认可"（*confirmavit*）这种特权。
⑤ Wiseman 1973: 195–6。

《洛斯基乌斯剧场法》无疑是一部复杂得难以置信的立法。① 我们只能试图利用古代材料中的零星引用来确定它的基本原则。享有十四排坐席的首要条件是身为公共马骑士（那样的话就是非常局限的特权，仅限于骑士百人队中的1800位公民），还是说所有罗马骑士都有资格，这一点存在争议。书面证据显示，更有可能是按照人口调查中的骑士条件来界定。② 公元前46年，恺撒在给了德基姆斯·拉贝利乌斯金指环和50万塞斯特斯后又领着他坐到那十四排坐席上，而没过几年，卢基乌斯·科尔内利乌斯·巴尔布斯又为赫瑞尼乌斯·伽卢斯做了同样的事。不过，没有证据表明这些人被授予了公共马。③ 在写于公元前20/前19年的《书信集》第一卷（*First Epistle*），贺拉斯最终指出了财产条件对剧场坐席的重要性:④

你有头脑、德行、口才和荣誉，
但你还差好几千才能达到四十万，
所以你还是平民。⑤

这是关于骑士的财产条件被定在40万塞斯特斯的最早有确切年代的

---

① Crawford 2001:433.
② 见 Stein 1927:22-6; Badian 1972:84; E. Rawson 1987:102。Wiseman 1970b:72, 80 最初认为公共马是主要标准，但后来修正了自己的看法（见 Wiseman 1973:195）。西塞罗只是说骑士是根据财产等级来界定的（Bleicken 1995:45）。参见 Linderski 1977:58; E. Rawson 1987:102; Demougin 1988:797-9, 他们认为财产等级本身并不是充分条件。
③ 见本书第112页。
④ 关于年代的确定，见 R. Mayer 1994:10-11。
⑤ Hor. *Epist.* 1.1.57-9: *est animus tibi, sunt mores, est lingua fidesque, | sed quadringentis sex septem milia desunt: | plebs eris.* 关于"六七千"被译成"几千"，见 R. Mayer 1994:100。

第三章 身份问题

证据。如果没有这笔钱，罗马公民坐骑士的坐席是违法的。① 《洛斯基乌斯法》特别规定，不再具备骑士财产等级的前骑士不许坐在前十四排坐席。我们从西塞罗在第二篇《反腓力辞》对马可·安东尼的指控中可以看出，剧场中划了专门区域给这些破产骑士：

> 但你坐在前十四排说明你是多么目中无人，因为根据《洛斯基乌斯法》，有固定区域留给破产者，无论此人是因为时运不济，还是自身过错。②

这是唯一提到剧场中有留给破产者的"固定区域"（*certus locus*）的史料，但不足以因此而否定西塞罗的证据。③ 事实上，它印证了一点，即按照《洛斯基乌斯法》，财产等级是坐在前十四排坐席的首要条件，而不再拥有这个规定数额的骑士不得不坐到其他地方，即便那不是他们自己的错。

有人提出，《洛斯基乌斯法》还把头两排坐席留给了军政官和前军政官。④ 贺拉斯写于公元前1世纪30年代的《长短句》（*Fourth Epode*）第四首聚焦一位获得巨额财富的释奴，此人被提拔进了军政官的行列，并急于炫耀自己的新身份。⑤ 波菲利奥（Porphyrio）对这

---

① Hor. *Epist.* 1.62 明确提到洛斯基乌斯。关于来自帝国时代的同样观点，见 Juv. *Sat.* 3.155，诗中提到有人坐在骑士坐席上，但"按照法律，财产不足"（*cuis res legi non sufficit*）。
② Cic. *Phil.* 2.44：*illud tamen audaciae tuae quod sedisti in quattuordecim ordinibus, cum esset lege Roscia decoctoribus certus locus constitutus, quamuis quis fortunae uitio, non suo decoxisset.*
③ Ramsay 2003：227. Cic. *Att.* 4.7.2［SB 77.2］中令人费解地提到了一个名叫阿波罗尼乌斯的希腊人，此人宣称获得了骑士拥有的破产权。见 Shackleton Bailey 1965b：180。
④ Stein 1927：23 – 4；E. Rawson 1987：103 – 4.
⑤ 关于这首诗的年代和背景，见 Mankin 1995：99 – 100。

首诗的注疏显示，《洛斯基乌斯法》将头两排（duo primi ordines）留给了军政官。① 不过，关于头两排坐席被留给军政官的仅有证据来自波菲利奥和另一位注疏者伪阿克洛（Pseudo-Acro）。② 曼金（Mankin）中肯地指出，这一特权没有其他明确的例证，似乎是后世的注疏者们基于这首诗做出的解读。③ 我们有证据表明，在二十人委员会（vigintivirate）中任职的骑士会和军政官坐在一起。诗人普布利乌斯·奥维迪乌斯·纳索（P. Ovidius Naso，通常称奥维德）是十人审案委员会（decemvir stlitibus iudicandis）的成员。他的《岁时记》（Fasti）中回忆了自己在大地母赛会（ludi Megalenses）上与邻座一位军政官的对话。④ 这表明头两排坐席不是专为军政官保留的。即便有人提出，同样的特权曾被扩大到二十人委员会的成员，对骑士坐席进行分割的想法也是有违骑士作为统一群体的概念的。⑤ 我们没看到过在剧场或其他公共娱乐场所的元老坐席有类似的划分，这暗示没有这种做法。⑥

《洛斯基乌斯法》标志着界定新的骑士等级集体身份的一个重要阶段。拥有金指环和骑马参加骑士游行的特权只被授予了骑士百人队这一小部分人。但现在，一项特权公开将所有的骑士同普通民众区分开来，让他们变得与众不同且统一起来。《洛斯基乌斯法》无疑是一部长而复杂的法律，但我们可以确定，坐在前十四排的条件是具备骑士的财产级别，很可能是40万塞斯特斯，破产骑士被特别排除在外。

---

① 波菲利奥对贺拉斯《长短句》4.15 的注疏。
② 尽管这被 E. Rawson 1987：103－4；Demougin 1988：509 所接受。
③ Mankin 1995：106.
④ Ovid, *Fasti* 4.383－4.
⑤ 因此，破产骑士被明确剥夺了坐在前十四排的权利，而不是被安排到前十四排中的特定区域。在此感谢某位匿名审稿人对此事的意见。
⑥ 这发生在帝国晚期，当时有给前执政官保留的特定坐席的证据。见本书第八章。

骑士们一起坐在前十四排，戴金指环穿窄边短袍，代表了自成一体的特权社会群体。骑士没有正式的集会场所，没有官方领袖，但在剧场中他们可以是一个统一的等级。

西塞罗的意大利

以身份象征和社会特权为代表的骑士等级的凝聚力逐渐露头，与之相伴的是拥有骑士等级的公民数量的显著增加。这是公元前90—前88年的同盟战争后意大利人被授予公民权的结果。在这段时期之前，骑士身份在意大利相当有限，因为只有那些已经被授予公民权的意大利人才能拥有。罗马公民权一般是被恩赏给个人或特定群体，如城镇的公民或行政官，或者军事单位。① 例如，马略和西塞罗的家乡阿尔皮努姆在公元前303年被授予公民权。这两位著名政治家的祖先是意大利贵族中的骑士的典型代表，被戏称为 *domi nobiles*（"家乡贵族"），以区别于罗马贵族。② 书面材料中只零星提到了个别授予公民权的例子。例如，在同盟战争之前的某个时候，提布尔的卢基乌斯·柯西尼乌斯（L. Cossinius）因为根据《偿还财产法》中的条款成功起诉而被授予罗马公民权，与他同名的儿子后来成了罗马骑士。③ 这些和其他零星的例子为我们提供了关于公元前1世纪80年代之前意大利骑士有限的群体传记学证据：没有像帝国时代那样大量的碑铭证据为基础来构建统计学论据。④ 但显而易见的是，在同盟战争

---

① 关于罗马和拉丁殖民市的公民权，见 Brunt 1971:538-44。
② 公民权：Livy 10.1。阿尔皮努姆：Nicolet 1974:943-5（马略），1052-7（图利乌斯·西塞罗家族）。"家乡贵族"一词来自西塞罗《为克鲁恩提乌斯辩护》（见 Nicolet 1974:388）。
③ Cic. *Balb.* 53-4; Nicolet 1974:855-6。
④ Nicolet 1974:406-7。

之前，罗马公民权和骑士身份在意大利社会的上层中都不普遍。①

绝大多数有据可查的意大利骑士都来自公元前90年之后，当时《尤利乌斯公民权法》（lex Iulia de civitate）和后续的立法将公民权扩大到了波河以南的整个意大利。② 在公元前86/前85年和前70/前69年的人口调查中，罗马公民人口增加了一倍多，达到91万人。③ 来自意大利自治市和罗马殖民市的具备必要财产条件的"家乡贵族"会被监察官评定为罗马骑士。从拉文纳的普布利乌斯·凯西乌斯（P. Caesius）的案例中可以看到这种情况，此人于公元前89年被格奈乌斯·庞培乌斯·斯特拉波（Cn. Pompeius Strabo）授予公民权，后来成为罗马骑士。④ 不清楚这些公民中有多少人被擢升进了更加排外的公共马骑士百人队。⑤ 意大利人获得公民权意味着最富有的"家乡贵族"现在有资格跻身骑士和元老队伍，并在罗马的政治生活中发挥作用，如果他们选择这样做的话。

公元前1世纪的意大利骑士来自何方？显然，骑士等级的成员在整个半岛上的分布并不均匀。即使在同盟战争之后，大多数骑士仍然来自意大利的中部地区，诸如罗马和拉丁姆、坎帕尼亚、翁布里亚和皮克努姆。⑥ 半岛西侧的伊特鲁里亚在群体传记学证据中的比例明显

---

① 有人认为从公元前2世纪20年代开始，或者至少在同盟战争之前（Wiseman 1971: 17–18, 89; Sherwin-White 1973: 111–12），罗马公民权会被自动授予所有的拉丁行政长官。必须抛弃这种想法。见 Mouritsen 1998: 99–108, 他认为将公民权扩大到这些行政官是公元前1世纪末的事。Bispham 2007: 128–31 也修正了传统观点，提出公元前2世纪20年代，拉丁行政长官拥有的是申诉权（provocatio）而不是公民权。
② 关于授予公民权的法律，见 Sherwin-White 1973: 150–5; Bispham 2007: 161–87。
③ Wiseman 1970a: 65–6; Brunt 1971: 91–9。
④ Cic. *Balb.* 50; Gruen 1974: 382。
⑤ Wiseman 1971: 7, 123–4, 136. Demougin 1983: 280 强调，这些市镇骑士涵盖了范围很广的一系列个体，有着不同的财富和财产水平。关于骑士百人队，见 Wiseman 1970a: 70–1。
⑥ Nicolet 1974: 1098–9。

第三章 身份问题

不足，而来自普拉森提亚（Placentia）、克雷莫纳（Cremona）和维罗纳（Verona）等阿诺河以北城镇的骑士也寥寥无几。① 南部的骑士也非常少，特别是在卢卡尼亚（Lucania）和布鲁提乌姆（Bruttium），以及阿普利亚（Apulia）和卡拉布里亚（Calabria）。由于绝大多数骑士只有在书面材料中才能找到佐证，主要是西塞罗的作品，因此可以想见会有一定程度的失真。② 但可以用公元前 1 世纪的市镇化进程来解释整体模式。我们从西塞罗的《为克鲁恩提乌斯辩护》中了解到有 8 名骑士来自拉里努姆。它由此得出结论说阿普利亚北部有一个重要的骑士成员前哨站，因为在当地其他地方很少看到骑士。但西塞罗的证据并未完全歪曲事实：拉里努姆是意大利亚得里亚海中部地区仅有的几个自治市之一，所以那里有大量的骑士是很自然的。③ 卢卡尼亚和布鲁提乌姆地区的市镇化程度也不高，而在意大利半岛尽头的雷吉乌姆（Rhegium）只能找出 2 名骑士。在意大利西南部，只有布伦迪西乌姆（Brundisium）和卡努西乌姆（Canusium）能分别找出 2 名骑士。④ 因此，骑士构成了广大意大利家乡贵族中的特权精英阶层，这并不意外。⑤

意大利人在多大程度上参与了罗马人民大会乃至广义的政治舞台，这一直是很有争议的主题。一些学者主要依靠西塞罗的证据——事实上我们全都必须如此——强调意大利人的投票在选举中的重要

---

① 见 Nicolet 1974 附录三的地图。
② Nicolet 1974:1099. 帝国时代也大体表现出同样的模式（Patterson 2006:195）。
③ Bispham 2007:407.
④ 关于市镇化的模式，见 Bispham 2007:407 – 8, 462 – 4。骑士数量的证据来自 Nicolet 1974 附录三。
⑤ 市议员的基本条件是拥有 10 万塞斯特斯，远低于罗马骑士。见 Nicolet 1974:400 – 5，他的论点基于范围相对较小的公共马骑士等级之上。但即便罗马骑士包括全部具备必要财产条件的公民，这个结论仍然可能是对的（就像我们已经指出的）。

性。① 不过，近来莫里岑（Mouritsen）的观点采取了更为怀疑的态度，指出西塞罗是个特例，因为作为新人的他会同时（这可能是非常罕见的）向社会各界寻求支持，包括意大利的"家乡贵族"。② 莫里岑提出，意大利贵族倾向于积极参与罗马政治的情况仅限于罗马行政官特别要求他们如此，或者所涉问题对他们的影响特别大，或者他们住得够近，可以成行。③ 鉴于同盟战争之后的几十年间是一个适应和协商的时期，这是个合理的结论：并非所有新获得身份的罗马公民（甚至那些被给予较高地位的）都必然会认同罗马共和国本身，或者想要在其中发挥作用，就像西塞罗那样。④ 循着莫里岑的观点，我将提出意大利骑士是在罗马符合他们自己的利益时逐渐接受它的。⑤ 不过，西塞罗的证据对于我们理解意大利骑士和国家的关系仍是十分重要的。就像在上一章中所探讨的，有必要利用西塞罗的作品来获取有关他对更广泛的政治话语所做贡献的信息。⑥ 在他设想的世界中，来自市镇的新意大利骑士现在可以在罗马共和国中占据他们的合法位置，同时不必放弃自己的家乡。⑦ 这种想法有点超前，但必然迎合了西塞罗的至少一部分听众，因为他在自己的演说中常常用到。

市镇骑士可以选择前往罗马为选举投票，或者在法庭上支持自己的老乡。⑧ 为了给法律投票而赶去不太常见，这说明他们的兴趣集中

---

① 比如 L. R. Taylor 1949:30 – 1; Wiseman 1971:123 – 42。
② Mouritsen 1998:96 – 9, 2001:115 – 25. 另见 Yakobson 1999:45, 61。
③ 关于最后一点，另见 Millar 1998:28 – 34, 211 和 Dench 2005:131，他们谈到了意大利人施加影响的潜在能力，如果他们真想行使投票权，哪怕必须去罗马也没关系。
④ Salmon 1972:75 – 8; Lomas 2004:116。
⑤ 这符合骑士总体上的政治保守天性（Meier 1966:68 – 9）。
⑥ Dench 2005:174 提出的重要的观点，即西塞罗让我们了解到在他生前，什么是"有争执和有争议的"。
⑦ 注意西塞罗的著名论断，即来自意大利市镇的公民拥有两个"家乡"（*patriae*）（*Leg*. 2.5）。
⑧ Millar 1998:29; Bispham 2007:425 – 6; van der Blom 2010:44 – 6。

第三章 身份问题

于在罗马支持老乡和保护自己所在城市的利益，而不是影响共和国的发展。[1] 这两种动机都戏剧性地体现在了西塞罗的《为普兰基乌斯辩护》中，就像我们在第二章中看到的，这篇演说是为了给被控贿选的格奈乌斯·普兰基乌斯辩护。西塞罗成功地提出，像普兰基乌斯这样骑士等级出身的人在罗马被选为行政官是非常自然的。他声称，他们得到了广大选民的支持（包括来自家乡的投票者），没必要行贿。[2] 在这篇演说中，西塞罗让人们注意法庭中来自普兰基乌斯家乡阿提纳（Atina）的代表：

> 陪审员们，你们现在看到的这群人身着丧服，哀泣着向你们乞求。在场有许多罗马骑士，许多发饷人，他们来此是因为我们把去为选举投票的平民赶出了法庭。他们为他的竞选带来了怎样的力量，怎样的威风？[3]

然后，西塞罗对此做了非常详细的阐述。他证明普兰基乌斯不仅受益于来自阿提纳的公民选票，也得到了邻近城市的支持，包括阿尔皮努姆、索拉（Sora）和卡西努姆（Casinum），法庭中亦有来自那里的代表。[4] 这是地方市镇团结的一次引人侧目的展示，就像比斯法姆（Bispham）所指出的，它不可能仅仅是西塞罗的花言巧语：如果来自这些城市的公民没有真的为竞选营造官的普兰基乌斯投票，那他的观

---

[1] Millar 1998:30.
[2] Cic. *Planc.* 18-23；Yakobson 1999:97-8.
[3] Cic. *Planc.* 21: *quam quidem nunc multitudinem videtis, iudices, in squalore et luctu supplicem vobis. hi tot equites Romani, tot tribuni aerarii-nam plebem a iudicio dimisimus, quae cuncta comitiis adfuit-quid roboris, quid dignitatis huius petitioni attulerunt？*
[4] Cic. *Planc.* 21-2. 参见 Mouritsen 2001:31，他认为真的投票的人很少。

点的说服力将大大下降。①

对普兰基乌斯的支持还显示出"乡邻关系"(*vicinitas*)对参与罗马事务的重要性。人们来罗马不仅仅是为了支持意大利同乡，他们无疑以某种更深刻的方式被联系在一起。西塞罗本人的生涯表明，他代理一些意大利当事人的案子是因为他们的家乡同他的家乡阿尔皮努姆有关联。② 从公元前89年同盟战争期间格奈乌斯·庞培乌斯·斯特拉波在阿斯库鲁姆（Asculum）的参谋会（*consilium*）名单中可以看到"乡邻关系"对塑造忠诚和小圈子的重要性。参谋会由5名军团长、1名财务官、16名军政官、33名不担任具体职务的骑士，以及4名首席百人队长（*centuriones primipili*，同样为骑士）组成。③ 在这些骑士中，有将近一半（33人中的14人）来自斯特拉波本人的家乡地区皮克努姆。④ 从意大利特定地区招募军队是同盟战争和公元前1世纪后来的冲突的典型特征。⑤ 与斯特拉波的参谋会一样，军官招募中也可以看到同样的现象，因为他选择皮克努姆的骑士担任部属。"乡邻关系"在文职和军事方面都影响了意大利人对共和国事务的参与。

有多少意大利人真正行使了他们参加竞选投票的特权呢？被昆图斯·西塞罗的《竞选指南》中的修辞说服的读者会确信，意大利投票者对选举成功至关重要。⑥ 昆图斯常常提到，与包税人、骑士和元老

---

① Bispham 2007:431-4, esp. 433. 类似的观点另见 van der Blom 2010:45-6。参见 Mouritsen 1998:96-7, 2001:119-20，他认为这是个特例。
② Lomas 2004:111-16.
③ *CIL* I² 709 = VI 37045 = *ILS* 8888; Criniti 1970:82.
④ Syme 1939:28; Criniti 1970:88.
⑤ Potter 2010:319-20.
⑥ 这一点经常被提到，比如 Wiseman 1971:137; Bispham 2007:431-2。

第三章 身份问题

一样，意大利自治市的居民也是西塞罗选举的必要支持者。① 昆图斯最引人注目的建议是，他的各个应该记住意大利及其地区的地图，这样他就能熟知所有的自治市、殖民市和行政区，确保那里的代表会为他拉票。② 不过，就像莫里岑所指出的，西塞罗在这方面似乎是个开拓者，因为他的执政官竞选发生在公元前70/前69年的人口调查后不到十年，那次调查授予了大批意大利人公民权。③ 西塞罗通过不遗余力地支持意大利城市来争取这些新的选票。④ 我们的确有时会听说其他政治家在培植关系。比如，卢基乌斯·穆雷纳在公元前63年为竞选执政官拉票期间得到了来自翁布里亚的部落的支持。⑤ 具体案例的证据有限，但这并不意味着它们不存在，政治家无疑的确会利用他们拥有的各种恩庇、友谊和乡邻关系。⑥ 但对大部分罗马元老来说，拉票活动很可能主要集中在罗马附近的城镇，因为地理上靠近意味着它们的居民更有可能前往罗马投票。⑦

有时"家乡贵族"前往罗马是作为代表团的一部分，为的是在城中举行的审判期间表达自己的观点，或者给予支持。⑧ 支持普兰基乌斯的阿提纳代表团绝不是现身法庭的此类代表团的唯一例子。公元前66年，来自拉里努姆的一群人前往罗马，为他们一位被控下毒的骑

---

① Q. Cic. *Comm. Pet.* 3, 24, 50.
② Q. Cic. *Comm. Pet.* 30 - 2.
③ Mouritsen 1998：96. 关于在山南高卢开展竞选的计划，见 Cic. *Att.* 1.1.2 [SB 10.2].
④ 西塞罗常常提到他从意大利城市获得的支持：Cic. *Fam.* 13.4.1 [SB 318.4]（沃拉特莱），13.7.1 [SB 317.1]（阿特拉）。关于更多的恩庇关系，见 Wiseman 1971：138 - 9；Bispham 2007：431 - 2.
⑤ Cic. *Mur.* 42. 关于庞培和恺撒的例子，另见 Gruen 1974：377 - 8 和 Bispham 2007：434.
⑥ Mouritsen 2001：108, 123.
⑦ Mouritsen 1998：97, 2001：120 - 3.
⑧ Millar 1998：28 - 9；Crawford 2000：417；Bispham 2007：425 - 6.

士同乡作证。这一次,西塞罗也没有吝惜其口才:仿佛能够成行的每个拉里努姆人都来到罗马支持克鲁恩提乌斯。① 虽然明显夸大其词,但的确有来自拉里努姆邻市的代表出现在了法庭上,包括阿普利亚的特阿努姆(Teanum)和鲁克里亚(Luceria),再次展现了乡邻原则在其中发挥的作用。② 西塞罗一有机会就会指出这些支持他当事人的代表团的存在。在公元前56年的马尔库斯·卡伊里乌斯·鲁弗斯被控 *vis*(一种特定类型的"公开"暴力或"政治"暴力)案中,西塞罗提到了一个来自普莱图提亚河间市(Interamnia Praetuttiorum)的代表团来到法庭,其中包括元老和骑士。③ 西塞罗强调,这些代表是由规规矩矩的意大利人组成的:他们是家乡贵族,适合在罗马政治中扮演自己的角色。④ 西塞罗对这些审判的情形的描绘掩盖了意大利家乡贵族同共和国的真正关系。克鲁恩提乌斯审判以及其中体现的家族和该城的矛盾表明,它主要是地方冲突,只不过在罗马的舞台上展开。⑤ 因此,我们再次看到,让意大利人来到罗马的是当地的关系、利益和冲突,而不是自治市的公民内心最大程度参与共和国政治的欲望。事实上,就像洛玛斯(Lomas)所指出的,西塞罗的演说不仅揭示了野心勃勃的普兰基乌斯、卡伊里乌斯和他们支持者的世界,也展现了对在罗马竞选官职兴趣寥寥的家乡贵族。⑥

当有必要保护他们个人的商业利益时,意大利骑士也会来到罗

---

① Cic. *Clu*. 195.
② Cic. *Clu*. 197. Bispham 2007:410 也指出,这些骑士来自意大利市政化程度最高的地区。
③ Cic. *Cael*. 3 - 5. Lomas 2004:101 认为这个代表团不可能很大,而 Dyck 2013:69 援引 J. Briscoe 的观点,认为它可能仅仅由三个人组成:1名元老、1名骑士和另一个人。
④ Lomas 2004:115; Dench 2005:182 - 3.
⑤ Dyson 1992:62, 69 - 74; Dench 2005:186 - 7.
⑥ Lomas 2004:111.

第三章 身份问题

马,或者参与罗马的事务。公元前63年,即喀提林阴谋发生的那一年,争论的主要问题之一是减免债务的必要性。在喀提林的支持者中甚至包括一些来自元老和骑士等级的著名债主。① 但大部分放贷人和包税人(无论他们是不是骑士)都反对任何减免,他们愿意大批前往罗马,支持西塞罗。② 他的朋友、权力掮客阿提库斯很可能在幕后卖力运作,以防通过任何债务改革的法案。③ 除了以在卡皮托山上率领骑士支持者而闻名的阿提库斯之外,这些骑士中的大部分无疑仍然鲜为人知。我们知道长相和名字的另一位支持者是来自福尔米埃(Formiae)的卢基乌斯·埃里乌斯·拉米亚(L. Aelius Lamia)。④ 公元前58年,奥卢斯·加比尼乌斯威胁要找在喀提林阴谋中出力的骑士算账,并把拉米亚驱逐到了距离罗马城两百里外的地方。⑤ 就在此时,意大利的城镇、殖民市和每个"在罗马的收税人团体"(*Romae societas vectigalium*)纷纷通过决议,表达对西塞罗在公元前63年的行动的支持。⑥ 这些包税人不限于在罗马生活和工作的,很可能还包括来自意大利各地的。⑦

西塞罗是个既忠于意大利,又忠于罗马共和国的人。⑧ 对他来

---

① 关于西塞罗眼中的危机,见 Cic. Cat. 2.4-5, 17-18, Off. 2.84, Fam. 5.6.2[SB 4.2]。尽管有修辞成分,但问题是真的:Sall. Cat. 33; Dio 37.30.2; Gruen 1974: 416-33; Dyck 2008:4-9。
② 比如,见 Cic. Cat. 1.21, 4.15, Red. sen. 12, Sest. 28, Att. 2.1.7[SB 21.7]。纠集在一起的骑士有时可能变得暴力,就像当他们因为恺撒提议对阴谋分子宽大处理而威胁他时(Sall. Cat. 49; Suet. Iul. 14)。相关讨论,见 Hill 1952:168。
③ K. Welch 1996:462-3。
④ Nicolet 1974:762-5。
⑤ Cic. Sest. 29; Kaster 2006:184-6。
⑥ Cic. Dom. 74, Sest. 32。关于在罗马的收税人团体,见 Millar 1998:150-1。
⑦ 见我们已知的公元前1世纪出身意大利的包税人的例子:来自阿提纳的格奈乌斯·普兰基乌斯(Cic. Planc. 19),来自坎帕尼亚的盖乌斯·拉比里乌斯·波斯图姆斯和他的父亲盖乌斯·库尔提乌斯(Cic. Rab. Post. 3)。
⑧ Salmon 1972。

说，存在拥有骑士身份的居民是意大利城市荣誉的特别标志，表明那里已经繁荣到能让自己的居民跻身罗马的上层等级。在第三篇《反腓力辞》中，他被要求在马可·安东尼的嘲笑面前捍卫屋大维家族的地位。西塞罗指出，屋大维母亲的家乡阿里基亚（Aricia）诞生过许多元老行政官以及"非常杰出的罗马骑士"（*equites Romani lautissimi et plurimi*）。① 在他的各篇辩护演说中，西塞罗用元老和骑士来描绘共和国与意大利城市之间的关系，提出在地方舞台上拥有的崇高地位也应反映在罗马，反之亦然。比如，身为河间市（Interamnia）的市议员标志着年轻的卡伊里乌斯的品德高尚，河间在西塞罗的描述中是"一个如此著名且重要的自治市"（*municipio tam inlustri ac tam gravi*）。② 克鲁恩提乌斯和卡伊里乌斯都对各自的自治市做出了非常重要的贡献，这一事实证明了他们的个人地位，在西塞罗看来，这甚至应该在他们的城市之外引起共鸣，在罗马也受到尊敬。③ 他在私下里也表达了同样的想法。在写给弟弟昆图斯的信中谈到来自阿特拉（Atella）的骑士马尔库斯·奥尔菲乌斯（M. Orfius）时，西塞罗形容此人"在家乡出类拔萃，在家乡以外也深受爱戴"（*hominem domi splendidum, gratiosum etiam extra domum*）。④ 在西塞罗的演说中我们由此可以看到他在倡导一种"市镇理念"，就像比斯法姆贴切概括的。这种想法出于一种原则，即新的意大利骑士在早已获得公民权的罗马骑士面前并不低人一等，而是能在共和国发挥同等作用。⑤

当然，西塞罗宣扬这种理念有他个人的盘算。就像他在《为卡伊

---

① Cic. *Phil*. 3. 16.
② Cic. *Cael*. 5.
③ Cic. *Clu*. 196, *Cael*. 5.
④ Cic. *Q. Fr*. 2. 13. 3 ［SB 17. 3］.
⑤ 关于"市镇理念"，见 Bispham 2007:430 - 42，特别是第 431 页。

里乌斯辩护》(*Pro Caelio*)中所说的:"我在人群中获得的声望正是来自这些[市镇]源头。"(*ab his fontibus profluxi ad hominum famam*)。① 西塞罗在公元前 58 年后发表的一系列提到他被流放和后来被召回的演说中,不断回忆起元老、骑士和"整个意大利"(*cuncta Italia*)在表达他们共同的悲伤以及支持他回到罗马一事上扮演的角色。② 在演说《回归元老院后》(*Post reditum in senatu*)中,西塞罗回忆起担任卡普阿当地行政官的"大将"格奈乌斯·庞培如何认为"有必要呼吁全意大利出手相护以确保我的安全"(*Italiae totius praesidium ad meam salutem implorandum*)。③ 就像邓奇(Dench)所指出的,在西塞罗的所有演说中,意大利大多表现为一种"巨大而无形的道德存在",向西塞罗提供支持并谴责他的对手。④ 在公元前 61 年写给阿提库斯的一封信中,西塞罗几乎承认了这种修辞的程式化本质。他对朋友提到了在元老院的一次演说,演说中说起了元老院,同骑士的"等级和谐",以及意大利的必要支持,然后他补充说:"你对我在这些事上的激昂之词已经不陌生了。"(*nosti iam in hac materia sonitus nostros*)。⑤ 西塞罗对共和国的看法建立在等级和谐之上,并不局限于罗马,而是涵盖了整个意大利。⑥ 他的政治观点很可能比自己的时代超前了一点,这些观点后来被奥古斯都采纳,后者强调自己得到了来自"全意大利"(*tota Italia*)的支持。⑦ 事实上,就像我们已经看到的,意大利骑士融入共和国是伴随着半岛的市镇化逐步实现

---

① Cic. *Cael*. 6.
② Cic. *Sest*. 25,87, *Pis*. 11,14,27; Nicolet 1974:397.
③ Cic. *Red. sen*. 29. 关于这些事件,见 Nicolet 1980:295。
④ Dench 2013:128. 另见 Lomas 2004:115。
⑤ Cic. *Att*. 1. 14. 4 [SB 14. 4]。
⑥ Wiseman 1971:7; Nicolet 1974:415; N. Wood 1991:198 – 9.
⑦ Wiseman 1971:10; Bispham 2007:443 – 4; Dench 2013:133 – 5.

的,是一个更循序渐进的过程。西塞罗的独特贡献在于,他为这一过程如何展开提供了一种合乎逻辑的看法。最终,他被证明对于骑士等级在帝国时代受到的评价具有非凡的预见性。从不或很少前往罗马的意大利骑士仍然是骑士;他的身份和头衔让他与共和国有了永远无法割裂的联系。公元 1 世纪及以后的意大利家乡贵族的纪念碑上醒目地提到骑士的头衔显示了他们对这些头衔的看重。① 帝国时代来自西班牙、小亚细亚或北非的骑士同样如此,他们在这些地方度过了生命的大部分时光,但追求并且看重成为骑士等级的成员。他们的骑士身份意味着他们在精神上(如果不是在法律上)拥有两个家乡(duae patriae),就像西塞罗所设想的。②

因此,包括骑士在内,意大利家乡贵族在同盟战争后的几十年里融入罗马国家的过程是一种伴随着调整和协商的复杂现象。意大利骑士可以前往罗马,在选举中为他们自治市的老乡投票,在法庭上支持他们的亲朋好友,或者保护他们自己的商业利益。在某个层面上,这表明他们绝大部分关心的是自己的事以及家乡或乡邻的事,而非投入到整个国家事务中;鲜有证据显示意大利人对立法感兴趣。不过,罗马是地方冲突和争论解决的场所,利益会在那里得到保护和支持,这个事实表明他们与共和国的关系的确重要。在他的演说和其他发表作品中,西塞罗试图阐明加入罗马骑士和元老等级的家乡贵族对整个国家的重要性。他的一大设想是整合,表达的是来自意大利市镇的公民或可拥有两个家乡的想法,即他们自己的家乡和罗马。需要从一系列辩护演说中的语言来重构这一政治概念,但这不会有损其重要性。几

---

① 从公元 14/23 年开始,"公共马"之类的头衔在意大利变得常见(Duncan-Jones 2016:95)。
② 关于骑士身份在帝国时代的表达,见本书第五章。在法律意义上,只有元老真正拥有两个家乡,因为他们被要求居住在罗马(Dig. 50. 1. 22. 6 [保卢斯])。

乎不用怀疑，西塞罗强调自己的骑士身份和市镇出身是为了赢得特定观众的支持，无论他们是陪审员、投票者或其他能够影响他政治生涯的选民。[1] 西塞罗有意迎合那些意大利骑士，他们和他一样想要缩小自己的城市同罗马的距离，逐渐将那些地区同政治和统治中心更紧密地联系起来。

其他人的生活

很难重建西塞罗同时代的意大利骑士的想法，无论他们是否刚刚获得公民权，因为他们没有为我们留下那么多作品。不过，调查铭文中提到的骑士身份和头衔可以反映出意大利人在多大程度上公开认同骑士等级。关于这类证据的一些方法论评述是现成的。比起来自帝国时代的证据，存世的共和时代铭文相形见绌。从公元前2世纪末开始，意大利的碑铭活动有了显著增加，尽管程度因地区而异。[2] 碑铭习惯体现在把政令、许可证和法律刻在青铜上；树立带铭文的墓碑；以及用铭文来纪念公共建筑的建造，诸如剧场和神庙。[3] 当提到某个人时，无论是作为奉献者、被致敬者或是其他身份，文本中常常会包括关于他们生平的更多细节，诸如出身和所属部落的情况，以及在当地和罗马军队、行政体系中担任的职务。市镇的行政官特别会以"履历"（*cursus*）形式记录他们担任过的职务，就像共和时代的一些元老在他们的石棺上刻下的。这些铭刻的生涯绝大多数出现在墓葬情形

---

[1] 注意 Dench 2013:130-1 的重要评论，他认为西塞罗的"'新人'人设"只是其自我表现的策略的一部分。
[2] Benelli 2001:8-10; Panciera 2006:85.
[3] 关于对罗马共和时代的碑铭及其各种形式的一般综述，见 Benelli 2001; Pobjoy 2007:51-62; Salomies 2015:158-60。Pobjoy 2000 考察了各种类型的建筑铭文以及它们背后的不同动机。

中；它们被用来向活人致敬是奥古斯都时代公共碑铭发生改变的一个特征。[1] 这些文本经常被称作"履历铭文"，因为它们记录了所任公职，尽管铭文的主要目的通常不是记录履历本身。[2] 内容中有关官方地位或身份的详细程度因人而异，根据文本的背景和目的而有所不同。[3] 此外，除非其中有具体的年代标志，比如当年的执政官名字，通常很难认定这些铭文的确切年代。许多文本只能被划到大致的时期，比如"公元前1世纪中叶"或者"共和晚期"，依据的证据是它们所揭示的同盟战争之后的市镇化情况。[4] 不过，从铭文证据中可以得出一些关于骑士身份在公共领域所扮演角色的宽泛结论。我将指出，在同盟战争后的几十年里，骑士等级慢慢变成了意大利人公开自我表征的元素之一。这一逐渐发展的画面呼应了我们在西塞罗的证据中所看到的，当时意大利骑士在通过协商确定他们与罗马共和国的关系。

在共和晚期，碑铭中用于表示骑士等级成员的标准用语是 eques，有时会完整拼出，有时会简写成 eq（ues）。[5] 这一头衔有可靠年代的使用最早是出现在一份公元前100年参加萨莫色雷斯秘仪的罗马公民的名单上。[6] 在萨莫色雷斯的帕帕-弗诺斯（Papa-Vounos）发现的一块大理石碑上记录了几位军官和谋士的名字，他们参与了公元前102—前100年大法官马尔库斯·安东尼乌斯讨伐海盗的行动。[7] 这

---

[1] Panciera 2006:91. 关于帝国时代刻在纪念碑上的活人的履历，见本书第六章。
[2] Eck 1984:149-50; Pobjoy 2007:55-8. 关于"履历铭文"这一名实不符的称呼，见 Eck 2009b. 关于对这种文本的泛泛思考，见 Cooley 2012:145-52. 本书第六、第七章将进一步讨论该问题。
[3] 关于共和时代的证据 Bispham 2007:250. Cooley 2012:52 更全面地讨论了个人选择的问题。
[4] 关于这一材料的定年问题，见 Bispham 2007:42-4,247-50 的客观分析。
[5] eques 的头衔并不表示骑兵，除非铭文中还提到具体的部队（Nicolet 1974:243-4）。
[6] SEG 51,1092 = Dimitrova 2008 no. 66.
[7] Clinton 2001:29-30.

第三章　身份问题

些人是大法官（*praef*［*ectus*］）马尔库斯·法尼乌斯（M. Fannius）、大法官（*praif*［*ectus*］）卢基乌斯·图利乌斯（L. Tullius）、骑士（*eq*［*ues*］）普布利乌斯·佩特里乌斯（P. Petellius）、骑士（*eq*［*ues*］）普布利乌斯·加迪埃努斯（P. Gadienus）和盖乌斯·墨涅尼乌斯（C. Menenius）。前两者显然是骑士等级的指挥官：马尔库斯·法尼乌斯后来进入了元老院，于公元前 80 年升任大法官，而卢基乌斯·图利乌斯是西塞罗的叔叔。[1] 普布利乌斯·佩特里乌斯和普布利乌斯·加迪埃努斯只是被称为 *eq*（*ues*），很可能是因为他们没有担任具体的军中职务。[2] 这表明军中职务在公开展示中的地位"要高于"纯粹的骑士身份。使用简写的 *eq*（*ues*）来描绘具有骑士身份的公民的例子还出现在公元前 67/前 61 年到公元前 45 年的另一份来自萨莫色雷斯的罗马秘仪参与者的名单中，只是更零碎一些。[3] 除了这两份文本，*eq*（*ues*）在意大利以外的整个地中海地区似乎并未被广泛使用。比如，"在以弗所做买卖的意大利人"（*Italicei quei | Ephesi negotiantur*）在小亚细亚的以弗所树立雕像，向商人卢基乌斯·阿格里乌斯·普布里亚努斯（L. Agrius Publeianus）致敬。[4] 我们从西塞罗的《为弗拉库斯辩护》（*Pro Flacco*）中了解到，普布里亚努斯是位骑士，但雕像底座的铭文中没有提到这一身份。[5] 在萨莫色雷斯的铭文中使用的 *eq*（*ues*）表明骑士身份开始被人以铭文和永久性格式表达，

---

[1] Clinton 2001:32-3. 关于卢基乌斯·图利乌斯，另见 Cic. *Orat*. 2. 2；Nicolet 1974:1054。
[2] Clinton 2001:32.
[3] SEG 41,717 D = Dimitrova 2008 no. 49 Side C. 文本残缺得厉害，但的确记录了"沃尔提尼乌斯，骑士"［(-) *Vol*（*tinia*）*eq*（*ues*）］和"盖乌斯·阿尼尼乌斯，盖乌斯之子，骑士"（C. *Aninius C*［*ai*］*f*［*ilius*］*eq*［*ues*］）。参见 Clinton 2001:32 n. 2，他暗示这份名单可能来自公元前 2 世纪中叶后的任何时间。
[4] *CIL* III 14195. 39.
[5] Cic. *Flacc*. 31；Nicolet 1974:769.

136

但这绝不是常见的做法。事实上，引人注目的是，在记录公元前89年格奈乌斯·庞培乌斯·斯特拉波的阿斯库鲁姆参谋会名单的青铜刻板上，已知属于骑士等级的参谋的名字其实都没有标明骑士。①

铭文中使用"骑士"的例子主要出现在同盟战争后的一些意大利墓葬文本中。② 它们在所提供的关于个体骑士的细节数量上各有不同。有的惜字如金，比如盖乌斯·阿格里乌斯（C. Agrius）的墓志铭，只是说"这里埋着盖乌斯·阿格里乌斯的遗骨，他是盖乌斯之子，骑士"（C [ai] Agri C [ai] f (ilii) eq [uitis] | ossa heic sita sunt）。③ 维森提乌姆（Visentium）的曼尼乌斯·麦基乌斯·瓦卢斯（Manius Maecius Varus）的女儿献给他的墓志铭要长些，其中有一首写给过路人的格律短诗。④ 不过，对他的个人身份仅仅用 eq (ues) 表示，没有更多的细节。一些铭文让我们可以追溯个体骑士同意大利市镇贵族之间的关系，对西塞罗所揭示的各种关系提供了比较证据。来自阿米特尔努姆（Amiternum）的一块墓碑提到了一位名叫盖乌斯·奥维奥莱努斯（C. Oviolenus）的当地行政官和他的侄子昆图斯：

> 盖乌斯·奥维奥莱努斯，普布利乌斯之子，出自奎里努斯部落，八人执法官成员。昆图斯·奥维奥莱努斯，昆图斯之子，普

---

① CIL I² 709 = VI 37045 = ILS 8888.
② Nicolet 1974:243-5 和 Eck 1979b:108-11 对这些做了汇编。唯一非墓碑一部分的是来自提布尔的一段残缺铭文中的城市奉献，其中提到了"骑士给予"云云（CIL I² 1489 = XIV 3622: equites dederunt）。Eck 1979b:111 n. 32 表示，应该将 CIL IX 3928 中的格奈乌斯·提图列尤斯（Cn. Tituleius）也加入骑士铭文之列，但 Demougin 1992a:324 认为，完整形式的 Eques 实际上是他的家族名。关于这个家族，见 Buonocore 1982:720-2。
③ AE 1974,198 = CIL VI 40909. 没有确凿证据认为此人是瓦罗的朋友盖乌斯·阿格里乌斯（Nicolet 1974:768）。
④ ILLRP 692a = AE 1962，151; Gasperini 1959:33-8.

第三章 身份问题

布利乌斯之孙，出自奎里努斯部落，骑士。①

这显然是一个显赫的家族，因为盖乌斯·奥维奥莱努斯身为八人执法官成员，那是萨宾辖区的地方行政官。② 用"骑士"一词来称呼他的侄子，可能暗示他们对有一位家族成员被擢升进罗马共和国的骑士等级感到骄傲。③ 来自伊特鲁里亚的布雷拉（Blera）的罗西乌斯家族墓碑同样显示了骑士身份在某一家族中的扩大。它列了四名家族成员：骑士盖乌斯·罗西乌斯（C. Rosius），他的妻子图拉尼娅（Turrania），以及他们的儿子：盖乌斯·罗西乌斯和军政官盖乌斯·罗西乌斯·萨宾努斯（C. Rosius Sabinus）。④ 参照萨莫色雷斯铭文的例子，盖乌斯·罗西乌斯很可能只是个没有任何官方职务的骑士，但他的儿子盖乌斯·罗西乌斯·萨宾努斯成了军政官，因此不必提及他也是骑士。⑤

最后一个例子既是碑铭，也是视觉证据。这就是卢基乌斯·塞普图米乌斯（L. Septumius）的墓碑，年代是公元前70—前50年，来自罗马东面的普莱内斯特大道（Via Praenestina）（图3.2）。⑥ 墓碑上的浮雕描绘了三个人：左侧的年长者是塞普图米乌斯的父亲；塞普图米乌斯本人居中；他的妻子或母亲希尔图莱娅（Hirtuleia）位于右侧。⑦ 铭

---

① CIL I² 1855 = IX 4398 = ILLRP 531: C(aius) Oviolenus P(ublii) [f(ilius)] | Q(uirina tribu) octovir | Q(uintus) Oviolenus | Q(uinti) f(ilius) P(ublii) n(epos) Q(uirina tribu) eque[s]. 关于这处墓葬的背景，见 Segenni 1992: 47。
② Sherwin-White 1973: 65 – 6, 72.
③ Nicolet 1974: 243, 413.
④ AE 1981, 363; Eck 1979b: 109 – 11. 关于军政官罗西乌斯，见 PME R10 bis。
⑤ 这个家族很可能出身市镇贵族（Demougin 1983: 288）。
⑥ PME S 37; Nicolet 1974: 244 – 5; Devijver and van Wonterghem 1990: 64 – 5.
⑦ Nicolet 1974: 244. Devijver and van Wonterghem 1990: 65 认为希尔图莱娅是塞普图米乌斯的妻子，Keppie 1984: 199 则认为是他的母亲。

138

图 3.2　卢基乌斯·塞普图米乌斯的墓碑，位于罗马城外

文写道：

卢基乌斯·塞普图米乌斯，卡皮托山五年期长官；卢基乌斯·塞普图米乌斯，卢基乌斯之子，阿尔南西斯部落，骑士；希尔图莱娅，卢基乌斯之女。①

---

① CIL I² 2992 = VI 40911 = ILLRP 697: [L(ucius) Septumius-] mag(ister) Capitolinus quinq(uennalis), L(ucius) Septumius L(uci) f(ilius) Arn(ensi tribu) eques, Hirtuleia L(uci) f(ilia).

139

第三章 身份问题

骑士卢基乌斯·塞普图米乌斯很可能是军官，或许是军政官，因为他穿着军用斗篷（paludamentum），拿着剑。[1] 但铭文中没有提到他的军职，就像其他军政官选择的那样，而是仅仅用了骑士的头衔。塞普图米乌斯的父亲是释奴，从他担任卡皮托山长官这个祭司职务可以看出。[2] 因此，他的儿子获得骑士身份是家族运势的大幅上升，在这块墓碑上得到了永久的纪念。

在更广泛的共和时代碑铭中，这些标明骑士身份的铭文非常少见。除了上述几个例子，荣誉或墓葬纪念碑，或者建筑铭文中并不会注明骑士身份。[3] 相反，它们偏爱记录具体的市镇行政官或罗马军队中的军官职务。[4] 以四人执法官、盖乌斯之子盖乌斯·埃鲁基乌斯（C. Erucius）为例，他在自己担任行政官的斯波莱提乌姆（Spoletium）与同僚提图斯·提提乌斯·弗拉库斯（T. Titius Flaccus）一起建造了11座祭坛。[5] 比斯法姆认为他就是盖乌斯·埃鲁基乌斯，骑士等级的一员，在阿梅利亚的塞克斯图斯·洛斯基乌斯案中反对过西塞罗。[6] 如果比斯法姆是对的，那么在证明埃鲁基乌斯建造那些祭坛的铭文（公元前1世纪60年代）中没有标明他的骑士身份。在这一语境下，最重要的是他在斯波莱提乌姆担任过行政官，而不是他的骑士等级。军人同样并不经常使用骑士头衔。在"大将"庞培同恺撒的内战中为前者效力，被葬在雅典的努梅利乌斯·格拉诺尼乌斯

---

[1] Devijver and van Wonterghem 1990:65.
[2] Nicolet 1974:1019; Coarelli 1984:470; Borg 2012:42.
[3] Bispham 2007:473-510 提供了这种碑铭文本的代表性例证。关于同盟战争之后意大利公共建筑的增加，很大一部分由后来加入元老和骑士等级的当地重要家族建造，见 Torelli 1995:202.
[4] Demougin 1983:287.
[5] CIL XI 4800; Bispham 2007:323-6.
[6] Bispham 2007:493，他对这一纪念碑的分析确证其来自共和时代（与 Nicolet 1974:870 相反）。

（Numerius Granonius）的墓志铭记录了他来自意大利的鲁克里亚，是四人执法官，还在两个军团中担任过百人队长。① 虽然没有标明，但他可能是骑士等级，因为百人队长的社会地位在公元前1世纪显著上升，包括市镇长官和骑士。②

当市镇行政官被证明是达到军政官或指挥官级别的官员时，就可以更有信心确认他们的骑士身份。比如，在恺撒或三头时期，佩鲁西亚（Perusia）的一块墓碑上纪念了盖乌斯·阿提里乌斯·格拉布里奥（C. Atilius Glabrio）。③ 铭文记载，格拉布里奥是五年期四人执法官之一，还标出了他的两个军事指挥官职务，即工程兵长官（*praefectus fabrum*）和大队长官（*praefectus cohortis*），这是我们关于他骑士身份的唯一证据。④ 因此，显而易见，同为罗马军官的意大利市镇长官并不习惯于在荣誉或墓葬纪念碑上使用"骑士"一词，或表明他们在罗马国家中的角色。⑤ 这可以用一个事实来解释，即在纪念性语境下，界定这些人同共和国关系的是他们的军中履历，就像德穆让指出的。⑥ 比如，我们可能会想象，纪念从首席百人队长升任军政官的索拉的卢基乌斯·菲尔米乌斯（L. Firmius of Sora）的铭文中会标明他

---

① *CIL* III 6541a = *ILS* 2224 = *ILLRP* 502. 关于此人墓葬的环境，见 Stroszeck 2008：297－8。
② Gruen 1974：382－3；Potter 2010：322－5. 关于百人队长可以实现的社会流动，见 Harmand 1967：333－6。
③ *ILLRP* 638 = *AE* 1979, 245 = *AE* 2011, 365；Nicolet 1974：789；Bispham 2007：500－1. 关于格拉布里奥，见 *PME* A 176；Demougin 1992a no. 69。
④ Bispham 2007：358－9 讨论了此人的生涯和文本的年代。
⑤ 关于行政官和罗马军官，见 Bispham 2007：359。关于来自恺撒统治和三头时期的其他例子，见韦纳弗鲁姆（Venafrum）的盖乌斯·阿克鲁提乌斯·伽卢斯（C. Aclutius Gallus）（*PME* A 12；*CIL* X 4876 = *ILS* 2227），来自弗鲁姆李维（Forum Livii）的盖乌斯·巴伊比乌斯（C. Baebius）（*PME* B 4；*CIL* XI 623 = *ILS* 2672 = *AE* 1978, 335），以及来自西努维萨（Sinuessa）的盖乌斯·拉克托尼乌斯（C. Lactonius）（*AE* 1986，154）。
⑥ Demougin 1983：287。

的骑士身份。① 但公元前 30 年左右由索拉第四军团（legio IIII Sorana）的殖民者奉献的纪念碑上只提到他在军队和市镇的职务，以示其社会威望所在。② 铭文最后显示，树立此碑是"鉴于他的荣耀和美德"（honoris et virtutis causa）。③

骑士勇武的理想有着悠久而光荣的历史。它体现在各种仪式和纪念碑中，比如骑士游行，昆图斯·弗尔维乌斯·弗拉库斯奉献的骑士命运女神庙，以及树立在罗马广场的将军骑马像，就像我们在第一章看到的。同样的理想贯穿了整个共和时代，一直延续到内战时期。④ 它们公开记载于意大利各地树立的纪念个体骑士的浮雕和铭文中。从提利乌斯家族在庞贝的努科里亚门（Porta Nocera）墓地的家族墓中可以看到这点（图 3.3）。⑤ 墓中的遗骨包括在恺撒的"骑兵"第十军团（legio X Equestris）担任过军政官并在庞贝担任过双执法官的卢基乌斯·提利乌斯（L. ? Tillius），以及他的兄弟——在同一军团效力和在维鲁莱（Verulae）担任占卜师的盖乌斯·提利乌斯（C. Tillius）。⑥ 与两人埋在一起的是他们的父亲，担任过阿尔皮努姆和庞贝的市镇长官以及维鲁莱祭司的盖乌斯·提利乌斯，还有他们的母亲法狄娅（Fadia），祖父盖乌斯·提利乌斯。⑦ 提利乌斯兄弟中一人的雕像仍然存世（尽管被错误地移到隔壁墓地，至今还放在那里）

---

① CIL X 5713 = ILLRP 498a; Nicolet 1974:878; Bispham 2007:485 – 6. 另见 PME F 26; Demougin 1992a no. 12。
② 见 Demougin 1983:292 和 Bispham 2007:296 – 7 的讨论。
③ CIL X 5713 = ILS 2226; Bispham 2007:296 – 7.
④ Syme 1939:70 – 1.
⑤ Tomb 17 OS; D'Ambrosio and De Caro 1983:23 – 4; Devijver and van Wonterghem 1990:71 – 2.
⑥ PME T 17 and 18; Demougin 1992a; nos 1 – 2.
⑦ Hüttemann 2010 no. 76. 法狄娅是来自阿尔皮努姆的市镇贵族（Demougin 1992a:23）。

(图3.4)。他没有被描绘成文职行政官，而是穿着骑士军官的全套行头，包括装饰着戈耳工[①]脑袋的胸甲。[②] 墓志铭中用市镇长官、当地祭司和军职来描述各家族成员的个人地位，表明为家乡城市和罗马效劳都是公共表述的重要方面。然而，提利乌斯的雕像以一身军装示人的事实，表明他对自己为罗马共和国服务时所展现的勇武尤为骄傲。

图3.3 提利乌斯家族墓，庞贝

---

① 希腊神话中的蛇发女怪，被珀尔修斯斩首的美杜莎即是其中最著名的一员。——译者
② Devijver and van Wonterghem 1990:69-72.

第三章 身份问题

图 3.4 提利乌斯两兄弟之一的雕像,庞贝

这些纪念碑和铭文促使我们思考罗马和意大利城市之间的关系。它们表明，作为任何意义上的帝国"中心"，罗马给的奖赏、荣誉和头衔并不必然高于在作为"边缘"的意大利城镇所能获得的。就像比斯法姆指出的，市镇化让意大利城市"保留了某种个体身份，称为自己的'共和国'"。① 作为个人地位的标志，记载市镇行政官的铭文反映了这些官方职务在当地背景下的重要性。② 意大利骑士可以在碑铭文本中使用"骑士"头衔，但这是个人选择，而且直到共和时代晚期仍然非常有限。③ 相比记录骑士身份本身，更常见的是罗列在罗马军中担任过的军官职务。这些军职代表了有形和重要的个人成就，它们将这些意大利精英同通过参军展现勇武的引以为傲的骑士传统联系了起来，从而为他们提供了融入共和国的方式。④ 铭文中同时出现市镇职务和罗马军职，表明一些家乡贵族既看重在家乡城市中的地位，也重视为罗马国家服兵役。因此，西塞罗的演说和碑铭证据非常互补，都用各自的方式显示了在公元前1世纪，意大利骑士在如何逐步并试探性地协商和表达他们的"两个家乡"的关系。共和时代的铭文中很少使用"骑士"头衔，这个事实表明相比军官职务，骑士身份尚未获得适当的威信成为公众自我纪念的一个方面。这要等到帝国时代，那时西塞罗关于罗马骑士身份在自治市引起共鸣的设想才会实现。⑤

---

① Bispham 2007：440.
② 甚至在同盟战争后，意大利的地方身份仍然存在，见 Dench 2005：165 - 8, 175 - 8。
③ 即便考虑到从公元前 70/前 69 年到前 29/前 28 年，连续多任监察官都没能完成净化仪式，从而合规地登记所有的意大利公民，铭文中出现"骑士"头衔的数量之少仍然引人注目。特别是因为我们知道有的军官是骑士，但在荣誉或墓葬纪念碑上只提到自己的军职。关于登记新的公民和骑士的更多内容，见第五章。
④ 关于自治市公民担任军官，见 Harmand 1967：392 - 3。
⑤ 见本书第五章。

三头时期：动荡还是现状？

现代学者用"三头时期"（triumviral period）来称呼从恺撒遇刺到亚克兴战役的那段时间（公元前44—前31年）。其间，元老院的成员数量扩大到1000多名，其中许多被认为德不配位。① 无论是何种出身或背景，三头的支持者们都从通敌公告中获得了经济上的好处，许多人变得极为富有，无疑达到了骑士等级的财产条件。② 常有人提出，这些暴发户是利用骑士等级定义的不清晰或"模糊性"（奥斯古德［Osgood］语）要求获得罗马骑士的头衔。③ 我认为这是误读。骑士身份的定义没有改变：罗马骑士仍然必须是具备必要财产条件的罗马公民，而公共马骑士必须是18个百人队的成员。④ 苏维托尼乌斯的《奥古斯都传》(*Life of Augustus*)中有个故事证明了在整个公元前1世纪，人口调查作为衡量骑士身份的主要方法的重要性。奥古斯都允许在内战中变得穷困潦倒，不再具备财产条件的骑士继续坐在剧场的前十四排，只要他们或他们的父辈曾经拥有过成为骑士所需的财产。⑤

问题在于，从公元前70/前69年到前29/前28年，无论是人口调查还是作为其仪式性完成的净化献祭都没有合规地进行。⑥ 只有在

---

① Suet. *Aug*. 35. 1; Dio 52. 42. 1; Osgood 2006:258 – 60.
② Demougin 1988:34 – 8.
③ 比如 Linderski 1977:58（"法律概念和口语用得令人摸不着头脑"）；Demougin 1988:34（"在三头时期的动荡期间，骑士等级的这种灵活性得到了充分体现"）；Osgood 2006:268（"定义中一定的模糊性"）。
④ 比如，Demougin 1983:286, 1988:68 – 9认为，在三头时期，财产条件成了骑士身份的某种临时替代。
⑤ Suet. *Aug*. 40. 1.
⑥ Wiseman 1970a; Demougin 1988:23 – 4, 156 – 7.

人口调查中才能正式审核罗马公民的财产等级,以及他们是否在道德上和身体上适合接受公共马和18个百人队的成员资格。[1] 有证据表明,该时期的骑士数量发生了变化,但这是因为有人被开除,而不是加入。比如,公元前50年,一些骑士被监察官(他们仍然没能完成净化献祭)从该等级开除时也被剥夺了公共马。[2] 恺撒担任独裁官期间似乎没有审核过公共马骑士的名单。[3] 这表明在奥古斯都和马尔库斯·维斯帕尼乌斯·阿格里帕(M. Vispanius Agrippa)担任监察官的公元前29/前28年,公共马骑士百人队成员没有增加到1800人以上,甚至很可能未达编制。[4] 这些问题尽管尖锐,但并不必然意味着罗马人对骑士等级的资格不确定,或者其基本定义中存在"模糊性"。相反,症结在于具备必要的骑士财产条件的公民需要等到下一次人口调查才能被正式承认为骑士。其结果是,那些被认为配不上或者不符合这一崇高身份、还没有得到监察官评估的新骑士,就成了现有骑士和元老的偏见的完美目标。但这不表示他们没有资格成为骑士。

这些地位上升的暴发户中包括获得金指环奖赏的释奴,他们现在有资格加入骑士等级,就像我们在上一章中看到的。三头时期有两个著名的例子,两人都是被屋大维授予金指环的:一个是提图斯·维尼乌斯·菲洛波伊蒙(T. Vinius Philopoemen),一个是梅纳斯(Menas,有时被称作梅诺多洛斯[Menodorus])。菲洛波伊蒙因为保护被通告

---

[1] 关于骑士审核是人口调查必不可少的一部分,见 Wiseman 1970b:67-8。公元前65年没有进行骑士审核(Plut. *Crass*. 13),西塞罗也证明公元前55年的百人队大会上没有进行合规的人口调查(Cic. *Att*. 4.9.1 [SB 85.1]),就像 Wiseman 1970a:64-5所解读的。
[2] Dio 40.63.3.
[3] Wiseman 1970a:62-3.
[4] Wiseman 1970a:70-1,1970b:81。在 *Comm. Pet.* 33 中,昆图斯称18个百人队中的骑士数量"很少"(*pauci*),这一表述与他们在共和晚期的人数增加是矛盾的。关于这段难懂的话的解读,见 Tatum 2002。

第三章 身份问题

为公敌的主人，将其藏在铁箱里这一著名事件而出名。① 屋大维被这名释奴对主人的忠诚打动，把菲洛波伊蒙提拔为骑士。古代材料对于这是如何完成的说得并不详尽：苏维托尼乌斯说，屋大维"授予其骑士地位"(equestri dignitate honoravit)，狄奥则用了更加专业的表达，"指定其进骑士等级"(ἐς τὴν ἱππάδα κατατάξαι)。② 学者们一般认为，屋大维给了菲洛波伊蒙金指环，那属于他作为拥有治权的行政官的权限范围，就像我们在维勒斯、苏拉和恺撒赏赐金指环的例子中所看到的。③ 海军指挥官梅纳斯的例子中则明确提到了赏赐金指环，此人在公元前38年背叛塞克斯图斯·庞培后被屋大维恢复了自由身。④ 对梅纳斯升为骑士的最准确描述来自卡西乌斯·狄奥，他说屋大维"用给他戴上金指环的方式给了他巨大的荣耀，还让他登记进了骑士等级"⑤。然后，狄奥以其一向作风用技术细节解释说，由具备治权的行政官授予的金指环能够让释奴有资格成为骑士。⑥ 这是因为指环本质上是自由身份的标志，消除了他们作为奴隶长大所带有的污点。⑦ 得到这种荣誉的释奴仍然必须经过监察官评估是否拥有必要的财产，然后才能在严格意义上自称为罗马骑士。狄奥用了"指定"(κατατάξαι)和"登记"(ἐσέγραψε)等词，暗示菲洛波伊蒙和梅纳斯的案例中的确发生了这种登记。⑧ 相比之下，医生安东尼乌斯·穆萨

---

① App. *BC* 4.44.
② Suet. *Aug*. 27.2；Dio 47.7.5.
③ Demougin 1988:48；Louis 2010:233–4；Wardle 2014:208.
④ Vell. Pat. 2.73.3；Suet. Aug. 74；Dio 48.45.7. 另见 App. *BC* 5.80，他称其为梅诺多洛斯(Menodorus)。
⑤ Dio 48.45.7：καὶ ἐν τιμῇ μεγάλῃ ἤγαγε δακτυλίοις τε χρυσοῖς ἐκόσμησε καὶ ἐς τὸ τῶν ἱππέων τέλος ἐσέγραψε.
⑥ 狄奥 48.45.8–9。
⑦ Treggiari 1969:66–7；Nicolet 1974:141；Mouritsen 2011:107.
⑧ 屋大维和三头中的另两位通常被认为并不具备监察官的权威（Demougin （转下页）

(Antonius Musa)因治愈奥古斯都而获得了佩戴金指环的荣誉,但没有真正变成骑士。①

授予骑士身份的合法性和对释奴地位上升的普遍看法之间存在脱节。在法律上,指环给了这些释奴自由出身,让他们有资格获得骑士身份(需要监察官的登记)。但与此同时,就像我们已经看到的,金指环被视作骑士身份的象征——用贺拉斯的话说是"骑士指环"(*anulus equester*)——即便直到提比略统治时期才对它的佩戴做了恰当的规范。② 这引发了对拥有金指环的释奴一定程度的怨恨和歧视。

贺拉斯的《长短句》第四首完美地捕捉到了上述情感,这部作品写于公元前 30 年左右,我们在前文已经简单提过。③ 在这首诗中,贺拉斯对一位获得了巨额财富并跻身军长官级别的未具名前奴隶做了尖刻的讽刺。此人不仅穿着过长的托袈招摇过市,随后还放肆地占据了剧场前排和中央的位置:"他像显赫的骑士一样坐在前排,无视奥托的法令"(*sedilibusque magnus in primis eques* | *Othone contempt sedet*)。④ 这是我们关于《洛斯基乌斯法》可能特别禁止释奴占据前十四排坐席的唯一证据。⑤ 不过,最好不要把这首诗当成有关法律现

(接上页)1988:25-6),但关于他们确切权力的现存描述语焉不详(Dio 56. 55. 3-4; App. *BC* 4. 2-3,以及 Millar 1973:51-2 的评注)。在共和时代,有证据表明执政官有时会被授予监察官的权威,处理某些具体事务(Ferrary 2009:105)。这可能会为我们的书面材料中没有记载的授予屋大维的权力提供先例。

① Dio 53. 30. 3. 通常认为,穆萨被提拔为骑士等级(比如 Reinhold 1971:287; Demougin 1992a:58; Wardle 2014:208)。如果是这样,那么狄奥没有像对菲洛波伊蒙和梅纳斯那样明确提到他的晋升就很奇怪。伪阿克洛对 Hor. *Epist*. 1. 15. 3 的评注表示,一项元老院决议奖赏他 40 万塞斯特斯,但与此处之事关系不大。
② Hor. *Sat*. 2. 7. 53. 关于提比略时期的立法,见本书第五章。
③ 关于这首诗的年代和背景,见 Mankin 1995:99-100; L. C. Watson 2003:145-52。
④ Hor. *Epod*. 4. 15-16.
⑤ 参见 Bollinger 1969:5-6; Nicolet 1984:97。

149

实的材料，它仅仅显示了暴发户引发的社会焦虑。① 贺拉斯更想说的可能是释奴不配称为骑士。即便这位未具名的释奴肯定是诗人想象出来的，但就像奥斯古德指出的，贺拉斯的读者会想到"大将"庞培和屋大维手下那位从统帅的释奴变成骑士的梅纳斯。② 最后，诗人感叹说，既然某位前奴隶能够升任军政官，罗马为何要浪费时间与奴隶作战（指塞克斯图斯·庞培或马可·安东尼的军队），这让上述比较带有了某种同时代人的尖刻意味。③ 但是法律上获得自由出身和骑士等级的释奴，与无权获得这种地位的人之间存在差异。④ 被盖乌斯·基尔尼乌斯·麦克纳斯（C. Cilnius Maecenas）释放的前奴隶萨尔门图斯（Sarmentus）就属于后一种情况，因为"他行事一如罗马骑士，还买了书吏身份"（*pro equite Romano ageret, decuriam quoque compararet*）。⑤ 当他试图坐在前十四排时，遭到了大声咒骂。⑥ 这是实打实的身份僭越，因为萨尔门图斯不具备骑士身份，法律上没有资格坐在专属坐席。⑦ 考虑到这种行为在公元 1 世纪末和 2 世纪初马提亚尔、尤维纳利斯的诗歌中占据了突出的位置，几乎可以肯定它不是三头时期所独有的。⑧

---

① 成为军政官的释奴数量的实际增长程度可能存疑。我没有找到这种情况的任何具体例子。罗马军队通常不会招募释奴（Mouritsen 2011:71-2），他们常被提到是在塞克斯图斯·庞培的军队中（Suolahti 1955:269）。
② Osgood 2006:266. 关于之前对这位释奴的身份认定的工作，见 L. C. Watson 2003:150。
③ Hor. *Epod*. 4.17-20；Mankin 1995:107（认为指的是马可·安东尼的军队）；L. C. Watson 2003:169-71（指的是塞克斯图斯·庞培的军队）。
④ Mankin 1995:106-7 推测，此人的奴隶出身可能只是"敌人的编造"。
⑤ *Schol*. on Juv. *Sat*. 5.3.
⑥ Treggiari 1969:271-2；Demougin 1992a:92-3；Osgood 2006:263-4.
⑦ 波菲利奥对 Hor. *Ser*. 1.5.51 的注疏中的确称他为骑士。但购买书吏团成员资格不会自动使其成为罗马骑士。参见 Osgood 2006:268。
⑧ 关于这些事的更多讨论，见本书第九章。

萨尔门图斯和贺拉斯那位未具名释奴的遭遇是民众进行身份监督的例子,个人的权利和特权将受到公众监督的质疑。这很容易发生,因为就像莱茵霍尔德(Reinhold)所指出的,该等级成员的身份是个人的,而非世袭的——骑士不必是骑士之子。[①] 任何想要伪装成骑士的人只需坐在那十四排,只要他们有金指环和一点勇气即可。质疑他们坐在那里的权利是别人的事。但与此同时,对一个非法自称骑士者的公愤可能会发泄到一个刚刚合法获得这一身份的暴发户身上。[②] 贺拉斯本人就是后一种情况的例子,他是释奴之子,但也是合法合规的骑士、书吏和军政官。[③] 他生动地描绘了自己作为释奴之子遭受的侮辱,这既是他的诗歌人格,也是他升为骑士的一部分。[④]

贺拉斯并不是这种社会地位上升的唯一例子。最常被提到的比较是释奴之子、军政官卢基乌斯·阿普莱乌斯,此人的墓碑位于今天意大利的蒙塔纳(Mentana)(图3.5)。[⑤] 阿普莱乌斯的形象出现在一幅该时期典型的群像中央,左右是他的释奴父母卢基乌斯·阿普莱乌斯·阿斯克勒皮亚德斯(L. Appuleius Asclepiades)和阿普莱亚·索法努巴(Appuleia Sophanuba)。[⑥] 阿普莱乌斯本人以英雄般的裸体形象示人,肩头披着军用斗篷,像游行时那样握着剑。[⑦] 他的左手有一

[①] Reinhold 1971:280-1, 284.
[②] Treggiari 1969:64-5; Osgood 2006:268-9. 就像 Mouritsen 2011:261-5 所指出的,释奴之子不是一个独立的社会或法律范畴。
[③] 关于他的骑士职务和生涯,见 D. Armstrong 1986。
[④] Hor. *Sat.* 1.6.6, 45-8; D. Armstrong 1986:259-63. 我认为,Williams 1995 对贺拉斯所称内容之真实性的怀疑过于极端。
[⑤] *CIL* XIV 3948; Kleiner 1977 no. 55; *PME* A 154.
[⑥] 关于来自同时期的比较例子,见 Kleiner 1977:108。大部分学者通常认为,阿斯克勒皮亚德斯和阿普莱亚是这位军政官的父母(Zanker 1975:304-5; Kleiner 1977:33; Demougin 1983:288; D. Armstrong 1986:257; Osgood 2006:270)。参见 Devijver and van Wonterghem 1990:63,该作者认为他们实际上是他的释奴。
[⑦] 这类浮雕上出现英雄般的裸体形象的例子仅见于奥古斯都时代(Kleiner and Kleiner 1975:260)。

第三章 身份问题

图 3.5 卢基乌斯·阿普莱乌斯的墓碑，蒙塔纳

枚显眼的指环，无疑就是金指环。① 墓碑上充满了阿普莱乌斯新身份的象征；如果两侧的释奴男女是他的父母，那么这是对这个家族的社会流动性的彰显。② 阿普莱乌斯的墓碑与我们在本章之前讨论过的一块墓碑非常相似，那是卢基乌斯·塞普图米乌斯的，他也是释奴之

---

① Zanker 1975:305; Devijver and van Wonterghem 1990:63.
② D. Armstrong 1986:256 – 7; Osgood 2006:270 – 2.

子，在墓志铭中使用了骑士头衔。所有这些人——贺拉斯、阿普莱乌斯和塞普图米乌斯——都拥有合法的骑士身份，无论他们会遭遇什么偏见。他们并未利用三头时期关于罗马骑士定义的任何不确定性。释奴之子过去也曾有人升入骑士或元老等级，尽管他们可能有了更多机会获得这些地位，但并不违反法律原则。① 这意味着贺拉斯本人也能成为身份监督者：他的《长短句》第四首攻击了那位奴隶出身的军政官，表明即使是暴发户也会批评那些社会等级比他们低的人——而且可能更愿意这样做。②

相比三头时期骑士等级内部混乱的传统画面，强调这些骑士与他们先辈之间的基本相似之处有很多值得称道的地方。从出身释奴后来成为罗马军官，获得向上流动机会的骑士墓碑上对他们从军经历的纪念方式中可以看出这点，因为对他们的描绘与本章之前所讨论的意大利家乡贵族的十分相似。这些墓碑上的艺术浮雕具有共同的视觉线索，无论它们描绘的骑士是出身释奴，还是来自历史悠久的家族。比如，释奴之子卢基乌斯·阿普莱乌斯用"游行时的姿势"握剑的形象与普布利乌斯·格希乌斯（P. Gessius）和盖乌斯·莱基乌斯·佩鲁拉（C. Raecius Perula）墓碑上的相似，后两者都以同样的方式握剑。③

从共和时代到帝国时代，用军人肖像来展现骑士身份的做法是有延续性的。从三头时期到奥古斯都时代早期，意大利的墓碑上都以传统上罗马骑兵使用的骑士小圆盾（parma equestris）和投矛（hastae）图案为特色。这些符号可以在位于萨希纳（Sassina）的奥古斯都时代

---

① Treggiari 1969:64. 关于升为骑士身份的机会，见 Demougin 1988:288 中的例子。
② Mouritsen 2011:267-8 指出，贺拉斯的身份与诗中那位新骑士截然不同。参见 L. C. Watson 2003:150-2。关于对自己的出身有强烈意识的新人，见拉尔基乌斯·马克多（Larcius Macedo）的例子（Pliny the Younger, *Ep*. 3.14），他一清二楚地记得自己的父亲曾是奴隶。
③ *ILLRP* 503; *CIL* IX 2532; Devijver and van Wonterghem 1990:65-6.

的军政官和地方行政官普布利乌斯·维吉尼乌斯·派图斯（P. Verginius Paetus）的墓碑上找到，① 一位来自摩德纳的无名骑士军官的墓碑上也有（图 3.6）。② 以持骑士武器的肖像来表示这些军官的骑士等级成员身份，这是三头时期末和奥古斯都时代的一个独有特征。③

图 3.6　刻有小圆盾和投矛图像的无名骑士墓，摩德纳

从军期间的表现可以被纳入公共荣誉纪念碑，比如伊斯特利亚

---

① *AE* 1966，120.
② Devijver and van Wonterghem 1990：76-7.
③ Devijver and van Wonterghem 1990：74-85，93-4；另见 Devijver 1991b：253-4。

（Histria）波拉（Pola）的塞尔吉家族凯旋门（Arch of Sergii）。凯旋门顶部有这个显赫的市镇家族四名成员的雕像，包括被注明是营造官和第29军团军团长的卢基乌斯·塞尔基乌斯·雷必达（L. Sergius Lepidus），以及他的父亲和舅舅，两人都是地方行政官。① 当一位来自小亚细亚的希腊人卢基乌斯·科尔内利乌斯·梅诺多洛斯（［L. Corne］lius Menodorus）被埋在以弗所时，他的墓志铭中没有说他是骑士，而是骄傲地提到他是"生活在亚细亚的人里的第一位军政官"（tr［ibunus］mil［itum］primus ex is qui in Asia habitant）。② 总而言之，这些纪念碑的铭文、浮雕和雕像证实了一种对作为骑士军官从军的集体自豪感。③ 它们表明，在军中服役的释奴、百人队长和市镇长官之子被骑士美德团结了起来，一如他们的前辈。④ 三头时期的特点并非围绕着对骑士等级的定义和该等级成员代表了什么的不确定性——相反，这是一个新人的迅速晋升为骑士引发怨恨和偏见的时期。

结论：互补的视角

共和晚期是骑士等级作为共和国的组成元素，逐渐形成并确定其不同于元老院和人民的地位的时期。在第二章中，我们主要通过西塞罗的研究和他对当时政治话语的贡献来审视这场斗争。他的书面作品

---

① CIL V 50 = ILS 2229; Keppie 1983:203 – 4.
② AE 1993,1479 = 1997,1436; Eck 1997:110 – 13.
③ 也有"平民"风格的骑士军官墓和荣誉纪念碑，上面很少出现军人肖像，但它们往往来自奥古斯都时代晚期或尤利乌斯-克劳狄乌斯时期（Devijver and van Wonterghem 1990:97）。
④ 参见 Osgood 2006:273："内战推动了将骑士等级从一群没有利害关系的财阀变成愿意为罗马效劳的军官团。"这种说法似乎有点夸大，因为公元前1世纪末，许多富有的骑士并不在罗马军中服役，他们仍然满足于守护自己的利益，就像世世代代一直做的。与此同时，骑士早就是罗马军中的军官群体的重要组成部分。

体现了他关于骑士是好公民和国家支持者的观点。他们没有担任正式的行政官，因而不必受元老所受的限制或约束。西塞罗本人也意识到，这种理想化的表述归根到底与骑士日益提升的政治影响力是不相容的，无论骑士是作为投票者、陪审员和包税人，还是作为一个被迫在影响他们自身利益的事务上采取行动或者为保护自己获得的特权而联合起来施压的团体。

本章考察了骑士等级在共和国中地位的另一个复杂方面，即如何向更广大的世界表达集体和个人的骑士身份。我们已经看到在共和时代晚期，骑士等级是如何获得自己的身份象征的，比如穿窄边短袍、戴金指环，以及在剧场中坐进前十四排的权利。这些特权赋予了新生的骑士等级及其成员独特的公众形象，把他们与元老院和人民区分了开来。该等级作为集体的统一性还可以通过骑士百人队投票为卢基乌斯·安东尼竖立雕像这样的举动来表达。即便在三头时期的政治动荡中，骑士身份的基本条件（骑士财产级别和自由出身）仍然保持不变。这一时期的不确定性让释奴及其儿子能够向上流动，通过将军们的恩赏跻身骑士等级，但他们这么做是合法的。不过，这些人戴着金指环出现在剧场的前十四排很大程度上招来了既有家庭的怨恨，后者不乐意看到自己不得不同这些新人分享地位及其特权。这证明了共和晚期的罗马出现了骑士的集体身份，因为身份群体首先需要认可和重视自身的存在，才能维护自己的边界。

新的骑士等级成员来源五花八门。当奥维德在某个四月走进剧场观看大地母赛会时，坐在他身旁的一名军政官骄傲地宣称自己是通过从军而非任何文职获得骑士坐席中的位子的。[1] 以勇武为荣的军官不

---

[1] Ovid, *Fasti* 4.383-4.

得不与像奥维德这样从没服过兵役的人共处,更别提还有像贺拉斯这样刚刚晋升为骑士的释奴后代了。不过,该等级的多样性可以帮助我们理解它的社会角色,特别是为何它作为共和国的组成部分出现于共和时代晚期,然后作为国家社会结构如此不可或缺的一部分进入帝国时代。罗马元老院只能为贵族精英成员提供非常有限的席位,让他们拥有头衔和社会威望。这意味着许多富有的公民得不到这样的认可。骑士等级把所有这些非元老的罗马公民汇聚成一个集群,让他们在共和国中有了一席之地,无论他们的出身或社会地位有何不同。共和中期,骑士头衔在一定程度上做到了这点,但缔造一个拥有自己身份象征和特权的等级巩固了骑士的重要性,让他们有了更大的公共威望。

到了奥维德的时代,骑士等级的组成已经发生了巨大的变化,由于同盟战争后意大利人获得公民权,该等级中现在充满了来自从翁布里亚到阿普利亚各地的意大利骑士。[1] 这些意大利家乡贵族的公共纪念碑和铭文会提到他们在罗马军中担任的军职,以及在家乡担任的市镇行政官,表明为当地城市和罗马共和国服务的履历都在他们的公共表述中扮演着重要的角色。这体现了"中心"和"边缘"在共和时代晚期的意大利的沟通过程,就像我们在西塞罗的演说中所看到的。西塞罗本人的设想是,在统一的"全意大利"中,意大利骑士与其他新公民能够同时在他们的家乡和罗马成为好公民。[2] 不过,西塞罗的演说中讨论的案例表明,随着意大利骑士为保护或捍卫自己或家人乡邻的利益而介入罗马的政治事务,将会有一个逐渐调整和沟通的阶段。墓葬和荣誉纪念碑上通常不会出现骑士头衔,而是通过罗列担任的军官职务和军人肖像来表现骑士身份,这个事实证明了勇武在界定骑士

---

[1] Crawford 2000:431-2; Rowe 2002:71.
[2] Cic. *Leg*. 2.2.5.

公共身份时的重要性，对于该等级的新老成员都是如此。毕竟就连只在罗马行政体系中担任文职的奥维德也会骄傲地骑着公共马参加骑士游行。① 不过，奥维德的游行有一个不同于他前辈们的显著特征：他骑马走在了皇帝面前。

---

① Ovid, *Tristia* 2.89–90, 2.541–2.

第二部分　帝国

第四章 通往元首制的道路

导言：君主制回归罗马

公元2世纪，罗马骑士、内外战争史学家——亚历山大里亚的阿皮安绘出了公元前1世纪独裁统治在罗马确立的进程。在他的《罗马史》序言中，阿皮安写道，独裁官尤利乌斯·恺撒"保留了共和国的外表和名号，但把自己定为所有人的唯一统治者"。① 在他看来，这标志着罗马帝国君主制的开始，奥古斯都在击败马可·安东尼后将夯实这种统治形式。② 苏维托尼乌斯选择从尤利乌斯开始他的《罗马十二皇帝传》(On the Lives of the Caesars)，利用了恺撒能否被算作"皇帝"这点上有趣的模棱两可，这可能不是巧合。③ 苏维托尼乌斯同时代的科尔内利乌斯·塔西佗在他的《编年史》开篇承认了恺撒拥有的权力，但表示和平更加重要，它是奥古斯都统治的特点。因为是奥古斯都"在一切都因为内战而耗尽后，以元首的名义接收了帝国"。④ 这些不同的起点突显了公元2世纪的罗马知识分子在确定从

---

① App. Pref. 6: *τὸ μὲν σχῆμα τῆς πολιτείας καὶ τὸ ὄνομα ἐφύλαξε, μόναρχον δ'ἑαυτὸν ἐπέστησε πᾶσι*.
② App. Pref. 14.
③ 这似乎是 J. Henderson 2014:108–9 的观点。
④ Tac. *Ann*. 1.1: *qui cuncta discordiis civilibus fessa nomine principis sub imperium accepit*.

"共和国"转向"帝国"的时刻时所面临的困难。古人对这一转变最出色的理解可能来自卡西乌斯·狄奥写于公元3世纪的《罗马史》。他写道，共和国的制度首先让位于一系列"伟人"或"强人"（δυναστεῖαι），然后才在奥古斯都治下被君主制取代。① 这种观点反映了一个事实，即苏拉、庞培、恺撒和安东尼越来越强调共和国中的君主制元素（语出波吕比乌斯）。因此，屋大维（即后来的奥古斯都）可以被理解为这一系列强人中最后和最成功的那个。

从罗马"共和国"的最后一代人直至"帝国"时代，罗马国家一直是共和国。② 奥古斯都肯定没有像典型但不准确的现代提法所述宣称"恢复了共和国"。③ 相反，他表示自己"把法律和权力还给了罗马人民"，确保共和国是全体公民真正的共同财产。④ "共和国"一词也被罗马人用来指代奥古斯都之前存在的统治体系，但这直到公元2世纪初才变为普遍的做法。⑤ 因此，"共和国"既可以指罗马"国家"——这种表述一直存在到拜占庭时代开始后很久，就像卡尔德利斯所指出的——也可以指"共和"时代。⑥ 在本书的讨论中，我们将使用前一种意义上的"共和国"。奥古斯都的同时代人无疑清楚他们现在生活的"共和国"不同于他们先辈的。某个人的意志至高无上，即便他的权力是用耳熟能详的宪制术语描绘的。⑦ 这种逐渐转向君主制罗马国家的模式特别有助于理解骑士等级及其成员在"共和国"和

---

① Dio 52.1.1，见 Kemezis 2014:94-8 富有洞见的解读。
② 关于共和国甚至在三头时期的延续，见 Millar 1973:53-4。
③ Millar 1973:63-4；Judge 1974；Rich and Williams 1999:213。
④ Rich and Williams 1999:208-12。这篇文章正式公布了一枚公元前28年的奥古斯都金币的情况，背面的铭文："他把法律和权力归还给罗马人民"（LEGES ET IVRA P [OPVLO] R [OMANO] RESTITVIT）。
⑤ Judge 1974:284-5；Wilkinson 2012:13-16。
⑥ Wilkinson 2012:18-20。
⑦ Millar 1973:65-7。

"帝国"之间的角色。奥古斯都时代见证了罗马政府和行政体系中一系列新的骑士职务的诞生,该过程与独裁统治的兴起直接相关。公元前1世纪的共和时代"伟人"们自己就曾雇佣骑士担任军官、代理人和谋士,这种情况为骑士在奥古斯都及其继任者统治下的罗马政府中获得永久地位奠定了基础。①

在这个君主制罗马国家中,骑士通过两条路获得了新的权力与影响。② 首先是通过与元首的友谊和亲近,充当他的谋士和亲信。③ 奥古斯都可以选择任何他想要的人来提供建议,无需给他们政治体制中的位置。他的小圈子里的骑士成员包括马伊克纳斯和克里斯普斯。这些骑士因为他们的权力超过了大部分元老而闻名。第二条路是通过受命担任国家行政体系中的特定职务。为了把这些新的骑士官方职务放回其背景中,我们需要理解奥古斯都及其继任者治下出现的共和国的双重性质。让贵族拥有军事和行省指挥权的传统元老行政官制度被保留。但与此同时,政府基本上变成了恩庇制,因为所有的职位、荣耀和恩惠都源自元首个人。④ 在共和时代,骑士在国家担任的唯一官方职务是陪审员和军官。骑士包税人可以充当国家的代理人,但他们是按照监察官的要求签订合同从事短期的具体任务。不过,维持个人对帝国控制的必要性促使奥古斯都在财政、行政和军事指挥方面创造了新的官方职务,担任这些职务者对他个人负责。这些职务有许多给了骑士,还有的给了释奴。⑤ 在政府公职方面,交给骑士的各种新的文

---

① 在本章中,涉及公元前27年发生的事时,都用"屋大维"来称呼罗马的第一位皇帝,对此后的事则用"奥古斯都"来称呼。
② Syme 1939:355 令人难忘地表示,现在骑士变得"既有用又尊贵"。
③ Millar 1977:110-22; Winterling 1999:161-94.
④ Miller 1977:7-10, 275-328; Saller 1982:41-78; Veyne 1990:255-8, 321-66; Eich 2005:69-78.
⑤ Brunt 1983:43-4.

官职务开始打破骑士和元老之间的界限，因为骑士现在也可以为国效力，即便他们不是行政官或代行政官。让奥古斯都着手改变的动机是他需要创造另一套权力结构，以减少对元老同僚的依赖，以免其对他的权威构成威胁。上述改变不出意料地引发了元老的焦虑，他们对骑士能够在传统的元老行政官制度的框架之外行使权力心生怨恨。在君主制罗马国家的新世界中，元老们不得不同骑士、释奴、奴隶、女人乃至任何得到皇帝垂青的人分享和争夺权力。

恺撒的朋友们

"认识恺撒的人里有谁不装作他们是朋友吗？"被流放的奥维德这样写道，他无疑失去了同元首的友谊。[1] 这句诗比罗马文学中其他任何表达都更好地刻画了帝国时代宫廷生活的基本性质，同皇帝保持良好关系的必要性，以及男男女女们为做到这点而付出的努力。罗马皇帝宫廷这个竞争激烈的世界在许多方面都让人觉得非常熟悉，因为它是从共和时代政治家的小圈子演化而来的。在共和晚期，骑士等级的罗马人充当显赫元老的顾问，无论是正式作为部属的一部分，陪伴总督前往行省，还是非正式地在餐桌上或浴室中作为谋士和亲信。当马略、苏拉、庞培和恺撒这样的元老（卡西乌斯·狄奥所说的"强人"）开始获得超过他们正式官职或职权的势力和权威时，这种影响被放大了。[2] 他们的家人和个人人脉具有了准君主制的"原型宫廷"（proto-courts）的特征，就像波特（Potter）令人信服地指出的那样。[3] 这

---

[1] Ovid, *Ep. ex Pont*. 1. 7. 21: *quis se Caesaribus notus non fingit amicum*?
[2] Crook 1955:4–7; Nicolet 1974:718.
[3] Potter 2011:59–62. Sherwin-White 1939:19–20 和 Kienast 2009:307–8 也探究了这种观点。

些共和时代的显贵并非皇帝,但他们行使权力的方式——通过个人魅力、诉诸神明、金钱和政治关系、个人侍从——俨然是奥古斯都的宫廷。他的宫廷本质上是放大了的罗马贵族家庭,尽管它深受军事和家庭等级的影响。① 这些共和晚期的"原型宫廷"的一个特征是,它们不限于元老等级,也涵盖了骑士和释奴。新人被证明是特别能干和忠诚的帮手,因为他们寄希望于恩主帮自己实现生涯和财富目标。比如,"大将"庞培的高级军官分享了他在亚细亚作战所获的财宝。② 庞培还把罗马公民权授予自己在行省的支持者,这些人随后可以通过跻身骑士和元老等级在罗马获得更大的荣耀。③ 从"部属"到"宫廷"的转变发生在这些人不再仅仅是谋士和支持者,而是开始行使传统上只掌握在元老行政官手中的权力之时。他们的影响力并不取决于人民的投票,而是依赖与元首的亲近。④

恺撒的小圈子显示了这种"原型宫廷"是如何巩固共和国内部的君主制元素的。骑士卢基乌斯·科尔内利乌斯·巴尔布斯曾受庞培的慷慨赏赐,后来成为恺撒形影不离的追随者。在恺撒的独裁官任内,巴尔布斯和另一位追随他的骑士盖乌斯·奥皮乌斯(C. Oppius)担任他在罗马的代表。⑤ 巴尔布斯被擢升为元老等级,成为公元前40年的执政官;奥皮乌斯似乎拒绝了元老的荣耀,至死仍是骑士。⑥ 这些

---

① Potter 2011;关于帝国共同所受的军事影响,见 Winteling 1999:83 - 116。关于奥古斯都及其继承者统治下的皇帝宫廷,见 Crook 1955; Millar 1977:110 - 22; Wallace-Hadrill 1996; Paterson 2007; Winterling 1999, 2009:73 - 102。
② Potter 2011:67.
③ Gruen 1974:63 - 4.
④ Wallace-Hadrill 1996:289.
⑤ Syme 1939:71 - 3; Alföldi 1976:31 - 4; Eich 2005:91 - 3. 另见 K. Welch 1990:62 - 9,他认为他们是恺撒的两位罗马军官。
⑥ 写于公元前49年的 Cic. *Fam*. 2. 16. 7 [SB 154. 7] 称他听说正在为奥皮乌斯制作宽边托袈,这暗示此人将成为元老。但除此之外再无其他传闻,这暗示他(转下页)

人担任了恺撒的可靠副手,因为他们不是可能对独裁官构成威胁的传统元老家族的成员:他们是新人,作为互惠关系的一部分,他们的权力依赖他个人。西塞罗的书信生动地描绘了他们的影响范围。当恺撒不在罗马时,西塞罗去找巴尔布斯和奥皮乌斯帮忙,让他们设法确保被流放的奥卢斯·卡伊基纳(Aulus Caecina)能留在西西里。公元前46年12月,西塞罗致信卡伊基纳称:"我注意到,巴尔布斯和奥皮乌斯于恺撒不在时所做的一切通常都会得到他批准的。"[1]据说巴尔布斯起草过元老院决议,甚至还在西塞罗不知情的情况下把他的名字列入了支持者的名单,让他非常恼火。[2]两人对恺撒的公共形象的塑造产生了重要作用,巴尔布斯作为阻止恺撒起身向元老院致意的那个人被铭记,奥皮乌斯所写的传记则成为后世对这位独裁官生平的历史叙述的基础。[3]恺撒的青睐让这些新人获得了大量奖赏。公元前49年,巴尔布斯的家乡加迪斯(Gades)成为自治市,这是意大利之外第一个获此荣耀的城市。[4]巴尔布斯还积累了巨额的个人财富,以至于他可以在死后给每位罗马公民留100塞斯特斯的遗产。[5]奥皮乌斯和巴尔布斯的影响甚至延续到了恺撒遇刺之后,当时他们转而支持了继任的屋大维。[6]公元前44年的中期,西塞罗给奥皮乌斯写了一封让人腻烦且谄媚的信,在信中大赞其所给的建议和意见,尽管这并非

(接上页)婉拒了这种荣耀(Nicolet 1974:710)。Shackleton Bailey 1977a:495 认为奥皮乌斯被提拔为四大祭司之一,但这些职务只能由元老担任。
[1] Cic. *Fam*. 6. 8. 1 [SB 235. 1]; *omnibus rebus perspexeram quae Balbus et Oppius absente Caesareegissent ea solere illi rata esse*. 见 Shackleton Bailey 1977b:403。
[2] Cic. *Fam*. 9. 15. 4[SB 196. 4]; Shackleton Bailey 1977b:352。
[3] 巴尔布斯和元老院:Plut. Caes. 60. 7; Suet. Iul. 78. 1。奥皮乌斯的作品:Smith and Cornell 2014:381 - 2。他还监督了恺撒的建筑项目(Cic. *Att*. 4. 16. 8 [SB 89. 9])。
[4] Weinrib 1990:69。
[5] Dio 48. 32. 2。
[6] Alföldi 1976:43 - 54; K. Welch 1990:64。

真实想法。① 从恺撒到屋大维的延续性同样体现在盖乌斯·马提乌斯（C. Matius）的身上，他是恺撒的一位重要的骑士朋友，负责筹办新的"先祖维纳斯"（Venus Genetrix）赛会（这让西塞罗很不高兴）。② 这些围绕着头面政治家形成的"原型宫廷"使得没有公职的骑士可以在国家中行使政治权力。

西塞罗的朋友提图斯·庞波尼乌斯·阿提库斯用稍微不同的方式度过了从共和国到元首制的转变。阿提库斯避开直接的政治行动，也不起草法律、监督建筑项目或掌管行政事务。相反，他培植了人脉，借助朋友和伙伴来保护他和他的经济利益。他似乎是通过个人魅力和号召力实现这点的，与巴尔布斯和奥皮乌斯的关系确保了他在新秩序下的安全。③ 在许多方面，阿提库斯都是经典的老派骑士，只有当自己的利益受到威胁时才会介入政治事务。④ 阿提库斯特意与年轻的屋大维建立了友谊。他的传记作者科尔内利乌斯·奈波斯澄清说，此举不是为了掌握权力：⑤

> 现在，尽管他对骑士等级成员的身份（因为这是他的家庭背景）感到满意，但他还是通过与神之子联姻而成为其亲戚。他通过优雅的生活方式与皇帝亲近起来，他也曾用这点打动过其他公

---

① Cic. *Fam*. 11. 29 [SB 335]. Shackleton Bailey 1977b: 486 指出西塞罗的虚情假意，理由是他私下里对阿提库斯谈起奥皮乌斯时说的话。
② Cic. *Att*. 15. 2. 3 [SB 379. 3]; Tac. *Ann*. 12. 60. 4. 关于马提乌斯对恺撒的忠心，见 Cic. *Fam*. 11. 28 [SB 349]。
③ Shackleton Bailey 1965a: 48 – 9; K. Welch 1996: 467. 关于阿提库斯的魅力，见 Nep. *Att*. 1. 3 – 4. Shackleton Bailey 1965a: 57 指出，阿提库斯必定是"性格特别有吸引力"。
④ 关于骑士会在影响他们个人的事务上表达自己的政治意愿，见本书第一至三章中的讨论。
⑤ Millar 1988: 51 – 2.

民领袖，这些人的地位可能不下于皇帝，但不及其成功。①

阿提库斯的骑士身份被认为是个人的谦逊，不热衷于寻求"权力"（*potentia*）和"官职"（*honores*）。这与西塞罗认为骑士偏爱"安宁"和"闲适"（*otium*）的看法有很大关系，但这些是理想而非现实——骑士身份没有阻止奥皮乌斯和巴尔布斯攫取权力。② 屋大维与阿提库斯的亲近体现在日常的见面和通信以及两人的联姻中。③ 阿提库斯成为对屋大维有用的那种人恰恰是因为他打理事务和处理危机的机敏方式：专制者不仅需要马基雅维利式的谋士。④ 阿提库斯获得了适度的奖赏，在公元前38/前36年左右被屋大维任命为亚细亚长官。据说，阿提库斯接受这个职务的条件是他不必真的去那里。⑤ 不过，授予这一荣誉职务——无论收受双方多么亲切和蔼——是君主制罗马国家诞生过程中的一个关键组成部分。⑥

最典型的骑士亲信当然是盖乌斯·马伊克纳斯，此人是异常富有的艺术赞助人，还是首位元首的朋友和谋士。⑦ 他以婉拒寻求进入元

---

① Nep. *Att*. 19.2: *Namque hic contentus ordine equestri, quo erat ortus, in affinitatem pervenit imperatoris, divi filii; cum iam ante familiaritatem eius esset consecutus nulla alia re quam elegantia vitae qua ceteros ceperat principes civitatis dignitate pari, fortuna humiliores.*
② 关于阿提库斯对获得荣誉的平静，见 Nep. *Att*. 3.1, 6.1-5, 10.3-6, 12.5; Nicolet 1974: 708-10。
③ Nep. *Att*. 19.4-20.5. 阿提库斯的女儿卡伊基里娅·阿提卡（Caecilia Attic）嫁给了马尔库斯·阿格里帕，而他的外孙女维普萨尼娅·阿格里皮娜（Vipsania Agrippina）嫁给了未来的皇帝提比略（见 Horsfall 1989: 104）。
④ 关于对阿提库斯的生涯和君主制诞生的补充意见，见 Millar 1988: 53-4 和 K. Welch 1996: 471。
⑤ 亚细亚长官：SEG 41, 964，就像 C. P. Jones 1999 所解释的。关于阿提库斯的长官职务，见 Nep. *Att*. 6.4。
⑥ Millar 1988: 43。
⑦ Bengtson 1988: 14-17。他们的关系似乎是真正热情和友好的，就像 Macrob. *Sat*. 2.4.12 所证明的，其中提到元首拿马伊克纳斯的书写风格打趣。

老等级而闻名，而他继续以骑士身份行使权力的能力一直吸引着罗马诗人和史学家。① 塔西佗和狄奥惊讶于屋大维如何在公元前1世纪30年代频频派马伊克纳斯去掌管罗马和意大利（尽管他的实权可能比他们暗示的有限）。② 作为马伊克纳斯恩庇的受益者，贺拉斯和普洛佩提乌斯（Propertius）在他们的诗中提到了他的骑士身份，以此强调他的谦卑和对权力的厌恶，也许是为了回应时人的批评。③ 就像普洛佩提乌斯在《哀歌集》（*Elegies*）3.9中所写：

> 尽管你身为罗马长官，拥有刑斧，
> 可以在广场中央执行法律；
> 尽管你可以穿过米底人的重重战枪，
> 用夺的武器装点你的家；
> 尽管恺撒会给你实现这些的力量，
> 财富永远能够轻易得到；
> 谦卑的你却退进昏暗的角落，
> 收起张满的帆……④

在这里，马伊克纳斯推却了元老权威的传统象征，诸如代表执政官治

---

① 关于马伊克纳斯保持骑士身份的决定，见 Prop. *Eleg*. 3.9.1 – 3; Vell. Pat. 2.88. 2 – 3; Dio 55.7.5; Ps.-Acro on Hor. *Carm*. 3.16.20; Porphyrio on Hor. *Sat*. 1.6.68。关于马伊克纳斯的骑士形象，见 Woodman 1983:239 – 44; Cresci 1995; Dakouras 2006; Bodel 2015:34 – 6。
② Dio 49.16.2, 51.3.5; Tac. *Ann*. 6.11.2; Vell. Pat. 2.88.2. 参见 App. *BC* 5.99, 112，作者暗示他的权力更为有限（Dakouras 2006:226 – 7）。
③ Cresci 1995:170; Dakouras 2006:63 – 7, 94 – 6.
④ Prop. *Eleg*. 3.9.23 – 9: *cum tibi Romano dominas in honore secures | et liceat medio ponere iura foro, | vel tibi Medorum pugnaces ire per hastas | atque ornare tuam fixa per arma domum, | et tibi ad effectum vires det Caesar et omni | tempore tam faciles insinuentur opes, | parcis et in tenues humilem te colligis umbras*.

权的刑斧,并拒绝了担任大法官和施行法治。① 他的宅邸没有用军事胜利的战利品装点——尽管马伊克纳斯参加过内战,在那之后他再也没有指挥过军队。② 普洛佩提乌斯的诗让人回想起西塞罗在《为克鲁恩提乌斯辩护》中提出的观点,即骑士得不到元老生涯的传统标志和奖赏,因此不必受到共和国的限制。③ 我们会不禁觉得,这种形象是马伊克纳斯本人助长的,他也许乐于看到自己表面上对政治的不为所动被同他著名的伊特鲁里亚祖先的生活相提并论。④ 但与此同时,马伊克纳斯在奥古斯都统治下获得影响力的方式明显有悖于传统的观点,即权力属于由罗马人民选出的元老行政官。⑤ 选举在奥古斯都时代继续进行,但马伊克纳斯等人的权力有力地提醒人们,选举变得越来越无关紧要。

马伊克纳斯仅仅是奥古斯都的骑士朋友中最显赫的一位。⑥ 还有其他许多朋友,有的是通过婚姻联系在一起的。盖乌斯·普罗库莱乌斯(C. Proculeius)是马伊克纳斯的小舅子,从公元前1世纪30年代起就是元首的密友,帮忙擒获了克里奥帕特拉。⑦ 他直到去世都有强大的影响力,据说奥古斯都甚至认为他是自己的女儿尤利娅的良配。⑧ 普

---

① L. Richardson 1977:351; Gold 1982:106 - 7.
② 这些武器和其他军事荣誉物会被挂在宅邸的门上 (L. Richardson 1977:351 - 2)。
③ Cresci 1995:172 - 3.
④ Cairns 2006:271 - 4. 关于马伊克纳斯和伊特鲁里亚,见 Sordi 1995。关于贺拉斯在 *Carm.* 3. 29 对马伊克纳斯的伊特鲁里亚血统的戏谑,见 Nisbet and Rudd 2004:347 - 8。
⑤ Cresci 1995:173. Bengtson 1988:17 指出了阿格里帕和马伊克纳斯在这方面的明显不同:前者拥有荣誉和地位,而后者乐于做奥古斯都的朋友。
⑥ Hor. *Carm.* 3. 16. 20 称他为"骑士的荣耀"(*equitum decus*)。
⑦ Pliny the Elder, *NH* 7. 148; Dio 51. 11. 4, 53. 24. 2, 54. 3. 5; Plut. *Ant.* 77 - 9; Porphyrio on Hor. *Carm.* 2. 2. 5.
⑧ Suet. *Aug.* 63. 2; Tac. *Ann.* 4. 40. 6. 没有证据表明他像有些人以为的那样失宠于奥古斯都 (见 Rich 1990:158)。

罗库莱乌斯也跟盖乌斯·萨鲁提乌斯·克里斯普斯是亲戚，后者接替马伊克纳斯成为奥古斯都最亲近的骑士心腹。① 他最臭名昭著的行为是在提比略统治之初参与了谋害奥古斯都的养子阿格里帕·波斯图姆斯（Agrippa Postumus）。② 但克里斯普斯的影响力远远超出了政治阴谋。与马伊克纳斯一样，他极其富有，在罗马拥有一处庞大的庄园（撒鲁斯提乌斯花园［Horti Sallustiani］），还是著名的艺术赞助人。贺拉斯把《颂诗集》2.2献给他，将他描绘成慷慨的典范。③ 随后的《颂诗集》2.3是写给骑士昆图斯·德利乌斯（Q. Dellius）的，这似乎是个特别让人讨厌的人物，在安东尼和屋大维之间几次改换门庭，最后才归顺后者。④ 按照塞涅卡的说法，后来他获得了元首的宽恕，并跻身其最重要的朋友之列。⑤ 贺拉斯向这些骑士庇主致敬的诗歌被收录在《颂诗集》第二卷中，与元老显贵分开，自成一个特殊群体。⑥ 还有一些名字也值得一提，比如盖乌斯·马提乌斯（上文提到过）和盖乌斯·维狄乌斯·波里奥（C. Vedius Pollio），塔西佗称这两人为奥古斯都时代的显赫骑士。⑦ 释奴之子波里奥以残忍闻名：要不是被奥古斯都阻止，他会因为自己的奴隶打破了一个杯子而把他们喂鳗鱼。⑧ 但他的重要性在于作为奥古斯都个人代理人的角色，公元前31/前30年左右曾以后者的名义管理亚细亚。⑨ 第一位元首的这些骑

---

① Sen, *Clem*, 1.10.1; Tac. *Ann*. 3.30.2-4. 关于这两人的关系，见 Syme 1978b:295。
② Tac. *Ann*. 1.6.3, 3.30.3.
③ Nisbet and Hubbard 1978:33-4.
④ Sen, *Suas*. 1.7; Vell. Pat. 2.84.2; Nisbet and Hubbard 1978:51-2.
⑤ Sen, *Clem*, 1.10.1; S. M. Braund 2009：475-6.
⑥ Lyne 1995:84-5.
⑦ Tac. *Ann*. 12.60.4.
⑧ Dio 54.23.1-6; Pliny the Elder, *NH* 9.77. 他们的关系无疑变糟了，为了给里维娅柱廊腾地方，奥古斯都拆掉了他的房子（Ovid. *Fasti* 6.643-4）。
⑨ Syme 1961:28-9. 参见 Atkinson 1962。

士手下不仅提供建议、培植恩庇网络，就像他们的前辈为共和时代的政治家所做的那样；他们还参与了统治和行政管理，行使着通常属于元老行政官的权力。[1]

这并不意味着奥古斯都缺少元老朋友；最著名的是他的将军和得力助手——新人马尔库斯·维普萨尼乌斯·阿格里帕。[2] 和他一起的还有一位新人——元首的将军之一提图斯·斯塔提利乌斯·陶鲁斯（T. Statilius Taurus），在公元前 26 年与奥古斯都同为正选执政官。[3] 奥古斯都精心栽培从传统家族中选出的支持者，以此在自己和贵族之间建立更广泛的联系。他们中包括贵族马尔库斯·瓦雷利乌斯·梅萨拉·科尔维努斯（M. Valerius Messalla Corvinus），此人在内战期间从马可·安东尼转投年轻的屋大维麾下。[4] 公元前 26 年，奥古斯都任命他担任了新设的城市长官（*praefectus urbi*），但他很快辞去该职。[5] 塞姆（Syme）认为这是因为梅萨拉意识到他的贵族元老身份被利用了，因为那一年，罗马真正的权力掌握在新人手中——公元前 26 年的执政官斯塔提利乌斯·陶鲁斯，以及阿格里帕和马伊克纳斯。[6] 梅萨拉的处境类似于元老卢基乌斯·穆纳提乌斯·普兰库斯（L. Munatius Plancus）扮演的装饰性角色，后者在公元前 27 年提出应授予屋大维"奥古斯都"的称号，但他从来不是元首真正的亲密伙伴。[7] 后来，梅萨拉本人提议应该在公元前 2 年授予奥古斯都"祖国之父"

---

[1] Brunt 1983:42; Bodel 2015:37.
[2] Reinhold 1933; Bengston 1988:8 – 14; Tac. *Ann*. 1. 3. 1.
[3] Vell. Pat. 2. 127. 1; Syme 1939:237, 1986:33 – 4. 关于他的家族，见 Benario 1970。
[4] Syme 1939:237 – 8, 302; Bengtson 1988:17 – 19.
[5] Tac. *Ann*. 6. 11. 3.
[6] Syme 1986:211 – 12.
[7] Vell. Pat. 2. 91. 1; Suet. *Aug*. 7. 2. 关于选择普兰库斯的重要性，见 Levick 2010:72; Wardle 2014:105。

（pater patriae）的称号。① 奥古斯都还争取了著名的马尔库斯·卡尔普尼乌斯·皮索的支持，此人先后担任叙利亚总督和城市长官——梅萨拉很快空出的职务——长达 20 年。② 皮索显然意识到城市长官在君主制罗马国家中固有的潜在权力；它最终将成为元老院官职阶序中最显赫的职务。公元前 11 年的正选执政官保卢斯·法比乌斯·马克西姆斯（Paullus Fabius Maximus）来自一个历史悠久的显赫元老家族，他也是元首的朋友，尽管没有担任过多少军职。③ 此人也不是更大的贵族网络或小圈子的一部分；就像塞姆所说，他"一直是个孤立在人群之外的怪人，他的忠诚集中在为统治者献身"。④ 不过，他娶了奥古斯都的姨表妹马尔基娅（Marcia）。⑤ 同元首家族的这一联系不仅为法比乌斯·马克西姆斯带来了声望，还把他的命运同奥古斯都的绑在了一起。需要指出的是，这些元老显贵并没有得到保证能在行政体系中担任要职（事实上可以说，他们有时是被用来掩饰权力的真正运作，就像梅萨拉·科尔维努斯那样）。元老贵族不得不与新人（包括元老和骑士）争夺对元首的影响力。⑥ 接近元首的首要标准不是地位，而是亲近程度。

罗马作家对马伊克纳斯和奥古斯都的其他骑士朋友所扮演的角色做了不同的解读。维勒伊乌斯·帕特尔库鲁斯对马伊克纳斯做了相当有分寸的描述，将其作为能在许多出身寒微者晋升为元老行政官时放下个人野心的榜样。⑦ 卡西乌斯·狄奥对马伊克纳斯的评价同样很克

---

① Suet. *Aug.* 38.1-2. 关于选择普兰库斯和梅萨拉担任这些角色的类似性，见 Syme 1986:208；Wardle 2014:393-4。
② 关于皮索的生平和生涯，见 Syme 1986:329-45。
③ Syme 1939:376，1986:403-20.
④ Syme 1986:408. 关于与奥古斯都的亲密关系，见 Ovid, *Ep. Ex. Pont.* 1.2；Tac. *Ann.* 1.5.1。
⑤ Ovid. *Fasti.* 6.804-5；Syme 1978a:144-5。
⑥ 参见 Crook 1955:33-6，他罗列了皇帝的朋友，但更愿意强调他们的不同出身。
⑦ Vell. Pat. 2.88.2-4；Woodman 1983:239；Dakouras 2006:181。

制，因为他觉得这位骑士没有试图超越自己的身份。[1] 因此，在狄奥心目中，他好过那些更野心勃勃的骑士，比如提比略的近卫军长官卢基乌斯·埃利乌斯·塞扬努斯（L. Aelius Sejanus），以及在塞普提米乌斯·塞维鲁（Septimius Severus）手下担任同样职务的盖乌斯·弗尔维乌斯·普劳提亚努斯（C. Fulvius Plautianus）。[2] 在狄奥的《罗马史》第 52 卷中，马伊克纳斯向屋大维进言，敦促他保留君主的权力。在这里，他作为一个务实之人出现，建议在帝国的行政管理体系中派给骑士特定的任务，但切忌超过他们的地位。[3] 相比之下，塔西佗焦心的不仅是马伊克纳斯的影响，还有在国家中获得某种程度权力的全部骑士。[4] 在对公元 53 年的叙述中，塔西佗讨论了克劳狄乌斯的裁决，即他的骑士代理官的决定应被视为与皇帝的决定一样有效。[5] 这促使他谈起了关于骑士权力发展的题外话，其中回顾了在很久之前的共和时代后期，元老和骑士是如何围绕刑事法庭展开较量的。他宣称，关键的发展来自奥皮乌斯和巴尔布斯："他们是最先凭着恺撒的地位有权敲定和平条款与做出开战决定的人"（*primi Caesaris opibus potuere condiciones pacis et arbitria belli tractare*）。[6]

乍看之下，整段题外话出自塔西佗笔下似乎很奇怪，骑士行政管理者在他写《编年史》的时代已经是罗马制度中公认的一部分。塔西佗在提到前奥古斯都时代的"共和国"时仿佛它的规则和结构仍然主导着政府事务，这某种程度上是一种装腔作势。[7] 这种虚饰掩盖了他

---

[1] Dio 55.7.4.
[2] Swan 2004:69–70; Dakouras 2006:240, 256–61; Kemezis 2014:134.
[3] Reinhold 1988:168, 189, 191–2.
[4] 关于塔西佗和狄奥的观点差异，见 Sailor 2008:138–41; Kemezis 2014:136–8。
[5] Tac. *Ann.* 12.60.1.
[6] Tac. *Ann.* 12.60.4.
[7] Woodman 1983:244.

的真实目的,即暴露奥古斯都统治时期发展起来的君主制的问题。① 撒鲁斯提乌斯·克里斯普斯和麦克纳斯都被认为拥有 *potentia*,而不是 *potestas*,前者表示影响和控制(有时是恶意的)意义上的权力,后者则是真正政治制度下的权力。② 塔西佗这样说,是想强调所有人都有能力在传统元老行政官制度之外行使权力,无论他们是奴隶、释奴、女人或者骑士。③ 在他看来,这是君主制罗马国家的根本问题,因为政府事务现在可以在非元老谋士的影响下安排。④ 诚然,奥古斯都创立了顾问委员会,成员包括任期1年的元老行政官和抽签选出的15名任期6个月的元老。⑤ 但这只是一种将元老政府纳入新的君主制罗马国家的聪明之举,无法确保对皇帝的真正影响和与皇帝的交情。塔西佗想让读者明白,他没有上当。他的愤世嫉俗是由于这样的事实,即在君主制罗马国家中,皇帝的宫廷与传统的共和行政官体制共处起来有点别扭。⑥ 就像温特林(Winterlin)所指出的,奥古斯都(当然还有他的继任者们)的元首制的一个特征是,它没有"宫廷机构,即让贵族为皇帝服务的官职体系"。⑦ 这种结构缺失——相比法国国王的凡尔赛宫廷——会加剧罗马精英之间的猜疑、偏执和对抗,因为他们永远不知道自己在等级中的位置。⑧ 但并非所有人都像

---

① Syme 1958:432.
② Tac. *Ann*. 3. 30. 4; *OLD s. v. potentia* 1; Syme 1986:300.
③ Sailor 2008:140 - 1. 具体的案例见 Kehoe 1985; Byrne 1999; Dakouras 2006:216 - 17。
④ Syme 1986:80. 特别注意撒鲁斯提乌斯·克里斯普斯参与的密事(Tac. *Ann*. 1. 6. 3, 3. 30. 3)。
⑤ Dio 53. 21. 4 - 5; Suet. Aug. 35. 3. 关于这个委员会,见 Crook 1955:8 - 20,他指出其组成在提比略统治时期发生了重要变化,元老成员不再轮换。
⑥ Winterling 2009:31 - 3.
⑦ Winterling 2009:100.
⑧ 君士坦丁设立伴驾(*comites*)群体是创建这种体系的第一次真正尝试(Millar 1977:117 - 19),尽管从未达到像凡尔赛宫廷那样的等级体系的制度化水平。

第四章 通往元首制的道路

塔西佗那样愤世嫉俗。就像华莱士-哈德里尔所指出的，与他同时代的骑士、担任皇帝秘书和真正"廷臣"的盖乌斯·苏维托尼乌斯·特兰基鲁斯（C. Suetonius Tranquillus）就不认为在密室而非元老院中处理政府事务有什么不妥。[1] 对苏维托尼乌斯来说，这是帝国行政的特性。

很难不得出这样的结论，即恺撒和奥古斯都特意鼓励任用骑士而非元老，前者依赖奥皮乌斯和巴尔布斯，后者依赖马伊克纳斯、撒鲁斯提乌斯·克里斯普斯和其他骑士朋友。这些骑士对恺撒和奥古斯都的宝贵之处恰恰在于，他们的地位和权力都仰赖这些大人物。[2] 这是一种相互依存的关系——元首获得了不会威胁他们地位的忠实支持者，支持者则增加了财富、提升了威望。[3] 奥古斯都仍然是元老，他的权威源于元老行政官职务和权力（比如执政官职务、治权和保民官权），因此他就会受到其他元老的挑战和威胁。有各种方式可以遏制旧贵族的野心，特别是通过与奥古斯都的家族联姻。[4] 相比之下，那些在传统的元老行政官制度之外行使权力且没有显赫祖先的骑士就不可能被视为他的对手。[5] 无论他们作为将领的个人能力如何，他们都没有像元老马尔库斯·李基尼乌斯·克拉苏这样的祖先——他曾对战巴斯塔尔奈人（Bastarnae）的国王并将其杀死——不需要作为威胁被消除。[6] 因此，骑士精英更有可能支持和维护已经诞生的君主制罗马国家，他们不会质疑制度的转变。有一个事实可能让元首和骑士谋臣

---

[1] Wallace-Hadrill 2011:96.
[2] Nicolet 1984:106.
[3] 关于他的早年政策几乎完全依赖骑士，见 Syme 1939:367-8。
[4] Syme 1939:373, 378-9.
[5] 我必须强调，奥古斯都时期是这种情况：公元3世纪时的形势与此不同，见本书第十一章。
[6] 关于克拉苏，见 Raaflaub and Samons II 1990:422-3.

之间的家庭联系更加重要，那就是元首自己的家族也才获得骑士身份不久，就像奥古斯都在自传中所写的。① 与此同时，我们无法回避的事实是，骑士也迫切想认清自己的位置。就像林恩所指出的，为了继续作为奥古斯都的骑士朋友，"需要继续做骑士"。② 这种不稳定和一触即发的政治现实——共和国内部君主和贵族元素之间令人不安的紧张关系——是罗马统治体系演化的特征。这可以被解读为奥古斯都在确立独裁统治时没能摆脱共和国的束缚。③ 但这种解读暗示奥古斯都实际上试图抛弃罗马的共和遗产。事实上，他与元老关系中的低调（*civilitas*）表现——更不用说他通过共和时代的行政官制度和权力行使权威——对新的君主制罗马国家的力量和可行性至关重要。④ 奥古斯都将过去和现在融为一体，旨在让每个人保持警觉。

大长官

从奥古斯都依赖骑士朋友充当谋士，到任命骑士作为他的个人代理、担任传统元老官职之外的官方职务，两者之间仅一步之遥，就像阿提库斯和维狄乌斯·波里奥的例子所表明的。事实上，设立仅限骑士等级担任的新的行政职务被证明是奥古斯都最重要的遗产之一。这些职务为骑士提供了史无前例的机会来效命国家和元首。这是共和时代和帝国时代骑士等级的根本性区别。⑤ 有人认为，行政角色的创造很大程度上是随机的，而非系统谋划的结果。⑥ 就骑士职位体系的创

---

① Suet. *Aug*. 2. 3.
② Lyne 1995:135.
③ Winterling 1999:100 - 1.
④ 关于低调表现，见 Wallace-Hadrill 1982。
⑤ Nicolet 1984:104 - 5.
⑥ Brunt 1983; Eck 2009a.

立并非一蹴而就来说，这无疑是对的。但其他考虑表明情况并非完全如此。选择骑士担任政府职位反映了元首制的恩庇性质，皇帝在其中是官职和荣耀的最终裁决者。通过任命范围更广的非元老精英担任共和国的政府职务，奥古斯都发出了他不受制于元老的信号。此外，这让他可以任用其他富有的精英担任罗马城和行省的高级职务，这些人构成的威胁要小于元老。① 对于行政等级中最显赫的骑士职务尤其如此，那就是现代学者所谓的"大长官"。② 其中三个位于罗马：近卫军长官（*praefectus praetorio*）统领近卫军，供粮长官（*praefectus annonae*）主管罗马的粮食供应，以及治安队（*vigiles*）长官。第四个是埃及行省长官（*praefectus Aegypti*）。这些职位的设立显示了君主制罗马国家新的治理形式，以及骑士等级在其中的位置。

我们从埃及长官说起，马可·安东尼和克里奥帕特拉被打败后，埃及就被设为一个罗马行省。第一任长官盖乌斯·科尔内利乌斯·伽卢斯（C. Cornelius Gallus）是个来自弗鲁姆尤利（Forum Iulii）的骑士，出身于体面但并不特别显赫的家族。③ 他作为诗人赢得了相当的声誉，发明了名为哀歌的体裁，尽管他的作品今天只有残篇存世。④ 伽卢斯在埃及担任过屋大维手下的工程兵长官，公元前30年，他和另一位骑士盖乌斯·普罗库莱乌斯合作，帮助打败了安东尼的军队，俘虏了克里奥帕特拉。⑤ 此后，他留在埃及，成为这个新行省的第一任总督，头衔是埃及长官。他被选定担任这个要职可以归因于一

---

① Stein 1927:442; Bang 2011:114.
② Sablayrolles 1999 对这些长官职务做了最好的综述。
③ Suet. *Aug.* 66.1; Syme 1938b:41-4.
④ Hollis 2007:219-52; R. K. Gibson 2012. 伽卢斯活跃于公元前1世纪40年代，写过一首关于恺撒征服的诗（Anderson, Parsons and Nisbet 1979:148-55）。Cairns 2006:70-249 非常详细地讨论了伽卢斯对普洛佩提乌斯的哀歌的影响。
⑤ Dio 51.9.1; Plut. *Ant.* 79; *AE* 1964,255（作为工程兵长官）。

个事实,即他是屋大维的忠实助手,而且当时身在埃及。① 伽卢斯对自己成就的自豪体现在一段用拉丁语、希腊语和象形文字写成的三语碑铭中,公元前29年,他在菲莱(Philae)的伊西斯神庙竖立了此碑。此碑旨在纪念他镇压了底比斯的叛乱和扩大了埃及的疆域。在拉丁铭文的开头,伽卢斯如此描述自己:

> 盖乌斯·科尔内利乌斯·伽卢斯,格奈乌斯之子,罗马骑士,被神之子恺撒击败的国王们之后的亚历山大里亚和埃及的第一位长官……②

伽卢斯把自己放到埃及诸王之后。虽然有自吹自擂之嫌,但这事实上似乎是对长官权威的广为流传的看法。③ 此外,象形文字铭文也确认了这种印象,它要长得多,完全不是译文,而是另写的。④ 埃及被交给了屋大维的一位私交,由他代表元首作战,这个事实与官方修辞形成了鲜明的反差,后者声称埃及被交给了"罗马人民的帝国"(*imperio populi Romani*)。⑤

---

① Syme 1938b: 39; Brunt 1975: 128; Cairns 2006: 73. Jördens 2009: 49 – 51 和 Faoro 2011: 5 – 25 的最新讨论对科尔内利乌斯·伽卢斯的任命在直接背景下做了强调,特别是屋大维在内战期间任用其信赖的支持者担任临时指挥职务。
② CIL III 14147. 5 = Hoffmann, Minas-Nerpel and Pfeiffer 2009: 119, ll. 1 – 2: *C(aius) Cornelius Cn(aei) f(ilius) Gallus, [eq]ues Romanus, pos⟨t⟩ rege[s] | a Caesare Deivi f (ilio) devictos praefect[us Ale]xandreae et Aegypti primus*. 在希腊语文本中,罗马骑士被译成了 [ἱππεὺ]ς Ῥωμαίων,也没有提到亚历山大里亚(Hoffmann, Minas-Nerpel and Pfeiffer 2009: 120, ll. 10 – 11)。希腊语铭文是对拉丁语原文的解读(F. Hoffmann 2010)。
③ Tac. *Hist*. 1. 11; Strabo 17. 797. 参见 Jördens 2009: 51 – 2,他反对埃及长官是某种"总督"的观点。
④ Minas-Nerpel and Pfeiffer 2010: 269.
⑤ *RG* 27. 1; *CIL* VI 702; Cooley 2009: 229. 参见 Tac. *Hist*. 1. 11,他更加诚实地写道,埃及被"留给了皇帝自家"(*domi retinere*)。

这一切遵循了正当的制度程序，因为埃及行省和长官的治权——按照制度拥有的统帅权——由法律正式授予。① 与此同时，埃及被某种神秘气息笼罩，原因是元老和"杰出骑士"（equites inlustres，很可能指那些担任过代理官或其他政府职位的骑士）若未经元首明确许可，禁止前往。② 至少在公元2世纪和3世纪，罗马作家们普遍相信，不能把这个如此关键、即将成为罗马粮仓的行省交给元老，因为那会成为叛乱的完美平台。③ 现代学者大多轻视或否定这种解释，因为在现实中，统帅军队的骑士与任何元老一样危险。④ 但如果我们考虑到奥古斯都做出这一决定的直接背景，那就说得通了。元首的行动表明，他希望对埃及保持尽可能大的个人权威，任命伽卢斯这位受到信任的骑士朋友主要是为了绕开元老院。⑤ 在公元前1世纪的世界中，骑士能成为公认的罗马领导者是不可思议的。身份和出身很重要，从马可·安东尼试图散播关于屋大维家族的谣言可以看出这点。⑥

伽卢斯很快失去了元首的宠信，因为有个叫瓦雷利乌斯·拉尔古斯（Valerius Largus）的人宣称他诽谤奥古斯都，在埃及各地张贴自

---

① *Dig.* 1.17.1（乌尔皮安）；Tac. *Ann.* 12.60.3；A. H. M. Jones 1960:121 - 2；Jördens 2009:48。见 Hoffmann, Minas-Nerpel and Pfeiffer 2009:129 - 30，他们强调了铭文语言的技术性。
② Tac. *Ann.* 2.59.3. 关于"杰出骑士"是代理官，见 Mommsen:1887 - 8 III.1, 363，另见本书第七章。参见 Dio 51.17.1，他只提到了元老。尽管下达了禁令，奥古斯都还是允许马伊克纳斯和维狄乌斯·波里奥在埃及拥有庄园（Capponi 2002）。Jördens 2009:36 - 41 认为，这一禁令很可能源于当时的政治局势，后来变得不那么重要，而 Faoro 2011:40 记录了在埃及的元老的例子，表示元首可以授予元老等级的个别成员特别的许可。
③ Dio 51.17.1 - 2 和阿里安《远征记》3.5.7 最为明确地提出了这种观点，另见 Tac. *Ann.* 2.59.1 - 3, *Hist.* 1.11.1。参见 Suet. *Iul.* 35.1，他把这一动机归于恺撒。
④ 比如，Brunt 1983:61 - 2；Bowman 1996a:680 - 1；Talbert 1996:342。
⑤ Eck 2009a:246. Jördens 2009:49 - 50 提到了驻扎在该行省的军团数量，暗示至少在最初，他觉得需要确保对该地区的控制。
⑥ Suet. *Aug.* 2.3.

己的画像，还把个人成就刻在金字塔上。① 我们不确定他倒台的时间，而且官方指控可能是伽卢斯从埃及返回罗马后才做出的。② 奥古斯都正式禁止伽卢斯进入自己的宫殿，要不是他已经自杀，本会因叛国罪而被送上谋反案法庭。③ 随后，奥古斯都挑了骑士盖乌斯·埃利乌斯·伽卢斯（C. Aelius Gallus）担任埃及长官，该行省的行政事务照旧运行，无论科尔内利乌斯·伽卢斯所犯何罪。④ 这个信号表明，对科尔内利乌斯·伽卢斯的任命并非反常现象，埃及永远不会被交给元老总督。这个决定在当时不可能没有被注意到。事实上，塔西佗在其《编年史》(*Annals*) 第 12 卷关于骑士权力过度增长的题外话中也谈到了埃及长官，表示该长官的政令与罗马行政官的有同样效力。⑤ 因此，骑士等级的埃及长官被认为对元老的权威构成了挑战，因为它的任命资格并不要求担任过大法官或执政官（比如对代执政官和拥有大法官权的皇帝代表 [*legati Augusti pro praetore*] 的要求）。由此，它成为新的君主制罗马国家的象征。

　　罗马城中的三个最重要的骑士长官职务是在奥古斯都的元首统治后期设立的。首先是公元前 2 年设立的近卫军长官。当年，奥古斯都任命昆图斯·奥斯托利乌斯·斯卡普拉（Q. Ostorius Scapula）和普布利乌斯·萨尔维乌斯·阿佩尔（P. Salvius Aper）担任 9 个近卫军大队（*cohortes praetoriae*）的指挥官，士兵人数总计 4500 人左

---

① Dio 53. 23. 5 – 6. Ovid. *Tristia* 2. 446 似乎支持诽谤奥古斯都的说法。
② Rich 1990:157 – 8；Cairns 2006:73 – 4.
③ Suet. *Aug*. 66. 2；Dio 53. 23. 6 – 7. 关于挪用指控，另见 Amm. 17. 4. 5，但没有确凿证据表明伽卢斯在谋划叛乱（Raaflaub and Samons 1990:423 – 5）。
④ 就像 Jördens 2009:53 所指出的，总督的身份是骑士抑或元老并不影响该行省事实上是如何治理的。不过，这在罗马的确有政治上的影响。
⑤ Tac. *Ann*. 12. 60. 2.

右。① 在共和时代的军队中，近卫军大队是保护将领指挥部和护卫他前往战场的精英部队。② 早在公元前42年，年轻的屋大维就拥有多个近卫军大队，人数达到4000左右。③ 后来，成为奥古斯都的他通过代执政官身份保留了他们。④ 近卫军的兵饷传统上要高于普通士兵，但在公元前27年，奥古斯都规定他们应该获得两倍于军团士兵的收入，以确保他们对他个人的忠诚。⑤ 公元前2年之前，这些近卫军大队由只对奥古斯都负责的军政官级别的骑士指挥。⑥ 设立另外两个拥有"长官"（*praefectus*）头衔的高级指挥官职务是对他们重要性的强调，代表了军队权威集中在奥古斯都手中——在共和国变为君主制的过程中，这是一个关键因素。⑦ 选择骑士而非元老担任这些长官在某种程度上是顺理成章的，因为这些大队已经由军政官指挥。⑧ 但这也传递出一个非常清晰的信号，即如此重要的军队不能交给元老，他们是奥古斯都的同僚和对手。此举表明，元首拥有建立新的军事指挥结构的特权，不必受到传统官职阶序中的元老行政官制度的约束。⑨ 虽然狄奥没有给出公元前2年设立近卫军长官的理由，但可以将其合理地理解为对当年政治危机的回应，包括奥古斯都女儿尤利娅

---

① Dio 55. 10. 10. 关于近卫军的人数，Dio 55. 24. 6 年代错乱而给出了1万人的说法，这个数字到后来皇帝统治下才会达到（Durry 1938：77 - 89）。即便在奥古斯都时期，人数也是有波动的（Keppie 1996：107 - 8）。
② Durry 1938：67 - 74；Keppie 1996：102 - 4；Absil 1997：19 - 21；Bingham 2013：9 - 15。
③ App. *BC* 5. 3；Keppie 1996：105 - 6。
④ Keppie 1996：119 - 20。
⑤ Dio 53. 11. 5。
⑥ Brunt 1983：59；Keppie 1996：113 - 14。
⑦ Millar 1977：123. 关于"长官"头衔相当模糊的性质，见 Demougin 1988：722 - 3。
⑧ Bingham 2013：21. 参见 Durry 1938：157，他提到了与骑士马伊纳斯的联系，以及之前当屋大维不在时他会负责对罗马城的监管。不过，没有证据表明马伊克纳斯担任过长官（Absil 1997：197 - 9）。
⑨ Syme 1939：357 谈到，近卫军长官的权力超过了执政官。

的失势和被流放。①

关于最早的近卫军长官的生平和生涯的群体传记学证据寥寥无几,但可以看出他们与奥古斯都几位关键的骑士亲信有来往,其中最著名的是撒鲁斯提乌斯·克里斯普斯和马伊克纳斯。最早的两位近卫军长官之一——昆图斯·奥斯托利乌斯·斯卡普拉是普布利乌斯·奥斯托利乌斯·斯卡普拉的兄弟,后者是骑士,公元3年担任埃及长官。② 普布利乌斯·奥斯托利乌斯·斯卡普拉娶了盖乌斯·撒鲁斯提乌斯·克里斯普斯的女儿。③ 已知在公元14年担任此职的卢基乌斯·塞尤斯·斯特拉波(L. Seius Strabo)的家族中有一些元老亲戚,包括执政官。④ 最重要的是,他的母亲泰伦提娅(Terentia)是马伊克纳斯的姨子。⑤ 也许我们不应过于强调这些联系:通婚并不能证明关系密切,无论是同元首,还是同他最重要的谋士。⑥ 同样,不应根据塞扬努斯和普劳提亚努斯这样的指挥官的行为而将设立近卫军长官自动解读为危险的创新。⑦ 比如,尚无记录表明,最早的两位近卫军长官昆图斯·奥斯托利乌斯·斯卡普拉和普布利乌斯·萨尔维乌斯·阿佩尔像后来这些臭名昭著的近卫军长官一样滥用权力。

但与此同时,有两点考虑表明,设立近卫军长官象征着向君主制罗马国家的转变。近卫军长官同皇帝的骑士谋臣之间的关系显示了在这些骑士家族之间发展出的宫廷网络,他们的影响并不通过当选行政

---

① Syme 1986:300; Sablayrolles 1999:360-1; J. S. Richardson 2012:158-9.
② Hanson 1982. 他们的后代将进入元老等级(Christol and Demougin 1984)。
③ Syme 1968:79; Hanson 1982:247.
④ Vell. Pat. 2.127.3,他对这个家族的描绘无疑是为了讨好塞扬努斯,但得到了群体传记学研究的支持(Syme 1986:300-10)。
⑤ Syme 1958:384.
⑥ 不过,Macrob. 2.4.18 提到的一则塞尤斯·斯特拉波和奥古斯都的轶事表明,两人有一定程度的亲近。
⑦ Keppie 1996:118.

官的形式同共和国的传统框架联系在一起。① 此外,我们不能回避的事实是,虽然近卫军的兵饷由国家支付,但指挥官只对奥古斯都负责,而近卫军士兵是唯一有资格在罗马城中佩武器的。他们的头衔"近卫军长官"显示了这支卫队的指挥官同元首的"指挥部"——他个人的家族——之间的密切联系。② 共和时代晚期,多位元老等级的将领拥有自己的"近卫军大队",但现在只有一位元老可以,那就是奥古斯都本人。③ 任命骑士等级的指挥官一方面是根据军事等级做出的相对直接和顺理成章的决定,但同时也证明这一职位是在元老政府的传统政治框架之外运作的。④ 因此,卡西乌斯·狄奥认为,近卫军是奥古斯都创造的君主制体系的最明显证据。⑤ 狄奥的写作时间是公元3世纪,当时这个体系已经是被接受和无法改变的现实。正是随着卢基乌斯·埃利乌斯·塞扬努斯作为提比略代理人的崛起,我们可以在维勒伊乌斯·帕特尔库鲁斯对骑士等级出身的新人的优点的热情辩护中,首先推测出时人对这些近卫军长官的焦虑。⑥ 提比略统治期间,这些部队的驻地发生了重大变化。奥古斯都生前,近卫军大队驻扎在意大利各地。⑦ 但塞扬努斯统领下的近卫军在罗马获得了永久驻地,所有的大队住在同一营地内。⑧ 塞扬努斯对元首的影响远远超过了人们对他在社会等级中地位的预期。他是塔西佗关于马伊克纳斯和

---

① 关于对塞扬努斯背景不必要的贬损之语,参见 Tac. *Ann.* 4.3。无可否认,我们对普布利乌斯·萨尔维乌斯·阿佩尔几乎一无所知。
② Keppie 1996:122 提到,皇帝的居住地被称为 *praetorium*。
③ 比如,后三头成员的多个近卫军大队 (App. *BC*. 4.7)。奥古斯都的总督们统帅的军队中没有近卫军大队 (Keppie 1996:121)。
④ Absil 1997:21.
⑤ Dio 53.11.5.
⑥ Vell. Pat. 2.128.1-4;Woodman 1977:256-63.
⑦ Suet. *Aug.* 49.1;Keppie 1996:115-16;Wardle 2014:359.
⑧ 这被认为是一个重要事件:比如,见 Suet. *Tib.* 37.1;Tac. *Ann.* 4.2.1;Dio 57.19.6。

撒鲁斯提乌斯·克里斯普斯的权势的评价中那种恐惧的活生生的化身。

从奥古斯都在罗马设立另外两个骑士等级长官可以看出他想要绕开元老的权威和共和国的传统框架。① 公元6年，他设立了治安长官（*praefectus vigilum*）一职，用于监督7个治安队，他们是被指派在罗马各地负责消防的释奴。② 与近卫军长官一样，设立该职是一个漫长过程的结果。③ 早在公元前22年，奥古斯都就设立了一支600人的奴隶队伍，由营造官统领。④ 其中一位营造官马尔库斯·伊格纳提乌斯·鲁弗斯（M. Egnatius Rufus）派自己的奴隶去扑灭城中的火灾并开始公开自夸功绩，因而特别受欢迎。⑤ 这很快招致奥古斯都的不满，此事暴露了元首与他的元老同僚的部分矛盾。⑥ 公元前7年，街区主管（*vicomagistri*）承担起了城中各街区的消防责任。⑦ 公元6年设立7个治安队，最初是面对火灾突发临时为之，但很快就变成了永久的。⑧ 不幸的是，奥古斯都任命的首位治安长官身份一直成谜；有据可查的第一位治安长官是提比略统治时期的昆图斯·奈维乌斯·马克罗（Q. Naevius Macro）。⑨ 在公元3世纪写作的法学家尤利乌斯·保卢斯（Iulius Paulus）将此举解读为集权化手段之一无疑是正确的：现在，保护罗马城是元首个人的事，治安长官基本上是作为他的代

---

① Sablayrolles 1999:356 - 60; Eck 2009a:242 - 5, 247 - 8.
② Dio 55.26.4 - 5. 另见 Suet. *Aug.* 30.1; Strabo 5.235。
③ Sablayrolles 1996:24 - 6; Fuhrmann 2011:116 - 17.
④ Dio 52.2.4; *Dig.* 1.15.1（保卢斯）。
⑤ 关于共和时代的先例，见 Sablayrolles 1996:6 - 24。
⑥ Dio 54.24.4 - 6; Furhmann 2011:119 - 20. 关于年代，见 Rich 1990:159（并非狄奥所暗示的公元前26年）。Vell. Pat. 2.91.3 - 92.5 记载，鲁弗斯后来在公元前19年密谋反对皇帝（Raaflaub and Samons 1990:427）。
⑦ Dio 55.8.7.
⑧ Dio 55.26.4 - 5. 关于治安队的组织和构成，见 Sablayrolles 1996:27 - 37。
⑨ Sablayrolles 1996:475 - 6.

表，以他的名义保护罗马居民及其财产。① 再也不会有来自元老等级的伊格纳提乌斯·鲁弗斯们。

奥古斯都以个人权威所做的委派也体现在任命供粮长官上。② 监督粮食供应的责任通常被交给营造官，是他们职权的一部分。公元前57年，在导致罗马爆发骚乱的那场粮食短缺中，"大将"格奈乌斯·庞培获得了监督粮食供应（cura annonae）的五年期特别权力。③ 后来，尤利乌斯·恺撒将粮食的供应和分配交给两位营造官（被称为粮食营造官［aediles cereales］）专门负责。④ 在经历又一场大饥荒后，人民要求奥古斯都成为独裁官，负责公元前22年的粮食供应，一如庞培当年所做。⑤ 虽然奥古斯都拒绝担任独裁官，但他欣然接受了解决粮食供应的紧迫任务，据说不出几天就让人民分到了必要物资。⑥ 后来，他任命两位元老等级的前大法官监督粮食分配。⑦ 奥古斯都很可能在形式上保留了对供粮的监督权，尽管粮食营造官继续存在，因为公元6年和7年接二连三的饥荒促使他亲自任命了两位执政官级别的官员来监督此事。⑧ 古代材料中没有关于设立供粮长官的具体证据，但我们知道那必定发生在公元7年至14年间。⑨ 已知的第一位供粮长官盖乌斯·图拉尼乌斯·格拉基利斯（C. Turranius Gracilis）

---

① *Dig.* 1.15.3. pref（保卢斯）。关于治安长官的职责，见 *Dig.* 1.15.3.1-5（保卢斯），1.15.1（乌尔皮安）。
② Sablayrolles 1999:356-61；Eich 2005:191-3.
③ Pavis d'Escurac 1976:3-9.
④ Dio 43.51.3.
⑤ Dio 54.1.3-4；Pavis d'Escurac 1976:3-9.
⑥ 就像奥古斯都本人在《功业录》5.2中所声称的（关于这点，见 Cooley 2009:129）。
⑦ Dio 54.1.4；Suet. *Aug.* 37.
⑧ 关于奥古斯都继续握有监督权，见 avis d'Escurac 1976:17-19. 执政官级别的官员：Dio 55.26.1-2，31.4；Swan 2004:180，207；Pavis d'Escurac 1976:26-8.
⑨ Pavis d'Escurac 1976:29-30；Eck 2009a:244-5.

被证明在奥古斯都去世的公元 14 年时在任。① 选择他可能是基于他有担任埃及长官的经验。图拉尼乌斯任该职直到公元 48 年（只在卡里古拉时期有过短暂的中断），这个事实暗示，奥古斯都的继任者们大多满足于沿袭他的举措。② 这位骑士长官必须同两名元老官员（粮食分配长官［*praefecti frumenti dandi*］）共事，后者负责粮食在罗马城中的实际分配。③ 但监督将粮食运到意大利所需的基础设施和财力，是元首及其骑士代表的责任。

因此，奥古斯都生前设立埃及长官、近卫军长官、治安长官和供粮长官这四个骑士等级的长官职务是将他们作为元首的个人代表。需要指出的是，在奥古斯都的行政体系中不仅骑士被赋予了责任，而且还创设了新的元老职位，比如罗马城中的那些。④ 但这些职务的初衷都是将权力集中在他的支持者手中。他的得力助手、元老新人马尔库斯·阿格里帕亲自掌管罗马的供水达二十多年，在他死后，才设了名为供水监督官（*curatores aquarum*）的元老官职。⑤ 第一任供水监督官是元老贵族梅萨拉·科尔维努斯。此人早就是屋大维的追随者，是个值得信赖的贵族，还曾因可靠而有经验被任命为城市长官。⑥ 因此，我们必须从当时的背景下来看待这些任命。奥古斯都显然不希望把过多的权力交给元老，他们是他的同僚和潜在对手。⑦ 设立新的长官职务和选择骑士担任的决定强有力地证明了权力集中在元首的手

---

① Tac. *Ann*. 1. 7. 2.
② Pavis d'Escurac 1976：317 – 19；Brunt 1983：60.
③ Eich 2005：191.
④ Daguet-Gagey 2011.
⑤ Eck 2009a：238 – 9.
⑥ Frontin. *Aq*. 99. 4；Syme 1986：212 – 13.
⑦ 我的讨论介于 Pflaum 1950：4 – 5，以及 Brunt 1983：59 – 66，Talbert 1996：342 和 Eck 2009a：247 – 9 的观点之间，前者将骑士和元老对立，而后者的观点更为务实，淡化了对立和差异。奥古斯都想要所有人保持警觉。

中，在元老行政官和军事指挥官的正常管辖边界之外。它代表了共和国内部君主制元素的巩固。

管理帝国

在共和时代，元老曾经雇用过释奴和骑士代理官，即监督他们财产和经济事务的官员。奥古斯都拥有大量个人财产（而非"公共财产"），需要以同样的方式进行管理。因此，他任命自己的释奴和骑士代理官代表他的个人利益，管理他在整个罗马世界的土地。[1] 公元前27年的"第一次制度安排"后，他向罗马行省派出了两种代理官。[2] 在亚该亚、阿非利加和亚细亚等由元老代执政官统治的公共行省，皇帝指派财产代理官（*procuratores patrimonii*）管理他的财产。这些行省继续设有元老财务官，用于监督国家的财政事务，就像共和时代那样。[3] 剩下的"皇帝的"行省在公元前27年被划给了作为代执政官的奥古斯都本人管辖，但他通过自己选中的享有大法官权的皇帝代表来统治它们。在这些地区，比如叙利亚和近西班牙（Hispania Citerior），他的皇帝代理官对皇帝本人的事务和国家财政都享有权威。[4] 现代学者通常把这些官员称为"行省"或"财政"代理官，以区别于公共代执政官行省的财产管理官。[5] 这些行省代理官负责收缴

---

[1] 这点得到了广泛认可：比如，见 Mommsen 1887–8: III, 557–8; Sherwin-White 1939:14; Pflaum 1950:5–9; Nicolet 1974:425–31; Kienast 2009:190。
[2] Dio 53.15.3; Brunt 1990c; Burton 1993; Eich 2005:98–105; Eck 2009a:232–3.
[3] 关于对财务官的任命，见 R. Birley 1981:12–13，关于他们继续拥有司法权，见 Kantor 2011:157。
[4] Strabo 17.840. 不过，这些关于中有许多在奥古斯都时期并无确凿的证据，见 Brunt 1983:69 的名单。
[5] Eich 2005:104–5.

直接税，管理由包税人征收的间接税，为军队提供军饷和后勤保障等。① 埃及行省在结构上是个特例，因为它的行政管理体系是从之前的托勒密王朝统治者的制度改造而来。② 在这里，长官的代表是另一位骑士官员，被称为亚历山大里亚执法官（*dikaiodotes* 或 *iuridicus Alexandreae*），负责司法事务，而"专门账户管理人"（*idios logos*）相当于行省代理官。③ 所有这些骑士官员都领取固定年薪。后来，他们被分成具体的薪俸等级，但这种等级体系在奥古斯都统治时期似乎并不存在。④ 关键在于，行省和财产代理官都直接对奥古斯都本人而不是行省总督负责，无论总督是元老代执政官还是皇帝特使。⑤ 通过这种做法，罗马帝国的很大一部分都显而易见地被当作贵族私产管理。

"恺撒·奥古斯都的代理官"（*procurator Caesaris Augusti*）这个完整的头衔强调了这些骑士官员都是元首的个人代理，而不是国家任命的。⑥ 比如，据记载，昆图斯·屋大维乌斯·萨吉塔（Q. Octavius Sagitta）"担任过凯撒·奥古斯都的代理官，其中在温德里卡、莱提亚人中间和波尼纳山谷四年，在西班牙行省十年，在叙利亚两年"。⑦ 但元首和国家的财产之间的界限很快变得模糊，特别是当官员开始越权

---

① Brunt 1990b:165 - 6; Eck 2009a:232 - 3.
② Pflaum 1950:33; Bowman 1996a:682 - 6; Eich 2007.
③ Strabo 17.797.
④ Dio 53.15.4 - 5; Suet. *Aug.* 36（细节不那么多）; Pflaum 1950:30 - 3。狄奥笔下的"马伊克纳斯"向奥古斯都提议为元老（52.23.1）和骑士（52.25.2）设立薪俸。关于薪俸级别体系，见本书第七章。
⑤ Eich 2005:106 - 24. 当然，就像 Millar 1989 所指出的，公共和皇帝行省的治理方式没有真正的区别。
⑥ Sherwin-White 1939:14 - 15.
⑦ AE 1902,189 = ILS 9007: *procurat(or) Caesaris | Augusti in Vindalicis et Raetis et in valle Poe | nina per annos IIII et in Hispania provincia | per annos X et in Suria biennium*. 这个职位设立于公元前15—前11年左右，在这些阿尔卑斯山地区最初的臣服之后（Laffi 1977:376 - 7）。

时。① 公元前4年，叙利亚的代理官萨宾努斯（Sabinus）给奥古斯都的元老军团长普布利乌斯·昆克提里乌斯·瓦卢斯（P. Quinctilius Varus）惹了个大麻烦。他引发了犹太人叛乱，导致后者向耶路撒冷进军，夺取了希律王的财产，迫使瓦卢斯前去营救。② 公元23年，亚细亚行省的皇帝财产代理官卢基利乌斯·卡皮托（Lucilius Capito）因为向士兵下令而被元老院传讯。提比略皇帝指出，这超出了卡皮托的官方权限，此人只被允许管理"他的奴隶和私产"（*in servitia et pecunias familiares*）。③ 不过，在整个公元1世纪期间，财产代理官的权威超出了对皇帝财产的管理，扩大到包括代表国家履行职责，诸如监督税收。④ 在克劳狄乌斯统治时期，代理官被正式赋予了额外的司法权力——至少涵盖了管理皇帝的财产（很可能还不止于此）——此举得到了元老院决议的确认。⑤ 公元62年的《亚细亚关税法》（*lex portorii Asiae*）规定，两个群体之间的争执——很可能是包税人和旅行者——应交由亚细亚的骑士代理官处理，而那里是元老院代执政官行省。⑥ 克劳狄乌斯将这种管辖权授予代理官的决定，引来塔西佗对骑士权力增长的质疑，认为这是对国家及其行政官权威的挑战。⑦ 伴随着君主制回归罗马而来的是一个用于管理元首自身事务的新的行政

---

① 相关讨论见 Millar 1964a：184；Brunt 1983：53－4，1990b：166－7；Talbert 1996：340－1。关于释奴代理官，另见 Weaver 1972：267。
② Jos. *AJ* 17. 250－268, 286－294，*BJ* 2. 16－17（Millar 1965b：362 引用了精彩的例子）。
③ Tac. *Ann.* 4. 15. 2；Dio 57. 23. 4－5.
④ Brunt 1990b：166－7；Burton 1993：16－20. Demougin 2007 全面考察了代理官的责任。
⑤ Millar 1964a：187，1965b：367；Brunt 1990b：166－8；Eich 2005：137－45；Demougin 2007：275；Kantor 2011. 关于皇帝庄园，见 Fuhrmann 2011：196－9。
⑥ *ME* ll. 147－9. 见 Cottier et al. 2008：160－2 的评论，Kantor 2011 对其做了补充和新的解读。
⑦ Tac. *Ann.* 12. 60. 3－4.

机构，但这些官员最终将不可避免地被认可为国家的代理人。

拥有长官头衔的骑士还被派去监管帝国的特定地区，这些地区通常是（尽管并不总是）元老军团长治下较大区域的一部分。[1] 其中一些人的头衔是"城邦长官"（praefectus civitatium）或"民族长官"（praefectus gentium），表示他们对特定民族的权力。[2] 斯特拉波看到了这一发展，在作品中写下任命骑士长官统治蛮族已成为公认的做法。[3] 尽管这是一个相当简单的提法，但它反映了一个事实，即地区长官经常被派往最近并入帝国的地区。这些地区要么是沿边境的，要么是地中海的岛屿，比如阿尔卑斯山区和莱提亚，伊利里库姆的一部分、巴利亚利群岛和科西嘉。[4] 在帝国东部，由骑士长官控制从前的藩属王国是惯例，比如犹地阿（奥古斯都时期）和科玛吉尼（提比略时期）。这两个地区的骑士行政官对叙利亚的元老总督负责。[5] 地方长官本身往往是从军中晋升的骑士。[6] 这些新职位使奥古斯都可以确保昔日的独立王国或民族能够处于罗马特别代表的控制之下。正如法奥罗（Faoro）所言，奥古斯都及其继任者选择骑士而不是元老来担任这些职务反映了某种行政实用主义。[7] 不过，并没有硬性规定。比如，在科提乌斯阿尔卑斯（Cottian Alps）地区被奥古斯都征服后，之前的国王马尔库斯·尤利乌斯·科提乌斯（M. Iulius Cottius）在公元

---

[1] Brunt 1983:55-6; Demougin 1988:723-4; Eck 2009a:246-7; Faoro 2011:81-9, 124-7. 案例研究见犹地阿的例子，Ghiretti 1985 对其做了考察。
[2] Faoro 2011:124-5.
[3] Strabo 4.6.4.
[4] Faoro 2011:124-6.
[5] Faoro 2011:109-14,116-17. 关于犹地阿的证据长久以来都对长官的身份问题带来疑问（比如，见 A. H. M. Jones 1960:119），但现在已被解决（Ghiretti 1985; Eck 2008; Faoro 2011:88-9）。著名的本丢·彼拉多的铭文中记录说，他的头衔是"犹地阿长官"（praefectus Iudaeae, CIIP 1277）。
[6] Brunt 1983:55; Demougin 1988:723; Faoro 2011:89-106.
[7] Faoro 2011:124.

前13年到前9/前8年之间的某个时候成为城邦长官。① 没有证据显示科提乌斯有骑士身份，尽管通常认为他在获得罗马公民权和被任命为长官后就得到了这种身份。② 科提乌斯阿尔卑斯并非骑士长官管辖的普通地区；它代表了对藩属国王体系的修改：国王被授予罗马人的称号，并热情接受了自己的新身份。③

由此可见，奥古斯都的元首制给了骑士们一系列为政府服务的新机会，这是共和时代所没有的，并在他的继任者统治下得到了进一步的发展。因此，古代材料中几乎没有提及对他们的任命就很奇怪了。埃克（Eck）提出，设立这些职位的背后没有系统的计划，它们大多是在奥古斯都的元首制期间临时创造的。④ 这无疑是对的，我们不应认为奥古斯都有设立骑士官职阶序的宏大计划，类似于元老的生涯路径。⑤ 但与此同时，他把一系列司法、财政和行政职能交给了骑士，这无疑非常重要。这代表了罗马政府性质的根本变化，因为它让骑士同元老一起为国效劳，那对西塞罗来说是无法理解的。⑥ 苏维托尼乌斯讨论了奥古斯都设立一系列新的元老职务背后的理由，"好让更多人（即元老）能够参与国家行政事务"（*quoque plures partem administrandae rei p. caperent*）。⑦ 这是为了将元老院及其成员纳入统治框架的协同举措，以便表明他们仍能在帝国中扮演重要的角色，尽管独

---

① *RG* 26.3；Roncaglia 2013:354, 357.
② 比如，Cooley 2009:223；Roncaglia 2013:359；Cornwell 2015:62。在苏萨拱门上的铭文中（*CIL* V 7231 = *ILS* 94），科提乌斯没有被冠以"骑士"或"罗马骑士"的头衔，这在该时期的碑铭中并不令人意外，并不意味着他不具备骑士身份。
③ Faoro 2011:89-90. 关于科提乌斯对自己的罗马身份的表达，见 Cornwell 2015。
④ Eck 2009a:229-31.
⑤ 本书第七章将对此做更多讨论。
⑥ 见本书第二章。
⑦ Suet. *Aug*. 37；Daguet-Gagey 2011.

裁已经兴起。① 苏维托尼乌斯可能认为，由于骑士从未担任过这些官方职务，不必用新职位来安抚他们；因此在讨论中他们被略去了。② 奥古斯都本人做出了大量努力来确保骑士等级在他的新国家中扮演重要的意识形态角色。③ 因此，如果他不把任命他们担任行政职务视作这一融合过程的一部分，反倒显得奇怪。只有卡西乌斯·狄奥笔下马伊克纳斯的发言将设立骑士长官和代理官描绘成有条理的计划。④ 马伊克纳斯声称，因为对他们的任命将确保"许多人获益，掌握统治经验"。⑤ 这可能是公元3世纪时的事后之见，但更可能的情况是，狄奥认识到其背后有更大的战略。显然，奥古斯都看到骑士等级成员有未开发的潜力，可以通过一系列财政、行政和管理方面的角色来为他和国家效劳。

在奥古斯都的营中

共和时代晚期，骑士可以担任形形色色的官方职务，尽管它们并没有被组织成有条理的体系或等级。骑士等级的成员可以竞选24名军政官之一，由人民在百人队大会上选出。这些职位只为四个军团提供了军官，剩下的军长官都由元老指挥官任命。⑥ 军政官职务并不仅限骑士担任。元老也可以被任命为军政官，尽管到了共和时代晚期，

---

① Eck 2009a:230.
② 这解释了 Suet. *Aug.* 37 出于主题原因对他们的省略。当 *Aug.* 38.3 - 40.1 讨论骑士时，苏维托尼乌斯强调的是他们作为一个等级的集体统一性。
③ 见本书第五和第八章。
④ Dio 52.24.1 - 25.6.
⑤ Dio 52.25.4: ὅπως καὶ ὠφελῶνται ἅμα συχνοὶ καὶ ἔμπειροι τῶν πραγμάτων γίγνωνται.
⑥ Suolahti 1955:35 - 42; Harmand 1967:349 - 58; Demougin 1988:283 - 5.

最显赫的元老家族并不会追求这些指挥职务。[1] 根据作战军团的数量,军政官的总数也有所不同。从公元前 25 年开始,奥古斯都下辖 28 个常设军团,其中 3 个在公元 9 年条顿堡森林的惨败中被歼灭,使得总数减少为 25 个。[2] 传统上,军政官会两人一对轮流指挥军团,但在共和时代晚期,特别是在恺撒统治时期,元老军团长开始承担这一责任。[3] 除了军政官,还有一些统帅非公民辅助军部队的骑士军官也拥有"长官"头衔。[4] 这些职务包括同盟军长官(*praefectus socium*,统帅同盟军部队)以及骑兵长官(*praefectus equitum*,统帅骑士和非骑士部队)。[5] 共和时代后期,骑兵长官的职务变得尤为重要,因为它拥有独立的部队指挥权。骑兵长官并不压倒军政官的权威,因为后者原本是人民选出的行政官职务。[6] 我们还应加上工程兵长官这个特别的例子,他们是指挥官的首席参谋或副官。[7] 长官头衔还可以被授予扮演行政而非军事角色的参谋官。[8] 这些职务的候选人是由负责军队的元老级总指挥官任命的。

奥古斯都花了大力气来照管罗马军队,在三头时期的混乱后,他削减了军团数量,为士兵定了固定的服役时间和退伍金,并设立了新的税收与军费财库来筹集和管理军饷及退伍金。[9] 不过,他没有对军官等级体系进行全面重组,该体系在他的元首统治和几位继任者治下

---

[1] Suolahti 1955:140-5;Wiseman 1971:143-7.
[2] Keppie 1984:115-25, 177-83. Dio 55.23.2-24.4 做了综述,可与 Swan 2004:158-68 一起阅读。此后,军团的数量继续波动;Demougin 1988:301 提供了一份有用的关于各时期所需军政官的表格。
[3] Rankov 2007:38.
[4] Keppie 1984:98-100; Rankov 2007:50-2.
[5] Suolahti 1955:198-205.
[6] Suolahti 1955:203-4; Harmand 1967:359-60; Demougin 1988:283-4, 295-6.
[7] Suolahti 1955:205-9; Harmand 1967:362-6; Dobson 1966:62-4; K. Welch 1995.
[8] Harmand 1967:360.
[9] Keppie 1984:146-9; B. Campbell 1984:157-76.

继续发展。奥古斯都任命直接向他负责的元老军团长而非军政官来指挥军队。① 每个军团仍有6名军政官：其中的宽边袍军政官（*tribunus laticlavius*）来自元老家族，而其他的是窄边袍军政官（*tribuni angusticlavii*）。② 理论上说，这两个群体都属于骑士等级中的"青壮者"（*iuniores*），但不同的头衔和等级更准确地表明了他们的地位，与奥古斯都区分骑士和元老的其他举措保持一致。③ 元老等级的宽边袍军政官往往年近二十，而骑士军政官的年龄从18到50不等。④ 奥古斯都特别专注于鼓励元老参军，苏维托尼乌斯将这描述成他为了让元老在自己的新国家中占有重要地位而付出的努力的一部分。⑤ 奥古斯都不仅任命元老之子担任军长官，还安排他们作为骑兵长官统帅骑兵，每支部队分配两名这样的宽边袍长官。⑥ 这种特别的做法在奥古斯都统治结束后似乎被抛弃，此后骑兵指挥权完全由骑士军官掌握。另一个名为大队长官（*praefectus cohortis*）的职务——指挥辅助军步兵或骑步兵混编部队——当部队是在帝国内募集时由骑士担任，在境外招募时则由来自部队所属部落的军官担任。⑦ 在罗马共和国的最后一代人中，工程兵长官职务曾被交由将军议事会的骑士成员担任，让他们能够拥有符合自己身份的头衔，这种模式在整个奥古斯都时代得到了延续。⑧ 有资格担任这些军职的骑士背景各异：可能是直接从平

---

① Devijver 1970:75; Keppie 1984:149-50; Saddington 2003:23.
② Suet. *Aug.* 38.2; Dio 53.15.2-3.
③ Nicolet 1984:92-3; Demougin 1988:289; Louis 2010:314. 关于帝国时代的骑士等级成员身份，见本书第五章。
④ E. Birley 1949:9-10.
⑤ Suet. *Aug.* 37.1-38.2. 虽然就像 Louis 2010:313-14 所指出的，就军政官而言，这并不太有革命性。
⑥ Suet. *Aug.* 38.2 弄错了年代，使用了后来的头衔"侧翼长官"（*praefectus alae*, Wardle 2014:296）。
⑦ Demougin 1988:344-7.
⑧ K. Welch 1995:144-5.

民被任命担当此职,或者从前是首席百人队长(primipilares)。① 百人队长最初由其战友选出,但他们的社会背景在公元前1世纪发生了改变,就像我们从担任该职的家乡贵族或骑士身上证实的。② 因此,除了决心鼓励拥有良好背景、条件合适的公民来寻求这些职务,对军队指挥官并没有全面的系统化或安排。

所有骑士指挥官职位都需要得到奥古斯都的正式批准,他有时会亲自选择候选人。③ 因此,这个职位是皇帝的恩赏(beneficium)。④ 在实践中,委任是根据行省总督的推荐做出的,总督依靠同僚和朋友的意见来提名合适的候选人。⑤ 骑士军官们认识到,他们的任命取决于元首或他的某个代表。军官马尔库斯·维勒伊乌斯·帕特尔库鲁斯在他的史书中对自己生涯的描绘可以证明这点。⑥ 维勒伊乌斯的父亲和祖父都是骑士军官,在色雷斯和马其顿担任过军政官,然后加入了盖乌斯·恺撒在叙利亚的部属。⑦ 后来,他在公元4年被调往日耳曼,在提比略手下担任骑兵长官。维勒伊乌斯对他的新指挥官不吝溢美之词,宣称"在一路担任骑兵长官和军团长的9年间,我见证了他神样的成就"(caelestissimorum eius operum per annos continuos novem praefectus aut legatus spectator)。⑧ 他是在提比略被奥古斯都收养后不久获得这一任命的,因此可以理解他为何急于指出自己被提升为骑兵

---

① Devijver 1970:73; Demougin 1988:290.
② Potter 2010:321 – 5.
③ Dio 52.15.2; Millar 1977:284 – 5.
④ *OLD* s.v. *beneficium* 2; Saller 1982:41 – 69.
⑤ E. Birley 1949:11 – 13, 16; Saller 1982:46 – 7; A. R. Birley 2003:3 – 6. 参见 Cotton 1981,他认为在某些情况下,行省总督有最终决定权。
⑥ Levick 2011 对维勒伊乌斯的生涯做了非正统的描绘。
⑦ *PME* V 64; Vell. Pat. 2.101.2 – 3. 维勒伊乌斯被任命为叙利亚总督的时间很可能是公元1年或2年(Woodman 1977:127)。
⑧ Vell. Pat. 2.104.3.

指挥官同获得元首之子垂青之间的联系。①

维勒伊乌斯的语言乍看之下不过是过度的恭维，但就像萨丁顿（Saddington）所指出的，这事实上是他试图把自己同皇族联系起来的典型做法。② 与维勒伊乌斯同时代的骑士的生涯没有出现在书卷中，而是以记录他们官方职务的铭文形式出现在石头上。③ 第一个例子被刻在近西班牙行省的萨贡图姆（Saguntum）的一尊雕像底座上：

> 致卢基乌斯·弗尔维乌斯·莱索，卢基乌斯之子，神圣的奥古斯都的军政官。昆图斯·法比乌斯·尼格尔，昆图斯和卢基乌斯之父，为他们的外公所立。④

法比乌斯·尼格尔是当地的行政官和祭司，因此是萨贡图姆的一位显赫成员。⑤ 通过为自己的丈人、在皇帝军中担任过军官的弗尔维乌斯·莱索竖立雕像，他让自己的家族和帝国政权之间建立了联系，这种联系只会有利于增进他们在萨贡图姆的威望。⑥ 我们的第二个例子是来自日耳曼的莫贡提亚库姆（Mogontiacum，今美因茨）的格奈乌斯·佩特罗尼乌斯·阿塞里奥（Cn. Petronius Asellio）的纪念碑（图4.1）。这为维勒伊乌斯的生涯和他从提比略那里获得的垂青提供

---

① Woodman 1977:136 – 7.
② Saddington 2000:169，2003.
③ Devijver 1999:251 – 2; Saddington 2000:168 – 71.
④ *PME* F 93; *CIL* II 3852 = II. 14. 1. 336: *L(ucio) Fulvio L(uci) f(ilio) | Lessoni | trib(uno) mil(itum) divi Aug(usti) | Q(uintus) Fabius Niger Q(uinti) et L(uci) | pater avo materno.*
⑤ *CIL* II 3863 = II. 14. 1. 360; N. Schäfer 2000:119.
⑥ 被称为"奥古斯都的"军官的骑士还有：马尔库斯·尤尼乌斯·普罗库鲁斯（M. Iunius Proculus, *CIL* X 6309）；尤尼乌斯·波西奥多尼乌斯（Iunius Posiodonius, *IGR* IV 1626，由 Demougin 1992a:151 定年）。

图 4.1 格奈乌斯·佩特罗尼乌斯·阿塞里奥的纪念碑,美因茨

了直接的类比：

> 格奈乌斯·佩特罗尼乌斯·阿塞里奥，格奈乌斯之子，庞普提努斯部落，提比略恺撒的军政官、骑兵长官和工程兵长官。[1]

公元4年到12年间的某个时候阿塞里奥于日耳曼在提比略的麾下效力。[2] 纪念碑上的图像证明了他对自己的骑士军旅生涯的骄傲，图像中有骑士的小圆盾和投矛，它们已经成为该等级在三头时期和奥古斯都时期的军事图像的关键部分。[3] 这块纪念碑立在莫贡提亚库姆的城门外，旨在确保阿塞里奥作为受提比略垂青的军官被铭记，就像维勒伊乌斯希望通过自己的史书来让他和提比略的关系变得不朽一样。维勒伊乌斯对他在"提比略恺撒的营中"（castrorum Ti. Caesaris）服役的描绘，在其他书面和碑铭文本中得到了印证。即便是本人不对元首或他的家族成员负责的军官，也会用"在恺撒的营中"（in castris Caesaris）作为从军的代名词。[4] 执政官马尔库斯·科塔·马克西姆斯（M. Cotta Maximus）的释奴马尔库斯·奥雷利乌斯·佐西姆斯（M. Aurelius Zosimus）的墓志铭中有一首诗记录了马克西姆斯对佐西姆斯及其家人的恩赏，包括授予他儿子科塔努斯军政官之职。[5] 墓志铭中说，马克西姆斯"曾在恺撒的营中英勇效力"（fortis | castris Caesaris emeruit）。对这一表达最引人注目的使用出现在来自叙利亚

---

[1] PME P 21; CIL XIII 6816: Cn(aeus) Petronius | Cn(aei) f(ilius) Pom(ptina tribu) | Asellio | trib(unus) militum | praef(ectus) equit(um) | praef(ectus) fabrum | Ti(beri) Caesaris.
[2] Devijver 1991b: 248-9.
[3] 见本书第三章。
[4] 比如，Propertius, Eleg. 2.10.4 使用了类似的表达（castra ducis）。
[5] CIL XIV 2298 = ILS 1949.

贝鲁特的一段铭文，其中记录了骑士昆图斯·埃米利乌斯·塞孔都斯（Q. Aemilius Secundus）的生涯。事实上，这段铭文是塞孔都斯的儿子和一位女释奴的墓碑的一部分，但相比于对塞孔都斯本人成就的详细记述，这些几乎被完全忽视了：

> 昆图斯·埃米利乌斯·塞孔都斯，昆图斯之子，帕拉提努斯部落，在神圣的奥古斯都营中，隶属于奥古斯都·恺撒的叙利亚军团长普布利乌斯·苏尔皮基乌斯·奎里尼乌斯，担任过奥古斯都第一大队长官和第二舰队大队长官。我还在奎里尼乌斯的命令下对阿帕梅那城邦进行了人口调查，那里的公民为11.7万人。我还被奎里尼乌斯派往黎巴嫩山对战伊图莱亚人，夺取了他们的要塞。在入伍之前，我在财库被两位执政官登记为工程兵长官。① 我在殖民市担任过财务官、两次营造官、两次双执法官、大祭司。这里安息着我子昆图斯·埃米利乌斯·塞孔都斯，昆图斯之子，帕拉提努斯部落，以及我的释奴埃米利娅·基娅。此墓不会再有后代加入。②

---

① "在财库登记"（*delatio ad aerarium*）确认了塞孔都斯是被发放全部兵饷的参谋军官（Millar 1964b: 37-8）。
② CIL III 6687 = ILS 2683: *Q(uintus) Aemilius Q(uinti) f(ilius) | Pal(atina tribu) Secundus [in] | castris divi Aug(usti) [sub] | P(ublio) Sulpi[c]io Quirinio le[g(ato) Aug(usti)] | [Ca]esaris Syriae honori | bus decoratus pr[a]efect(us) | cohort(is) Aug(ustae) I pr[a]efect(us) cohort(is) II classicae idem | iussu Quirini censum egi | Apamenae civitatis mil|lium homin(um) civium CXVII | idem missu Quirini adversus | Ituraeos in Libano monte | castellum eorum cepi et ante | militiem (sic) praefect(us) fabrum|delatus a duobus co(n)s(ulibus) ad ae|rarium et in colonia | quaestor aedil(is) II duumvir II | pontifexs (sic) | ibi positi sunt Q(uintus) Aemilius Q(uinti) f(ilius) Pal(atina tribu) | Secundus f(ilius) et Aemilia Chia lib(erta) | h(oc) m(onumentum) amplius h(eredem) n(on) s(equetur).*

塞孔都斯用第一人称描绘自己生涯的方式，让人想起了公元前2世纪一位佚名的罗马元老在波拉的一块石头上描绘自己修筑道路和抓捕奴隶的成就。① 这种风格让他的军旅生涯显得近在眼前，栩栩如生。塞孔都斯的叙述贴切地涵盖了元首制下的军事指挥官结构：虽然直接受命于元老等级的军团长普布利乌斯·苏尔皮基乌斯·奎里尼乌斯，但他事实上是在奥古斯都的"营中"效力。

这些骑士指挥官职务充当了社会流动的渠道。有两段铭文显示了这点。首先是来自科尔菲尼乌姆（Corfinium）的一位未具名女性的残破的墓志铭，她在其中骄傲地回顾了自己家族的成就：

> 与一个男人结婚，琴瑟和谐39载后，她来到了生命的终点，留下了三个孩子。其中一个奉奥古斯都·恺撒命担任自治市的最高职务，另一个在这位奥古斯都·恺撒的军营中担任骑士等级的最高职务，并被指定晋升为最高等级，她最贞洁的女儿嫁给了一个极为正直的人，二人育有两孩［外孙］。②

在这段墓志铭中，女人的儿子们的成就被直接与奥古斯都的垂青联系了起来。与维勒伊乌斯和前述其他例子一样，她的第二个儿子在皇帝军中效力，在担任骑士军职后甚至晋升为骑士等级。铭文的语言让人

---

① *CIL* I² 638. 关于波拉石在当时史无前例性，见 Bernard, Damon and Grey 2014：971-3。

② *CIL* IX 3158 = *ILS* 2682：... *annos XXXVIIII u[n]i | nupta viro summa cum | concordia ad ultumum (sic) | diem pervenit tres ex [e]o | superstites reliquid (sic) liberos | unum maximis municipi(i) honorib(us) | iudiciis Aug(usti) Caesaris usum | alterum castre(n)sibus eiusdem | Caesaris August(i) summis [eq]u[es] | tris ordinis honoribus et iam | superiori destinatum ordini | filiam sanctissimam probissimo | viro coniunctam et ex ea duos | [nepotes] ...*

第四章　通往元首制的道路

想起瓦雷利乌斯·马克西姆斯对乌尔比努姆的提图斯·马里乌斯（T. Marius）的描述，"凭着神圣的奥古斯都皇帝的恩赏，他从最低的军职晋升为军营中的最高职位"（qui ab infimo militiae loco beneficiis divi Augusti imperatoris ad summos castrenses honores）。①

第二个例子是位首席百人队长的生涯，他通过一系列军职得到晋升，包括奥古斯都新设立的军营长官（praefectus castrorum）。这个职务最初是为了监督驻扎在同一军营中（由此得名）的各军团或辅助部队，但后来隶属于某个军团。② 我们的这位军官来自纳尔波高卢的阿尔勒（Arles），并以如下方式被铭记：

> 根据市议员的决议，鉴于其对国家的功绩，献给提图斯·尤利乌斯［Titus Iulius?］，提图斯之子，泰雷提努斯部落，两次担任首席百人队长，两次担任军政官，两次担任骑兵长官，军营长官，工程兵长官，舰队长官，荣耀和勇气团成员，两次担任双执法官，奥古斯都祭司，罗马和奥古斯都·恺撒的祭司。③

对提图斯和其他像他一样通过一系列军职的晋升而获益的军官来说，在这些铭文中历数他们的生涯，是公开展现他们对从军感到骄傲的一种方式。这些例子不仅展现了奥古斯都时代通过军队和军官职位实现

---

① Val. Max 7.8.6. 他通常被认为是 CIL IX 6058 中那位马里乌斯·西库鲁斯（Marius Siculus）（Nicolet 1974:946-7; Demougin 1992a:38-40; Osgood 2006:272-3）。"军营中的最高职位"（summi castrenses honores）在奥古斯都时代被广泛用来表示骑士军队指挥官（Nicolet 1984:99; Linderski 2002:578）。
② Saddington 1996:244-5. 关于这一职务的责任，见 R. W. Davies 1989:37。
③ PME I 13; AE 1954, 104: d(ecreto) d(ecurionum) | [ob] merita in r(em) p(ublicam) | [T(ito) Iul]io T(iti) f(ilio) Ter(etina tribu) | [prim]o pilo bis | [tribu]no militum bis | [pr]aefecto [e]quitum bis | [pr]aefecto castrorum | [p]raefecto [fa]brum | praefecto navium | ex conlegio Honoris | et Virtutis | IIvir(o) bis August[ali] | flamini Romae et [Aug(usti)] | Caesar[is]. 他的生涯是在奥古斯都统治之初（Demougin 1992a:80-1）。

202

社会流动的潜在可能，而且揭示了个人和家族的自豪，这促使他们对外展示这些成就。奥古斯都让骑士的勇武传统为自己所用，通过军官集团将意大利和行省精英同他联系在一起。①

奥古斯都特别急于确保意大利的家乡贵族在军队和国家中有一席之地。苏维托尼乌斯的《奥古斯都传》写道：

> 为了让任何地方都不缺大量体面的公民，也为了让平民少诞育后代，他根据每座城镇的公开推荐让寻求成为骑士军人者得到任命，而在他视察的意大利地区，凡是能够向他证明育有子女者，他每孩给一千塞斯特斯。②

苏维托尼乌斯把这描绘成了打造罗马城和整个意大利之间的联系而采取的一系列措施的一部分。③ 关键在于，奥古斯都的动机不是为了增加对军官候选人的供应，以弥补他察觉到的短缺。相反，这是为了确保没有哪座城市缺乏"大量体面的公民"（honestorum … copia）；因此，此举的理由是，城中的军政官会壮大体面公民的队伍。就像达姆斯（D'Arms）所指出的，这一举措事关地位，而非军队。④ 我们已经注意到，为罗马服兵役是如何在公元前1世纪下半叶成为意大利人纪念碑上的自我展现中一个新的和日益重要的方面。⑤ 苏维托尼乌斯在很大程度上忽视了更大的画面，即奥古斯都致力于让骑士——这里指

---

① 关于共和时代的骑士美德，见本书第三章。
② Suet. *Aug.* 46: *ac necubi aut honestorum deficeret copia aut multitudinis suboles, equestrem militiam petentis etiam ex commendatione publica cuiusque oppidi ordinabat, at iis, qui e plebe regiones sibi revisenti filios filiasve approbarent, singula nummorum milia pro singulis dividebat.*
③ Louis 2010:262 - 3；Wardle 2014:340 - 6.
④ D'Arms 1988:57.
⑤ 见本书第三章。

的是那些来自意大利城镇的——在他的国家中有明确的角色（这一想法实现了西塞罗的梦想，就像我们在上一章中探讨过的）。上述措施特别面向在意大利殖民市定居的老兵和他们的后代，这些人现在已经在城市贵族中站稳了脚跟。[①] 碑铭记载中有将近 30 个这类骑士的例子，他们拥有"人民［选举］的军政官"（tribunus militum a populo）头衔。[②] 尼科莱已经确凿地表明，这些军政官只是证实了奥古斯都时代意大利的情况，由他们自己的城市而非罗马选出，因而确证了苏维托尼乌斯的描述。[③] 他们在意大利中部特别突出，诸如在翁布里亚、拉丁姆和坎帕尼亚等地区，而来自卢卡尼亚和布鲁提乌姆的例子则寥寥无几；这种分布很大程度上复制了共和时代末骑士在意大利的分布情况。[④] 这些"人民的军政官"是否真正在军中服役尚无定论。尼科莱推测答案是肯定的，但达姆斯表示那只是荣誉职位，依据是这些军政官都没有注明自己的军团或统帅，而这些往往是当时碑铭中的标准做法。[⑤] 他们可能是一种带有装饰性的"预备役军官"，有可能在战时被征召，但事实上从不会真的被要求服役。

在奥古斯都的时代，骑士军官并不在"皇帝的军队"中效力，如果这么说就是弄错了年代。其实，与共和时代他们在元老将领的统帅下作战的先辈一样，他们是奥古斯都·恺撒或者他的养子提比略，或是尤利乌斯-克劳狄乌斯家族的其他皇子的士兵。[⑥] 军官们对自己服

[①] De Blois 1994:340–5.
[②] Nicolet 1967b 收集了 26 个例子，还应该加上普布利乌斯·维吉尼乌斯·派图斯（P. Verginius Paetus, *AE* 1966, 120）和奥雷利乌斯（Aurelius, *AE* 1969/70, 180）。
[③] Nicolet 1967b:52, 55, 75–6 确认了 Syme 1939:364 n. 1 提出的暗示。D'Arms 1988:56 也指出，这些军政官来自没有出过元老的市镇。
[④] Nicolet 1967b:55–7.
[⑤] Nicolet 1967b:68; D'Arms 1988:57.
[⑥] 比如，见日耳曼尼库斯·恺撒（*CIL* XI 969, 5289）和小德鲁苏斯（*AE* 1955, 291; *CIL* III 14712）的长官。

役的看法的这种延续性,清楚地表明共和时代和元首制之间没有大的断裂。奥古斯都这位统帅的军队已经成为国家的军队。从军者的话表明,军官们非常清楚自己的命运取决于奥古斯都或其家族的恩庇。在维勒伊乌斯·帕特尔库鲁斯的史书中看到这种认知并不令人意外,他与新贵族的重要成员关系密切。① 不过,那位来自科尔菲尼乌姆的无名女性表现出同样的认知,称她儿子"担任骑士等级的最高职务"是元首的恩赐,这显示了奥古斯都的统治对罗马社会的渗透程度。记录骑士军官服役的铭文将他们的个人成就同皇帝的青睐联系了起来。这表明,一直以来作为骑士等级关键组成部分的骑士军事指挥权已经被成功地纳入了新的君主制罗马国家的新框架中。骑士军官同时为罗马和元首效劳。

新秩序中的陪审员和包税人

奥古斯都的元首制重塑了骑士等级成员同国家之间的关系。权力、影响和官职取决于元首本人,是元首让骑士有了担任最高层次的财政和行政职务的新机会。奥古斯都确保了骑士通过担任军官继续作为罗马军队的一员。但这让我们产生了疑问:作为共和时代最耳熟能详的两个骑士职业,陪审员和包税人身上发生了什么?就像我们将要看到的,尽管陪审员和包税人在帝国时代仍然存在,但他们的政治重要性在新的国家中急剧下降。②

---

① 关于维勒伊乌斯对新的罗马国家的看法,见 Lobur 2011:210-15 的评论。
② Brunt 1983:43; Demougin 1988:443.

(i) 陪审员

刑事法庭的性质在元首制早期发生了重大变化。公元前70年的《奥雷利乌斯法》让陪审团由元老、骑士和发饷人共同组成，在很大程度上解决了关于陪审团成员的直接冲突。但这并不意味着法庭不再是竞争和对抗的舞台，就像在第二章里，我们从西塞罗的演说和他用来打动在陪审团中占多数的骑士时的那些修辞中所看到的。公元前46年，盖乌斯·尤利乌斯·恺撒剔除了发饷人，结束了陪审团里的三分局面。① 但仅仅两年后，马可·安东尼引入了一个新的陪审员团，对他们的财产要求很可能是第一级别。② 虽然安东尼的立法在公元前43年被废止，但后来在三头统治下卷土重来。③ 这些改革表明了公元前40年代法庭继续具有的政治相关性。就像拉姆塞（Ramsay）所言，他令人信服地指出安东尼的新团体旨在让法庭上满是他的支持者，以确保对三头的司法豁免。④ 公元前28年左右，当屋大维打败安东尼，确保了自己的地位后，他便将这第三个陪审员团给了骑士。后来，很可能是作为公元前17年通过的更大的一揽子司法改革的一部分，奥古斯都增加了第四个陪审员团，对他们的财产要求是20万塞斯特斯（所以这些人被称为"两百法官"[*ducenarii*]）。⑤ 这部分新增的陪审员主要负责民事而非刑事案件。⑥ 在奥古斯都时

---

① Suet. *Iul.* 41. 2; Dio 43. 25. 1. 陪审员的总数仍然不变，因为元老和骑士数量的增加补了缺（Ramsay 2005:34）。
② Cic. *Phil.* 1. 2, 5. 12b – 16; Ramsay 2005:21 – 32.
③ Ramsay 2005:32 – 7.
④ Ramsay 2005:24, 31 – 2; Manuwald 2007:595 – 6.
⑤ Pliny the Elder, *NH* 33. 30; Suet. *Aug.* 32. 3, Ramsay 2005:35 – 7 的解读，得到了 Wardle 2014:265 的认同。关于公元前17年的改革，见 Bringmann 1973; Kienast 2009:186 – 7; Giltaij 2013。
⑥ Wardle 2014:265.

代，法庭上的元老和骑士陪审员继续审理叛国罪和偿还财产案等罪行，而这些法庭直到公元3世纪初还在工作。① 不过，与此同时，这些法庭在作为司法权威代表的元老院和皇帝本人面前丧失了重要性。在帝国时代，对于案件由皇帝、元老院还是法庭来审理并没有硬性规定：这常常取决于控方的愿望。② 奥古斯都在他的元首统治早期就获得了审理死刑案件的权力，尽管并没有任何法律如此规定。③ 皇帝常常在公共场所审案，诸如罗马广场或奥古斯都广场，尽管后来审判也可能关起门来进行。④ 关于罗马现在是君主制罗马国家的最有力证据来自奥维德的话，他说判他有罪的不是元老院或陪审团，而是元首。⑤

骑士陪审员的影响力下降尤其与法庭被移交给元老院有关。在奥古斯都的元首制早期，谋反案继续由叛国罪法庭审理。它在公元前23年末或前22年审判了马其顿总督马尔库斯·普利姆斯（M. Primus），后来还可能会审理科尔内利乌斯·伽卢斯案，如果后者没有自杀的话。⑥ 但到了提比略统治时期，这些案件大多由元老院审理，特别是当涉及元老时，这在整个元首制时期都将继续作为标准做法。⑦ 偿还

---

① Bauman 1968. 参见 Garnsey 1967. 至少在奥古斯都时期，元老继续坐在法庭上（Dio 55.3.2，Swan 2004:52），尽管在他的统治结束后，他们在多大程度上积极参与存在争议（Demougin 1988:444-9）。
② A. H. M. Jones 1972:94; Millar 1977:516-27.
③ Dio 55.7.2, Swan 2004:69. 虽然提比略偏爱在元老院或法庭上旁听，但他的继任者并非如此（Garnsey 1970:43-64; Bauman 1996:57-76）。
④ 关于整个元首制时代的审案场所的概述，见 Bablitz 2007:35-6; de Angelis 2010。关于克劳狄乌斯时期的非公开审判，见 Tac. *Ann.* 11.1-2.1, 13.4.2。
⑤ Ovid, *Tristia* 2.134-4.
⑥ Primus: Dio 54.3.1-8，年代见 Rich 1990:174-5。A. R. Birley 2000a:741-2 认为此人的名字不是狄奥所说的马尔库斯·普利姆斯，而是马尔基乌斯·普利姆斯，甚至可能是马尔基乌斯·克里斯普斯。Maecenas: Dio 52.3.7。
⑦ Garnsey 1970: 19, 33-4; A. H. M. Jones 1972: 94; Talbert 1984: 461-2; J. S. Richardson 1997.

第四章 通往元首制的道路

财产案也类似。公元前4年的《卡尔维西乌斯元老院决议》(senatus consultum Calvisianum) 设立了特别的元老法庭来审理行省滥用权力，与偿还财产案法庭并行，尽管似乎并没有长期运行。① 从公元22年开始，所有的偿还财产案都交由元老院或皇帝本人审理，无论被告是否为元老或骑士。② 奥古斯都设立了新的通奸罪法庭（quaestio de adulteriis）来审理通奸案，但该法庭往往只处理涉及非精英的案件；事关元老和骑士的通常由元老院或皇帝审理。③ 叛国、勒索和通奸这三种指控构成了罗马帝国时代政治生活中的某些交锋，它们被人用来指控自己的敌人，就像在共和时代那样。④ 仅举臭名昭著的提比略元首统治时期的一个例子：公元26年，阿格里皮娜的从表姐妹，普布利乌斯·昆克提里乌斯·瓦卢斯的遗孀克劳迪娅·普尔克拉（Claudia Pulchra）被格奈乌斯·多米提乌斯·阿费尔（Cn. Domitius Afer）指控通奸和叛国。就像塔西佗所揭示的，这场审判是精心计划的对阿格里皮娜的攻击的一部分。⑤ 阿费尔想要出名——就像塔西佗所说，"他的名声更多来自口才，而非德行"（prosperiore eloquentiae quam morum fama fuit）——后来他还指控了普尔克拉的儿子小昆克提里乌斯·瓦卢斯。⑥ 此类审判现在放在元老院进行，这个事实意味着骑士陪审员无法插手这些阴谋，不像共和时代，西塞罗会不遗余力地争取他们支持自己的当事人。⑦ 特别值得一提的是，针对元老的偿还财产

---

① Talbert 1984:464-5; Brunt 1990a:63-5.
② Garnsey 1970:20; Brunt 1990a:65-6, 499-500.
③ 关于奥古斯都的法令，见 Suet. Aug. 34.1; Gardner 1986:127-32; McGinn 2003:140-215。关于被告的身份，见 Garnsey 1970:24。
④ Garnsey 1970:21-2.
⑤ Tac. Ann. 4.52.1-3.
⑥ Tac. Ann. 4.52.4, 4.66.1.
⑦ 当然，这并不意味着骑士不参与政治阴谋。比如，Tac. Ann. 11.4.1-2 提到了那些据称允许弥涅斯特（Mnester）和波派娅（Poppaea）在其家中见面的骑士。

案指控现在由元老审理,此举代表了格拉古的计划最终被推翻。① 法庭常常做出对元老有利的裁决,这有点不可避免。② 另一种在共和时代的政治中扮演过重要角色的罪行是贿选(ambitus)。在奥古斯都时代仍会举行选举,因此这项指控延续了其重要性,元首在公元前 18 年和前 8 年分别通过了两部新的反选举腐败法。③ 不过,当选举案被转到元老院,赢得皇帝本人的支持成为成功的关键因素时,元老选举中的贿选指控在很大程度上就变得无关紧要。④

上述发展——让元老院和皇帝负责刑事审判——是君主制罗马国家诞生的一部分。不过,这些变化与奥古斯都确保刑事法庭继续在司法事务中扮演重要角色(或者至少让它们看起来如此)的努力是矛盾的。法庭被设在奥古斯都广场上显眼的开阔地带,把它们与新政权的行政体系紧密联系了起来。⑤ 奥古斯都会和他的元老助手一起审查陪审员名单,而三个陪审员团中的骑士被冠以"选定陪审员"(iudices selecti)的头衔("两百法官"则没有)。⑥ 骑士陪审员还拥有选举时在特定的百人队投票的特权,就像我们将在第五章中看到的。古代材料中称赞奥古斯都让公开庭审在不受明显干扰的情况下进行。比如,当他的密友卢基乌斯·诺尼乌斯·阿斯普雷纳斯(L. Nonius Asprenas)被控在宴会上对 130 人下毒时,奥古斯都本人没有介入,

---

① Brunt 1990a:64.
② Talbert 1984:471-3.
③ Dio 54.16.1,55.5.3; Suet. *Aug*. 34.1,40.2.
④ Wardle 2014:275,304.
⑤ Suet. *Aug*. 29.1; Bablitz 2007:28-9; Wardle 2014:225-6.
⑥ Staveley 1953:208-13; A. H. M. Jones 1955:16; Bringmann 1973:242; Duncan-Jones 2006:206-8, 2016:116-17. 关于皇帝及其委员会的挑选,见 Suet. *Aug*. 29.3, *Tib*. 41.1, *Claud*. 16.2; Tac. *Ann*. 3.30. 参见 Demougin 1988:462-78,他试图从碑铭上的不同头衔中分辨出不同类型的骑士陪审员,这似乎过于乐观。

第四章 通往元首制的道路

只是默默地坐在庭上。① 苏维托尼乌斯和卡西乌斯·狄奥都把此举视作皇帝讲理的标志。② 对提比略现身法庭的评价则更加莫衷一是。狄奥认为他是作为襄审员（assessor）出现在法庭上，塔西佗也承认皇帝的现身对司法过程产生了有绝对把握的影响。③ 不过，在苏维托尼乌斯笔下，他更多是一个介入者的角色，在审理案件时会提醒陪审团注意法律中的要点。④ 皇帝或皇族成员常常有合法的理由现身，比如安东尼·庇护的继承人、年轻的马可·奥勒留就担任过襄审员，作为对他未来的皇帝角色的某种训练。⑤ 当然，即便是被苏维托尼乌斯和卡西乌斯·狄奥视为积极例子的奥古斯都的现身也会引发不同的解读：皇帝出现在法庭上本身就足以表明他的意愿，并妨碍司法公正。这方面最著名的例子是卢基乌斯·李基尼乌斯·穆雷纳的举动，他负责为被控谋反的普利姆斯辩护。当奥古斯都来到法庭时，穆雷纳厉声问是谁叫他来的。⑥ 按照狄奥的说法，此事导致了法尼乌斯·卡伊皮奥和穆雷纳密谋反对奥古斯都。⑦ 元首的影响无处不在，即便他并不正式担任法官。

除了司法权威集中到了元老院和皇帝手中，或者可能正因如此，陪审工作开始被骑士视作负担。这与从格拉古兄弟到西塞罗那段时期截然不同，那时候这是一种被小心守护的特权。事实上，这种转变在奥古斯都时代发生得很快。作为对陪审工作不受欢迎的回应，元首轮

---

① Suet. *Aug.* 56. 3; Dio 55. 4. 2 – 3; Swan 2004:56 – 7; Wardle 2014:384 – 5.
② Rich 1990:222; Wardle 2014:384 – 5.
③ Dio. 57. 7. 6; Tac. *Ann.* 1. 75. 1.
④ Suet. *Tib.* 33; Lindsay 1993:124.
⑤ Fronto, *Ad M. Caes.* 4. 13（vdH^2 pp. 67 – 8）= Davenport and Manley 2014:91 – 2 (no. 22).
⑥ Dio 54. 3. 3.
⑦ Dio 54. 3. 4 – 8. 关于这场阴谋，见 Raaflaub and Samons II 1990:425 – 6, 432，他们认为这是针对奥古斯都的最赤裸裸的阴谋。

210

流给每个陪审员团豁免期（vacatio），还给了他们额外的假期。①但这并没有让陪审工作更有吸引力，仅举一例：小普林尼不得不提醒自己的朋友罗马提乌斯·菲尔姆斯（Romatius Firmus）注意，他有责任坐在法庭上。②奥古斯都想要尽量减少陪审员履职的时间，为此引入了第四个陪审员团，卡里古拉则引入了第五个。卡里古拉的名单中甚至包括行省人，以此来增加潜在候选者的数量。③这些行省骑士当然会前往意大利，坐上陪审席。来自小亚细亚特拉雷斯（Tralles）的盖乌斯·尤利乌斯·菲利普（C. Iulius Philippus）在他家乡的一条铭文中被描述为"罗马骑士，罗马的选定陪审员成员"(ἱππέα Ῥω|μαῖον, τῶν ἐκλέκτων ἐν Ῥώμῃ δικαστῶν)。④事实上，骑士们记录自己是陪审团成员的大量铭文表明，陪审员身份仍然有着一定的内在价值。⑤被选中标志着受到了皇帝青睐，就像这些碑铭文本中"被神圣的哈德良选为五年期陪审员"（adlectus | in quinq [ue] dec [uriis] a | divo Hadriano）之类的表达所显示的。⑥但随着获得新的荣耀和显职的机会在君主制罗马国家大量出现，诸如代理官和长官，陪审员工作的荣誉变得相对不起眼了。这个职务要求骑士前往罗马，那是昂贵而沉重的负担，而且一旦坐上陪审席就要长时间工作。⑦此外，他们也没有任何真正的机会影响国家事务的进程，就像在共和时代那样。皇帝不必再像马可·安东尼和三头那样在法庭中塞满他们的

---

① Suet. *Aug.* 32. 2; Wardle 2014：266.
② Pliny the Younger, *Ep.* 4. 29.
③ Suet. *Cal.* 16. 2, *Claud.* 16. 2; Duncan-Jones 2016：115. 关于卡里古拉统治时期骑士人数总体上的增加，见本书第五章。
④ *OGIS* 499.
⑤ Demougin 1988：477–98. 不过，鉴于要求出现在罗马，对于去陪审团服务在小亚细亚等地区似乎不太受欢迎（Kuhn 2010：25）。
⑥ *CIL* VIII 22699.
⑦ Wardle 2014：268.

支持者，或者像西塞罗那样发表关于包税人正直品性的长篇演说。随着政治舞台转移到元老院和皇帝宫廷，骑士陪审员失去了他们的政治影响力。

(ii) 包税人

作为被重要的元老拉拢的压力团体，包税人的政治权力和影响也随着君主制罗马国家的诞生发生了显著的变化。包税人继续在罗马国家的财政管理中扮演着关键的角色，因为他们对间接税的征收非常重要。① 这些税收包括奥古斯都征收的 5% 的释奴税（*vicesima libertatis*）和遗产税（*vicesima hereditatium*），以及在帝国关键的港口和地区边境征收的关税（*portoria*）。② 罗马国家还分包开采金银矿和采石场的合同。③ 释奴和骑士等级的帝国官员被委派监督合同商的工作，但从未完全取代他们。④ 直接税（被称为部落税 [*tributum*]）的征收在元首制下的确发生了一定程度的改变。尤利乌斯·恺撒在公元前 47 年走出了最重要的一步，将征收部落税的责任从包税人手中转移到亚细亚的城市。⑤ 不幸的是，在其他行省没有如此明白无误的陈述。不过，来自帝国时代的证据的确表明，由城市代表国家征收直接税确实成为惯例，尽管必须强调，在某些案例中仍然能看到包税人从事这项工作的证据。⑥ 塔西佗对提比略统治时期的概况描述，证明

---

① Demougin 1988: 103–12; Brunt 1983: 46–7, 1990c.
② 奥古斯都的税: Dio 55. 25. 5; Brunt 1990c: 402–6. 关税: Cottier et al. 2008。
③ Hirt 2010: 91–2, 242–4, 274–80; Russell 2013: 45–51.
④ Brunt 1990c: 385, 399–402, 404–6.
⑤ Plut. *Caes*. 48. 1; App. *BC* 5. 4; Dio 42. 5.
⑥ Brunt 1990c: 380–1, 388–93（他把所有行省的变化都归因于恺撒）; Duncan-Jones 1990: 187–98。

包税人在财政管理的所有方面继续发挥重要性，他表示"粮食税、间接税收入以及其他公共收入都由罗马骑士团体管理"。[1] 塔西佗将包税人等同于骑士，这种做法让人想起了西塞罗，尽管这并不完全正确：这两个群体从来没有共同的外延，无论是在共和国还是元首制下。[2] 不可能从定量上来确定骑士等级的包税人在多大程度上参与了税和帝国其他收入的收取。[3]

我们的书面证据的性质发生了一个特别引人注目的变化。无论是在塔西佗、卡西乌斯·狄奥和苏维托尼乌斯笔下的帝国时代的重要历史叙述中，还是在其他的书面材料中，包税人都很少出现。这令人感到吃惊，因为他们在西塞罗的演说和书信中是如此突出，对西塞罗而言包税人是重要的政治力量，值得不惜一切代价来讨好。[4] 一方面，这反映了帝国时代罗马的重要历史和传记叙事的兴趣所在，它们往往专注于皇帝和宫廷。比如，塔西佗称，公元58年，对包税人贪婪的控诉促使尼禄引入新措施，让包税人商团为自己的行为负起更多责任。[5] 塔西佗对此事的描述似乎主要是为了证明身为元首的尼禄生性反复无常和优柔寡断，因为只有在听取了元老的建议后他才会采取理智的做法：据说皇帝曾考虑彻底废除税收。包税人现身苏维托尼乌斯的《卡里古拉传》中也是因为这一点，他们出现在一场关于皇帝反复

---

[1] Tac. *Ann*. 4.6.3: *at frumenta et pecuniae vectigales, cetera publicorum fructuum societatibus equitum Romanorum agitanbantur*.
[2] 关于共和时代的情况，见本书第一和第二章。
[3] Demougin 1988:109-10 只找到一位尤利乌斯-克劳狄乌斯时期的骑士包税人的证据，即科尔内利乌斯·塞内基奥（Sen. *Ep*. 101）。Duncan-Jones 2016:118-22 整理了更多来自之后的元首制时代的碑铭证据。
[4] Brunt 1990c:386-7; Andreau 1999b:282-3.
[5] Tac. *Ann*. 13.50.1-51.2，按照 Brunt 1990c:360 的解读。关于改革，见 Rathbone 2008。

无常的新税收的讨论中。① 在苏维托尼乌斯对卡里古拉人格的构建中，设立由包税人征收的新税是作为皇帝掠夺行为的证据。② 相比之下，在法律文本和铭文中有关于帝国包税人的丰富信息（后者中的数量较少），表明了他们的行政职能的性质。③ 但在我们重要的历史和传记材料中缺少书面证据也表明，包税人的角色在元首制下发生了变化：简而言之，他们在上层政治的世界中不再拥有同样的影响力。由于元老行政官的选举现在取决于皇帝的青睐，有志于此的元老不再需要在公共大会上寻求包税人的选票，就像西塞罗曾经做的。小普林尼可谓是我们在帝国早期的"西塞罗"，他没有提到包税人作为政治代理人在决定他和他同僚的生涯中扮演过什么角色。相反，他们出现在他关于私人生意事务的讨论中。④ 这符合大众想象中对包税人和其他骑士商人的流行看法。他们或被视作个人通过成功的买卖积累起财富的典范，或被看成贪婪的国家代理人，行省人民对其既讨好又害怕。⑤

从包税人依赖皇帝的恩庇可以看出他们政治角色的改变。在共和时代，包税人的财富取决于同分配合同给他们的监察官和元老院维持良好的工作关系。这种关系在元首制下也发生了改变，包税人需要依赖身居高位的朋友来授予和延长合同，这反映了权力向与皇帝宫廷的关系转移。元老和演说家马尔库斯·科尔内利乌斯·弗隆托（M. Cornelius Fronto）同他昔日的学生、皇帝安东尼·庇护的养子马可·奥勒留之间在公元 2 世纪 50 年代的往来书信很好地证明了这点。⑥ 虽

---

① Suet. *Cal.* 40. 1. 关于对卡里古拉的贪婪和敛财方式的指控，另见 Dio 59. 28. 8 – 11。
② Wardle 1994:21,290 – 1 对税收在皇帝形象中的道德角色做了很好的评点。
③ 见 van Nijf 2008，他特别强调了来自亚细亚行省的材料。
④ Pliny the Younger, *Ep.* 7. 14.
⑤ 关于对包税人的流行看法，本书第五章将做进一步讨论。
⑥ 关于年代，见 van den Hout 1999:209。

然这些书信时间上要比本章所涉及的大部分证据晚得多，但它们完美地概括了包税人被纳入君主制罗马国家的方式。弗隆托代表一位在阿非利加收税、名叫昆图斯·塞尼乌斯·庞培亚努斯（Q. Saenius Pompeianus）的包税人给奥勒留写信：

> 我向你推荐他，以便当我们的陛下、你的父亲检查过他的账目（*ratio*）后，你可能会因我的推荐按你一向待人之礼来待他，你天性仁慈，向来对所有人一视同仁。①

由于弗隆托在推荐信中语焉不详，*ratio* 一词的确切意思（通常表示"账户"）引发了一些争论。布伦特（Brunt）认为，这里的 *ratio* 实际上是塞尼乌斯在阿非利加收税的合同，需要依靠奥勒留的父亲安东尼·庇护皇帝的恩赏来续约。② 另一种说法是，信中可能提到了帝国行政部门对庞培亚努斯的账目的审计。③ 奥勒留以以下方式回复了弗隆托：

> 庞培亚努斯以他打动你的那些品质赢得了我的认可。因此，我希望他之所求都能得到我的父亲陛下的慷慨恩赐。事情按你希望的方式发展时总能让我高兴。④

---

① Fronto, *Ad M. Caes.* 5. 49（vdH^{2}p p. 79）：*commendo eum tibi, cum ratio eius a domino nostro patre tuo tractabitur, benignitatem ingenitam tibi, quam omnibus ex more tuo tribuis, ut huic et mea commendatione et tua consuetudine ductus inpertias.*
② 这是 Brunt 1990c：383 n. 95 提出的观点，他认为皇帝不太可能检查所有包税人的账目。
③ Duncan-Jones 2016：121.
④ Marcus, *Ad M. Caes.* 5. 50（vdH^{2}p p. 79）：*Pompeianus meritis isdem, quibus te sibi conciliavit, me quoque promeruit. quare cupio omnia ei ex indulgentia domini mei patris obsecundare; nam ea, quae tibi ex sententia procedunt, gaudia sunt mea.*

就像萨勒尔（Saller）所指出的，这个回复非常含糊，因为奥勒留并没有明言他是真的会向皇帝请求，还是仅仅希望庞培亚努斯会如愿。[1] 关键之处在于，与帝国行政官员一样，包税人的生涯需要仰赖皇帝的青睐。西塞罗代表包税人和其他商人给身居高位的朋友们（包括元老行省总督）写过信。[2] 但现在，通往这类成功的道路掌握在皇帝本人手中。庞培亚努斯找到了弗隆托，即他在皇帝宫廷的关系，但弗隆托没有直接给皇帝写信——他与安东尼·庇护的关系从来不近——而是找到自己从前的学生马可·奥勒留，令其去向皇帝说项。[3] 庞培亚努斯死后有"阿非利加四种公共税承包人"（conductor IIII publicorum Africae）的头衔，这个事实暗示他的合同获得了续约，或者他成功通过了审计，他保住了自己的商业利益直到生命的最后一刻。[4] 与君主制罗马国家中的其他许多东西一样，庞培亚努斯的生涯取决于皇帝的青睐。

结论：帝国的机遇

塔西佗令人难忘地描述道，奥古斯都"让自己具备了元老院、行政官和法律的职能"（munia senatus magistratuum legum in se trahere）。[5] 尽管这场革命代表了国家转变为君主制罗马国家，但也给骑士等级成员为国效劳提供了新的方式，即作为高级长官或代理官。这些任命依赖奥古斯都本人的恩庇，他把自己的部分权威托付给了罗马城中（供

---

[1] Saller 1982:174.
[2] 关于西塞罗的书信，见 Andreau 1999b:278–80。
[3] 关于马可·奥勒留作为弗隆托和安东尼·庇护之间的沟通者，见 Davenport and Manley 2014:78。
[4] CIL VI 8588 = ILS 1463.
[5] Tac. Ann. 1.2.

粮长官和治安长官）和行省的（埃及长官，以及人民和地区的代理官）骑士。骑士代理官担任奥古斯都在行省各处的代表，管理他的私产。在这些地区中，有的任用的是骑士而非元老，这显然是经过精心考虑的决定，旨在确保奥古斯都的个人地位不会受到威胁。从任命骑士长官指挥近卫军一事中可以看出这点，近卫军是皇帝的私人部队，在罗马城内佩带武器。对骑士军官的任命体现了君主与军队之间的联系，军官们认识到自己的职业生涯取决于君主和他家人的青睐。奥古斯都积极鼓励意大利的优秀人才担任军职，表明他致力于确保意大利半岛的家乡贵族继续与国家保持联系，即使是在新的帝国形式下。为骑士安排的一系列新的文职行政职位是不同于共和时代的一个根本变化。这是第一次，骑士等级成员可以被说成是在以类似他们元老同僚的方式文武兼顾地为国效力。[①] 这是一种特权，但也代表了皇帝对骑士精英的驯化，他确保了所有的荣誉和官位都出自他本人。

值得一问的是，鉴于骑士在共和时代的政治参与主要集中在扩大或保护商业利益，他们在法庭上、在亲友和邻居事业上的地位，他们究竟为何选择担任政府职务呢？在担任官方职务（比如刑事法庭的陪审员或总督议事会的成员）时，骑士们已努力尽可能远离国家的限制。[②] 这个问题的答案无疑是两方面的。首先，君主制回归罗马深刻地改变了权力结构，导致政治不再以相同的方式运作，尤其是对从前的骑士"压力团体"而言。比如，包税人不能通过参加百人队大会上的法律和候选人投票来影响政治。骑士陪审员也无法再对元老总督或

[①] 本书第六和第七章中将进一步讨论该主题。在此要强调的是，我所谈及的是公元前2世纪后期出现的独立的骑士等级，而不是共和时代中期的元老骑士，后者的确会文武兼顾地为国效力。这显示了群体身份的性质在整个罗马世界的改变，以及某种服务精神如何在不同时间与不同等级或等级中的群体联系在一起。
[②] 对于总督参谋团队中的骑士，可以回顾一下本书第二章中盖乌斯·拉比里乌斯·波斯图姆斯的例子。

行政官产生同样的影响。相反，所有的恩赏最终都来自皇帝。这牵出了我们的第二个答案，因为个别骑士仍然致力于积累自己的财富——代理官是有薪俸的职位，除了土地或商业利益外，还提供了非常可观的收入。接受皇帝的薪俸对于习惯自掏腰包追求事业的元老来说是个明显的变化，但这对骑士的价值观不会构成任何挑战。事实上，塞涅卡的弟弟卢基乌斯·阿奈乌斯·梅拉（L. Annaeus Mela）宁愿继续做骑士，通过被任命为代理官来赚钱。① 因此，骑士代理官的设立最初不是为了给骑士提供职业或终身公职，而是作为短期的荣誉和奖赏，给予金钱和声望。贵族公务员精英直到公元后的头三个世纪中才出现。②

君主制回归罗马后，陪审员和包税人的影响力也大为改变。直到三头时期，骑士陪审员仍受到大人物的青睐，但在奥古斯都及其继任者时期，他们的影响力逐渐减弱，因为元老院和皇帝承担了审判政治罪行的责任，比如叛国罪和偿还财产案。骑士们（尤其是那些没有更大荣誉的人）将陪审团成员资格视为一种身份的象征，但实际的工作被视为麻烦。包税人同样失去了作为压力集团的影响力，尽管他们对帝国的财政管理仍然十分重要。但由于元老行政官的选举不再进行，也就没有人为了他们在百人队大会上的选票来拉拢他们。陪审员和包税人的任命现在取决于皇帝的青睐，他们可以通过在宫廷的关系实现这点。

对于罗马人自己，或者至少是对元老等级的成员来说，新的君主制最重要的冲击是没有任何官方职位的骑士的影响力越来越大。古人对马伊克纳斯的骑士身份和他的实际影响力之间的反差充满好奇，更

---

① Tac. Ann. 16. 17. 3.
② 对骑士薪俸的更多讨论，以及确切的骑士官职阶序的逐步发展，见本书第七章。

不用说塔西佗关于骑士权力增长的题外话，这表明骑士获得的这些新机会元老们并不总是热情接受的。诚然，这两个阶级在社会和经济背景上没有根本的区别。但几个世纪以来通过被选上行政官来行使权力的元老们现在不得不与骑士、释奴、奴隶和女人争夺影响力，这一事实引发了巨大的不安。无论从哪个角度看，都是君主提供了在新的国家取得成功的机会。

第五章　帝国的骑士等级

导言：一位诗人的骄傲

公元 64 年，二十来岁的马尔库斯·瓦雷利乌斯·马提亚利斯（M. Valerius Martialis，我们通称为马提亚尔）从近西班牙比尔比利斯（Bilbilis）长途跋涉来到罗马，以诗人身份来赚钱扬名。① 今天，他被铭记主要是因为两部作品，即发表于公元 80 年，纪念斗兽场启用的《演出之卷》（*Book of Spectacles*）以及 14 卷本的《铭辞》（*Epigrams*），最早的作品于公元 86 年问世。② 马提亚尔是骑士等级骄傲的一员，还获得了皇帝授予的"三子权"（*ius trium liberorum*）和军政官身份（所谓"六月军政官"[*tribunus semestris*]或某个荣誉职务）。③ 这些荣誉成了他的自我展示，或者更准确地说，成了他在《铭辞》中的诗歌人格发展的重要组成部分。④ 第一次提到马提亚尔骑士身份的是第三卷中的一首铭辞，他在诗中讽刺了目中无人的奈沃鲁斯（Naevolus），此人从不愿意屈尊向他打招呼。作为对这个势利眼的回敬，马提亚尔提到了自己的荣耀："罗马视我为军政官，我

---

① Watson and Watson 2003: 1 - 2.
② Howell 1980: 2, 5 - 6. Coleman 2006: xlv - lxiv 对于将《演出之卷》的年代直接定为公元 80 年提出了几个方面的疑问，但显然其中大部分诗的确指的是斗兽场的落成。
③ Allen et al. 1970: 346 - 7 认为，授予军政官职务和骑士身份要早于弗拉维乌斯王朝设立三子权。本书第六章将讨论这种军政官职务的性质。
④ 关于骑士身份和诗歌人格，见 D. Armstrong 2012。

220

坐在俄刻阿诺斯把你赶走的地方"(*vidit me Roma tribunum | et sedeo qua te suscitat Oceanus*)。① 马提亚尔可以坐在为骑士保留的坐席上，而傲慢的奈沃鲁斯不行，因为他不是该等级的成员。事实上，剧场是马提亚尔可以公开炫耀自己骑士身份的最佳地点，而维护前十四排坐席的秩序是他《铭辞》中一整组诗的主题。②

马提亚尔对自己的骑士身份极为骄傲，但也认识到这一地位的不稳定，因为它取决于保持40万塞斯特斯的财富。在一首铭辞中，他提到一位没有名字，很可能是虚构的罗马人，此人拥有骑士的全部特质——"天生的才智和热情……品格和出身"(*ingenium studiumque ... moresque genusque*)——但不幸的是不符合财产条件，因此无法进入该等级。③ 马提亚尔常常抱怨自己的财务状况，以及他的衣着和居所的寒酸。④ 因此，他很有自知之明地把自己放在骑士等级的底部：

> 卡里斯特拉托斯啊，我承认，我现在是，以前也一直是个穷人；
> 但我也是个骑士，既非出身低微，也非寂寂无名。⑤

马提亚尔的生活"贫困"是相对的——按照大部分标准，他极为富有。但骑士诗人喜欢强调他们是收入微薄的人，不同于元老贵族的显

---

① Mart. *Ep*. 3. 95. 9 - 10.
② 关于《铭辞》卷5中的《洛斯基乌斯法》组诗，见本书第九章。
③ Mart. *Ep*. 5. 27. 1 - 2.
④ Kuhn 2015:21 - 2.
⑤ Mart. *Ep*. 5. 13. 1 - 2: *sum, fateor, semperque fui, Callistrate, pauper, | sed non obscurus nec male notus eques*.

贵成员。① 此外，马提亚尔本人相对"贫穷"，但仍因自己的骑士身份而拥有很高的社会地位，这个事实让他可以讥笑那些出身低贱，试图假装成骑士的人。②

马提亚尔的诗提出的一系列问题与骑士身份在君主制罗马国家中的角色和形象相关，这是我们在本章中将会探索的。其中包括进入骑士等级的财产和道德条件，皇帝在授予荣誉和提拔过程中扮演的角色，对适当的身份边界的监管，以及骑士身份在个体骑士自我展现中的功能。这发展了我们在第三章中讨论过的，关于共和时代晚期罗马和意大利对骑士身份的描述和表达的一些主题。我们探索了通过金指环和军服等象征，以及前十四排坐席这样的特权来表达他们地位上升的重要性，这一切让骑士有别于共和国的广大民众。共和国演变为君主制国家给以皇帝、他的宫廷和行政体系为形式的磋商带来了新挑战。就像马提亚尔在一首铭辞中提到的，提醒所有读者注意的："两位恺撒授予我财富和嘉许"（*praemia laudato tribuit mihi Caesar uterque*）。③ 皇帝的存在不仅改变了罗马的军队和行政体系（就像我们在第四章中看到的），还改变了管理骑士等级成员的方式，因为元首本人作为身份的最终裁定者拥有更大的权力。西塞罗和马提亚尔的时代还有另一点重要的不同：骑士不再主要来自意大利，而是来自帝国各地，这位来自比尔比利斯的诗人便是一例。④ 把骑士身份授予希腊东部的市镇贵族尤其让这个等级更加异质化。⑤ 这引出了一个更大

---

① Allen et al. 1970:348-9; D. Armstrong 2012:66-8.
② Kuhn 2015:18.
③ Mart. *Ep.* 3.95.5. 关于马提亚尔对图密善的特别恭维，见 Watson and Watson 2003: 9-12.
④ Duncan-Jones 2016:89-90, 98-9.
⑤ 关于在小亚细亚的骑士身份，见 Kuhn 2010 的重要研究。

的问题,即骑士身份在希腊城邦的世界中如何发挥作用,那里在罗马人到来前就有自己的传统和地位等级。我们将探索作为一种地位的骑士等级成员身份如何将帝国的行省精英纳入君主制罗马国家的框架,同时又不会削弱其他文化和社会权威。

界定帝国的骑士等级

第一部分将专注于一个棘手的问题,即在"罗马骑士""公共马骑士"和"骑士等级"等看似简单明了的表达背后,如何定义罗马帝国时代的骑士身份。想要理解在皇帝统治下,骑士身份是如何获得和表达的,以及这一切在元首制下如何演变,我们就必须厘清关于该问题的各种不同且有时还相互矛盾的证据。在共和时代,所有经过监察官的评估达到必要财产条件的公民都被允许自称为罗马骑士。① 在18个骑士百人队中投票的公共马骑士组成了整个骑士等级中的特权精英。监察官会定期对财产级别和公共马进行评估,授予资格。在帝国时代,骑士的财产条件——在公元前20/前19年左右第一次被明确证明是40万塞斯特斯②——被认为是骑士身份基本的先决条件,就像在共和时代那样。但对于帝国时代的骑士是否也需要拥有公共马才能被视作该等级的正式成员,学者们存在很大的争议。③ 问题之一在

---

① 见本书第一章。
② 见本书第三章。
③ 关于与共和时代一样,在帝国时代只需要满足骑士财产条件的观点,见Brunt 1961:76-7; M. I. Henderson 1963:69; Reinhold 1971:280; Millar 1977:279-84。认为帝国时代的骑士都是公共马骑士的学者包括Stein 1927:54-7; Nicolet 1974:177-88; Alföldy 1981:173 n. 26; Demougin 1988:189-212; Duncan-Jones 2006:219-20 and 2016:94-5; Davenport 2012b:90-2(尽管我早前的观点在下文中做了一定程度的修正)。

于，没有哪部奥古斯都及其继承者统治时期的法律界定了骑士等级的成员身份。[1]奥古斯都和他的养子提比略的元首统治见证了一系列新的法律和元老院决议的出台，它们旨在界定和规范骑士身份的不同之处，包括骑士方阵和百人队、坐进剧场中前十四排的资格以及佩戴金指环的权利。从公元前20年到公元24年左右，这些群体、特权和身份象征在差不多50年时间里逐渐被改变或规范。法律和元老院决议通常会避免使用"元老等级"一词，它在意识形态声明中非常突出。相反，它们会提到骑士身份的不同标志，比如公共马或者坐进前十四排的权利。这反映了共和时代的情况，当时西塞罗提到了统一的骑士等级，但事实上该等级由两个不同群体组成，即满足财产条件的骑士以及作为精英的公共马骑士。基于蒙森和怀斯曼的论点，本章将提出，作为逐步演化的过程的一部分，所有的罗马骑士到公元1世纪末时都变成了公共马骑士。[2]

我们首先考察奥古斯都和提比略时期的骑士身份的五个方面：(i) 在游行和其他仪式上出现的骑士方阵（turmae）；(ii) 大会上的骑士百人队；(iii) 剧场中为骑士保留的前十四排坐席；(iv) 佩戴金指环的权利；(v) 该等级中的元老之子。

(i) 骑士方阵

哈利卡纳苏斯的狄俄尼修斯在他的《罗马古事记》（Roman Antiquities）中保存了对奥古斯都时代骑士游行的最权威叙述。[3]他

---

[1] Rowe 2002:72 – 3; Duncan-Jones 2016:89 – 93.
[2] Mommsen 1887 – 8: III, 489 – 91; Wiseman 1970b:82 – 3.
[3] 本书第八章将更详细地考察这个仪式的意识形态和仪式性方面。

提到，参加游行者是"那些拥有公共马的人"(τῶν ἐχόντων τὸν δημόσιον ἵππον)，"有时达5000人"(ἄνδρες ἔστιν ὅτε καὶ πεντακισχίλιοι)。① 通常认为狄俄尼修斯亲眼见过骑士游行，因为他宣称自己从"讲述和表演"(λεγόμενά τε καὶ πραττόμενα)中了解了这一游行及其宗教意义。② 由于狄俄尼修斯在公元前30/前29年来到罗马，而他的《罗马古事记》第一卷发表于公元前8/前7年左右，我们可以推测他在这之间的某个时间看过骑士游行。③ 公元前70/前69年和前29/前28年之间没有完成过正式的人口调查，但并不表示就没有审核(recognitio)——事实上，公元前50年一些骑士被剥夺了公共马这个事实暗示至少存在某种形式的审查。④ 公元前29/前28年，奥古斯都和阿格里帕通过被授予监察官权(censoria potestas)进行了人口调查。⑤ 没有确凿的证据表明，他们在公元前29/前28年监察时更改了骑士数量，但同样很难想象他们没有这么做，因为这是40多年来第一次正式的人口调查。⑥

哈利卡纳苏斯的狄俄尼修斯称他看到有多达5000名骑士参加游行，这表明奥古斯都并不满足于将公共马骑士限定在共和时代的1800人。⑦ 苏维托尼乌斯表示，奥古斯都在"长期间断后"(post

---

① Dion. Hal. 6.13.4.
② Dion. Hal. 6.13.5.
③ 关于他来到罗马的时间，见 Dion. Hal. 1.7.2。7.70.2 提到了第一卷的独立发表。通常认为，狄俄尼修斯的确目睹了奥古斯都的游行（比如 Weinstock 1937a:19; Swan 2004:205），尽管不确定他观看的是否就是公元前6年的，就像有些人认为的（Demougin 1988:218; Rebecchi 1999:196）。参见 Lebek 1991:68-9，他认为狄俄尼修斯的描述并非来自亲历，而是基于共和时代的信息。
④ Dio 40.63.3. 关于公元前1世纪的人口调查，见本书第三章。
⑤ RG 8.2; Cooley 2009:139-41.
⑥ 参见 Demougin 1988:164，他认为第一次正式审查发生在公元前18年。
⑦ 这一点被广泛接受：Brunt 1961:77; Wiseman 1970b:76; Demougin 1988:28; Kienast 2009:183. Cf. M. I. Henderson 1963:61，他们认为，每个百人队的人数在共和时代晚期增加了。

longam intercapedinem）重启了游行，但提到游行的这段话事实上是长得多的段落的一部分，讨论了骑士健康程度的正式审核（*recognitio equitum*）。① 在共和时代，骑士游行总是每年举行，而在有人口调查的年份还要加上审核。② 奥古斯都很可能把之前每五年进行一次的审核纳入了每年的游行，因此现在每年都要对骑士等级的身份进行正式审核。③ 在审核过程中，有十名元老组成的一个委员会协助他，他们会同元首一起评估骑士的品德和健康程度。④ 奥古斯都是如何按制度规定完成这一切的呢？公元前18年，奥古斯都再次进行人口调查，但这次是通过他的执政官权力，就像他在《功业录》（*Res Gestae*）中亲口告诉我们的。⑤ 他在前一年获得了终身的执政官权。⑥ 公元14年，元首与作为其同僚的提比略第三次展开人口调查。这次同样是以他的执政官权进行的，同时还通过了一项法律，让提比略可以作为他的同僚。⑦ 德穆让合理地指出，对骑士进行年审的制度是公元前18年确立的，⑧ 当时奥古斯都利用自己的执政官权第二次进行了人口调查。他获得了这项终身权力的事实意味着，现在可以每年对骑士身份进行审核，元首无需担任监察官就能授予或取消公共马。⑨

---

① Suet. *Aug.* 38. 3.
② 这一点很有争议。相关讨论见 J. M. Carter 1982：150；Nicolet 1984：96 - 7；Demougin 1988：152 - 5；Lebek 1991：65 - 6；Louis 2010：307 - 8, 315；Wardle 2014：297 - 8。
③ Demougin 1988：152 - 5。
④ Suet. *Aug.* 39. 1；Wardle 2014：291, 299。
⑤ *RG* 8. 3。
⑥ Dio 54. 10. 5；Cooley 2009：142。奥古斯都还婉拒了终身监察官的职务，但仍然握有监察官的许多权力（Dio 54. 2. 1 - 3）。
⑦ *RG* 8. 4；Suet. *Tib.* 21；Cooley 2009：143。
⑧ Demougin 1988：150 - 66, esp. 164, Louis 2010：315；Wardle 2014：298 也持同样的看法。
⑨ 在某个时候，很可能是公元14年，奥古斯都设立了另一个由三名元老组成、拥有监察官权的委员会来审核骑士身份（*ILS* 9483）。就像 A. H. M. Jones 1960：25 所指出的，奥古斯都本人无需监察官权来审核骑士；他只是在分派责任时把这些权力下放给元老。不过，这一创新在奥古斯都之后并未延续（Syme 1991c：152 - 3）。

奥古斯都还重组了参加游行的六个骑士方阵。在帝国时代，这些方阵对骑士等级成员的组织和界定扮演着关键的角色。[1] 每个方阵由一名被称为六人阵官（sevir）的元老血统的军官统率，这个头衔在奥古斯都时期之前的这一语境中是找不到的。[2] 方阵的数量可能是为了让人回想起百人队大会上最古老的六个投票部落，它们被称为"投票六队"（sex suffragia）。[3] 骑士也会在其他仪式性场合上列方阵游行，比如国葬或节日。[4] 第一位有据可查的六人阵官是奥古斯都的养子盖乌斯·尤利乌斯·恺撒（通常称盖乌斯·恺撒），他在公元前5年受命担任此职。同一年，他穿上了成人托袈（toga virilis），进入了元老院，还获得了青年元首（princeps iuventutis）的头衔。[5] 铭文证据中提到了奥古斯都时期其他三位来自元老家族的六人阵官。[6] 不过，直到公元1世纪后期，这个职务才常以"罗马骑士六人阵官"（sevir equitum Romanorum）的标准化头衔作为碑铭中元老履历的一部分被记录下来。[7] 虽然骑士游行仪式很可能只针对骑士等级的"青壮者"（iuniores，17—35岁），但如果愿意，"年长者"（seniores，35岁及以上）也可能参加。不过，真正参加者仅限于身在罗马的骑士，因此狄

---

[1] Dion. Hal. 6. 13. 4；Tac. *Ann*. 2. 83；Pliny the Elder, *NH* 15. 19；Weinstock 1937b：2182 - 3.
[2] L. R. Taylor 1924：161 - 3.
[3] L. R. Taylor 1924：162 - 4；Weinstock 1937a：19.
[4] 在公元前9年大德鲁苏斯的葬礼上，骑士很可能已被分成方阵（Dio 55.2.3）。关于赛会，见 Rowe 2002：68。
[5] Zon. 10. 35（ed. Dindorf p. 477）；Swan 2004：90. 几乎可以肯定，这段话来自卡西乌斯·狄奥，Boissevain 将其归于《罗马史》第55卷（55.9.9）。另见 *RG* 14.1 - 2，其中提到了同样的荣誉，尽管没有提到六人阵官的职务。
[6] 盖乌斯·庞培乌斯·普罗库鲁斯（C. Pompeius Proculus, *CIL* VI 3530 = *ILS* 1314），普布利乌斯·努米基乌斯·皮卡·凯西亚努斯（P. Numicius Pica Caesianus, *CIL* VI 3835 = *ILS* 911），盖乌斯·苏尔皮基乌斯·普拉托里努斯（C. Sulpicius Platorinus, *CIL* VI 40157）。
[7] L. R. Taylor 1925：162. 完整的名单见 Demougin 1988：226 - 40。

俄尼修斯心照不宣地表示，人数每年都有变化。① 铭文提供的决定性证据表明，所有的骑士等级成员都会被安排到六个方阵之一，无论他们来自罗马、意大利或行省，而且他们记住自己被分配的方阵。② 35岁及以上的年长者会保留他们的骑士身份，即便他们不再参加游行。③ 这意味着严格说来，每个方阵由数以千计的骑士组成，可以在必要时扩大，以容纳等级的新成员。④ 这符合卡西乌斯·狄奥笔下马伊克纳斯给屋大维的建议：他告诉元首，应该按自己所想登记骑士，不必担心人数。⑤

(ii) 骑士百人队

必须把在仪式性场合游行的骑士方阵同在百人队大会上投票的骑士百人队区分开来。这些制度代表了安排骑士等级的两种根本上不同的方式。⑥ 在奥古斯都及其继任者的统治下，18个公共马骑士百人队持续作为百人队大会的一部分存在，尽管大会的真正权力已经大大削弱。⑦ 由于公民被允许在35岁时放弃公共马（尽管他们会保留骑士身份的荣誉），这18个百人队主要由"青壮者"组成。⑧ 鉴于奥古斯

---

① Demougin 1988:180，223-4. 就像我们在第八章中将会看到的，显然有的行省骑士会前往罗马参加每年的游行，尽管他们一生很可能只会去一次，如果没有其他理由造访神圣之城的话。
② 例证见 CIL X 7285（第一方阵）；CIL VIII 11033（第四方阵）。
③ Demougin 1988:213-17; Swan 2004:91; Duncan-Jones 2006:184-5.
④ Demougin 1988:225.
⑤ Dio 52.19.4.
⑥ Demougin 1988:219,224,407.
⑦ Dio 58.20.4 表示，甚至在他那时候，候选人仍然会出现在批准他们当选的百人队大会和部落大会上。Demougin 1988:408-9 暗示，百人队的投票顺序与共和时代晚期相比并未改变。
⑧ Suet. *Aug.* 38.3; Brunt 1961:77; Demougin 1988:399.

都时期被授予公共马的罗马人数量上升，在某个时候，骑士百人队一定扩充到了允许每队超过一百人。① 在公元前 28 年进行人口调查和完成献祭无疑具有巨大的象征价值，它代表了内战后秩序和正当程序的恢复。② 它让还没有正式获得骑士身份的人在百人队大会上获得符合制度规定的正当地位，这是奥古斯都带来的和平促成的。③ 更重要的是，在整个罗马和意大利，无疑有许多富有的罗马公民渴望获得公共马这一官方荣誉。④ 他们从奥古斯都和阿格里帕开展的人口调查中受益匪浅。这代表了奥古斯都计划的一个基本部分，他希望确立骑士的位置，将其作为他新的君主制国家的元素之一，以确保该等级囊括意大利的家乡贵族。⑤

帝国时代初期，骑士在百人队大会上的组织方式发生了一些改变。新设的 20 个百人队由元老和骑士组成，负责在执政官和大法官的选举中履行指名（*destinatio*）程序。⑥ 这些新的百人队有权在选举中率先投票，他们的选择随后会被告知其他百人队。⑦ 不过，这些选择并没有约束力，其余的百人队仍然可以按照自己的意愿投票。⑧ 因此，指名百人队的功能很像共和时代的优先投票百人队（*centuria*

---

① Brunt 1961:76 - 7.
② *RG* 8.2 特别提到，距离上一次净化献祭已经过去了 42 年。见 Wiseman 1970a:71 和 Cooley 2009:141。
③ *RG* 8.2-4 记载，公元前 28 年、前 8 年和公元 14 年，奥古斯都的每次人口调查中，罗马骑士的人数都上升了。相关讨论见 Cooley 2009:141 - 2。
④ 没能适当将公民纳入百人队大会上的各个级别，对那些想要将富有的意大利家乡贵族排除在权力之外的人而言，政治上是有利的（Wiseman 1970a:65 - 7）。
⑤ Nicolet 1984:96 - 8; Demougin 1988:213 - 14; Kienast 2009:185 - 6.
⑥ *RS* 37, *Tabula Hebana* ll. 6 - 12.
⑦ *RS* 37, *Tabula Hebana* ll. 16 - 50 用清楚的细节描绘了该过程。尤可参见 Crawford 1996:539 的评论，"指名不是结果，而是过程"。
⑧ Crawford 1996:538; Lott 2012:242 - 3.

praerogativa），后者的选票会在其他百人队之前被宣读。① 指名程序和提名（*designatio*）程序要区分一下，后者实际上是皇帝提名他希望当选的候选人，尽管这种差别很快就消失了。② 指名投票方法是全新的，公元 5 年发明，当时《瓦雷利乌斯·科尔内利乌斯法》（*lex Valeria Cornelia*）在百人队大会上新设了 10 个百人队。他们被称为恺撒百人队（*centuriae Caesarum*），以此向去世的两位皇子盖乌斯和卢基乌斯·恺撒致敬。③ 这些新的百人队是为了纪念在公元 2 年（卢基乌斯）和 4 年（盖乌斯）去世的两位奥古斯都继承人而推行的一系列措施的一部分。④ 后来，这为随着《瓦雷利乌斯·奥雷利乌斯法》（*lex Valeria Aurelia*）的通过而新设的另外 5 个百人队开了先例，这么做是为了向公元 19 年去世的日耳曼尼库斯致敬。⑤ 最后，公元 23 年又新增了 5 个百人队，以纪念提比略之子小德鲁苏斯，这使得指名百人队的总数达到了 20 个。⑥ 等到又为日耳曼尼库斯和德鲁苏斯创立了新的投票群体，有资格加入盖乌斯和卢基乌斯百人队的元老与骑士现在分布在更多的百人队中。⑦

现存的《赫巴铜版》（*Tabula Hebana*）残片为这些新百人队的组成提供了准确的细节。他们是"为公共法庭组建的各种陪审团中的元老和骑士"（*senatores et equites omnium decuriarum quae iudicior*［*um*］

---

① A. H. M. Jones 1955:14；Brunt 1961:71；Demougin 1988:409. 关于优先投票百人队的运作，见 L. R. Taylor 1966:91 – 9。
② Crawford 1996:538.
③ RS 37，*Tabula Hebana* ll. 5 – 7.
④ Hurlet 1997:139 – 41；Rowe 2002:106 – 19.
⑤ RS 37，*Tabula Hebana* ll. 7 – 12. 因此，原先的 10 个百人队被更名为盖乌斯和卢基乌斯·恺撒百人队（*centuriae Cai et Luci Caesarum*），以区别于日耳曼尼库斯的那些。
⑥ RS 38，*Tabula Hebana* ll. 4 – 5. 关于这段残篇被认定为授予日耳曼尼库斯荣誉的请求（*rogatio*），见 Crawford 1996:512 – 13 和 Lott 2012:317。
⑦ Lott 2012:242.

publicor（*um*）*caussa constitutae sunt erun*［*t*］）。① 因此，并非骑士等级的所有成员都有资格在这些特殊百人队中投票，而是仅限于陪审团名单上的，这个群体要有限得多。从公元前 28 年左右开始，有三个司法陪审团，每个有 1000 人之多。② 就像我们在上一章中看到的，陪审员被称为"选定陪审员"，由皇帝亲自任命。后来，皇帝又加入了第四个陪审团，由财产达到 20 万塞斯特斯或以上的公民组成。卡里古拉加上了第五个，财产条件同上。③ 只有 25 岁及以上的罗马公民有资格参加陪审团，这就排除了许多更年轻的骑士，即便不是全部。④ 在奥古斯都的元首制时期，还有对所有陪审团成员必须居住在意大利的地理限制；直到后来的卡里古拉和克劳狄乌斯治下，住在行省也可以。⑤ 这意味着在奥古斯都和提比略的统治下，有资格在指名百人队投票的骑士只是整个骑士等级的一部分。他们的年龄都在 25 岁及以上，居住在意大利，并被登记进了陪审团，因而总数不超过 3000 人。不过，骑士的数量的确远远超过了指名百人队中的元老，这一过程让意大利骑士中家乡贵族在国家政治中扮演了新的角色，即便很大程度上只是象征性的。⑥

---

① *RS* 37, *Tabula Hebana* ll. 8.
② 关于对三头时期的安排的改变，见 Pliny the Elder, *NH* 33.30, Ramsay 2005:36 对其年代做了判定。陪审团中继续包括元老和骑士，就像 Bringmann 1973:238–42 所证明的。参见 A. H. M. Jones 1955:17。
③ Suet. *Aug.* 32.3, *Cal.* 16.2.
④ Suet. *Aug.* 32.3 称奥古斯都将年龄条件从 35 岁下调为 30 岁，但基于共和时代的证据，这被认为是从 30 岁下调为 25 岁之讹（Brunt 1961:77–8；Demougin 1988:458–61；Wardle 2014:264–6）。
⑤ Duncan-Jones 2006:205，2016:98. 证据见 Pliny the Elder, *NH* 33.30；Suet. *Cal.* 16.2, *Claud.* 16.2。
⑥ A. H. M. Jones 1955:17. 这不适用于新的公民，他们被禁止加入陪审团（Pliny the Elder, *NH* 33.30；Suet. *Tib.* 51.1, Ramsay 2005:34–5 暗示这种做法是在公元前 28 年开始的）。

指名百人队的 E 设立并没有增加百人队大会中的百人队总数，后者仍然保持 193 个。而这些新的百人队，就像《赫巴铜版》所示，是通过复杂的投票过程由不同部落分派的元老和骑士随机组成的。因此，指名百人队的具体组成在每次选举中都不相同。① 这意味着陪审团中的元老和骑士仍然保留着他们通常分到的百人队成员身份。一边是由"青壮者"组成的 18 个公共马骑士百人队，一边是有更年长骑士的指名百人队，学者们往往认为两者之间有固定的区别。② 但为什么要这样？如果骑士有资格在 25 岁时参加陪审工作和被登记进陪审员团，他无需放弃自己的公共马。这意味着在 25 岁到 35 岁之间，被登记进 18 个公共马骑士百人队，因而也是陪审团成员的骑士同样可以被召去在指名百人队投票。现有证据对这种理论没有任何质疑，因此最好不要过于严格区分"青壮者"和"年长者"。相反，设立指名百人队是为了让意大利骑士更近身参与政治过程，用一种实现西塞罗设想的方式把他们进一步纳入这个国家。③ 后来，这些特别百人队的重要性同百人队大会本身的重要性一起逐渐下降，尽管它们可能从未被正式废除。④

(iii) 十四排坐席

方阵和百人队用仪式及投票大会定义了骑士身份。但与此同时，坐在剧场中专属坐席的权利成了确定某人是不是骑士的一个日益重要

---

① L. R. Taylor 1966:89-90; Lott 2012:247.
② Brunt 1961:78; Demougin 1988:409, 416-17.
③ 关于西塞罗与意大利的骑士，见本书第三章。
④ Brunt 1961:71-2. Clarke 1964 指出，它们在奥古斯都和提比略统治时期继续中断，直到公元 23 年。Demougin 1988:436-7 则认为它们在卡里古拉统治时期完全被废弃。

的方法。就像在第三章中讨论过的，公元前67年的《洛斯基乌斯法》允许所有达到财产条件的罗马骑士坐在剧场中的前十四排；这一特权并不局限于公共马骑士这个范围较小的群体。① 第一次确切提到骑士的财产条件为40万塞斯特斯的是公元前20/前19年贺拉斯的《书信集》第一卷。② 被授予金指环（作为虚构的自由出身的标志）的释奴可以晋升为骑士等级，合法地在这一区域占有一席之地。③《洛斯基乌斯法》的条款作为《尤利乌斯剧场法》（lex Iulia theatralis）——奥古斯都在公元前20—前17年通过的关于剧场座位和社会等级的立法——的一部分得到了确认。④ 骑士的坐席被进一步分为17到35岁之间的"青壮者"席位（cunei），以及35岁及以上的"年长者"席位。⑤ 我们无法确定这种区分是否出自《尤利乌斯剧场法》，但即便不是该法的一部分，也是在奥古斯都统治时期的某个时候出现的。《尤利乌斯剧场法》旨在应用于整个意大利和各行省，尽管实际上各地自己的考量意味着分配给骑士的具体坐席数有很大的差异。⑥

因此，坐在那十四排坐席的特权是界定骑士身份的关键方法，这体现在提比略统治时期的两部重要立法中。首先是《拉里努姆铜版》（Tabula Larinas），一块来自意大利中部的拉里努姆的青铜版，上面保留着公元19年通过的一项元老院决议。⑦ 该决议禁止元老、骑士

---

① E. Rawson 1987：102.
② Hor. *Epist*. 1. 1. 57 – 9.
③ 另见本书第三章。
④ Suet. *Aug*. 44. 1 – 3；E. Rawson 1987；Demougin 1988：802 – 5；Edmondson 2002：11 – 15. 这本节中，我们只考察剧场对界定骑士身份的贡献，对于其社会和文化方面则在第九章中讨论。
⑤ E. Rawson 1987：105 – 6；Edmondson 2002：14.
⑥ 本书第九章中将对此进行讨论。
⑦ *AE* 1978, 145. Levick 1983 提供了文本和英译。Lebek 1990 提供了对文本的新读法和德译（*AE* 1990，189）。

和他们的家人在舞台上表演，或在竞技场角斗。这份文件中对骑士身份的界定方式至关重要。第一，它要求任何父亲、祖父或外祖父、兄弟或丈夫（对女性而言）"曾经有权坐在骑士坐席上的观众"（[ius] fuisset unquam [sic] spectandi in equestribus locis）都不得进行表演，或者受雇为角斗士。① 隔了几行，该决议用略微不同的表述提到了"有权坐在骑士坐席上的"（quibus sedendi in equestribus locis ius erat）公民。如果这些个人在舞台上表演，或者作为角斗士参加战斗，就是在故意公开羞辱（infamia），"以嘲弄他们等级的权威"（eludendae auctoritatis eius ordinis gratia）。② 元老院决议中使用的"有权坐在"（ius...sedendi）这种表述也出现在其他书面材料中。③ 但为何这份将骑士视作一个等级的决议单单用坐在骑士坐席上的权利来定义其成员呢？④ 另外一些奥古斯都和提比略时期的文献，比如《功业录》和《关于老格奈乌斯·皮索的元老院决议》（senatus consultum de Cn. Pisone patre）同样使用了"骑士等级"的表述。为什么不在这里也直接用"骑士等级"成员的表述呢？就像德穆让正确指出的，并非因为对这项具体的立法来说，剧场坐席是定义骑士身份的最合适方法。⑤ 原因在于，《洛斯基乌斯法》和《尤利乌斯剧场法》是仅有的

---

① Tab. Lar. II. 7-11（引文来自第 8—9 行）。这份文献的一个关键特征是，它不仅提到了男性，也提到了有骑士亲属的女性，因此它试图描绘的不仅是个体骑士，还有骑士家族（见 Demougin 1988:564-7）。尽管不同于决议中对元老等级的界定，但奥古斯都的婚姻立法显然对其产生了影响，该法用血缘来界定元老亲属（Levick 1983:101）。

② Tab. Lar. II. 11-14（引文来自第 12 行）。第三次和最后一次提到是在第 13—14 行，Levick 1983:98 是"自愿离开骑士坐席者"（ei des [civerant sua sponte ex equ] estribus locis），Lebek 1990:60 则是"无法再坐在骑士坐席者"（ei des [ierant posse sedere in eques] tribus locis）。

③ Demougin 1988:577-8，引自 Tac. Ann. 6.3.1; Ps.-Quint. Decl. 302.1。

④ 文本中三次提到"等级"（Tab. Lar. II. 5,12,14-15，尽管后者是复原的）。

⑤ Demougin 1988:577。

试图描述骑士等级成员身份的法律，而它们毫无疑问地明确指出了谁有权坐在前十四排。① 即便奥古斯都增加了公共马骑士的数量，仍不足以定义该等级更广大成员的身份，也不能得体地解释上溯三代人的家族关系。这就解释了为何《尤利乌斯剧场法》不仅在公元 19 年的元老院决议中扮演了如此关键的角色，在几年后通过的另一项关于佩戴金指环的决议中也同样如此。②

(iv) 金指环

公元前 1 世纪时，金指环被普遍接受为骑士等级重要的身份象征，贺拉斯于公元前 30 年左右发表的一首诗中用的"骑士指环"一语是对此最著名的表达。③ 金指环对释奴尤为重要，他们可以从拥有治权的行政官那里得到它，由此获得虚构的自由出身，让他们可以被正式登记为骑士。④ 不过，佩戴金指环在没有资格的人当中也变得普遍，因为这是一种难以监管的身份僭越。不过，罗马当局最终试图着手监管，对该问题的第一部立法以公元 23 年通过的元老院决议为形式。老普林尼为我们提供了最详尽的描述，那是他对骑士等级别具一格的讨论的一部分：

> 最终，在提比略元首统治的第九年，骑士等级变得统一。在盖乌斯·阿西尼乌斯·波里奥和盖乌斯·安提斯提乌斯·维图斯

---

① *ius*（"权利"）一词的使用强调了这点，它表示法律规定的特权（《牛津拉丁语词典》*ius* 12 词条；Demougin 1988：796）。
② 本书第九章将从骑士在剧场和竞技场表演的背景下对《拉里努姆铜版》做更多的讨论。
③ Hor. *Sat*. 2.7.53.
④ 完整的讨论见本书第三章。

担任执政官那年，即建城第 775 年，指环的权威性决定了它的形制。人们可能会对事情走到这一步的原因有多微不足道感到惊讶。这始于盖乌斯·苏尔皮基乌斯·加尔巴借惩罚那些经营食物外带店的人的机会想得到皇帝的青眼（就像年轻人习惯性去做的），他在元老院抱怨说，街头小贩往往亮出自己的指环来逃避惩罚。因此，元老院通过了一项决议，规定唯有本人、其父和其祖父皆为自由出身，拥有 40 万塞斯特斯的财产，并按照《尤利乌斯剧场法》可以坐在前十四排坐席，才有权佩戴指环。此后，大量男性开始要求拥有这一身份象征。①

显然，在此之前，对佩戴金指环的资格从未有过真正的规定，即便它被普遍视作骑士身份的象征。② 公元 23 年的元老院决议，目的是打击那些只亮出指环就自称骑士的人对身份的僭越。需要指出的是，该决议试图定义的并非骑士等级本身，而只是佩戴金指环的资格，后者被想当然地等同于骑士身份。③ 就像老普林尼所指出的，关键的条件是三代人均为自由出身、达到骑士的财产条件以及有权坐在前十四排。正如我们在上面看到的，《尤利乌斯剧场法》是当时关于骑士身份的最明确的立法，因此元老院在其决议中提到该法是恰当

---

① Pliny the Elder, NH 33.32: Tiberii demum principatu nono anno in unitatem venit equester ordo, anulorum auctoritati forma constituta est C. Asinio Pollione C. Antistio Vetere cos. anno urbis conditae DCCLXXV, quod miremur, futtili paene de causa, cum C. Sulpicius Galba, iuvenalem famam apud principem popinarum poenis aucupatus, questus esset in senatu, volgo institores eius culpae defendi anulis. hac de causa constitutum, ne cui ius esset nisi qui ingenuus ipse, patre, avo paterno HS CCCC census fuisset et lege Iulia theatrali in quattuordecim ordinibus sedisset. postea gregatim insigne id adpeti coeptum.
② Demougin 1988:814.
③ 被剥夺骑士身份后，阿雷利乌斯·福斯库斯（Arellius Fuscus）只佩戴银指环（Pliny the Elder, NH 33.152）。

的。该决议没有终结身份僭越的问题。但有了以公民举报为形式的非正式身份监管：骑士弗拉维乌斯·普罗库鲁斯（Flavius Proculus）因为向克劳狄乌斯皇帝举报了400名没有资格佩戴金指环的释奴而被人诟病。①

第二年，即公元24年通过了一部相关法律，那就是《维塞利乌斯法》(lex Visellia)。事实上，我们关于该法最详细的概括出现在后来戴克里先和马克西米安两位皇帝的诏书中，皆保存于《查士丁尼法典》里：

> 《维塞利乌斯法》适用于敢去求取自由出身者的职务和官位或占据市议员之职的释奴出身者，除非他们握有从皇帝那里获得的金指环权。因为那样的话，他们有生之年就会得到自由出身者外在拥有的东西（但不是身份）。然后，他们就可以平安地履行自由出身者的公共责任了。②

因此，该法确认了这样一种做法，即金指环能提供虚构的自由出身，并允许释奴从事公职。③ 该法的一个特别重要的方面是，"金指环权"(ius aureorum anulorum)是由皇帝本人授予的，他在共和时代从拥有治权的行政官那里继承了这一特权。一些古代作家认为，皇帝的这份

---

① Pliny the Elder, *NH* 33.33. 克劳狄乌斯也没收了伪装成骑士的释奴的财产 (Suet. *Claud*. 5.1)。
② *CJ* 9.21.1: *lex Visellia libertinae condicionis homines persequitur, si ea quae ingenuorum sunt circa honores et dignitates ausi fuerint attemptare vel decurionatum adripere, nisi iure aureorum anulorum impetrato a principe sustentantur. tunc enim quoad vivunt imaginem, non statum ingenuitatis obtinent et sine periculo ingenuorum etiam officia peragunt publica.*
③ *Dig.* 40.10.1.5–6; ouritsen 2011:73–4, 106–8.

礼物实际上让释奴变成了骑士，就像加尔巴的释奴伊克鲁斯（Icelus）和维特利乌斯的释奴亚细亚提库斯（Asiaticus）的著名事例。[1] 这一假设无疑源于公元23年元老院决议中的条文，那些条文仅允许骑士获得金指环。[2] 因此，公元23年的元老院决议和公元24年的《维塞利乌斯法》从两个不同角度处理了佩戴金指环的问题，似乎没有人试图将这两部立法合并。

(v) 元老之子

元老之子是个有点不寻常的群体，他们直到进入元老院才会被认为是骑士，至少在尤利乌斯-克劳狄乌斯治下是这样。卡西乌斯·狄奥在他对公元前9年大德鲁苏斯葬礼的描绘中为此提供了关键的证据。狄奥称，德鲁苏斯的遗体被"骑士"运到战神校场，"骑士中既有被严格登记进骑士等级的，也有来自元老家族的"（ὑπὸ τῶν ἱππέων, τῶν τε ἐς τὴν ἱππάδα ἀκριβῶς τελούντων καὶ τῶν ἐκ τοῦ βουλευτικοῦ γένους ὄντων）。[3] 狄奥在描绘公元4年奥古斯都向年轻人赏赐钱财时也对元老和非元老家族的骑士做了同样的区分。[4] 在共和时代，元老之子会

---

[1] 按照 Tac. Hist. 1.13 的说法，伊克鲁斯似乎获得了指环和"马尔基亚努斯"这个"骑士名字"（equestri nomine）（同样的故事见 Plut. Galba 7; Suet. Galba 14.1）。在亚细亚提库斯的事例中，据说士兵们要求给予他骑士身份（equestri dignitate donaret），皇帝通过赏赐金指环满足了要求（Tac. Hist. 2.57; 另见 Suet. Vit. 12）。这很可能是官方授予公共马的标志。

[2] Duncan-Jones 2006: 215–16.

[3] Dio 55.2.3; Nicolet 1976: 36–7; Demougin 1988: 262; Swan 2004: 46. 狄奥在描绘《洛斯基乌斯法》时也用了"严格地"（ἀκριβῶς）一词，该法区分了骑士和平民。必须把由骑士和元老之子抬着灵柩的做法同有关围绕葬礼柴垛的游行（decursio）的描绘区分开来，后者既有骑士，也有近卫军骑兵（见 Dio 56.42.2, 74.5.5, 以及 Demougin 1988: 263–9; Swan 2004: 342; Duncan-Jones 2006: 220 的讨论）。

[4] Dio 55.13.6; Swan 2004: 145–6.

被登记进18个骑士百人队,这意味着他们拥有了公共马。① 这种做法可能在奥古斯都时期得到了延续——很难想象元首不给予元老之子这样的显赫荣誉。②

让这种观点变得复杂的是《赫巴铜版》的一块残片,上面具体规定了谁应该参加日耳曼尼库斯在战神校场上的葬礼。文本支离破碎,充满了难解之处:

>……还有那些应该是[骑士]等级者,[他们]应有[宽]边袍,那些想要履行责任并就健康和家庭[宗教]而言能参加者,[他们]应前往战神校场[哪怕没有]镶边袍,那些拥有公共马者,他们[须穿特拉比亚袍]去校场。③

经过复原,可知《罗马法令》(*Roman Statutes*)中的文本将骑士分为有宽边袍(即元老之子),可以选择是否参加的,以及有公共马,穿特拉比亚袍,必须参加的。④ 奥古斯都允许元老之子一披上成人托袈就可以穿宽边短袍,标志着他们很早就注定会进入元老院。⑤ 虽然根据卡西乌斯·狄奥的描述,把元老之子和其他骑士分开并没有什么

---

① Nicolet 1974:89-90; Wiseman 1970b:70.
② Nicolet 1976:36-8; Demougin 1988:780; E. Rawson 1987:108; Swan 2004:46; J. S. Richardson 2012:151.
③ RS 37, *Tabula Hebana* II. 55-7 (trans. Crawford): ... *et, qui ordini[s equestris erunt, qui eor(um)？latum？cla] | uom habebunt, qui eor(um) officio fungi uolent et per ualetudinem perq(ue) domestic[a sacra officio fungi poterunt, ii sine] | clauo, ii qui equom pub(licum) habebunt cum trabeis in campum ueniant.*
④ Crawford 1996:541; Lott 2012:252-3.
⑤ Suet. *Aug*. 38. 2。Chastagnol 1975 (followed by Nicolet 1984:92-3; Talbert 1984:513; Demougin 1988:166-7)认为,此举意味着寻求元老职位的年轻骑士不再被允许穿着宽边短袍。不过,Levick 1991 and Wardle 2014:295 提出,希望担任公职的元老之子会被允许早于处在相同状态的骑士穿上宽边短袍。

问题，但上述复原的文本的确暗示元老之子没有公共马。"宽边"（[*latum cla*]*uom*）和"没有镶边"（[*sine*]*clauo*）等关键词是复原，可能有其他解读。① 德穆让提出的另一种说法是，这两个群体事实上是骑士等级中拥有窄边短袍的"年长者"，以及拥有公共马的"青壮者"。② 但《罗马法规》的复原辩护。它并未明确表示元老之子没有公共马。相反，它把"宽边"作为区分不同类型骑士的唯一方法：元老之子（同时拥有公共马和宽边袍）和该等级的其他成员（只有公共马）。

因此，在奥古斯都和提比略的时代，骑士等级的成员身份有不同的界定和表达方式。包括元老之子在内的公共马骑士都是骑士方阵和百人队的成员。而无论是否拥有公共马，所有满足必要财产条件的骑士都有坐在剧场中前十四排的法定权利，以及佩戴金指环的特权。最后两项特权是奥古斯都和提比略统治时期立法的主题，有助于规范骑士等级的外在形象和身份象征。奥古斯都元首统治时期最为重要且将会产生深远影响的发展是公共马骑士的人数第一次超过了1800名。这意味着骑士方阵（用于仪式目的，比如游行和公共葬礼）和百人队（用于在大会上投票）的规模不受限制，可以无限扩大。哈利卡纳苏斯的狄俄尼修斯表示骑士游行上有时会出现5000名骑士，这暗示了奥古斯都在这方面的慷慨程度。其结果是，骑士中有公共马的越来越多。

皇帝的恩赏

奥古斯都把骑士审核纳入了每年的游行仪式，而且可以在无需拥有

---

① 见 Rowe 2002:73，他的不同译文清楚地显示了这里的问题。
② Demougin 1992b 将第 55—56 行复原为"骑士等级者拥有窄边的"（*et qui ordini* [*s equestris erunt, ii qui angustum cla*] | *uom habebunt*）。

监察官权的情况下授予和取消公共马的资格。他的三位继承者的确担任过监察官：克劳狄乌斯，公元47/48年与卢基乌斯·维特利乌斯共同担任；韦斯巴芗，公元73/74年与其子提图斯共同担任；图密善，独自担任公元85年的监察官，后为终身监察官。从那时起，监察官职务及其权力正式归于皇帝。① 克劳狄乌斯和韦斯巴芗都会对骑士等级进行正式审核，作为他们监察官身份的一部分，就像苏维托尼乌斯在其《罗马十二皇帝传》(Lives)中用准确的专业术语呈现的。② 不过，这并不意味着奥古斯都的继承者需要监察官身份来监督审核或授予公共马资格。比如，没有证据表明卡里古拉任过此职，或是开展过人口调查，③ 但我们知道他的确亲自监督过审核，就像苏维托尼乌斯所说：

> 他带着适当的克制，严格而仔细地审核骑士，公开剥夺那些做下丑事和应引以为耻之事的人的公共马，但犯下小错之人的名字他会在公开宣读时略去。④

这段话充满了准确的用语，让人毫不怀疑卡里古拉是沿袭了奥古斯都本人确立的模式，将骑士审核作为骑士游行仪式的一部分。⑤ 卡

---

① Millar 1977:293-5; B. W. Jones 1992:106-7.
② Suet. *Claud.* 16.1(*recognitione equitum*), *Vesp.* 9.2(*recenso senatu et equite*).
③ Barrett 1990:311 n. 82. 参见 Wiseman 1970b:70 n. 21，他并不排除卡里古拉这样做的可能性。
④ Suet. *Cal.* 16.2: *equites R. severe curioseque nec sine moderatione recognovit, palam adempto equo quibus aut probri aliquid aut ignominiae inesset, eorum qui minore culpa tenerentur nominibus modo in recitatione praeteritis.*
⑤ Demougin 1988:178-81; Wardle 1994:171. 这类用语包括：（1）表示正式审核仪式的动词（*recognovit*，见 Suet. *Aug.* 37.1，38.3）；（2）表示取消公共马的术语（*adempto equo*，见 Livy 24.43; Gell. *NA.* 7.22）；（3）表示耻辱的法律术语（*ignominiae*，见 Suet. *Aug.* 39.1）。这段话与苏维托尼乌斯《奥古斯都传》中描绘的仪式非常相似。

第五章　帝国的骑士等级

西乌斯·狄奥用略有不同的表达描绘了这一举动，暗示了这位年轻皇帝的行动的更大意义：

> 鉴于骑士等级的人数很少，他从整个帝国乃至意大利以外召来了名门望族的杰出人士和富有之人，将他们纳入等级。①

如果这些行省人具备骑士的财产级别，那么按照共和时代确立的标准，他们在技术上已经是骑士。奥古斯都时代，在意大利的帕塔维乌姆和西班牙的加迪斯，有据可查的骑士达到 500 人，表明较老的行省中有骑士身份的人存在。② 狄奥的专业用语暗示，卡里古拉把选出的行省人召到罗马，在那里正式授予他们公共马，以此作为其骑士审核工作的一部分。③ 这些行动经常被引用反衬提比略的怠惰，后者据说尤其轻视骑士陪审员。④ 我们可能会对提比略在这方面究竟有多懒散感到怀疑，因为这种懒政是"坏"皇帝的标志。⑤ 同样，卡里古拉对骑士等级的审核被归入他元首统治早期的善行之中。⑥

卡里古拉无需担任监察官就可以授予公共马，这表明奥古斯都确立的范式在后来的皇帝统治下得到延续。狄奥对尼禄统治的描绘也支持这点，他提到皇帝对骑士的"每年审核"（ἐτησία … ἐξετάσει），用

---

① Dio 59.9.5: τοῦ τε τέλους τοῦ τῶν ἱππέων ὀλιγανδροῦντος, τοὺς πρώτους ἐξ ἁπάσης καὶ τῆς ἔξω ἀρχῆς τοῖς τε γένεσι καὶ ταῖς περιουσίαις μεταπεμψάμενος κατελέξατο．关于这里对"从整个帝国乃至意大利以外"（ἐξ ἁπάσης καὶ τῆς ἔξω ἀρχῆς）的翻译，见 Humphrey 1976: 118 – 19。
② Strabo 3.5.3, 5.1.7.
③ 动词"授予"（κατελέξατο）是关键性的专业术语（Humphrey 1976: 119）。
④ Suet. Tib. 41; Humphrey 1976: 117 – 18; Hurley 1991: 80 – 1; Lindsay 1993: 84 – 5; Demougin 1988: 175 – 8。
⑤ 关于缺少这方面的可靠统计数据，见 Demougin 1988: 542 – 5。
⑥ 关于《卡里古拉传》的结构，见 Wardle 1994: 20 – 1。

了希腊语中正确对应 *recognitio* 的专业术语。① 这意味着尼禄同样可以在不担任监察官的情况下授予或取消公共马。克劳狄乌斯和韦斯巴芗的审查服务于特定的意识形态目的，这表明他们正在恢复一个不受欢迎的前任留下的并经历了内战的国家。② 开展人口调查必然会涉及对骑士人数的正式审核。但这并不意味着只有当皇帝正式担任监察官时，他才能授予或取消公共马。因此，我们应该设想，自奥古斯都统治以来，被授予公共马的骑士数量在逐步增加。卡里古拉统治时期尤其重要，因为那时皇帝向行省人士授予公共马，还会把他们召到罗马参加每年的骑士游行。

关于骑士头衔的碑铭证据是支持这种观点的。就像我们在第三章中所看到的，共和时代晚期，*eques* 是铭文中用来描绘该等级成员的标准用语。从奥古斯都统治后期开始，碑铭文本中第一次开始使用 *equo publico*，单指"有公共马的"。③ 比如，它出现在铭文中对奥古斯都的一位人民军政官、法莱里奥（Falerio）的马尔库斯·米尼基乌斯（M. Minicius）生涯的描述里。④ 很快，铭文中开始出现更复杂的表达，提到了授予公共马的皇帝本人。这种现象第一个有据可查的例子来自庞贝，德基姆斯·卢克莱提乌斯·瓦伦斯（D. Lucretius Valens）的墓志铭记载他"被提比略·克劳狄乌斯·恺撒·奥古斯都·日耳曼尼库斯授予公共马"（*equo publico honorato ab Ti（berio）Claudio Caesare Au［g（usto）Ger（manico）］*）。⑤ 铭文的措词暗

---

① Dio 63. 13. 3. Stein 1927：65 n. 3 指出，这无疑指的是审核，而不仅仅是游行。
② 这些问题将在本书第八章中进一步讨论。
③ *CIL* XI 7066 = *ILS* 6598（年代见 Duncan-Jones 2006：219）；*CIL* V 7567 = *ILS* 6747（区分了这两位骑士兄弟，其中一位拥有公共马，另一位没有）。
④ *AE* 1960, 258；*PME* M 57；Nicolet 1967b：48 – 9.
⑤ *AE* 2004, 405.

示，碑立起来时克劳狄乌斯还活着。① 第二个例子来自希腊的科林斯，那里的一座盖乌斯·尤利乌斯·斯巴提亚提库斯（C. Iulius Spartiaticus）的荣誉雕像底座上记载他"被神圣的克劳狄乌斯授予公共马"（equo p[ublico] ｜ [ex] ornato a divo Claudio）。② 这些授予公共马的行为可能发生在克劳狄乌斯担任监察官期间；但如果是这样，那么他的监察官同僚卢基乌斯·维特利乌斯的角色就被无视了，这项荣誉被完全说成是皇帝的恩赏。最后，来自近西班牙塔拉科（Tarraco）的马尔库斯·瓦雷利乌斯·普洛平库斯·格拉提乌斯·刻勒阿里斯（M. Valerius Propinquus Grattius Cerealis）的雕像底座上的铭文显示，他"被提图斯皇帝提拔为骑士"（adlecto in ｜ equite [sic] a T [ito] Imp [eratore]）。③ 提图斯的出现暗示刻勒阿里斯的提拔发生在这位皇帝的统治时期，而不是他同父亲韦斯巴芗共同担任监察官的公元73/74年。在那次人口调查中获得提拔的元老们，要么记下的是这两位弗拉维乌斯王朝皇帝的角色，要么完全略去了提图斯。④ 格拉提乌斯·刻勒阿里斯被擢升进骑士等级显然是提图斯一人在公元79/81年所为。

一些来自公元1世纪的铭文中出现了"公共马"或"有公共马"等表达，但没有记载是哪位皇帝的恩赏。若坚持认为所有这些恩赏都是在担任监察官期间做出的会显得不近情理，而且个人生涯的证据常常否定了这种想法。比如，马尔库斯·斯特拉基乌斯·科拉努斯（M. Stlaccius Coranus）在克劳狄乌斯时期担任过大队长官和军政官，

---

① 来自阿贝里努姆（Abellinum）的一段残缺不全的铭文可能也提到克劳狄乌斯授予公共马，但并不确定（AE 2008, 337）。
② Corinth VIII. 2. 68. 显然，这条铭文是在克劳狄乌斯死后刻下的。
③ CIL II 4251 = II. 14. 2 1171.
④ CIL XI 1834, XIV 2925；AE 1925, 126. 关于在提到监察官的铭文中略去了提图斯，见 CIL III 335；AE 1990, 217。

很可能是在公元 43 年入侵不列颠之时。① 他的生涯一路看来暗示着被授予公共马和提拔进陪审员团发生在提比略或卡里古拉时期。② 与之类似，公元 47/48 年担任监察官期间，克劳狄乌斯将马尔库斯·尤利乌斯·罗慕路斯（M. Iulius Romulus）提拔进军政官级别（*inter tribunicios*）。但罗慕路斯之前已经获得了公共马，可能是克劳狄乌斯本人早前授予的，也可能来自卡里古拉或提比略。③ 公元 70 年，元老院授予韦斯巴芗的释奴提图斯·弗拉维乌斯·霍尔马斯（T. Flavius Hormas）骑士身份。④ 如果他还获得了公共马的荣誉，那肯定是由罗马的弗拉维乌斯家族的小圈子以韦斯巴芗的名义安排的，远早于皇帝担任监察官的时间。⑤ 因此，碑铭和文献证据的确显示出皇帝可以不必专门以监察官的身份授予公共马，而且他也的确这样做了。他们还能随意开除骑士等级的成员。⑥ 这导致了公元 1 世纪期间人们对该等级看法的改变，仅仅拥有骑士的财产级别被认为是不够的——公共马也可以从皇帝那里获得。到了公元 2 世纪，骑士在铭文中记录究竟是哪位皇帝授予他们公共马的做法变得愈加普遍。⑦ 此时，骑士身份被

---

① *CIL* VI 3539 = *ILS* 2730.
② *PME* S 81. Demougin 1988:684-5 认为，他年轻时被授予了工程兵长官的职务和公共马。
③ *AE* 1925, 85; Demougin 1992a no. 448. 类似的例子是百人队长普布利乌斯·特雷普图斯·阿提库斯（P. Treptus Atticus），他在克劳狄乌斯统治前获得了公共马，因此很可能是在提比略或卡里古拉统治时期（*CIL* XI 394; *PME* T 35; Demougin 1992a no. 392）。
④ Tac. *Hist*. 4. 39. 1.
⑤ 严格说来，图密善是代表其父，但就像塔西佗指出的，是穆基亚努斯（Mucianus）在背后操纵（Tac. *Hist*. 4. 39-40）。
⑥ 从老普林尼在世时阿雷利乌斯·福斯库斯的案子（*NH*, 33. 152）和其他例子（Suet. *Cal*. 16. 2, *Claud*. 24. 1）中可以看到这点。
⑦ Mommsen 1887-8: III, 489 n. 4; Demougin 1993:237. 比如，见 *CIL* II 6095 = II. 14. 2 1138（涅尔瓦）; *CIL* III 607（图拉真）; *CIL* IX 23 = *ILS* 6472（哈德良）; *CIL* VIII 20144（安东尼·庇护）; *CIL* VI 1586（马可·奥勒留和卢基乌斯·恺撒）; *CIL* VI 3550（康茂德）; *ILAfr*. 137（塞维鲁和卡拉卡拉）。

广泛认为是皇帝的恩赏,无法通过其他任何方式获得。①

因此,在公元 1 世纪期间,公共马骑士和其他罗马骑士的差别逐渐消失。这个过程始于奥古斯都的关键决定,即首次增加公共马骑士的数量,扩大骑士方阵和百人队的规模。同时出台的政策是将骑士审核纳入每年的骑士游行。当某个公民被授予公共马时,他会被正式分进六个方阵中的一个,成员资格终身享有。奥古斯都的继任者沿用了扩大公共马骑士数量的政策。关于卡里古拉和尼禄统治时期的古代记载表明,皇帝不需要担任监察官就可以授予或撤销公共马,这一结论得到了个别骑士生涯的碑铭证据的支持。随着时间的推移,人们开始接受 40 万塞斯特斯的财产条件并不足以获得骑士身份这件事。图密善担任终身监察官和这一职务的权力被归于皇帝,代表了一个世纪的改变正式完成。监察秘书(a censibus)的设立意味着这些权力现在完全融入了帝国的行政体系,这个帝国部门被授权监督人口调查,以及元老和骑士身份的审核。②

卡里古拉统治之后,一些行省人的确会前往罗马参加骑士游行。鉴于来自行省的骑士越来越多,再考虑到旅行的成本和后勤,不可能所有的骑士都会这样做。③ 有时,可以通过面见皇帝来获得骑士身份的奖赏,就像智术师赫里奥多罗斯(Heliodorus)的事例那样,他出现在卡拉卡拉面前,为自己和孩子们赢得了公共马。④ 不过,对大部

---

① 特别是北非的铭文中提到的大批授予公共马的公元 2 世纪的皇帝们(AE 1917/18, 23; CIL Ⅷ 11173,21044,24017; ILAfr. 280,320,390)。该地区的绝大部分证据来自公元 2 世纪和 3 世纪(Duncan-Jones 1967:151 - 2)。只有来自公元 3 世纪的一例纸草学证据(P. Hib. 2.274, as re-edited by Casanova 2008)。
② 狄奥笔下的马伊克纳斯建议奥古斯都设立元老等级的监察次官一职来处理这些事,但没能成真(狄奥 52.21.3 - 5; Reinhold 1988:191 - 2)。
③ 另见本书第八章。
④ Phil. VS 626.

分罗马人来说，更可能的情况是，他们亲自或通过庇主向监察秘书申请公共马，后者会在恩赏发出前评估他们是否达到财产条件。[1] 比如，公元3世纪时，首席维斯塔贞女的庇护让埃米利乌斯·帕尔达拉斯（Aemilius Pardalas）获得了骑士等级的成员身份。[2] 就像本章开头提到的，骑士等级的成员标准在公元1世纪发生改变的观点来自蒙森和怀斯曼。但怀斯曼认为关键时刻是弗拉维乌斯王朝时期，即从韦斯巴芗担任监察官到图密善统治之间，后者担任了终身监察官。而在本章中，我们提出公共马骑士数量开始增加的时间要早得多，可以追溯到奥古斯都和尤利乌斯-克劳狄乌斯王朝时期。图密善的统治代表了这些改变的高潮，而不是关键的转折点。这个演化过程显示了骑士等级的成员身份现在如何变成了皇帝赏赐的一种身份象征，就像元首制下生活的其他许多方面一样。这是罗马国家向着君主制罗马国家转变的一个基础部分。

行省视角

我们关于骑士等级的证据偏向于那些在罗马军队中担任军官，或者在帝国行政体系中担任代理官的罗马骑士，因为有大批记录了他们官方生涯的铭文留存下来。[3] 任何时候担任代理官的骑士都可能只有600人。[4]

---

[1] Duncan-Jones 1967：152－4；Demougin 1993：236－7. 卡拉卡拉允许被召回的流放公民重新拥有公共马，这个事实是帝国对骑士身份管理的又一证据（*P. Giss.* 40 II = *P. Oxy.* 36. 2755 = Oliver 1989 no. 261A）。现在我们知道，该文本是公元212年卡拉卡拉发布的《安东尼诏令》的一部分（van Minnen 2016）。
[2] *CIL* VI 2131 = *ILS* 4929.
[3] 公元2世纪的证据清楚地显示了这点，其中80%的已知骑士都是军官或代理官（见Demougin 1993：240 的表格）。
[4] Bang 2011：124.

因此，他们仅仅代表了生活在罗马帝国的数以千计骑士（每代人中的数量在2万—3万人左右）中很小的一部分。完全依靠有名有姓的骑士的证据来估算该等级的规模是困难的，在加迪斯只有三名骑士有据可查的事实证明了这点。[1] 相比之下，斯特拉波提到有500名骑士生活在加迪斯和帕塔维乌姆（Patavium），就像我们在本章稍早提到的。可以通过在该撒利亚毛里塔尼亚的萨尔达伊（Saldae）、巴埃提卡的卡尔莫（Carmo）和纳尔波高卢的纳尔波等较大城市进行集体奉献或者收到分赏的骑士群体来窥见该等级的规模。[2] 还有一些有限的证据显示，骑士在行省剧场中会被分配专属坐席，类似于罗马的前十四排坐席。[3] 在卢格杜努姆，罗马骑士的数量多到足够拥有自己的庇护人，比如商人马尔库斯·因塔提乌斯·维塔利斯（M. Inthatius Vitalis）。[4] 本书的第六和第七章将特别专注于身为军官和行政官员的骑士，而本节的目标是考察在整个罗马世界，骑士身份如何作为官方地位和公共身份的标志发挥作用，特别是那些从未在帝国担任职务的骑士。骑士等级中包括大批出身意大利和行省的富有的非元老贵族，从近卫军长官和骑士代理官到市议员、行省祭司、军官、包税人、商人和地主，不一而足。他们的骑士身份意味着他们的财富和公共地位得到了国家的正式承认，使他们有理由让自己投身罗马国家，投身于它的成功和持久。此外，随着骑士身份变成了皇帝的恩赏，它让这些富有精英依赖于从皇帝那里获取声望。

在公共雕像和墓碑上，可以通过带窄镶边的短袍、骑士短靴

---

[1] 见 Caballos Rufino 1998:137 提供的数字。
[2] Duncan-Jones 2016:99; *CIL* VIII 8938 = *ILS* 5078（萨尔达伊）；*CIL* II 1380（卡尔莫），XII 4333 = *ILS* 112（纳尔波）。
[3] 本书第九章将对此进行讨论。
[4] *CIL* XIII 1954 = *ILS* 7030. *CIL* XIII 1921 = *ILS* 7024 也提到了卢格杜努姆的骑士等级。

(*calcei equestres*)和金指环等身份象征，或是附带的铭文中罗列的骑士头衔或职务来表达骑士身份。雕像底座、墓碑或其他纪念碑上的个人铭文中使用了拉丁语和希腊语的骑士等级头衔，通常跟在被致敬者的名字之后。在拉丁语铭文中，公元1世纪和2世纪最常见的头衔是 *eques equo publico*（公共马骑士）或更简短的 *equo publico*，此后 *eques Romanus*（罗马骑士）成了最主要的碑铭身份指称。[①] 希腊语的 *ἱππεὺς Ῥωμαίων*（罗马骑士）和 *ἱππικός*（骑士）通常出现在公元2世纪和3世纪的铭文中。[②] 这些头衔常常被记录那些担任过军队指挥官或代理官的人生涯的铭文中略去。比如，在诺里库姆的凯莱伊亚（Celeia），即后来升任马可·奥勒留的司信官（*ab epistulis*）的提图斯·瓦里乌斯·克莱门斯（T. Varius Clemens）的家乡，人们立了三座雕像向他致敬。[③] 这些雕像的底座上都没有提到他是罗马骑士，因为它们不需要——列出的那些显赫的政府职务暗示了他拥有这一身份。

不过，对于那些没有担任过公职的公民来说，骑士身份本身是宝贵和重要的荣誉，它构成了他们公开的自我展现的一部分。从来自卡利亚的阿芙洛狄西亚斯的《穿托袈的少年》雕像上可以看到这点（图5.1）。这位少年炫耀着左手上的指环，穿着无带的骑士短皮靴，作为其骑士身份的标志。[④] 虽然无法确认"穿托袈的少年"的确切身份，但来自阿芙洛狄西亚斯的几位少年的铭文中都只用"骑士"

[①] Duncan-Jones 2016:94 – 5.
[②] Mason 1974:57; Demougin 1999:589. 在碑铭文本中可以看到希腊语中对应"公共马"的*ἱπποςδημόσιος*，但要少得多（比如，见 *I. Prusias* 54; *I. Eph.* 3048）。
[③] *CIL* III 5211 = *ILS* 1362; *CIL* III 5212 = *ILS* 1362a; *CIL* III 5215 = *ILS* 1362b; Eck 2006b:494 – 5.
[④] Smith and Ratté 1997:21 – 2; R. R. R. Smith 1998:69; Smith et al. 2006:110 – 11. 关于骑士靴，见 Goette 1988:459 – 464。

第五章 帝国的骑士等级

图 5.1 《穿托袈的少年》,阿芙洛狄西亚斯

（ἱππικός）头衔来表示自己的身份，比如首席百人队长之子普布利乌斯·埃利乌斯·希拉里亚努斯（P. Aelius Hilarianus）。① 在阿芙洛狄西亚斯，受益于骑士身份之声望的不仅是年轻人。医生马尔库斯·奥雷利乌斯·阿波罗尼乌斯的石棺上记载他是"骑士"。这一帝国荣誉代表了他获得的财富和社会声望，表明他生前在该城是受欢迎的居民。②

骑士身份在意大利和行省的市议员阶层中最为显眼。他们是在市议会担任议员以及担任当地行政官和祭司的公民。③ 骑士头衔在记录这些大半生为故乡服务的家乡贵族的官职和荣耀的铭文中常常占据着重要地位。"公共马骑士"或"罗马骑士"等头衔的位置醒目，代表了西塞罗和奥古斯都的设想实现，即意大利的骑士会同时看重自己的家乡和罗马的身份称谓。④ 这种自我展现的一个例子来自普布利乌斯·诺尼乌斯·李维乌斯·安特罗提亚努斯（P. Nonius Livius Anterotianus，图 5.2）的雕像底座。雕像立在奥斯提亚的行会广场（Plaza of the Corporations）上：

> 献给普布利乌斯·诺尼乌斯·李维乌斯·安特罗提亚努斯，普布利乌斯之子，帕拉提努斯部落，马尔库斯·奥雷利乌斯·安东尼努斯·奥古斯都皇帝授予公共马，根据市议会决议，被提拔为市议员，神圣的哈德良的祭司，劳伦图姆-拉维尼乌姆的萨利祭司，营造官，为伏尔甘行圣礼的大法官，提图斯·提努基乌斯·索希法内斯献给最敬爱和最虔诚者，墓地由市议会公开决议

---

① *I. Aph.* 12.17, 12.535.
② *I. Aph.* 11.217; Nutton 1997: 192–3.
③ Duncan-Jones 1967: 151.
④ 见本书第三和第四章。

第五章 帝国的骑士等级

图 5.2 普布利乌斯·诺尼乌斯·李维乌斯·安特罗提亚努斯像带铭文的底座,奥斯提亚

提供，公费修建。①

安特罗提亚努斯是奥斯提亚一位受人尊敬且地位显赫的公民。他担任市议员，是当地的祭司，还担任着附近拉维尼乌姆的劳伦图姆-拉维尼乌姆的萨利祭司（*salius*）。② 马可·奥勒留授予他的公共马荣誉在他的一系列头衔中居于首位，因为那是元首赏赐的帝国荣誉。奥斯提亚可能生活着许多罗马骑士，但这个事实并不会削弱该身份对安特罗提亚努斯本人的价值。

在骑士身份不那么普遍的城镇，这种恩赏可能会是举行庆祝和公开纪念的理由。在巴埃提卡内陆的小城卡尔提玛（Cartima），德基姆斯·尤尼乌斯·梅里努斯（D. Iunius Melinus）的朋友和母亲为他立了一座公共雕像，以纪念他成为"卡尔提玛城第一个被称为罗马骑士的人"（*equiti Romano ex civitate | Cartimitana primo facto*）。③ 在尤利乌斯-克劳狄乌斯时代，无疑有许多骑士曾生活在巴埃提卡，但他们集中在港口城市加迪斯和行省治所科尔杜巴（Corduba）。如铭文所示，骑士在卡尔提玛很少见，梅里努斯获得的提拔标志着他的身份超过了其他公民。④

骑士身份在希腊行省的精英中也有类似的重要性，作为一种帝国

---

① CIL XIV 391: *P(ublio) Nonio P(ubli) fil(io) | Pal(atina tribu) Livio | Anterotiano | equo publ(ico) exornato ab | Imp(eratore) M(arco) Aurelio Antonino Aug(usto) | dec (reto) dec(urionum) decur(ioni) adlecto | flamini divi Hadriani | salio Laurent(ium) Lavinatium | aedili pr(aetori) sacr(is) Volk(ani) faciu(ndis) | T(itus) Tinucius | Sosiphanes | carissimo | pientissimo | l(ocus) d(atus) d(ecreto) d(ecurionum) p(ublice)*. 还有一座与之相伴的雕像，为安特罗提亚努斯的祖母里维娅·马尔科里娜（Livia Marcellina）所立，底座上的文字几乎相同（CIL XIV 390 = ILS 6139）。
② 关于他的祭司职务，见本书第十章。
③ *CIL* II 1955.
④ Caballos Rufino 1998: 136–41.

253

地位的标志，它得到了持有者的认可和重视。[1] 这些地区的行省人民能否获得骑士身份，取决于庇护人或者与罗马行政当局的关系，特别是在帝国早期。[2] 比如，在亚该亚，最早的骑士或者是意大利家族成员，或者是与意大利有来往的希腊人。[3] 他们中包括科林斯的盖乌斯·尤利乌斯·斯巴提亚提库斯，就像我们在本章早前提到的，他特别记录了自己是被克劳狄乌斯皇帝授予公共马的。[4] 在小亚细亚，公元1世纪时，骑士往往来自亚历山大里亚特洛亚（Alexandria Troas）或皮西迪亚安条克（Pisidian Antioch）这样的罗马殖民市，而在像阿芙洛狄西亚斯这样的其他希腊城市，公元2世纪之前没有出现任何骑士。[5] 提图斯·弗拉维乌斯·盖亚努斯（T. Flavius Gaianus）的例子显示了骑士身份对说希腊语的公民的固有价值，在加拉提亚，安库拉（Ancyra）的不同部落为他立了不下七座公共雕像。雕像底座上所刻的铭文概括了他的生涯。[6] 所有的铭文都以同样的顺序记录了盖亚努斯的官职和荣誉，这个事实表明，他亲自准备了文本的主要部分。[7] 铭文如下：

> 敬幸运儿！提图斯·弗拉维乌斯·盖亚努斯，罗马骑士，两次担任第一长官，公民登记官，三次觐见神圣的安东尼，两次担任加拉提亚城邦赛会的主席，两次担任与皮托赛会同级别的大阿斯克勒皮俄斯神圣赛会的主席，加拉提亚城邦的大祭司，加拉提

---

[1] Kuhn 2010:27, 115, 237-8.
[2] Demougin 1999:585-6; Kuhn 2010:35-6.
[3] Spawforth 2002; Zoumbaki 2008:46-7.
[4] *Corinth* VIII. 2. 68.
[5] Demougin 1999:583-4; Kuhn 2010:132, 217.
[6] *I. Ankara* 96-102.
[7] Mitchell and French 2012:268.

亚市议会主席，奥古斯都祭司，安库拉都会的创建者。①

盖亚努斯以"罗马骑士"头衔打头，罗列了他的一连串成就，包括在安库拉和加拉提亚任职的辉煌履历。即便是觐见卡拉卡拉也无需远离家乡，因为这很可能发生在公元213/214年皇帝前往东方前线途中在比提尼亚停留时。② 我们不知道盖亚努斯是不是在觐见过程中从卡拉卡拉那里得到了骑士身份。我们可以与另一位安库拉的重要骑士特尔图鲁斯·瓦卢斯（Tertullus Varus）的事例进行比较，后者在公元3世纪50年代从皇帝那里获得了未具体说明的荣誉，当时瓦勒良皇帝正从小亚细亚经过。③ 与拉丁西部一样，在希腊世界，骑士身份显然与地方荣誉和要职一起被视作地位的标志。

骑士身份作为皇帝授予的地位，会被认为本质上高于地方上的地位和荣誉吗？肯索里努斯（Censorinus）在他的《论生日》中描绘了骑士身份的社会价值，提到了该书的题献对象凯雷利乌斯（Caerellius）取得的荣誉：

> 你担任过市议员，因为祭司之职而在你家乡的领袖人物中高出众人，还因为骑士等级的身份而超越了行省级别。④

---

① *I. Ankara* 99: ἀγαθῇ τύχη. | Τ. Φλ(άουιον) Γαιαν ὸν ἱππέα Ῥωμαίων | καὶ δὶς τὴν πρώτην ἀρχὴν ἄρξαν|τα καὶ πολειτογραφήσαντα καὶ γ᾽| πρεσβεύσαντα παρὰ θεὸν Ἀντω|νεῖνον καὶ ἀγωνοθετήσαντα δὶς τοῦ| τε κοινοῦ τῶ ν Γαλατῶν κὲ [δ]ὶς | τῶν ἱερῶν ἀγώνων τῶν μεγάλων | Ἀσκληπιείων ἰσ[ο]πυθίων κὲ ἀρχι|ερέα τοῦ κοινοῦ τῶν Γαλατῶν, γαλα|τάρχην, σεβαστοφάντην, κὲ κτίστην | τῆς μητροπόλεως Ἀγκύρας. 我省略了最后的各部落献词，每处铭文中都不一样。
② Mitchell and French 2012: 31 – 3, 268.
③ *I. Ankara* 119; Mitchell and French 2012: 286 – 7.
④ 肯索里努斯《论生日》15. 4: *tu tamen officiis municipalibus functus, honore sacerdoti in principibus tuae civitatis conspicuus, ordinis etiam equestris dignitate gradum provincialium supergressus.*

第五章　帝国的骑士等级

肯索里努斯概述了罗马世界的城镇中存在的荣誉等级制。城市行政官和祭司是城市背景下的要职，但在技术上不如骑士身份，后者将其拥有者提升为帝国层面的精英。当小普林尼谈到给他的朋友、市议员罗马提乌斯·菲尔姆斯 30 万塞斯特斯，好让其成为骑士时，他给出了"我为何应该帮你提高地位"（*cur suscipere augere dignitatem tuam debeam*）的原因。① 在普林尼的心目中，同样有一个从市镇到帝国的荣誉组成的具体地位阶序。来自北非的市镇生涯的证据表明，地方官职通常在授予骑士等级之前。② 等着提拔为骑士身份的候选人中，最突出的是那些已经向帝国行政当局展现出必要的财产、地位和个人才能的人，为自己的家乡服务是实现这点的最有效途径。③ 但与此同时，需要强调的是，被提拔为骑士身份并不排斥罗马公民继续在其家乡地区任职。这方面的一个例子是基尔塔（Cirta）的卢基乌斯·麦基利乌斯·奈波斯（L. Maecilius Nepos），他担任过所有的市镇行政官职务，被提拔为骑士，后来成为皇帝崇拜的终身祭司（*flamen perpetus*）。④ 在小亚细亚的希腊城市，皇帝崇拜的祭司在成为骑士或承担正式的官职后同样往往会保留祭司身份。⑤ 在以弗所，甚至有获得骑士身份后升任市议会主席（*prytanis*）或秘书（*grammateus*）的个例。⑥ 这类骑士中最引人瞩目的例子可能是吕喀亚的俄伊诺安达（Oenoanda）的盖乌斯·尤利乌斯·德摩斯梯尼（C. Iulius Demo-sthenes），在军队和代理官生涯后他在当地担任文职官员。⑦

---

① 小普林尼《书信集》1.19。
② Duncan-Jones 1967: 154-6.
③ Caballos Rufino 1998: 129-31.
④ *CIL* VIII 7112 = *ILAlg*. 690.
⑤ Frija 2012: 187-8. 她区分了小亚细亚的罗马殖民市和希腊城市，在前者中，弗拉门祭司是城市官阶的一部分，在后者中则不是。
⑥ Kuhn 2010: 166.
⑦ 关于他的生涯，见 Wörrle 1988: 55, 60-2。关于德摩斯梯尼和其他在担任罗马官职后为自己的城市效劳的希腊人，见 Salmeri 2000: 58-60。

因此，尽管肯索里努斯和小普林尼各有说法，但显然骑士身份并没有降低市镇长官以及城市和行省祭司职务固有的声望。相比在遥远的罗马参加骑士游行（就算他参加过，也只会是一次），弗拉维乌斯·盖亚努斯在安库拉担任的赛会主管（agonothetes）对当地观众来说要显眼得多，而且可能更有意义。① 在吕喀亚的俄伊诺安达，盖乌斯·尤利乌斯·德摩斯梯尼任命的节日赛会主管可以穿紫袍，戴饰有哈德良和阿波罗形象的冠。② 节日的游行队伍中不仅有赛会主管本人，还有城市官员和祭司，代表了城中的社会和政治等级。③ 在上述情形下，地方官职能给个人带来立竿见影的声望，让他们被城市的人们注意。骑士等级与这些职位相辅相成，而不是降低它们的重要性。

对于开展惠及地方城市的公益捐助（euergetism）的骑士来说同样如此。在伊利乌姆（Ilium），塞克斯图斯·尤利乌斯·菲洛以城中各部落为他立下四座雕像获得认可：

> 阿塔利斯部落为塞克斯图斯·尤利乌斯·菲洛[立像]，他是城市的荣耀，弗拉维乌斯大队的长官，可敬的卓越的竞技训练主管，有史以来第一个，也是如今唯一一个为市议会和公民供油的人，并以油桶为全城人民供油。④

---

① 关于参加游行的行省人，见本书第八章。
② 见 Wörrle 1988:183–209 的讨论。Rogers 1991a:96–7 指出，使用这种皇帝形象改变了节日的性质。
③ Zuiderhoek 2009:97–8.
④ IGR IV 216 = I. Ilion 121: ἡ Ἀτταλὶς φυλὴ | Σέξτον Ἰούλιον Φί[λω]|[ν]α, τὸν κόσμον τῆς π[ό]|[λ]εως, ἔπαρχον σπείρης | Φλαβιανῆς, γυμνασιαρ|χήσαντα λαμπρῶς καὶ φι|λοτείμως, καὶ πρ-ῶτον | τῶν ἀπ' αἰῶνος καὶ | μέχρι νῦν μόνον ἐλαι|ομετρήσαντα τούς | τε βουλευτὰς καὶ πο|λείτας πάντας καὶ ἀλ[εί]|ψαντα ἐκ λουτήρων [παν]|δημεί. 其他雕像见 I. Ilion 122, 123, 124.

虽然菲洛是骑士等级的军官,他的身份和部队不出意外地被包括在铭文中,但他在伊利乌姆最为人铭记的是对整个城市的慷慨捐助。[1] 这种善举不仅限于希腊世界。比如,来自迦太基的骑士军官马尔库斯·李基尼乌斯·鲁弗斯是图加(Thugga)的庇主,自掏腰包在那里修建了市场。他在当地和帝国的生涯被一起铭刻在市场的建筑上,也刻在图加市议会为他这一善举而立的雕像底座上。[2] 在这两个例子中,被致敬者的骑士身份都成为所列个人成就的一部分。但对他们的纪念并非出于骑士身份本身。它作为帝国身份的标志与地方荣誉共存。

来自庞贝的奥古斯都时代的铭文证据,展现了地方背景下骑士和市镇身份标志的互动。在庞贝发现了不下六位人民军政官,这些人形成了当地精英中的精英。[3] 作为一个群体,这些军政官提供了关于骑士等级如何进行公开自我描绘的宝贵案例研究。[4] 一位奥古斯都时代的军政官马尔库斯·卢克莱提乌斯·德基狄亚努斯·鲁弗斯(M. Lucretius Decidianus Rufus)获得了庞贝广场上的三座雕像,底座上刻着他的官方职位。其中一座的底座上(图5.3)写道:

献给马尔库斯·卢克莱提乌斯·德基狄亚努斯·鲁弗斯,双执法官,三次担任五年期监察官,[5] 大祭司,人民军政官,工程兵长官,根据市议会决议,[立]于他死后。[6]

---

[1] 关于分发油,见 Zuiderhoek 2009:109 – 12。
[2] AE 1969/70, 652 – 3。
[3] 关于奥古斯都时期的"人民选举的军政官"(*tribunus militum a populo*)一职,见本书第四章。
[4] Franklin 2001:18 称他们为"奥古斯都派在当地政治中的核心"。
[5] 双执法官(*duumviri*)是庞贝的最高行政官。五年期监察官(*quinqennales*)每五年竞选一次,负责人口调查。
[6] CIL X 789 = ILS 6363c: *M(arco) Lucretio Decidian(o) | Rufo IIvir(o) III quinq (uennali) | pontif(ici) trib(uno) mil(itum) a populo | praef(ecto) fabr(um)* 转下页）

图 5.3 马尔库斯·卢克莱提乌斯·德基狄亚努斯·鲁弗斯雕像带铭文的底座，庞贝

铭文将鲁弗斯的市镇官职列为一组,将他的军职列为一组,在记录人民军政官生涯的其他铭文中也能看到这种模式。① 不幸的是,由于原雕像已不复存在,我们无法确定鲁弗斯的形象是着平民服饰还是军装。但铭文中的语言表明,庞贝的地方官职并不逊于他的帝国军队指挥官职务。事实上,两者间存在至关重要的联系,因为鲁弗斯是在庞贝人民的推荐下担任军政官职务的。

奥鲁斯·维尤斯(A. Veius)的墓上对他的军政官职务的描绘同样如此,此人是庞贝家族的一个重要成员。他葬在该城北面的赫库兰尼姆门(Porta Ercolano)墓地的半圆形条凳墓(*schola*)中,这是庞贝特有的墓葬纪念碑形式(图 5.4)。雕像已经不在原处,底座上的铭文记录了他的生涯:

图 5.4 奥鲁斯·维尤斯的条凳墓,庞贝

(接上页)*ex d(ecreto) d(ecurionum) | post mortem*. 广场上的其他底座铭文是 *CIL X 788 = ILS 6363*b 和 *AE 1898, 143 = ILS 6363*a。*CIL X 851 = ILS 6363*d 也记录了他的生涯,刻在他的一位后人修复的他雕像的大理石牌匾上(Nicolet 1967b:38)。
① Nicolet 1967b:39, 63.

献给奥鲁斯·维尤斯，马尔库斯之子，双执法官，两次担任五年期监察官，人民军政官，根据市议会决议［竖立］。①

条凳墓专供担任过市镇行政官的公民或他们的家族成员使用，因此标志着墓主是当地精英。它们被设计成半圆形的石凳，人们可以坐下欣赏雕像，阅读刻着墓主成就的铭文。② 因此，与当地观众互动是这些纪念碑的一个固有目标。

在庞贝，人民军政官作为公共捐助者在该城的生活中扮演着关键角色。三次担任双执法官和人民军政官的马尔库斯·图利乌斯（M. Tullius）自掏腰包在广场边修建了奥古斯都幸运女神庙。③ 毗邻神庙的是一座纪念凯旋门（被误称为"卡里古拉凯旋门"），上面立有一尊青铜像，描绘的是身着托袈、骑在马背上的庞贝公民。韦尔奇合理地提出，雕像描绘的是马尔库斯·图利乌斯本人。④ 他穿着宽边短袍，佩戴金指环，脚穿贵族短靴（*calcei patricii*）。⑤ 这意味着雕像描绘的定是罗马元老，或是被允许穿宽边袍和贵族短靴的庞贝市议会阶层。⑥ 如果这是马尔库斯·图利乌斯的雕像，那么他选择以当地贵族及罗马骑士（通过金指环）的形象而不是穿窄边袍的军政官形象示人。⑦

---

① CIL X 996: A(ulo) Veio M(arci) f(ilio) IIvir(o) i(ure) d(icundo) | iter(um) quinq(uennali) trib(uno) | milit(um) ab popul(o) ex d(ecreto) d(ecurionum).
② Zanker 1998:122 - 4; Cormack 2007:586 - 8. 不过，并非维尤斯家族的所有成员都选择了这种纪念方式，就像 V. L. Campbell 2015:49 - 51 所指出的。
③ CIL X 820.
④ K. E. Welch 2007a:554.
⑤ 关于各种贵族靴之间的区别，见 Goette 1988:450 - 1。
⑥ Spalthoff 2010:25，28.
⑦ 关于市议员阶层的身份象征，见 Spalthoff 2010:26 - 7。

奥古斯都时代该城最著名的捐助者马尔库斯·霍尔柯尼乌斯·鲁弗斯（M. Holconius Rufus），与马尔库斯·霍尔柯尼乌斯·刻勒尔（M. Holconius Celer，他的兄弟或儿子）一起翻新了大剧场。工程在公元前2世纪完成，即奥古斯都获得"祖国之父"称号的那年。[1] 从公元前20年左右开始，鲁弗斯在奥古斯都时代多次担任行政官，从荣誉雕像的底座到建筑上的铭文，城中各处的一系列纪念碑上记录了他的生涯。[2] 一座今天位于丰裕大道（Via dell'Abbondanza）上的雕像底座的铭文总结了他的整个生涯：

> 献给马尔库斯·霍尔柯尼乌斯·鲁弗斯，马尔库斯之子，人民军政官，五次担任双执法官，两次担任五年期监察官，奥古斯都·恺撒的祭司，殖民市庇主。[3]

雕像和带铭文的底座是献给霍尔柯尼乌斯家族的四面凯旋门的一部分，今天只有部分存世（图 5.5）。[4] 霍尔柯尼乌斯的雕像不同寻常，因为他的形象身着胸甲，有意模仿了罗马奥古斯都广场上的"复仇者"马尔斯（Ultor Mars）像（图 5.6）。[5] 他的公共形象与马尔库

---

[1] CIL X 833–4; D'Arms 1988:54–6; Zanker 1998:107–12; Cooley and Cooley 2014:89–91.

[2] D'Arms 1988:54–9; Zanker 1998:109–12.

[3] CIL X 830 = ILS 6361b: *M(arco) Holconio M(arci) f(ilio) Rufo | trib(uno) mil(itum) a popul(o) IIvir(o) i(ure) d(icundo) V | quinq(uennali) iter(um) | Augusti Caesaris sacerd(oti) | patrono coloniae*.

[4] D'Arms 1988:60–2认为，雕像原本立在广场上，但后来被霍尔柯尼乌斯·鲁弗斯的一位后人搬到了凯旋门处。并非所有人都接受这种说法，比如 K. E. Welch 2007a:577–8 将其与对岔路的拉尔（Lares at the Crossroads）的崇拜联系起来。

[5] Zanker 1981:349–50, 1998:112. 这种解读被普遍接受（比如，见 K. E. Welch 2007a:557; Cooley and Cooley 2014:185）。他还穿着贵族靴，这表明他是庞贝市镇贵族，而非贵族等级的元老（Goette 1988:456–7）。

斯·图利乌斯的有所不同，因为他强调了自己的军官职务。这座军人肖像把霍尔柯尼乌斯描绘成庞贝和意大利青年的榜样，是为自己的家乡、国家和元首效劳的象征。[1] 这是奥古斯都意图的视觉体现。

图5.5　马尔库斯·霍尔柯尼乌斯·鲁弗斯雕像带铭文的底座，庞贝

人民军政官的职务显然对这些庞贝权贵的公共形象非常重要，因为这同他们担任过的行政官和祭司（有时还有其他军官职务）一起被列在记载他们生涯的铭文中。就像灿克尔（Zanker）指出的，这个职务证明被致敬者的重要性同时得到奥古斯都和当地城市的承认，前者将各种军职作为恩赏，后者则为他投票。[2] 这些人是庞贝和罗马的中

---

[1] Zanker 1988:328-9.
[2] Zanker 1998:112.

第五章 帝国的骑士等级

图 5.6 马尔库斯·霍尔柯尼乌斯·鲁弗斯的雕像，庞贝

间人。比如，担任五年期监察官的人被要求前往罗马，正式呈交庞贝的人口调查结果。① 纪念碑本身也同样表达了帝国的"中心"罗马同"边缘"庞贝之间的这一联系。在马尔库斯·图利乌斯的例子中，他的形象是坐在马背上，服饰和标记显示他作为庞贝市议员的身份，而不是作为军政官。而作为庞贝无可争议的"元首"，霍尔柯尼乌斯·鲁弗斯的形象更进一步，使用了罗马的帝国图像。鉴于所有这些人民军政官彼此都是同时代的，在他们的雕像和铭文背后可以感受到某种程度的竞争和身份较量。② 在其他任何城镇，像德基狄亚努斯·鲁弗斯这样的人都会是最有威望的公民，但在庞贝，他被霍尔柯尼乌斯·鲁弗斯夺走了风头。③ 奥古斯都的人民军政官完美体现了意大利的市镇精英是如何被融入新国家的框架的。他们可以作为骑士军官为国家效劳，又与自己的家乡城市，即选举他们的人民保持着联系。

骑士身份融入当地背景的最引人注目的方式体现在以弗所的盖乌斯·维比乌斯·萨鲁塔利斯（C. Vibius Salutaris）的基金。④ 萨鲁塔利斯是罗马骑士，早年是收税人，后来成为骑士军官，在图密善皇帝手下担任过代理官。⑤ 公元103/104年，萨鲁塔利斯向以弗所人遗赠21500第纳尔，产生的利息足够每年发放价值1935第纳尔的财物。⑥ 他还为铸造阿耳忒密斯像，以及为个人像和群像贡献金银，它们将被游行队伍带着从阿耳忒密斯神庙出发，穿过以弗所的街道。这一切会发生在召开大会、举行赛会和节日时——全年大约每两周一

---

① Rowe 2002:106.
② K. E. Welch 2007a:554 指出，马尔库斯·图利乌斯的骑马像可能要比庞贝广场上的其他纪念碑都高。
③ D'Arms 1988:58-9.
④ 关于对萨鲁塔利斯及其基金的全面讨论，见 Kuhn 2010:172-87。
⑤ *I. Eph.* 35, 36A-D; Rogers 1991b:16-17.
⑥ *I. Eph.* 27; Rogers 1991b:26-8, 41-3.

次。① 罗马雕像包括奥古斯都皇帝、现任皇帝图拉真和皇后普罗提娜的个人像,以及罗马元老院、罗马人民和骑士等级的群像,每座像都伴有以弗所当地特有的象征,比如它的创立者安德罗克洛斯(Androclus)、城中各部落,以及市议会(boule)、人民(demos)和青年团(ephebeia)。② 将骑士等级加入仪式性游行让该等级拥有了在其他希腊城市中似乎不具备的团体地位。虽然这些城邦中可能生活着罗马骑士,但没有证据表明骑士是作为有组织的统一群体存在的,就像他们在纳尔波等某些西部行省的城市中那样。萨鲁塔利斯本人的身份和身为骑士的骄傲显然促使他将骑士等级纳入游行,将其与青年团等而视之。③ 这样做的结果就是,青年团的地位在以弗所社会内部被提升到与市议会和人民相当,以对应元老院、人民和骑士这三者。④ 萨鲁塔利斯对以弗所年轻人的关心体现在他特别为青年团设立了基金,以及他们在游行中的角色上。⑤ 虽然年轻人无疑也会参加在以弗所和其他地方的游行,⑥ 但他们在萨鲁塔利斯游行中的作用因其等同于骑士而得到了更大的助推。⑦ 他们代表了以弗所的希望和未来,就像罗马的骑士等级中的青年(iuventus)一样。⑧ 这完美展现了希腊世界中帝国和城市制度的融合,显示了作为社会地位的重要标志,骑士身份是如何与传统的职务和荣誉相辅相成的。⑨

因此,帝国时代的碑铭中表示骑士的方式要比罗马共和时代最后

---

① Rogers 1991b:83.
② Rogers 1991b:84.
③ *I. Eph.* 27, ll. 170 – 1.
④ Kuhn 2010:179 – 83.
⑤ Rogers 1991b:58 – 60; König 2005:67.
⑥ van Nijf 1997:193.
⑦ 关于 *ephebeia* 同 *collegia iuvenum* 的关系,见 Pleket 1969,2012。
⑧ 关于青年的仪式性角色,见本书第八章。
⑨ 见 Zuiderhoek 2008:425 的评论。

一代人中的那些丰富得多。公元前1世纪，铭文中通常使用的称谓是"骑士"，无论是全称 eques 还是简写 eq（ues），但就像我们在第三章中所看到的，这其实非常罕见，只出现在很少一部分纪念碑上。公元1世纪，"公共马骑士"和"授予公共马骑士"（或类似表达）以及皇帝名字的出现，证明骑士等级在大众意识中演变为一种帝国荣誉。在拉丁语碑铭中，将"罗马骑士"指称个人身份直到塞维鲁时期才变得普遍。[1] 这种年代分布反映了一个事实，即到了公元2世纪末，人们承认，加入骑士等级是皇帝的恩赏，所有罗马骑士都是公共马骑士。整个意大利和各行省都把这种帝国荣誉当成公开的自我展示方式，这显示了骑士等级是如何将来自整个地中海的非元老等级的富有精英纳入君主制罗马国家的。这并不意味着地方荣誉——市镇长官、祭司和赛会主管等——失去了威望或重要性。相反，上述地方职务和骑士等级身份作为个人地位的标志互补。这确保了骑士身份作为一种受到认可的宝贵荣誉在整个罗马世界的持久性。

骄傲与偏见

取得骑士身份很大程度上是个人的骄傲，不仅对骑士本人，对其家族同样如此。从来自阿非利加代执政官行省的马道洛斯（Madauros）的卢基乌斯·埃利乌斯·提米努斯（L. Aelius Timinus）夫妇的诗体墓志铭中可以看出在社会等级中上升的艰难。为父母立碑的孩子们对提米努斯的描绘是"耐劳、勤俭、细心、谨慎，为家族积攒了不

---

[1] Duncan-Jones 2016：95. 当然，早在奥古斯都时期就有这方面的证据，就像来自埃及的科尔内利乌斯·伽卢斯的铭文所显示的（见本书第四章）。

小的财富,把寒微的家人提升到骑士级别"。① 图拉真向一位参加了他的达契亚战争的百人队长颁发奖章,还把他"从军人提拔为骑士身份"(ex militia in equestrem │ dignitatem translato)。② 一些父亲保证在自己儿子获得骑士身份时会公开庆祝。公元137年,提图斯·弗拉维乌斯·斯科佩里亚努斯(T. Flavius Scopellianus)因作为坎帕尼亚的普里维尔努姆(Privernum)的庇主而获得人们奉献的一座雕像。在铭文中罗列的荣誉中,他是"两位罗马骑士的父亲"(duo〔r〕│ um equit〔um〕Romanor〔um〕patr〔i〕)这个事实占据了重要位置。③ 记下获得骑士或元老身份的亲属这种做法在希腊世界特别流行。④ 塞巴斯托波利斯(Sebastopolis)的马尔库斯·奥雷利乌斯·阿佩拉斯·阿佩里亚努斯(M. Aurelius Apellas Apellianus)宣称他是骑士、军政官和代理官的叔叔。⑤ 有时,骑士在回顾自己的成就时不仅会怀着骄傲,而且带着幽默。这似乎可以解释刻在庞贝一处中庭墙壁上的涂鸦:"盖乌斯·哈迪乌斯·文特里奥,罗马骑士,在甜菜和卷心菜中出生"(C. Hadius Ventrio │ eques natus Romanus inter │ beta(m) et brassica(m))。⑥ 这座房子的主人文特里奥是在用这首歪诗纪念他的城中新居和社会地位吗?如果这个名字是双关语,这位"大肚子先生"可能也在强调他的财富的其他影响吗?⑦

文特里奥妙趣横生的涂鸦提醒我们,尽管需要满足很高的财产条

---

① CLE 1868 = ILAlg. 2195: patiens laborum │ frugi vigilans sobrius │ qui rem paravit haud │ mediocrem familiae │ domumque tenuem │ ad equestrem promovit gradum.
② CIL XI 5992. 这似乎是一种相对少见的荣誉,只有另外两个例证(Dobson 1970: 102)。
③ AE 1974, 228.
④ Demougin 1999:596; Kuhn 2010:115.
⑤ Robert 1954 no. 171.
⑥ CIL IV 4533 = ILS 1319.
⑦ 关于其格律和可能的玩笑,见 Milnor 2014:120。

件，但骑士等级身份被普遍认为是一种即便那些出身极卑微者也可以追求的精英身份，是罗马版本的"美国梦"。① 它被认为比元老身份容易实现得多。在最基本的层面上，这是因为骑士要比元老多得多——至少有2万到3万人，后者只有600人——所以他们可能在罗马帝国的各处城镇显眼得多。骑士身份的财产条件也要低得多——40万塞斯特斯，而元老要100万。对大部分罗马公民来说，这仍然是一大笔钱，但对那些努力获得晋升者而言，它被认为是可以实现的目标。② 所以，40万塞斯特斯这个数字的作用很像美国梦中众所周知的"百万美元"。③ 在古罗马，取得这种财富常常是通过经商，无论是签订私人契约，还是作为包税人为国家服务，后者在帝国时代继续扮演着关键角色，就像我们在上一章所看到的。诗歌最生动地为我们展现了大众对包税人的看法。比如，在尤维纳利斯的第三首《讽刺诗》（Third Satire）中，翁布里基乌斯（Umbricius）这个人物（本身是骑士）抱怨出身低微的包税人获得了神庙、河流、港口和其他设施（包括公共厕所）的公共合同，然后变得家财万贯。④ 不择手段能够让人发大财，然后可以通过被授予骑士身份来把财富转化成社会流动性和显赫的地位。

罗马帝国社会对收税人和其他包税人的评价并不高。他们在《新约》中臭名昭著地以腐败和贪婪的形象出现（和罪人归在一起），并以索取的钱比要求取得的多而闻名。⑤ 帝国时代的作品中充斥着怀有敌意和偏见的话语，包括尤利乌斯·波吕克斯（Iulius Pollux）的《专名词典》（Onomasticon）中列出的可以对收税人使用的脏话。其中包括

---

① 关于"美国梦"意义的变迁，见 Samuel 2012。
② Veyne 1961:245-6; D. Armstrong 2012:65-6.
③ Samuel 2012:1, 43-4.
④ Juv. Sat. 3. 29-40.
⑤ Matthew 9. 10-11,11. 19; Mark 2. 15-17; Luke 3. 13. 关于还原基督对《圣经》中包税人的立场的尝试，见 Youtie 1967。

"扼颈者"(ἄγχων)、"强盗"(ληϊζόμενος)和"非人者"(ἀπάνθρωπος)。① 但尤维纳利斯诗中翁布里基乌斯的抱怨,并非来自对包税人的偏见。事实恰恰相反,就像阿姆斯特朗所指出的。翁布里基乌斯缺乏像包税人那样的商业意识来让自己致富,因此始终有因缺乏个人资源而失去骑士身份的危险。② 这显示了罗马世界对包税人和商人的流行看法的两面性:他们会遭受批评和偏见,但也有人——现实中的翁布里基乌斯们——嫉妒这些人是因为太想成为他们。包税人和商人在碑铭记录中并不突出,或者换句话说,铭文中通常不会记录他们个人或代表罗马国家进行的商业活动。③ 但那些提到商业利益的碑铭文本暗示,这些有商业头脑的骑士对自己的赚钱能力尤为骄傲。比如,葬在达尔马提亚的特拉古里乌姆(Tragurium)的奥雷利乌斯·马克西姆斯(Aurelius Maximus)的墓志铭称其为"最出色的商人"(*negotiat*［*o*］*ri｜cele*［*be*］*rrimo*)。④ 一位名叫提图斯·尤利乌斯·卡皮托(T. Iulius Capito)的包税人负责为伊利里亚和色雷斯河畔关税区(*portorium Illyrici et ripae Thraciae*)收取公共税收,他在下摩西亚的俄伊斯库斯(Oescus)获得了一座公共雕像,以及双执法官和市议员头衔,还从上潘诺尼亚、上摩西亚和上达契亚的城市获得了更多的荣誉。⑤ 上述荣誉证明了卡皮托在上述行省的真正影响力,显示了为何"翁布里基乌斯"想要效仿他。⑥ 铭文还把卡皮托描绘成国家的代

---

① Poll. *Onom.* 9. 32(ed. Bethe p. 155). van Nijf 2008:281-5 讨论了这点和其他文学作品中的观点。
② D. Armstrong 2012:72-5.
③ Duncan-Jones 2016:119.
④ CIL Ⅲ 14927 = ILS 7521.
⑤ CIL Ⅲ 753 = ILS 1465.
⑥ van Nijf 2008:302 认为,这条铭文可能掩盖了一位滥用职权的税官,此人需要被安抚,或者不知何故对滥用职权"视而不见",从而帮了这些城市的人一个忙。

理人,这是他与其他收税人的碑铭记录的共同点。这些铭文显示,这些人作为元首的代理人为国效劳,并因此让自己的工作有了公共合法性和地位。①

骑士包税人的生涯不仅会引起像翁布里基乌斯这样担心失去自己地位的骑士的不满。就像上文提到的,他们也可以成为有理想者的榜样,给出身低微的新人以希望,就像白手起家的美国百万富翁一样。骑士身份显然是佩特罗尼乌斯的《萨梯里卡》中的释奴特里马尔基奥(Trimalchio)的目标,他不可能梦想成为元老,但无疑可能像其他许多释奴那样通过获得财富和够得着皇帝的人脉成为骑士。② 特里马尔基奥为自己写的墓志铭的细节完美阐述了这种抱负,戏仿了记录骑士、元老阶层成员和释奴生涯的铭文。③ 他的骑士抱负还表现在他的绰号"马伊克那提乌斯"(Maecenatianus)上,这个名字显然是为了让人联想到那位最著名的骑士马伊克纳斯。④ 尤维纳利斯的第一首《讽刺诗》讲述了一个出生在幼发拉底河畔的释奴,此人后来拥有五家商铺,为他带来了满足骑士条件的40万塞斯特斯收入——这证明了金钱能够提高社会地位的力量。⑤ 此外,骑士等级对这些人来说是很容易实现的,因为自由出身这一要求可以通过授予金指环来满足,它可以提供虚构的自由身份。⑥

释奴通过商业活动获得的晋升常常受到嘲笑,这反映了出身高于金钱的传统观念,无论人们多么努力。⑦ 希腊人特别容易受到这种攻

---

① van Nijf 2008:305.
② Veyne 1961:245-6.
③ Petr. *Sat.* 71; D'Arms 1981:108-16; Bodel 1999:42-3.
④ D'Arms 1981:112. 关于马伊克纳斯臭名昭著的影响和权力,见本书第四章。
⑤ Juv. *Sat.* 1.104-6.
⑥ Weaver 1972:282-3; Demougin 1988:651-2; Mouritsen 2011:106-8.
⑦ Mouritsen 2011:112-13.

击。尤维纳利斯话中带刺地评价了来自亚细亚行省的骑士,他们的脚踝上有镣铐的印记,表明他们曾经是奴隶。① 马提亚尔同样提到了一个(虚构的)"来自卡帕多奇亚奴隶棚的骑士"(*Cappadocis eques catastis*)。② 正如我们在第三章中观察到的,对骑士身份进行监管的这些流行尝试显示了个体骑士对自己等级的社会投入,以及他们认为该等级是由既富有又受社会尊敬的公民组成。尽管存在这些偏见,但释奴通过庇主的支持跻身市镇精英和骑士等级似乎在很大程度上不是罕见的现象。③ 事实上,很多骑士很可能是释奴的后代。④ 即使是安东尼时代的著名近卫军长官马尔库斯·加维乌斯·马克西姆斯(M. Gavius Maximus)和提图斯·弗里乌斯·维克多里努斯(T. Furius Victorinus)也可以说是从这种卑微身份起步的。⑤ 这种事情的实现在塔西佗《编年史》的一个场景中有所展示。在设定于尼禄宫廷的一场关于是否应该取消释放奴隶的辩论中,有人指出"大部分骑士和许多元老正是来自这样的出身"(*plurimis equitum, plerisque senatoribus non aliunde originem trahi*)。⑥

除了我们在上面已经讨论过的作为商人赚钱,在皇帝宫廷效力也是前奴隶晋升为骑士的重要渠道。比如,释奴提图斯·尤利乌斯是被提比略皇帝释放,他在韦斯巴芗统治之初成为司库官(*a rationibus*)。⑦ 根据斯塔提乌斯为尤利乌斯之子克劳狄乌斯·埃特鲁斯库斯

---

① Juv. *Sat*. 7. 14 – 16.
② Mart. *Ep*. 10. 76. 3. 一些拥有希腊语姓氏的骑士显然是释奴(Mouritsen 2011:125 – 6)。
③ Garnsey 2010:38 – 40; Mouritsen 2011:261 – 78.
④ 见 Eck 1999a 收集的数据。关于罗马可观的释奴人口,见 L. R. Taylor 1961,以及 Weaver 1972:83 – 90 的补充说明。
⑤ Eck 1999a:21.
⑥ Tac. *Ann*. 13. 27.
⑦ Stat. *Silv*. 3. 3. 66 – 87; Weaver 1972:284 – 91.

（Claudius Etruscus）写的诗中所说，是韦斯巴芗"把他从平民中领到骑士坐席"（in cuneos populo deduxit equestres）。① 埃特鲁斯库斯本人是个家财万贯的骑士，是尤利乌斯与一位执政官的妹妹婚后所生。② 这种以骑士身份来奖励皇帝释奴的传统延续了几个世纪：把年轻的卢基乌斯·维鲁斯（Lucius Verus）抚养成人的释奴卢基乌斯·奥雷利乌斯·尼科美狄斯（L. Aurelius Nicomedes）被安东尼·庇护提拔进了骑士等级。③ 释奴之子马尔库斯·奥雷利乌斯·梅诺菲鲁斯（M. Aurelius Menophilus）在波拉为塞普提米乌斯·塞维鲁立的雕像显示了这个阶层的人对皇帝提拔他们的感激之情：

> 献给卢基乌斯·塞普提米乌斯·塞维鲁·庇护·佩蒂纳科斯·奥古斯都·恺撒皇帝，大祭司，六次获得保民官权，十一次获得统帅称号，两次担任执政官，祖国之父，马尔库斯·奥雷利乌斯·梅诺菲鲁斯，根据他的决定被授予公共马、图斯库鲁姆的祭司、波拉的营造官，与他的父亲梅诺菲鲁斯、我们皇帝的释奴、前代理官一起［竖立此像］献给最宽容的皇帝。此地由市议会决议授予。④

---

① Stat. *Silv.* 3. 3. 143. 通常认为，这发生在公元 73/74 年韦斯巴芗的监察官任期内（Weaver 1972：289；Evans 1978：108）。
② 克劳狄乌斯·埃特鲁斯库斯的浴场尤为传奇（Stat. *Silv.* 1. 5；Mart. *Ep.* 6. 42）。
③ *CIL* VI 1598 = *ILS* 1740.
④ *CIL* V 27：*Imp(eratori) Caes(ari) | L(ucio) Septimio Severo | Pio Pertinaci Aug(usto) | pont(ifici) max(imo) trib(unicia) p(otestate) VI | imp(eratori) XI co(n)s(uli) II p(atri) p(atriae) | M(arcus) Aurel(ius) Menophilus | ornatus iudicio eius | equo publ(ico) sacerdos | Tusculan(us) aedil(is) Polae | cum Menophilo patre | lib(erto) Augg(ustorum) nn(ostrorum) ex procurat(ore) | indulgentissimo | l(ocus) d(atus) d(ecreto) d(ecurionum).*

第五章　帝国的骑士等级

这座纪念碑体现了我们在本章中迄今为止考察的一些主题：对获得骑士身份的骄傲，释奴晋升为市议员阶层和骑士等级，以及尤为重要的一点，即皇帝作为这些恩赏的最终来源的角色。

对富有的释奴或包税人的嫉妒不仅仅反映为发牢骚——它们显示了这场身份游戏多么利害攸关。因为骑士身份的好处远不止罗马骑士本人：它可以提高整个家族的地位。在共和时代和元首制早期，骑士身份可以在家族的男性后裔中延续，只要能维持 40 万塞斯特斯的必要财产条件。[①] 即便当这种身份成为一种纯粹的皇帝恩赏时，认为骑士之子不会在适当时候被正式授予这一身份的想法似乎也有悖常理。[②] 在市镇层面拥有骑士身份成了下一代人进入元老等级的通道，施泰因详细描绘了这一过程。[③] 鉴于众所周知元老院成员不能将元老身份传给后代，这个最显赫的等级总是需要新人加入。[④] 骑士等级成员是显而易见的新鲜血液来源，而后来，元老院还开始囊括行省贵族的精英。[⑤] 在希腊东方，有元老儿子的骑士会在荣誉的铭文中骄傲地记录他们后代的社会地位。比如，当亚细亚的高级祭司奥雷利乌斯·塞普提米乌斯·阿波罗尼乌斯（Aurelius Septimius Apollonius）在奥林匹亚获得致敬时，铭文中包括了他是"元老之父"（$πατέρα\ συν|κλητικῶν$）的常见表达。[⑥]

同样，也有一些家族境况不佳，甚至因为没能维持必要的财产条

[①] Demougin 1988:632–3.
[②] Demougin 1993:235.
[③] Stein 1927:213–25.
[④] 这是 Hopkins and Burton 1983 的核心结论。关于担任元老职务的行省人，见 Duncan-Jones 2016:61–72。
[⑤] 这是作为罗马国家第二等级的骑士等级职能的一部分。最高公职人员会得到来自下级的补充是专制政权的一个共同特征（Mosca 1939:402–4）。
[⑥] *SEG* 17,200. 更多的例子见 Stein 1927:295–6，他指出，这种表达在西部并不常见。

件而失去了他们的骑士身份。这似乎是诗人普布利乌斯·帕皮尼乌斯·斯塔提乌斯的父亲的遭遇。[1]贵族向下流动的这类例子并非独一无二,它们解释了尤维纳利斯的第三首《讽刺诗》中翁布里基乌斯这个人物的恐惧,就像我们前文中介绍的。翁布里基乌斯坐在剧场的前十四排坐席上时特别不安,因为他由于缺乏商业"头脑"而不再具备必要的财产条件。[2]尤维纳利斯的第十一首《讽刺诗》有一个片段,讲述了一位不幸到真的失去自己财富的骑士:"他的指环不见了,波里奥用他光秃秃的手指乞讨"(*exit | anulus, et digito mendicant Pollio nudo*)。[3]这些诗句描绘了失去骑士身份所带来的当众羞辱,因为所有人都能从波里奥没戴指环的手指上看出他不再是骑士。尤维纳利斯生动再现了底层骑士的焦虑,他们总是(字面意义上)赤手空拳地维系自己的财产级别,也就是他们的骑士身份。伪昆体良的《短篇演说词》(*Minor Declamations*)讨论了出身富裕家庭的年轻人在遭遇艰难境况时如何采取极端手法拿回他们的财富——包括受雇成为角斗士(就像我们在第九章中将会讨论的)。[4]从铭文证据的字里行间可以确定,某些家族失去了骑士身份。在一些荣誉铭文和墓志铭中,罗马骑士的儿孙没有自称骑士,暗示这一身份没能被传给后代,很可能是因为这些家族境况不佳,失去了财富。[5]卢基乌斯·颂提乌斯·皮内尤斯·尤斯提亚努斯(L. Sontius Pineius Iustianus)是贝内文图姆的

---

[1] 见 *Silvae* 5.3.114-120,以及 Coleman 1988: xv; B. Gibson 2006: 311-13 的讨论。Apul. *Apol.* 75 中也提到因为没钱而失去骑士身份。
[2] Juv. *Sat.* 3.152-9,以及 D. Armstrong 2012: 68-70, 74-5 的解读。
[3] Juv. *Sat.* 11.42-3.
[4] Ps.-Quint. *Min. Decl.* 260.21-4.
[5] Stein 1927: 76-7. 比如 CIL VI 3536, 3712, VIII 20706, X 342, XIII 1131。另见卢基乌斯·斯塔尤斯·鲁提里乌斯·曼尼利乌斯(L. Staius Rutilius Manilius)的例子,他提到自己的父亲是罗马骑士之子,暗示后代没能继承这一身份(*CIL* IX 1655 = *ILS* 6496)。

市镇精英成员，他自称为"罗马骑士的后代"（eq［uitis］R［omani］adne［pos］），可能是希望从祖先的成就中获得一些残余的声望，因为他本人并非骑士等级的成员。①

虽然骑士身份本质上是由皇帝授予的个人地位，但流行着骑士家族这一概念。② 比如，维勒伊乌斯·帕特尔库鲁斯写道，屋大维"出身骑士家族"（equestri genitus familia），并称马伊克纳斯"出身显赫的骑士家族"（equestri sed splendido genere natus）。③ 认为骑士的男女亲属地位都要超过普通罗马公民的想法得到了尤利乌斯-克劳狄乌斯时代立法的肯定。保存在《拉里努姆铜版》上的公元19年的元老院决议规定，父亲和祖父（如果是女性的话，则是兄弟或丈夫）为骑士的人禁止成为角斗士。④ 同年，身为骑士的女儿、孙女或妻子的女性被禁止作为妓女出卖肉体。⑤ 这是为了避免上层等级和他们的家族走向社会降低（social degradation）。⑥ 但它也承认了骑士家族固有的荣誉会在男女后代身上延续，即便女性本身无法获得骑士身份。

这带来了一个我们应该如何指称罗马骑士的女儿或妻子的问题。⑦ 在其关于奢侈物品的简史中，老普林尼略带玩笑地提到了黄金饰品创造了"一个女性骑士等级"（feminarum equestrem ordinem）的可能性，就像骑士等级的男性佩戴的金指环那样。⑧ 暂且不论他的戏

---

① CIL IX 1540 = ILS 4186. 该铭文的年代为公元3世纪（Torelli 2002:100）。
② Stein 1927:75；Alföldy 1981:200；Demougin 1988:587 - 91. 这种表达在铭文中较为少见，只出现在 AE 1998, 279 和 CIL VIII 2248，关于提到拥有骑士身份的儿童的铭文，另见 CIL IX 3160 = ILS 6530。
③ Vell. Pat. 2.59.2, 2.88.2.
④ Tab. Lar. ll. 7 - 11.
⑤ Tac. Ann. 2.85；McGinn 2003:216 - 19.
⑥ 本书第九章将对此做更多的讨论。
⑦ 见 Hemelrijk 1999: 10 - 13 的评论。另见 Heil 2015:57，他指出，没有 femina perfectissima 或 eminentissima 的例子。
⑧ Pliny the Elder. NH. 33.40.

言，也的确是没有确切术语来指称骑士的女性亲属。有时，骑士家族的女性会在铭文中自称为罗马骑士之女，以便公开强调她们的血统。① 从公元2世纪开始，元老家族的女性可以自称"最显赫的女性"（clarissima femina），即对元老的尊称"最显赫的男性"（clarissimus vir）的女性版。在塞普提米乌斯·塞维鲁统治时期，参加世纪赛会的骑士女性直接被称为"骑士妇女"（matronae equestres）。② 公元2世纪末和3世纪，一些新的非正式头衔开始被用来区别骑士女性，此举可以解读为大众对该问题的回应。最早出现的头衔是 honesta matrona 和 honesta femina，都表示"尊贵的女性"。不过，这类称呼不只用于骑士的女性亲属，也被用来描绘嫁给元老等级成员的女性。③ honesta femina 同样可以用于叙利亚的赫里奥波利斯一位市议员的妻子安东尼娅·狄奥多拉（Antonia Diodora），以及嫁给了努米底亚的塔姆加迪（Thamugadi）一位骑士军官的科尔内利娅·瓦伦提娜·图基亚娜（Cornelia Valentina Tucciana）。④ 这些头衔是市镇贵族男性使用的 honestus 或 honestissimus vir 的女性版。⑤ 希腊语中与之对应的头衔是 $\alpha\xi\iota o\lambda o\gamma\omega\tau\alpha\tau o\varsigma$ 和 $\alpha\xi\iota o\lambda o\gamma\omega\tau\alpha\tau\eta$，表示"最值得一提的"。⑥ 对于市镇贵族成员，无论是否为骑士，这些尊称都是公开宣示他们基本荣誉的一种方式。⑦ 他们会用各种相应的特权来表现自己作为"更体面者"的特权社会阶层成员的身份，其中最重要的是免受

---

① 例子有 CIL III 1217, 14657, X 4790; AE 1909, 156。
② Raepsaet-Charlier 1999: 215-16.
③ Pflaum 1970: 182-3; Ladjimi Sebai 1977: 164; Holtheide 1980: 128; Demougin 2015: 72-8.
④ 狄奥多拉：AE 1939, 64. 图基亚娜：CIL VIII 17905。
⑤ 例如，CIL III 2694, VIII 759-60, 12260。
⑥ Pflaum 1970: 184. 例子见 I. Aph. 12.522, 12.644。
⑦ 参见 Rathbone 1991: 46，他认为 $\alpha\xi\iota o\lambda o\gamma\omega\tau\alpha\tau o\varsigma$ 被授予了那些尚不是代理官的骑士。

低级的惩罚。①

公元3世纪，一些骑士的女性亲戚获得了新的社会标志，拉丁语铭文中出现了"穿斯托拉的女性"（femina stolata），希腊语中则是 $\mu\alpha\tau\rho\tilde{\omega}\nu\alpha\ \sigma\tau o\lambda\tilde{\alpha}\tau\alpha$。这是一种荣誉头衔，并不表示这些女性真正穿着斯托拉，那种服饰在当时已经不再流行。② 这些"穿斯托拉的女性"往往是地主或者骑士代理官和军官的亲属。③ 乍看之下，该头衔可能会被认为是非正式的，但这种想法被来自阿芙洛狄西亚斯的一段铭文否定了。铭文中提到的女性名字已经不幸佚失，但知道她是塞普提米乌斯·卡雷斯·埃涅阿斯（Septimius Chares Aeneias）的妻子。该文本称，她"因其家族的伟大和她一生中无与伦比的高贵而被神圣的亚历山大赐予有'斯托拉'的女性的荣誉"。④ 这个确凿的证据，证明阿芙洛狄西亚斯的女性会真的被塞维鲁·亚历山大赐予斯托拉的荣誉，作为她们公众地位的标志。因此，看起来为了正式承认骑士家族的女性成员，帝国政府为女性创造了一种新的荣誉，授予斯托拉可能是意图与公共马相对应。这些头衔无疑表明获得骑士身份对整个家族都意义非凡，而不仅是对罗马骑士本人。

结论：身份与个人

马提亚尔的《铭辞》中有一首描绘了剧场里的一幕，有个角色叫

---

① Garnsey 1970:221-76; Pflaum 1970:182.
② Holtheide 1980:128.
③ Holtheide 1980:129-30; Rathbone 1991:48。关于骑士女性的财产和拥有的土地，见 Álvarez Melero 2014.
④ I. Aph. 1.187: $\delta\iota\grave{\alpha}\ \tau\grave{o}\ \mu\varepsilon|\gamma\alpha\lambda\varepsilon\tilde{\iota}o\nu\ \tau o\tilde{\upsilon}\ \gamma\acute{\varepsilon}\nu o\upsilon\varsigma\ |\ \kappa\alpha\grave{\iota}\ \tau\grave{\eta}\nu\ \grave{\alpha}\nu\upsilon\pi\acute{\varepsilon}\rho|\beta\lambda\eta\tau o\nu\ \tau o\tilde{\upsilon}\ \beta\acute{\iota}o\upsilon\ |\ \sigma\varepsilon\mu\nu\acute{o}\tau\eta\tau\alpha\ \tau\varepsilon\iota|\mu\eta\theta\varepsilon\tilde{\iota}\sigma\alpha\nu\ \grave{\upsilon}\pi\grave{o}\ \theta\varepsilon|o\tilde{\upsilon}\ \grave{A}\lambda\varepsilon\xi\acute{\alpha}\nu\delta\rho o\upsilon\ |\ \mu\alpha\tau\rho\acute{\omega}\nu\eta\varsigma\ [[\sigma\tau o\lambda\tilde{\eta}]]$]。来自阿芙洛狄西亚斯的女性的现存雕像上都没有关于斯托拉的描述（Smith et al. 2006:194）。

狄第姆斯（Didymus），是个攀附权贵之人，瞧不起观众中的穷人，于是"继续谈论剧场、坐席、法令、特拉比亚袍、望日、别针和人口调查"（theatra loqueris et gradus et edicta | trabeasque et Idus fibulasque censusque）。① 这句诗巧妙地概括了骑士身份的大部分经典标志：剧场中与广大人民隔开的专属坐席；在 7 月望日的骑士游行上穿着的制服；以及 40 万塞斯特斯的财产要求。这些符号代表了大众对罗马骑士的基本概念；它们放在一起代表了财富、声望、排外性和与公民大众的区别。也许这就是为什么在庞贝的阿里安娜·波里亚娜公寓（insula Arrina Polliana），一些房间在推销时说是"骑士公寓"（cenacula | equestria）——并非因为它们仅限骑士租用，而是因为它是奢华的同义词，就像今天城里高层公寓出租广告中会用"行政客房"的字样。② 我们可以想象奴隶、释奴和普通公民望着这样的广告，想着他们有朝一日可以把这样的公寓变成自己的家。因为就像我们在本章中一直提到的，骑士身份被认为可以通过刻苦工作、商业头脑和与找对宫廷的关系来实现。然后，人们就能期待来自皇帝的认可并被正式授予这一身份，以确认他们终于成功了。

正是这个事实代表了骑士地位在帝国时代的根本转变。在共和时代，任何被监察官评定为拥有 40 万塞斯特斯财产的罗马公民都有资格自称为罗马骑士。对加入 18 个公共马骑士百人队则管得更严，因为只有 1800 个名额。但在奥古斯都时期，这些障碍开始被打破，因为第一任元首允许更多的公民加入骑士百人队。在公元 1 世纪期间，骑士身份被认为是皇帝本人的恩赏，这一变化从图密善的统治期开始，随着皇帝获得终身监察官权而固定下来。从没有哪部法律准确地

---

① Mart. Ep. 5. 41. 4 – 5.
② CIL IV 138 = ILS 6035.

界定了罗马骑士的身份，但从另一方面讲，也没有这种必要。其他一些法律中对于坐在剧场中前十四排的权利、骑士及其亲属的道德，以及佩戴金指环的特权做了规定，因此所有人都明白谁是骑士和骑士是怎样的，而且到了公元1世纪末，授予他们这种地位的是皇帝。在君主制罗马国家中，骑士等级的成员资格不仅是国家给的荣誉——也是皇帝给的荣誉。

皇帝的时代见证了骑士身份在罗马帝国各个城市的扩散。皇帝们扩大公民权的原因，跟罗马骑士的身份被授予行省精英是一样的——这是一种有用的奖赏，增加了他们对罗马的国家、政府、价值观和信仰的投入，从而加强了帝国中心与边缘地区的联系。从某种意义上说，皇帝们通过鼓励各省的富裕精英向罗马寻求奖赏和认可来驯服他们。由于这个原因，人们可能会认为——事实上，像小普林尼和肯索里努斯等罗马人的确是这样想的——骑士等级的成员资格要比在地方层面获得的荣誉和职务（比如市镇官员、祭司或赛会和节日的主席）更有声望。不过，来自意大利、北非和希腊东方等地区的罗马骑士的荣誉和墓葬纪念碑表明，骑士身份经常公开表现为对这些地方荣誉的补充，而不是对它们的取代或削弱。骑士等级的成员身份是广大罗马公民所向往的，但他们会以自己的条件来分享它的回报和特权。这可能是确保骑士身份在君主制罗马国家中成为一种诱人荣誉的最重要因素。

第六章　履历与人生（I）：军官

导言：普林尼不那么成功的朋友

在图拉真统治的早年，小普林尼写信给显赫的元老、下日耳曼尼亚的执政官总督卢基乌斯·内拉提乌斯·普利斯库斯（L. Neratius Priscus），向其推荐自己的骑士朋友盖乌斯·李基尼乌斯·马里努斯·沃克尼乌斯·罗曼努斯（C. Licinius Marinus Voconius Romanus），求取该行省的职务。[1] 普林尼和罗曼努斯大致同龄，写这封信的时候很可能都40岁左右。罗曼努斯来自近西班牙的萨贡图姆，但与普林尼一起在罗马接受教育，两人多年来一直很亲近。[2] 普林尼受到皇帝垂青，在元老官职阶序中一路晋升，最终坐上了令人目眩的执政官高位。罗曼努斯的运气则差得多：他仍然是骑士，没能获得执政官的束棒，而是在家乡行省担任了祭司之职。[3] 公元98年，普林尼致信图拉真，请求将罗曼努斯提拔为元老等级，但皇帝拒绝了。于是，罗曼努斯不得不屈就三子权（*ius trium liberorum*）这种较低的荣誉。[4]

---

[1] Pliny the Younger, *Ep.* 2.13（他的全名出现在 *CIL* II. 14. 1 367）。关于这封信的时间，以及收信人普利斯库斯的身份，见 Whitton 2013：193 - 5，他的讨论要胜过 Sherwin-White 1966：173 - 5。
[2] Gibson and Morello 2012：149 - 54 指出，罗曼努斯是普林尼最喜爱的通信对象之一。
[3] Syme 1960：365 - 6。
[4] Pliny, *Ep.* 10. 4；Syme 1960：365。

第六章 履历与人生（I）：军官

然后，普林尼又找到元老内拉提乌斯·普利斯库斯（与普林尼本人及其最亲近的几位朋友是姻亲），为罗曼努斯寻找合适的职位。[1] 普利斯库斯是执政官等级的元老和下日耳曼尼亚总督，这让他很适合成为庇主。就像普林尼本人所说，他可以提供一个职位作为"恩惠"（beneficium），因为他统率着一支大军。普林尼在称赞罗曼努斯时不吝溢美之词：

> 他的父亲是骑士等级中的杰出之辈，他的继父更是如此。更确切地说，此人像第二个父亲，因其对罗曼努斯的真心付出而得到这样的称呼。他的母亲出身体面的家族。罗曼努斯最近是近西班牙的弗拉门祭司（你知道那个行省的人多么明智，多么高尚）。在我们一起求学时，我与之惺惺相惜：无论在罗马城，还是在乡下，他都是我的同伴；我和他一起做过正经的事也共享过愉快的时光。还有谁比他作为朋友更忠诚，作为伙伴更让人高兴呢？他的谈吐、口才和相貌都极为迷人。此外，他才智出众、细心、友好、和蔼、法律知识渊博。至于他写的信，哦，会让你相信缪斯女神们会说拉丁文！[2]

普林尼显然从没提到他认为适合罗曼努斯的具体职务。通常认为

---

[1] Syme 1985: 339-40, 1991a: 508-9, 1991b; A. R. Birley 2003: 4, 8-9.
[2] Pliny, *Ep.* 2. 13. 4-7: *pater ei in equestri gradu clarus, clarior vitricus, immo pater alius (nam huic quoque nomini pietate successit), mater e primis. ipse citerioris Hispaniae (scis quod iudicium provinciae illius, quanta sit gravitas) flamen proxime fuit. hunc ego, cum simul studeremus, arte familiariterque dilexi: ille meus in urbe, ille in secessu contubernalis; cum hoc seria, cum hoc iocos miscui. quid enim illo aut fidelius amico aut sodale iucundius? mira in sermone, mira etiam in ore ipso vultuque suavitas. ad hoc ingenium excelsum subtile dulce facile eruditum in causis agendis; epistulas quidem scribit, ut Musas ipsas Latine loqui credas.*

他指的是军政官，或者可能是在总督的部属中任职。[①] 作为骑士等级的成员，罗曼努斯有资格担任军团中的五名窄边袍军政官之一。由于内拉提乌斯·普利斯库斯指挥着三个军团，他有 15 个这样的骑士军政官职务可以提供（当然，假设有空缺可以给罗曼努斯）。[②] 这封推荐信和其他同类信件的醒目之处之一在于，它们没有专注于获得某一职务所需的具体军事或行政成就，而是强调对候选人及其家族的了解，以及他们的性格、教育和总体品质。[③] 对于在罗马帝国政府任职的任何骑士来说，这些都被认为是重要的，无论他们是下级军官、财政代理官、侍从副官或矿场主管。在接下去的两章中，我们将探讨普林尼为沃克尼乌斯·罗曼努斯写的推荐信中所强调的帝国盛期骑士政治生活的许多不同方面：军事和文官职务的资格，政府职务作为社交货币的使用，以及骑士职业结构的发展。在本章中，我们将考察向骑士开放的军官职位，而在第七章中将分析行政或"代理官"的职业路径。

尽管看不到罗曼努斯之前有从军的经历，但拥有他这样背景的骑士被认为适合在军中效力也并不奇怪。军事美德长久以来都是骑士身份的基本组成部分，就像骑士游行所呈现的：骑士们要穿着仪式性制服，拿着仪式性小圆盾和投矛穿过罗马的街道。在卡西乌斯·狄奥的《罗马史》中，马伊克纳斯建议屋大维，应该让元老和骑士都从年轻时就接受骑马与军事技能的训练，以便他们准备好未来为皇帝效

[①] E. Birley 1949：12；A. R. Birley 2003：3, 6 - 7(军政官)；Syme 1960：365（部属）。普林尼在提到他推荐朋友担任的具体职务时会前后不一（Whitton 2013：193）。
[②] 参见 Cotton 1981：237，他表示，普利斯库斯在总督任期伊始就让自己所有的军政官职位被人用了。
[③] Fronto, Ad Amicos 1. 1 (vdH^2 p. 17) = Davenport and Manley 2014：104 - 5（no. 28）对推荐信的起源做了简述。关于帝国盛期的发展，另见 Cotton 1985 on Cicero；Rees 2007，关于推荐军职的书信，见 A. R. Birley 2003：4 - 5, 8。

劳。① 尽管奥古斯都都没有像狄奥笔下的马伊克纳斯建议的那样引入军事技艺的老师，但他的确相当强调作为国家未来人才库的罗马贵族青年的体魄和美德。② 如果像罗曼努斯这样的骑士之前没有担任过任何军职，也可以假设他天生就准备成为一名军官，并拥有成功所必需的高尚人格和贵族美德。因此，普林尼在信中的话旨在强调罗曼努斯的忠诚：他被接二连三地称为 contubernalis（"共帐者"或"同伴"），amicus（"朋友"）和 sodalis（"伙伴"）。

狄奥笔下的马伊克纳斯还把对贵族精英进行恰当的训练描绘成一种确保他们有资质担任各种职务，并保持对帝国和皇帝本人忠诚的方式。③ 因为在皇帝的时代，元老应该准备好文武兼顾地为国效力的观念也同等适用于骑士。④ 这是奥古斯都元首制下发生根本性变化的结果，在他治下，此前担任过军政官和指挥官的骑士也有资格，甚至是被鼓励在整个罗马政府和行政体系中任职。⑤ 当然，对帝国数以万计骑士中的绝大多数人来说，骑士身份本身就是足够的荣誉，就像我们在第五章中所看到的。但罗马的军队和行政体系在公元后头三个世纪中的发展，让骑士有机会像元老一样开启个人的"履历"。值得记住的是，这些不是现代意义上的"生涯"，因为它们通常不代表终身的没有间断的雇佣。相反，任职期间会穿插休息阶段，还会回到意大利或行省的家乡。罗马贵族中没有"业余"和"专业"之分。⑥ 骑士和

---

① Dio 52. 26. 2 – 2.
② Yavetz 1984:15 – 20; Reinhold 1988:198.
③ Dio 52. 26. 2 – 8, 以及 Saller 1980:52, 55 – 6, 1982:96 – 7, 102 的重要讨论。
④ B. Campbell 1984:325 – 31（元老）; Demougin 1988:284, 357（军队和骑士）; Eck 2006b:488 – 9（对元老和骑士都有要求）。
⑤ 我们在第四章中讨论过这些发展。Alföldy 1981:174 – 82 表示，元老或骑士在帝国中担任的职务类型没有严格的区别。
⑥ Eck 2001:21; Rankov 2007:39; A. R. Birley 2000b:97 – 8, 116 – 17（关于元老），2003:5（关于骑士）。

元老都凭借自己的背景、品格和学识为国家效劳。

铭文履历

骑士采取方法将自己的军队和行政职务作为某种"履历"记录了下来，就像元老那样，这一事实醒目地证明了骑士被纳入罗马帝国政府这件事。① 这种证据将在接下去的两章中扮演重要的角色。"履历的格式"包括刻在荣誉雕像底座、墓碑、建筑铭文和其他各种永久性介质上的官职列表。来自奥斯提亚的一个刻有铭文的底座——上面原本矗立着代理官昆图斯·佩特罗尼乌斯·梅里奥尔（Q. Petronius Melior）的雕像——显示了"履历"是如何被放进纪念碑的整体语境中的（图6.1）。② 履历格式会让人觉得被致敬者为罗马和皇帝们效劳，度过了成功的一生。③ 这种纪念方式曾被共和时代的元老用在墓葬环境下；"长胡子"卢基乌斯·科尔内利乌斯·西庇阿（L. Cornelius Scipio Barbatus）的石棺只是这方面的一个例子。④ 不过，从奥古斯都时代起，这种模式开始被用来向仍然在世的元老致敬，可能是受到了奥古斯都广场上为罗马要人所写的颂词启发。就像埃克所指出的，当时最早采用生涯纪念方式的元老绝大部分是新人，这种格式直到后来才在整个元老等级中被更广泛地接受。⑤ 罗列个人官职的做

---

① 关于铭文履历作为一种自我表现形式，见 Alföldy 1982; Eck 1984, 1995, 2005, 2009b; Maurizi 2013; Bruun 2015; Davenport 2015a。
② *CIL* XIV 172 = *ILS* 1429. 关于本书中其他的铭文履历插图，见图4.1（骑士军官）、图5.2（市镇贵族）、图5.3（市镇贵族和军官）、图6.3（市镇贵族和军官）、图7.1（帝国行政官员）、图10.3（帝国行政官员）和图12.1（帝国行政官员）。
③ Hopkins and Burton 1983:153; B. Campbell 1984:327-9, 2007:186.
④ *CIL* I² 7 = ILLRP 309.
⑤ Eck 1984:149-51; Flower 1996:180-2; Maurizi 2013.

第六章 履历与人生（I）：军官

图6.1 刻有铭文的雕像底座记录了骑士军官和代理官昆图斯·佩特罗尼乌斯·梅里奥尔，奥斯提亚

法公开表明某人曾为国家和元首效劳，新人急于强调这点是可以理解的，因为他们没有有名的祖先作为声望的来源。① 这种新的铭文习惯很快被骑士接受，反映了他们在奥古斯都统治下在罗马行政体系中扮演了更重要的角色。

在共和时代，他们为国效力的公职生涯没有得到过这样的纪念，因为他们从来没有机会让自己的生涯像元老等级成员那样沿着阶序晋升（尽管公元前1世纪末，市镇长官和军官有时会列出他们担任的职务）。② 履历格式很快在罗马国家或地方行政体系中担任官方职务的各个群体中广泛流传开来，特别是如果他们的职业可以在任何方面被认为是"公共的"，包括市镇长官、士兵、奴隶和释奴。③ 履历格式在帝国时代的扩散可以归因于想要模仿元老的习惯。这要么是为了展现他们为国家或皇帝工作，要么是——如果他们没有官方角色——表示他们的职业也可以被视作与前者类似。④ 对这种纪念方式的热衷是公共碑铭从共和时代到帝国时代大幅增加的原因之一。⑤ 它强调了罗马共和国转向君主制的深刻社会和文化影响，以及皇帝在他的人民生活中至高无上的地位。

铭文中的官职阶序无疑是骄傲和杰出的象征。被致敬的个人往往在决定这些铭文和形式及内容上扮演着关键的角色，因为他们希望尽可能出色地呈现自己的人生和成就。⑥ 生涯铭文在很大程度上偏向成功者：有职务、荣誉或其他受到皇帝垂青的标志可以炫耀的军官和行

---

① 比较 Mouritsen 2005 对奥斯提亚和庞贝的市议员墓志铭的研究，他发现在罗马城外，这种碑铭纪念主要限于新人，而不是传统的元老等级成员。
② Eck 2006b, 2009b:88. 关于公元前1世纪的铭文，见本书第三章。
③ Eck 2009b:88–90.
④ Lendon 1997:100–2, 246–7.
⑤ Panciera 2006:86–95.
⑥ Eck 1995:218–19, 2009b:87 讨论了具体的例子。

政官员。① 但与此同时，帝国时代的履历表达了罗马精英的服从或"驯服"，与对西庇阿家族和其他共和时代伟人的赞美有着截然不同的意涵。共和时代的证据见证了他们被人民选为行政官，或者作为独立的指挥官取得的军事成就。而在帝国时代，履历风格的铭文证明他们的人生完全从属于元首。从底座上刻有生涯铭文的雕像的放置也能看到这种驯服。在罗马城以外，如果得到市议员的授权，这些雕像可以被放在公共场所，因为它们象征着地方城市、被国家任用的重要个人和皇帝之间的联系。然而在罗马城中，这类纪念不得不在私人场景中进行；只有为皇帝做出特殊贡献的个人才被允许树立公共雕像。② 因此，担任军队和政府职务的骑士采用这种履历格式，证明了他们像元老那样以文职或军官角色为君主制国家服务。但与此同时，这也意味着他们同样被皇帝驯服了。

不幸的是，沃克尼乌斯·罗曼努斯担任官方职务的履历铭文没能留存下来。得益于塞姆（Syme）那篇文章令人难忘的标题，历史将永远记住罗曼努斯是普林尼"不那么成功的朋友"，或者不太委婉地说，"一个彻头彻尾的失败者"。③ 不过，虽然带点挖苦，这个标题提出了一个重要问题，即什么构成了骑士在帝国时代的成败。我们不知道罗曼努斯是否从内拉提乌斯·普利斯库斯那里得到了职位，尽管证据偏向于否定的答案。④ 他可能没能成为元老，或者得到军政官职务，但近西班牙的弗拉门祭司职务在他家乡的行省无疑已经是显赫的荣誉，确保了他在市镇社会上层的地位。⑤ 今天，我们已经无从知晓

---

① Hopkins and Burton 1983:156; Saller 2001:113–15; Thonemann 2011:204–5.
② Alföldy 2001.
③ Syme 1960:367.
④ Syme 1960:366–7. 参见 Sherwin-White 1966:180。
⑤ 关于弗拉门祭司没有进入军阶的例子，见 C. Sempronius Fidus（*PME* S 219）。

罗曼努斯本人的意图——他很可能偏爱不做高官的生活，不过是在朋友普林尼的怂恿下才去寻求帝国的荣誉。事实上，并非所有的元老和骑士都在争夺职位时获得了成功，一些人甚至公开回避了这一选择，更喜欢用别的方式来定义自己的生活。[①] 生活在帝国时代的数以千计的骑士中，绝大多数并没有任何军队或行政职务，就像我们在第五章中提到的——在每代人的 2 万到 3 万名骑士中，可能只有 600 人。对这些骑士来说，为国家效劳提供了地位和威望的新来源，超越了财富或者市镇、行省的荣誉。因此，拥有这种职务的骑士形成了整个等级中的精英；这些精英逐渐具有了"公职贵族"的特征，他们的成员以类似于元老的方式追求自己的生涯。[②]

骑士军阶

专门的骑士军事职业道路的概念在帝国时代初期开始出现。我们在第四章中提到过的维勒伊乌斯·帕特尔库鲁斯用"骑士军阶"（*militia equestris*）一词来表示自己的生涯，尽管这种说法很可能直到公元 1 世纪中期才变成通用说法。[③] 这很可能是克劳狄乌斯皇帝改革的结果，这位皇帝试图为罗马军队的下级军官职务设定秩序和结构。虽然克劳狄乌斯的一些改革被认为是短命的，但他此举确保了此后的骑士军阶（*militiae equestres*，复数表示所有的职务）有了明确的等级体系。[④] 在奥古斯都和他的几位继任者的统治下，骑士和元老都受命统率辅助军，担任骑兵和步兵部队的指挥官。从前的首席百人队长

[①] 关于元老的退出，见 Talbert 1984：23 - 7，骑士的退出见 Bodel 2015。
[②] 本书第十一和十二章将探究这一发展在公元 3 世纪和 4 世纪的最终影响。
[③] Vell. Pat. 2. 111. 3; Demougin 1988：280 - 1; Saddington 2003：20.
[④] E. Birley 1949：11; Devijver 1970：73 - 6（下面一段以此为依据）。

(通常是骑士）也奉命担任这些职务。[1] 只有每个军团的军政官被严格分为元老等级的宽边袍军政官和骑士等级的窄边袍军政官。这些职务之间没有固定的关系：尽管统率辅助骑兵的骑兵长官职务通常被留给那些之前有过经验的更年长者，大队长官和军政官职务之间没有明确的高低之别。

传记作家苏维托尼乌斯把克劳狄乌斯这种让混乱变为有序的尝试归入其好的行政措施之列。[2] 他告诉我们，皇帝确立了固定的军阶，规定大队长官是最低的职位，然后是骑兵长官，军政官是最高级的职务。[3] 苏维托尼乌斯没有记录克劳狄乌斯究竟为什么这样做，尽管大部分学者将其归因于（至少部分是）他对传统的偏爱。在共和时代，军政官总是威望最高的军职，特别是因为它最初是选举产生的长官。[4] 军政官统率的是罗马公民而非辅助军，这让他们更加重要。[5] 一些学者暗示，鉴于军政官附带的行政职责，它为代理官生涯做了更好的准备。[6] 如果这是克劳狄乌斯的意图，那么它并未受到重视，因为皇帝的新军阶制度很快被抛弃了。从尼禄的统治开始出现了一套新的等级，大队长官是最低级别的职务，然后是军政官，地位最高的是侧翼骑兵长官（*praefectus alae*）。显然，骑兵部队的指挥官被认为需要最多的军事经验。这个军职的名称在这段时期从骑兵长官变成了侧翼骑兵长官，是在克劳狄乌斯统治之后被保留下来的改革举措

---

[1] Dobson 1974:395-9，1978:6-14.
[2] 关于《克劳狄乌斯传》的结构，见 Hurley 2001:18。
[3] Suet. *Claud*. 25. 关于其生涯遵循这一等级体系的军团的例子，见 *CIL* V 4058, XIV 2960 = *ILS* 2681; *AE* 1966, 124。
[4] Syme 1969:207; Devijver 1970:78; Hurley 2001:171. 这得到了 Suet. *Claud*. 22.1 一定的佐证。
[5] Demougin 1988:295-6; Levick 1990:86; C. Thomas 2004:429.
[6] Devijver 1970:77; C. Thomas 2004:429-30.

之一。① 这些改变的最重要结果是，现在出现了井井有条的军阶等级，它们完全由骑士并非元老担任。

骑士军阶体系形成的最后几步发生在公元1世纪末和2世纪初，当时它变成了包含四个等级的一套体系，每个等级由一两个职务组成。② 表6.1依据的是德费弗尔的统计，罗列了从公元2世纪初开始存在的体系：③

表6.1 公元2世纪的骑士军阶

军阶	军职数量	每一级的军职
第一军阶（militia prima）	300左右	(i) 500人步兵大队长官（praefectus cohortis quingenariae）；(ii) 志愿/自由出身的罗马公民大队军政官（tribunus cohortis voluntariorum/ingenuorum civium Romanorum）
第二军阶（militia secunda）	190	(i) 窄边袍军团军政官（tribunus angusticlavius legionis）(ii) 千人大队军政官（tribunus cohortis milliariae）
第三军阶（militia tertia）	90	500人侧翼骑兵长官（praefectus alae quingenariae）
第四军阶（militia quarta）	10	千人侧翼骑兵长官（praefectus alae milliariae）④

碑铭和纸草证据显示，四级军阶制（quattuor militiae，指所有四个等级）和三级军阶制（tres militiae，包括三个主要等级）是在公元2世纪中后期成为专业术语的；后者更加普遍，因为很少有人进入第

---

① Devijver 1972:185 n. 148.
② 这些术语是罗马人自己使用的，比如 CIL VI 2131 = ILS 4929；AE 2003, 1803 = CIIP 1228；AE 1933, 208。
③ Devijver 1989c:59.
④ 关于第四军阶，见 E. Birley 1949:17, 1988:350-6，他收集了一些千人侧翼骑兵长官是第四军阶的例子。不过，Duncan-Jones 2016:12 n. 34 证明，千人侧翼的指挥官并不总是属于第四军阶。因此该体系是有灵活性的。

第六章 履历与人生（I）：军官

四军阶。① 不过，需要强调的是，即便军阶是按照等级来安排的，骑士也不必马不停蹄地把所有的职务一路做到底。② 只要他想，他就可以寻求被委任为军团军政官（第二军阶），然后不再服役。③ 反过来，他也可以担任同一军阶内的两个或更多的军职。能否连续任职取决于能否凭借有分量的推荐来获得委任，就像普林尼为沃克尼乌斯·罗曼努斯写的推荐。考虑到证据的不确定性，我们难以认定在骑士军阶中服役期的具体长度。④ 只有来自尤利乌斯-克劳狄乌斯王朝时期最早的铭文履历才往往会提到骑士军官服役的年限。提图斯·奥菲狄乌斯·斯平特（T. Afudidius Spinter）和昆图斯·阿塔提努斯·莫德斯图斯（Q. Atatinus Modestus）的例子展现了服役期的长度范围，前者担任了5年的军政官，后者在西班牙担任军政官长达16年，然后成为骑兵统帅和工程兵长官。⑤ 这一证据表明，这些军官职务不单是挂名闲职，任职者可以被要求任职平均三到四年。这是一个郑重其事的承诺。

今天，我们所知的骑士军官远远超过2000名。这只是当初服役总人数的一小部分，但足以就他们的社会和地理来源得出某些结论。他们通常不是贵族家族的子弟，主要是出身市镇的骑士，来自罗马帝国城镇的元老院阶层。⑥ 就像埃里克·伯利（Eric Birley）在一篇经典之作中所证明的，我们已知的军官可以分为三大群体：(i) 20岁左右的年轻人，年龄相当于元老等级的宽边袍军政官；(ii) 30多岁的骑士；

---

① Devijver 1989c:61-9 收集了这些术语在拉丁语和希腊语中的例子。
② 尤应参见 E. Birley 1949。后来的学者沿袭了他的观点：Syme 1969:208；Devijver 1989c:57-9；A. R. Birley 2003:2。
③ Saller 1982:87-90 对帝国代理官的生涯做了有用的汇编，他们担任的军职数量为0到5个。
④ E. Birley 1949:9-12；Demougin 1988:319-24.
⑤ Spinter: CIL III 399. Modestus: CIL IX 3610 = ILS 2707.
⑥ Ijsewijn 1983/4 对此做了全面记录。

(iii) 40 岁或以上的骑士。伯利发现，绝大多数人来自第二个群体：在市政行政官任期结束后，他们会担任一两个骑士等级的军官职务，然后回到家乡。① 任用骑士等级的家乡贵族担任军职代表奥古斯都实现了自己将骑士等级成员和元老一起纳入罗马军队和行政体系的意图。② 随着帝国时代骑士等级散布行省各地，来自意大利以外的军官比例也相应上升。公元 1 世纪，65% 的有据可查的军官来自意大利，这个比例在公元 2 世纪和 3 世纪分别降为 38% 和 21%。③ 对德费弗尔收集的数字进行更仔细的分析，让我们可以描绘出个别行省或地区的贡献，特别明显的是公元 2 世纪时来自阿非利加的军官数量大幅增加。④ 有迹象表明，来自东部行省的骑士军官偏爱在那些地区任职。⑤ 骑士军阶的吸引力——我们将会在下文讨论——确保了该体系因市镇源源不断而来的候选人得以维持，直到公元 3 世纪末，罗马军队和行政体系的改变导致军阶作为一个连贯的制度的终结。⑥

除了骑士军阶，在军中服役的骑士还有别的选择。骑士可以选择争取被委任为"罗马骑士出身"（*ex equite Romano*）的百人队长，这意味着得到了持续在军中效力的承诺，而不是担任更不确定的军职。⑦ 百人队长可以升任首席百人队长，然后在退伍时获得 60 万塞斯特斯的退伍金，这从卡里古拉统治时开始成为标准。⑧ 因此，所有的首席百人队长通常被认为拥有骑士身份，尽管这仍然需要皇帝的正式

---

① E. Birley 1949:9 – 11. 他的结论被深入研究过材料的学者广泛接受，比如 Ijsewijn 1983/4:44; Devijver 1989b:108 – 9。
② 关于奥古斯都鼓励贵族担任军官，见本书第四章。
③ Devijver 1989d: 122; Ijsewijn 1983/4:49.
④ Devijver 1989d: 112 – 21.
⑤ 见 Devijver 1989c。
⑥ 本书第十一章和我的待出新作将对此进行讨论。
⑦ 关于这条路径，见 Dobson 1972。
⑧ Suet. *Cal*. 44.

授予。① 来自潘菲利亚的阿塔莱亚（Attaleia）的首席百人队长卢基乌斯·盖乌斯·弗隆托的生涯，证明了取得这些帝国荣誉后的骄傲之情。他"被皇帝授予公共马"（ἵππῳ δημοσί|ῳ τετειμημένον ὑπὸ τοῦ Σε|βαστοῦ），被称为"他家乡第一个和唯一一个"（πρῶτον καὶ μόνον ἐκ | τῆς πατρίδος）成为首席百人队长和兵营长官的人。② 罗马军阶最奇怪的特征之一是，像盖乌斯·弗隆托这样的首席百人队长没有进入骑士军阶。相反，他们有一条截然不同的晋升道路。这条道路通向军团的兵营长官，接着是在治安队、城市大队和近卫军中，以及随后从图拉真时代开始在皇帝骑兵队（equites singulares）中担任"罗马军政官"。③ 然后，他们可以在帝国行政体系中开启代理官的生涯，开始时的级别要比军阶体系中的军官稍高。④ 首席百人队长生涯和骑士军阶的这种差异是克劳狄乌斯改革的结果，它确保了在公元3世纪中期的巨大改变之前，普通士兵的面前没有成为军官的清晰路径。

恩庇与提拔

骑士军阶中的职务最吸引人的地方之一在于，军官的委任被正式视为来自皇帝本人的恩赏（即便皇帝只是按照程序批准他的行政官员和行省总督的决定）。⑤ 它们成了一种新的荣誉和身份，不同于地方

---

① Dobson 2000:142 – 3.
② *SEG* 17，584; Dobson 1978:232 – 3.
③ Dobson 1974:399 – 403, 1978:68 – 87.
④ Dobson and Breeze 1969:110 – 11. 关于担任代理官的首席百人队长，见 Dobson 1978:92 – 114.
⑤ Millar 1977:284 – 6; Lendon 1997:185. 关于这种观念在晚期帝国的延续，见欧门尼乌斯（Eumenisu）的演说《论重建学校》（*For the Restoration of the Schools*）（*Pan. Lat.* 9（4）.5.4）。

和行省层面上提供的那些。比如，提比略·克劳狄乌斯·普罗提诺（Ti. Claudius Plotinus）自夸"被最神圣的皇帝恺撒·安东尼授予骑士军阶"(ἱππικαῖς στρατείαις κε[κοσ]|μημένον ὑπὸ τοῦ θειοτάτο[υ]| Αὐτοκράτορος Καίσαρος Ἀν|τωνείνου)。① 因此，这种委任不仅是职务，也是受到皇帝青睐的有形标志，可以给骑士家族带来荣耀。正是这促使普布利乌斯·埃利乌斯·布兰度斯（P. Aelius Blandus），一位来自意大利小城普莱内斯特的非常骄傲的父亲为他的儿子普布利乌斯·埃利乌斯·提洛（P. Aelius Tiro）立了一座公共雕像。底座上的铭文写道：

> 献给普布利乌斯·埃利乌斯·提洛，普布利乌斯之子，帕拉提努斯部落，阿尔巴城堡的祭司，皇帝恺撒·康茂德·安东尼·奥古斯都·庇护·菲利克斯，日耳曼、萨尔玛提亚和不列颠的征服者认为值得授予 14 岁的他一等军阶，担任布劳科人的 500 人骑兵长官。他的父亲布兰度斯，出于对城市的爱，向城市返还了[立像的]全部费用。市议会决议[授权]。②

尽管有人认为对年轻的提洛的任命仅仅是荣誉性的，但鉴于铭文中提供的关于他的职务的准确细节，这似乎不太可能。如此年轻的军官尽

---

① *I. Perge* 293 = *AE* 2004, 1484. 关于"被授予三等军阶"（*ornatus tribus militiis*）在塞维鲁时期的使用，见 Solin 2011:472 – 3。
② *CIL* XIV 2947 = *ILS* 2749: *P*（*ublio*）*Ael*（*io*）*P*（*ubli*）*f*（*ilio*）*Pal*（*atina tribu*）| *Tironi* | *salio arcis* | *Albanae quem* | *Imp*（*erator*）*Caes*（*ar*）[*Commo*] | [[*dus*]] *Antoninus* | *Aug*（*ustus*）*Pius* [[*Felix*]] | *Germ*（*anicus*）*Sarm*（*aticus*）*Brit* ⟨*t*⟩（*annicus*）| *agentem aetatis* | *annum XIIII* | *militia prima* | *praefecturae* | *equit*（*um*）*Brauco* | *num D exornare* | *dignatus est* | *dec*（*reto*）*dec*（*urionum*）| *Blandus pater* | *pro amore civi* | *tatis summam et* | *sumptum omnem* | *rei p*（*ublicae*）*remisit*.

管并不常见，但也不是史无前例的。① 普莱内斯特市议会和他的父亲布兰度斯都认为，康茂德的垂青——以喜怒无常著称的一位皇帝——值得被纪念，前者批准了建造纪念碑，后者自掏腰包建造此像。有时，在其他纪念碑铭文中也可以看到某位皇帝的直接任命或干预的记录。②

从斯塔提乌斯《诗草集》(*Silvae*) 5.1 的一个著名段落中可以看出，司信官职务在对这些任命的管理中扮演了关键的角色。③ 这首诗是写给图密善的释奴司信官、皇帝释奴提图斯·弗拉维苏斯·阿巴斯坎图斯（T. Flavius Aug. lib. Abascantus）的，以安慰其丧妻之痛。斯塔提乌斯描绘了阿巴斯坎图斯与军队委任相关的一些职责：

> 此外，如果我们的陛下要分发其忠诚之剑，[他有责任] 去公布应由谁去掌管百人队，该派哪位骑士去军中；应由谁统领大队，谁适合获得杰出的军政官等级的更高职位；以及谁更配得上向骑兵发号施令。④

在这段话中，斯塔提乌斯提到了骑士可以担任的四种军职：直接从骑士等级委任（*ex equite Romano*）的百人队长，然后是骑士军阶中的三种指挥职务，即大队长官、军政官和侧翼骑兵长官。⑤ 关于"公

---

① E. Birley 1949:9, 1986:206. 参见 Laes and Strubbe 2014:168 n. 18，作者认为这是荣誉性质的。
② *CIL* III 335, XI 6955；*AE* 1992,577（克劳狄乌斯）；*CIL* XI 5632 = *ILS* 2735（哈德良）。
③ 关于对这方面的详细论述，见 A. R. Birley 1992:41 – 54。
④ Stat. *Silv.* 5. 1. 94 - 98: *praeterea, fidos dominus si dividat enses, | pandere quis centum valeat frenare, maniplos | inter missus eques, quis praecepisse cohorti, | quem deceat clari praestantior ordo tribuni, | quisnam frenigerae signum dare dignior alae.*
⑤ Millar 1977:286. 参见 B. Gibson 2006:9，他对 *clari ... tribuni*（显赫的军政官）的翻译仿佛认为那指的是元老级别的宽边袍军政官（*tribunus laticlavius*）。

布"（pandere）一词以及这位司信官究竟向谁公布任命，有过很多争论：是向皇帝本人，还是向行省的军官？① 吉布森（Gibson）令人信服地指出，这段话中的虚拟语气（"应由谁……"）暗示司信官对候选人做了某种评估或推荐。② 担任这个职务的人有足够的权力自己任命，尽管有时会因事后被发现腐败而翻车。比如，据说韦斯巴芗通过克劳狄乌斯的司信官那喀索斯（Narcissus）获得了第二"奥古斯都"军团的指挥权。③ 在卡拉卡拉的司信官马尔基乌斯·克劳狄乌斯·阿格里帕的事例中也能看到类似的干预，此人因为任命没有资格的年轻人进入骑士军阶而被明升暗降为元老，闹得尽人皆知。④ 这些例子显示了恩庇关系对确保任命的重要性。即便不是每次都会介入，司信官无疑负责向骑士军官发放委任书，因为这些是皇帝通信中的关键部分。⑤

因此，我们认为司信官在发布骑士任命中扮演了关键的中介角色，但这一角色又因如何以及为何推荐而有所不同。元老（和骑士）总督可以从自己的亲友关系中选择骑士军官，或者从行省内任命合适的人选。⑥ 他们还依靠同僚推荐合适的人选，小普林尼和科尔内利乌斯·弗隆托的书信集中保存的推荐信很好地为这种现象提供了佐证。因此，我们必须假设行省总督会拿着他们的人选名单联系帝国行政人员，司信官则发放正式的任命书。⑦ 骑士也可能通过他们在宫廷的关

---

① *OLD* s. v. *pando*, *pandere* 6 词条。关于对这段话的第一种解读，见 E. Birley 1949：13；Millar 1966：15, 1977：286；A. R. Birley 1992：43 – 6；B. Gibson 2006：112 – 13。第二种解读见 Cotton 1981：230 – 1；Saller 1982：105 – 106。
② B. Gibson 2006：112.
③ Suet. *Vesp*. 4.
④ Dio 78. 13. 4，他用了合适的希腊语术语表示 *militiae*。见 Devijnver 1989c：67 – 8。
⑤ 关于皇帝的通信，特别是与元老和骑士官员的，见 Millar 1977：213 – 28, 313 – 41。
⑥ A. R. Birley 2003：5. 例子见 *AE* 2003, 1803 = *CIIP* 1228。
⑦ Austin and Rankov 1995：138；Devijver 1999：246 – 8.

系直接找到皇帝：年轻的埃利乌斯·提洛最终可能就是这样获得了康茂德皇帝的任命。① 公元3世纪时，埃米利乌斯·帕尔达拉斯通过大维斯塔贞女坎皮娅·塞维里娜（Campia Severina）的干预而获得了第二军阶的任命。② 哑剧演员帕里斯据称有能力向图密善皇帝推荐骑士军官。③ 因此，根据帝国行政体系了解合适人选的不同方式，司信官的确切作用和他对人选的评估也有所不同。

留存下来的推荐信（就像小普林尼为沃克尼乌斯·罗曼努斯所写的那封）符合这一类型的期望，因为它们强调的是骑士军职候选人的个人性格、正直和忠诚。虽然普林尼没有提到他认为适合罗曼努斯担任的具体职务，但他在其他例子中会更直接，比如公元2世纪写给犹地阿总督昆图斯·庞培乌斯·法尔科（Q. Pompeius Falco）的信：④

> 当你知道他是谁和是怎么样的人，你就不会那么惊讶于我为何如此急切地请求你让我的朋友担任军政官了。既然你已承诺此职位，我也能告诉你他的名字并向你描述他。他是科尔内利乌斯·米尼基亚努斯，无论其高尚品格还是行为习惯都是我家乡的荣耀。他出身一个杰出的家族，家境富裕，但他像穷人一样钟爱文学研究，还是个最正直的法官，最勇敢的律师，以及最忠实的朋友。⑤

---

① 另见普林尼为释奴和骑士而直接给图拉真写的推荐信（*Ep.* 10. 85, 86A, 86B, 87）。
② *CIL* VI 2131 = *ILS* 4929.
③ Juv. *Sat.* 7. 88 – 97.
④ 关于法尔科，见 Sherwin-White 1966:138 – 9, 429。
⑤ Pliny, *Ep.* 7. 22. 1 – 2: *minus miraberis me tam instanter petisse, ut in amicum meum conferres tribunatum, cum scieris, quis ille qualisque. possum autem iam tibi et nomen indicare et describere ipsum, postquam polliceris. est Cornelius Minicianus, ornamentum regionis meae seu dignitate seu moribus. natus splendide abundat facultatibus, amat studia ut solent pauperes. idem rectissimus iudex, fortissimus advocatus, amicus fidelissimus.*

这封信显示，普林尼为科尔内利乌斯·米尼基亚努斯（Cornelius Minicianus）寻找合适的军政官职务已经有一段时间了。信中的其他年代信息暗示，米尼基亚努斯当时很可能三十多岁，是军阶职务的典型人选。① 与沃克尼乌斯·罗曼努斯的例子一样，信中没有提到具体的军事品质，而是称赞了米尼基亚努斯钟爱"文学研究"（*studia*）。与之类似，在温多兰达发现的一份残缺不全的推荐信中也提到某位人选"热爱自由研究"（*liberalium um amore*）。② 这些品质当然有程式化之嫌，这在很大程度上归因于所有出身良好的罗马贵族的教育和社会化，它强调个人性格和道德。③ 就像兰顿（Lendon）令人印象深刻的评论，"军政官所需要的品质跟新郎是一样的"。④ 但这些品质不是空洞和没有意义的，因为它们代表了罗马贵族的集体价值观。⑤

如果我们考虑这些骑士军官的真正职责，那么普林尼对沃克尼乌斯·罗曼努斯、科尔内利乌斯·米尼基亚努斯和他提携的其他人的认可就没什么不合时宜的了。⑥ 来自叙利亚的杜拉欧罗波斯的军政官波斯图米乌斯·奥雷利亚努斯（Postumius Aurelianus）的个人资料显示，他会用希腊语、拉丁语同官员和平民通信：不精通这两种语言的军政官在叙利亚或者其他任何东部行省都将举步维艰。⑦ 此外，对司法和法律能力的强调（就像普林尼在米尼基亚努斯的例子中所提到的）也与骑士军官的实际职责一致，他们需要审理军事案件。一些下

---

① 就像 Sherwin-White 1966：439 令人难忘地指出的，"他担任骑士军职时已经不是毛头小伙了"。
② *Tab. Vind.* III. 660，以及 Bowman and Thomas 2003 的评注。
③ Rees 2007：163-4。
④ Lendon 1997：188。
⑤ 关于历史上的精英统治阶层的社会化，见 Mosca 1939：61。
⑥ 见 Devijver 1968 的深入研究，下面几段以此为依据。
⑦ *P. Dura.* 66 = Fink 1971 no. 89. 关于埃及的罗马军队使用的语言，见 Adams 2003：599-608。

级军官甚至在民事案件中行使管辖权,特别是在公元 3 世纪及以后。① 叙利亚罗马公民军第二侧翼骑兵队(ala II Syrorum civium Romanorum)的长官马尔库斯·苏尔皮基乌斯·菲利克斯(M. Sulpicius Felix)的决定让他赢得了廷吉斯毛里塔尼亚(Mauretania Tingitana)的萨拉(Sala)的市议员称赞,他们形容他是一位"不过分仁慈,公正而不显得严苛的仲裁者"(disceptatorem nec dissolute benignum et iustum sine acerbitate praebendo)。②

普林尼对教育和司法能力的强调(且不提忠诚和可信)也出现在埃米利乌斯·马刻尔(Aemilius Macer)公元 3 世纪所写的《论兵事》(De Re Militari)对军政官职责的描绘中。相关段落值得全文引用:

> 军政官或者说那些统领军队者的职责,是管好营中士兵,带领他们训练,保管大门钥匙,不时巡视警戒,监督士兵口粮的分发,检查粮食,防止计粮官作弊,按照自己的权力施以惩罚,定期前往司令部,听取士兵投诉,并查看病人。③

关于骑士军官承担的这些职责有丰富的纸草和碑铭证据,可以看出它们在整个帝国相当一致。在不列颠的温多兰达,长官弗拉维乌斯·克里亚利斯(Flavius Cerialis)会处理请假申请、逃兵以及筹集装备和服

---

① R. W. Davies 1989:56-7; Pollard 2000:93-5.
② AE 1931,36.
③ Dig. 49. 16. 12. 2: officium tribunorum est vel eorum, qui exercitui praesunt, milites in castris continere, ad exercitationem producere, claves portarum suscipere, vigilias interdum circumire, frumentationibus commilitonum interesse, frumentum probare, mensorum fraudem coercere, delicta secundum suae auctoritatis modum castigare, principiis frequenter interesse, querellas commilitonum audire, valetudinarios inspicere.

装。① 在埃及，伊图莱亚人第三大队（cohors III Ituraeorum）的长官刻尔西亚努斯（Celsianus）要负责登记大队中的新兵。② 同样，军队也需要充足的食物和供给：在杜拉欧罗波斯，帕尔米拉人第二十二大队（cohors XX Palmyrenorum）的军政官尤斯提鲁斯参与了向士兵提供大麦的组织工作，这需要他与某个皇帝释奴联络。③ 为军队提供给养在战时至关重要，骑士军官卢基乌斯·阿布尔尼乌斯·图斯基亚努斯（L. Aburnius Tuscianus）和马尔库斯·瓦雷利乌斯·马克西米亚努斯（M. Valerius Maximianus）为确保图拉真的帕提亚战争及马可·奥勒留的马尔科曼尼战争期间的粮食供应发挥了关键作用。④ 还可以举出大量的其他例子。⑤ 军官会被要求识字、忠诚和勤奋，以便承担所有这些不同的工作。在这个例子里，谁会拒绝任命科尔内利乌斯·米尼基亚努斯担任军政官呢？

事实是，犹地阿行省拥有大法官权的皇帝代理官昆图斯·庞培乌斯·法尔科拒绝了。他很可能没有军政官的空缺，或者没有被米尼基亚努斯的才智充分打动。法尔科的确在自己的行省为他安排了职务，只不过是骑士军阶中最低的，担任"大马士革人"第一大队（cohors I Damascenorum）长官。⑥ 米尼基亚努斯铭文中的生涯记录显示，他后来被任命为努米底亚的"奥古斯都"第三军团的军政官，之后又担任过当时已经在很大程度上是荣誉职务的工程兵长官，以及一位元老总督的参谋官。⑦ 在担任了大约十年的军职——不一定是连续的——

---

① Tab. Vind. II. 168 – 9, 250(请假), 226(逃兵), 233(索要捕猎网), 255(索要衣物)。
② P. Oxy. 7. 1022 = Fink 1971 no. 87.
③ P. Dura. 64 = Fink 1971 no. 91.
④ 图斯基亚努斯：AE 1911, 161 = ILS 9471。马克西米亚努斯：AE 1956, 124。
⑤ Devijver 1968；R. W. Davies 1989：33 – 68.
⑥ CIL V 5126 = ILS 2722；Sherwin-White 1966：439.
⑦ 关于帝国盛期这一职务的运作，见 Dobson 1966：75 – 8。

之后，他在贝尔戈穆姆（Bergomum）和梅狄奥拉努姆（Mediolanum）担任祭司度过了余生。与沃克尼乌斯·罗曼努斯一样，米尼基亚努斯是塞姆眼中"不那么成功的朋友"——但他没能成为指挥官这个事实突显了在军阶中获得职务的困难，即便有像普林尼这样热情的朋友。[1] 在图拉真统治时期有 30 个军团，因此军队需要 150 名窄边袍军政官。这看上去似乎是个很大的数字，但要知道，任何时候都只有部分职位空缺。即便我们假定在罗马帝国，每代人中超过 2 万名的骑士里只有很少一部分达到了寻求骑士军阶的年龄，并且有此意愿，竞争无疑仍是非常激烈的。[2] 这就是为什么科尔内利乌斯·米尼基亚努斯尽管资质出色，但一开始还是得满足于担任大队长官。在高卢贵族提比略·森尼乌斯·索勒姆尼斯（Ti. Sennius Sollemnis）的例子中，失望同样清晰可见。[3] 他的恩主、公元 220 年的下不列颠总督提图斯·克劳狄乌斯·保利努斯（T. Claudius Paulinus）承诺一有空缺就让他担任六个月的军政官，作为补偿，还向他预支薪水。[4] 然而，军政官一职从未兑现，索勒姆尼斯不得不满足于担任恩主在不列颠的司法评判官。从阿耳忒密多罗斯（Artemidorus）《释梦》（*Oneirocritica*）的一个段落中可以看出，军官的委任真的只能是许多骑士的梦想。[5]

同样的恩庇和提拔原则通常适用于寻求直接被委任为百人队长的骑士（"出身罗马骑士"[*ex equite Romano*]）。这是一条非常体面的路：按照狄奥笔下马伊克纳斯的说法，百人队长配得上晋升为元老，

---

[1] 见 Syme 1960:364 对米尼基亚努斯的评论，他将其描绘成至少不算"完全失败"的人。
[2] 见 Devijver 1999:244 对军阶和代理官职务的讨论，他得出了同样的基本结论。
[3] 著名的托里尼大理石碑（Marbre de Thorigny, *CIL* XIII 3162）上记录了他的生涯；Pflaum 1948；Saller 1982:132；Benoist 2006。
[4] *CIL* XIII 3162, left face, ll. 13–15.
[5] Artem. *On*. 4. 28.

而来自较低级别的士兵显然不受欢迎。[1] 军事能力无疑是任命百人队长过程中的一个合理的考虑。当韦斯巴芗发现一个出身很好的年轻百人队长事实上完全不擅作时,他找了个体面的理由开除了此人。[2] 不过,恩庇和人脉仍然是必要的,因为百人队长是由皇帝通过司信官任命的,就像斯塔提乌斯对他们官方职责的描绘所揭示的。[3] 除了推荐合适的军阶人选,普林尼还为梅提利乌斯·克里斯普斯(Metilius Crispus)、一位来自他家乡科穆姆(Comum)的骑士争取到了百人队长职务,甚至给了4万塞斯特斯让其购买装备。[4] 百人队长的竞争激烈程度无疑不逊于军阶,就像我们从未来的皇帝普布利乌斯·赫尔维乌斯·佩蒂纳科斯(P. Helvius Pertinax)的事例中看到的,他最初试图在他父亲的恩主卢基乌斯·洛里亚努斯·阿维图斯(L. Lollianus Avitus)的支持下成为百人队长。在没能实现后,他不得不转而在骑士军阶中求职。[5] 苏维托尼乌斯讲过某个关于马尔库斯·普罗布斯(Marcus Probus)的故事,多年追求无果后,此人不再希望成为百人队长,转而当了老师。[6]

难处在于,寻求直接被委任为百人队长的骑士必须同许多年长之人竞争,后者一路从普通士兵升上来,在服役15到20年后寻求提拔。[7] 不过,一旦骑士获得了百人队职务,他们继续任职的前景就要比在军阶体系中更有保障(当然,假设他们没有阵亡,这相当于职业危险)。[8] 比

---

[1] Dio 52.25.7.
[2] Front. Strat. 4.6.4.
[3] Stat. Silv. 5.1.95-6.
[4] Pliny the Younger, *Ep.* 6.25.3. 结果,这个不幸的人赴任后就消失了,再无音讯。
[5] *HA Pert.* 1.5-6; Pflaum 1960:451-4 (no.179); Devijver 1988:208-9.
[6] Suet. *Gram.* 24.
[7] Dobson 1970:101, 1972:195.
[8] Dobson 1972:195, 202-4.

如，塞克斯图斯·皮洛尼乌斯·莫德斯图斯（Sex. Pilonius Modestus）在18岁时成为出身罗马骑士的百人队长，连续担任百人队长19年，在37岁时阵亡。[1] 有时，骑士军官甚至会从军阶体系转任百人队长，就像提图斯·庞提乌斯·萨宾努斯（T. Pontius Sabinus）那样，在图拉真的帕提亚战争中成为"铁甲"第六军团（legio VI Ferrata）的军政官，后来转任"双子"第十三军团（legio XIII Gemina）的百人队长。[2] 就像我们已经指出的，罗马军队等级体系的一个奇怪特征是，没有从普通士兵（甚至从百人队长）升为骑士军阶中的军官职务的常规通道，后者只能通过来自军队以外的直接任命获得。[3] 这是因为公元1世纪的军队改革把这些留作皇帝对骑士的恩赏，让皇帝可以授予国家的行省公民中最富有者奖赏和荣耀。

如果骑士在获得自己的第一个职务后想要在军阶中继续晋升，他必须确保获得第二或第三个任命。随着每一级别职务数量的减少，恩庇变得越来越重要。全部军官中只有4%有望达到第四军阶——一个少得惊人的数字。[4] 来自行省总督的推荐至关重要，有证据表明，心存感激的军官会为他们的指挥官立像，以感谢他们的恩庇支持。[5] 这些纪念碑构成了主导罗马社会关系的互惠意识形态的一部分——恩主确保获得军官职务，作为回报，他们得到了象征其权力和仁慈慷慨的雕像。[6] 公

---

[1] *CIL* II 1480 = *ILS* 2654.
[2] *CIL* X 5829 = *ILS* 2726; Dobson 1972:196.
[3] Dobson 1972:195–6. 关于这一切在公元3世纪是如何改变的，见本书第十一章的讨论。
[4] Devijver 1999:241.
[5] E. Birley 1949:13; Devijver 1999:259–62 提供了更多记录。关于这方面的一个例子，见 *CIL* III 90。
[6] Saller 1982:47–8; Duncan-Jones 2006:198. 有时，记录骑士生涯的铭文中会提到恩庇关系，就像马尔库斯·麦尼乌斯·阿格里帕的例子（M. Maenius Agrippa, *CIL* XI 5632 = *ILS* 2735）。

元3世纪初，西班牙骑士马尔库斯·维比乌斯·马特尔努斯委托人为他的恩主、塞普提米乌斯·塞维鲁和卡拉卡拉的城市长官卢基乌斯·法比乌斯·基洛（L. Fabius Cilo）制作了一座雕像。雕像被放置在基洛位于罗马阿文丁山上的宅邸中，底座上刻着如下铭文：

> 献给卢基乌斯·法比乌斯·塞普提米乌斯·基洛，马尔库斯之子，加雷利乌斯部落，城市长官，元老，两次担任执政官。马尔库斯·维比乌斯·马特尔努斯，伊鲁洛人，军官，他的候选人（奉献）。①

铭文显示，马特尔努斯的骑士军阶生涯要感谢基洛的介入。② 基洛和马特尔努斯两人都来自巴埃提卡行省的伊鲁洛（Iluro），这层关系帮助确保了马特尔努斯的晋升。

在整个地中海都能看到这种恩庇关系。来自潘菲利亚的阿塔莱亚的大祭司和赛会主管马尔库斯·森普洛尼乌斯·阿尔巴努斯（M. Sempronius Albanus）担任过日耳曼尼亚奥古斯都侧翼骑兵队的长官。他与威名赫赫的塞克斯图斯·昆克提里乌斯·瓦雷利乌斯·马克西姆斯（Sex. Quinctilius Valerius Maximus）有交情，在阿塔莱亚为这位元老立的雕像底座上称其为他的朋友。③ 这种恩庇关系的机制仍然不

---

① CIL VI 1410: *L(ucio) Fabio M(arci) fil(io) | Galer(ia tribu) Septimino | Ciloni praef(ecto) urb(i) | c(larissimo) v(iro) co(n)s(uli) II | M(arcus) Vibius Maternus | Ilurensis a militiis | candidatus eius*.
② Alföldy 2000:4694. 在行省总督的帮助下升到更高级别的百人队长、十人队长和优待兵等军官通常会使用"候选人"（*candidatus*）这个词（Haesch 1998:286-8）。这里用这个词可能表示马特尔努斯是从这类职务上获得骑士军官委任的。它有时也被用来表示平民语境下的恩庇关系，比如 *AE* 1917/18, 85; *CIL* VIII 25382。
③ *SEG* 6,650.

明，但合理的推测暗示了几种可能。塔西佗抱怨"年轻人通过兵役走向堕落的诸般行径"(*more iuvenum qui militiam in lasciviam vertunt*)的话广为人知。[1] 这一抱怨旨在反衬他的岳父格奈乌斯·尤利乌斯·阿格里古拉（Cn. Iulius Agricola）的正直行为，后者在其军旅生涯中自然不会如此轻浮。但很有可能有一些军官是通过有地位的酒友和赌桌上建立的友谊赢得晋升的。我们永远不知道铭文中向战友和同伴所称的"友谊"背后隐藏着什么荒唐之事。德费弗尔根据他收集的这类关系的证据非常严肃地提到这些军官对文学的共同热爱。[2] 这无疑是真的，但即便是一本正经的小普林尼也在他的推荐信中表示，他与沃克尼乌斯·罗曼努斯共享过"欢快的时光"(*iocos*)。[3] 维吉尔的《埃涅阿斯纪》(*Aeneid*) 与尽情地来上一杯穆尔苏姆甜酒并不矛盾，可能还是助力。

还有另一些确保获得提拔的因素，我们可以更加肯定地记录它们，比如军事才能。虽然对第一次担任军官通常并不要求有从军经验，就像普林尼为罗曼努斯所写的信所显示的，但一旦有了机会证明自己，经验就变得更加重要。骑士军官的荣誉和墓葬纪念碑常常会记录他们因为勇气乃至对美德具体的英勇展示而获得的奖赏。盖乌斯·尤利乌斯·科林提亚努斯（C. Iulius Corinthianus）是不列颠第一大队的军政官，在卢基乌斯·维鲁斯的帕提亚战争中统领过达契亚军的骑兵队。他位于达契亚阿普鲁姆（Apulum）的墓碑上写道："最神圣的皇帝们因其勇武而授予其首登城墙的壁形金冠（mural crown）、无尖

---

[1] Tac. *Agr.* 5. 1. 当然，阿格里古拉是元老军政官，但该原则普遍适用于所有的军政官。
[2] Devijver 1999：263 – 4.
[3] Pliny the Younger, *Ep.* 2. 13. 5.

长矛以及饰有银色的军旗。"① 在最高层次的军事勇武方面，很少有军官能超越马尔库斯·瓦雷利乌斯·马克西米亚努斯的成就，此人是阿尔瓦人第一侧翼骑兵队的长官，在战斗中杀死了敌方纳里斯塔（Naristae）的首领。② 在替更有经验的骑兵军官写信时，普林尼无疑会提到军事才能，作为一种资格。我们可以从他写给图拉真皇帝的一封信中看到这点，信中请求授予他在叙利亚时的同袍、一位首席百人队长之子某个职务（很可能是军政官）：

> 出于这些原因，我与他亲如一家，特别是他的儿子宁菲狄乌斯·卢普斯，这是个正直勤劳的年轻人，可谓虎父无犬子。他将配得上你的垂青，事实上，你可以从他最初的受雇中看到这一点，因为作为大队长官他得到了元老尤利乌斯·菲洛克斯和福斯库斯·萨里纳托尔的令人满意的证言。陛下，你任用他的儿子会让我高兴和感恩。③

关于菲洛克斯和萨里纳托尔的报告很可能被送到了罗马，被司信官保留，供未来参考。④ 虽然这样一个管理帝国档案的官职的存在一直受到怀疑，但普林尼本人相当程式化地向图拉真推荐自己的属下暗

---

① CIL III 1193 = ILS 2746: *cui | ob virtute sua sacra | tissimi imper(atores) coro | nam muralem hastam | puram et vex[il]lum argent(o) | insignem dederunt.*
② *AE* 1956，124.
③ Pliny the Younger, *Ep.* 10. 87. 3: *quibus ex causis necessitudines eius inter meas numero, filium in primis, Nymphidium Lupum, iuvenem probum industrium et egregio patre dignissimum, suffecturum indulgentiae tuae, sicut primis eius experimentis cognoscere potes, cum praefectus cohortis plenissimum testimonium meruerit Iuli Ferocis et Fusci Salinatoris clarissimorum virorum. meum gaudium, domine, meamque gratulationem filii honore cumulabis.*
④ E. Birley 1949:13; A. R. Birley 2003:5.

示,行政机构的确保留了这类档案,或者至少总督在任期结束时确实为他们写了"致相关人员"式样的信。① 普林尼的书信总体的言下之意是清楚的——骑士军官在军阶中的后续任命取决于他在第一个职务任内的表现以及他培养的人脉。

寻求第一次委任的军官和更有经验的指挥官的差别也体现在其他书面材料中,就像斯塔提乌斯的两首关于骑士军官的诗歌所显示的。《诗草集》5.2提到了年轻的克里斯皮努斯,他即将开始履行自己的第一个职务,担任军政官。诗人描绘了使他适合这一职务的性格、教育和成长,而不是任何军事能力。相比之下,《诗草集》3.2描绘了刚刚被任命为军团长的马尔库斯·麦基乌斯·刻勒尔(M. Maecius Celer):由于他已经在军职任上证明了自己的能力,诗人罗列了他的军事成就。② 马尔库斯·科尔内利乌斯·弗隆托写给朋友、公元160年的下日耳曼尼亚总督提比略·克劳狄乌斯·尤利亚努斯(Ti. Claudius Iulianus)的信中同样提到了军事技能。弗隆托是在为另一位骑士伙伴盖乌斯·卡尔维西乌斯·斯塔提亚努斯(C. Calvisius Statianus)的儿子盖乌斯·卡尔维西乌斯·福斯提尼亚努斯(C. Calvisius Faustinianus)求职:

> 相信我,他是多么博学——关于他的军事技能,他效力过的任何人都证实了这一点,但只有当他向你证明之后,他才会想要收获自己学习和努力的果实。用军事任务中考验他,用司法听证会考查他,用文学考查他——简而言之,在一切需要良好判断力和才能的大事小事上考验他:你会发现他在任何时间、任何地点

---

① 见 Pliny the Younger, *Ep.* 10.85, 86A。参见 Saller 1982:106-7,他对此更为怀疑。
② B. Gibson 2006:175-8。

都表现如一。①

福斯提尼亚努斯已经担任过下潘诺尼亚的"弗拉维乌斯"第四军团的军政官,这意味着弗隆托很可能求的是更高的侧翼骑兵长官职务。② 相比那些推荐级别较低的骑士担任军政官的书信,弗隆托的信中所包含的总体情绪几乎没有差别;最重要的补充是,候选人的军事才能现在有经历为证。特别有意思的是,福斯提尼亚努斯的父亲斯塔提亚努斯没有为儿子写信,而是找到弗隆托代笔,尽管斯塔提亚努斯是个地位很高的骑士,第二年将要担任司信官。③ 很可能斯塔提亚努斯不认识尤利亚努斯,但他跟弗隆托是至交,两人经常通信,而后者的信中流露出对那位总督的真切欣赏。④ 这表明恩庇关系不是一种机械的操作,而是取决于私人和政治友谊上的真正人脉。⑤ 此外,就像这些书信和诗歌所显示的,军事经验并非无关紧要,而是更高等级军官职务的更广泛条件的一部分。

推荐适合骑士军阶的合适候选人是一种社会绩效行为。这些书信的一致性和相当程式化显示了这种社会交易本身的内在价值,能够让

---

① Fronto. *Ad Amicos* 1.5.2（vdH² p.175）: *quam doctus sit, mihi crede; quam rei militaris peritus, praedicant omnes sub quibus meruit. sed tum demum doctrinae industriaeque suae fructum sese percepisse putabit, ubi se tibi probarit. fac periculum in militiae muneribus, fac periculum in consiliis iudicaris, fac periculum in litteris, omni denique prudentiae et facilitatis usu vel serio vel remisso: semper et ubique eum parem sui invenies.*
② 军政官：*CIL* III 3631-2；侧翼骑兵长官：Pflaum 1961:981（no.177 add.）; A. R. Birley 2003:5。
③ Saller 1982:139. 关于他的生涯,见 Pflaum 1960:406-8（no.166）。
④ 关于他们的关系,见 Fronto. *Ad Amicos* 1.19, 1.20（vdH2 p.182）; Champlin 1980: 34-6。
⑤ Saller 1982:133-9. 参见 Devijver 1999:263-4,虽然将自己的观点同萨勒尔的对立起来,但事实上他的看法似乎并没有那么不同。

第六章 履历与人生（I）：军官

推荐者和被推荐人都获得荣耀和殊誉。① 我们可以从普林尼写给他的朋友、后来的皇帝传记作者盖乌斯·苏维托尼乌斯·特兰基鲁斯的信中看到罗马贵族社会的这个方面。他为苏维托尼乌斯谋得了在不列颠的军政官职务，但后者希望将其转授给自己的亲戚凯西尼乌斯·西尔瓦努斯（Caesennius Silvanus）。② 普林尼对这一交易的解读非常精彩：

> 我甚至认为，既然给予和接受恩赏同样荣耀，那么如果你把你赢得的东西让给别人，你会同时得到两方的赞美。此外，我意识到这也会提高我的声誉，如果，因为你的此举，我的朋友们不仅可以当上军政官，甚至还能授予别人。③

普林尼的修辞让苏维托尼乌斯把军政官职务转给凯西尼乌斯·西尔瓦努斯的决定显得像是最好的结果。苏维托尼乌斯显出了对自己家族成员的慷慨大度，普林尼则显出了影响和人脉。苏维托尼乌斯的父亲苏维托尼乌斯·拉埃图斯（Suetonius Laetus）担任过骑士军官，但这里没有任何迹象表明他让家族血统蒙羞。④ 相反，普林尼称赞他的朋友表现出了"孝"（*pietas*），或者说对家庭的责任，这高过任何职位。⑤ 因此，这个军政官职务不仅是军职，而且成了社会货币以及个

---

① Saller 1982:75–6; Lendon 1997:185–6.
② 背景见 Sherwin-White 1966:229–30。
③ Pliny the Younger, *Ep.* 3.8.3: *video etiam, cum sit egregium et mereri beneficia et dare, utramque te laudem simul assecuturum, si quod ipse meruisti alii tribuas. praeterea intellego mihi quoque gloriae fore, si ex hoc tuo facto non fuerit ignotum amicos meos non gerere tantum tribunatus posse verum etiam dare.*
④ Suet. *Otho* 10.1.
⑤ Pliny the Younger, *Ep.* 3.8.2.

人荣耀或殊誉的标志，就像罗马世界的其他任何职务一样。① 通过发表自己的书信，包括为他提携的人做的许多推荐，普林尼在所有人面前展示了自己的影响力，从而提高了个人名望。② 马克罗比乌斯讲述的关于奥古斯都皇帝的一则轶事，证明了军队指挥官职务固有的荣耀。当一位骑兵长官被免职时，他问奥古斯都能否继续发薪，让他不致丢脸。军官随后希望人们以为他是辞职的，奥古斯都允许他继续拿薪水。③ 让人有些意外的是，元首同意了。虽然这个故事很可能是虚构的，但它还是反映了社会进程的运作。军队指挥官职务代表了荣耀、地位和皇帝的青睐——被强行免职将被剥夺与之相伴的无形奖赏。

授予或保有骑士军职这件事的内在价值，意味着有人觉得寻求一个只需要服少许（或不需要）兵役的职务很有吸引力。普林尼致信总督昆图斯·索西乌斯·塞内基奥（Q. Sosius Senecio），为朋友盖乌斯·卡尔维西乌斯·鲁弗斯（C. Calvisius Rufus）的外甥瓦里西迪乌斯·奈波斯（Varisidius Nepos）求职，但明确表示他不想长期任职：④

> 我请求你授予此人六月期军政官以提高其声望，既是为了他，也是为了他的舅舅。此举将让我们的朋友卡尔维西乌斯欠下你的情，还有奈波斯，他同样欠你的情，正如你认为我也欠你的情一样。⑤

---

① 关于这个的具体例子，见 Matthews 2010:105，更一般的情况，见 Lendon 1997: 181-5; Griffin 2013:64。
② Rees 2007:156.
③ Macrob. *Sat.* 2.4.5.
④ 塞内基奥很可能是上摩西亚或下摩西亚的总督（Syme 1964:755-6）。
⑤ Pliny the Younger, *Ep.* 4.4.2: *hunc rogo semestri tribunatu splendidiorem et sibi et avunculo suo facias. obligabis Calvisium nostrum, obligabis ipsum, non minus idoneum debitorem, quam nos putas.*

因此，六月期军政官（tribunus semestris）不仅仅是军队指挥官职务：它是一种社会货币，把普林尼、塞内基奥、卡尔维西乌斯和奈波斯拴在一个对彼此有义务的关系网中。对这个职务的性质有一些争议，但似乎最好从字面意义上理解它，即任期只有六个月的军政官，而不是通常的数年。① 尤维纳利斯轻蔑的评语证实了它的有限任期，并描绘了哑剧演员帕里斯对图密善皇帝的影响："他向军中的许多人授予官职，在六个月里就让诗人的手指戴上了金指环。"② 尤维纳利斯相当尖刻的态度暗示，六月期军政官的职务没有得到普遍的认可，没被视作获得声望的捷径。③ 这很可能是授予诗人马提亚尔的那种军政官职务，他骄傲地将其描述成自己骑士身份的标志，与坐在剧场中前十四排的特权并列。④ 也可能马提亚尔得到的是某种荣誉军政官职务，完全不需要服役。⑤ 或许并不让人意外，这种荣誉职务是克劳狄乌斯的发明，他可能同情那些和他一样渴望军事荣耀，但在这方面明显缺乏任何天赋的出身良好的年轻人。按照苏维托尼乌斯的说法，这位皇帝"设立了各种职务和一种徒有虚名的军职，被称为'编外人'，它是名义上的，不赴任也能履职"。⑥ 这种徒有虚名的职务让皇帝可以将指挥官的荣誉授予个人，又不必等骑士军阶中有空缺。

---

① *OLD* s. v. *semestris* 1b（另见 *semenstris* 和 *sexmenstris*）。关于碑铭例证，见 CIL III 130, IX 4885 – 6, XIII 1850。
② Juv. *Sat.* 7. 88 – 9: *ille et militiae multis largitur honorem,* | *semestri vatum digitos circumligat auro.*
③ Dobson 1972:201 n. 37.
④ Mart. *Ep.* 3. 95. 9 – 10.
⑤ Allen et al. 1970:345 – 6; Demougin 1988:197 – 8.
⑥ Suet. *Claud.* 25. 1: *stipendiaque instituit et imaginariae militiae genus, quod vocatur supra numerum, quo absentes et titulo tenus fungerentur.* 关于对这段拉丁文的解读，见 Hurley 2001:171 – 2。

军队生涯和自我展现：地方机制

就像伯利所证明的，骑士军阶中的绝大部分军官都是三十多岁的市镇贵族，常常只担任一两个职务，然后回到家乡城市。这些人本可以在家乡不受打扰地度过一生，他们为什么决定寻求军职任命呢？为了重构关于骑士兵役的不同看法，我们需要转向考古和碑铭证据，特别是为颂扬自己的人生及成就而立的荣誉和墓葬纪念碑。在罗马之外的意大利和行省城镇中随处可以找到骑士军官的公共纪念碑。这些地方通常是军官的家乡，或者选他们为庇主的城市。常在罗马城中被公开纪念的骑士唯有近卫军长官：任何没有晋升到骑士军阶之上的军官都不会被允许在神圣之城中立像。[1] 在家乡（或被接纳的）城市，骑士可以获得在广场、会堂或剧场等显眼地点竖立公共雕像的荣誉。不幸的是，这些雕像本身大多已经不复存在或者脱离了原来的环境，无法认定骑士是以平民服装还是军装示人。留下来的通常是雕像底座，上面的铭文用履历形式记录了他们在市镇和帝国层面上的官职与成就。不过，这些铭文的形式和内容可以提供关于在骑士军阶中任职方式的宝贵信息。墓葬中保存了更多的图像证据，或是描绘已故军官的浮雕，或是军官和文官职务的象征。如果与铭文中对逝者人生的描绘结合起来，这些纪念碑能帮助我们解读被致敬者或其后人希望他们被铭记的方式。[2]

这些荣誉和墓葬纪念碑自然不是对骑士不加修饰或无保留的展

---

[1] Alföldy 2001:35-8; Eck 2006b:492-3.
[2] 关于铭文与纪念碑的互动，见 Eck 1995, 2009b。Keppie 2003:41 对士兵的墓葬纪念的思考同样适用于骑士军官：遗嘱中有时会规定纪念碑的形制，有时则留给继承人决定。

现。它们是被有意风格化的纪念碑,旨在尽可能美好地描绘被致敬者和他们的成就,就像普林尼的《书信集》旨在用特别的方式表现自己和朋友们的生活。这些纪念碑的优点在于,它们让我们可以解读更广泛的骑士军官的生活,而非囿于书面材料所得。当然,根据文化、社会背景以及个人选择等因素,纪念骑士军官有各种各样的方式。① 但总而言之,这些纪念碑表明,在骑士军阶中任职——即便只担任过一个职务——促成了一种观念,即骑士是国家和皇帝的好仆人。

被委任骑士军阶中的职务让骑士有机会分享伴随着成为军官而来的身份和威望。我们已经考察过在共和时代和奥古斯都时期,在意大利树立这种纪念碑如何展现了军事勇武对骑士等级成员的公共展示的重要性。② 服役可以通过身着军装的骑士形象来强调,这一切通常只有在墓葬环境中才能留存下来,大部分公共荣誉雕像要么已不复存在,要么已离开了原先的底座。③ 这些纪念碑上的其他军事图像包括对骑士的小圆盾和投矛或军功纪念(*dona militaria*),还有三角形短剑(*parazonium*)和军旗(*vexillum*)的描绘。④ 这种短剑特别重要,因为它是勇武的人格化特征之一。⑤ 这些图案会被加到陵墓外的饰带上,就像在摩德纳附近一位无名骑士的环形墓上所看到的。⑥ 这些特征有时也出现在荣誉雕像的底座上,小圆盾和投矛被作为表示骑士身

---

① Spalthoff 2010:152-3.
② 见本书第三和第五章。
③ Devijver 1989a:425-39;Devijver and Van Wonterghem 1990:61-74. 留存至今的一个罕见例子是我们在第五章中讨论过的庞贝的马尔库斯·霍尔柯尼乌斯·鲁弗斯像。
④ Devijver and Van Wonterghem 1990:94-7 和 Spalthoff 2010:63-109 详细分析了不同的类别。
⑤ Noreña 2011:82.
⑥ Devijver and Van Wonterghem 1990:88. 现藏于摩德纳博物馆,来自奥古斯都时期的一件军事图案的浮雕残片上描绘了短剑、胸牌、圆盾和投矛,可能是该纪念碑的一部分(Spalthoff 2010:190-1 [no. 77])。

份的装饰图案。① 纪念物中融入军人饰物的一个精彩例子是昆图斯·苏尔皮基乌斯·刻尔苏斯（Q. Sulpicius Celsus）的墓葬祭坛，此人在弗拉维乌斯时期担任过"卢济塔尼亚人"第七大队（cohors VII Lusitanorum）的长官（图 6.2a-b）。这座纪念碑发现于罗马城南的劳伦图姆大道（Via Laurentina）旁，上面引人注目地描绘了他的军人行头，包括项圈、带装饰的军旗以及首登城墙的壁形金冠。② 看到这座纪念碑时，没有人会怀疑刻尔苏斯是位出色的骑士军官。

图 6.2a-b 昆图斯·苏尔皮基乌斯·刻尔苏斯，罗马城外（两张图）

在骑士军阶中任职常常被作为同时为自己家乡和整个罗马国家效劳的骑士人生的一部分来纪念。我们关于这种现象的第一个例子是来自纳尔波高卢的内毛苏斯（Nemausus）的塞克斯图斯·阿德根尼乌

---

① 比如萨莫奈的波维亚努姆的昆图斯·阿伦提乌斯·尤斯图斯（Q. Arruntius Iustus）雕像的底座（CIL IX 2565 = ILS 5017）。由于底座残缺不全，记录他的帝国职务的列表戛然而止，因此我们不知道他是否真在军阶中任职。
② CIL VI 32934；Spalthoff 2010：207-8（no. 110）.

斯·马克里努斯（Sex. Adgennius Macrinus）的墓碑（图6.3）。[①] 马克里努斯是"胜利者"第六军团（legio VI Victrix）的军政官和工程

图6.3 塞克斯图斯·阿德根尼乌斯·马克里努斯的墓碑，内毛苏斯

① CIL XII 3175 + 3368; Devijver 1989a: 432–5.

兵长官，但铭文中还提到他在内毛苏斯担任过行政官和祭司。他的妻子李基尼娅·弗拉维拉（Licinia Flavilla）是皇帝女祭司（*flaminica Augusta*），同样地位显赫。他们的孩子为他俩立碑纪念，让马克里努斯以军政官形象示人，穿着饰有美杜莎头像的胸甲和军人斗篷。不过，图像中也没有忽略他在内毛苏斯的文官职务，中间人物的两侧是代表他职务的束棒。这显示了军事勇武是如何给人留下马克里努斯同时为罗马国家和当地城市服务的总体印象的。

军事图像也不必像阿德根尼乌斯·马克里努斯的墓碑上的那么突出。来自萨伊皮努姆（Saepinum）的盖乌斯·恩尼乌斯·马尔苏斯（C. Ennius Marsus）的圆形陵墓是另一种风格的纪念碑的典范，但传递的总体信息相同。① 铭文中既提到了马尔苏斯为罗马国家取得的军事成就，也提到了他在萨伊皮努姆担任过的文官职务：

> 献给盖乌斯·恩尼乌斯·马尔苏斯，盖乌斯之子，沃尔提努斯部落，城市庇主，军政官，工程兵长官，五年期双行政官，四次担任双执法官，两次担任执法长官，四人行政官，三次担任财务官。②

铭文将马尔苏斯担任过的大量地方职务（无疑占据了他成人生活的大部分时间）同他担任过的骑士军阶中的一个军职无缝整合在一起。墓

---

① 在帝国早期，圆形墓是整个意大利半岛的市镇精英流行的墓葬形制。Devijner 1989a：420 表示，离开过家乡的骑士军官可能会立这种纪念碑，但他本人收集的证据暗示，它们受到意大利市镇精英的普遍欢迎，无论他们是否服过兵役。见 Devijver and Van Wonterghem 1990：86 n. 146。
② *AE* 1930, 121: *C(aio) Ennio C(ai) f(ilio) Vol(tinia tribu) Marso | patrono municipi trib(uno) mil(itum) | praef(ecto) fabrum IIvir(o) quinq(uennali) IIvir(o) i(ure) d (icundo) IIII | praef(ecto) i(ure) d(icundo) bis IIIIvir(o) q(uaestori) III*.

碑上的图像没有出现对他军职的任何描述，但的确出现了象牙座椅（sella curulis），代表他担任过萨伊皮努姆的行政官。① 这构成了对马尔苏斯的全面印象——他不是任何意义上的职业军官，但在军中效力仍是他生命的一部分。这些纪念碑是文武兼顾地效劳的理念的公开表现。②

就像我们已经看到的，获得骑士军阶中的委任并非易事。出于这个原因，行省城镇会珍视担任军官的本地公民的成就并热情地予以纪念。比如，在上日耳曼尼亚的阿文提库姆（Aventicum），人们在广场上为盖乌斯·尤利乌斯·卡米卢斯（C. Iulius Camillus）立了两座公共雕像，一座由市议会出资，另一座由他女儿出资。③ 两座雕像的底座上对他人生的叙述是一致的：

> 献给盖乌斯·尤利乌斯·卡米卢斯，盖乌斯之子，法比乌斯部落，皇帝祭司，行政官，"马其顿"第四军团军政官，被提比略·克劳狄乌斯·恺撒·奥古斯都·日耳曼尼库斯征召到不列颠作战，授予无尖投矛和金冠，赫尔维提乌斯人的虔诚坚贞的弗拉维乌斯老兵殖民市根据市议会决议奉献。④

卡米卢斯来自显赫的赫尔维提乌斯家族，该家族在公元前1世纪

---

① T. Schäfer 2003:265-6.
② Devijver and Van Wonterghem 1990:97-8.
③ CIL XIII 5093-4；PME I 38.
④ CIL XIII 5093 = ILS 2697：[C(aio)] Iul(io) C(ai) f(ilio) Fab(ia tribu) Camillo|[s]ac(erdoti) Aug(usti) mag(istro) trib(uno) mil(itum)|[l] eg(ionis) IIII Maced(onicae) hast(a) pura|[e]t corona aurea donat[o]|[a] Ti(berio) Claudio Caesare Aug(usto)|Ger(manico) cum ab eo evocatus|[i]n Britannia militasset|[c]ol(onia) pia Flavia constans|Emerita Helvetior(um)|ex d(ecreto) d(ecurionum).

318

末获得了罗马公民权。① 他的女儿尤利娅·菲斯提拉（Iulia Festilla）是阿文提库姆城的第一任皇帝女祭司。② 卡米卢斯唯一的骑士军职是被任命为驻莫贡提亚库姆的"马其顿"第四军团的军政官。卡米卢斯在不列颠的成功事迹在铭文中位置突出，事实上他在该地区肯定是个新事物：在尤利乌斯-克劳狄乌斯王朝，只有五位来自日耳曼行省的骑士军官有据可查，这个数字在随后的几个世纪中也没有增加。③ 对卡米卢斯及其家族和阿文提库姆的人民来说，他随克劳狄乌斯在不列颠作战的军中经历是值得强调的成就，原因无疑在于那是帝国的荣誉。

在该撒利亚毛里塔尼亚行省的该撒利亚，人们对当地一位居民的诸多成就也同样自豪，令他们得意的是该行省第一位为人所知的骑士军官提比略·克劳狄乌斯·赫尔维乌斯·塞孔都斯（Ti. Claudius Helvius Secundus）。④ 塞孔都斯最初被任命为工程兵长官，然后被涅尔瓦选入陪审员团，接着罕见地历任骑士军阶中的五个职务。这意味着在军中很长时间，很可能总计持续了 15 到 20 年。事实上，在该撒利亚为他立的雕像底座上的铭文显示，塞孔都斯在缺席的情况下被票选为所有的市镇行政官。⑤ 这些纪念碑只是很小的样本，但它们反映了一位骑士的生涯铭文记录是如何把他的军事和文官职务结合成关于他人生的整体描述，并表现出他是他的城市、罗马国家和皇帝所看重的公民。来自日耳曼和北非的例子证明，随着骑士等级的成员囊括了

---

① Syme 1977：133, 136 - 7；Lamoine 2003：201 - 3.
② *CIL* XIII 5064 = *ILS* 7010；Hemelrijk 2005：157.
③ Devijver 1989d：112.
④ *PME* C 143；Devijver 1991a：155.
⑤ *AE* 1925, 44. 关于公元 1 世纪时，军阶中很少有北非人，见 Jarrett 1963：211 - 12 and Devijver 1991a。

第六章　履历与人生（I）：军官

帝国各地的精英，这种以担任军职为罗马国家效力的风气扩大到了意大利之外和整个西部行省。

东部行省的情况略微复杂一点。我们需要区分哪些军官是罗马殖民者或这些殖民者的后代，哪些军官是希腊本地人。[①] 最初，很少有希腊本地人进入骑士军阶的证据，但后来逐渐变多，特别是在公元2世纪和3世纪。[②] 来自罗马殖民市的证据显示，罗马军官会以类似于西部的方式获得致敬，就像我们预料的那样。盖乌斯·卡利斯塔尼乌斯·弗隆托·凯西亚努斯·尤鲁斯（C. Caristanius Fronto Caesianus Iullus）是军队长官和皮西迪亚的安条克殖民市的行政官，当地市议会决定竖立公共雕像来纪念他。[③] 铭文中列举他的官职时使用的是拉丁语，形式和内容上与在意大利发现的同时期铭文没有多少区别。至于希腊本土，提比略·克劳狄乌斯·蒂尼普斯（Ti Claudius Dinippus）是科林斯的罗马殖民市第一位获得军阶职务的公民。记录中没有确切指出他来自哪里，但斯波弗斯（Spawforth）令人信服地提出，他是已经在东部生存了几代的意大利商人的后代。[④] 蒂尼普斯是"西班牙"第六军团的军政官，三次担任工程兵长官，还在科林斯担任过众多职务。在那里，他是双执法官、负责人口调查的五年期双人长官、庆祝克劳狄乌斯在不列颠胜利的崇拜祭司、饥荒时的粮食供应主管以及伊斯米亚的尼禄恺撒赛会主管。[⑤] 这份显赫的军事和文职履历被刻于科林斯各部落在一系列地点——比如广场、尤利乌斯会堂和南边的

---

① Demougin 1999:579-85.
② Devijver 1986a:200-2. 这一分析没有包含希腊和马其顿，关于它们，见 Devijver 1989d: 118。
③ *AE* 1913，235 = *ILS* 9502.
④ Spawforth 1996:173, 175, 177-8.
⑤ *Corinth* VIII. 2. 89（按照市议会决议竖立的雕像）。关于他的生涯，见 A. B. West 1931:71-4。

柱廊——竖立的大量雕像的底座上。① 在尼禄时代的科林斯，几乎不可能不注意到蒂尼普斯：在一个主要由商人家族后裔和释奴组成的殖民市精英中，他在当地和帝国的成就让他高居其他精英之上。② 他的一生大部分时间在科林斯和周边地区度过，但军职让他成为更全面的帝国公仆，实现了文武兼顾的理想。

大部分希腊本地的骑士军官来自亚细亚代执政官行省，从公元1世纪到3世纪都有相关记录，其中来自吕喀亚和潘菲利亚、叙利亚和埃及的人数在公元2世纪出现了上升。③ 对这些人来说，军阶体系中的委任可以作为受到皇帝垂青的标志，以示他们与皇帝及其行政人员的关系亲近。奥古斯都统治时期，本都国王波列蒙一世（Polemo I）的孙子、劳底西亚（Laodicea）的卢基乌斯·安东尼乌斯·芝诺（L. Antonius Zeno）在叙利亚的"闪电"第十二军团（*legio XII Fulminata*）服役。④ 在阿波罗尼亚萨尔巴克（Apollonia Salbake）为他立的一座雕像证明了他的地位：

> 献给伟大而卓越的卢基乌斯·安东尼乌斯·芝诺，波列蒙之子，"闪电"第十二军团的军政官，得到诸神的敬意，被最显赫的皇帝授权在帝国内穿着君主紫袍，皇帝恺撒·奥古斯都在亚细亚的大祭司。此碑由阿塔鲁斯和塔塔、赫尔墨根尼斯的孩子们根据阿塔鲁斯之子赫尔墨根尼斯的遗嘱所立，以示他对他们的

---

① *Corinth* VIII. 2. 86, 87, 88, 90, VIII. 3. 158, 159, 160, 161, 162, 163.
② 关于尤利乌斯-克劳狄乌斯王朝时期的科林斯官员的人口地理情况概述，见 Spawforth 1996: 167 - 75。
③ Devijver 1986a: 200 - 12；Bowie 2014: 44 - 5。
④ 关于认定其来自奥古斯都时期，见 Thonemann 2004: 144 - 5, 2011: 209 - 11。参见 *PME* A 147，它的出现早于索恩曼的论文，认为他生活在克劳狄乌斯或尼禄时期。

第六章　履历与人生（I）：军官

恩庇。①

就像索恩曼（Thonemann）指出的，穿皇帝紫袍的权力对当时的任何公民来说都是史无前例的殊荣。② 对于出身亚细亚背景的军政官，我们也可以有类似的看法，即作为最早担任这一职务的希腊人之一，芝诺是个例外。③ 军政官职务的价值不仅在于它是军队指挥，也在于它是受到皇帝青睐的标志。

希腊骑士军官可以像西部的战友一样承诺文武兼顾地为国效劳。比如，在迈安德河畔的马格尼西亚（Magnesia on the Maeander），军政官提比略·克劳狄乌斯·德摩克拉提斯（Ti. Claudius Democrates）竖立了一座尼禄皇帝的雕像。底座上的希腊文题献是这样的：

> 被任命为亚细亚大祭司的提图斯·克劳狄乌斯·德摩克拉提斯，德摩克拉提斯之子，奎里努斯部落，日耳曼尼库斯皇帝的终身祭司，第十二军团的军政官，以及提比略·克劳狄乌斯·泰蒙，提比略们［原文如此］之子，奎里努斯部落，他（尼禄）的终身祭司，由他们奉献。④

---

① SEG 37, 855: *Λούκιον Ἀντώνιον Μάρκου Ἀντω[νί]|ου Πολέμωνος υἱὸν Ζήνωνα μ[έ]|γαν ἀριστῆ, χιλιαρχήσαντα λεγ[ιῶ]|νος ιβ' Κεραυνοφόρου, τετειμ[η]|μένον ὑπὸ τοῦ θεῶν ἐνφαν[εσ]|τάτου Σεβαστοῦ βασιλικῇ διὰ τῆς | οἰκουμένης πορφυραφορίᾳ καὶ | ἀρχιερατεύσαντα Αὐτοκράτο | ρος Καίσαρος Σεβαστοῦ ἐν τῇ Ἀσίᾳ· |τὴν ἀνάστασιν ποιησαμέν[ων] | Ἀττάλου καὶ Τατας τῶν Ἑρμ [ο]|γένους τέκνων ἐκ διαθή|κης Ἑρμογένους Ἀττάλου πατρὸς ἰδίου διὰ τὰς ἀπ΄ αὐ|τοῦ εἰς ἑαυτοὺς εὐεργεσία[ς]*.
② Thonemann 2011: 211.
③ 我们在第三章中提到过，第一位担任军政官的希腊人是科尔内利乌斯·梅诺多洛斯。
④ *I.Magn.* 157b: *Τιβέριος Κλαύδιος Δη|μοκράτου υἱὸς Κυρίνᾳ |Δημοκράτης ὁ ἱερεὺς | διὰ βίου τοῦ Σεβαστοῦ | Γερμανικοῦ καὶ χιλίαρ|χος λεγιῶνος ιβ' |καὶ Τιβέριος Κλαύδιος | Τιβερίων υἱὸς Κυρίνα Τείμων ὁ ἱερεὺς αὐτοῦ διὰ | βίου οἱ ἀποδεδειγμένοι | τῆς Ἀσίας ἀρχιερεῖς | καθιέρωσαν.*

德摩克拉提斯很可能被克劳狄乌斯皇帝授予了罗马公民权。① 他的一生大部分时间在家乡行省度过，担任马格尼西亚的日耳曼尼库斯祭司和亚细亚的大祭司。德摩克拉提斯只担任过骑士军阶中的一个职务，他因此去了叙利亚，然后回到马格尼西亚。② 不过，这段短暂的军官任期已经足以证明除了服务地方和行省，他也效力于皇帝和帝国当局。这表明，一些希腊本地人也像西部行省的家乡贵族一样担任骑士军职。

相比意大利和西部，在希腊东方很少看到带有重要的军事图像的骑士纪念碑，包括罗马军官或殖民者后裔、希腊本地人的。卢基乌斯·庞培乌斯·马尔克里努斯（L. Pompeius Marcellinus）的墓碑就属于前者，他是一位来自罗马的骑士军官，公元 2 世纪时葬在以弗所（图 6.4）。他的墓碑上描绘着他担任"利古里亚"第一大队（cohors I Ligurica）军政官时骑马的样子。③ 这座纪念碑的风格与该地区的其他纪念碑截然不同，可能是因为马尔克里努斯是意大利人，被母亲和姐姐安葬时年仅 23 岁。因此，马尔克里努斯作为骑士军官担任的大队指挥官一职是他短暂人生中最重要的公职。

用华丽的军事图像来纪念希腊本地人的例子来自色雷斯佩林托斯的提图斯·弗拉维乌斯·明卡洛斯（T. Flavius Mikkalus）。④ 明卡洛斯的墓由他的妻子克劳迪娅·马克（Claudia Mak［—］）建造，以其身着骑士骑兵军官全套制服的骑马像示人（图 6.5）。图像很可能展现的是他从军政官被提拔为侧翼骑兵长官的时刻。⑤ 在饰带中，他骑

---

① Demougin 1992a：391.
② 这个军团是驻扎在叙利亚的"闪电"第十二军团，铭文中没有给出全称。
③ CIL III 7131；Spalthoff 2010：198（no. 89）；PME P 60.
④ SEG 35,828；Merkelbach 1985；Devijver 1986b；Spalthoff 2010：114 - 16.
⑤ Devijver 1986b：254 - 6,1989a：435. 参见 Merkelbach 1985，他认为明卡洛斯是从百人队长被提拔起来的。

第六章 履历与人生（I）：军官

图6.4 卢基乌斯·庞培乌斯·马尔克里努斯的墓碑，以弗所

图6.5 提图斯·弗拉维乌斯·明卡洛斯的墓碑，佩林托斯

着马离开左侧的一群步兵军官，准备从右侧的两名士兵那里接过他作为新任骑兵指挥官的头盔。墓碑最上方残缺不全的拉丁语和希腊语铭文显示，军职是明卡洛斯一生最大的荣耀。他的一生大部分时间在佩林托斯度过，是当地赛会主管和皇帝崇拜的大祭司，他的妻子克劳迪娅是女大祭司。明卡洛斯很可能是他家族中第一个获得罗马公民权的，由弗拉维乌斯王朝的皇帝们授予。[1] 明卡洛斯的墓碑纪念了他服务家乡和罗马国家的经历，但重点放在了他的从军经历上，那是一个荣耀的时刻。不过，这种风格的墓葬元素非常特殊：大部分希腊人的墓或石棺是通过神话典故而不是罗马的军事形象来展现他们个人的卓越和德行。[2]

当我们考察公元后头三个世纪中骑士军官的墓葬和荣誉纪念碑时，显然该时期见证了骑士等级中一个特殊子群体的出现，他们的个人身份源自为罗马国家和皇帝本人服兵役。在第五章中，我们考察了

---

[1] Devijver 1986b: 254.
[2] Ewald 2004.

骑士等级如何作为一种帝国荣誉将行省的家乡贵族融入整个罗马帝国的框架内，同时又不削弱他们的地方长官职务、祭司身份和其他荣誉的内在威望。对骑士军阶中的军官同样如此，因为他们服完兵役后在家乡担任的其他任何职务仍然具有重要意义。事实上，由前军政官或长官担任行政官或赛会主管的荣耀只会增进罗马和地方城市的联系。帝国和地方的荣誉会相辅相成，因而这些纪念碑可以被视作家乡贵族为自己的家乡和罗马国家服务的证据。并非所有的罗马公民，甚至不是所有的骑士都能这样声称。因此，应该把这些军官视作整个等级中的精英。

美德与德行

在军阶体系中服役的希腊骑士的例子会让人觉得，在帝国的东半部分，接受军官委任成了被骑士认可和司空见惯的选择。但事实似乎不是这样。本地希腊军官明显是少数，无论是在他们的家乡城市，还是在整个帝国。[1] 比如，卢基乌斯·梅斯特里乌斯·普鲁塔科斯（L. Mestrius Plutarchus，通常称为普鲁塔克）宣扬一种观念，即希腊人应该通过在帝国行政体系中培养朋友和盟友来帮助自己的城邦。但在他的希腊朋友中，我们只知道一个人在军阶体系中担任过职务：格奈乌斯·科尔内利乌斯·普尔刻，"斯基泰"第四军团的军长官。[2] 亚该亚行省总共只有区区 13 名有据可查的骑士军官，其中来自公元 2 世纪中期后的只有 2 人。[3] 公元 100 年左右，在军职体系中只能找到一

---

[1] Bowie 2014. 参见 Devijver 1986a 和 Demougin 1999：585, 587 - 8，他们对希腊人加入骑士军阶的看法更加乐观。
[2] *IG* IV 795, 1600; Swain 1996：163 - 4; Bowie 2014：52, 61.
[3] Devijver 1989d: 118.

位雅典当地人——提比略·克劳狄乌斯·俄伊诺菲洛斯（Ti. Claudius Oenophilus），欧莫尔波斯家族（Eumolpid）的成员和厄琉西斯的圣师。记录中称他为"罗马人民的工程兵长官，'西班牙人'第二大队长官"（ἔπαρχον ἀρχιτεκτόνων δήμου Ῥωμαίων γενόμενον | ἔπαρχον σπείρης Ἱσπανῶν δευτέρας）。① 骑士军职在他担任的其他雅典和厄琉西斯的职务中显得与众不同。没有别的雅典骑士有他这般经历，这个事实意味深长。如果看一下来自亚细亚行省的数据（其中既包括意大利殖民者及其后代，也包括希腊本地人），没有迹象表明骑士军阶随着时间的推移成为更受欢迎的选择：公元1世纪有41位有据可查的军官，从图拉真到塞普提米乌斯·塞维鲁时代是36位。② 对比来看：现有证据显示，意大利在公元2世纪提供了207名骑士军官。在亚细亚行省，最重要的变化是公元2世纪后出现在军阶体系中的罗马殖民者变少了，3世纪的骑士军官大多来自希腊家族。③ 需要对此进行解释。

首先，我们需要考虑许多不同的地方议题，因为骑士军职的模式并不一致。比如，按照现有的证据，直到弗拉维乌斯时期才有来自亚历山大里亚特洛亚殖民市的军官出现。④ 在南卡利亚（Caria）的克拉莫斯（Ceramus）只有一位已知的军官，那就是公元2世纪中期的军政官普布利乌斯·埃利乌斯·忒米斯托克勒斯（P. Aelius Themistocles）。⑤ 我们不知道忒米斯托克勒斯究竟在哪里服役，因为铭文中并没有提到他的部队。他的一生似乎大部分在亚细亚行省度

---

① *IG* II² 3546（生涯），3548a（全名）。关于他的家族，见 Woloch 1969：508。
② Devijver 1989d：118。
③ Devijver 1986a：200。
④ Devijver 1986a：129. 事实上，在公元2世纪和3世纪，该殖民市没有关于骑士存在的证据（Kuhn 2010：132）。
⑤ *I. Keramos* 31；*PME* A 65。

第六章 履历与人生（I）：军官

过，在那里担任过皇帝崇拜祭司（Asiarch），我们还知道他在米利都和克拉莫斯铸造过钱币。[1] 忒米斯托克勒斯显然觉得作为罗马军官服役有吸引人的地方，但他无疑是克拉莫斯精英中的例外。他很可能通过与总督或罗马行政体系的其他成员的短暂来往获得了军政官职务。有时，定居小亚细亚的意大利人后裔更喜欢担任地方职务，而不是去竞争罗马的骑士军阶职务。比如，来自意大利的军政官卢基乌斯·马里乌斯·雷吉努斯（L. Malius Reginus）在米利都定居，成为那里的竞技训练主管和桂冠授予人（stephanephor）。[2] 他的儿子卢基乌斯·马里乌斯·萨图尔尼努斯（L. Malius Saturninus）没有从军，而是追随父亲做了桂冠授予人，他的孙女玛利亚·鲁菲娜（Malia Rufina）在迪迪玛（Didyma）的皮同阿耳忒密斯（Artemis Pythia）神庙担任奉水女祭司（hydrophor）。这个家族的成员是当地显赫的公民，但没有回到骑士军阶中。我们可以说，他们"本地化"了。[3]

在亚细亚的其他城市，往往只有一两个家族实现突破，能在骑士军阶中任职或者更进一步。赫拉克莱亚（Heraclea）就是这样，当地的斯塔提利乌斯家族（Statilii）是图拉真的医生提图斯·斯塔提利乌斯·克里托（T. Statilius Crito）的后人，整个公元2世纪的骑士军阶或代理官职位上都能找到该家族的成员。[4] 在帝国层面上，他们在当地的唯一对手是阿布尔尼乌斯家族（Aburnii），后者很可能来自意大利，在图拉真将赫拉克莱亚变成殖民市后定居于此。[5] 该家族的第一

---

[1] *RPC* IV Online nos. 1072, 1159, 2693, 2697, 2764, 11011（米利都），868 – 9, 3337（克拉莫斯）。
[2] *I. Didyma* 343；Demougin 1992a:608。
[3] Demougin 1999:582 – 3。
[4] Devijver 1986a:126；Demougin 1999:593 – 4. Thonemann 2011:218 – 27 对赫拉克莱亚的斯塔提利乌斯家族的历史做了精彩的说明，下面的分析基于他的描绘。
[5] Devijver 1986a:117, 114；Bowie 2014:50。

个成员卢基乌斯·阿布尔尼乌斯·图斯基亚努斯（L. Aburnius Tuscianus）是骑士，全心全意将从军作为终身承诺。他从工程兵长官起步，然后在军阶体系中担任过六个职务，在图拉真的帕提亚战争中获得嘉奖。[1] 他的儿子和孙子也担任过骑士军官，但后来这个家庭没了踪迹。[2] 这意味着赫拉克莱亚的骑士军官实际上是特殊情况的产物，源于宫廷医生与代理官提图斯·斯塔提利乌斯·克里托的关系，以及某个骑士军人团体的精英成员卢基乌斯·阿布尔尼乌斯·图斯基亚努斯恰好在那里定居。[3] 即便在赫拉克莱亚拥有人脉如此之广的潜在庇主，那里也没有其他骑士愿意或能够服役。[4]

可以将这种分析扩大到比提尼亚和本都（Bithynia and Pontus）行省，马德森（Madsen）指出那里的人对"成为罗马人"尤为热衷，依据的是担任帝国职务的行省人的记录。[5] 我们无疑可以从一些骑士家族身上感受到明显的自豪，他们与帝国有联系，因而成为骑士等级中那部分希望为罗马国家效力的精英。比如，公元3世纪初，马尔库斯·尤利乌斯·加维尼乌斯·塞孔都斯（M. Iulius Gavinius Secundus）的侄子在许皮乌斯河畔的普鲁西乌斯（Prusius ad Hypium）为他立了一座像。底座上的铭文记录了塞孔都斯担任过的大量当地职务，以及他的荣誉和捐助，包括他曾经是多位皇帝的祭司，两次担任城市的行政官，是奥林波斯宙斯赛会的主管。他还为浴场和广场的修缮捐资，并"多次陪同最伟大和最神圣的皇帝们进行神圣的远征"（παραπέμψαντα τοὺς μεγίστους | καὶ θειοτάτους Αὐτοκράτορας | καὶ τὰ ἱερὰ αὐτῶν στ-

---

[1] Robert 1954 no. 78 = *ILS* 9471；*PME* A 5.
[2] *PME* A 3 – 4.
[3] Bowie 2014：49 – 50.
[4] Thonemann 2011：226 指出，只有一位来自赫拉克莱亚的骑士代理官，名叫普布利乌斯·埃利乌斯·欧克里图斯（P. Aelius Eucritus, Robert 1954 no. 53）。
[5] Madsen 2009：59 – 81.

$ρατεύματα \mid πολλάκις$）。从塞孔都斯自夸是"一位两次担任军政官之人的父亲"（$πατέρα\ δὶς\ χειλιάρχου$）中也能看出与罗马国家沾上关系的这种渴望。[1] 但与此同时，塞孔都斯父子的例子不能成为典型：在该行省有据可查的骑士军官总共只有12人，塞孔都斯的后代是在军阶体系中服役的仅有的4个许皮乌斯河畔的普鲁西乌斯人之一。[2] 塞孔都斯本人看重军政官职务，视其为家族声望的标志，但这不能作为比提尼亚的骑士普遍服兵役的证据。相反，它显示了一个特别的希腊骑士子群体的出现和巩固，他们认为可以通过在罗马军中担任指挥官来赢得个人和家族的地位。

为什么更多的希腊人没有选择在骑士军阶体系中服役呢？诚然，这其中有一定程度的运气，因为候选人需要找对关系来确保获得委任，就像我们在本章之前所看到的。军职的竞争无疑是激烈的。但缺少骑士军官也可能与希腊语行省的文化和社会有关。就像鲍伊（Bowie）所指出的，罗马兵役在第二次智术师运动的希腊文学和文化中几乎没有扮演什么角色。[3] 该时期的作品强调其他形式的成就，特别是创作和发表辞藻华丽的作品的能力，这被认为是展现德行（arete），即个人卓越的方式。[4] 在智术师看来，德行建立在文化成就而非军事技能之上。[5] 在军阶体系中通常找不到爱好文学和智识型的人。唯一明确有据可查的修辞家骑士军官是亚细亚的皇帝崇拜祭司提比略·克劳狄乌斯·弗隆托尼亚努斯（Ti. Claudius Frontonianus），他

---

[1] IGR III 66 = I. Prusias 20. 这表示他的儿子担任过两任军政官，而不是他有两个在骑士军阶任职的儿子（Devijver 1986a:154）。
[2] Devijver 1986a:155–6；Bowie 2014:51.
[3] Bowie 2014:58–64.
[4] Bowie 1970.
[5] Asirvatham 2010:194.

来自以弗所。① 有时，骑士兵役无法在家族中延续，因为后代选择追求思想和文化。比如，提图斯·弗拉维乌斯·瓦卢斯·卡尔维西乌斯·赫尔墨克拉提斯（T. Flavius Varus Calvisius Hermocrates）是已知唯一来自亚细亚的弗喀亚（Phocaea）的骑士军官。他两次担任工程兵长官，然后又成为大队长官和军团的军政官。② 这是一段很长的罗马军旅生涯，但他的后人并不追求这种生活。其中有一位普布利乌斯·弗拉维乌斯·赫尔墨克拉提斯（P. Flavius Hermocrates）是亚细亚的大祭司，在铭文中被称为哲人。③ 不过，这个家族中最著名的成员是塞维鲁时期的智术师卢基乌斯·弗拉维乌斯·赫尔墨克拉提斯（L. Flavius Hermocrates），此人出现在菲洛斯特拉托斯（Philostratus）的《智术师传》（*Lives of the Sophists*）中。④ 赫尔墨克拉提斯不仅是军政官提图斯·弗拉维乌斯·赫尔墨克拉提斯的后人，也是奥古斯都那位穿紫袍的劳底西亚军政官卢基乌斯·安东尼乌斯·芝诺的后代，他的先人中有2世纪伟大的智术师马尔库斯·安东尼乌斯·波列蒙（M. Antonius Polemo）。⑤ 赫尔墨克拉提斯显然不认为像他祖先担任过的那些军职有什么价值——事实上，他曾向塞普提米乌斯·塞维鲁夸口说，皇帝能够给他的任何荣誉或职位他和他的家族都已经有了。⑥

帝国时代希腊文学中对骑士军阶的无视与同时代的拉丁语作品形成了鲜明反差。仅举一个例子，诗人斯塔提乌斯写过一首抒情颂诗来

---

① *IG* XII3 1119; *PME* C 142.
② *IGR* IV 1323 = *ILS* 8864; *PME* F 82.
③ *IGR* IV 1324, 1326; *AE* 1933, 276; C. P. Jones 2003: 127–30.
④ Phil. *VS* 608–611.
⑤ Phil. *VS* 609.
⑥ Phil. *VS* 611.

向普布利乌斯·（?）·维比乌斯·马克西姆斯［P. (?) Vibius Maximus］，在达尔马提亚定居的意大利家族的一位骑士致敬。① 颂诗赞美了马克西姆斯担任侧翼骑兵长官的军旅生涯，斯塔提乌斯在诗中想象他的主人公向自己的儿子讲述其在东方的光辉事迹。② 可以想见，智术师运动时期的希腊文学中不会包含类似的情感，因为它以一种相当自说自话的方式祝贺了希腊教化在罗马世界的持续成功。③ 也许，如果有人写过关于赫拉克莱亚的骑士斯塔提利乌斯的军功诗，或者有这样的诗存世，我们可能会有截然不同的证据，能够与金嘴狄翁（Dio Chrysostom）、埃利乌斯·阿里斯提德（Aelius Aristides）和菲洛斯特拉托斯的作品进行对比。但与此同时，他们的作品反映了潜在的骑士军官人选所生活的更广阔的文化世界。也许我们不应对军职体系中只有一位雅典本地人有据可查感到意外，因为在帝国时代，雅典是希腊文化复兴的中心。④ 需要强调的是，这些智术师和修辞家并不反对帝国行政当局：事实上，他们教育希腊世界的年轻人既要为自己的城邦，也要为罗马国家提供公共服务。许多智术师在帝国行政体系中身居秘书和顾问的高位，他们视这些职位为威望的标志。不过，智术师和思想家更喜欢以这种方式而非在罗马军中掌权来为帝国服务，因为前者让他们在一个新的舞台展示自己的文学和演说才能，那就是皇帝的宫廷。⑤

大部分来自东部行省的希腊精英并非毕生致力于写作、表演和教

---

① Stat. Silv. 4.7.13－20 提到了马克西姆斯的出生地，他可能就是在一份军队公文上作为证人出现的维比乌斯·马克西姆斯（CIL XVI 14 = ILS 1991; White 1973: 298）。此人并非那位同名的埃及长官（White 1973; Coleman 1988:195－6）。
② Stat. Silv. 4.7.45－8; Syme 1957b:481; Coleman 1988:195－6, 206－7.
③ Bowie 1970:17, 40; Whitmarsh 2005:13－15.
④ Bowie 1970:29－30.
⑤ 本书第七章将考察这点。

授修辞术的智术师。那么，为什么没有更多希腊人寻求骑士军阶委任的证据呢？就像鲍伊所指出的，答案必然是希腊竞技比赛和节日有着悠久而光荣的传统，已经给了年轻贵族展示德行的机会。[1] 西部和东部行省的贵族青年在社交和为未来生活进行训练的方式上肯定大有不同。[2] 在希腊世界，"德行"是在竞技场上展示的，而不是像在意大利和西部行省那样通过骑术和单挑。[3] 元首制初期，骑士和元老会在罗马的竞技场上通过打斗来展现自己的勇武，但他们通常并不参加竞技节日。[4] 这种文化差异让我们能够理解维比乌斯·萨鲁塔利斯决定将以弗所的青年团与骑士等级相提并论的新颖之处，在希腊世界的其他地方没有人正式把它们联系在一起。[5] 在罗马帝国时代，竞技比赛比以往任何时候都更受欢迎，至少部分原因是得到了皇帝本人的赞助。[6] 胜利的希腊运动员获得立像的荣誉，雕像把他们描绘成英雄裸体的形象，这是他们内在德行的外化和不朽的体现。[7] 这些雕像底座上的铭文非常详细地记录了令他们赢得嘉奖的胜利。[8] 比如，公元219年，在安库拉为昆图斯·尤利乌斯·狄俄尼修斯立了一座雕像，底座的铭文中罗列了他在希腊、小亚细亚和叙利亚参加的不下22场比赛，他在其中多次取胜。[9]

---

[1] Bowie 2014:62-4. 关于罗马世界的竞技和希腊精英身份，见 van Nijf 1999, 2001, 2004；König 2005 和 Newby 2005。
[2] 希腊竞技在西部罗马的确变得更流行（Newby 2005:41-4），但并未取代骑术、狩猎和单挑成为展现勇武的方式（见 Kleijwegt 1991:109-13, 1994）。
[3] Kleijwegt 1991:115；Kennell 2009:331-6.
[4] Newby 2005:273. 关于竞技场上的元老和骑士，见本书第九章。
[5] 关于对萨鲁塔利斯基金的讨论，见本书第五章。
[6] König 2005:28-30, 212-35；Newby 2005:27-37, 275-6.
[7] van Nijf 2004:215-21；König 2005:102-32；Newby 2005:253-5.
[8] van Nijf 2001:323-4.
[9] *I. Ankara* 146. 另见一位来自阿芙洛狄西亚斯的运动员的石棺，正面完全被胜利桂冠覆盖（Smith et al. 2006:305, Sarcophagus 3）。

第六章 履历与人生（I）：军官

年轻的希腊贵族在竞技训练场操练，就像许多代人一直做的，为战争做好准备，尽管现在他们通常不会上战场，而是去往运动场。① 这些希腊运动员有时的确会为罗马作战，但往往只是参加当地民兵，或者是当发生严重的紧急情况时，比如在马可·奥勒留统治时期，奥运会胜利者弥涅西布洛斯（Mnesiboulus）走上战场，在希腊的伊拉泰亚（Elateia）迎战入侵的科斯托波克人（Costobocs）。② 在少数被明确证实运动员是骑士身份的例子中，卢基乌斯·塞普提米乌斯·弗拉维亚努斯·弗拉维利亚努斯（L. Septimius Flavianus Flavillianus）没有加入骑士军阶，但他承担了文官职责，为塞维鲁·亚历山大的波斯战争安排征兵。③ 这种更愿意成为运动员而不是接受军阶委任的做法并不构成对罗马权威的否定——完全不会。全体运动员行会的总部设在罗马城。④ 此外，皇帝授权的颁发胜利桂冠的节日与皇帝崇拜密切相关，会向罗马统治者进行献祭，带着他们的画像游行。⑤ 慷慨资助这些活动的希腊精英既作为当地的捐助者，又作为城邦和皇帝的中间人出现。⑥ 因此，希腊和西部行省加入军阶的人数差异应该被理解为文化偏好所致，而不是对罗马国家及其皇帝给予的荣耀抱有敌意。

结论：雕像与书信

公元 2 世纪，骑士马尔库斯·加维乌斯·巴苏斯手下的下级军官在以弗所立像纪念他。雕像底座上使用希腊语和拉丁语，以履历形式

---

① König 2005:47 - 63; Newby 2005:168 - 201.
② Paus. 10.34.5; König 2005:55 - 6.
③ *AE* 2011, 1412; Milner 2011.
④ König 2005:221 - 4.
⑤ van Nijf 2001:318 - 21; König 2005:71.
⑥ van Nijf 2001:331 - 3.

记录了巴苏斯的官方职务。铭文中包括他在骑士军阶体系中服役，在罗马被选为陪审团成员，在达契亚战争中获得图拉真皇帝的军功嘉奖，以及被任命为本都和比提尼亚行省的"本都海岸长官"（*praefectus orae Ponticae maritimae*）。① 在这个碑铭和书面材料的时间幸运重合的例子中，巴苏斯再次出现在了小普林尼的书信里，在他担任本都海岸长官时，后者是本都和比提尼亚的总督。普林尼出于某种理由向图拉真皇帝写了封信推荐巴苏斯，他在信中形容其"品行方正、正直而勤奋"（*integrum probum industrium*）。② 这是相当程式化的公函，没有普林尼为他的朋友和庇护者写的某些推荐信中那样的热情，但属于人们希望看到的总督写给"相关人员"，为其下属谋求升迁的书信。在许多方面，以弗所的雕像底座铭文和普林尼的书信传递了同样的信息，即巴苏斯代表国家和皇帝忠实地履行了作为军官的职责。与其他无数骑士军官一样，服役让他展现了骑士等级成员被期待拥有的美德。不过，巴苏斯还在罗马法庭上担任过陪审员，正如铭文履历中所示，这意味着他还以文官角色担任公职。他一生致力于文武兼顾地为罗马国家服务。

像巴苏斯这样的骑士被期待和鼓励自愿追求军阶体系中的职务。作为在潘诺尼亚、不列颠或叙利亚服役三四年的回报，他们终身拥有罗马军官的身份和尊敬。这种服役风潮在整个意大利和西部行省传扬，因为他让家乡贵族有机会展示自己的美德。一些亚该亚和亚细亚的希腊本地人也接受了骑士军职，将其视作对自己在城邦的职务和荣誉的补充，尽管东部人大多更愿意用别的方式来展现他们的个人德行，或者寻求受皇帝垂青的其他象征。即便不考虑行省出身，在军阶

---

① *I. Eph.* 680.
② Pliny the Younger. *Ep.* 10. 86A.

中获得职务并不容易,取决于必要的空缺、提供支持的庇主和相当程度的好运。任职资格不仅首先要求拥有骑士身份,还要具备承担与职务相关的行政、后勤和外交职责所必需的教育、性格和个人品质。对以后的任命来说,军事天赋变得更加重要,因为到了那时,骑士将有机会展示这方面的才能。随着更高军阶上指挥官数量的减少,对更高级职务的竞争只会变得更激烈。

推荐信中所提到的个人品质与为国家服务的精神之间的联系表明,在许多方面,骑士的生活与那些担任军队指挥官的元老没有什么不同。凭借其作为罗马贵族上层成员的优越地位,元老担任了更高级的职务,如宽边袍军政官、军团长和控制多个军团的行省总督。但挑选、推荐和晋升的基本原则是相同的。在转向君主制罗马国家的过程中,元老个人获得军事荣誉的机会受到了限制,现在所有的功劳都被归于元首本人。他们被驯化为皇帝服务,他们精心制作的履历铭文既表达了他们个人的卓越和声望,也表现出他们对皇帝的服从。作为下级军官的骑士一直是罗马军事机器的一部分,但随着君主制回归罗马,他们的状况也发生了变化。骑士可以获得更多的军职,他们现在被组织成等级体系,即骑士军阶。这代表了几位皇帝,特别是奥古斯都、克劳狄乌斯和尼禄的尝试,他们试图让一个曾经杂乱无章的体系拥有秩序,用比仅仅拥有骑士身份更积极和深入的方式将行省的家乡贵族同国家联系在一起。因此,这些军官构成了整个骑士等级中的一个精英子群体。其结果是,新的帝国体系分别通过限制军中机会和提供新的机会驯服了元老与骑士。

意大利和行省的精英把骑士军阶视作一种新的身份和声望,无论他们是担任过一个还是四个军队指挥官。当他们回到家乡时,他们的从军经历常常会以纪念碑的形式被铭记。一些骑士军官在生前获得了立公共雕像的荣誉，另一些则是死后得到了令人赞叹的墓葬或陵墓。通过使用小圆盾、投矛和军旗等象征，图像选择强调他们的个人美德，以及对骑士等级的军事遗产的认同。这些图像常常被发现与市政职务的符号并列，后者有的被列在铭文中，有的以束棒或象牙座椅的图像展示。最重要的是，这些军官接受了履历风格的铭文，而它是被元老用来表示他们秉持文武兼顾地为国效力的精神的。此类纪念碑共同强调了他们对家乡和国家，特别是对皇帝本人的忠诚。

第七章 履历与人生（II）：行政官员

导言：马尔西亚努斯的委任

昆图斯·多米提乌斯·马尔西亚努斯（Q. Domitius Marsianus）是公元2世纪在罗马行政体系中谋求位置的众多来自北非的骑士之一。[①] 他担任过罗马的骑士陪审员，作为长官统率过部队，还组织了在贝尔加和下日耳曼尼亚的人口调查——简而言之，马尔西亚努斯接受了以文职和军职为国效力的贵族理想。[②] 虽然相比晋升到埃及长官或近卫军长官的骑士，他的官方成就可能不那么突出，但在他的家乡阿非利加代执政官行省的布拉雷吉亚（Bulla Regia），人们用一种醒目的方式纪念了他为帝国服务的经历。因为当马可·奥勒留皇帝任命马尔西亚努斯担任纳尔波高卢的皇帝财产代理官时，布拉雷吉亚的市议会投票决定为后者立一座骑马像。这不仅是象征性的姿态，因为获得骑马像作为致敬既有声望，又很昂贵。[③] 对该城的财政状况来说，幸运的是，马尔西亚努斯的兄弟卢基乌斯·多米提乌斯·法比亚努斯

[①] 关于来自北非的骑士加入帝国公职，见 Jarrett 1963。
[②] Pflaum 1971 详细分析了他的生涯。
[③] 关于荣誉纪念碑的成本，见 Duncan-Jones 1982: 78‑9, 126‑7。在大乌齐（Uchi Maius）立的一座塞普提米乌斯·塞维鲁骑马像耗资超过 1.2 万塞斯特斯，不包括底座（*CIL* VIII 26255 = *ILS* 9401）。

(L. Domitius Fabianus)亲自出面为雕像解囊。[①] 完工后的纪念碑并不是简单以易于辨识的履历形式记录了马尔西亚努斯的官方职务。市议会或多米提乌斯·法比亚努斯更是决定把马可·奥勒留任命马尔西亚努斯为代理官的委任信也刻入铭文。铭文全文如下：

> 致昆图斯·多米提乌斯·马尔西亚努斯，卢基乌斯之子，奎里努斯部落，纳尔波高卢行省的皇帝财产代理官，皇帝铁矿代理官，在埃贝尔加行省的通格里和弗利萨沃内人地区，以及下日耳曼尼亚的巴塔维人地区收集人口调查信息的高卢皇帝代理官，军政官，被马可·奥勒留·安东尼·恺撒和卢基乌斯·维鲁斯·恺撒皇帝提拔为陪审员。
>
> 当市议会投票决定用公费为他立骑马像时，他的兄弟卢基乌斯·多米提乌斯·法比亚努斯免去了公家的负担，自掏腰包立像。
>
> 皇帝的委任信：恺撒·安东尼·奥古斯都向多米提乌斯·马尔西亚努斯致敬。我早就想要授予你二十万级别代理官这一荣耀，现在我要利用目前的机会。因此，带着对我永远恩宠的期望接替马尔库斯·普登斯吧，只要你保有正直、专注和经验积累的技能。祝好，我最亲爱的马尔西亚努斯。[②]

[①] 在行省，用骑马像来向骑士致敬的做法从公元1世纪末开始才变得更为常见（Eck 2006b：500）。
[②] *AE* 1962, 183： *Q(uinto) Domitio L(uci) fil(io) Q(uirina tribu) Marsiano* | *proc (uratori) Aug(usti) patrimoni(i) provin(ciae)* | *Narbonensis proc(uratori) Aug(usti) ad ferra* | *rias proc(uratori) Aug(usti) ad census in Gal* | *lia accipiendos provinc(iae) Belgicae per* | *regiones Tungrorum et Frisavonum et Ger* | *maniae inferioris et* （转下页）

第七章 履历与人生（Ⅱ）：行政官员

铭文中的履历和皇帝书信以及骑士雕像（现已不幸佚失）共同将昆图斯·多米提乌斯·马尔西亚努斯描绘成共和国与皇帝本人重要而忠实的仆人。马尔西亚努斯并非安东尼王朝时期唯一实现向上流动的布拉雷吉亚居民。盖乌斯·门米乌斯·菲杜斯·尤利乌斯·阿尔比乌斯（C. Memmius Fidus Iulius Albius）在马可·奥勒留统治时期进入元老院，担任了公元 191 年的正选执政官。阿格里乌斯（Agrii）、阿拉狄乌斯（Aradii）和马尔西乌斯（Marcii）家族同样在公元 2 世纪末和 3 世纪初获得了元老身份。① 但马尔西乌斯可能在公元 2 世纪 50 年代就开始担任骑士公职了，让他成为这一动向的先锋。此外，该城只有两名骑士有据可查，皆生活在公元 3 世纪初——塞维鲁的代理官马尔库斯·罗西乌斯·维图鲁斯和当地的行政官昆图斯洛里乌斯·萨图尔尼努斯，前者并非布拉本地人。② 在这一语境下，我们可以理解为何布拉雷吉亚的市议会要授予马尔西亚努斯如此重大的荣誉。多米提乌斯家族此前最多只达到过市议员级别，这解释了法比亚努斯为彰显兄弟的成就而表现出的不同寻常的慷慨。③

多米提乌斯·马尔西亚努斯的纪念碑进一步解释了从上一章开始的关于为帝国服务的骑士生涯的讨论。将马可·奥勒留的委任信刻入

（接上页）*Batavorum praef(ecto) militum | adlecto in decuri(i)s ab Imperatoribus M (arco) Aurelio | Antonino et L(ucio) Aurelio Vero Caesarib(us), cui cum ordo | equestrem publico sumptu ponendam censuisset, | L(ucius) Domitius Fabianus frater eius remisso rei p(ublicae) sumptu | de suo posuit. exemplum codicillorum. | Caesar Antoninus Aug (ustus) Domitio Marsiano suo salut(em dicit). | ad ducenariae procurationis splendorem iamdudum te | provehere studens utor opportunitate quae nunc [o]bte | git. succede igitur Mario Pudenti tanta cum spe perpetui | favoris mei, quantam conscientiam retinueris innocen | tiae diligentiae experientiae. vale, mi Marsiane, karissime | mihi.*

① Thébert 1973:287 – 92; Christol 1978; Corbier 1982:687 – 90,711 – 15.
② Thébert 1973:286. Vitulus: Pflaum 1960:593 – 8 (no. 224). Saturninus: *AE* 2004, 1874.
③ 关于多米提乌斯家族，见 Pflaum 1971:350; Thébert 1973:309。

铭文的决定，提供了关于罗马帝国盛期的代理官职务等级以及骑士如何获得任命的重要信息，也提出了值得注意的问题。比如，对骑士来说，是否存在某种固定和可预计的提拔制度和提拔标准，就像某些学者所指出的那样？这个问题会对我们如何看待骑士生涯，以及开启这些生涯的人的目标与抱负产生重大影响。本章将探索罗马行政等级体系如何向骑士提供机会，让他们以类似于元老的方式文武兼顾地为国家服务，以及它如何作为荣耀、声望和皇帝垂青的通道发挥作用。① 但事实上，那些通过多年任职将一生奉献给文职和军职的骑士（就像履历铭文中所描绘的）只是整个骑士等级中的少数。在骑士等级2万到3万名成员中，同一时间很可能只有600名骑士担任代理官。② 在代理官阶序中，等级越高，就需要为更少的职位展开更激烈的竞争，这意味着许多人只担任一两个行政职务（虽然仍会很有声望）。一些骑士试图获得荣誉职位和称号，不用做什么就能提高个人的公共地位。这暗示很多骑士热衷于身份和荣誉，但很少有人能够——或愿意——将一生奉献给帝国。由此出现了一个骑士等级的子群体，这些人具有"公职贵族"的特征，他们的地位和声望不仅来自该等级的成员身份，还特别来自他们担任的公职。③ 历史学家塔西佗认识到了这点，他把为帝国服务的骑士称为"骑士贵族"。④

---

① 见 Matthews 2000b:440-1 对马尔西亚努斯铭文的评论，他认为那是"公职贵族"及其理念的证据。
② Bang 2011:124.
③ 关于公职精英这种历史现象，见 Mosca 1939:60。这发展了上一章中的主题，将在骑士军阶中担任多个军官职务的骑士视作该等级中的精英。
④ Tac. Agr. 4.1. 塔西佗用这个词来形容阿格里古拉的祖父和外祖父，两人都担任过代理官，因而是骑士贵族的成员。它的意思得到公认（Mommsen 1887-8: III.1, 363; Woodman with Kraus 2014:96; Duncan-Jones 2016:91）。

第七章 履历与人生（II）：行政官员

贵族生涯的发展

奥古斯都元首统治时期最重要的创新之一是他决定任用罗马骑士担任行政官员。他们不再只是大人物的朋友、伙伴或私人代理，而是皇帝的代表，可以被其赋予与元老相当的责任。新出现的骑士生涯结构与元老的官职阶序之间存在一些差异。法律对元老行政官有规定，确定了可以担任财务官、营造官、大法官和执政官等职务的准确年龄。① 帝国公职体系中的元老军官和文官都与这些行政官有关联：比如，想要成为军团长，必须先担任大法官。② 不过，元老的官职阶序同骑士生涯结构之间也有着明显的相似性，在元首制下变得更加突出。奥古斯都为元老总督设定了固定的薪俸——这种做法比起共和国时代截然不同，加强了军团长和代执政官对元首的服从和依赖。③ 他同样为骑士官员设定了薪俸，从而在任职者能获得薪俸这一基本原则上对上述两个贵族群体一视同仁。我们不知道在奥古斯都统治时期，骑士的薪俸是多少。④ 根据苏维托尼乌斯的说法，克劳狄乌斯皇帝将执政官饰物授予了"20万级别的代理官"（*procuratoribus ducenariis*），表明在公元1世纪中期，至少有一些骑士官员的年薪达到了20万塞斯特斯。⑤

---

① Talbert 1984:16-27.
② A. R. Birley 1981:4-35 仍然是对元首制下的元老生涯最好的简要综述。
③ Dio 53.15.4-5.
④ Pflaum 1950:29-30 认为，薪俸级别是在奥古斯都统治时期引入的。Millar 1963b; Brunt 1983:44-5; Talbert 1996:341; Duncan-Jones 2006:196-7 批评了这种观点，更愿意强调是逐渐的改变。关于官职体系在尤利乌斯-克劳狄乌斯王朝的演变，见 Demougin 1988:732-9.
⑤ Suet. *Claud*. 24.1.

到了公元2世纪时，大多数骑士官员可依薪俸水平分为三个等级：6万塞斯特斯（*sexagenarius*）、10万塞斯特斯（*centenarius*）或20万塞斯特斯（*ducenarius*）。在安东尼王朝时期，一些高级宫廷官员的工资涨到每年30万塞斯特斯（*trecenarius*），比如司库官。① 因此，很明显，骑士的生涯道路确实以不同薪俸水平之间存在明确等级关系的方式演变，它即便没有完全复制，也是模仿了元老院的官职阶序。② 有据可查的骑士职位总数从奥古斯都统治时期的不到30个增加到了公元3世纪中叶的180多个。③ 它们包括承担军事责任的职务，如舰队长官、总督代理官（*praesidial procuratorships*，拥有对辅助军的指挥权）、埃及长官和近卫军长官。担任这些职务的人同时还可以出任各种财政和行政代理官，包括征税、管理皇帝财产或档案、监督供水和供粮。我们在第四章中讨论了四种大长官——近卫军长官、埃及行省长官、供粮长官和治安长官——的起源，它们位于骑士生涯的顶点。在尤利乌斯-克劳狄乌斯王朝时期，埃及行省长官是这些职位中地位最高的，直到弗拉维乌斯王朝时期，才降至近卫军长官之后，居第二位。④ 从公元1世纪末开始，各大长官之间出现了明确的地位次序，治安长官是地位最低的职务，在它上面依次是供粮长官、埃及行省长官和近卫军长官。军队和行政部门的职位结合在一起，让骑士能够像他们的元老同僚一样文武兼顾地为国效力，从而形成了一个独特的骑士贵族。

---

① Pflaum 1950:74,81,1974:43-4,55-6. Alföldy 1981:188认为，埃及长官和近卫军长官相当于元老阶序中的萨图尔努斯财库长官（*praefectus aerarii Saturni*），因此薪俸为50万塞斯特斯。
② Millar 1963b:196; Eck 2000:259.
③ Pflaum 1950:105. 即便考虑到方法问题，即关于某个职务的最早证据的时间不一定意味着它是在那个时候设立的，仍然可以看到总体上的增长（Brunt 1983:68-9）。
④ Demougin 1988:733; Absil 1997:34-6; Sablayrolles 1999:368-75.

第七章 履历与人生（Ⅱ）：行政官员

骑士可以担任的职务数量扩大和代理官职业路径的确立是帝国政府在公元后头两个世纪里的一系列决定的结果。管理行省财政的行省和皇帝财产代理官是骑士阶序的基石。① 罗马行省行政体系设立了新的代理官职务来承担之前属于这些官员权限的职责，这让它逐渐变得更加复杂，就像埃克在他关于该主题的出色考察中所证明的。② 征收5％的遗产税（*vicesima hereditatium*）是这些变化的一个好例子。负责征收廿一遗产税的骑士代理官是公元1世纪中期在意大利设立的。③ 不过，当时在行省，遗产税的征收被委托给了释奴，就像皇帝释奴提图斯·克劳狄乌斯·萨图尔尼努斯的例子所证明的，他当时担任亚该亚的遗产税代理官（*procurator vicesimae hereditatium*）。④ 只有在公元2世纪和3世纪才能找到骑士代理官在意大利以外征收遗产税的例子，当时他们负责若干行省的征税，比如巴埃提卡和卢济塔尼亚，或者整个亚细亚、吕喀亚、潘菲利亚、弗里吉亚、加拉提亚和库克拉德斯行省。⑤ 这些新的跨行省骑士代理官在行政等级体系中的地位要高于释奴。⑥ 设立这些官员有助于将最初属于行省或皇帝财产代理官的责任扩大到另一个任职者身上。⑦ 这个过程是渐进的。比如，我们可以认为，在任命征收廿一税的骑士代理官的同时也设立了类似的官员负责征收5％的释奴税（*vicesima libertatis*）。不过，虽然有公元1世纪的意大利存在征收廿一税的骑士代理官的证据，但在塞维鲁时期之

---

① 全面的讨论见本书第四章。
② Eck 2000:238-65. 另见 Burton 1993:18-19; Eich 2015:107-8。
③ Eck 1979a:129-32 暗示公元58年是个合适的时间，正值尼禄对包税人的改革。
④ *CIL* Ⅵ 8443 = *ILS* 1546. 这是一个著名的案例，Millar 1963b:196; Brunt 1983:72; Eck 2000:242 都有提到。
⑤ Pflaum 1950:61-2. 见 Pflaum 1961:1048-9, 1054, 1056, 1074, 1077, 1081, 1083, 1086, 1097 的名单，以及 Pflaum 1982:118, 128, 131 的增补。
⑥ Weaver 1972:267-81 对这一"上位安排"过程做了讨论。
⑦ Eck 2000:247-8.

前行省中是找不到的。① 这表明罗马当局最初满足于将征收这种税的主要工作交给包税人，但后来对这一过程采取了更严格的帝国监督。②

公元 2 世纪和 3 世纪，财政管理体系扩张中的两个重要发展为骑士在政府中创造了新的机会。首先是哈德良设立了财库顾问官（advocatus fisci）一职，负责在法律事务中代表帝国财库的利益。③ 公元 3 世纪初，罗马世界各地都能找到关于财库顾问官的证据。他们可能是负责小块区域，比如皇帝的庄园，也可能是整个行省或地区，比如罗马、海滨阿尔卑斯、西班牙、高卢、纳尔波高卢、亚细亚、弗里吉亚或埃及。④ 3 世纪初，皇帝宫廷中设了一个新职务，即年薪高达 20 万塞斯特斯的皇帝财库顾问官（advocatus fisci sacri auditori）。⑤ 到了 3 世纪中叶，奥鲁斯·维特利乌斯·菲利克斯·霍诺拉图斯（A. Vitellius Felix Honoratus）可以通过在几个不同辖区担任财库顾问官开始其生涯：意大利和诺里库姆的公共驿道，努米底亚各地的皇帝庄园，以及迦太基地区的皇帝财产。⑥

第二个重要发展是安东尼时期设立了全新的财政管理部门，将 patrimonium（皇帝继承的财产）同 ratio privata（他的私人产业）区分开。⑦ 这个部门在罗马的主管名为私产代理官（procurator rationis privatae），每年薪俸达 30 万塞斯特斯，可见其重要性。⑧ 在塞普提米

---

① Eck 1979a:116 - 18；Brunt 1990c:404.
② Brunt 1990c:402 - 6.
③ *HA Hadr*. 20.6；Millar 1963a:31 - 3，1977:287；Brunt 1983:73 - 4.
④ Pflaum 1961:1033, 1046 - 7, 1052, 1056, 1073, 1074, 1087, 1095.
⑤ *AE* 1932, 34；Pflaum 1960:613 - 20（no. 231）. 记录了马尔库斯·卡西乌斯·科尔纳西迪乌斯·萨宾努斯（M. Cassius Cornasidius Sabinus）生涯的一段铭文显示，这是个 20 万塞斯特斯年薪的职务（*AE* 1960, 257）。
⑥ *CIL* VIII 26582 = *ILS* 9018；Pflaum 1960:936 - 40（no. 353）.
⑦ Nesselhauf 1964:75 - 8；Eck 2000:246 - 7. 见 Millar 1977:625 - 30 收集的有用证据。
⑧ *CIL* X 6569 = *ILS* 478.

第七章　履历与人生（Ⅱ）：行政官员

乌斯·塞维鲁统治时期，私产部门被改组为新的私产财库（res privata），负责管理皇帝产业。① 私产财库新的地区代理官有的负责整个意大利，有的负责意大利的某些地区。② 他们还出现在行省或跨行省地区，比如贝尔加高卢（Gallia Belgica）和上下日耳曼尼亚；亚细亚、弗里吉亚和卡利亚；本都和帕弗拉格尼亚（Paphlagonia）；奇里乞亚；的黎波里塔尼亚（Tripolitania）；该撒利亚毛里塔尼亚；以及美索不达米亚。③ 催生帝国行政体系中这一新层次的是塞维鲁在2世纪90年代的内战后从被他打败的敌人那里没收的财产。④ 这些例子证明了财政管理体系的扩张和多样化。随着新的部门（officia）和职务的设立，需要骑士等级的职位也增加了，根据薪俸，它们被纳入发展中的生涯等级序列。

罗马供水的惯例很好地展现了这场变革在非财政管理领域的情况。奥古斯都最初将罗马供水的监督权临时交给了他的朋友阿格里帕，这是元首制早期的典型做法。阿格里帕死后，新设了供水监督官（curator aquarum）一职，由执政官级别的元老担任。⑤ 根据涅尔瓦和图拉真统治早期的供水监督官塞克斯图斯·尤利乌斯·弗隆提努斯（Sex. Iulius Frantinus）的说法，克劳狄乌斯设立了供水代理官（procurator aquarum）这个下属职务。⑥ 整个公元1世纪，这些代理官都是释奴，这种情况一直持续到弗隆提努斯所在的时代。根据刻有

---

① Lo Cascio 2000:139–47; Lo Cascio 2005:150–2; Lo Cascio 2015:66–7. 参见 HA Sev. 12. 4.
② Pflaum 1961:1036，1038，1040; Pflaum 1982:110.
③ Pflaum 1961:1057, 1073, 1077, 1079, 1095, 1097, 1982:130.
④ Nesselhauf 1964:85–91; Millar 1977:171–2; Lo Cascio 2005:150–2.
⑤ Bruun 1991:140–52; Peachin 2004:102–9.
⑥ Frontin. Aq. 105. 1–2; Rodgers 2004:285–7. 公元1世纪，只有提到提提斯·克劳狄乌斯·布克拉斯（Ti. Claudius Aug. lib. Bucolas）这位皇帝释奴时特别用了"供水代理官"的完整头衔（CIL XI 3612 = ILS 1567）。

铭文的水管（fistulae）证据，人们曾经认为在图拉真统治时期，骑士代理官取代了释奴。① 不过，这些水管上提到的官员很可能不是供水代理官，而是皇帝财产代理官，或者其他与需要供水的营建工程相关的代理官。② 最早有可靠证据使用供水代理官头衔的骑士都来自塞维鲁时期：塞克斯图斯·瓦里乌斯·马尔克鲁斯（Sex. Varius Marcellus）和卢基乌斯·卢基利乌斯·潘萨·普利斯基利亚努斯（L. Lucilius Pansa Priscilianus）。③ 无法确定第三位供水代理官马尔库斯·弗拉维乌斯·马尔基亚努斯·伊利苏斯（M. Flavius Marcianus Ilisus）的生活年代，但可能也是塞维鲁时期。④ 塞克斯图斯·瓦里乌斯·马尔克鲁斯的墓志铭将这个代理官职务列为10万塞斯特斯级别，这证实了它在塞维鲁时期相对较高的地位。但不应将这种评级用于过去的情况。⑤ 因此，碑铭证据暗示，骑士供水代理官并非由图拉真设立，很可能是塞维鲁王朝的创造。⑥ 塞普提米乌斯·塞维鲁重组了元老主管的行政机构，现在他成了"供水兼防止粮食分配欺诈主管"（curator aquarum item et ad fraudes Miniciae）。⑦ 这意味着这个元老官职现在同时负责罗马的供水和在米尼基乌斯柱廊的粮食分配。⑧ 粮食

---

① Pflaum 1950:55; Brunt 1983:70-1.
② Bruun 1991:263-71, 1999:32-4, 2005:14-15, 2006:102-5.
③ 马尔克鲁斯：CIL X 6569 = ILS 478; Pflaum 1960:638-42 (no. 237)。普利斯基利亚努斯：AE 1947, 89; I. Eph. 696A, I and II; Pflaum 1960:672-77 (no. 249)。
④ CIL XIV 4451; Pflaum 1960:551-2 (no. 206). 担任供水代理官之后，伊利苏斯又在不止一位皇帝治下担任过铸币代理官。这指的可能是马可·奥勒留和卢基乌斯·维鲁斯，马可·奥勒留和康茂德，或者塞普提米乌斯·塞维鲁和卡拉卡拉。因此，他可能生活在安东尼王朝时期或塞维鲁王朝时期（Bruun 1991:225-6 倾向于后一种可能）。
⑤ Bruun 1991:236.
⑥ Bruun 1991:267-71; R. Taylor 2010:208.
⑦ 完整的头衔出现在记录（想来是）其第一个拥有者卢基乌斯·瓦雷利乌斯·梅萨拉·赫尔维狄乌斯·特拉希亚·普利斯库斯（L. Valerius Messalla Helvidius Thrasea Priscus）所任官职的铭文中（AE 1998, 280）。
⑧ 就像 R. Taylor 2010 令人信服地指出的。

第七章　履历与人生（II）：行政官员

分配此前是粮食分配长官的权责，由一位骑士等级的皇帝粮食分配代理官（procurator Augusti ad Miniciam）作为助手（最早的证据来自图拉真时期）。[1] 作为大规模行政改革的一部分，塞普提米乌斯·塞维鲁将这两个职务和它们的骑士代理官置于一位执政官等级的主管的监督之下。[2] 因此，罗马供水管理体系的变化展现出与行省的财政管理类似的发展。在这两个例子中，我们可以看到新的骑士军官如何被任命高于现有释奴的职位，还可以观察到在某些帝国部门中出现了集权化的缓慢趋势。

宫廷部门（officia palatina），即皇帝宫廷中的行政和财政职务最终排在大长官之后，成了威望和影响力居于第二的骑士职务。不过，直到公元2世纪，随着这些职务从释奴转移到骑士手上，他们才获得了这一地位。在元首制之初，奥古斯都家族仆从中的释奴与奴隶开始负责行政事务。[3] 奥古斯都曾授予骑士诗人贺拉斯管理他私人信件的职务，但被婉拒。[4] 有关负责皇帝财政的财库主管和负责通信的司信官的证据最早出现在提比略时期。[5] 再加上皇帝档案官（a studiis）和诉状官（a libellis），上述这些官职在克劳狄乌斯统治时期变得备受瞩目，因为书面材料显示，皇帝和他的释奴关系密切。[6] 我们应该注意，不要过分强调这一时期。因为奴隶和释奴的影响在克劳狄乌斯的前任统治下就开始了，在他死后也将延续。[7] 这些释奴并非

---

[1] R. Taylor 2010:208; *CIL* XI 5669 = ILS 2728; Pflaum 1960:183 - 4 (no. 87)。
[2] R. Taylor 2010:211 - 16。
[3] Millar 1977:69 - 74。
[4] Suet. *De Poet. Vit. Hor.* II. 18 - 25(ed. Rostagni); Lindsay 1994:459。
[5] *CIL* VI 8409c（司库官），4249（司信官）。
[6] Millar 1966:14 - 16; Suet. *Claud*. 28; Tac. *Ann*. 11. 29. 1 - 2; Dio 60. 30. 6b。波吕比乌斯在某个阶段可能也担任过诉状官（见 Sen. *Dial*. 11. 6. 5）。
[7] Edmondson 1992:192。

一下子被骑士取代,事实上,在尤利乌斯-克劳狄乌斯王朝时期就有任用骑士担任宫廷职务的例子。① 直到公元2世纪初,担任皇帝娱乐主管(*a voluptatibus*)的一直是骑士和释奴兼有。② 克劳狄乌斯本人也任用骑士秘书,与声名狼藉的释奴一起为他效力。这些人中包括负责希腊人的司法裁决的盖乌斯·斯特尔提尼乌斯·色诺芬(C. Stertinius Xenophon),以及负责接待使团和给希腊人回信的提比略·克劳狄乌斯·巴尔比鲁斯(Ti. Claudius Balbillus)。③ 一位可能是骑士或元老的著名修辞家尤利乌斯·塞孔都斯(Julius Secundus)在奥托的短暂统治期间担任了司信官(ἐπὶ τῶν ἐπιστολῶν)。④

维特利乌斯的统治通常被认为是骑士在皇帝内廷中效力的转折点。塔西佗称,维特利乌斯刚在日耳曼称帝,"就把通常由释奴做的元首事务交给了罗马骑士"(*ministeria principatus per libertos agi solita in equites Romanos disponit*)。⑤ 这里指的似乎是维特利乌斯在日耳曼部属中的骑士。其中一人是"马其顿"第四军团的军政官,他成为了"皇帝的代理官,负责皇帝的财产、遗产和诉状"(*proc(uratori) imp(eratoris) | a patrim(onio) et heredit(atibus) | et a li[b]ell(is)*)。⑥ 但这并没有引发皇帝内廷的全面变化,因为维特利乌斯

---

① Millar 1977:85-6; Winterling 1999:111.
② Suet. *Tib*. 42. 2. 关于这一职务及其部属,见 Lindsay 1995:40; Weaver 1972:253, 1980:147-8. 关于释奴,见 *CIL* XIV 2932 = *ILS* 1569(皇帝释奴派恩[Paean Aug. lib]); *AE* 1972,574 = *SEG* 30,1308(皇帝释奴提比略·克劳狄乌斯·科拉西库斯[Ti. Claudius Aug. lib. Classicus])。
③ Xenophon: *SIG*³ 804. Balbillus: *AE* 1924,78. 关于他们的职权范围,见 Millar 1977:86,226,242-3。
④ Plut. *Otho* 9. 2. 不清楚他的等级。C. P. Jones 1967:283-4 认为他可能是骑士或元老。关于骑士,见 Pflaum 1960:90; Millar 1977:88; Lindsay 1994:457。
⑤ Tac. *Hist*. 1. 58. 1. 参见 Millar 1977:88-9,他把 *solita* 译成 "持续地"。
⑥ *CIL* XI 5028 = *ILS* 1447; Pflaum 1960:88-90 (no. 37); Millar 1977:88-9; Demougin 1992a:610-11. 在尤利乌斯-克劳狄乌斯王朝时期可以看到担任诉状官的释奴(Weaver 1972:260-1)。

第七章 履历与人生（II）：行政官员

的其他部门仍然依赖释奴。在司库官的职务上也能看到同样的不一致。韦斯巴芗提拔他的财政秘书、皇帝释奴提比略·尤利乌斯（Ti. Iulius Aug. lib）成为罗马骑士，但尤利乌斯的继任者是释奴。[1] 按照苏维托尼乌斯的说法，图密善让"释奴和骑士共同担任了一些最重要的职务"（quaedam ex maximis officiis inter libertinos equitesque R. communicavit）。[2] 这被解读为骑士和释奴同在帝国部门共事，释奴是首席助手。[3] 这一切的发生似乎没有伴随着任何明显的体系化：皇帝释奴提图斯·弗拉维乌斯·阿巴斯坎图斯（T. Flavius Aug. lib. Abascantus）在图密善统治的相当长时间内担任司信官，直到皇帝去世前不久，才被骑士格奈乌斯·屋大维乌斯·提提尼乌斯·卡皮托（Cn. Octavius Titinius Capito）取代或与其共事。[4] 琼斯有理有据地提出，图密善在他的统治期间疏远了释奴官员：比如他的诉状官恩特鲁斯（Entellus）就是密谋反对他的人之一。[5] 高级宫廷职务在图密善统治后的不同时间被交给了骑士。[6] 虽然司信官一职似乎从卡皮托开始就一直由骑士担任，但第一位担任皇帝法庭庭长（a cognitionibus）的骑士直到康茂德统治伊始才出现，尽管有证据显示更早是释奴担任此职。[7] 备忘官（a memoria）一职设立于公元1世纪的某个时候，到

---

[1] 见 Weaver 1972:282-94；Stat. Silv. 3.3.143。关于他的继任者，见 Weaver 1972:260。
[2] Suet. Dom. 7.2。
[3] Weaver 1972:259-61,1994:357-8；Demougin 1994:294-7；B. W. Jones 1996:66。
[4] B. W. Jones 1992:63,1996:66。关于卡皮托，见 Pflaum 1960:143-145（no. 60）。
[5] B. W. Jones 1996:66-7。参见 B. W. Jones 1992:177-9，他认为骑士的权力在图密善统治时期增加了。
[6] HA 表示，哈德良是第一位任命骑士担任司信官和诉状官的皇帝。这种说法明显是错的。（HA Hadr. 22.8；Benario 1980:128）。
[7] 此人就是马尔库斯·奥雷利乌斯·帕皮里乌斯·狄俄尼修斯（M. Aurelius Papirius Dionysius）；Pflaum 1960:472-6（no. 181）。关于释奴，见 Weaver 1972:261；Millar 1977:106 n. 37。

塞维鲁时期一直由释奴领衔。① 在有骑士和释奴共事的所有部门中，骑士显然是地位更高的一方，因为他们是皇帝议事会的成员。② 高级宫廷官员是年薪达到20万塞斯特斯的代理官，在塞维鲁时期更是涨到30万塞斯特斯。③

罗马的行政体系通过设立副职或低级代理官来实现扩张，建立了新的"下层结构"来辅助之前业已存在的官职，为骑士创造新的职务。④ 在安东尼时期，司库官获得了副手——最高财政代理官（procurator summarum rationum）。划分出皇帝私产（ratio privata，后来称为 res privata）催生了对私产代理官（procurator rationis privatae）的任命，他们在司库官的总辖下管理这个部门。⑤ 这种任命骑士副职的做法意味着他们取代了帝国部门的释奴首席助手的位置。⑥ 由此产生的结果是在同一部门中会出现多名骑士，但薪俸等级不同。在塞维鲁时期，普布利乌斯·梅西乌斯·萨图尔尼努斯在皇帝档案部门工作时担任过6万塞斯特斯和10万塞斯特斯级别的职务。⑦ 档案官有了新的头衔，称为档案主管（magister a studiis 或 magister studiorum），以区别于他的下属。⑧ 皇帝议事会中的司法顾问（consiliarii）同样被分为不同的薪俸级别。⑨ 马尔库斯·奥雷利乌

---

① Weaver 1972:264 n. 1; Peachin 1989:183 - 4, 187 - 9. 不幸的是，就像皮钦所指出的，"备忘官"在元首制下的确切职责仍然不明。
② Eck 2000:198 - 9, 202 - 3.
③ Pflaum 1974:34.
④ Millar 1963b:197 - 8.
⑤ Pflaum 1961:1019 - 20, 1982:110.
⑥ Weaver 1972:265 - 6; Eck 2000:250.
⑦ AE 1932, 34; Pflaum 1960:613 - 20 (no. 231). 从3世纪中叶的马尔库斯·奥雷利乌斯·赫尔墨根尼斯（M. Aurelius Hermogenes）的生涯中也能看到同样的升迁路径：CIL XIV 5340; Pflaum 1960:935 - 6 (no. 352).
⑧ 见 Pflaum 1961:1022 - 3 的名单。
⑨ 关于 consiliarii 作为司法顾问，见 Eck 2006a:73 - 5.

斯·帕皮里乌斯·狄俄尼修斯（M. Aurelius Papirius Dionysius）被"选入议事会，薪俸为6万塞斯特斯"（adsumpto in consilium ad HS LX m（ilia）n（ummum）），后来成为薪俸10万塞斯特斯的司法顾问。① 我们还可以比较详细地看到供粮长官部门的扩张。② 在克劳狄乌斯皇帝时期，奥斯提亚设立了供粮代理官（procurator annonae）一职，以取代元老等级的奥斯提亚财务官（quaestor Ostiensis）。③ 关于供粮长官的副手（adiutor）的证据最早出现在弗拉维乌斯王朝时期，这个职务最初可能由释奴和骑士共同担任。④ 到了马可·奥勒留统治时期，这个职务被升级为名字听上去更响亮的城市供粮次官（subpraefectus annonae urbis），仅限骑士担任。⑤ 治安长官在2世纪初有了副职，近卫军长官也获得了名为"记录官"（a commentariis）的新副手，两者很可能都是10万塞斯特斯级别的。⑥

在行省同样能看到不同薪俸级别的骑士官员数量的扩张。⑦ 属于皇帝财产的北非雷吉奥哈德鲁门提纳（regio Hadrumentina）地区最清楚地证明了这点。⑧ 该地区的10万塞斯特斯级别的代理官盖乌斯·波斯图米乌斯·萨图尔尼努斯·弗拉维亚努斯（C. Postumius Saturninus Flavianus）的生涯铭文记录称，他"还奉皇帝诏令担任过该地区的20万塞斯特斯的职务"（fun［c］ | to etiam partibus duce |

---

① *CIL* X 6662 = *ILS* 1455.
② Pflaum 1961:1030 - 1; Pavis d'Esurac 1976:89 - 97.
③ Pavis d'Esurac 1976:105 - 10; Rickman 1980:222.
④ Pavis d'Esurac 1976:92 - 3; Rickman 1980:221.
⑤ Pflaum 1961:1030 - 1; Pavis d'Esurac 1976:89 - 97. 关于供粮长官有权管理行省的粮食供应的可能性，见 Eich 2005:189 - 210 的讨论。
⑥ Pflaum 1961:1030, 1032, 1982:113 - 14.
⑦ Pflaum 1960:758 - 9.
⑧ 关于这些领地的组织，见 Eich 2005:292 - 3。

nari [i] ex sacro praecepto | in eadem regione）。① 这表明3世纪中叶，该地区至少设有两个代理官职务。② 行省自己也有不同薪俸级别的财政代理官。近西班牙有两个20万塞斯特斯级别的行省代理官，分驻阿斯图里亚和卡莱基亚（Asturia and Callaecia）以及塔拉科南西斯（Tarraconensis）。在塞维鲁时期有10万塞斯特斯的代理官的证据，暗示设立了另一薪级的行政部门。③ 亚细亚代执政官行省有多名代理官，负责监督不同地区或者承担不同责任。当吕底亚皇帝庄园的工人抱怨士兵对待他们的方式时，他们找到了庄园的代理官，然后是皇帝私产代理官，最后是行省代理官。④ 从2世纪初开始，尽管仍然是亚细亚代执政官行省的一部分，但弗里吉亚地区有了自己的代理官来听取财政事务，还有了自己的财库顾问。⑤ 上述职务证明了这些行省的帝国行政机构变得日益复杂。职位的增加让骑士有了一系列新的机会来为国效力。

骑士代理官的生涯涵盖了军职和文职，这使得他们可以像元老一样文武兼顾地精彩表现。骑士代理官中有85%之前在骑士军阶中服役。⑥ 经过最初的军队历练，骑士们有进一步的机会担任更高级的军队指挥官，尽管这些职务被纳入代理官等级是个渐进的过程。奥古斯都设立了两支永久驻扎在意大利的舰队，分别位于第勒尼安海边的米

---

① *CIL* VIII 1174 = *ILS* 1440; *CIL* VIII 1175（措词略有不同）; Pflaum 1960:757-9 (no. 292 *bis*)。
② Christol 2006a:226-8,231.
③ Pflaum 1961:1047-8; *AE* 1998,282（近西班牙和上西班牙）。关于10万塞斯特斯级别的官员，见 *CIL* II. 14. 2 1093.
④ Keil and von Premerstein 1914: no. 55 = Hauken 1998 no. 3 ll. 19-21. 见 Hauken 1998:44-5 的讨论。参见 Eich 2005:302-3，他暗示最低级别的代理官可以是释奴。
⑤ Kantor 2013:158-61.
⑥ Brunt 1983:48; Duncan-Jones 2016:106.

塞努姆以及亚得里亚海边的拉文纳,两支舰队由同一名长官统率。① 最初,舰队长官是直接从军阶体系中的骑士军官提拔而来的。这种情况在3世纪中期发生改变,当时克劳狄乌斯皇帝让这些长官有了代理官的官方身份。② 虽然"代理官"一词后来从这些长官的官方头衔中去掉了,但克劳狄乌斯此举影响深远,为舰队指挥官进入发展中的骑士阶序奠定了基础。③ 不过在早期,舰队长官并非完全来自骑士等级,证据表明,米塞努姆的舰队有过三位释奴指挥官(皇帝释奴提图斯·尤利乌斯·奥普塔图斯·庞提亚努斯〔Ti. Iulius Aug. lib. Optatus Pontianus〕、阿尼刻图斯〔Anicetus〕和莫斯库斯〔Moschus〕)。④ 在弗拉维乌斯王朝时期,米塞努姆和拉文纳的舰队有了"近卫军舰队"(*praetoria classis*)的称号。⑤ 从那时开始,不再任命释奴担任米塞努姆舰队的指挥官,它的骑士等级长官级别高达20万塞斯特斯。⑥ 米塞努姆舰队的长官职务等级更高:总是由拉文纳的舰队长官升任而来,而不是反之。⑦ 公元1世纪期间还建立了新的行省舰队。在东部行省,卡里古拉时期建立了以亚历山大里亚为基地的埃及舰队;公元64年,尼禄将本都王国并入帝国时建立了本都舰队;叙利亚舰队建得最晚,在弗拉维乌斯王朝时期。⑧ 在欧洲,不列颠和日耳曼舰队很可能是克劳狄乌斯建立的,也可以找到公元1世纪时潘

---

① Suet. *Aug* 49; Tac. *Ann*. 4.5; Starr 1941:13 – 26.
② Starr 1941:32; Kienast 1966:29 – 32.
③ Sherwin-White 1939:21; Pflaum 1950:47.
④ Saddington 2007:210. Pontianus: *CIL* X 6318 = *ILS* 2185. Anicetus: Tac. *Ann*. 14.3, 7 – 8, 62; Dio 61.13.2. Moschus: Tac. *Hist*. 1.87.
⑤ Pflaum 1950:47.
⑥ Starr 1941:33; Kienast 1966:36.
⑦ Pflaum 1950:248; Eck and Lieb 1993:85 – 8.
⑧ Saddington 2007:215.

诺尼亚和摩西亚舰队的证据，尽管设立的具体时间不明。① 不列颠、日耳曼、本都和叙利亚舰队的长官级别最高，年薪达到10万塞斯特斯；摩西亚、潘诺尼亚和亚历山大里亚舰队的指挥官则是6万塞斯特斯级别。② 通常不会为了培养未来的舰队长官而让他们预先具备海军经验；相反，所有的骑士都被认为应该具备在军事角色中脱颖而出所必需的个人素质，就像我们在第六章中所看到的。③

在元首控制的地区，一些骑士代理官被任命为坐镇一方的行省总督。④ 现代学者通常称他们为"总督代理官"（praesidial procurators），来自拉丁语中表示总督的 praeses 一词。⑤ 设立由这些骑士官员控制的行省是在奥古斯都治下开始的过程，但持续时间远远超出了他的统治期。公元6年，由于一系列强盗和海盗袭击，元老级别的撒丁尼亚代执政官总督被掌握军权的骑士总督取代。⑥ 这一变化代表撒丁尼亚处于元首的个人权威之下，骑士长官是他的代表。⑦ 这一体制存在灵活性，撒丁尼亚在尼禄时期是元老行省，到了韦斯巴芗时期又变成骑士行省。⑧ 不过，需要指出的是，在奥古斯都和提比略统治时期，撒丁尼亚是除埃及外唯一一个新的骑士行省；这两个行省在其早期阶段

---

① Saddington 1990:229 - 30, 2007:214.
② Pflaum 1950:47 - 8.
③ 统率不列颠、日耳曼、摩西亚和潘诺尼亚舰队，并担任米塞努姆舰队副长官的那位佚名骑士是个著名的例外（CIL VI 1643; Pflaum 1960:695 - 6 [no. 259]）。
④ Strabo 17. 3. 25.
⑤ Faoro 2011:165.
⑥ Dio 55. 28. 1; R. J. A. Wilson 1996:443. Faoro 2011:41 - 9 让我们注意到发生在公元6年的其他严重问题，包括多瑙河畔的军队叛乱（这意味着军事安全是首要考量），以及罗马的供粮需要产粮行省撒丁尼亚这个事实。
⑦ 在奥古斯都时期，该总督的头衔最初似乎是"代军团长"（pro legato）（Eph. Ep. VIII 782 = ILS 105），表示那是临时任命（Faoro 2011:66 - 9）。这个头衔后来标准化为代理官和长官（procurator et praefectus）（A. H. M. Jones 1960:120; Brunt 1983:56 - 7; Faoro 2011:69 - 70）。
⑧ R. J. A. Wilson 1996:443 - 5.

完全是特例。但随着时间的推移，设立了更多独立的骑士行省，特别是在公元37—68年。① 在克劳狄乌斯的元首统治下，代理官成了除埃及长官之外的所有独立行省的骑士总督的标准头衔。② 克劳狄乌斯设立了一些新的总督代理官职务，包括色雷斯、诺里库姆、该撒利亚毛里塔尼亚和廷吉斯毛里塔尼亚的。比如，增设色雷斯行省是因为藩属国王罗伊梅塔尔克斯（Rhoemetalces）的去世导致当地出现内乱，这是罗马无法允许的；克劳狄乌斯通过自己的皇帝代表奥鲁斯·迪迪乌斯·伽卢斯平定了该地区，那里成了代理官行省。色雷斯的行省化是对希腊和巴尔干的统治行政体系的更大规模重组的一部分。③

总督代理官有时是从地方长官演化而来的，比如科提乌斯阿尔卑斯行省的情况。在奥古斯都统治时期，科提乌斯一世（马尔库斯·尤利乌斯·科提乌斯［M. Iulius Cottius］）从国王变成了该地区的长官，后来由他的儿子多努斯二世（Donnus II）继任。不过，克劳狄乌斯皇帝允许他的孙子科提乌斯二世拥有"国王"（rex）头衔。④ 这突显了阿尔卑斯科提乌斯王朝的非常规地位，他们的成员既是总督也是藩属国王。⑤ 科提乌斯二世死后，该地区在尼禄统治时期成为行省。⑥ 类似的过程也发生在犹地阿，那里从奥古斯都元首统治后期开始成为一个骑士长官辖区，但在卡里古拉和克劳狄乌斯时期被逐渐交还给藩属国王希律·阿格里帕。不过，希律死后，犹地阿再次成为长

---

① Faoro 2011:84-5, 155-6.
② Bowman 1996b:346; Levick 1990:54.
③ Levick 1990:186; Osgood 2011:122-4.
④ Letta 1976重建了科提乌斯王朝的谱系。
⑤ Roncaglia 2013:357-8; Cornwell 2015:52-3, 66-7. 另见犹地阿的希律王的例子，按照约瑟夫斯的说法（*BJ* 1.399)，奥古斯都在公元前20年授予他叙利亚代理官的头衔。与科提乌斯一世不同，希律在拥有代理官头衔的同时仍然是国王，后者似乎是荣誉头衔，代表了他作为奥古斯都个人代表的身份（见Barrett 2009的讨论）。
⑥ Suet. *Nero*. 18.2.

官辖区。① 最后，提比略设立了科玛吉尼长官辖区，但在阿里古拉时期再次成为藩属王国，直到在韦斯巴芗统治下被彻底并入叙利亚元老院行省。② 随着新的总督代理官职务的设立，它们会被纳入发展中的骑士阶序中的两个级别：有的被定为10万塞斯特斯的职位（阿尔卑斯地区、犹地阿和伊庇鲁斯），而地位更高的总督则是20万塞斯特斯的（卡帕多奇亚、色雷斯、诺里库姆、莱提亚、撒丁尼亚和两个毛里塔尼亚）。③ 不过，需要指出的是，上述名单给人一种相当人为的印象，因为这些行省并非同时处于骑士的掌控之下。事实上，卡帕多奇亚、犹地阿、色雷斯、莱提亚和诺里库姆在公元1世纪和2世纪被交由元老院控制。

埃及长官和所有的骑士总督代理官都拥有"剑之权"（*ius gladii*），即有权审判罗马公民和判处其死刑，他们与元老代执政官总督和军团长共掌此权。④ 总督代理官要负责财政管理以及行省治理中的其他领域，诸如维护公共驿道、建设新的要塞和修复现有的、引水渠等基础设施，还有同异族部落的沟通。⑤ 他们还是军事指挥官，统率驻扎在自己行省的辅助军。⑥ 骑士受命担任总督的地区都没有驻扎元老军团长统率的军团。⑦ 埃及驻扎有军团，但为了维持传统的地位等级，这些军团破例由骑士长官而非元老统率。⑧ 因此，埃及和撒丁

---

① Levick 1990：196 - 7；Osgood 2011：119 - 22.
② Faoro 2011：142.
③ Magioncalda 1999：391；Faoro 2011：210 - 12.
④ *Dig*. 1. 18. 6. 8（乌尔皮安）；Garnsey 1968：51 - 5；Eck 1988：112 - 14；Piso 1999：326；Eich 2005：153. 参见 Pflaum 1950：119 - 20，1974：50 - 1，他认为直到塞维鲁时期这才变成标准做法。Liebs 1981 认为这些权力是在元首制下逐步扩张的。
⑤ Eck 1988. *CIL* III 6123 = *ILS* 231（公共驿道）；*CIL* VIII 20816 = *ILS* 396（要塞）；*CIL* VIII 2728 = *ILS* 5795（引水渠）；*AE* 1953, 79（沟通）.
⑥ Eck 1988：111 - 12；Bowman 1996b：351 - 2；Faoro 2011：166.
⑦ Eck 2000：272 - 3.
⑧ M. P. Speidel 1982.

第七章 履历与人生（Ⅱ）：行政官员

尼亚的骑士总督的任命最初代表了奥古斯都将个人权力下放给骑士官员，但与财政代理官一样，他们很快就成为实际上的罗马国家官员，与元老总督的工作方式没有区别。

这些证据的日积月累表明，骑士和元老在君主制罗马国家中的任用方式有明显的相似之处。首先，从奥古斯都统治时期开始，担任国家职务的骑士和元老都领取薪俸。这并没有改变两个等级之间固有的地位差异，有荣誉和头衔严守，而且元老的薪俸无疑被提到比骑士更高的水平。[1] 不过，为国家服务能够获得报酬的基本原则本身是个很好的校平器。[2] 第二个相似点是生涯结构本身。元老"官职阶序"是严格规范的等级体系，担任帝国职务的资格取决于是否担任过相应的行政官职务，而且薪俸随着等级的提升而增加。[3] 骑士并不竞选行政官，但他们的"阶序"同样受薪俸等级的规范，从6万塞斯特斯到30万塞斯特斯不等。正如我们所看到的，骑士行政等级体系随着时间的推移而演变：通常最高级的职位最先设立，然后逐渐设立更多次级职位组成的"下层结构"。到了公元2世纪，基本的等级体系已经变得清晰，特别是当宫廷职务中的许多秘书职位从释奴转移给骑士之后。骑士的生涯结构是逐渐改变的，但这个事实并不意味着那是个无意的过程。从克劳狄乌斯将代理官变成骑士总督、舰队长官和行政官员的标准头衔的举动中可以看出这点；这个头衔表明，作为他的个人

---

[1] Duncan-Jones 1994：38. 我们知道，公元3世纪时，亚细亚和阿非利加的执政官级别的代执政官总督能获得100万塞斯特斯的薪俸（Dio 78（77）.22.5）。
[2] 关于维持这两个等级身份的本质差别的需要，见 Tac. *Ann.* 2. 33. 2; Suet. *Vesp.* 9. 2。
[3] A. R. Birley 1981：4-35; Alföldy 1981：183-7. 关于薪俸确切数字的证据有限，但有一些可用的信息，比如亚细亚代执政官总督的钱数。狄奥笔下的马伊克纳斯提议应该给城市长官支付薪水，但没有给出具体数字（Dio 52. 21. 7）。我们还知道，萨尔维乌斯·尤利亚努斯获得的薪俸是财务官通常的2倍（*CIL* Ⅷ 24094 = *ILS* 8973），尽管我们不知道确切的数字。

代表，他们都拥有相同的权威。帝国行政机构同样主动决定为骑士官员建立一套薪资等级制度。当公元2世纪和3世纪出现新的职位，比如皇帝财库顾问或城市供粮次官、宫廷中不同级别的司法顾问以及各行省新增的代理官职务时，它们会被评估并分到相关的薪俸等级。

这个过程非常类似于发展中的元老阶序及帝国公职体系中的职位与特定的行政官之间的关联。在元老职业生涯中，大法官职务代表了关键的级别，因为它不仅让元老们有机会获得军团长和行省总督的职位，还提供了一系列其他职位，诸如道路主管和财库长官。执政官职务同样为元老们提供了担任高级总督和一系列额外公职的机会，特别是罗马城的各种主管。[1] 当设立新的元老或总督职位时，它们会被划分为大法官或执政官级别。虽然它们带有行政官职务的称谓，但这是共和时代制度的遗留问题，因为它们实际上是薪俸等级，大法官和执政官职位的薪俸不同。[2] 由于20万塞斯特斯级别的代理官可以被提拔为大法官，担任军团长的职务，阿尔弗迪认为在安东尼时期，这些军团指挥官的薪俸至少有20万塞斯特斯，甚至可能更多。[3] 对于从骑士晋升到元老级职位的类似分析显示，大法官级别的总督和财库长官的年薪可能达到50万塞斯特斯。[4] 这意味着，即使是在大法官级别内，元老的薪俸也有等级之分，证明了元老等级体系在元首制下发

---

[1] Hopkins and Burton 1983:149, 155-6; Talbert 1984:20. 细节见 A. R. Birley 1981:15-24（大法官生涯），26-32（执政官生涯）.
[2] 狄奥笔下的马伊克纳斯建议新元首根据职务的重要性为任命的各级行省官员支付薪俸（Dio 52.23.1）。鉴于此，Duncan-Jones 2016:25, 33 提出，罗马的元老职务并没有薪俸。不过，我认同 Alföldy 1981:186-9 的观点，他认为所有的元老职务都有薪俸。诚然，皇帝议事会中的元老没有薪俸，而骑士司法顾问有，就像 Duncan-Jones 2016:25 所指出的。但这些元老顾问并不担任固定职务，而司法顾问是帝国行政体系中有薪酬的专业顾问。
[3] Alföldy 1981:187.
[4] Alföldy 1981:188; Duncan-Jones 1994:38.

第七章 履历与人生（II）：行政官员

展过程中的复杂性。[1] 因此，在君主制罗马国家中，我们无法忽略元老和骑士生涯结构之间的这些根本的相似之处，它们代表着公元前最后三个世纪的政府运作方式对这两个等级的成员来说都发生了巨大的变化。

第三个——也是最后一个——相似点是，元老和骑士都有资格担任一系列文官和军职。大部分骑士代理官已经在骑士军阶中任过职，而许多新增的职位涉及统率部队，比如舰队长官、行省总督和近卫军长官。事实上，无论由元老还是骑士担任，行省总督的基本责任都几乎没有差别，因为来自这两个等级的总督代理官都拥有自己行省的"剑之权"和统兵权。这意味着两个等级的成员都可以宣称通过一系列行政和军事职务文武兼顾地为国服务。这与西塞罗的共和国截然不同，他认为骑士和元老在罗马国家中的角色是分开的、不同的，就像我们在第二章中所看到的。当然，并非所有的骑士都会选择在皇帝统治下开始漫长的生涯，而那些选择这样做的人组成了整个等级中的精英群体，即塔西佗所说的"骑士贵族"。元老的情况同样如此，因为担任政府或军队职务不是强制的，许多人并不任职。这意味着追求长期生涯的元老组成了他们自己等级的精英：用霍普金斯和伯顿（Burton）的话来说就是"动力机组"。[2] 他们不一定是整个等级的典型。[3] 由此，骑士等级和元老等级的行政及军事精英开始具有公职贵

---

[1] 学者们早就注意到，大法官生涯中有清晰的等级元素，有的职务往往被交给地位更高的前大法官（Eck 1974，2002a:138-43; A. R. Birley 2005:6-7）。
[2] Hopkins and Burton 1983:171-5.
[3] 新人必须在军队和行省中扮演角色，以此扬名立万（Alföldy 1969a:240）。许多贵族只担任共和时代就有的行政官（Alföldy 1977:37-40），尽管如果他们真的寻求其他职位也显然是首选（Duncan-Jones 2016:8-21）。关于一些基于统计分析对元老公职的敏锐观察，见 Duncan-Jones 2016:19, 25-6, 34-5, 52-7。关于故意逃避晋升的元老，见 Hopkins and Burton 1983:153-4, 166-9, 174; Talbert 1984:23-7。

族的特征，这种变化在公元3世纪变得特别明显。① 虽然贵族若想担任政府高级职务将有很大的优势，但整个体制会限制可能对皇帝权力构成挑战的世袭贵族形成的潜在机会。② 这一发展可以理解为罗马国家君主制化的不可避免的结果：为了驯服元老等级的成员，皇帝会通过重塑他们的生涯，让这些精英的职务及其薪俸都依赖于他。③ 虽然可以说元老的独立地位在君主制罗马国家中受到了限制，但新体制给了骑士大量的新机会。他们无疑被驯服了，却是以不同于元老的方式。如果罗马国家继续按照共和时代的方式运行，那么行省的家乡贵族被纳入帝国政府的机会会很有限。这可能会让他们与罗马疏离，限制他们晋升为元老等级的可能。通过提供机会让他们以一个因服务于国家和皇帝本人而团结在一起的群体来成为国家的一部分，帝国公职驯服了行省精英。

效力与竞争的文化

罗列了军事和行政职务与荣耀的履历铭文极其醒目地展现了元首制下的骑士生涯。④ 通过这些碑铭文本，我们可以追溯单个骑士的晋升过程，看看他们是如何从军阶体系中的军官变成不同薪俸等级的代

---

① 关于骑士行政官员作为"动力机组"，见 Hopkins and Burton 1983:181-2。本书第十一章中将探讨3世纪的发展。
② 关于贵族的成功，见 Duncan-Jones 2016:12-18。关于缺少世袭贵族，见 Hopkins and Burton 1983:174 and *passim*。对皇帝地位的挑战通常来自统兵的元老，这凸显了担任公职的重要性。
③ 就像 Syme 1999:1-6（写于1930年代）精辟描绘的。现在见 Hopkins and Burton 1983:120-2, 171; Bang 2011:112-13; Bang and Turner 2015:17-18。
④ Eck 2009b 关于"履历铭文"一词的看法被普遍接受，因为这类履历被刻在形形色色的纪念碑上。不过，使用这个词可能只是方便起见，前提是人们承认这些文本所处的语境是多样的。本节将发展在第六章导言中对铭文履历的介绍。

第七章　履历与人生（II）：行政官员

理官，有时甚至成为大长官的。相比2世纪和3世纪，公元1世纪的骑士履历铭文寥寥无几。① 本节将提出，履历风格的纪念形式逐渐被骑士所采用，反映了类似于元老阶序的骑士行政生涯概念的出现。对于那些选择将一生献给罗马国家的骑士，这成了他们公开自我展现的基本部分。元老等级的所有成员都可以获得"最显赫者"的头衔。到了公元2世纪中期，引入了一系列新的骑士地位和头衔（"出众的"［egregius］、"最完美的"［perfectissimus］、"最突出的"［eminentissimus］）来向担任过官职的骑士致敬，从而让他们从骑士等级中分离出来，成为一个独特的公职贵族。与此同时，我们不应被大批的骑士履历铭文误导，以为该等级的所有成员都渴望一生为罗马帝国效力。对许多骑士来说，担任过一两个职务的荣誉已经足以展现他们得到了皇帝的垂青。完整的骑士生涯是对献身帝国的终极表达，但只有很小比例的骑士能够实现。这进一步将公职精英同大批普通骑士分开，凸显了他们与过着类似生活的元老的相似之处。

在尤利乌斯-克劳狄乌斯王朝，骑士开始记录他们为皇帝服务时的正式工作。最早的例证往往采用叙述形式，较为详细地描述他们的具体职责，而不是像后来的标准那样程式化地罗列官职。从对卢基乌斯·沃鲁塞努斯·克莱门斯（L. Volusenus Clemens）担任过的军职和文职的描述中可以看出这点，这些描述保存在来自他家乡翁布里亚的塞斯提努姆（Sestinum）的一块刻有文字的石板上：

献给卢基乌斯·沃鲁塞努斯·克莱门斯，卢基乌斯之子，克

---

① 我们关于长期生涯的证据大部分来自弗拉维乌斯王朝及其之后（Pflaum 1950:215 - 6）。在尤利乌斯-克劳狄乌斯王朝，有据可查担任过官方职务的骑士有180多人，但只有20例记录了两个或更多的行政职位（Demougin 1988:714 - 21,735 - 7）。

362

鲁斯图米努斯部落，军政官，骑兵长官，纳尔波高卢的征兵长官，还受神圣的奥古斯都委派，在潘诺尼亚做了人口调查。当他被提比略·恺撒·奥古斯都派往埃及担任执法官时，他在阿基坦行省去世。①

克莱门斯的公职生涯从军事指挥官起步，然后受奥古斯都委任前往潘诺尼亚进行人口调查。后来，提比略任命他为埃及亚历山大里亚的执法官（iuridicus Alexandreae）。② 在帝国盛期，负责进行行省人口调查的代理官通常是6万塞斯特斯级别，而执法官级别要高得多，达到20万塞斯特斯。③ 同样，从公元2世纪开始，骑士往往会先担任至少一个10万塞斯特斯级别的代理官职务，然后晋升到更高等级。④ 克莱门斯的生涯道路证明在这个早期阶段，并没有固定的等级，他的生涯完全取决于皇帝的决定。⑤ 此外，铭文不是给出具体职务的头衔，而是采用更散漫的方式讲述克莱门斯的生涯，这一点在对他的执法官任命的描述中最为明显。尽管没有提到奉献者，但为克莱门斯立碑的倡议很可能来自塞斯提努姆的社群或他的家族成员，后者是显赫的当

---

① CIL XI 6011 = ILS 2691: L(ucio) Voluseno | L(uci) f(ilio) Clu(stumina tribu) Clementi | trib(uno) mil(itum) praef(ecto) | equit(um) praef(ecto) tir(onum) | Gall(iae) Na[rbonen] | sis it[em in Pan] non[i]a [censum?] | accepit missus a | divo Aug(usto). hic cum | mitteretur a Ti(berio) Caes(are) Aug(usto) | in Aegypt(um) ad iur(is) dict(ionem) | decessit provinc(ia) | Aquitania. 对第5行的第二个行省的正确复原一直是一些争论的主题。CIL 认为是 [Aquit] n [icae]，这有助于解释为何沃鲁塞努斯去世时在该行省。另一方面，碑身上清楚地显示了字母 O，这就是为什么 Firpo 1985 按照蒙森在 CIL 中提出的观点，将其复原成 [Pan] non [i] a。第5—7行的空缺处没有刻完，可能直接涂写在石头上（Cenerini 1989: 189 - 90; Donati 1989: 173）。这种做法在帝国其他地方也出现了（见 M. P. Speidel 1991:116）。
② Pflaum 1960:17 - 18（no. 4）.
③ Pflaum 1960:18.
④ 见 Saller 1982:87 - 91 汇编的代理官生涯模式的表格。
⑤ 参见 Pflaum 1960:18，他认为提比略用这种方式提拔克莱门斯是背离了既有的体系。

第七章 履历与人生（II）：行政官员

地士绅。①

心怀感激的社群重视他们与显赫的骑士之间的关系，常常决定为他们爱戴的个人竖立雕像，将其正式的政府职位和荣誉刻在底座上。铭文的详细程度各有不同，即便是在同样的公共空间中像同一个体致敬，来自以弗所的尤利乌斯-克劳狄乌斯王朝的骑士提比略·克劳狄乌斯·巴尔比鲁斯（Ti. Claudius Balbillus）的例子就是那样。第一个雕像底座上的铭文为希腊语，发现于当地广场的东北角。铭文如下：

> 市议会和人民向最杰出的皇帝代理官提比略·克劳狄乌斯·巴尔比鲁斯致敬，因为他始终敬神，回馈城邦。②

其重点放在了巴尔比鲁斯对以弗所的奉献，因为文本中只是简单提到了他担任过代理官，没有更多展开。一座位于以弗所广场西侧大厅里的雕像底座上有对巴尔比鲁斯生涯更为详细的描绘。这段铭文用拉丁语写成，不幸的是，现在残缺得厉害：

> ［献给提比略·克劳狄］乌斯·［巴］尔比鲁斯，提比略·克劳狄乌斯·［特拉许鲁］斯之子（?），奎里努斯部落［……］神圣奥古斯都的神庙……亚历山［大和整个埃及］的所有圣所和圣物，主管［缪斯宫］和［亚历山大里亚］图书馆，［多年］担任［亚历山大里亚赫尔墨斯］的大［祭司］……神圣的恺撒·奥古斯都·克

---

① 关于克莱门斯的两位兄弟，见 CIL XI 6016 = ILS 5758。关于这个家族及其后裔，见 Cenerini 1989：189 - 93。
② I. Eph. 3041: [ἡ βουλὴ καὶ δῆμος ἐ]τείμησεν | [Τιβ. Κλαύδι]ον Βάλβιλλον | [τ ὸν κράτιστον] ἐπίτροπον τοῦ | [Σεβαστοῦ διὰ τὴ]ν ἀδιάλειπτον | [α ὑτοῦ εἴς τε τὴν] θεὸν εὐσέβειαν | [κα ὶ εἰς τήν πόλι]ν εὐεργεσίαν.

364

劳狄乌斯的［希腊］使团接待和回信官，第二十二军团的［军政官］，神圣的克劳［狄乌斯］的工程兵长官，在凯［旋式中被神圣的］克劳狄乌斯授予［桂冠……以及］无枪尖［投矛和军旗］。①

奉献者名字不幸失传的第二块纪念碑提供了关于巴尔比鲁斯公职的更详细描述。不过，即使在这里也需要指出，这并非程式化的履历。巴尔比鲁斯的所有职务都被详尽列出，他的几项荣誉被明确描述为克劳狄乌斯皇帝本人的恩赏。② 这两个文本的区别表明，这些纪念碑并不必然包括完整的生涯。是否加入某段履历取决于一系列因素，诸如雕像底座的大小和可用的空间，以及奉献者的意图。文本越是详细，就越是想让目标受众对被致敬者在国家公职中的成就留下深刻印象。

铭文履历最重要的特征是，它传递了骑士是皇帝和罗马国家的忠仆的理念。这种基本理念可以被用于各种目的，比如表达对行省代理官的感激。我们可以在加拉提亚的代理官卢基乌斯·普皮乌斯·普莱森斯（L. Pupius Praesens）的例子中看到这点。他在任期间，伊科尼乌姆（Iconium）城为他奉献了一座雕像，底座上的希腊语铭文写道：

克劳狄科尼乌姆人民向卢基乌斯之子，萨巴提努斯部落的卢基乌斯·普皮乌斯·普莱森斯致敬，他是军政官，皮肯提乌斯第

---

① *I. Eph.* 3042: [*Ti(berio) Claud*]*io Ti(beri) Claudi* | [*Thrasyll*]*i(?) f(ilio) Quir(ina) tribu*) | [*Ba*]*lbillo* | [...] *aedium divi Aug(usti) et* | [... e]*t lucorum sacro* | [*rumque omnium qu*]*ae sunt Alexan* | [*driae et in tota Aegypt*]*o et supra mu* | [*s*]*eu*[*m*] *e*[*t ab Alexandri*]*na bybliothece* | *et archi*[*erei et ad Herm*]*en Alexan* | *dreon pe*[*r annos ...*] *et ad legati* | *ones et res*[*ponsa Graeca Ca*]*esaris Aug(usti)* | *divi Claud*[*i*] *e*[*t trib(uno) milit(um) le*]*g(ionis) XX et prae*[*f(ecto)*] | *fabr(um) divi Cla*[*udi et d*(*onis*) *d*(*onato*) *in triu*]*m*[*pho a divo*] | *Claudio* [*corona ... et hasta*] | *pura* [*et vexillo*].
② 关于公元 1 世纪上半叶，骑士在铭文中提到具体的皇帝这一现象，见 Pflaum 1950: 13–14。

365

二侧翼骑兵队的长官，负责台伯河岸的恺撒代理官，提比略·克劳狄乌斯·恺撒·奥古斯都·日耳曼尼库斯和尼禄·克劳狄乌斯·恺撒·奥古斯都·日耳曼尼库斯的加拉提亚行省代理官，他们的庇主和缔造者。①

这段铭文在几个层面上强调了与皇帝的联系，从"克劳狄科尼乌姆人"这个表示对皇帝热爱的敬称，到普莱森斯本人至少在两位皇帝的行政机构中被任用。② 铭文履历之外还有"庇主和缔造者"这样的尊称，表明普莱森斯不仅是重要的帝国官员，还是伊科尼乌姆公共生活中不可或缺的人物。能在同一文本中将这些想法联系起来并传递出去，解释了为何铭文履历成为纪念帝国各地城镇庇主的一种流行方式。

从来自纳尔波高卢的沃孔提瓦西奥（Vasio Vocontiorum）的一座雕像底座上非常简单的铭文中可以看到这种意图：

沃孔提瓦西奥人献给庇主塞克斯图斯·阿弗拉尼乌斯·布鲁斯，塞克斯图斯之子，沃尔提尼乌斯部落，军政官，奥古斯都的代理官，提比略·恺撒的代理官，神圣的克劳狄乌斯的代理官，近卫军长官，获得执政官级别的嘉奖。③

---

① IGR III 263 = ILS 8848: *[K]λαυδ[εικονιέ]|[ω]ν ὁ δῆμος ἐτεί|μησεν| [Λε]ύκιον Πούπιον Λ-ευ|[κ]ίου υἱὸν Σαβατεῖνα | [Π]ραίσεντα, χειλίαρχον,| [ἔ]παρχον ἱππέων ἀλη[ς],|[Π]εικεντεινῆς, ἐπίτρο|[π]ονΚαίσαρος προς ὄ|[χ]θαις Τιβέρεως, ἐπίτρο|[π]ον Τιβερίου Κλαυδίου | [K]αίσαρος Σεβαστοῦ Γερ|[μ]ανικοῦ καὶ Νέρωνος | [K]λαυδίου Καίσαρος Σε[β]α[σ]|[τ]οῦ Γερμανικοῦ [Γ]αλα|[τ]ικῆς ἐ[π]αρχεία[ς, τ]ὸν ἑ|[αυ]τοῦ εὐεργέτην καὶ|[κ]τίστην.*
② 普莱森斯无疑也在卡里古拉手下任职，但文本中略去了这点，可能是有意为之。
③ CIL XII 5842 = ILS 1321: *Vasiens(es) Voc(ontiorum) | patrono | Sex(to) Afranio Sex(ti) f(ilio)|Volt(inia tribu) Burro|trib(uno) mil(itum) proc(uratori) Augus|tae proc(uratori) Ti(beri) Caesar(is) | proc(uratori) divi Claudi | praef(ecto) pra[e]tori(o) orna|me[nt]is consular(ibus).*

上述履历向任何能阅读的人证明了布鲁斯对沃孔提瓦西奥的恩庇的重要性。我们对他与里维娅以及提比略和克劳狄乌斯这两位皇帝的关系已经足够清楚，也知道他如何由多个行政级别一路升为近卫军长官。与此同时，这段相当简洁的铭文可能会让现代读者感到意外，人们很清楚布鲁斯是尤利乌斯-克劳狄乌斯王朝宫廷中的重要人物，就像塔西佗的《编年史》中所描绘的。尽管铭文告诉读者，布鲁斯是近卫军长官，获得了执政官级别的嘉奖，但我们对他在尼禄的行政体系中握有的权力一无所知。这是铭文履历体裁的关键部分。另一方面，这些文本会赞美和放大骑士个人的成就，反映他们在争取地位、威望和皇帝垂青方面的成功。不过，随着铭文变得更加程式化和不那么散漫，它们开始强调从最重要的近卫军长官到低级代理官的所有骑士行政官员之间的相似之处，无论他们来自小亚细亚还是高卢。铭文履历展现了这些骑士对罗马和皇帝的效忠，从而象征了他们为帝国服务的集体文化。

履历风格的纪念活动在公元2世纪日益流行，这与罗马城、宫廷职务和行省行政机构中可供骑士担任的职位的增加是相对应的。这不可能是巧合，而是无疑反映了有明确界定的骑士生涯等级的出现，它被分为不同等级，地位最高的是近卫军长官。来自意大利雷亚特（Reate）的提图斯·普里费尔尼乌斯·派图斯·门米乌斯·阿波里纳利斯（T. Prifernius Paetus Memmius Apollinaris）的生涯铭文是公元2世纪初期的骑士履历铭文的经典例子（图7.1）：

> 献给提图斯·普里费尔尼乌斯·派图斯·门米乌斯·阿波里纳利斯，普布利乌斯之子，奎里努斯部落，五年期四人执法官，青年长官，"布雷乌科伊人"第三大队长官，"双子"第十军团军

第七章 履历与人生（II）：行政官员

图 7.1 提图斯·普里费尔尼乌斯·派图斯·门米乌斯·阿波里纳利斯的铭文履历，雷亚特

长官,"阿斯图里亚"第一侧翼骑兵队长官,在达契亚远征中被图拉真皇帝授予无枪尖的投矛、军旗和首登城墙桂冠的嘉奖,西西里行省的代理官,卢济塔尼亚行省的代理官,廿一遗产税代理官,色雷斯行省的代理官,诺里库姆行省的代理官,普布利乌斯·门米乌斯·阿波里纳利斯,普布利乌斯之子,奎里努斯部落,为他最正直的父亲[立下此碑]。①

在上述文本中,普里费尔尼乌斯·派图斯是身为公职精英成员的罗马骑士的典范。他担任过雷亚特的市政长官,是骑士军阶中受到嘉奖的军官,从西西里的10万塞斯特斯级别的代理官升任自卢济塔尼亚行省开始的20万塞斯特斯级别,最终在色雷斯和诺里库姆担任总督代理官。铭文履历象征着他为家乡城市和整个帝国的服务,无论在国内还是在战场上。虽然铭文中没有提到派图斯每个职务的任职时限,或者两者之间相隔多久,但我们可以估算出他的生涯很可能持续了二十多年。

一些效力如此之久的骑士得以升任大长官,这是个人自豪感的来源。为了庆祝自己升任治安长官,格奈乌斯·屋大维乌斯·提提尼乌斯·卡皮托在罗马的治安队营地立了两座雕像。一个是任命他担任此职的图拉真皇帝,另一个是治安队的保护神伏尔甘。两座雕像的底座

---

① CIL IX 4753 = ILS 1350; Pflaum 1960:166-7 (no. 71): *T(ito) Prifernio | P(ublii) f(ilio) Qui(rina tribu) Paeto | Memmio Apollinari | IIIIvir(o) iur(e) dic(undo) quinq(uennali) mag(istro) iu(venum) | praef(ecto) coh(ortis) III Breuc(orum) trib(uno) leg(ionis) X | Gem(inae) praef(ecto) alae I Asturum donis | donato exped(itione) Dac(ica) ab Imp(eratore) | Traiano hasta pura vexillo | corona murali proc(uratori) provinc(iae) | Sicil(iae) proc(uratori) provinc(iae) Lusitan(iae) | proc(uratori) XX her(editatium) proc(uratori) prov(inciae) Thrac(iae) proc(uratori) prov(inciae) Noricae | P(ublius) Memmius P(ublii) f(ilius) Qui(rina tribu) | Apollinaris | patri pi(i)ssimo.*

上都刻了对卡皮托生涯的描述：

> 格奈乌斯·屋大维乌斯·提提尼乌斯·卡皮托，大队长官，军政官，获得无枪尖的投矛和拔城桂冠，司信官和皇帝财产的代理官，第二次任神圣的涅尔瓦的司信官，根据元老院协议，被同一位皇帝授予大法官级别的嘉奖，第三次任涅尔瓦·恺撒·图拉真·奥古斯都·日耳曼尼库斯皇帝的司信官，治安队长向伏尔甘奉献此礼。①

奉献两座雕像和这段铭文让治安队毫不怀疑他们的新长官（自以为）的重要性。② 铭文显示，现在的皇帝（图拉真）和他成神的父亲（涅尔瓦），以及元老院都正式认可了卡皮托在为国效力时的卓越表现。派图斯和卡皮托在担任行政及财政代理官之前都是骑士军阶中的军官，表明他们秉持文武兼顾地效劳的精神。

在军阶体系和代理官生涯中任职有什么关系呢？绝大多数代理官——大约85%——担任过军职，就像我们已经指出的。他们并不都来自军阶体系：四分之一的代理官过去是不同于普通士兵的百人队长。③ 从军职晋升为代理官的骑士代表了等级中的精英群体，因为大部分军官后来都没成为代理官。④ 邓肯-琼斯对军职阶序在代理官生

---

① CIL VI 798 = ILS 1448: *Cn(aeus) Octavius Titinius Capito | praef(ectus) cohortis trib (unus) milit(um) donat(us) | hasta pura corona vallari proc(urator) ab | epistulis et a patrimonio iterum ab | epistulis divi Nervae eodem auctore | ex s(enatus) c(onsulto) praetoriis ornamentis ab epistul(is) | tertio Imp(eratoris) Nervae Caesar(is) Traiani Aug(usti) Ger(manici) | praef(ectus) vigilum Volcano d(onum) d(edit)*. 另一座雕像底座上的铭文是依据 CIL VI 40489。
② Eck 2009b: 90-1.
③ Dio 52.25.7.
④ Duncan-Jones 2016: 89, 106, 112.

涯中的地位的分析得出了有趣的结果。① 他考察了89名骑士的生涯，时间从图拉真统治时期到公元3世纪中叶。在军职阶序中担任过四个或更多职务的骑士拥有非常成功的生涯，成为平均最终年薪23万塞斯特斯的代理官。担任过四个军阶职务的骑士不同于其只担任过三个职务的战友。担任过三个指挥官职务的骑士成为平均最终年薪14.7万塞斯特斯的代理官，让他们与担任过一两个职务的人处于同一群体。这意味着第四个军职的任命标志着一名骑士成为值得关注的人，在帝国公职体系中有着光明的未来。邓肯-琼斯发现，就平均最终薪俸而言，第二成功的群体是那些没有担任过指挥官职务的骑士（每年18.9万塞斯特斯）。89人中有21人属于这种情况，几乎占样本的四分之一。这个群体包括苏维托尼乌斯等人，他拒绝了骑士军阶中的职务，但是发现这并不妨碍他在行政体系中担任要职，因为他的文学才能让他极其适合担任要职。② 这类骑士也许能够担任更多次数的代理官职务，因为他们没有将人生中的多年时光用于从军，就像邓肯-琼斯所指出的。在这两个极端之间，剩下的人的职业生涯旗鼓相当，也就是说，担任一两个或三个军职对骑士的最终薪俸没有多少影响。上述分析表明，骑士为帝国服务的生涯形式有着相当的灵活性。有的可能担任过一个军阶职务和一个代理官，有的可能没有担任过军阶职务，但担任过多个行政职务——但他们都被算作骑士贵族的成员。在邓肯-琼斯认定的这个范围更广的公职精英中有两个任期特别长的群体。一个是由担任过四个军阶职务和平均担任过5.4个代理官职务的骑士组成，远高于担任过一到三个军阶职务者的平均值（担任过

---

① Duncan-Jones 2016:108-13，这里总结了他的几个结论。
② 在这方面，我们也应该关注之前没有服役经历，但受命担任高级代理官和宫廷职务的希腊学者。本章稍后将讨论这些人。

3.19—3.45个代理官)。① 第二个群体中的骑士没有担任过军阶职务,平均担任过5.0个代理官职务。因此,我们可以自信地说,在公元2世纪和3世纪,有一小群骑士——整个等级的精英中的精英——拥有了为帝国服务的可能性。

公元2世纪和3世纪的履历铭文,特别是这些文本中对薪俸等级的使用,让我们可以追溯骑士等级中这种事业为上的心态的出现。本章开头时提到的多米提乌斯·马尔西亚努斯的纪念碑是我们关于20万塞斯特斯级别（*ducenarius*）这一说法最早的铭文证据。它没有出现在马尔西亚努斯的履历中,而是来自铭文中马可·奥勒留的书信,皇帝对这个词的使用就好像它是一个众所周知的地位标识。不过,在一二十年内,20万塞斯特斯级别和其他薪俸等级也开始成为铭文履历的一部分,表明它们已经从行政术语转变成骑士公开自我展现的一个方面。2世纪80年代,来自潘诺尼亚波伊托维奥（Poetovio）的骑士马尔库斯·瓦雷利乌斯·马克西米亚努斯（M. Valerius Maximianus）在努米底亚的兰拜西斯（Lambaesis）留有铭文履历,他晋升为元老后曾经在那里担任总督。② 铭文中的相关部分表示他

> ……统率马尔科曼尼人、纳利斯提人和夸迪人骑兵平定东方的骚乱,获得10万塞斯特斯等级的荣誉（*honor* [*e*] *centenariae dignitatis*）,随后被加薪提拔为下摩西亚代理官。③

---

① 担任过四个军阶职务,后来进入元老院的骑士也拥有最成功的元老履历（Duncan-Jones 2016:114）。
② Pflaum 1960:476-94 (no. 181 *bis*)。
③ AE 1956, 124: ... *praep(osito) equitib(us) gent(ium) Marcomannor(um) Narist(arum) | Quador(um) ad vindictam Orientalis motus pergentium honor(e) centenariae dig | nitatis aucto salario adeptus procurationem Moesiae inferioris* ...

这里有两点值得一提。首先，薪俸等级被称为 *dignitas*，即皇帝授予的官方身份。其次，薪俸并不固定，可以由皇帝下令增加，就像马克西米亚努斯被派往下摩西亚时那样。① 他也不是这种现象唯一有记录可查的例证。根据马尔库斯·奥雷利乌斯·明迪乌斯·马提迪亚努斯·波里奥（M. Aurelius Mindius Matidianus Pollio）在以弗所的履历铭文，他是"被康茂德皇帝陛下任命的驿道长官，薪俸20万塞斯特斯"（ἐπίτρο|πον ὀχημάτων, τειμηθέντα παρὰ τοῦ κυρίου | αὐτοκράτ[[ορος Κομμόδου σ]] αλαρίῳ δου|κηναρίῳ）。② 由于负责意大利公共驿道的"驿道长官"（*praefectus vehiculorum*）通常是10万塞斯特斯的职务，康茂德对波里奥表现出特别的优待。远在兰拜西斯和以弗所，薪俸等级都被写进了铭文，这个事实表明整个帝国都认可那是地位标识。

在铭文履历中，薪俸这样的标识还可以用于描述骑士在帝国公职等级中的晋升。③ 我们在马尔库斯·尤尼乌斯·布匿库斯（M. Iunius Punicus）的例子中可以看到这种现象，他出资在大莱普提斯的广场上为塞普提米乌斯·塞维鲁、尤利娅·多姆娜、卡拉卡拉和盖塔立了雕像。布匿库斯在全部四座像的底座上都被描述为"色雷斯行省的6万塞斯特斯级别代理官，亚历山大里亚墨丘利的10万塞斯特斯级别代理官"（*proc [urator] sexagena | rius provinciae Thraciae cente | narius Alexan | driae ad Mercur | ium*）。④ 这是行政体系中两个相对普通的职务，但四处铭文中都用薪俸作为头衔，恰恰是这点暗示了布匿库斯希望强调自己在公职等级中的晋升，以及他获得的高薪。另一

---

① Pflaum 1960:488.
② *I. Eph.* 627, 3056.
③ 关于薪俸级别作为区分骑士与其同僚的一种荣誉，见 Demougin 2015:66-7。
④ *IRT* 392，另见 403，422，434 关于墨丘利地区的代理官的职责，包括粮食供应，见 Pflaum 1960:653-4 (no. 244); Rickman 1971:304-6。

位塞维鲁时期的骑士卢基乌斯·拜比乌斯·奥雷利乌斯·尤恩基努斯(L. Baebius Aurelius Iuncinus)的履历中也准确描绘了各个级别,并铭刻在撒丁尼亚的卡拉莱斯(Carales)一座雕像的底座上:①

> 献给卢基乌斯·拜比乌斯·奥雷利乌斯·尤恩基努斯,卢基乌斯之子,加莱利乌斯部落,遗产税代理官,代理官,皇帝撒丁尼亚长官,20万塞斯特斯的驿道长官,10万塞斯特斯的驿道长官,6万塞斯特斯的奥斯提亚供粮长官,6万塞斯特斯的图书馆长,劳伦图姆-拉维尼乌姆祭司,十人队长昆图斯·蒙提亚努斯,波里奥,他的马夫为这杰出的人,最非同寻常的统帅所立。②

描述拜比乌斯生涯的这段铭文来自撒丁尼亚,无疑是他赴罗马转任遗产税总督时刻下的,这是对他在不同级别的骑士公职中晋升的总结。普弗劳姆认为,驿道长官的两种薪俸级别可以归因为他在任时,塞普提米乌斯·塞维鲁提高了与这个职务相关的薪俸。③ 这个结论可能过于简单,因为我们知道,同样担任此职的马提迪亚努斯·波里奥是因为受到康茂德的垂青而获得了更高的20万塞斯特斯薪俸。④ 此外,在马可·奥勒留统治时期,马尔库斯·奥雷利乌斯·帕皮里乌斯·狄

---

① Pflaum 1960:678–83 (no. 251).
② CIL X 7580 = ILS 1358: L(ucio) Ba[e]bio L(uci) f(ilio) [G]al(eria tribu) Aurelio | Iuncino proc(uratori) heredit(atium) | proc(uratori) Aug(usti) praef(ecto) prov(inciae) Sard(iniae) | praef(ecto) vehicul(orum) ad HS CC(milia) | praef(ecto) vehicul(orum) ad HS C(milia) | proc(uratori) ad annonam Ostis | ad HS [L]X proc(uratori) b[ib]liothec(arum) | ad HS [L] X(milia) Laurenti[um] | Lavinatium | Q(uintus) Mon[t]an[i]us Po[ll]io | dec(urio) [e]q(uitum) s[t]rator eius | v(iro) e(gregio) praesidi rarissimo.
③ Pflaum 1960:680.
④ Millar 1963b:198.

俄尼修斯担任了"负责弗拉米尼乌斯大道物资供应的皇帝驿道长官"(ducenario | praef[ecto] vehicul[orum] a copi[i]s Aug[usti] | per viam Flaminiam)。① 这表明皇帝在设定薪俸级别时远比我们所认为的灵活，可以通过加薪来表示皇帝的青睐。② 这些纪念碑不仅表明了骑士职务等级的巩固，还显示了骑士是如何在为皇帝效力时抓住成就个人事业的机会的。③

使用薪俸级别作为自我展现的公开形式突显了骑士行政官员获得的大笔财富。事实上，如果换算成黄金，代理官的薪俸相当于每年15到75磅黄金；这是国家为他们的服务支付的高额报酬，也是担任公职的巨大诱惑。④ 与拥有40万塞斯特斯这一最低财产条件的骑士的收入相比（尽管应该指出的是，许多骑士要比这富有得多），就更能看出薪俸的多少。在意大利，土地投资的年收入通常是每年5%—6%。⑤ 因此，有40万塞斯特斯这一最低财产条件的骑士每年能指望获得2万到2.4万塞斯特斯的回报。⑥ 这可能足够一些骑士在没有其他收入的情况下舒服地生活，怀特（White）认为这正是文人的情况。⑦ 不过，骑士们很可能需要比最低条件高得多的收入来维持多处宅邸和庄园。⑧ 事实上，根据沙伊德尔和弗里森（Friesen）近来的计算，骑士财产平均超过60万塞斯特斯，年收入平均超过4万塞斯

---

① *CIL* X 6662 = *ILS* 1455；*IG* XIV 1072；Pflaum 1960：472 - 6（no. 181）.
② 见 Eck 2000：261 的评论。
③ 除了详细讨论的例子，也应该注意下列铭文：*CIL* X 6569 = *ILS* 478；*CIL* XIV 170；*IG* XIV 1480 = *ILS* 8854；*AE* 1932,34,1969/70,704,1988,282,2010,1809.
④ Rathbone 2009：313.
⑤ Duncan-Jones 1982：33；Frier 1980：21；Jongman 2007：600.
⑥ 比如，奈沃鲁斯（Naevolus）想要获得2万塞斯特斯的年收入，以维持骑士身份（Juv. *Sat*. 9. 140 - 1），暗示那是达到骑士财产条件的最低投资回报。
⑦ White 1978：88 - 9；Bellandi 2009：482 - 3.
⑧ Juv. *Sat*. 14. 325 - 6；D. Armstrong 2012：61.

特斯。① 代理官及其高薪因此很有吸引力。支付给一名 6 万塞斯特斯级别的代理官的薪俸相当于骑士最低财产年收入的 3 倍（假设年回报率为 5%），或者 2.5 倍（假设为 6%），也高于沙伊德尔和弗里森计算出的平均收入。② 随着升任 10 万、20 万甚至少见的 30 万塞斯特斯级别的代理官职务，数量级也会升高。此外，也值得将这些薪俸同预期收入进行比较。邓肯-琼斯的计算显示，公元 2 世纪，北非最富有的精英的财富可能是 200 万塞斯特斯，尽管已证明有人的财富更多，达到 300 万—400 万塞斯特斯。③ 10 万塞斯特斯级别职务的薪俸相当于 200 万塞斯特斯的财富每年有 5% 的回报，而 20 万塞斯特斯的薪俸更是相当于 10% 的年回报。

因此，代理官的薪俸代表了罗马国家的大笔现金支付。骑士们都认识到这点，既包括来自下层等级，希望发财的，也包括那些极其富有，还想要更进一步的。行政职务被普遍认为是骑士的发财之路，无论是通过礼物和贿赂，还是通过薪俸本身。④ 这方面最著名的例子是塞涅卡的弟弟卢基乌斯·阿奈乌斯·梅拉，他宁愿继续做骑士，也不愿意寻求元老身份，因为他想要担任代理官并获得相应的薪俸。⑤ 但他不是唯一有这种想法的。普鲁塔克设想一些显赫之辈会争抢代理官和元老总督职务，因为那些是高薪职务。⑥ 谋求不承担职责的荣誉代

---

① Scheidel and Friesen 2009:76 – 7.
② Duncan-Jones 1982:4.
③ Duncan-Jones 1963:164 – 5 援引了赫瑞尼乌斯·鲁非努斯（Herennius Rufinus, *Apol*. 75，300 万塞斯特斯），西基尼乌斯·庞提亚努斯（Sicinius Pontianus, *Apol*. 62，77，97，400 万塞斯特斯）和阿普列伊乌斯本人的（*Apol*. 23，200 万塞斯特斯）财产。200 万塞斯特斯的平均值来自他对富有的北非精英在公共捐助上的花费的分析。
④ Talbert 1984:79; Lendon 1997:176 – 7.
⑤ Tac. Ann. 16.17.3. 另见本书第四章。
⑥ Plut. Mor. 814D.

理官职务的骑士有拿钱不干活、中饱私囊之嫌。因此，当弗隆托致信安东尼·庇护皇帝，为朋友阿皮安谋求这种闲职时，他强调阿皮安只是想要该职务附带的地位，而不是薪俸。① 皇帝之前婉拒了授予阿皮安这种荣誉，因为他担心这会导致其他许多博学的希腊人寻求同样的特权。② 如果不加节制地授予这种闲职，无疑会对帝国财库造成巨大的压力。因此，我们可以说，骑士是为了薪俸而谋求代理官职务，而出现骑士公职精英的原因之一是对经济回报的渴望。③

从10万塞斯特斯晋升到20万塞斯特斯的薪俸等级是特别重要的一步。年薪20万塞斯特斯是估算的骑士最低平均收入4万塞斯特斯的5倍，这使得这种代理官职位变得非常有利可图。它们也的确值得夸耀。公元2世纪，为了强调自己达到了20万塞斯特斯级别，骑士们开始将其用作头衔。这就把"20万塞斯特斯级别"（ducenarii）同地位较低的骑士行政官员和骑士等级中的很大一部分人区分开，表明他们是一个建立在财富、职位和皇帝恩宠之上的排外精英群体。行省各地的希腊语和拉丁语铭文中都用到了"20万塞斯特斯级别"这个头衔，反映了整个帝国对这一地位标识的接受，特别是在公元3世纪。④ 在来自佩尔基（Perge）的一座雕像底座的铭文中，骑士代理官提比略·克劳狄乌斯·普罗提诺被称为"20万塞斯特斯级别的代理官提比略·克劳狄乌斯·赫拉克拉之子"（Τι. Κλ. Ἡρακλᾶ[τος]| ἐπιτρόπου δουκηνα[ρίου]| υἱòν）。⑤ ducenarius 这一头衔被转写成希腊文表明，佩尔基的识字居民知道和明白普罗提诺的父亲在帝国行政体系中升到了

---

① Fronto, *Ad Ant. Pium* 10.1-2（vdH² p.168）= Davenport and Manley 2014:122-3 (no.35).
② Fronto, *Ad Ant. Pium* 10.3.
③ Rathbone 2009:313.
④ Pflaum 1970:178-90; Christol 2006b:243-4.
⑤ *I. Perge* 293 = *AE* 2004,1484.

高位。① 到了3世纪,"20万塞斯特斯级别"可以用作对整个代理官生涯的简称。比如,公元3世纪40年代,卢基乌斯·提提尼乌斯·克洛狄亚努斯(L. Titinius Clodianus)在努米底亚的兰拜西斯被尊称为"担任过多个20万塞斯特斯职务的人,现在是至大者宙斯赛会的20万塞斯特斯[代理官]"(multarum | ducc(enarium) viro | nunc ducen(arius) | ludi magni)。② 如果骑士被称为"20万塞斯特斯者"(vir ducenarius),就表示他被视为或者曾经是帝国行政体系中的高等公仆。③ 大部分代理官从未实现如此之高的目标。公元2世纪初,马尔库斯·埃米利乌斯·巴苏斯完成了三个军阶职务,担任过四个6万塞斯特斯的职务,最终被任命为犹地阿代理官,薪俸10万塞斯特斯。④ 这是巴苏斯公职生涯的最高荣誉,因为他不久之后就去世了。⑤ 他不是唯一一个从未获得20万塞斯特斯级别职务委任的:每个级别职位数量的逐步下降意味着,在公元2世纪和3世纪,担任过10万塞斯特斯级别职务的骑士中只有不到一半人能够升任20万塞斯特斯级别的代理官。⑥ 铭文中也可以找到"10万塞斯特斯级别者"(vir centenarius)的头衔,但远不如"20万塞斯特斯级别"常见,可能是考虑到它作为自我展现的载体所带来的威望相形见绌。⑦ 同样,虽然6万塞斯特斯级是帝国行政体系中公认的级别,但没有骑士会在

---

① 比如,见 Kuhn 2010:115 对于元老和骑士头衔在希腊世界被理解程度的评论。
② AE 1917/18, 85;Pflaum 1960:859 – 64 (no. 331 bis)。
③ Pflaum 1970:178 – 9; Chastagnol 1988:202; Christol 2006b:249.
④ Pflaum 1960:238 – 40 (no. 103)。
⑤ AE 1915, 58 = ILS 9506.
⑥ Saller 1982:116 – 17. Duncan-Jones 2016:111 指出,担任过一个军阶职务的骑士平均下来担任一个20万塞斯特斯级别的代理官职务,而担任过两到三个军阶职务者平均下来担任20万塞斯特斯级别的职务还不到一个。这反映了对这些职位的激烈竞争。
⑦ Christol 2006b.

墓葬或荣誉铭文中被称为"6万塞斯特斯级别的人"。

从元首制之初开始,骑士如此乐意担任行政职务的原因之一是他们不觉得通过为国家工作来获得经济回报有什么不妥。在共和时代,正是这驱使骑士充当包税人。① 与之形成反差的是,向元老官员支付薪俸与共和时代的状况截然不同;它代表了对元老独立地位的遏制,以及他们对元首的服从。② 担任公职的经济动机并没有体现在推荐信的字里行间(除非是否定其存在,就像在弗隆托的例子中那样),因为这不符合元老和骑士共有的为国效力的贵族价值体系。相反,行政职务被称为个人地位和威望的象征,能够提升一个人的荣耀,而不是填满口袋。③ 的确,狄奥笔下的马伊克纳斯向元首建议,应该让城市长官和监察次官成为领薪俸的官员,不仅因为任职会剥夺他们的闲适,而且因为这会带给他们地位。④ 在元首制下,国家付酬和个人地位之间的关联成了确定的原则。⑤ 在代理官阶序中晋升得越高,地位就越高,因此薪俸也越高。但越往上竞争会更加激烈,因为可获得的职位更少了;这将最有利可图的职位集中在一小群人手中。就像邓肯-琼斯贴切地指出的,"极端的财富差异得到国家的承认,甚至是宣扬"。⑥ 因此,代理官的薪俸是将经济回报同皇帝垂青联系起来的一种方式,鼓励了来自骑士等级的源源不断的人选去争夺他们能够获得

---

① 狄奥笔下的马伊克纳斯指出,骑士官员的薪俸是必要的,因为他们不如元老富有(52.25.3)。但这番话有误导性,因为许多骑士的收入远远高出元老等级的门槛。这番话无疑反映了区分元老和骑士的必要性。
② 马伊克纳斯的话明确指出,必须限制元老的花销,办法就是固定的薪俸(Dio 52.23.1)。
③ Lendon 1997:176 – 94.
④ Dio 52.21.7.
⑤ Lendon 1997:177. 关于薪俸对罗马人担任祭司职务的激励,见 Tac. *Ann*. 4.16.4。
⑥ Duncan-Jones 1963:166. 另见 Jongman 2007:600; Scheidel 2009c:351。狄奥的马伊克纳斯明确提出,骑士官员的薪俸应该与他们的地位相对应(Dio 52.25.2)。

的行政职位。这样做的结果是,担任过一系列政府职务并升到最高薪俸级别的骑士变成了帝国的公职精英。

骑士贵族充当了新元老的首要来源。我们有大量的例子(由施泰因以专业方式收集)表明,一些公民因为他们父亲的代理官生涯而升入那个"最高贵的等级"。① 一个具体的案例研究将为我们说明这种现象,那就是公元 2 世纪和 3 世纪时的阿非利加的马里乌斯·佩尔珀图斯家族(Marii Perpetui)。他们是阿非利加代执政官行省的图加的市镇精英。② 卢基乌斯·马里乌斯·佩尔珀图斯担任过公元 136/137 年的阿非利加代执政官总督的财务官文书(scriba quaestorius)。③ 他的儿子与他同名,担任过一系列财政方面的代理官,后来升任卢格杜努姆和阿基坦的代理官,还被选为小祭司(pontifex minor)。④ 他丰富多彩的生涯让他成为教科书式的骑士贵族成员。他的两个儿子卢基乌斯·马里乌斯·马克西姆斯·佩尔珀图斯·奥雷利亚努斯和卢基乌斯·佩尔珀图斯都进入了元老院,担任过执政官;奥雷利亚努斯特别出色,担任过城市长官,后来又在公元 223 年作为正选第二次担任执政官。⑤ 兄弟俩的儿子也成为元老,分别担任过公元 232 年和 237 年的正选执政官。⑥ 并非所有的家族都能从如此惊人的等级上升中获益,在短短两代人的时间内从文书变成正选执政官。但这体现了一般原则:代理官职务不仅为个人生涯,也为家族变得高贵提供了跳板。当元老安东尼乌斯·巴尔布斯在给西尔瓦努斯神的诗体献词中描述自

---

① Stein 1927:236 – 45, 291 – 345.
② Birley 1999:205.
③ *ILAfr.* 592; Syme 1971:135.
④ *CIL* XIII 1810 = *ILS* 1389; Pflaum 1960:411 – 13(no.168). 关于小祭司这样的祭司职务,见本书第十章。
⑤ 见 Pflaum 1960:411; Syme 1971:136 – 8 的族谱。
⑥ Syme 1971:143.

己的人生时,他写道:"我出生在这屋子里,骑士等级,现在是阿非利加的代执政官总督"(hac natus casa | equestri genere nunc proco[n]s[ul] Afric[ae])。① 再没有比这更能说明这两个等级之间的社会流动现象了。

公元2世纪引入的一系列新荣誉巩固了这个新兴的骑士公职贵族。② 正是在这个时期,开始用"出众者"(egregius,希腊语为 κράτιστος)来指称骑士代理官,以便区分他们和普通的罗马骑士。③ "出众者"的头衔也可以与薪俸级别结合起来,"出众的20万塞斯特斯等级者"(vir egregius ducenarius)这种称呼在公元3世纪中叶变得特别常见。④ 在马可·奥勒留统治时期,第一次出现了两个比"出众者"地位更高的新头衔:"最完美者"(perfectissimus, διασημότατος)和"最突出者"(eminentissimus, ἐξοχώτατος)。⑤ "最完美者"的头衔最早被授予供粮长官、治安长官和埃及长官等高级骑士官员,而"最突出者"身份原先专为近卫军长官保留。⑥ 在塞维鲁王朝时期,"最突出者"级别第一次被授予了其他大长官,尽管没有成为固定的做法,因为在公元3世纪后来的时间里,他们仍然被记录为"最完美者"。⑦ 公元3世纪还见证了"最完美者"身份被扩大到位于骑士等级体系顶端的一个新的官员群体,包括米塞努姆的舰队长官,以及帕拉丁宫廷部门的秘书,诸如司库官、司信官、皇帝法庭庭长和

---

① AE 1998,279; Várhelyi 2010:109.
② Heil 2015:56-8.
③ Seeck 1905:2006-9; Pflaum 1970:177-8; Alföldy 1981:190-1; Löhken 1982:27. 不过,需要指出的是,在其他语境下,κράτιστος可以用作尊称,没有"出众者"的技术含义。见 Demougin 2015:65-72。
④ Pflaum 1970:178-9; Chastagnol 1988:202; Christol 2006b:249.
⑤ CJ 9.41.11. 关于拉丁语头衔在希腊语中的对应说法,见 Heil 2015:57-8。
⑥ Ensslin 1937:664-5; Pflaum 1970:177-8.
⑦ Salway 2006:123-7.

第七章　履历与人生（Ⅱ）：行政官员

档案官。① 这些新荣誉不仅仅是装饰性的，而且对个人的法律身份有着重要的影响。比如，马可·奥勒留裁定，"最突出者"和"最完美者"的后人直到重孙辈都不受平民刑罚。② 这些变化意味着，在帝国行政体系的最高层任过职的骑士现在被明确和有意地同整个骑士等级区分开。皇帝可以把罗马骑士身份授予所有具备 40 万塞斯特斯财产条件的自由人出身的公民，但更高的荣誉留给了那些获得皇帝任命的人。③ 因此，新的公职贵族因其同皇帝的关系以及自己在国家中的法律特权地位而与众不同。④

在骑士公职精英内部有多种不同的职业路径。一些不愿长期任职的骑士认为，担任一两个下层职务就足以带来他们想要的额外身份和威望。我们在来自高卢的卢格杜努姆的一位佚名骑士的例子中可以看到这点，他的事迹出现在一段残缺不全、时间可以追溯到公元 3 世纪初的铭文中。此人的一生大部分在高卢度过，在森诺城（*civitas Senonum*）担任过各种职务，后来又担任了三高卢的联合祭司（卢格杜努姆的罗马和奥古斯都神庙的恺撒祭坛 [*ara Caesaris*] 的祭司）。⑤ 不过，铭文记录称，在担任这个行省祭司职务前，"神圣的奥勒良·安东尼授予他哈德鲁门提纳行省的 10 万塞斯特斯级别代理官职务"（cui | divus Aurel [ius]) Antoninus | centenariam procuratio [nem] | prov [inciae] Hadrymetinae dedit）。⑥ 值得注意的是，我们

---

① Ensslin 1937:665–8; Pflaum 1960:624.
② *CJ* 9.41.11（戴克里先和马克西米安，提到早前马可·奥勒留的裁决）。Garnsey 1970:142; Alföldy 1981:199–200。
③ Christol 2006b:243–4, 249–50. 也可以作为荣誉授予这些身份，我们将在本章后讨论这种做法。
④ Vittinghoff 1980:43–4.
⑤ Fishwick 1987:324–5.
⑥ *CIL* XIII 1684a = *ILS* 1441.

这位佚名的高卢骑士的生涯并不长,仅仅被卡拉卡拉授予了10万塞斯特斯级别的职务。[1] 代理官这项帝国荣誉让他超越了没能获得这类任命的高卢同僚。事实上,在已知的三高卢的全部联合祭司中,只有该骑士担任过这种帝国行政职务。[2]

从公元2世纪和3世纪担任财库顾问官的人所做的选择中也可以看出骑士生涯的不同形式。这个职位可能是长期的帝国公职生涯的第一站,就像盖乌斯·阿提乌斯·阿尔基姆斯·菲利基亚努斯(C. Attius Alcimus Felicianus)的例子所显示的,他在11个行省担任过财库顾问官,后来成为供粮长官。[3] 而其他许多骑士(特别是在东方行省)只担任过财库顾问官,然后就停滞不前了。[4] 这些骑士被吸引去担任公职可能是因为,在担任代理官或军事指挥官期间,他们会被豁免公民义务。[5] 但这种特权仅限于他们任职期间,一旦任期结束,他们就要重新承担义务。[6]

由此,骑士代理官体系为家乡贵族带来了一整套新的荣誉和机会,将帝国的行省精英纳入到国家的框架中。经济和荣誉的回报吸引了只想担任一个职务以及追求多个职务和终身服役的骑士。罗马帝国当局及其行政等级的一个醒目特征是,它灵活到足以满足各种职业志向。

---

[1] Pflaum 1961:1094 认为任命发生在马可·奥勒留统治时期,Fishwick 1987:324-5 和 Christol 2006a:226 则令人信服地指出,"神圣的奥勒留·安东尼"是卡拉卡拉皇帝,而非安东尼·庇护。
[2] Fishwick 2002:41.
[3] *CIL* VIII 822 = *ILS* 1347; Pflaum 1960:843-9 (no. 327).
[4] Millar 1963b:196; Brunt 1983:73-4.
[5] *Dig.* 4.6.32-33(墨德斯提努斯),4.6.35.2(保罗); Millar 1983:87。总督和代理官的官方随行人员同样被豁免(*Dig.* 50.5.12.1[保罗]),但包税人不在其列(*Dig.* 4.6.34[雅沃莱努斯])。
[6] *CJ* 9.48.1(卡鲁斯、卡里努斯和努梅里安)。这在晚期帝国发生了改变,就像我们将在第十二章中看到的。

晋升、资历和恩庇

骑士等级的成员为了获得公职并在代理官体系中晋升而相互竞争。即便是那些不愿长期任职的人仍然需要足够的恩庇和支持来让自己得到某个职位的任命,因为所有的代理官职务都正式属于皇帝的恩赐。普弗劳姆提出,任命是基于个体骑士的资历,即是否轮到他被提拔。他表示,每年会定期对骑士等级中的任命和提拔进行评估,骑士们不仅被分成多个薪俸级别,而且在 10 万和 20 万塞斯特斯级别内部还分为不同等级。① 必须承认普弗劳姆在认定个别职务的相对级别方面取得的重要成就,即便我们并不接受他的论断,即薪俸级别可以上溯到奥古斯都统治时期,或者薪俸级别内部有不同的等级。② 自从他的不朽之作出版以来,两派学者展开了辩论,一派认为骑士的任命和提拔有具体标准,一派更强调恩庇的重要性。比如,埃克认为,行政体系旨在减少正式任命的"随意性",有助于管理代理官之间的竞争。③ 而在另一边,萨勒尔(等人)强调了恩庇对骑士的任命更加不可预计的影响。④ 这是个大问题,因为它关系到理解罗马行政体系运作的最核心以及骑士等级在其中的地位。

罗马人当然重视对元老进行任命的规章。⑤ 公元前 180 年的《维

---

① Pflaum 1950:210 – 96 详细罗列了证据。
② Millar 1963b:195; Saller 1980:44 – 5; Eck 2000:258 – 9, 2002a:143 – 5.
③ Eck 2000:260 – 1, 2002a:144 – 6.
④ Saller 1980, 1982; 另见 Millar 1963b; Brunt 1983; Duncan-Jones 2016:106 – 8。有几位学者支持普弗劳姆的至少一部分分析,批评了对恩庇的过度强调,特别是萨勒尔:Eck 1974; 1982; A. R. Birley 1992; Leunissen 1993; Devijver 1999; Demougin 2001。
⑤ Eck 2002a:136 – 43.

里乌斯年序法》(lex Villia annalis)牢固地确定了元老可以竞选公共行政官的年龄、官职阶序中的职务等级，以及竞选下一个行政官职务前必须间隔的时间。一些例外情况——包括"大将"格奈乌斯·庞培这个最著名的例子——并没有破坏这些基本原则。元老阶序体系在罗马帝国时代仍在运作，尽管做了适当的修改，比如调低了元老可以参选行政官职务的年龄。① 帝国阶序中新增了各种规则。比如，奥古斯都颁布法令，前大法官必须在任职五年后才能被任命为行省总督。② 这意味着元老必须达到一定的资历，至少达到一定的年龄，才有资格获得行省指挥权。在投票选举声望很高的阿非利加和亚细亚代执政官时，资深元老也会有一定的期待。③ 上述规定和期待并不意味着没有竞争或元老们可以自动得到任命。比如，小普林尼在自己的朋友阿提乌斯·苏拉最初没能获得代理官任命后，向图拉真请求授予此职。④ 虽然到了公元3世纪，获得执政官以下的元老行政官职务基本上已是既成事实，但对于像行省总督这样的其他任命，以及祭司职务这样的荣誉，仍有相当大的竞争。⑤ 庞主只会在这一体系的整体运作范围内推荐切合实际的人选：比如，低阶元老不会被推荐升任空叙利亚（Syria Coele）行省的执政官总督。⑥ 不过，有各种官方的和经皇帝批准的方式可以让元老获得迅速升迁，比如通过"三子权"获得减少一年等待期的资格，或者被皇帝指定为人选。⑦ 此外，还有在元老

① A. R. Birley 1981:12-16; Talbert 1984:16-22.
② Dio 53.14.2；另见 Suet. Aug. 36.2. 奥古斯都的做法恢复了公元52年通过的《庞培行省法》(lex Pompeia de provinciis) 的一个条款（Wardle 2014:285-6）。
③ Talbert 1984:349.
④ Pliny the Younger, Ep. 10.12.
⑤ 关于作为声望和皇帝垂青之标志的祭司职务的重要性，见 Duncan-Jones 2016:7, 11-12。
⑥ Leunissen 1993:107, 117-20.
⑦ A. R. Birley 1981:13-15; Talbert 1984:16-27.

院内部"提拔"(adlectio)到更高级别的程序。比如，被提拔进入大法官行列（inter praetorios）可以让元老跳过相应的行政官职务与前大法官比肩。佩蒂纳科斯颁布法令，真正担任过大法官的元老的地位高于被提拔为大法官的，这不出意外地惹恼了那些之前并不被认为地位较低的获提拔者。① 于是有了一系列规定和惯例来规范元首制下的元老生涯。

对于骑士担任的代理官职务是否也存在类似规定呢？我们没有证据表明比如担任 6 万塞斯特斯级别职务的人需要等待五年才能被任命担任 10 万塞斯特斯级别的职务，或者骑士必须担任过三个 10 万塞斯特斯级别的职务才能晋升到 20 万塞斯特斯级别。事实上，群体传记数据暗示，情况不可能如此。② 材料中也没有迹象表明，仅仅因为是候选人中资历最深的（年龄或任职时间上），骑士们就自信会获得代理官职务。不过，我们不应该马上抛开论资排辈原则，因为已知它在公元 4 世纪和 5 世纪时就已存在于罗马的行政职务中。③ 这方面最早的证据来自公元 324 年君士坦丁向引水渠主管（consularis aquarum）维尔森尼乌斯·福尔图纳图斯（Versennius Fortunatus）发布的法令。④ 皇帝表示：

必须保持提拔次序不变，让部门中级别最高者就是最早获得

---

① HA Pert. 6.10 – 11. 担任过某个职务的人的地位要高于那些通过花钱获得该职务，或者担任的荣誉性职务的人，这在帝国晚期已经成为既定原则（Pedersen 1976：34）。
② 见 Saller 1982：87 – 91 的图表。
③ A. H. M. Jones 1964：563 – 606；Löhken 1982：135 – 47.
④ 抄本上的时间是公元 315 年，但从君士坦丁是从塞萨洛尼卡发布该法令来看，它的时间必然是公元 324 年（Corcoran 2000：315）。

皇帝任命的人。①

君士坦丁明确地宣布了资历原则，这符合他与李基尼乌斯为了规范帝国行政而颁布的立法的基调，这些立法经过汇编，通过《狄奥多西法典》流传下来。② 事实上，与公元3世纪的有限证据相比，公元4世纪初的帝国行政体系的等级化和规范化令人震惊，就像该法典所显示的。从这些皇帝政令中可以清楚地看到结构、等级和资历的重要性。公元341年，君士坦斯皇帝发布了在近卫军长官部门中提拔文书员的法令:③

> 希望文书官按照他们的地位和次序担任记录官，被选中处理其事务，并将其他人选排除在外，让文书官之中的每个人都按照他们的次序和功劳，依据他们的任职时间获得职务。④

紧随君士坦斯的这番声明出现了大批法令，证实或重新定义了各种政府部门的等级和资历对提拔的影响。⑤ 得益于吕底亚人约翰（John Lydus）的作品，我们还知道在公元6世纪的罗马帝国，对低级官员必须任职多久才能寻求晋升，以及两个职务之间所需的间隔都有明确

---

① *CTh*. 8.7.1: *promotionis ordo custodiendus est, ut primus in officio sit, qui prior fuerit in consequendo beneficio principali*. 君士坦丁用了 *promotio* 一词（表示"晋升"或"提拔"），这个词的使用最早出现在3世纪初（*CIL* Ⅲ 14416）。见 *OLD s. v. promotio*.
② 这方面内容将在第十二章中讨论。
③ *CTh*. 8.2.1. 这被误认为出自君士坦丁，但其实是341年君士坦斯在劳里亚库姆发布的一部内容更多的法令的一部分（*CTh*. 12.1.31）。见 Barnes 1993:225。
④ *CTh*. 8.1.2: *exceptores placet pro loco et ordine suo ad commentarios accedere et eorum administrationi subrogari ceteris propulsatis, ita ut inter exceptores, prout quisque locum tempore adipisci meruerit, ordine et merito consequatur*.
⑤ C. Kelly 2004:38–43, 211–12.

第七章 履历与人生（II）：行政官员

的规定。①

在帝国盛期的材料中很难找到关于骑士晋升的此类规范模式的证据。不过，科尔内利乌斯·弗隆托写给马可·奥勒留皇帝，谈及提拔皇帝释奴阿里德鲁斯（Aridelus）的问题的一封信为这个谜题提供了拼图上的关键一块。弗隆托写道："鉴于他的地位和合适的资历，他[阿里德鲁斯]现在正式寻求代理官职务（*petit nunc procurationem ex forma suo loco ac iusto tempore*）。"② 弗隆托的书信和君士坦斯的法令用语有着明显的相似之处，特别是两者都提到了要被提拔者的地位（*locus*）和他们已经在行政体系中任职的时间（*tempus*）。如果我们先看弗隆托的信，会发现他认为阿里德鲁斯是一个资历已经足够考虑予以提拔的人，而不是一个轻率地寻求早早晋升的低级释奴。③ 弗隆托在信中接着告诉奥勒留，即便他不知道阿里德鲁斯长什么样，也应该留意此人的名字，这暗示皇帝其实会在需要填补空缺时考察一份释奴的名单。不过，弗隆托的信还暗示，并没有一份将释奴从高到低进行排序，居首位者会自动获得提拔的名单。而大约两个世纪后，君士坦丁和君士坦斯皇帝发布的法令的确表明，在提拔引水渠主管和近卫军长官部门的成员时有一个择优顺序。这表明随着罗马帝国的行政体系变得更加一体化和复杂，有了更严格的升迁规定，主要是在政府的中下层。但即便到此时，皇帝有时仍然保留了无视定下的标准自己来选人的权力。④

---

① C. Kelly 2004:37-8.
② Fronto, *Ad M. Caes.* 5.52 (vdH² pp. 79*-80) = Davenport and Manley 2014: 107 (no. 29). 见 Pflaum 1950:197-9 和 Saller 1980:45-6 对这段话的讨论，两者得出了不同的结论。
③ Eck 2002a:148-9.
④ C. Kelly 1998:171-5, 2004:46-7, 211-12，援引了 *CTh.* 6.27.3（公元380年）对执人人（*agentes in rebus*）的提拔。

在公元后的头两个世纪中，释奴占据了政府中许多事务性及其下属级别的职务，但在公元3世纪期间，这些职务被移交给了自由出身的人。这一发展创造了一条新的一体化职业路径，从级别最低的办事人员到由骑士等级担任的更高职务。[①] 我将指出，正是在那个时期，作为这些下层官员提拔标准的资历变得更加重要。[②] 到了公元4世纪，弗隆托用来表示释奴阿里德鲁斯的地位及提拔资格的 *locus* 和 *tempus* 等词成了专业术语，用于扩张后的帝国行政体系中自由出身的下层官员。但对于元首制下的骑士代理官来说，是否存在这种资历原则呢？很能说明问题的是，在晚期罗马行政体系的最高等级中——4世纪和5世纪时相当于帝国盛期的骑士代理官职务——低级官员的提升和资历并没有严格的程序，就像君士坦丁的法令和吕底亚人约翰的作品中详细描绘的。[③] 相反，与帝国早期一样，任命是基于个人素质、文化水平和荣誉。[④] 在元首制下，资历在某种意义上的确重要：皇帝通常不会将6万塞斯特斯级别的骑士升为埃及长官，就像他不会任命前财务官担任叙利亚总督。[⑤] 不过，仅仅是效力的时间或"轮到"了自己的想法是不足以让骑士有资格担任国家最有名望的官职的。相反，这取决于朝臣的恩庇或是与皇帝本人的交情。骑士还会在没有效力过的情况下被直接任命某些宫廷职务，特别是司信官和希腊司信官，他们通常由具备文学才能，但没有担任过代理官的希腊人出任。[⑥]

[①] Haensch 2006.
[②] 关于对官员个人素质的要求如何根据因其身份而异，Pedersen 1976:30-1 做了很好的讨论。
[③] Pedersen 1976:33-4, 40.
[④] Lendon 1997:189-90.
[⑤] 关于从高级骑士中选择埃及长官，见 Brunt 1975。
[⑥] 本章稍后将讨论通往司信官这一宫廷职务的不同路径。

第七章 履历与人生（Ⅱ）：行政官员

在罗马政府的官方话语中，骑士获得任命和提拔是因为他们是出身良好和可敬的人，会成为国家的忠仆。[①] 在把多米提乌斯·马尔西亚努斯提拔为 20 万塞斯特斯级别的代理官时，马可·奥勒留希望他能保持自己的"诚实正直、专注和由实践获得的技能"（*conscientiam … innocentiae diligentiae experientiae*）。当图密善将卢基乌斯·拉贝利乌斯·马克西姆斯从埃及长官提拔为近卫军长官时，他提到了此人的"尽职"（*pietas*）。皇帝表示，当近卫军长官出现空缺时，"我马上就想到了你最全心全意的忠诚和勤劳"（*st [a] tim ad [dev] otissimam f [idem tuam et industri] am respecxi*）。[②] 这些皇帝书信中强调的品质也出现在小普林尼推荐自己的朋友、伙伴和低级官员任职的书信中。[③] 作为比提尼亚总督，小普林尼为自己部属中的释奴和骑士写过推荐信。他形容释奴代理官马克西姆斯是"正直、勤奋和细心的"（*probum et industrium et diligentem*）。[④] 小普林尼用几乎如出一辙的话形容了我们在上一章结尾提到的本都海岸长官，骑士加维乌斯·巴苏斯：此人"品行方正、正直而勤奋"。[⑤] 这两封信都不太长，似乎都是为了空出的行政官员职位而写的标准推荐信。[⑥] 皇帝法令和小普林尼为其部属所写的推荐信都相当程式化。不过，与铭文履历的通用性一样，程式本身非常重要。它显示了罗马人对于让骑士成为国家的好

[①] 大部分学者认同这点，无论他们在争论中站在哪一边（Saller 1982:103, 111; Eck 2001:21, 2002a:138; Demougin 2001:278）。
[②] *P. Berol.* inv. 8334 = *ChLA* X 417.
[③] Eck 2001:4（给马尔西亚努斯的信）和 Cugusi 2001:309 - 10 指出了相似性（给马克西姆斯的信）。
[④] Pliny the Younger, *Ep.* 10. 85.
[⑤] Pliny the Younger, *Ep.* 10. 86A.
[⑥] Sherwin-White 1966:681. 在谈到自己的私交时，普林尼的风格要浮夸得多。比如，见他请求图拉真授予苏维托尼乌斯"三子权"的推荐信（Pliny the Younger, *Ep.* 10. 94）。

仆人并使其跻身骑士贵族的个人素质的看法。①

需要强调的是,这些特征并非骑士行政官员或元老总督所独有的,而是代表了一个优秀罗马人的基本特质。比如,当弗隆托写些一般性介绍信以培养同贵族之间的交情,而非推荐朋友晋升时,他常常会称赞自己的庇护者"正直"(probitas)。② 这里的关键在于,骑士在政府部门的行为被视作其天生性格如此,就像他在生活中履行其他任何职责时一样。在描述骑士泰伦提乌斯·尤尼奥尔(Terentius Iunior)的成就时,普林尼表示"他以极大的诚信担任了纳尔波行省的代理官"(etiam procuratione Narbonensis provinciae integerrime functus)。③ "诚信"(integritas)的品质也出现在普林尼对骑士提比略·克劳狄乌斯·波里奥的描述中,他向自己的执政官同僚盖乌斯·尤利乌斯·科尔努图斯·特尔图鲁斯(C. Iulius Cornutus Tertullus)推荐此人,认为值得与其建立友谊。④ 两人在叙利亚军中服役时结识,当时普林尼是军政官,波里奥是弗拉维乌斯千人侧翼骑兵长官。⑤ 负责账户审计的普林尼为人一丝不苟,他发现其他指挥官普遍存在腐败,但波里奥没有:"我在他身上见到了极大的诚信,以及特别一丝不苟"(ita huius summam integritatem, sollicitam diligentiam inveni)。在写给特尔图鲁斯的信中,普林尼称赞了波里奥的一贯正直:

---

① Eck 2002a:138; Rees 2007:159 - 164.
② Fronto, *Ad Amicos* 1. 3 (vdH² pp. 172 - 3),关于泰伦提乌斯·瓦努斯(Terentius Vanus);1. 4 (vdH² p. 174),关于尤利乌斯·阿奎里努斯(Iulius Aquilinus);1. 8 (vdH² pp. 176 - 7) 关于埃米利乌斯·庇护(Aemilius Pius)。关于弗隆托的介绍信,见 Wei 2013: III. 18.
③ Pliny the Younger, *Ep*. 7. 5. 2.
④ Pliny the Younger, *Ep*. 7. 31.
⑤ 这很可能是在图密善统治初期(Sherwin-White 1966:441)。

第七章 履历与人生（II）：行政官员

> 被提拔为最高级的代理官后，他从未受到腐化，背离与生俱来的分寸感；从未因为一帆风顺而膨胀；在担任各种职务时从来不失行为得体的一贯美名，无论在工作时还是现在享受闲适时，他的内心都同样坚定。[①]

普林尼没有提及波里奥作为代理官担任的具体职务，或者他任内取得的具体成绩或成就。相反，重点牢牢放在他的个人品质上；他的"分寸感"（*abstinentia*）和"行为得体"（*humanitas*）为已经提到的"诚信"增色。通过从个人品质角度描述波里奥的生涯，普林尼将自己朋友作为罗马人的品格和正直同他在代理官阶序中的晋升关联了起来。

一个人的性格与在罗马世界的任职实践之间的这种联系，可以从公元2世纪铭文履历的发展方式中观察到。在该时期，市镇和帝国的职务与荣誉的名单中开始提到受致敬者的性格和美德。这种做法并非骑士铭文所特有，也可以在描绘元老和市镇精英的成就的文本中找到。[②] 这种动向表明，基本是私人性质的或在精英群体中有限流传的推荐信和委任信中出现的个人品质已经向公共纪念话语过渡。特别有意思的是，普林尼在通信中强调的美德与这些荣誉铭文中出现的有着惊人的相似，诸如"诚实"和"分寸感"。比如，在巴埃提卡的伊利帕（Ilipa）港工作的皇帝释奴伊雷奈乌斯（Irenaeus）献了一座雕像给自己的代理官卢基乌斯·柯米尼乌斯·维斯帕尼乌斯·萨鲁塔利斯（L. Cominius Vipsanius Salutaris），称其为"最好和最正直的人"

[①] Pliny the Younger, *Ep.* 7. 31. 3: *postea promotus ad amplissimas procurationes, nulla occasione corruptus ab insito abstinentiae amore deflexit; numquam secundis rebus intumuit; numquam officiorum varietate continuam laudem humanitatis infregit, eademque firmitate animi laboribus sufficit, qua nunc otium patitur.*

[②] Alföldy 1982:47–50; Salomies 1994:77–82; Neri 1981（关于晚期帝国）。关于意大利市镇的荣誉铭文中同样的模式（当然包括元老），见 Forbis 1996:101–2。

（*optimo viro et integrissimo*）。① 提图斯·安提斯图乌斯·马尔基亚努斯（T. Antistius Marcianus）作为三高卢行省第一位被任命为负责收集这些行省人口调查结果的骑士而受到当地市议会的重视，他们尊称其为"最正直最有分寸的代理官"（*inte | gerrim [o] abstinentissimo | que procur [atori]*）。② 另一些铭文则强调了"勤奋"和"正直"，在皇帝政令和推荐信中都能看到。在该撒利亚毛里塔尼亚的奥奇亚（Auzia），代理官卢基乌斯·阿尔芬努斯·塞内基奥（L. Alfenus Senecio）得到了市议会的致敬，"鉴于此人出众的勤奋，以及他无与伦比的正直"（*ob egregiam tanti | viri industriam pro | que singulari eius | innocentia*）。③ 布拉雷吉亚的市议会把这种新习惯推向了顺理成章的顶峰，将马可·奥勒留的委任信刻在了多尼提乌斯·马尔西亚努斯的纪念碑上；这封信将作为其个人品质的永恒和不容置疑的证明。这里讨论的美德在性质上都不是"骑士"所特有的，因为它们也被归于整个帝国的元老和市镇精英。④ 这反映了在整个罗马世界，帝国和行省精英有着共同的价值、文化和观念。⑤

关于任命、提拔和任职的这些文化预期并不意味着经验不重要，至少总体而言是如此。在上一章中，我们看到了寻求第二或第三个军阶职务的人选的推荐信中是如何提到从军经历的。行政职务的情况同样如此。在《沉思录》中，马可·奥勒留描绘了他的父亲安东尼·庇

---

① *CIL* II 1085 = ILS 1406; Pflaum 1960:629 - 32（no. 235）.
② *CIL* XIII 1680 = ILS 1390; Pflaum 1960:725 - 6（no. 272）.
③ *CIL* VIII 9046; Pflaum 1960:440 - 4（no. 176）.
④ J. Nicols 2014:272 - 3.
⑤ 在说希腊语的东方行省，从公元 3 世纪末开始，荣誉铭文以一种不同但相关的方式发生着变化。它们专注于用诗歌形式描绘美德和品质，而不是罗列官职。见 Slootjes 2006:129 - 53。

护如何依靠具有专业知识的人提供建议。① 奥勒留本人在任命多米提乌斯·马尔西亚努斯担任纳尔波高卢大法官的信中提到了 *experientia*，即由实践获得的技能。据说尼禄亦任命有 *experientia* 的前代理官负责皇帝财库。② 但 *experientia* 并没有出现在小普林尼或弗隆托的推荐信中，也没有作为总督的美德被刻入荣誉铭文。③ 这一惯例的突出例外是那些接受过某种职业训练的骑士，比如律师，铭文中会用 *iurisperitus* 一词来形容他们，表示"精通法律"。④

总而言之，元老和骑士行政官员从未因其专业能力或成就而受到赞美。这是因为他们被认为应该是通才，是准备好在任何被要求担任的职务上为国效力的罗马公民。多米提乌斯·马尔西亚努斯可能拥有经验积累的泛泛之才，但他在被任命为铁矿代理官之前没有接触过采矿，其他涉及采石或采矿活动的官员也是如此。⑤ 同样的原则也出现在对帝国行政的其他领域的任命中。我们只知道盖乌斯·阿提乌斯·阿尔基姆斯·菲利基亚努斯（C. Attius Alcimus Felicianus）一人在成为供粮长官之前曾经担任过管理供粮的低级职务。⑥ 布伦特对埃及长官的详细考察表明，并没有提前派去该行省任职来培养担任这一职务的行政官员的做法——相反，他们大多是从被认为配得上该职务的最高级骑士中选出的。⑦ 因此，在罗马帝国统治的公共话语中，个人品质同任命和提拔之间存在关联。对于骑士和元老共同秉持的文武兼顾

---

① Marcus, *Med*. 1.16.6.
② Tac. *Ann*. 13.29.
③ Pflaum 1971:363 只提到公元 4 世纪末来自希腊的一个类似例子。
④ 比如，*CIL* X 6662 = *ILS* 1455；Eck 2001:21-3。关于晚期帝国时的这种做法，见 Pedersen 1976:32。
⑤ Hirt 2010:246-50.
⑥ Pavis-D'Esurac 1976:79.
⑦ Brunt 1975.

地为国效力的政府服务精神而言，至关重要的是经验和有准备，而不是专业性。即便某个骑士只担任过一两个职务，而不是有完整的生涯，仍然可以说遵循了这一理想。通过中断个人生活去担任代理官，他展现出了为国效力的意愿，并表明自己配得上作为骑士贵族的一员。①

当然，贵族理想与帝国统治的现实之间存在矛盾。卡西乌斯·狄奥笔下的马伊克纳斯建议屋大维同他的谋士一起挑选官员，根据才能任命所有的人选。②古代材料中常常对最有资格的人选没能获得任命和提拔表达焦虑。这反映了帝国行政体系的不确定性，以及它易受阴谋和操纵的影响。皇帝本人——所有官方荣耀的终极来源——不可能认识所有的元老和骑士职务人选，而是要靠朋友和助手的推荐。这引发了关于奴隶、释奴和女性等不合适提供建议者影响任命程序的极大焦虑。厄比克泰德的《语录》(Discourses)中有几则轶闻讲述了元老和骑士需要巴结皇帝释奴。③众所周知，未来的皇帝韦斯巴芗多亏了克劳狄乌斯的释奴那喀索斯的青睐才得以统率"奥古斯都"第二军团。④皇族女性也是恩赏的宝贵来源：据说骑士代理官格西乌斯·弗洛鲁斯(Gesssius Florus)从他的妻子同尼禄的皇后波派娅·萨宾娜的交情中受益。⑤在这方面，就连安东尼·庇护的宫廷也不能免俗。《罗马皇史》(Historia Augusta)中有一则传言称，庇护的近卫军长官塞克斯图斯·科尔内利乌斯·雷朋提努斯(Sex. Cornelius Repentinus)是因为讨了他情妇、女释奴加雷利娅·吕西斯特拉特

---

① 关于公职意味着牺牲闲适，见 Dio 52.21.7。
② Dio 52.15.1 – 3, 25.5.
③ 见 Millar 1965a: 144 – 6, 他援引了来自厄比克泰德的几个故事（3.7.29 – 31, 4.1.148, 4.7.19 – 24）。
④ Suet. Vesp. 4.
⑤ Jos. *AJ* 20.11.1.

(Galeria Lysistrate) 的欢心才得到这个职务的。① 此类故事流传甚广，因为元老和骑士憎恶这些边缘人物的影响力，以及其可以对他们的晋升行使的权力。

即便是皇帝本人做出任命时，也不能保证他会选其他贵族精英成员心目中最合适的人选。按照塔西佗的说法，卡帕多奇亚的代理官尤利乌斯·派利格努斯（Iulius Paelignus）"因其头脑愚钝和体态可笑而被鄙视"（*ignavia animi et derediculo corporis iuxta despiciendus*）。② 但塔西佗指出，派利格努斯与克劳狄乌斯皇帝"极为亲近"（*perquam familiaris*），后者喜欢和小丑为伴取乐。这些轶闻反映了元首的品格和习惯。任用能干而可信的官员被认为是好皇帝的标志，而坏皇帝会罢免好总督，或者在任命时表现得任性而暴躁。③ 这方面有一则关于图密善皇帝的精彩轶闻，当时他在一名畸形侏儒的陪同下参加财务官举办的赛会。苏维托尼乌斯称，据说有人听见图密善问那个侏儒，任命马尔库斯·梅提乌斯·鲁弗斯（M. Mettius Rufus）担任埃及长官是否合适。④ 我们尚不清楚皇帝的动机——他可能认为鲁弗斯是个异于常人的行政官员，一个庸才，或是他想从宫廷中赶走的那种彻头彻尾的蠢材。但这对我们来说无关紧要，这个故事在古代流传的事实表明，罗马元老和骑士会公开讨论官员任命的不确定性。他们憎恶通过不正大光明的手段或不恰当的影响做出的决定，因为这些做法破坏了基于贵族美德和个人品质的基本选拔原则。

---

① HA Ant. Pius 8.8 – 9. *CIL* VI 8972 = *ILS* 1836 提到了她的名字。
② Tac. Ann. 12. 49. 1.
③ B. Campbell 1984:337; Lendon 1997:187 – 8.
④ Suet. Dom. 4. 2. 根据"下一次任命"（*ordinatione proxima*）这一拉丁语的表达，Pflaum 1950:204 认为，每年都有一轮或多轮的常规任命。新的埃及长官会在每年的特定时间被任命的猜想可能确有依据，就像 Eck 2000:261 所指出的。

贵族的服务精神、恩庇和皇帝垂青之间的矛盾是君主制统治体系的一个特点，在这种体系下，一个人的地位至少在一定程度上取决于获得作为统治者恩赏的官职任命。总是会存在个人倾向——迎合了皇帝幽默感的愚人，在宫廷拥有正确人脉的年轻行政官员——也总是会有人想要批评获得了他们所觊觎的职位的人。在许多方面，关于选择标准和恩庇关系在骑士行政体系中的相对重要性的讨论主要是围绕我们在体系中选择强调的那些部分。① 有的学者倾向于更强调骑士阶序的等级和结构，声称它们是灵活的，可以根据具体情况调整；有的学者则专注于恩庇社会中固有的焦虑。② 最合理的结论是，在帝国盛期，很可能存在多种提拔和任命的理由，包括资历、成绩、推荐、家族声望和好运。③ 骑士在这个体系中的地位越高和越接近皇帝，拥有人脉就越重要。在为骑士写的推荐信中看不到资历等因素，因为根据任职时间推荐一位助手被认为是失礼和不合适的。④ 相反，元老或骑士的品格、学识和公共形象在文化上是更令人接受的任命和提拔的理由。恩庇体系的存在并不意味着被任命者是不够格、不胜任或腐败的。许多能力出众、才华横溢的人都是通过这种方式获得了职位，因为他们的人脉与能力一样重要。如果没有可以求助的朋友、亲属或庇主，即便是最有才干的骑士行政官员也可能不被注意。此外，如果像普林尼和弗隆托这样的元老所提携的人全都被证明无法胜任，他们很

---

① 比如，就连 Pflaum 1950:296 也承认皇帝垂青对获得任命的重要性。有时，学者们似乎相互误解（比如，Leunissen 1993:110 n. 42 关于萨勒尔的资历定义的看法）。
② 第一类见 Leunissen 1993；Demougin 2001：32 - 4，2007：273 - 4；Eck 2001，2002a；第二类见 Saller 1980,1982。
③ 见 Eck 2000:259 - 60 的合理讨论。
④ 即便在晚期帝国，精英所写的推荐信也意思含糊，专注于性格和个人品质（Pedersen 1976:26 - 7）。

第七章 履历与人生（II）：行政官员

可能会名誉受损。①

在本章前面的部分，我们谈到过普林尼的骑士朋友克劳狄乌斯·波里奥，此人以极大的正直担任过几个代理官职务。普林尼没有具体提到是哪些职务，但好在来自罗马的一座祭坛上刻有波里奥本人对自己生涯的记录（图 7.2）。

> 献给日神和月神，阿波罗和狄安娜。提比略·克劳狄乌斯·波里奥，廿一遗产税的皇帝代理官，格莱亚阿尔卑斯行省的代理官，卡尔门提斯的弗拉门祭司，阿非利加的民族长官，弗拉维乌斯侧翼千人骑兵队长官（敬立）。②

上述铭文履历为普林尼关于他朋友的信提供了一个补充的视角。通过记录自己在帝国军队和行政体系中（甚至是在宗教祭坛上）的生涯，波里奥参与了一种共同的文化实践，即通过官方职责来公开定义自己。③ 铭文中没有提到他担任这些职务时的成就，但那不是文本的关键。对履历铭文的默认解读是，被致敬者是国家和皇帝的一位成功而忠实的官员，文武兼顾地效劳。④ 普林尼为波里奥写的推荐信以及他本人的祭坛铭文以各不相同的方式反映了帝国服务的特点。事实上，就像我们已经看到的，像普林尼和弗隆托这样的庇主的书信，皇帝的任命政令，以及履历铭文体裁，这三者在语言和思想上有着强烈的联

---

① 感谢 Roger Tomlin 指出这点。
② CIL VI 3720 = ILS 1418: *Soli Lunae | Apollini | Dianae | Ti(berius) Claudius | Pollio | proc(urator) Aug(usti) | XX hereditatium | proc(urator) Alpium | Graiarum | flamen Carmentalis | praef(ectus) gentium in Africa | praef(ectus) alae Flaviae milliari[ae]*.
③ 这无损于他的宗教奉献的重要性：关于从不同角度对同一文本的讨论，见本书第十章。
④ 关于这一点的更多讨论见第六章。

图 7.2 提比略·克劳狄乌斯·波里奥奉献的祭坛，罗马

系。它们都是对骑士贵族的理想和价值的不同表现。无论被要求担任什么职务，这群公职精英的成员都会践行对国家的责任，以一种反映他们个人品格及卓越的方式心甘情愿和光荣地履行着自己的职责。

安宁与职责：生涯之外的选择

至此，本章追溯了骑士的生涯结构和相应的公职贵族（骑士贵族）在公元1世纪到3世纪的出现。但骑士身份并不有赖于担任公职，绝大部分骑士并没有长期的军队和行政体系的职业生涯——甚至没有担任过任何公职——就像我们在第五章中所讨论的。公元3世纪中期，只有不到200个骑士职务。而相比之下，有数以千计的公民属于骑士等级。因此，骑士贵族是很小的群体，每代人中可能只有600人。[1] 大部分骑士是市镇要人，即"家乡贵族"，他们要么不可能或不愿意晋升到高于自身城市的级别，要么是不愿担任代理官职务的包税人、商人和地主。[2] 对这些个人来说，罗马骑士身份及其所有的相关特权本身已被视为足以出类拔萃，就像共和时代数以千计的骑士那样，他们对政治和政府事务几乎不感兴趣，除非这影响到他们自己的利益。一边是元老政治家，一边是毕生追求悠闲自在的骑士，这种我们从西塞罗作品中熟知的二元对立直到公元2世纪仍在继续对罗马人的想象力施加相当大的影响。[3] 这对发展中的骑士公职精英（他们的人生和生涯与那些担任军事及行政职务的元老没有什么不同）的风气构成了挑战和对比。

---

[1] 关于骑士职务的总数，见Pflaum 1974:43-5。
[2] 在这点上，包税人当然地位模糊，因为他们是国家的承包商。
[3] 见Bodel 2015:37-40，此章很好地对应了这里的讨论，作者引用了许多相同的例子，提出了互补的观点。

西塞罗声称骑士过着一种天生安宁的闲适生活,这种观点也可以在小普林尼的书信中找到。在描绘来自布里克西亚(Brixia)的骑士米尼基乌斯·马克里努斯(Minicius Macrinus)的人生时,普林尼表示马克里努斯拒绝了韦斯巴芗提供的晋升到元老大法官行列的机会:"他坚定地偏爱体面的安宁,而不是——我该怎么称呼它,我们的野心或地位?"(*honestam quietem huic nostrae-ambitioni dicam an dignitati?-constantissime praetulit*)。① "安宁"被作为与元老的"荣誉"和"野心"(想要获得这种晋升的渴望)截然相反的理想。普林尼不是唯一一个认为元老和骑士的志向不同乃至相反的人。塔西佗在他的《历史》中用类似的表达描绘了骑士代理官科尔内利乌斯·福斯库斯的志向。塔西佗写道:"因为对安宁的向往,他早年就脱离了骑士等级(*prima iuventa quietis cupidine senatorium ordinem exuerat*)。"② "安宁"成了专业用语,用塞姆的话来说,它描绘了"不愿承担元老生活的荣誉、负担和危险"。③ 不过,马克里努斯和福斯库斯过得都不是完全不涉政治的生活。马克里努斯被形容为"骑士等级的魁首"(*equestris ordinis princeps*)——这一说法也出自西塞罗——他很可能担任过某个公职,或者采取了某种政治行动来吸引韦斯巴芗的注意,就像其他被那位皇帝选中而晋升为元老的骑士那样。④ 而对科尔内利乌斯来说,闲适只是早年生活的一段插曲。当公元69年的事件要求他选边站队时,他很快就有了充足的时间在政治上活跃起来:作为伊利里库姆的代理官,他站在韦斯巴芗一边参加了内战,最终成为图密善的近

---

① Pliny the Younger. *Ep*. 1. 14. 5.
② Tac. *Hist*. 2. 86.
③ Syme 1937:7. 另见 Sherwin-White 1966:118 and Ash 2007:339。
④ 关于韦斯巴芗被提拔者的来源地,见 Houston 1977:53 – 4。

卫军长官。①

元老生涯和骑士生涯的对立在很大程度上要归因于西塞罗的修辞。在塔西佗和普林尼看来，骑士没有面对官职阶序的压力，因此随时会退隐去过安宁的生活。普林尼的朋友盖乌斯·泰伦提乌斯·尤尼奥尔就是如此，在骑士军阶服役和担任了纳尔波高卢的代理官后，"他退归自己的田产，偏爱最平静的闲暇胜过获得官职"（*recepit se in agros suos, paratisque honoribus tranquillissimum otium praetulit*）。② 我们或可将这番话同西塞罗对阿提库斯说的话做一比较，后者将自己的官阶之路同骑士朋友体面的安宁（*honestum otium*）进行了对比。③ 普林尼为骑士马图鲁斯·阿里安努斯（Maturus Arrianus）构建身份的方式也显然是对西塞罗式的呼应。④ 普林尼曾致信阿里安努斯，讲述了对阿非利加的代执政官马里乌斯·普利斯库斯（Marius Priscus）的轰动一时的审判，此人因偿还财产案罪名而被带到元老院受审。⑤ 信的开头非常意味深长：

> 如果元老院发生的事是配得上那个等级的，那常常会令你高兴，因为尽管你出于对安宁的渴望（*quietis amore*）而脱离了[政治生活]，对国家尊严的关心却仍深植于你的心里。⑥

---

① Pflaum 1960:77–80 (no. 34).
② Pliny the Younger. *Ep*. 7.25.2.
③ Cic. *Att*. 1.17.5 [SB 17.5].
④ 他可能就是马尔库斯·马图鲁斯（M. Maturus），公元69年的海滨阿尔卑斯行省的代理官（Pflaum 1960:95–8 [no. 40 *bis*] 简述了其生涯）。
⑤ Pliny the Younger. *Ep*. 2.11. 关于其背景，见 Sherwin-White 1966:56–8, 160; Whitton 2013:154–8。
⑥ Pliny the Younger. *Ep*. 2.11.1: *solet esse gaudio tibi, si quid acti est in senatu dignum ordine illo. quamvis enim quietis amore secesseris, insidet tamen animo tuo maiestatis publicae cura.*

阿里安努斯的骑士的"安宁"旨在反衬普林尼本人在罗马的政治肉搏战中的角色。因为普林尼不仅旁听审判,作为控方团队的成员,他还和科尔内利乌斯·塔西佗一起扮演了积极的角色(很像西塞罗可能会做的)。因此,阿里安努斯成了西塞罗式骑士的样板,这类人基本过着闲适的生活,但仍然会支持和维护国家的价值。这符合此信总体上的西塞罗式主题,普林尼在信中扮演了偿还财产案控方的角色。[1] 可以理解普林尼把西塞罗作为书信写作的榜样,但这些段落表明他在多大程度上接受了这位前辈的修辞,将其作为自己时代的元老生活的模板。[2]

普林尼本人是担任过工程兵长官的骑士卢基乌斯·凯基利乌斯·塞孔都斯之子,也是另一位骑士盖乌斯·普林尼乌斯·塞孔都斯(通常称为老普林尼)的养子。[3] 但随着小普林尼成为元老,开始攀登官职阶序时,他疏远了骑士等级。对于普林尼雄心勃勃的政治生活来说,无论是他的生父还是养父都不是合适的榜样。卢基乌斯·凯基利乌斯·塞孔都斯在《书信集》中几乎没有出现过,在普林尼个人的自我展现中也没有扮演任何角色。[4] 老普林尼则是书信中一个更为重要的人物,但他的外甥并不认为自己应该以他的人生为榜样。这是因为在小普林尼心目中,老普林尼是骑士代理官,因而不像处于官职阶序中的元老被要求的那样致力于为国效力。[5] 这并不是说小普林尼的舅

---

[1] 阿里安努斯还收到了其他信,其中将小普林尼描绘成西塞罗的写作和生涯的继承者(Whitton 2013:158)。
[2] Gibson and Morello 2012:74-103.
[3] 对普林尼生父的生涯记录出现在 AE 1983,443。
[4] Gibson and Morello 2012:109.
[5] Suet. *Vir. Ill. Vita Plinii Secundi* 记录了他在骑士军阶中的服役,然后又担任了"最显赫的……代理官"(*procurationes ... splendidissimas*, ed. Roth, p.300)。Syme 1969 对他可能担任过的代理官职务做了合理的描述,即便带有猜测意味。

舅不兢兢业业。据说，在罗马时老普林尼天还没亮就开始了个人的研究工作，然后去觐见韦斯巴芗皇帝，接着履行自己的官方职责。① 他的外甥指出："回家后，他把剩下的时间用于研究（reversus domum quod reliquum temporis studiis reddebat）。"如果我们从字面上来看，那么老普林尼每天上午可能只花几个小时来履行他的骑士职务所要求的职责。这里指的很可能是米塞努姆舰队的长官：舰队的一些小分队驻扎在罗马和奥斯提亚，老普林尼很可能要往返于那里和坎帕尼亚。② 按照他外甥的说法，即便身处米塞努姆时，老普林尼也遵循着类似的日程，在一段时间的放松、沐浴和午餐后，他会把午后用于个人研究工作。③ 这暗示他在舰队司令部度过的时间有限，想来把大部分常规事务交给了部属，自己则尽可能地专注于写作。④

书信中的描绘向小普林尼的读者揭示了为何他的舅舅尽管勤勉，却不是好榜样。作为在官职阶序中寻求晋升的元老，小普林尼必须让自己首先致力于为国效力而不是自己的研究。⑤ 他的榜样是像庞波尼乌斯·巴苏斯（Pomponius Bassus）和维斯特里基乌斯·斯普利纳（Vestricius Spurinna）这样的元老，他们的元老生涯一直走到最后，攀上了官职阶序的顶峰。显而易见，他们没有中途离开仕途（就像骑士泰伦提乌斯·尤尼奥尔所做的）。⑥ 这是小普林尼的自我展现中必不可少的一部分，他标榜自己为理想的元老，总是为了国家的福祉而

---

① Pliny the Younger. *Ep.* 3.5.9.
② Syme 1969:227. 舰队的小分队驻扎在罗马、奥斯提亚/波尔图斯、普特奥利和肯图姆克莱（Centumcellae, Starr 1941:17-21）。
③ Pliny the Younger. *Ep.* 6.16.5.
④ 即便在西班牙担任代理官期间，老普林尼也随身带着笔记本（Pliny the Younger. *Ep.* 3.5.17）。
⑤ Bernstein 2008:205; Gibson and Morello 2012:115-23.
⑥ Pliny the Younger. *Ep.* 3.1（维斯特里基乌斯·斯普利纳），4.23（庞波尼乌斯·巴苏斯）。见 Leach 2003:161-3; Gibson and Morello 2012:116-23.

工作，他本人的闲适在生涯的尽头才会到来，作为对多年辛劳的奖赏。意味深长的是，老普林尼在《博物志》序言中对自己的帝国服务的描绘与他外甥所述的有所不同。老普林尼向提图斯皇帝保证，他只在晚上有时间撰写这部百科全书，因为"我们都把白天献给了您"（*dies vobis inpendimus*）。① 与其他所有依赖皇帝垂青的骑士行政官员一样，老普林尼热衷于表现得像是皇帝和国家的忠实仆人这一点是可以理解的：毫无疑问，为帝国服务对他来说优先于任何个人研究，这与小普林尼《书信集》中所描绘的截然相反。一边是长期以来认为骑士是不问政治的个人的共和时代观念，另一边是新的骑士官阶，"两位普林尼"的例子显示了元首制下两者间的矛盾，这催生出一个独特的公职精英群体，其价值观与那些有事业心的元老相同。

一边是元老为国效力，一边是骑士表面上的闲适和灵活，这种二分法符合普林尼的文学构想，以及他在《书信集》中对自己身份的构建。这一描绘并不能准确地刻画出公元1世纪末和2世纪的那些与普林尼同时代，但的确开启了漫长的帝国公职生涯的骑士。但普林尼的描述仍有一定的道理。元老的确有骑士所没有的义务，包括要求在意大利拥有财产，参加罗马的元老院会议，并在离开意大利前征得皇帝的许可等。即便元老避开了官职阶序的吸引力和荣耀——的确有这样的人——他们仍有作为立席元老（*pedarii*）的职责。② 很容易理解为何一些罗马精英会抵制上述限制，并满足于留在骑士等级。在赞美骑士塞普提米乌斯·塞维鲁时，斯塔提乌斯将其描绘成只要想就可以成为元老的人，但他更愿意偶尔审审案子。③ 不过，有时皇帝的权威会

---

① Pliny the Elder, *NH pref.* 19.
② Talbert 1984:23-6, 249-52.
③ Stat. Silv. 4.5.41-44; Coleman 1988:168.

第七章 履历与人生（Ⅱ）：行政官员

让符合条件的骑士别无选择，只能接受被提拔进元老院。苏维托尼乌斯提到，如果骑士拒绝成为元老，克劳狄乌斯也会剥夺他们的骑士身份，让他们失去所有的公共荣誉。① 其中一位不幸的人无疑是苏尔迪尼乌斯·伽卢斯（Surdinius Gallus），他为了避免被登记进元老院而逃到了迦太基，结果被皇帝召回罗马。② 另一些人在选择安宁的生活方面更成功一点。比如，卢基乌斯·尤尼乌斯·莫德拉图斯·科鲁梅拉（L. Iunius Moderatus Columella）是"铁甲"第六军团的军政官，后来婉拒了晋升。③ 他定居在塔兰托，可能是被派往那里建立一座由他的前军团的士兵组成的老兵殖民市。④ 科鲁梅拉倡导农业，认为那是一种光荣的生活方式，批评那些可耻地花钱购买"束棒的荣耀和权力"（*fascium decus et imperium*）的人。⑤ 他和盖乌斯·卡斯特里基乌斯·卡尔乌斯·阿格里古拉（C. Castricius Calvus Agricola）应该能成为知音，后者亦为军政官，来自弗鲁姆李维（Forum Livii），后来转而去经营庄园。⑥ 农业提供了一种可敬的生活方式，可以由此获利和得到金钱回报。⑦ 这些农场主骑士让我们明白了避开晋升为代理官或元老的真正诱惑，这两种选择都可以带来更大的荣耀，但也意味着更多的负担。

共和时代不问政治的骑士的遗留问题意味着骑士身份也可以被用来掩盖政治野心，至少在元首制初期是如此。⑧ 按照塔西佗的说法，

---

① Suet. Claud. 24. 1.
② Dio 61. 29. 1.
③ *CIL* Ⅸ 235 = *ILS* 2923.
④ Matthews 2010:89 - 91.
⑤ Col. *RR I pref*. 10.
⑥ *CIL* Ⅺ 600. 这段残缺不全的铭文只提到阿格里古拉是军政官，暗示他没有寻求更多职务。
⑦ Bodel 2015:39 - 40.
⑧ 塞维鲁王朝时期及其之后则不是这样，那时骑士的确成了皇帝。见本书第十一章。

当小塞涅卡的弟弟卢基乌斯·阿奈乌斯·梅拉婉拒升为元老时，他想到的就是这种理由：

> 他放弃追求元老职位是因为他有着荒唐的野心，认为罗马骑士在权力上可以同执政官抗衡；同时，他相信当上管理皇帝事务的代理官是获得财富的更快路径。①

梅拉想要一种没有太多限制的生活，没有年序法，没有伴随元老职务和赛会而来的花销，可以有闲暇在合适的时候追求自己的商业利益，同时仍然获得代理官的薪俸。② 因此，他的愿景把共和时代的骑士"安宁"同君主制罗马国家时代的新机会结合了起来。梅拉的父亲老塞涅卡认为儿子的骑士身份是真的抛弃了野心。③ 但塔西佗的话暗示，他的目的其实恰恰相反，与马伊克纳斯和撒鲁斯提乌斯·克里斯普斯一样，他想要从元老院之外发挥权力和影响。④ 以骑士身份为外衣的尝试没能让梅拉逃过告密者（delatores）和尼禄皇帝的怒火，就像它没能保护那300名据说被克劳狄乌斯处死的骑士。⑤ 在这里，我们可以看到不问政治的骑士理念和新的君主制国家的现实之间的矛盾，在后者那里，一切荣誉和恩惠都由元首施与或剥夺。

提比略的近卫军长官卢基乌斯·埃利乌斯·塞扬努斯的例子表明，在元首制早期的话语中，骑士身份与政治权力之间也存在类似的

---

① Tac. *Ann*. 16. 17. 3: *petitione honorum abstinuerat per ambitionem praeposteram ut eques Romanus consularibus potentia aequaretur; simul adquirendae pecuniae brevius iter credebat per procurationes administrandis principis negotiis*.
② Duncan-Jones 2006:193; Matthews 2010:101.
③ Sen. *Controv*. 2. pref. 3 - 4.
④ Ash 2007:339:"表面上的谦逊可以掩盖狡猾"。
⑤ Suet. *Claud*. 29. 2.

第七章　履历与人生（Ⅱ）：行政官员

矛盾。在塔西佗的《编年史》中，提比略发表了一篇讲话，回应了塞扬努斯娶日耳曼尼库斯的妹妹里维娅的请求，皇帝表示会考虑里维娅是否满足于嫁给一名骑士。提比略提到，奥古斯都曾考虑把他自己的女儿尤利娅嫁给"以生活平静而与众不同，不卷入任何政治事务"（*insigni tranquillitate vitae, nullis rei publicae negotiis permixtos*）的骑士。[①] 虽然皇帝表示，他知道塞扬努斯同样满足于"留在你的等级之内"（*istum intra locum*），但并非每个人都相信这点，而且有传言说这位近卫军长官的权力已经超过了奥古斯都的骑士朋友。一边是骑士的较低地位，一边是他们在帝国体制下能够行使的新权力，塔西佗利用提比略的发言将两者间的矛盾戏剧化。无论如何努力，塞扬努斯都无法完全用骑士身份来掩饰他的权力和野心。

　　事实上，在元首制下，随着时间的推移，用骑士身份作为政治外衣的可行性必然大大下降。在塞扬努斯和阿奈乌斯·梅拉的时代，骑士的生涯结构和独立的公职精英的理念方兴未艾，但到了弗拉维乌斯和安东尼王朝乃至以后，情况就完全不是这样了。普林尼的描述中元老和骑士等级拥有完全不同的目的和志向，这至少在一定程度上是文学想象。就像我们看到的，他认为骑士并没有与元老相同的义务，这是对的，但他错在否认骑士有事业心。塔西佗的《编年史》中关于骑士权力发展的题外话背后也隐藏着同样的共和时代概念。就像我们在第四章中所讨论的，这段题外话旨在强调在君主统治下，当元老院和行政官的权威可以被朝臣绕过时会出现的问题。但随着帝国行政体系内骑士职位的增加，以及它们被整合成独立的等级和生涯体系，担任公职的元老和他们的骑士同僚之间的差异变小了。有政治抱负的骑士

[①] Tac. *Ann*. 4. 40. 6.

不再需要像马伊克纳斯那样行使权力但不担任公职。相反，骑士会被任命为司信官、诉状官、司库官和皇帝法庭庭长等高级宫廷职务，让他们处于帝国统治的最核心。

在写于3世纪的卡西乌斯·狄奥的《罗马史》中，不问政治之骑士的理念并不突出，这没什么好意外的。① 在狄奥笔下的马伊克纳斯的发言中，骑士将像元老一样担任军事和行政职务是作为一个无可争议的事实被接受的。② 此外，在狄奥对塞维鲁王朝时期的时政的描述中，他并没有像塔西佗那样质疑让骑士担任宫廷职务的想法。相反，他批评的是出身寒微或品格可疑的人通过皇帝的青睐跻身骑士等级，进而身居高位。③ 卡拉卡拉的司信官马尔基乌斯·克劳狄乌斯·阿格里帕就是这样一个不受欢迎的人，因为他早年是奴隶和理发师。④ 另一方面，狄奥在讲述未来的皇帝马尔库斯·奥佩里乌斯·马克里努斯（M. Opellius Macrinus）时称赞他担任驿道长官、代理官和近卫军长官时行为得体。⑤ 到了公元3世纪初，骑士担任如此重要的行政职务已经不是特例，不再被认为对元老的权威构成挑战。⑥

因此，在元首制下，随着骑士阶序的巩固和骑士贵族的出现，骑士身处统治框架之外，并为了安宁的生活而放弃官职的想法不再流行。取而代之的是"闲职"的概念，即能带来荣誉却无需辛劳的职务。这种荣誉职务起源于共和晚期，但在君主制罗马国家的恩庇体系下变得甚至更加重要，因为它们代表了皇帝对个人的恩赏。就连普林

---

① 他对马伊克纳斯的权力的描绘似乎是个例外（Dio 51.3.5）。
② Dio 52.24.1-25.7.
③ 从狄奥对进入元老院的这类人的讨论中可以看到类似的想法（见Davenport 2012a: 808-11）。
④ Dio 79(78).13.3-4; Davenport 2012c: 186, 197.
⑤ Dio 79 (78).11.1-3.
⑥ 当然，马克里努斯本人登上皇位是另一码事（Davenport 2012c: 196-7）。

尼的骑士朋友马图鲁斯·阿里安努斯（我们可能还记得他喜欢安宁）也渴望这样的荣誉职务。普林尼曾为阿里安努斯致信埃及长官维比乌斯·马克西姆斯（Vibius Maximus）：①

> 他没有野心，因此他让自己安于骑士等级，尽管他很容易晋升到高位。不过，我必须对他进行嘉奖和提拔。因此，我认为增加他的荣誉是重要的事，尽管他可能没想过、不知道和不愿意要。给他的职位最好是尊贵但不繁重的。②

信中没有提到具体的职务，可能是亚历山大里亚的图书馆和缪斯宫主管。③ 从普林尼的话来看，职位本身无关紧要（只要不繁重）。关键在于它要能增加阿里安努斯和普林尼本人的荣誉。尽管普林尼将他的朋友描绘成没有野心，但有间接证据表明，阿里安努斯接受了提供给他的职位。④

有时，骑士在寻求代理官职务的同时会表达出拒绝这一荣誉的意图。弗隆托曾致信安东尼·庇护皇帝，感谢他允许自己的朋友塞克斯图斯·卡尔普尼乌斯·尤利亚努斯（Sex. Calpurnius Iuianus）这样做：

> 应我的请求，你已经授予我唯一的罗马骑士伙伴塞克斯图斯·卡尔普尼乌斯两个代理官职务，以此提升了他的公众地位。

---

① Pliny the Younger, *Ep.* 3.2.
② Pliny the Younger, *Ep.* 3.2.5: *caret ambitu: ideo se in equestri gradu tenuit, cum facile possit ascendere altissimum. mihi tamen ornandus excolendusque est. itaque magni aestimo dignitati eius aliquid astruere inopinantis nescientis, immo etiam fortasse nolentis; astruere autem quod sit splendidum nec molestum.*
③ Sherwin-White 1966:210-11.
④ Sherwin-White 1966:211，援引 Pliny the Younger, *Ep.* 4.8 和 4.12，信中提到马图鲁斯不在意大利。

> 我把这两个执政官职务的恩赏算作四个:因为你两次授予执政官,两次接受了他的辞让。①

在这封信中,弗隆托接着请求庇护授予他的朋友——亚历山大里亚的阿皮安代理官职务,并向皇帝保证"他追求这个职务是为了年老时拥有荣誉,并非因为野心或是贪图代理官的薪俸"。② 这类请求显然很流行:庇护此前曾拒绝了弗隆托,理由是这会为求取这类闲职的"请求者洪流"(*causidicorum scatebra*)打开闸门。最重要的仍旧是职务的荣誉。在安东尼王朝时期,即便只担任一次代理官职务也足以带来"出众者"的头衔,会让阿皮安的地位超过他的骑士等级同辈,成为骑士贵族。事实上,阿皮安在他的《罗马史》序言中骄傲地表示,他在皇帝们面前为案件辩护,获得了代理官职务的奖赏。③ 普林尼和弗隆托书信中的这些例子表明,拒绝了长期行政生涯的骑士并没有完全满足于放弃获得帝国荣誉和与之相伴的威望的可能性。这就是作为君主制罗马国家中地位最终来源的皇帝的力量。

希腊人的荣誉

授予阿皮安的荣誉代理官职务让我们把目光转向希腊知识分子的世界,以及他们对在罗马政府中任职——或寻求荣誉——的态

---

① Fronto, *Ad Ant Pium* 10.1 (vdH2 p.168) = Davenport and Manley 2014: 122 – 3 (no. 35):*equitis Romani unius contubernalis mei Sexti Calpurnii dignitatem rogatu meo exornasti duabus iam procurationibus datis. ea ego duarum procurationum beneficia quater numero: bis cum dedisti procurationes itemque bis cum excusationes recepisti.*
② Fronto, *Ad Ant Pium* 10.2: *dignitatis enim suae in senectute ornandae causa, non ambitione aut procuratoris stipendii cupiditate optat adpisci hunc honorem.*
③ App. Pref. 15.

度。① 普鲁塔克的两篇论文《论心灵的平静》(On the Tranquillity of Mind 和《治国准则》(Precepts of Statecraft) 中包含了对在帝国任职的重要反思。在《论心灵的平静》中，他讨论一些希腊人如何从不满足于自己的命运，总是寻求更大的回报。如果他们是贵族，他们会对尚未成为大法官沮丧，如果成了大法官，又会烦恼没能成为执政官。② 不应把这番话解读为对希腊人加入罗马政治生涯的批评，它只是评价了当时那些不满足于生活提供给他们的东西的人。③ 在塞涅卡的《论恩惠》(On Favours) 中可以找到与此如出一辙的想法，证明了其普遍性。④ 在《治国准则》中，普鲁塔克呼吁希腊年轻人在罗马结交有权势的朋友，以便造福自己的城邦。他描绘了奥古斯都如何宽恕了亚历山大里亚人，作为对朋友阿雷尤斯（Areius）的恩赏，然后评论说：

> 这种恩赏同那些薪俸有许多塔兰特的代理官和行省长官职务有什么可比之处呢？为了追求它们，许多已年迈的人在别人家门前徘徊，抛下自己的事不理。⑤

普鲁塔克发表上述评论并非在鼓励抵制罗马的统治，而是倡导希腊人应该为自己的城市工作。⑥ 他暗示，如果希腊人想要惠及自己的城市，他们不需要担任元老和骑士职务，而是应该寻求有权势的罗马朋

---

① 见 Kuhn 2010:41-72 的重要讨论。
② Plut. *Mor*. 470c.
③ Swain 1996:169-70; Kuhn 2010:63.
④ Stadter 2014:46-7; Sen. *Ben*. 2. 27.
⑤ Plut. *Mor*. 814D (trans. H. N. Fowler): Ἆρά γ' ἄξιον τῇ χάριτι ταύτῃ παραβαλεῖν τὰς πολυταλάντους ἐπιτροπὰς καὶ διοικήσεις τῶν ἐπαρχιῶν, ἃς δι ὡκοντες οἱ πολλοὶ γηράσκουσι πρὸς ἀλλοτρίαις θύραις, τὰ οἴκοι προλιπόντες.
⑥ Swain 1996:144-86, esp. 170-1; Salmeri 2000:61.

友和盟友。①

  普鲁塔克本人就是这么做的，一如《治国准则》中的建议，他赢得了一些显赫的罗马人的友谊，诸如执政官昆图斯·索西乌斯·塞内基奥和他的庇主卢基乌斯·梅斯特里乌斯·弗洛鲁斯。② 通过梅斯特里乌斯的恩庇，普鲁塔克成了罗马公民，很可能还获得了骑士身份，虽然没有明确记录。③ 普鲁塔克似乎还获得了荣誉代理官职务，就像阿皮安那样。按照《苏达辞书》(Suda)的说法，图拉真授予他"执政官的地位"(τῆς τῶν ὑπάτων ἀξίας)和对伊利里库姆的管辖权。④ "室友"乔治(George Syncellus)记录说，普鲁塔克在哈德良统治时期成为了希腊的代理官(ἐπιτροπεύων Ἑλλάδος)。⑤ 上述说法的历史真实性存在一定争议。如果普鲁塔克先被图拉真授予执政官地位，再被哈德良封为代理官，那将会很奇怪，因为前者显然是更大的荣誉，尽管后世的希腊作家很容易混淆这两位皇帝。⑥ 不过，普鲁塔克很可能因为自己的渊博和学识而获得某种帝国荣誉，也许是通过他显赫的罗马朋友得到的。⑦ 这很可能是荣誉性质的代理官职务，然后是执政官地位。⑧ 可以找到类似的同时代例子，比如图拉真的医生提图斯·斯塔提利乌斯，他记述了皇帝的达契亚战争，获得了荣誉代理官的闲职。⑨ 普

---

① Stadter 2014:48. 参见 Nutton 1978:212 - 13；Madsen 2006:65 - 7。
② C. P. Jones 1971:48 - 9；Swain 1996:144 - 5；Stadter 2014:8 - 9.
③ Stadter 2014:40.
④ Suda. *s. v. Πλούταρχος* (ed. Adler π 1793).
⑤ Sync. *Ecl. Chron.* (ed. Dindorf p. 659).
⑥ Oliver 1970:70 - 1 认为，是哈德良授予了这两项荣誉。这无疑发生在他的统治早期，因为普鲁塔克于公元 125 年去世(C. P. Jones 1966:66)。
⑦ Stadter 2014:42.
⑧ Bowersock 1969:57；C. P. Jones 1971:29 - 30, 34；Pelling 1988:2 - 3.
⑨ *I. Eph.* 719. Robert 1954 nos 49, 75 校补出这一职务。对该职务的荣誉性质的讨论见 Bowersock 1969:65。关于他是《哥特史》(*Getica*)的作者，见 *FGrH* 200。

鲁塔克的帝国荣誉同《治国准则》中的原则并不矛盾。① 这代表普鲁塔克接受了罗马的帝国体系（在其中，奖赏和恩赏都来自皇帝），但没有放弃他在喀罗尼亚和德尔斐的生活与职务。②

与西部行省的同僚一样，来自希腊和小亚细亚的骑士常常把追求行政职务作为提高个人地位和获得经济回报的方式。这条路径似乎在很大程度上比完整的从政生涯更受欢迎。③ 财库顾问官在这方面是理想的选择，因为它让希腊人可以在东方行省担任有薪俸的帝国职务，不必前往罗马或西部其他地区。比如，亚细亚大祭司普布利乌斯·埃利乌斯·佐伊克西德墨斯·阿里斯托斯·芝诺（P. Aelius Zeuxidemus Aristus Zeno）在弗里吉亚和亚细亚行省担任财库顾问官。④ 这一职位，也许比其他形式的服务——比如骑士军阶——更能使骑士可以继续参与传统的希腊文化或公民事务。⑤ 从智术师尼科美狄亚的奎里努斯（Quirinus of Nicomedia）的例子中可以看到这点，他因为善于撰写起诉演说而被任命为财库顾问官。⑥ 另一位希腊骑士，马拉松的提图斯·弗拉维乌斯·格劳科斯（T. Flavius Glaukos of Marathon）自称为"诗人、修辞家和哲学家，前财库顾问官"（*ποιητὴς καὶ ῥήτωρ καὶ φιλό-σοφος | ἀπὸ συνηγοριῶν ταμίου*）。⑦ 格劳科斯出身的家族中几代人断断

---

① 参见 Swain 1996:171-2，作者认为这个代理官职务并非史实，最好"让普鲁塔克去实践他所宣扬的东西"。
② 参见 Madsen 2006，作者区分了普鲁塔克与小亚细亚（特别是比提尼亚）那些没有选择公职生涯的希腊人的观点。
③ Kuhn 2010:27.
④ *IGR* IV 819; Pflaum 1960:550-1 (no. 205). 后来，他的儿子普布利乌斯·埃利乌斯·安提帕特尔（P. Aelius Antipater）将在皇帝宫廷获得更多的荣誉，担任塞普提米乌斯·塞维鲁的司信官及其儿子卡拉卡拉和盖塔的老师。见 Phil. *VS* 607; Pflaum 1960:610-13 (no. 230).
⑤ 鉴于其广泛的需求，智术是个例外，就像 Bowie 1982:48 所指出的。
⑥ Phil. *VS* 621.
⑦ *IG* II² 3704. 关于他的诗歌，见 Oliver 1949:248-56。

续续地担任过帝国职务。他的祖父也叫提图斯·弗拉维乌斯·格劳科斯，在公元2世纪中叶担任过代理官，但在他的家谱中，没有其他直系亲属担任过骑士行政官员（尽管有一个旁支进入了元老院）。① 代理官格劳科斯的女儿［欧律］阿莱（［Eury］ale）称自己的父亲为"骑士出身者中最优秀的，海中塞浦路斯的代理官"（ὃς ἄριστος ἐτύχθη | ἱππήων, βυθίην Κύπρον ἐπιτροπέων）。② 这一表述暗示，［欧律］阿莱和其他希腊人明白，格劳科斯的代理官职务提高了他相对于其他骑士的地位，反映了与塔西佗的骑士贵族观点相同的想法。但在这个家族，皇帝嘉奖并不比文学或文化成就更荣耀。从诗人转行为财库代理官的格劳科斯对他的亲戚忒米斯托克勒斯担任当地祭司职务，以及他们都是诗人祖先萨拉皮翁（Sarapion）的后代这一点大加赞美。③ 这代表了传统希腊荣耀同罗马帝国给的新荣誉的结合。

皇帝会向那些因为学识与才能而受其赏识的希腊人授予骑士身份和代理官职务。④ 卡拉卡拉慷慨地把多项荣誉赏给了他的医生卢基乌斯·格里乌斯·马克西姆斯，一位来自皮西迪亚的安条克的骑士。⑤ 从他的家乡安条克和萨加拉索斯（Sagalassos）竖立的几座马克西姆斯像上可以看到这些特权的性质。在雕像附带的铭文中，他被描述为"出众的宫廷医生，曾是缪斯宫成员，20万塞斯特斯级别"（τὸν κράτιστον |ἀρχίατρον καὶ ἀπὸ |Μουσείου δουκηνά|ριον）。⑥ 纳顿（Nutton）

---

① 见 Oliver 1949：图2（第248到249页）；Nowakowski 2011：287。
② *IG* II² 3662. Oliver 1949：253 认为，这段诗体献词实际上是诗人格劳科斯所作。
③ Geagan 1991：159-60。
④ Demougin 1999：583。
⑤ 关于他来自安条克，见 Christol and Drew-Bear 2004：95, 109-10。
⑥ 安条克：*SEG* 54, 1368。萨加拉索斯：*SEG* 50, 1312 = *SEG* 54, 1377。从同样来自安条克的 *CIL* III 6828 = *AE* 2005, 1479 中可以看到类似的表达。来自该城的另一条铭文没有提到缪斯宫职务和20万塞斯特斯级别的头衔（*SEG* 54, 1369）。

坚定地认为，铭文指的是亚历山大里亚的缪斯宫，马克西姆斯只是该机构的成员，而非主管。[①] 此外，必须把"20万塞斯特斯"的头衔同缪斯宫成员分开，它表示卡拉卡拉授予马克西姆斯的薪俸，就像克里斯托尔（Christol）和德鲁-贝尔（Drew-Bear）所指出的。[②] 如果他担任过代理官，那可能只是纯粹的荣誉性职务，就像授予亚历山大里亚的阿皮安的那样。[③] 不过，这些奖赏足以让马克西姆斯拥有"出众者"和"20万塞斯特斯级别"的头衔，让这位希腊医生高出没有帝国职务的其他罗马骑士一截，向所有人证明卡拉卡拉皇帝给了他金钱奖赏。提尔的哈德良（Hadrian of Tyre）无疑担任过最后这种闲职，此人在马可·奥勒留和康茂德父子统治时期担任过雅典和罗马的修辞主管。[④] 哈德良与皇帝宫廷关系密切，特别是通过与马可·奥勒留皇帝的其中一个女婿格奈乌斯·克劳狄乌斯·塞维鲁（Cn. Claudius Severus）的私交。[⑤] 哈德良临终时，康茂德授予他司信官之职，作为对其文学成就的最后致敬。[⑥] 这是一个经典例子，说明了在更广的骑士生涯中，个人职位是如何成为受皇帝青睐的象征的。希腊知识分子看重这些职位，视其为对自己才能的一种新的奖励形式。

的确，在公元2世纪和3世纪，皇帝宫廷成了希腊修辞家与智术师角逐司信官和希腊司信官的舞台。[⑦] 担任这些秘书职务的是两类骑

[①] Nutton 1971:263 – 9; Christol and Drew-Bear 2004:111 – 16.
[②] Christol and Drew-Bear 2004:110.
[③] Nutton 1971:270 – 2.
[④] Phil. VS 588 – 9.
[⑤] I. Eph. 1539; Bowersock 1969:55.
[⑥] Phil. VS 590.
[⑦] 从公元2世纪后期开始，至少在释奴层面上有两个部分，分别负责希腊语和拉丁语书信（Weaver 1972:255, 262 – 3）。关于两者的骑士主管拉丁语司信官（ab epistulis Latinis）和希腊司信官（ab epistulis Graecis），在公元2世纪后期都有可靠的证据，但他们出现的时间很可能更早（Townend 1961b:379 – 80; Eck 2000:249）。

士。第一类由那些遵循常规骑士生涯的人组成，比如瓦雷利乌斯·欧戴蒙（Valerius Eudaemon），他在升任司信官之前曾是埃及亚历山大里亚辖区以及希腊和拉丁语图书馆的代理官。[1] 对这类骑士来说，司信官职务会帮助他们升任大长官，就像提比略·克劳狄乌斯·维比亚努斯·特尔图鲁斯（Ti. Claudius Vibianus Tertullus）那样（他来自帕加马［Pergamum］或塞尔盖［Selge］），在马可·奥勒留和康茂德统治时期先后成为司库官和治安长官。[2] 这些人是新兴的骑士公职精英，有着长期的代理官生涯，他们的薪俸随着在阶序中的晋升而提高。第二类由被皇帝直接任命为希腊司信官的智术师、修辞家或文法学家组成，之前没有担任过任何公职。[3] 其中之一便是智术师亚历山大（也被称为"陶土柏拉图"［Peloplaton］），马可·奥勒留将其召到身边，当时皇帝正驻扎在潘诺尼亚，对北方部落开战。[4] 亚历山大没有担任过其他帝国职务：根据菲洛斯特拉托斯的说法，此人可能在担任希腊司信官期间死在了高卢，也可能是退职后死在了意大利。[5] 被选中担任这一帝国秘书职务的希腊文人受惠于其可观的薪俸。在安东尼王朝时期，这是 20 万塞斯特斯的职务，但到了塞维鲁王朝时期变成了 30 万塞斯特斯级别。[6] 虽然我们可能会觉得，智术师会自认为在罗马皇帝宫廷寻求一席之地并不有失身份——许多人无疑是这样想——但的确有一些人是准备去竞争皇帝的垂青和官职带来

---

[1] *CIL* III 431 = *ILS* 1449；*IGR* III 1077；Pflaum 1960：264-71（no. 110）. Bowie 2013：252 称他为"职业官僚"。
[2] *CIL* III 7136 = *I. Eph.* 651 = *ILS* 1344；Habicht 1969：28；*I. Selge* 13；*SEG* 53, 1582；Pflaum 1960：683-4（no. 252）. 关于这些职务的时间顺序，见 S. Mitchell 2003：147-8。
[3] Millar 1977：82-93, 104-7；Bowie 1982：39-47.
[4] Phil. *VS* 571（司信官），576（狄俄尼修斯的弟子）。
[5] Phil. *VS* 576.
[6] Pflaum 1974：34.

第七章 履历与人生（Ⅱ）：行政官员

的巨额薪俸的。

米利都的智术师提图斯·克劳狄乌斯·弗拉维亚努斯·狄俄尼修斯（T. Claudius Flavianus Dionysius of Miletus）就是这样一位参与竞争的希腊知识分子。哈德良皇帝授予了他骑士身份、在亚历山大里亚的缪斯宫进餐的权利以及两个代理官职务（当然包括薪俸），作为对其智慧的官方认可。[①] 狄俄尼修斯的文学和帝国荣誉被记录在了以弗所一座为他立的公共雕像底座上：

> 市议会与人民，献给提图斯·克劳狄乌斯·弗拉维亚努斯·狄俄尼修斯，修辞家和智术师，两次担任皇帝执政官，克劳狄乌斯·欧图科斯为他的庇主［所立］。[②]

狄俄尼修斯很可能希望被升为司信官这个令人垂涎的职务，但由于哈德良的贪婪和偏执，他没能如愿。相反，皇帝决定主动打压狄俄尼修斯，把大量荣誉授予了这位智术师的对头们。[③] 据说狄俄尼修斯一生都与皇帝的另一位秘书官卡尼尼乌斯·刻勒尔（Caninius Celer）矛盾不断。[④] 他还对哈德良的司信官盖乌斯·阿维狄乌斯·赫里奥多罗斯怀恨在心，曾经表示："皇帝能赐予你金钱和荣誉，但不能把你变成修辞家。"[⑤] 这话似乎特别不公平，因为根据狄奥的说法，赫里奥多

[①] Phil. VS 524; Bowie 1982:48.
[②] I. Eph. 3047 = SEG 30, 1309:[ἡ βουλὴ καὶ] ὁ δῆμος | [T(ίτον) Κλ(αύδιον)] Φ[λαουιαν]ὸν Διονύσιον | [τὸν] ῥήτορα καὶ σοφιστὴν | [δ]ὶς ἐπίτροπον τοῦ Σεβαστοῦ | Κλ(αύδιος) Εὔτυχος τὸν ἑαυτοῦ πάτρωνα.
[③] Dio 69.3.2-4.
[④] Phil. VS 524. 关于这位刻勒尔被认出是马可·奥勒留的老师卡尼尼乌斯·刻勒尔，见 Bowie 1982:58.
[⑤] Dio 69.3.5: Καῖσαρ χρήματα μέν σοι καὶ τιμὴν δοῦναι δύναται, ῥήτορα δέ σε ποιῆσαι οὐ δύναται.

罗斯因其才能后来成为埃及长官。① 不过，就像伯利所暗示的，狄俄尼修斯很可能有成为司信官的野心，对没能获得这一显赫的职务感到愤怒。② 这个故事的结尾是，狄俄尼修斯被埋在以弗所，石棺上称他为修辞家，没有提到帝国职务。③ 这与之前以弗所的公共雕像上刻的他生平截然不同，让人怀疑墓志铭是不是在最后故意强调他的才华是唯一重要的荣誉。

一些希腊文人肯定觉得他们在帝国效力的同行只是二流作家。众所周知，楞木诺斯的菲洛斯特拉托斯写作《如何写信》一文是为了抨击塞维鲁·亚历山大的司信官、智术师拉文纳的阿斯帕西乌斯（Aspasius of Ravenna）的文风。④ 就像鲍伊所指出的，真正的智术师生活实际上与为帝国效力并不相容，这就很容易理解为何许多希腊智术师认为，皇帝宫廷中的职务不如在智术师技艺中取得的真正成就。⑤ 不过，卡西乌斯·狄奥和菲洛斯特拉托斯的故事表明，皇帝宫廷持续吸引着希腊智术师、诗人和修辞家，因为他们把骑士身份、官职和薪俸视作对自己教化的个人奖赏和认可。⑥ 就像布伦特所指出的，因为"他们在罗马世界的成功取决于他们在希腊世界中已经取得的成就"。⑦

这些关系对希腊知识分子和皇帝来说是互惠的，因为罗马统治者想确保能够通过那个时代最伟大的演说家之口让希腊臣民听进他说的

---

① Dio 72（71）. 22. 2.
② A. R. Birley 1997:216 - 17.
③ *I. Eph*. 426; C. P. Jones 1980:374. 石棺发现于以弗所南门之外。参见 Phil. *VS* 526, 其中提到他被埋在广场。
④ Phil. VS 628.
⑤ Bowie 1982:48, 50.
⑥ Kuhn 2010:145 - 6; Kemezis 2014:215 - 16.
⑦ Brunt 1994:34.

话。事实上，菲洛斯特拉托斯曾经称赞希腊语司信官普布利乌斯·埃利乌斯·安提帕特尔（P. Aelius Antipater）的写作"配得上君主风范"（ἐπάξια τοῦ βασιλείου προσώπου）。[1] 因此，向希腊知识分子授予骑士荣誉和官职有效地让他们的才能为罗马帝国服务，而不是让他们成为异见者可能的喉舌。迄今为止，我们讨论的希腊骑士都没有真的抗拒担任政府职务或者从皇帝那里接受闲职。[2] 许多人可能避开了需要多年任职的完整职业生涯，但在接受荣誉性代理官职务或希腊语司信官之职时，他们默许了罗马帝国体制提供的荣誉竞争。

萨莫萨塔的琉善（Lucian of Samosata）的作品展现了一些希腊人在决定是接受还是拒绝罗马行政体系中的职务时必然会感到的为难。琉善写过一篇题为《论受雇于高门》（*On Salaried Posts in Great Houses*）的文章，攻击了那些寻求罗马显贵支持的希腊人。但琉善后来接受了在埃及的帝国职务，很可能是在公元2世纪80年代，也就是他人生的最后十年。[3] 他在后来的一篇作品《为〈论受雇于高门〉辩护》（*The Apology*）中为自己的决定做了辩解，称他被任命为帝国行政体系中的领薪官员与那些在私人家中像奴隶一样伺候的人是截然不同的。[4] 琉善对潜在的荣誉之路不能自拔，他骄傲地宣称他有望成为代理官或接到其他帝国职务的任命。[5]

琉善的话会让前奴隶、斯多葛派哲学家厄比克泰德觉得似是而

---

[1] Phil. *VS* 607. Hogan and Kemezis 2016:31.
[2] 希腊和罗马精英所写的反对派作品往往专注于讨论如何最好地让自己与帝国体制妥协，或者在皇帝统治下生活。关于在这方面对普鲁塔克和塔西佗的最新考察，见 Kemezis 2016。
[3] 琉善从未提到该职务的头衔。Pflaum 1959 认为他是"引导主管"（*archistator*），vander Leest 1985 和 C. P. Jones 1986：20 - 1 则认为他担任的是"法庭书记员"（*eisagogeus*）。
[4] Luc. *Apol*. 11 - 12.
[5] Luc. *Apol*. 12；C. P. Jones 1986：21.

非，后者离开罗马后在伊庇鲁斯的尼科波利斯教授哲学。[1] 这位希腊人代表了真正的反对声。厄比克泰德把所有为罗马及其机构的服务归为奴役，即便是那些获得金指环、在骑士军阶中担任军官的骑士。[2] 骑士代理官和元老行省总督、执政官以及其他那些被人像孩子般争夺的帝国荣誉归在了一起。[3] 厄比克泰德针对的不仅是为罗马效力的元老和骑士职位，还有地方上的希腊城市官员，这暗示他事实上反对各种形式的荣誉，认为它们本质上没有价值。相反，他认为人们应该按照斯多葛派的原则来生活，以寻找安宁。[4] 厄比克泰德学说的影响不容忽视，因为他在尼科波利斯的听众中有元老和骑士等级成员——按照他本人的讲述，包括担任过代理官和总督的人。[5] 其中有位骑士被逐出罗马，发誓再不寻求帝国公职，宁愿在安宁中度过余生。不过，当这位骑士返回罗马后，皇帝向其提供了新职，他最终成为供粮长官。[6] 对厄比克泰德来说，这并非成功的标志，而是有关过于看重帝国荣耀之人的警世故事。不过，大部分骑士可能像琉善一样，在机会出现时无法拒绝。皇帝的权力无所不包。

结论：帝国官职的益处

奥古斯都皇帝任用骑士作为他在罗马行政体系中的个人代表。他们担任了行省的财政和皇帝财产代理官、负责罗马城事务的长官、埃

---

[1] Millar 1965a：141 - 2；Brunt 2013：331.
[2] Epict. *Diss*. 4. 138 - 40.
[3] Epict. *Diss*. 4. 7. 21 - 4. 见 Millar 1965a：145 的讨论。
[4] A. R. Birley 1997：60 - 1；Kuhn 2010：66；Brunt 2013：340.
[5] Brunt 2013：332 - 3.
[6] Epict. *Diss*. 1. 10. 2 - 6. 关于确定此人身份的可能性，见 Millar 1965a：145 - 6。

第七章 履历与人生（II）：行政官员

及长官以及其他行省的总督代理官。随着元首在元老等级以外寻找新人帮助他管理帝国，任用骑士担任这些职务成了君主制罗马国家的一个显著特征。在他死后，围绕上述职位发展出了独立的骑士官阶或生涯结构。这可以被归因于几个相互联系的动向。首先，骑士取代了行省、宫廷部门和罗马的释奴官员，或者地位在他们之上。其次是为具体责任而设立的新的骑士代理官职务，比如管理特定的税收或者财政体系，他们分担了行省或皇帝财产代理官的部分责任。上述两种改变为骑士创造了一系列奥古斯都时期不存在的新的行政职务。再次是拥有军事权力的职务被整合进了更大的代理官阶序，诸如舰队长官和总督代理官。到了公元2世纪中期，这些职务被划分为不同的薪俸级别，从6万塞斯特斯到30万塞斯特斯不等，从而营造了一个固定的等级体系，让骑士可以像在元老的官职阶序中那样获得晋升。军事和文官职务在这一新的职业结构中的结合意味着骑士等级成员也可以宣称文武兼顾地为国效力，就像他们的元老同僚那样。担任代理官的骑士显然会受到皇帝青睐，可以被视作一个独立的骑士贵族。

乍看之下，代理官阶序的发展和骑士们担任行政地位的意愿可能与共和时代骑士等级成员的不问政事格格不入。但代理官职务首先是皇帝授予的荣誉，而且会带来大笔薪俸。因此，这些职务会带来地位和金钱上的回报。此外，它们还有相当的灵活性，让个体骑士可以决定是满足于一个代理官职务，还是在骑士阶序中晋升，竞争更高和更有利可图的代理官职务。那些以恩庇和支持实现了这点的骑士将获得丰厚的回报，晋升到20万和30万塞斯特斯级别的职位，有时甚至升任大长官。这种生活方式很有吸引力，因为不必像元老那样受到限制，比如有义务参加元老院的会议，或者要在意大利拥有产业。这些激励意味着代理官职务会吸引帝国各地的行省士绅，他们看到了通过为帝国服务来提高自己地位和财富水平的机会。这对罗马国家也有好处，因为它确保了行省的家乡贵族投身帝国体系——不仅接受骑士身份本身，而且还担任官职。所以，骑士与君主制罗马国家的关系是互利的，保证了有源源不断的骑士想要与同僚竞争，以获得代理官职务及其带来的财富和威望。正是这种竞争世世代代维系着罗马的帝国行政体系。

在帝国早期，仍然留存着西塞罗关于骑士"安宁"的理想（与元老的任职相对），就像小普林尼的书信所显示的，他以此来树立自己对国尽责的元老公仆的自我形象。但代理官生涯结构的发展意味着骑士的安宁概念到了公元2世纪中期已经消失，取而代之的是骑士作为行政官员和军官被接受，就像在卡西乌斯·狄奥的作品中所看到的。一个事实展现了这一转变的性质，即有的骑士不想长期在政府服务，但仍然会寻求一两个职务作为受到皇帝垂青的标志，常常是诸如财库顾问官或代理官。有人甚至得到了荣誉职务，能够带给他们代理官的头衔和薪俸，但不必真正履行职责。对帝国荣誉的竞争甚至让家乡贵族中的希腊修辞家和智术师不能自拔，他们把私人恩怨和职业竞争带到了皇帝的宫廷。对这一政府服务或寻求帝国荣誉之风潮的唯一真正的抵制来自像厄比克泰德这样的斯多葛派哲学家。但这无法对作为恩庇帝国体系的元首制的根基构成有效的挑战。毕竟，如果某人是罗马骑士，那么他就已经接受了皇帝垂青的象征。

铭文骑士履历这一体裁的发展和它被用作公共自我展现的媒介，反映了骑士被整合进君主制罗马国家下的公共行政体系这一文化上的改变。阶序标志着对皇帝给予的地位、官职和荣誉的竞争。骑士积累的此类垂青象征越多，对其生平和生涯的官方和永久记录就越丰富和详细。10万塞斯特斯和20万塞斯特斯等薪俸级别被写进履历，以便公开展示骑士在新的等级体系中的晋升,以及皇帝为他们的服务给的大笔金钱奖赏。到了公元 2 世纪中期,通过"出众者"这个新头衔,骑士代理官被更明确地描绘成骑士等级内的精英。仅仅担任一任代理官就能获得这一身份,这吸引了那些不愿终身任职,或者不想参与不得不为之的激烈竞争,但仍然希望得到更高地位的骑士。最高级的骑士头衔"最完美者"和"最突出者"更加排外,仅限于担任过国家最高职务和大长官的人拥有。这些要职通常只有该等级中那些任职多年的精英中的精英才能得到,因此可以真正说是由公职贵族组成。

铭文履历的程式化性质所表达的一致性和竞争不仅出现在骑士代理官之间,也出现在那些走上帝国的官职阶序的元老之间。元老和骑士担任的职务类型几乎没有区别。这两个等级的成员都会统率部队、审理案件、监管帝国的基础设施和行政体系。这意味着分配给元老与骑士的具体职务很大程度上取决于承自共和时代和奥古斯都时代的传统身份等级,而不是两者之间任何真正的能力差别。就实际目的而言,任职者是骑士抑或元老并不重要,因为他们都是因皇帝的青睐而被任命,并非由元老院和人民赋权。不同于普通骑士的职业骑士群体的出现,为公元 3 世纪罗马军队和行政体系的改变创造了条件。①

---

① 本书第十一章将考察这点。

第三部分 公开展示的骑士

第八章 仪式和共识

导言：意见的组织[①]

公元前30年，即亚克兴战役爆发的次年，罗马人民投票授予屋大维一系列荣誉，包括凯旋式，在布伦迪西乌姆和罗马建凯旋门，每年在他诞辰那天为他进行公开祈祷。[②] 按照苏维托尼乌斯的说法，罗马骑士会"自发并一致同意"（*sponte atque consensu*）每年举办两天的诞辰庆祝活动。[③] 不清楚骑士等级在何时设立了这个节日，但苏维托尼乌斯的描述完美地概括了骑士等级在罗马帝国的角色。[④] 奥古斯都建立的君主制罗马国家的稳定和长久靠的是元首能够展现他的统治是国家各组成部分达成共识的结果，包括元老院、骑士等级和罗马人民。[⑤] 与之对应，共识的概念在奥古斯都时代的政治话语中占据重要地位，表示大众认可、延续性和合法性，而非改变或革命。[⑥] 奥古斯都在他的《功业录》中用了 *consensus* 和 *universus* 这两个拉丁语单词来表示对其地位与权力全心全意的自发的认可，强调它们是人民给

[①] 这是 Syme 1939 第三十章的题目，他考察了奥古斯都国家的宣传。在这里特意用这个题目是作为采用方法不同于 Syme 的分析的一部分。
[②] Dio 51.19.1–2. 关于后来的庆祝，见 Dio 54.34.1, 55.6.6, 56.29.1。
[③] Suet. *Aug*. 57.1.
[④] Wardle 2014:387 表示，关于第二天的庆祝活动的最早证据来自公元12年。
[⑤] 关于代表全体接受的共识（*concensus*）理念，见 Ando 2000:30–1, 131。
[⑥] Lobur 2008:12–36.

第八章 仪式和共识

予,而非勉强得来。① 在皇帝的《功业录》中,骑士等级同样作为一致决定向元首及其家族致敬的群体出现。奥古斯都写道,公元前5年"全体罗马骑士"(equites... Romani universi)拥立其养子盖乌斯为"青年元首"。② 公元前2年,"全体元老、骑士等级和罗马人民"(sen[atus et e] quester ordo populusq[ue] Romanus universus)又授予奥古斯都"祖国之父"的称号。③ 因此,用罗伊的概念术语来说,骑士被视作一个团结的集体为皇帝及其家族提供"集体认可"。④

共识的展示总是被说成是自下而上的,由元老院或个别元老、人民和骑士,有时是三个群体一起发起,而非来自元首本人。这种理想对于支撑奥古斯都留给继任者的帝国体系至关重要。在卡里古拉统治时期,罗马的铸币厂生产了一种2阿斯的纪念铜币来向神圣的奥古斯都致敬,钱币正面印有他的头像。反面,奥古斯都坐在象牙椅上,附有"元老院、骑士等级和罗马人民一致同意"(CONSENSV SENAT[VS] ET EQ [VESTRIS] ORDIN [IS] P [OPVLI] Q [VE] R [OMANI])的字样。⑤ 这句话指的很可能是公元前2年奥古斯都被所有等级一致尊为"祖国之父"。即位6个月后,卡里古拉本人在公元37年9月获得了这一头衔。⑥ 这种钱币说明了一个事实,即元首的位子和所有罗马人现在所处的君主制罗马国家得到了全体的同意。

共识不能被假定或视为理所当然:必须通过展示来表达和强

---

① RG 34. 1(consensus),14. 2,35. 1(universus);Cooley 2009:258.
② RG 14. 2. 在公元前2世纪之后铸造的钱币上,盖乌斯和卢基乌斯都带着这一头衔出现(RIC I² Augustus 206 – 12)。
③ RG 35. 1.
④ Stein 1927:57 – 60;Rowe 2002:75.
⑤ RIC 1² Caligula no. 56.
⑥ 关于卡里古拉作为"祖国之父",见 Barrett 1990: 70 – 1;Wardle 1994: 191;Stevenson 2007:122 – 3。

化。① 这一直是罗马共和国的传统——大会、选举、节日和凯旋式都公开举行。② 因此，给奥古斯都及其家庭成员的荣誉也同样必须通过拥立、游行和仪式——总是自愿的——来授予。皇帝先拒绝这些荣誉，再最终接受，这可能会加强此类表演的效果，就像奥古斯都和"祖国之父"那样。③ 事实上，在奥古斯都及其继任者的统治下，"故作谦虚"（recusatio）成了界定"共和国"的君主制性质的一个重要方面，因为这种举动不属于共和国的政治舞台。④ 拒绝荣誉乃至皇帝的紫袍加身仪式使得从提比略开始的历任皇帝得以证明，罗马人民的确想要元首。就像我们在本章中将会看到的，罗马政治生活的表演是重要的公共事件，骑士等级及其成员在其中扮演了关键角色。

集体行动

骑士等级并不召集大会。除了在百人队大会上投票的百人队，它传统上并不作为国家的政治和立法决策过程的一个正式部分而存在。这不同于元老院与人民，前者会集体开会和通过决议（元老院决议），后者（包括骑士百人队）会在人民大会上投票，直到公元3世纪初都一直是由他们正式批准行政官的当选。⑤ 公元前1世纪，随着骑士获得自己独有的特权和身份象征，剧场成了非正式的骑士大会场所，他

---

① Ando 2000:6-8.
② Hillard 2005:4; Sumi 2005:1-13.
③ Suet. *Aug.* 58.1-2; Ando 2000:146; Lobur 2008:24-5. Stevenson 2009讨论了促使奥古斯都在公元前2年接受"祖国之父"头衔的一系列因素。
④ Wallace-Hadrill 1982:36-7. 关于"故作谦虚"和"祖国之父"的头衔，见Stevenson 2007。
⑤ 关于元老会议的参加者，见Talbert 1984:134-52。关于人民大会，见Millar 1977: 302-3。

429

第八章 仪式和共识

们在那里拥有十四排专属坐席。① 看着骑士等级的成员在庞培剧场或马尔克鲁斯剧场中坐在一起,全都穿着窄镶边的短袍,场面一定相当壮观。当骑士们做出夸张的手势时,甚至会更令人印象深刻,比如当他们全体起立,脱掉斗篷,向正在走进剧场的克劳狄乌斯——他们偶尔的庇主和未来的皇帝——致敬时。② 由于剧场充当了骑士等级临时的"家",他们在那里做出了将骑士"青壮者"的坐席重新命名的决定,向去世的日耳曼尼库斯致敬。③ 后来,当小德鲁苏斯在公元23年去世时,记录显示骑士等级做出了某种举动,但没有说明是什么,可能是"在所有剧场里"(omnibus [t] heatris)拥立某人。④ 从尼禄统治时期的一件事上可以看出剧场中的骑士同整个骑士等级的关系。卡西乌斯·狄奥记录说,由年轻骑士组成的皇帝喝彩队(Augustiani)提议为皇帝奉献一座重达1000磅的豪华雕像,向尼禄在希腊的胜利致敬,而"整个骑士等级"(πᾶν τὸ ἱππικόν)都不得不帮着出钱。⑤ 这很可能是皇帝喝彩队在剧场中拥立他时做出的承诺,但这意味着他们的骑士等级同僚也不得不遵照承诺。

因此,有理由认为剧场充当了骑士的舞台,他们在那里自发承诺为奥古斯都举行诞辰庆典,以及授予他的养子盖乌斯和卢基乌斯"青年元首"的头衔(我们稍后会在本章详细考察)。有充分的证据表明,公元前2年,骑士们是在剧场中表示支持授予奥古斯都"祖国之父"的头衔。就像上面提到的,奥古斯都本人在《功业录》中强调了骑士等级在这一事件中的角色,但这一点没有得到苏维托尼乌斯或《普莱

---

① 关于该过程,见本书第三章。
② Suet. *Claud*. 6.1.
③ Tac. *Ann*. 2.83. 关于另一个"家",即牧神洞圣所,见第十章。
④ *RS* 38, frag. b, col. ii, l. 13; Rowe 2002:81.
⑤ Dio 63(62).18.3.

内斯特历》(fasti Praenestini)的承认。[1] 不过，苏维托尼乌斯的确提到，奥古斯都是在"罗马的演出"(Romae spectacula)期间被拥立为"祖国之父"的，莱西（Lacey）振振有词地指出，这些拥立者中应该包括前十四排坐席上的骑士。[2] 本人也是罗马骑士的奥维德强调了骑士等级在这一过程中的角色。他在《岁时记》中写道："平民和元老给你这名字，我们骑士给你这名字"(tibi plebs, tibi curia nomen | hoc dedit, hoc dedimus nos tibi nomen, eques)。[3] 并非所有的骑士都能真的参加拥立奥古斯都为"祖国之父"或者此处提到的其他展示共识的活动，理由很简单，他们人未必都在罗马。[4] 但这些剧场中的拥立被视作代表了整个骑士等级，后来被记入政治修辞和文件中，就像罗伊令人信服地指出的。[5] 此类行动旨在证明骑士对君主制罗马国家的接受和参与。[6]

这些展示忠诚的活动，即便不是全部，也大多必然涉及幕后斡旋，可能是由骑士等级的头面成员组织的。鉴于我们的书面材料志不在于此，很难追溯这些操作的机制，但共和时代晚期的证据显示了地位显赫的骑士作为整个等级代表的重要性。比如，我们已经看到，庞波尼乌斯·阿提库斯曾代表包税人致信西塞罗，抱怨奇里乞亚行省政

---

[1] Suet. Aug. 58.1-2; Inscr. It. XIII.2,17. 参见 Dio 55.10.10，他做了非常简短的描述。
[2] Lacey 1996:195-7.
[3] Ovid, Fasti 2.127-8. Stevenson 2009:103 提出，奥维德的表达原先可能是为某个"骑士场合"所写。当瓦雷利乌斯·梅萨拉代表人民称颂奥古斯都为"祖国之父"时，骑士等级的代表很可能也在元老院议事厅（Louis 2010:400; Wardle 2014:393）。
[4] 关于拥立奥古斯都的现场安排，见 Wardle 2014:391-2 的重要评论。
[5] Rowe 2002:67-84. 另见 Bollinger 1969:52-3; Demougin 1988:801-2; Slater 1994:129-31。
[6] Rowe 2002:82-4.

令中的条款,后来还有人想请他为刺杀恺撒者设立基金。① 克劳狄乌斯作为骑士庇主的角色体现了在帝国时代担任组织这种领导者的能力。凭借这一能力,他在公元 14 年奥古斯都死后,公元 31 年塞扬努斯倒台时,以及公元 37 年新皇帝卡里古拉登基时,充当了与执政官沟通的使者。② 苏维托尼乌斯和卡西乌斯·狄奥都提到克劳狄乌斯在这些时候被选为庇主,这个事实暗示该等级在其他时候可能选择了别的代表。③ 公元 22 年,当里维娅病倒时,骑士等级的成员找到元老院,询问哪里最适合为奥古斯都的健康向骑士命运女神献祭。元老院在讨论中发现,在安提乌姆有一座骑士命运女神庙,于是骑士们在那里做了献祭。④ 还有一些宗教仪式也需要骑士代表出席。比如,每年 1 月 1 日,每个等级会选出代表,带着献给奥古斯都的礼物前往卡皮托山,这一仪式一直持续到克劳狄乌斯治下。⑤ 各等级的代表每年会把一枚铜币投入罗马广场上的库尔提乌斯地穴,以保佑奥古斯都健康。⑥ 骑士等级还会为皇室和地位显赫的普通公民立像,这些行动可能是由骑士中的头面人物负责协调的。比如,提比略的近卫军长官塞扬努斯接受过骑士等级、元老院和 35 个部落奉献的雕像。⑦ 元老昆图斯·维拉尼乌斯(Q. Veranius)的墓志铭记载,当他在尼禄治下担任神庙、公共工程和场所的管理官时,"[骑士] 等级和罗马人民在元老院的首肯下 [为他立像]"([statuam posuit equester] ordo et populus

---

① 见本书第二和第三章。
② Suet. Claud. 6. 1; Dio 59. 6. 6.
③ 注意 Hurley 2001:84 的评论,"骑士庇主不是常设职务"。她合理地提出,克劳狄乌斯被选为涉及皇帝家族的事务的发言人。
④ Tac. Ann. 3. 71. 1.
⑤ Suet. Aug. 57. 1; Rowe 2002:94; Wardle 2014:389.
⑥ Wardle 2014:388 暗示,为了奥古斯都的健康献祭的做法始于公元 6 年他生病期间。
⑦ Dio 58. 2. 7.

Romanus consentiente senatu)。① 这类提议最初可能是在剧场或其他场合进行拥立时做出的，然后被该等级的某些成员付诸实施。②

作为骑士表达意见场所的剧场有时可能反过来对皇室发难。公元9年，奥古斯都的继子提比略从潘诺尼亚返回罗马，因其成就而被投票授予凯旋式的荣誉。但帝国和谐的景象很快就被赛会上的骚动所破坏，因为骑士等级的成员选择此时来呼吁废止奥古斯都关于婚姻的立法《尤利乌斯等级婚姻法》（lex Iulia de maritandis ordinibus）。③ 公元前18年通过的这部法令是奥古斯都的社会立法的支柱之一，它规定对不结婚和无子女者进行惩罚，以鼓励公民生育继承人，特别是那些上层等级的。④ 在苏维托尼乌斯的叙述中，作为对抗议的回应，奥古斯都把日耳曼尼库斯的孩子们带到剧场，将他们放到膝上，向骑士们做手势，仿佛在鼓励他们效仿皇室生育孩子。⑤ 卡西乌斯·狄奥在《罗马史》中对此事做了浓墨重彩的描写。在他的版本中，奥古斯都将骑士等级的成员唤到罗马广场，把他们分成已婚和未婚两组。然后，奥古斯都向每组骑士发表演说；当然，这些演说并非真事，而是狄奥为了探究奥古斯都的元首制及其道德立法而营造的戏剧场景的一部分。⑥ 不过，骑士们最初在剧场中的抗议是史实。提比略在公元14—15年同样感受到了骑士的怒火，当时他减少了哑剧表演的经费，结果热爱哑剧的骑士青年成员在剧场中组织发动了骚乱。⑦ 这些事件显示了公共娱乐场所是如何让骑士等级表达反对帝国政策的集体意

---

① CIL VI 41075; Gordon 1952:257 – 62.
② 关于在剧场中投票立像，见 Duncan-Jones 2016:92 – 3。
③ Dio 56. 1. 1 – 2; Suet. *Aug.* 34. 2.
④ Treggiari 1991:60 – 80.
⑤ Suet. *Aug.* 34. 2.
⑥ Dio 56. 1 – 10; Swan 2004:226 – 7.
⑦ Slater 1994. 全面的讨论见本书第九章。

第八章 仪式和共识

志的。

这些负面事件提醒我们,以投票向皇帝及其家族授予荣誉、头衔和雕像的形式所表达的正面共识——无论带有多少表演性质——仍然是骑士自愿参与的结果。他们并非傀儡。在这方面,共识的展现——"普遍接受"或"意见的组织"(回到塞姆的说法)——并不一定是误导性的。奥古斯都本人在社会各个层面享有广泛的支持,有充分的证据表明,罗马人希望他接受授予他的头衔和荣誉。[①] 元首带来了和平与稳定,这让人们得到了真正的宽慰,也让他的统治被真正接受。此外,共识的仪式不仅对皇室至关重要,对骑士本身也是如此,因为它们让骑士等级及其在国家中的角色有了形式和意义。我们可以从奥维德和马提亚尔的诗中感受到个体骑士对参与帝国仪式的骄傲。奥维德在流亡托弥期间创作的《哀怨集》(*Tristia*)中描绘了想象中提比略的凯旋式,骑士们与其他等级一同庆祝皇帝的军事胜利:"虔诚的平民欢庆,与虔诚的平民一起,元老和我不久前还是其中小小一份子的骑士也在欢庆"(*plebs pia cumque pia laetatur plebe senatus,│parvaque cuius eram pars ego nuper eques*)。[②] 马提亚尔描绘了公元93年在潘诺尼亚战争后,各等级为图密善班师回到罗马举行的庆祝:"人民、感恩的骑士和元老奉上焚香"(*dat populus, dat gratus eques, dat tura senatus*)。[③] 奥维德和马提亚尔都让自己的等级在这些仪式中占据了重要地位,因为通过这样做,他们证明了自己身份的合法性。事实上,长久以来,共同的表演、仪式和服装一直对身份群体的凝聚力和身份意义重大,特别是对于需要表现自身的排他性,以便让自己

---

① Stevenson 2013:122. 还有证据表明,公元前2世纪之前就有越来越多的民众支持授予奥古斯都"祖国之父"的头衔(Stevenson 2009:102,2013:135)。
② Ovid. *Tristia* 4.2.15 – 16.
③ Mart. *Ep.* 8.15.3; Sullivan 1991:135 – 6.

区别于大众的贵族精英。① 这对骑士尤其重要,因为他们缺乏元老等级的同僚拥有的正式集会场所。

仪式和典礼在所有的社会中都充当着身份群体意识形态力量的公开表达。曼恩把这称为"内在"品质,代表着"在宇宙中的终极意义和价值"。② 在骑士等级的例子中,它的内在性基于这样的观念,即它是一个具备军事美德的武士群体,是罗马最初的军事贵族的继承者。③ 骑士游行,即公共马骑士每年在罗马街头的游行是这一军事遗产最重要的展示。在本章中,我们将看到这种游行不仅展现了骑士的意识形态力量,还表现了他们在君主制罗马国家中的角色,因为该仪式代表了对皇帝授予的骑士身份的官方认可。剧场是骑士需要同其他等级的成员共享的公共空间。但游行让共识以及骑士和元首之间的相互关系可以通过一种骑士独有的方式来庆贺。游行是在新的专制时代复兴的共和时代仪式,君主制国家还为骑士带来了公开展示的新机会,即皇帝及其家族成员的公共葬礼。这些场合有军队游行,骑士等级会在其中展现他们的勇武和对帝国体系的投入。游行和葬礼都因皇帝继承人的高调参与而极其重要,比如作为"青年元首"的盖乌斯和卢基乌斯。我们将探讨作为年轻骑士的领袖,这两位皇子如何在骑士等级与皇帝及其家族之间建立了新的关键联系。这些仪式不仅是共识的展示——它们还确保了罗马骑士不是没有意义的过时头衔,而是具有真正意识形态重要性的身份。

---

① Weber 1968:935.
② Mann 1986:519.
③ 这一观念在帝国时代仍然流行。在作于公元 2 世纪的伪昆体良的《短篇演说词》中,作者表示骑士等级"得名于军事荣耀"(*ex laude militiae hoc nomen acceperi*, 302.3)。

435

第八章 仪式和共识

游行中的道德

乍看之下，奥古斯都时代的诗人奥维德可能与昆图斯·西提乌斯·福斯图斯（Q. Sittius Faustus）没有多少共同点，后者是一位骑士，来自鲜为人知的小城——努米底亚的卡斯特鲁姆提迪塔诺鲁姆（Castellum Tidditanorum）。奥维德则来自一个非常体面的意大利骑士家族，在被流放到托弥之前，可以轻松出入奥古斯都的宫廷圈子。他的诗歌，包括《爱的艺术》（*Ars Amatoria*）和《变形记》（*Metamorphoses*），为他赢得了持久的声名。① 相反，福斯图斯生活于公元2世纪末3世纪初，一生的大部分时间在努米底亚度过，当选过几个市镇长官。但他成功地获得了骑士身份，是跻身罗马社会上层仅有的两名从卡斯特鲁姆提迪塔诺鲁姆来的人之一（另一位是出众的昆图斯·洛里乌斯·乌尔比库斯［Q. Lollius Urbicus］，安东尼·庇护的城市长官）。② 可能是乌尔比库斯（或他家某人）将福斯图斯介绍给了罗马的权力掮客。福斯图斯的妻子阿普罗尼娅·菲达（Apronia Fida）在卡斯特鲁姆提迪塔诺鲁姆的一座雕像底座上记录了福斯图斯的官职：

> 献给阿普罗尼娅·菲达，塞克斯图斯之女，昆图斯之子，奎里努斯部落的昆图斯·西提乌斯·福斯图斯之妻，他得到卢基乌斯·塞普提米乌斯·塞维鲁·庇护·佩蒂纳科斯·奥古斯都和马可·奥勒留·安东尼·奥古斯都皇帝的认可，被神圣的马可·安

---

① 关于奥维德在奥古斯都元首制下的地位，见 Millar 1993 和 White 2001。
② Duncan-Jones 1967:154。

东尼·庇护皇帝提拔进五个陪审员团,皇帝的终身祭司,五年期的三人人口调查官,鲁西卡达的维纳斯殖民市的三人执法长官,萨尔诺穆列夫殖民市的执法长官,密涅瓦楚鲁殖民市的执法长官,营造官。朋友们用为鉴于她丈夫的功绩而筹集的资金修建。选址由市议会决议授予。①

铭文中显示,福斯图斯获得了两项关键的帝国荣誉。他先是被马可·奥勒留皇帝任命为陪审团成员,可能是在公元169年和176年其单独执政时。然后,在公元198年和209年之间的某个时候,已经年近七旬的福斯图斯获得了塞维鲁和卡拉卡拉父子的"认可"(probati)。②这个词表明,通过参加每年7月15日在罗马举行的骑士游行,福斯图斯被正式授予了罗马骑士的身份。这里的用语同大约三个世纪前奥维德的如出一辙,后者当时描绘了自己参加的有奥古斯都到场的游行。诗人从流放地告诉皇帝:"但我记得你曾经认可我的生活和德行,记得我骑着你给的马经过。"③ 就这样,奥维德和昆图斯·西提乌斯·福斯图斯跨越时空产生了联系,因为他们都参与了仪式游行,被认证为骑士等级的真正代表。

---

① CIL VIII 6711 = ILAlg. 2.3610 = ILS 6863a: *Aproniae Sex(ti) fil(iae) Fi | dae coniugi | Q(uinti) Sitti(i) Q(uinti) fil(ii) Quir(ina tribu) Faus | ti probati ab | Impp (eratoribus) L(ucio) Septimio Severo | Pio Pertinace Aug(usto) et | M(arco) Aurelio Antonino Aug(usto) | in quinq(ue) decurias allectia divo | M(arco) Antonino Pio flam (inis) perp(etui) | [III] vir(i) quinq(uennalis) IIIvir(i) praef(ecti) i(ure) d(icundo) | [co]l(oniae) Vener(iae) Rusic(adis) praef(ecti) i(ure) d(icundo) | col(oniae) Sarn (iae) Mil(ev) et praef(ecti) i(ure) d(icundo) | col(oniae) Minerv(iae) Chullu aedil(is) | amici ob merita mariti | [e]ius in se aere conlato | l(ocus) d(atus) d(ecreto) d (ecurionum)*.
② 关于其年代和时间顺序,见 Pflaum 1968:173。
③ Ovid, *Tristia* 2.89–90: *at, memini, vitamque meam moresque probabas | illo, quem dederas, praetereuntis equo.* 另见 *Tristia* 2.541–2。

第八章 仪式和共识

骑士游行是一种相当古老的游行，旨在纪念双子神在确保罗马人取得雷吉鲁斯湖战役胜利一事上扮演的角色，就像我们在第一章中所讨论的。[1] 哈利卡纳苏斯的狄俄尼修斯向我们提供了共和时代和奥古斯都时期早期游行最完整的描述。骑士们身着他们仪式性的特拉比亚袍，头戴橄榄叶冠，在阿皮亚大道旁的战神庙外集合，仿佛他们要赴一场军事行动。[2] 他们骑着雪白的马，让人想起了双子神的坐骑。[3] 游行从位于卡佩纳门（Porta Capena）附近的荣誉与美德神庙开始，或者经过那里。[4] 然后，骑士骑马前往罗马广场，在那里列队经过双子神庙，再登上卡皮托山。[5] 参加者的路线和服饰让人想起了罗马凯旋式，特别是小凯旋式（ovatio）。接受小凯旋式荣誉者会身穿特拉比亚袍，戴橄榄叶冠。[6] 因此，这种游行展示了罗马的军事力量和爱国主义，以及拥有公共马的贵族们对保卫国家的承诺。每五年一次，在人口调查期间，游行中会包括对骑士身份的正式审核，称为"骑士审核"（recognitio equitum）。审核由监察官进行，就像普鲁塔克的《庞培传》中令人难忘的描述所言。[7] 在普鲁塔克笔下，监察官卢基乌斯·格里乌斯和格奈乌斯·兰图鲁斯坐在裁判席上，看着骑士们穿过广场。这时庞培出现，交还他的公共马，并讲述自己在军中的情况。每位骑士都需要由监察官亲自审核，这与审核在一天内完成的想

---

[1] Dion. Hal. 6. 13. 4；Weinstock 1937a:15.
[2] 关于制服，见 Dion. Hal. 6. 13. 4；Pliny the Elder, NH 15. 19。这种服装旨在让人联想到双子神（Rebecchi 1999:192 n. 7）。Spencer 2007:90 讨论了集合地点的象征意义。
[3] Weinstock 1937b:2178–9.
[4] Ps. - Aur. Vict. Vir. Ill. 32. 3；L. Richardson 1978:244；McDonnell 2006:215–16.
[5] Dion. Hal. 6. 13. 4；Pliny the Elder, NH 15. 19.
[6] Pliny the Elder, NH 15. 19；Weinstock 1937a:15–17, 1937b:2180.
[7] Plut. Pomp. 22. 4–6；Rebecchi 1999:195.

法是相悖的。① 在真正的游行开始前，很可能就已经在走行政程序，游行只是对公共马骑士做了仪式性的确认（普鲁塔克描绘的庞培的戏剧性入城不在此列）。

奥古斯都保证他会亲自参与对骑士身份的审核，从而把骑士等级纳入了新的君主制罗马国家的框架。就像我们在第五章中所讨论的，在奥古斯都统治时期，正式的审核被纳入了每年的游行，从此骑士等级的身份每年都要接受审核。关于他的这一创新的最详细描述来自苏维托尼乌斯，值得全文引用：

> 当他恢复了被中断已久的游行后，他常常审核骑士方阵，但不允许游行骑士中有人因为举报者而被除名，就像过去经常发生的那样。他允许那些因为年老或身体不适的人在被点名时步行前来应答，他们的马匹也会被预先排进队列。后来，他又对那些超过35岁、不愿保留公共马的人开恩，允许他们交还马匹。②

审核包含了明显的道德色彩，因为奥古斯都会仔细逐个评估公民是否适合留在骑士等级：

> 从元老院招募了十名助手后，他要求每位骑士汇报自己的生活。被他正式谴责者，有些受到了惩罚，有些则以除名作为羞

---

① 见 Swan 2004：206 n. 241 的评论。
② Suet. Aug. 38. 3: *equitum turmas frequenter recognovit, post longam intercapedinem reducto more transvectionis. sed neque detrahi quemquam in travehendo ab accusatore passus est, quod fieri solebat, et senio vel aliqua corporis labe insignibus permisit, praemisso in ordine equo, ad respondendum quotiens citarentur pedibus venire; mox reddendi equi gratiam fecit eis, qui maiores annorum quinque et triginta retinere eum nollent.*

辱,许多人因为不同原因收到警告。最轻微的警告是在众目睽睽之下给他们一块写字板,要他们时不时默读;他还指责了另一些人,因为他们以低息借钱,只是为了赚取更高的回报。①

十人审核委员会是奥古斯都为了让元老等级成员参与国家行政管理而采取的措施之一。公元4年将建立一个审核元老院本身的三人委员会,还有审核骑士的另一个三人委员会(在他死后被废止)。② 但仪式的焦点在很大程度上集中在作为道德最终仲裁者的元首身上:据说是奥古斯都正式谴责(*notavit*)有罪的骑士。

将审核与游行结合起来的做法旨在公开谴责那些没有达到预期道德标准的骑士。③ 苏维托尼乌斯描述了每位被叫去"讲述自己的生活"(*rationem vitae*)的骑士。这让人想起奥维德在《哀怨集》中的话,即奥古斯都认可了"我的生活和品格"(*vitamque meam moresque*)。④ 这两位作者在用拉丁语 noto 来指称奥古斯都的惩罚行为方面也有相似之处,奥维德记得他逃过谴责的那几次:"当你正式谴责一个人的过错时,我是个一次又一次走过而没有受到申斥的骑士"(*cum te delicta notantem | praeterii totiens inreprehensus eques*)。⑤ 一

---

① Suet. *Aug.* 39.1: *impetratisque a senatu decem adiutoribus unum quemque equitum rationem vitae reddere coegit atque ex improbatis alios poena, alios ignominia notavit, plures admonitione, sed varia. lenissimum genus admonitionis fuit traditio coram pugillarium, quos taciti et ibidem statim legerent; notavitque aliquos, quod pecunias levioribus usuris mutuati graviore faenore collocassent.*
② Suet. *Aug.* 37.1(没有提到年代);Dio 55.13.2(公元4年设立元老委员会)。关于对此的讨论,见 Demougin 1988:172 - 5; Louis 2010:306 - 7; Wardle 2014:299。
③ 同样地,对骑士的真正审核可能在游行仪式之前进行(Demougin 1988:155)。
④ Ovid. *Tristia* 2.89 - 90. 另见 Suet. *Claud.* 16.2,那里同样提到,骑士们在皇帝面前"讲述自己的生活"。
⑤ Ovid. *Tristia* 2.541 - 2.

些记录了骑士生涯的铭文中甚至把这一程序称为"调查"(*inquisitio*)。①像奥维德一样身份得到认可的骑士将获得骑士身份的官方文件,墓碑浮雕中称是一个卷轴(*volumen*)。② 被认定不合格的骑士将会蒙羞(*ignominia*),包括官方的羞辱和被从等级中除名。③ 奥古斯都每年审核的调查性质,意味着游行常常被称为"骑士审查"(*probatio equitum*)。④ 这个概念如此深入人心,以至于《公元354年历表》将7月15日的庆典称为"罗马骑士审查"(*equit [um] Ro [manorum] prob [atio]*)。⑤ 这也解释了为何昆图斯·西提乌斯·福斯图斯说他得到了塞维鲁和卡拉卡拉的"认可",并期望看到铭文的人会把这一表达等同于加入骑士等级。因此,奥古斯都的举动确保了在帝国时代,骑士游行(特别是皇帝本人作为道德素质仲裁者)在界定骑士等级身份方面发挥重要角色。⑥ 骑士早已不是国家的骑兵,但他们继续象征着贵族公民群体的军事美德。⑦ 游行旨在向穿特拉比亚袍、戴橄榄叶冠一起游行的骑士灌输某种归属感和集体自豪感。⑧

奥古斯都决定将骑士分成在元老阵官(*seviri*)统率下的六个方阵,这进一步实现了这点。⑨ 所有骑士严格说来都是这些方阵之一的

---

① *ILAlg*. I. 2145; I. Prusias 54; Nicolet 1967a.
② Rebecchi 1999:204; Spalthoff 2010:42.
③ *OLD* s. v. *ignominia* 词条。Lebek 1991:50 将《拉里努姆铜版》的第12行复原为 *p [er transvectionem ignominiam] | ut acciperent*(通过游行,让他们受辱)。
④ Demougin 1988:151 - 2.
⑤ *Inscr. It*. XIII. 2, 42. 另见 Macrob. *Sat*. 2. 4. 25。
⑥ Val. Max. 2. 2. 9; Nicolet 1984:96 - 9; Sumi 2009:180.
⑦ Severy 2003:82 - 3; Spencer 2007:92 - 4.
⑧ 见 Pers. *Sat*. 3. 27 - 9:"或者你是否应该把肺都胀破地高喊,因为你的谱系中有千分之一的托斯卡纳血统,或者因为你穿着特拉比亚袍向你的监察官致敬?"(*an deceat pulmonem rumpere ventis | stemmate quod Tusco ramum millesime ducis | censoremve tuum vel quod trabeate salutas?*)
⑨ 关于这一职务的更多细节,见第五章。

441

成员，碑铭证据表明他们会记住自己被分到的方阵。像提斯德鲁斯（Thysdrus）的盖乌斯·尤利乌斯·莱提图斯（C. Iulius Laetitus）这样的一些人甚至在铭文中用"被提拔进罗马骑士方阵"（allecto in turm［as］| equit［um］Romanor［um］）来记录他们升入骑士等级。① 在墓碑浮雕中会用仪式性的军旗来象征死去骑士曾是方阵成员。② 骑士游行不仅在骑士等级和皇帝之间，也在元老贵族和广义的皇室之间建立了联系，从而确保骑士被牢牢地嵌入罗马社会。在游行中统率方阵的骑士阵官通常是来自元老家族的年轻人，虽然这个职务在官职阶序中并没有固定的位置。③ 提到阵官职务的履历铭文的数量（特别是从弗拉维乌斯王朝开始）表明，这是一种被认为值得纪念的重要荣誉。④ 这些军官被要求每年在奥古斯都广场上的"复仇者"战神马尔斯神庙前举行特别的赛会（"阵官赛会"，ludi Sevirales）。⑤ 这些由元老等级中的年轻人举行的活动具有特殊意义，因为现在罗马男性公民必须前往"复仇者"战神马尔斯神庙登记服兵役的资格。⑥ 由此，骑士等级和罗马社会其他层次的年轻人之间有了意识形态联系。

公元前5年，当奥古斯都的外孙盖乌斯·恺撒被骑士等级奉为"青年元首"时，他也成为骑兵阵官。⑦ 盖乌斯被任命为阵官无疑是为了让作为"青年元首"的他有明确的仪式角色，尽管后来这个头衔的

---

① CIL VIII 10501. 其他的例子见 Demougin 1988：22。在书面材料中，"方阵"（turmae）一词有时也被用来表示整个等级，比如 Stat. Silv. 4. 5. 47。
② Veyne 1960：106.
③ Demougin 1988：241 – 2；Duncan-Jones 2016：24 – 5.
④ 直到公元3世纪都能看到阵官一职存在的证据，关于他们的群体传记，见 Demougin 1988：226 – 40。关于这个职务在铭文履历中的存在，见 Duncan-Jones 2016：84。
⑤ Dio 55. 10. 4；Swan 2004：98；HA Marcus 6. 3.
⑥ Severy 2003：176 – 7. 关于军队、"复仇者"马尔斯神庙和尤利乌斯家族的关系，见 Lacey 1996：197 – 9。
⑦ Dio 55. 9. 9. 卢基乌斯·恺撒经投票被授予与盖乌斯相同的荣誉，但不确定其中是否包括骑士阵官的职务（Dio 55. 9. 10, Swan 2004：91）。

所有者通常并不遵循这一先例。① 已知皇朝成员成为骑士阵官的仅有两人，另一位是马可·奥勒留，他在公元139年被任命此职。② 这是一系列官方头衔和职责之一，其中包括奥勒留在那年被封为恺撒，标志着他成为安东尼·庇护的继承人。③ 骑士游行还被认为是适合纪念分别在公元19年和23年去世的日耳曼尼库斯和德鲁苏斯两位皇子的仪式。骑士等级规定，方阵在游行中必须跟在日耳曼尼库斯的肖像之后，还投票决定在德鲁苏斯死后也要带着印有他形象的银盾（clupeus argenteus）游行。④ 这些纪念活动不仅是为了展现骑士等级的悲痛，也是为了表明对皇室的同情与同心同德。骑士游行的上述变化意味着这一仪式成了对该等级默认接受皇帝统治的表演性展示——是活生生的共识象征。⑤ 不过，这种仪式性的共识举动不仅对皇帝及其家族有利，对骑士本身也有好处，因为它巩固了他们在君主制国家中的地位。

在古代材料中，皇帝亲自参与每年的骑士等级审核是展现他们的性格或统治风格的各个方面的方式。在描述卡里古拉统治初期时，苏维托尼乌斯称赞了皇帝对程序的一丝不苟，不同于提比略对骑士等级的缺乏关心。⑥ 这些举动显然构成了关于卡里古拉的人生和统治的主要史学传统的一部分。卡西乌斯·狄奥记录说，为了补充日益减少的骑士人数，卡里古拉从整个帝国招募新人。此举显然被归入这位皇帝

---

① Champlin 2011:98 指出（与 Poulson 1991:123 观点相反），"青年元首"并非骑士游行的领头者，在游行中没有正式角色。Beringer 1954:2309 - 10 讨论了元首与阵官的区别。
② *HA Marcus* 6.3. 参见 Dio 72（71）.35.5, with discussion in Beringer 1954:2304, 2309.
③ A. R. Birley 1993:56; Davenport and Manley 2014:34 - 5.
④ Tac. *Ann*. 2.83.4; *CIL* VI 3200 = *RS* 38 col. II ll. 10 - 11; Lebek 1993:99, 103.
⑤ Rowe 2002:7 - 9.
⑥ Suet. *Cal*. 16.2. Lindsay 1993:21, 84 - 5 讨论了《卡里古拉传》中这部分位于转折语之前的内容。关于提比略没有让新人加入骑士陪审员团，见 Suet. *Tib*. 41.

所行的"善举和值得赞美之事"（δὲ καλὰ μὲν ἐπαίνου τε ἄξια）。[1] 克劳狄乌斯在担任公元 47/48 年的监察官期间举行了审核，苏维托尼乌斯把这视作他行事无常的例子。[2] 他写道，因为一些道德品质存疑的年轻人被允许留在了骑士等级中。但克劳狄乌斯将一名来自希腊的骑士开除出了陪审团，因为此人不懂拉丁文。还有的人受到惩罚是因为他们离开意大利时未经皇帝许可。[3] 有人认为，克劳狄乌斯对那些背离道德的骑士表现出宽大是在效仿他的祖先——公元前 213 年的监察官阿皮乌斯·克劳狄乌斯。[4] 卡西乌斯·狄奥在讨论皇帝的不当衣着时简短地谈到了尼禄时期的骑士游行。在尼禄治下，骑士们在游行中第一次使用了鞍垫，这被视为道德腐化的标志，而非帝国仪式的一个变化。[5] 在苏维托尼乌斯看来，公元 73/74 年韦斯巴芗和提图斯担任执政官时进行的元老和骑士审核证明，经历了尼禄的统治和公元 68/69 年的内战，正常的秩序已经回归。[6] 就像我们在第五章中指出的，自奥古斯都的元首统治以来，皇帝可以授予或剥夺公共马，无论他是否担任监察官。克劳狄乌斯和韦斯巴芗"量身定制"的监察官身份对他们的意识形态意图非常重要，显示了每位皇帝统治期间对正常秩序的维持或恢复（因此他们在古代文献中占有重要地位）。虽然在弗拉维乌斯王朝时期之后很少有对该仪式的书面描绘，但它显然至少持续到了公元 4 世纪中期，因为它被列入了《公元 354 年历表》。[7]

---

[1] Dio 59.9.4–5. 关于卡里古拉举动的政制基础，见 Demougin 1988:178–81。
[2] Suet. *Claud* 中的转折语没有那么明显（Hurley 2001:18）。
[3] Suet. *Claud* 16.1–2. 最后关于骑士离开意大利的评论很奇怪，但苏维托尼乌斯指的似乎的确是骑士而非元老。见 Ryan 1993:616 n.22。
[4] Ryan 1993:616–17，援引 Suet. *Claud*. 24.1 支持他的观点。
[5] Dio 63（62）.13.3. 图像学证据印证了这一改变（Spalthoff 2010:40）。
[6] Suet. *Vesp*. 9.2.
[7] Salzman 1990:141 暗示这与皇帝崇拜有关。

在墓葬纪念碑上，对骑士游行的描述是骑士身份的象征，也表现了这种仪式持续散发的意识形态力量。不过，这一场景的含义根据纪念碑旨在纪念谁的生活而有所不同。浮雕大多可以分为两类：（i）生前至少肯定参加过一次在罗马举行的游行的成年骑士；（ii）由于夭折而没能有这种机会的孩子。① 在第一类中，描述游行是对他们作为骑士的公共生活的纪念。一个最显著的例子来自意大利北部的科穆姆，那里的某个重要的骑士家族墓碑有大块的大理石残片留存（图8.1）。② 纪念碑来自公元1世纪初，上层描绘了两位骑士身着特拉比亚袍在队伍中骑行，身边有侍从相伴。原来的纪念碑上必定描绘了整列骑士，绕着墓展开。与上述场景并置的是下层中的体育和狩猎活动，这是对美德的常见展示。③ 参与游行的骑士形象似乎是类型化的，表明这是对骑士仪式的理想化展示。④ 还有一些墓碑上有较小和更加个人化的场景，突显了仪式的不同方面。它们通常出现在没能在军阶或行政体系中获得更多职务的年轻骑士的纪念碑上。⑤ 比如，16岁去世的塞克斯图斯·加维乌斯·普罗克鲁斯（Sex. Gavius Proculus）的纪念铭文仅仅表示"他骑着公共马经过"（*equo publico* | *transvectus est*）。⑥ 最动人的叙事场景之一来自奥斯提亚墓地的提图斯·弗拉维乌斯·维鲁斯（T. Flavius Verus）的墓葬浮雕（图8.2）。⑦ 维鲁斯被描

---

① Rebecchi 1999:197-8.
② Veyne 1960:108-10; Spalthoff 2010:176-7（no. 44）. 参见 Rebecchi 1999:198-9，作者暗示这些碎片来自公共建筑，可能是作为模板来激励科穆姆的年轻人。这不太可能，因为碎片来自城界以外。
③ Veyne 1960:109-10; Spalthoff 2010:176.
④ Veyne 1960:109.
⑤ Veyne 1960:107; Kleijwegt 1991:215-16. 参见 Crowther 2009:352，作者考察了这些年轻骑士死于游行事故的可能性，尽管鉴于儿童墓葬纪念的理想化性质，这似乎不太可能。
⑥ *CIL* XI 3024 = *ILS* 1313.
⑦ *CIL* XIV 166; Spalthoff 2010:237 (no. 170); Borg 2013:27.

445

第八章 仪式和共识

图 8.1 描绘了骑士游行的浮雕,科穆姆

图 8.2 提图斯·弗拉维乌斯·维鲁斯的墓葬浮雕,奥斯提亚

绘成在游行中骑行，一位侍从牵着马，另一位侍从将橄榄叶冠戴到他的头上。虽然是个年轻人，但维鲁斯被称为罗马骑士，暗示他已经合法获得了骑士身份。墓碑由维鲁斯的母亲维布西娅·萨宾娜（Vibussia Sabina）奉献，她本人出现在画面左侧，望着自己的儿子。

来自提布尔的工程兵长官提比略·克劳狄乌斯·利贝拉里斯的墓葬祭坛上也有对仪式的有巨大价值的展现。祭坛的一面描绘他身着特拉比亚袍，在骑士游行中骑行（图8.3）。在另一面，他扮成牧神的样子，准备参加牧神节（见图10.1）。① 就像韦纳（Veyne）所指出的，选择这种描绘方式是因为利贝拉里斯还很年轻就去世了，还没有机会在骑士可以担任的军事或行政职务中晋升。② 墓碑上常常会提到游行的审核功能，即皇帝将在游行中正式授予或肯定骑士身份。它们通常会描绘骑士在马背上挥舞卷轴，里面有他的委任信。③ 这般描绘的一个重要例子来自公元3世纪的昆图斯·维维乌斯·卢基亚努斯（Q. Vivius Lucianus）的石棺上，发现于罗马城外的阿皮亚大道旁（图8.4）。④ 饰带的左侧，一位骑士在马上挥舞着橄榄叶冠。在右侧，我们看到身着托袈的骑士从官员手中接过卷轴。画面似乎描绘了骑士游行仪式的两个阶段。⑤

第二类纪念碑是为了纪念那些无法被具体描述为罗马骑士，但仍然被描绘成参加了骑士游行的儿童。⑥ 这暗示他们来自骑士家族，在夭折前被期待加入该等级。比如，在罗马，马尔库斯·尤尼乌斯·鲁

---

① *CIL* XIV 3624 = VI 3512; Spalthoff 2010:237-8（no. 171）. 牧神祭司和牧神节将在第十章中讨论。
② Veyne 1960:107.
③ Rebecchi 1999:204.
④ *CIL* VI 37103; Spalthoff 2010:213 (no. 119); Borg 2013:191-2.
⑤ Rebecchi 1999:201.
⑥ Veyne 1960:107.

第八章 仪式和共识

图8.3 来自提布尔的提比略·克劳狄乌斯·利贝拉里斯的墓葬祭坛。描绘了骑士游行的那一面

图8.4　昆图斯·维维乌斯·卢基亚努斯的石棺,罗马城外

弗斯（M. Iunius Rufus）的老师索特里科斯（Soterichus）用一座大理石祭坛来纪念他（图8.5）。在下半部分，鲁弗斯被描绘成身着特拉比亚袍，骑在一位侍从牵的马上。① 与之并置的是祭坛上半部分的另一幅图像，描绘了年轻的鲁弗斯在受教于索特里科斯。这让这位释奴有机会把自己加进他献给他们两人的纪念碑上。② 两幅图像相互联系，因为鲁弗斯受的教育旨在为他作为罗马骑士的生活做准备，拥有文学才能和文化背景的他将担任军政官、长官或代理官。有的墓葬浮雕特别辛酸地见证了家族的不幸。10岁就夭折的盖乌斯·佩特罗尼乌斯·维里亚努斯·波斯图姆斯（C. Petronius Virianus Postumus）的墓碑描绘了他骑着马，身着特拉比亚袍，拿着橄榄叶冠，仿佛正在参加骑士游行（图8.6）。③ 不过，写下墓志铭的并非他父母，而是他的爷爷德基姆斯·瓦雷利乌斯·尼科塔（D. Valerius Niceta），暗示他的父母已经去世。尼科塔很可能是个释奴，他以此纪念自己的家族被提升到体面的地位，但现在一切残酷地戛然而止。④ 这些墓葬浮雕中的骑士游

---

① *CIL* VI 9752; Spalthoff 2010:163 - 4（no. 15）.
② Mander 2013:141 - 2.
③ *CIL* VI 24011; Spalthoff 2010:208（no. 111）.
④ Mander 2013:128.

图 8.5 马尔库斯·尤尼乌斯·鲁弗斯的墓葬祭坛，罗马

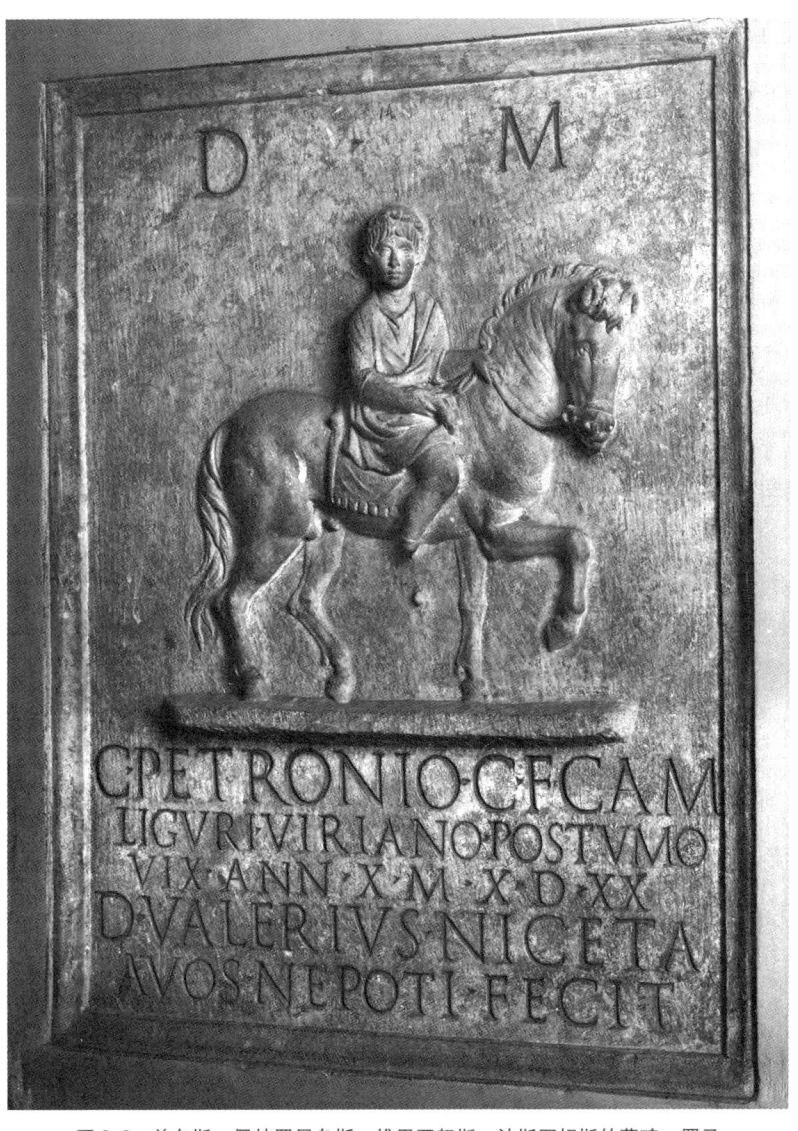

图 8.6　盖乌斯·佩特罗尼乌斯·维里亚努斯·波斯图姆斯的墓碑，罗马

行图像让公共马的授予以纪念碑形式实现，即便它在现实中没有发生。

公元 1 世纪期间，所有的骑士都成了公共马骑士，因此有资格参加骑士游行。① 分布于整个意大利和行省的骑士等级的规模和不同性质意味着并非该等级的所有成员都会或者能够参加每一次仪式。② 很能说明问题的是，在意大利和西部行省的墓碑上，骑士游行主要被描绘成年轻骑士获得身份的仪式，暗示在最接近罗马的上述地区，这个仪式作为成人礼有着极为重要的意义。③ 事实上，直到公元 3 世纪后期，仍能在意大利找到描绘骑士游行的浮雕。④ 现保存在华沙，但来源不明的一具该时期的石棺上清楚地描绘了游行仪式，画面中央的人物骑在马背上，身着特拉比亚袍，拿着桂冠，另一人则拿着任命文书的卷轴。⑤ 马尔库斯·皮尼乌斯·法尔托尼乌斯·瓦伦斯（M. Pinnius Faltonius Valens）残破的石棺同样来自公元 3 世纪下半叶，上面有他和一位侍从。⑥ 来自拉文纳的一具石棺上的残片描绘了一位罗马骑士在马背上挥舞着他的桂冠；该纪念物很可能来自公元 230—250 年左右。⑦ 此类视觉呈现在其他行省较为少见。在西部地区有一些穿着特拉比亚袍在马背上的骑士图像的例子，比如在诺里库姆和上日耳曼尼亚，但它们描绘的似乎不是骑士游行本身。⑧ 来自帝国东半部分的唯一有据可循的骑士游行图像的例子是小亚细亚利穆拉（Limyra）的盖乌斯·恺撒的衣冠冢，那是一座帝国纪念碑，而非纪念某个骑士人生

---

① 见本书第五章。
② Demougin 1988:219-25 指出，每个帝国方阵必然由数千人组成。
③ Veyne 1960:102-3; Rebecchi 1999:194-5.
④ Rebecchi 1999:197.
⑤ Spalthoff 2010:42, 241 (no. 179).
⑥ *AE* 1990, 307; Spalthoff 2010:173 (no. 39).
⑦ Spalthoff 2010:206 (no. 105).
⑧ 诺里库姆：Spalthoff 2010:169-70 (no. 29)；上日耳曼尼亚：*CIL* XIII 6817; Spalthoff 2010:189 (no. 73)。

的浮雕。①

在帝国时代，如果行省骑士参加游行，他一定会选在初次加入骑士等级时，就像本章开头讨论的昆图斯·西提乌斯·福斯图斯和盖乌斯·尤利乌斯·莱提图斯那样。来自意大利、阿非利加和小亚细亚的铭文提到了皇帝在每年游行上批准骑士身份，这表明这些铭文中纪念的骑士的确会去罗马参加加入该等级的仪式。② 来自潘菲利亚的阿塔莱亚的马尔库斯·加维乌斯·加里库斯的雕像底座上的铭文所用的语言也证明了这点。③ 铭文中记录了加里库斯"在罗马被皇帝授予公共马，并被选为罗马陪审员团的法官"（τετει| μημένον ὑπὸ τοῦ Σεβασ|τοῦ ἵππῳ δημοσίῳ ἐν Ῥώ|μῃ, ἐπίλεκτον κριτὴν ἐκ | τῶν ἐν Ῥώμῃ δεκουριῶν）。④ 生活在意大利的骑士更方便经常前往罗马参加游行，而对其他所有骑士来说，就算真去参加，很可能是一生一次。但一些来自行省的骑士的确会前往罗马，这个事实表明参加游行有着内在价值。在共和时代，游行是定义了骑士等级的"美德"的仪式性体现。在帝国时代，它继续赋予骑士等级基本的意义或意识形态的内在性（用曼恩的话说）。此外，皇帝的正式审核证明，在君主制的罗马国家，骑士等级的成员身份取决于皇帝的认可。⑤ 该等级和皇帝都是国家框架不可分割的组成部分。

---

① 根据 Spalthoff 2010 书末的表格。
② 表示这一过程的术语各种各样。*Inquisitio*（审查）：*ILAlg*. I. 2145；I. *Prusias* 54. *Probatio*（审核）：*CIL* VIII 6711. *Iudicium*（审定）：*CIL* V 27。
③ *IGRR* 3. 778.
④ 另请注意他的亲戚，同样来自阿塔莱亚的卢基乌斯·加维乌斯·弗隆托的纪念碑（*SEG* 17,584）。这段铭文中包含了类似的措词，尽管没有提到罗马（"被皇帝授予公共马" [ἵππῳ δημοσί|ῳ τετειμημένον ὑπὸ τοῦ Σε|βαστοῦ]）。
⑤ Nicolet 1967a：415 – 16；Demougin 1988：187；Rowe 2002：74 – 5.

第八章 仪式和共识

青年、美德和皇位继承

全体罗马骑士被集体授予银质的小圆盾和投矛，并拥立他们为"青年元首"。①

奥古斯都在《功业录》第14节中如此谈到他的养子盖乌斯和卢基乌斯·恺撒。"青年元首"的头衔是新的荣誉，表示对骑士等级青年的领导。② 这一表述的措辞对于理解帝国早期骑士等级与皇室的互动至关重要。决定以这种方式向奥古斯都的养子们致敬的并非皇帝或元老院，而是"全体"罗马骑士，这意味着这个等级可以被视作一个有能力做出这种性质决定的集体。③ 此外，通过授予盖乌斯和卢基乌斯"青年元首"的头衔，骑士第一次为自己选择了领袖（而不是庇主），从而加强了他们在罗马社会和政治等级中作为统一等级的地位。

盖乌斯在公元前5年被拥立为"青年元首"，同时也成为了骑士阵官，他的弟弟则在公元前2年获得这一头衔。公元前5年，盖乌斯很可能是通过坐在剧场中前十四排的那些骑士的拥立而成为"青年元首"。④ 在罗马的马尔克鲁斯剧场附近找到的一块残破石碑上记录了骑士们的这一动议：

---

① *RG* 14.2: *equites [a]utem Romani universi principem iuventutis utrumque eorum parm [is] et hastis argenteis donatum appellaverunt.*
② 这一表达在共和时代也被用过，特别是复数形式的 *princepes iuventutis*，但从未作为正式身份（Beringer 1954:2297 – 9）。
③ Stein 1927:58 – 9; Rowe 2002:75 – 6; Horster 2011:75 – 7.
④ Hurlet 1997:120 – 1; Rowe 2002:81 – 2; Cooley 2009:165 – 6.

> [……献给恺撒·奥古斯都之子，神圣的尤]里乌斯之孙丨[……候任执政官]，在[放下儿]童的标志后[被拥立为]青年[元首]，[骑士等级]在元老院的许可下（竖立此碑）。①

这段铭文尽管有许多脱漏，但清楚地罗列了事件顺序。首先，盖乌斯正式脱下镶边托袈，穿上成人托袈，这很可能发生在3月17日的利伯节（Liberalia）上。② 这一时间顺序符合奥古斯都本人在《功业录》中的叙述，也符合佐纳拉斯（基于卡西乌斯·狄奥）的说法，即盖乌斯被登记进了"青年"（iuvenes）中。③ 这是个重要的场合，当时罗马城中的32万居民每人获得了60塞斯特斯的赏赐。④ 盖乌斯的成年在帝国不同地区得到认可，就像萨迪斯人献给奥古斯都的荣誉决议所显示的。⑤ 直到那年的稍晚些时候，盖乌斯才获得了"青年元首"的头衔。⑥ 按照马尔克鲁斯剧场的石碑铭文，这个头衔是由骑士等级单独授予的，立像得到了元老院的许可。⑦

佐纳拉斯表示，是奥古斯都"宣布了[盖乌斯]为青年元首"（πρόκριτον ἀπέφηνε τῆς νεότητος）。对于狄奥的这位拜占庭继承者将授予者从骑士等级改为皇帝，我们不应感到意外。很难想象奥古斯都没

---

① CIL VI 40326: [— Caesari Augusti f(ilio) divi I]ulii nepoti | [— co(n)s(uli) desig(nato) principi] iuventutis a se | [appellato post deposita p]ueritiae insignia | [equester ordo pe]rmissu senatus. 关于对这段文本的讨论，见 Vassileiou 1984 and Hurlet 1997: 120 - 1。
② Lacey 1996: 195，197。
③ RG 14.1; Dio 55.9.9 = Zon. 10.35(ed. Dindorf p. 447). 讨论见 Cooley 2009: 164 - 5。
④ RG 15.2。
⑤ IGR IV 1756。
⑥ 关于这些荣誉的顺序，见 Hurlet 1997: 117 - 25。
⑦ Vassileiou 1984: 837 - 8; Rowe 2002: 81 n.41. 在元老昆图斯·维拉尼乌斯的墓志铭上可以找到类似的话，"骑士等级和罗马人民在元老院的同意下[为他]立像"（[statuam posuit equester] ordo et populus Romanus consentiente senatu）（CIL VI 41075）。

第八章　仪式和共识

有参与拥立盖乌斯成为"青年元首"。授予这项新的骑士头衔以及仪式性的投矛和小圆盾，发生在盖乌斯披上成人托袈、成为阵官和第一次参加骑士游行的同一年，不能归于巧合。这一系列的荣誉和职务是为了表明盖乌斯作为奥古斯都的儿子进入了公共生活。① 让罗马国家的不同臣民自愿授予盖乌斯这些支持的标志符合奥古斯都的利益。就像常常发生的那样，这一次又是塔西佗揭露了权力的机制，他写道，奥古斯都"虽然做出谦让的样子，但非常急切地希望他们被拥立为青年元首，被任命为执政官"。② 因此，我们应该认为，动力事实上来自皇帝和他的行政班子。③ 生活在罗马的骑士等级成员是被拉拢去参与了这一共识举动，以便让奥古斯都的继承计划具有合法性。但我们不应把他们视作不情愿的参与者。骑士参与这一表演可以加强这个等级对整个国家的重要性。这是互惠的伙伴关系。

"青年元首"的头衔充满了意识形态意涵，表明盖乌斯和卢基乌斯将成为奥古斯都的继承人。④ 在碑铭文献中，这个头衔主要与祭司、执政官等其他被归于这两位年轻人的荣誉一起出现。⑤ 尽管还没有正式的"皇帝"职务可供他们继承，但人们普遍认识到，奥古斯都正在奠定君主制国家的未来。⑥ "青年元首"的头衔有意呼应了奥古斯都本人担任的"元老元首"（*princeps senatus*）这一共和时代职务，

---

① *RG* 14.1 和 *CIL* VI 40360 表明，盖乌斯从那年开始参与公共事务。对于这些行动应被视作指定奥古斯都继承人的理性计划的一部分的观点，见 Stevenson 2013：133-4。
② Tac. *Ann.* 1.3.2: *principes iuventutis appellari, destinari consules specie recusantis flagrantissime cupiverat.*
③ Horster 2011：76.
④ Cooley 2009：166.
⑤ 比如，见 *CIL* II 3267, VI 40325, XIII 2942.
⑥ Hurlet 1997：481-2. Aulus Gellius；Gell. *NA* 15.7.3 中引用的一封信里表达了奥古斯都本人对此事的看法。

这样一来罗马的年轻人和年长者都在尤利乌斯家族成员的领导下。① 盖乌斯有朝一日会长大,接替奥古斯都的元首地位,这种想法得到了诗人奥维德的附和。奥维德写道,他"现在是年轻人的领袖,未来是年长者的领袖"(nunc iuvenum princeps, deinde future senum)。② "青年元首"的榜样角色并不限于皇帝的家族,也扩展到了整个罗马社会:骑士等级的年轻人每年7月15日在街头游行,向所有人展现他们的勇武,这些人本身就是国家的未来。③

作为罗马骑士象征的银质圆盾和投矛被献给盖乌斯和卢基乌斯,确保了这些年轻皇子的骑士领袖身份和作为军事勇武之典范的地位得到永久的纪念。这些象征物还把他们同骑士的庇护者双子神联系了起来,尽管必须承认这方面的证据很有限。④ 公元前2年到公元11年间在卢格杜努姆铸造的帝国钱币上有对这一信息的视觉呈现(图8.7)。⑤ 它把盖乌斯和卢基乌斯描绘成并肩站立,持圆盾和投矛,以及他们元老祭司

图8.7 奥古斯都金币(背面),描绘了拿着圆盾和投矛的盖乌斯与卢基乌斯(*RIC* I^2 Augustus no. 209)

---

① Stevenson 2013:134.
② Ovid, *Ars Am*. 1. 194.
③ Rowe 2002:76.
④ Champlin 2011:98; Horster 2011:84 - 5. 参见 Poulson 1991:123,他对此更加自信。
⑤ *RIC* I^2 Augustus nos. 205 - 12.

457

职务的象征物。在他们死后，这些盾牌和投矛被陈列在罗马的元老议事厅，这清楚地提醒人们，骑士等级本身没有"家"。① 在小亚细亚的利穆拉，即盖乌斯去世的地方立的衣冠冢描绘了骑士游行的队列，以纪念他和骑士等级的联系。② 这些纪念物是盖乌斯和卢基乌斯同骑士等级之间公共关系的重要证明。不过，我们必须记住一点，纪念碑只是永久提醒人们这些皇子死后出现的广泛而多样的政治行动。就像罗伊所指出的，整个帝国的城市都在积极想办法纪念年轻的元首们，并让自己的行动为奥古斯都所知。③ 比如，盖乌斯死后，意大利北部的比萨殖民市通过正式决议纪念他的离世，并设立了仪式向其致敬。④ 一位生活在比萨、名叫提图斯·斯塔图莱努斯·庸库斯（T. Statulenus Iuncus）的骑士受命将这份文件呈送给在罗马的奥古斯都。庸库斯在对帝国统治表示支持的这一表演中扮演了自己的角色，因为这不仅给他个人，也给他的整个等级带来了声望。

盖乌斯和卢基乌斯·恺撒的荣誉为皇室未来的皇子和骑士等级之间的关系树立了模板，尽管必须强调的是，这种关系的表达方式并不固定。⑤ 作为皇位继承人和军队统帅，日耳曼尼库斯和小德鲁苏斯都得到了骑士等级的认同，尽管两人并没有被正式称为"青年元首"。⑥ 与骑士关系的最明确证据出现在他们死后：对于日耳曼尼库

---

① Dio 55.12.1. 绘有圆盾图像的一块支离破碎的饰带残片暗示，奥古斯都陵外部的大理石上可能刻有这些图案（Spalthoff 2010:63）。没有证据表明，两位年轻皇子的葬礼队列带着盾牌和投矛（参见 Poulson 1991:123）。
② Dio 55.10a.9; Spalthoff 2010:159-60.
③ Rowe 2002:113-14.
④ *CIL* XI 1421, ll. 42-50 = *ILS* 140.
⑤ Horster 2011:89-90 罗列了可能授予年轻皇子们的各种身份和荣誉。Poulson 1991 过于慷慨地将这个头衔给了并不真正拥有它的皇子们。
⑥ Beringer 1954:2301-2; Horster 2011:90-1. 唯一的暗示来自 Ovid. *Ep. ex Pont.* 2.5.41，其中称日耳曼尼库斯为"青年元首"。

斯，为向其致敬，剧场中的"青壮者"坐席以他的名字命名，而且骑士游行中展示了他的肖像。① 德鲁苏斯则在牧神节上得到了一尊雕像，骑士游行中也同样举着带有他形象的银盾。② 尽管并没有"青年元首"的头衔，但这些年轻的皇子被描绘成未来世代——特别是骑士等级的年轻人——的榜样。日耳曼尼库斯去世时，元老院发布了提比略为其养子所写的祭文，因为皇帝"觉得这对我们的孩子和后世的年轻人有用"。③

皇室下一位正式获得"青年元首"头衔的是提比略不幸的孙子——"双生子"提贝利乌斯（Tiberius Gemellus）。提比略死后，卡里古拉收养了提贝利乌斯，为他披上成人托袈，然后授予他"青年元首"的头衔。④ 宣告成年和皇子头衔之间的联系让我们想到了奥古斯都对盖乌斯和卢基乌斯的提拔。卡里古拉在这一交易中让自己扮演了奥古斯都的角色，帮助确保了他对提贝利乌斯的无上地位，后者事实上曾经被提比略定为联合继承人。⑤ 登基后不久，卡里古拉恢复了对他去世的哥哥尼禄和德鲁苏斯的纪念，两人都是提比略统治的受害者。尽管他们有恺撒之名，是皇室一分子，但从未被称为"青年元首"。⑥ 公元38年，卡里古拉发行的铜币背面描绘了尼禄和德鲁苏斯骑在马上的形象，斗篷在他们的身后飘摆（图8.8）。⑦ 这一画面将两

---

① Tac. *Ann*. 2.83。关于剧场，见本书第九章。
② *CIL* VI 3200 = *RS* 38, col. II, 8‒12. 这些荣誉明显以日耳曼尼库斯的为模板（Tac. *Ann*. 4.9）。关于牧神节同骑士等级的关系，见本书第十章。
③ *RS* 37, *Tab. Siar.* frag (b), col. II. l.17: *esse utile iuventuti liberorum posteriorumque nostrorum iudicaret*.
④ Suet. *Cal*. 15.2; Dio 59.8.1.
⑤ Barrett 1990:67‒8. Philo, *Leg*. 26‒8 对这一收养行为怀有敌意。
⑥ Beringer 1954:2302. *SCPP* l.147 只称尼禄为恺撒和青年，这个头衔在奥古斯都陵他们的墓志铭上都没有出现（*CIL* VI 40373‒4）。
⑦ *RIC* I² Caligula nos. 34, 49.

第八章　仪式和共识

人同骑士等级及其庇护者双子神联系了起来。① 钱币上的卡里古拉被描绘成奥古斯都那样的皇室家长，身边围绕着他自己的皇子们。在奥古斯都去世后的那些年里，王朝最重要的信息是，皇室的年轻人（无论是否拥有"青年元首"的头衔）成了骑士等级的年轻人效仿的军事勇武的榜样。② 这同时巩固了骑士和皇室在罗马国家结构中的地位。

图 8.8　卡里古拉 2 阿斯铜币（正面）描绘了他的兄弟尼禄和德鲁苏斯（ $RIC\ I^2$ Caligula no. 49）

作为骑士中的青年领袖的"青年元首"一职在克劳狄乌斯统治时期扮演了重要的角色。公元 51 年，皇帝的养子尼禄同时获得了成人托袈、"青年元首"头衔、公元 55 年的执政官任命和代执政官治权；他还入选所有四大祭司团。③ 这是尼禄成为克劳狄乌斯继承人的重要证明，让人想起盖乌斯和卢基乌斯当年是如何被奥古斯都带入公共生活的。④ 有趣的是，塔西佗说授予"青年元首"头衔是元老院的主动提议：他写道，克劳狄乌斯"痛快地接受了元老院的奉承"（adulationibus senatus libens cessit）。不过，钱币学证据表明，这项荣誉是由骑士等级授予的。在罗马铸造的一枚第纳里银币正面有尼禄头像和

---

① Poulson 1991：129.
② 关于骑马武士作为美德的象征，见 McDonnell 2006：150-1。
③ Tac. *Ann*. 12. 41. 1. Suet. *Nero*. 7. 2 提到了成人仪式，但没有提到"青年元首"头衔。
④ Griffin 1984：29；Horster 2011：92-3.

460

"献给被任命的执政官"（CO［N］S［VLI］DESIG［NATO］）的字样（图8.9）。反面描绘了投矛上挂着的骑士圆盾，写着"骑士等级献给青年元首"（EQVESTER ORDO PRINCIPI IVVENT（VTI））。[①] 在这里，自从盖乌斯和卢基乌斯之后——已经是半个世纪前——首次用骑士等级的仪式性武器来纪念"青年元首"头衔的授予。塔西佗关于元老院阿谀奉承的评论暗示，提议可能源自元老院，然后骑士中的头面人物提出了建议，尽管已经无从知道确切的政治阴谋。[②] 我们所能说的是，尼禄作为年轻皇子的首次亮相，是参加旨在展现他勇武的军事演习。按照苏维托尼乌斯的说法，"他在近卫军演习中手持一块盾牌"（decursione praetorianis scutum sua manu praetulit）。[③] 这场演习是为了向公众仪式性地展示尼禄的美德，表明他适合接替克劳狄乌

图 8.9 克劳狄乌斯金币，描绘了尼禄（正面）和"青年元首"头衔的授予（背面）（RIC I² Claudius no. 78）

[①] RIC I² Claudius nos. 78 - 9, 108. 公元 51 年的钱币上也有"青年元首"的头衔（RIC I² Claudius nos. 75 - 7, 82, 107）。小亚细亚的帕加马铸造的蛇篮纹 4 德拉克马银币上也可能看到这种设计（RIC I² Claudius no. 121）。
[②] 在帝国时代的罗马，骑士等级还参与了对一系列荣誉的投票，比如为塞扬努斯和尼禄奉献雕像的决定（Dio 58.2.27, 63[62].18.3）。
[③] Suet. Nero. 7.2.

第八章 仪式和共识

斯成为元首。骑士等级参与了尼禄被指定为克劳狄乌斯继承人的过程，这显示了该等级作为共识和合法性代表的持续重要性。骑士等级的成员也相应接受了他们在帝国体系中的角色。

奥古斯都和尤利乌斯-克劳狄乌斯时期的年轻皇子们在另一个公共仪式，即"特洛伊戏"（*lusus Troiae*）中也突显了重要地位。[1] 这是由6岁到14岁的贵族儿童和少年在马背上进行的一种模仿作战表演，通常在大竞技场举行。[2] 这首先是一种准入仪式，旨在表明罗马的贵族青年正接受他们祖先的那种训练。他们显示出，一旦国家召唤，自己适合为国而战。[3] 特洛伊戏并非专门与骑士等级有关的仪式，而是与贵族青年有关，包括元老的儿子们。[4] 仪式由在马背上完成的复杂军事操练组成，与奥古斯都在上层等级中推广军事勇武密切相关，形成了对骑士游行的有效补充。特洛伊戏据说有着古老的起源，由逃离特洛伊的埃涅阿斯和特洛伊人带到罗马。至少这是维吉尔在《埃涅阿斯纪》第五卷中令人难忘地记载的起源说，称其是埃涅阿斯的父亲安喀塞斯的葬礼赛会的一部分。[5] 事实上，这种仪式源于意大利本土（尽管对于如何产生的仍然存在争议），与特洛伊联系在

---

[1] 关于对这种仪式及其重要性的综述，见 Schneider 1927 和 Weeber 1974。
[2] Crowther 2009:351-2 将6到10岁的男孩归为"幼年组"（*minores*），11岁到14岁的归为"年长组"（*maiores*）。关于他们要进行的操练，见 Williams 1960:152；Houston 1981-2:8。
[3] Schneider 1927:2065；Houston 1981-2:9-10；Freyburger-Galland 1997:628-9；Prescendi 2010:80-1。必须区分特洛伊戏和皮洛士舞（πυρρίχη 或 *pyrrhica*），有时两者会被混淆。皮洛士舞是由扮作重甲步兵的裸体男女表演的军事仪式，最初由恺撒引入罗马（Suet. *Iul.* 39.1），后来被尼禄（Suet. *Nero.* 12.1）和哈德良（*HA Hadr*, 19.8）上演过。在对塞普提米乌斯·塞维鲁葬礼的描述中，赫罗狄安似乎没有提到皮洛士舞本身，而是将这种舞蹈与进行操练的骑士有节奏的动作进行了比较（Herodian 4.2.9）。
[4] Weinstock 1971:88-9。Freyburger-Galland 1997:623-4 考察了用来描绘贵族男孩的语言。
[5] Vergil. *Aeneid*. 5.545-603.

一起似乎是在公元前1世纪的政治环境中出现的。① 在这一时期，有据可查的最早的特洛伊戏是由苏拉举办的，他试图利用维纳斯之子埃涅阿斯的神话与他本人受这位女神的庇护这两者之间的联系。② 正是在那个时候，许多共和时代的家族开始宣称自己是当初随着埃涅阿斯前来意大利的特洛伊人的后代。③ 此类联系在恺撒治下变得日益重要，他在公元前46年奉献尤利乌斯广场和先祖维纳斯神庙时举办了特洛伊戏。④ 就像魏因斯托克（Weinstock）所指出的，埃涅阿斯之子尤鲁斯（Iulus，也被称为阿斯卡尼乌斯［Ascanius］）在这一赛会传播到罗马的过程中扮演的角色第一次被发明出来。⑤

特洛伊戏在整个三头时期继续上演，但在奥古斯都统治时期有了新的意义，据苏维托尼乌斯说，他频繁举行这种仪式。⑥ 这位新任元首相信，赛会是一个向全体公众展示"这些高贵家族的精英"（*clarae stirpis indolem*）的机会。但特洛伊戏也让奥古斯都可以颂扬尤利乌斯家族的过去、当下和未来，因为现在，在对他本人及其家族来说重要的仪式上经常进行这种表演，皇子是赛会上的明星。⑦ 公元前29年神圣的尤利乌斯神庙落成庆祝仪式上和公元前28年的亚克兴赛会

---

① 特洛伊戏同特洛伊本身的联系是一种伪词源说。这个词很可能源于动词 *truare*（搅拌）。关于可能的起源神话，见 Schneider 1927:2059-61；Weeber 1974:171-86。
② Plut. *Cat. Min.* 3. 1. Sulla and Venus；Weeber 1974:189-92；Erskine 2001:244。
③ Galinsky 1969:165。
④ Dio 46. 23. 6；Erskine 2001:19-20。
⑤ Weinstock 1971:88. 尤鲁斯是安喀塞斯葬礼赛会上三个方阵的队长之一（Vergil. *Aeneid*. 5. 546-51, 570-2）。
⑥ Suet. *Aug.* 43. 2；Wardle 2014:325. 特洛伊戏是公元前40年作为大法官的阿格里帕举办的阿波罗赛会和公元前33年他作为营造官举办的赛会的一部分（Dio 48. 20. 2, 49. 43. 2）。
⑦ 关于在奥古斯都举办的仪式上的表演，见 Houston 1981-2:9。

463

上都表演了特洛伊戏。① 其中一次，奥古斯都的继子、年轻的提比略作为"年长组"的组长参加。② 盖乌斯·恺撒参加了公元前 13 年在马尔克鲁斯剧场落成仪式上举行的特洛伊戏，阿格里帕·波斯图姆斯则参加了公元前 2 年奥古斯都广场的"复仇者"马尔斯神庙落成仪式上的那次。③ 皇子们当时非常年少：提比略可能只有十三四岁；盖乌斯 7 岁，波斯图姆斯 10 岁。这暗示此类展示是在标志他们在公共生活中的初次登场。④ 骑士演习大多是象征性的，旨在展示军事勇武，而非真的为战斗进行训练。⑤ 但这并非没有危险：在奥古斯都统治时期，年轻的诺尼乌斯·阿斯普雷纳斯（Nonius Asprenas）因为坠马变成了瘸子，而盖乌斯·阿西尼乌斯·波里奥的孙子埃色尔尼努斯（Aeserninus）摔断了腿。⑥ 公元 4 年之前的某个时候，由于波里奥在元老院的申诉，特洛伊戏的表演被终止。⑦

特洛伊戏在提比略统治时期中断，到卡里古拉治下才恢复，后者会在竞技场的比赛之间上演仪式性操练，特别是曾作为神圣的奥古斯都神庙落成庆典和他妹妹德鲁希拉的葬礼的一部分。⑧ 克劳狄乌斯延续了这一传统，将特洛伊戏纳入了公元 47 年的世纪赛会。⑨ 这一次，皇帝的儿子不列颠尼库斯（时年 6 岁）与他未来的养子和继承人尼禄（时年 9 岁）都参加了游戏。尼禄的表演特别成功，深受观众欢迎，

---

① Dio 51. 22. 4, 53. 1. 4.
② Suet. *Tib*. 6. 4.
③ Gaius: Dio 54. 26. 1. Postumus: 55. 10. 6.
④ Crowther 2009:351.
⑤ Houston 1981－2:9－10.
⑥ Suet. *Aug*. 43. 2.
⑦ J. M. Carter 1982:158; Wardle 2014:326.
⑧ Suet. *Cal*. 18. 3; Dio 59. 7. 4，59. 11. 2.
⑨ Suet. *Claud*. 21. 2－3.

这成了他未来的兆头（塔西佗挖苦道）。① 世纪赛会对国家和帝国王朝来说是复兴的仪式。② 虽然特洛伊戏以某种形式一直延续到公元3世纪，但在尤利乌斯-克劳狄乌斯王朝之后，它与皇子的联系似乎消失了。③

在弗拉维乌斯和安东尼王朝，"青年元首"头衔继续被授予皇子。韦斯巴芗的儿子——提图斯和图密善——都获得过这一荣誉，但没有证据显示是如何授予的。④ 韦斯巴芗统治时期，骑士图像醒目地出现在图密善身为恺撒的钱币上。⑤ "青年元首"的头衔常常与帝国钱币背面人格化的"希望"形象联系在一起，表达了期待和希望帝国王朝在未来延续的一般性概念。⑥ 图密善之后，下一位拥有"青年元首"头衔的皇子是马可·奥勒留。年轻的奥勒留通过被任命为骑士阵官和"青年元首"而与骑士等级联系了起来。⑦ 安东尼王朝的皇帝强调他们与罗马的传奇历史的联系，特别是埃涅阿斯和阿斯卡尼乌斯来到意大利，以及拉丁姆的古老崇拜。⑧ 卡斯托尔（双子神中的骑马者）的

---

① Tac. *Ann.* 11. 11. 2; Suet. *Nero*. 7. 1.
② Malloch 2013:184.
③ 特洛伊戏出现在公元204年的塞维鲁世纪赛会中（*CIL* VI 32326）。盖伦的作品中也出现了塞维鲁时代的特洛伊戏（*De Theriaca ad Pisonem*（ed. Kuhn, vol. XIV, p.212）），他提到一个年轻贵族在参加骑士舞蹈时坠马。见 L. R. Taylor 1924:164; Freyburger-Galland 1997:623; Leigh 2015:11 – 18。奥索尼乌斯在《数字三的谜语》（*Riddle of the Number Three*，第80行）中表示有"三个骑士方阵"（*tres equitum turmae*），他指的可能是特洛伊戏中的方阵。这是因为奥索尼乌斯的数字"三"让人想起了阿斯卡尼乌斯参加的第一次特洛伊戏中的方阵数量（*Aeneid*. 5. 560）。不过，奥索尼乌斯指的也可能是罗慕路斯建立的前三个骑兵方阵（Livy 1. 15. 3），见本书第一章。
④ Beringer 1954:2303 – 4; Horster 2011:94 – 5. 奥索尼乌斯的话不一定意味着特洛伊戏在公元4世纪后继续举行。
⑤ McDonnell 2006:151; *RIC* II² Vespasian nos. 539, 672, 679, 959.
⑥ Horster 2011:95; *RIC* II² Vespasian nos. 787 – 8.
⑦ *HA Marc.* 6. 3; Dio 72（71）. 35. 5. 参见 Horster 2011:97。
⑧ 本书第十章中将探究这点。

第八章 仪式和共识

形象出现在安东尼王朝皇子的钱币和纪念章的背面。① 这始于公元155年的一枚纪念章，它的正面是身为恺撒的马可·奥勒留，背面是卡斯托尔站在他的马边（图8.10）。② 这种组合在康茂德的钱币上重现，尽管它们是在他与奥勒留共同担任奥古斯都而非恺撒时铸造的。③ 效仿奥古斯都的例子，奥勒留的儿子康茂德在公元175年获得了成人托袈和"青年元首"的头衔，同年还被入选四个高级祭司团。④ 罗马铸币厂甚至造出了与尼禄那个非常相似的硬币，上面有盾和"骑士等级献给青年元首"（EQVESTER ORDO PRINCIPI IVVENT［VTI］）的文字，纪念康茂德的晋升。⑤ 强调是骑士等级授予的这一头衔很可能是因为铸币厂在重新使用某种旧的钱币模子，而非骑士采取了某种真正有历史意义的行动。

塞维鲁时期出现了明显的改变迹象。在塞普提米乌斯·塞维鲁的儿子和恺撒盖塔的钱币上出现了骑马的卡斯托尔，以及盖塔身着军服的骑马形象。⑥ 这些钱币上没有提到骑士等级。事实上，到了公元3

图8.10 身为恺撒的马可·奥勒留的纪念章（背面），描绘了卡斯托尔站在他的马边

---

① Poulson 1991：134－5；Horster 2011：88.
② Gnecchi 1912：II Marcus no. 39.
③ *RIC* III Marcus Aurelius nos. 648，1579.
④ *HA Comm.* 10. 1－2. 1；Dio 72（71）. 22. 2.
⑤ *RIC* III Commodus nos. 1534－5.
⑥ *RIC* IV Geta nos. 6，15a－b，16a－b，18，37b.

世纪初，授予"青年元首"头衔的是元老院，而非骑士等级或其代表。卡西乌斯·狄奥描述了公元217年的一次元老院会议，会上宣读了来自新皇帝马克里努斯的几封信。作为回应，元老院确认了马克里努斯的皇位。他年轻的儿子狄亚杜梅尼亚努斯（Diadumenianus）被"指定"（$ἀπεδείχθη$）为贵族、"青年元首"和恺撒。[①] 骑士等级在这一决定中没有扮演角色。狄亚杜梅尼亚努斯的钱币反映了这样一个新的现实：身着胸甲的他站在军旗边，配有 PRINC（EPS）IVVEN-TVTIS 的文字。[②] 这暗示该头衔已经不再与骑士有密切的关系。[③] 从此，直到公元4世纪中叶，几乎每位皇位继承人都会拥有"青年元首"的头衔。[④] 就连一些皇帝也在铭文中被误称为"青年元首"，可能是因为行省人混淆了皇族头衔的正确形式。[⑤] "青年元首"的头衔已经成为年轻皇室成员的传统称号，而不是皇族与骑士等级之间关系的象征。"青年元首"钱币上的军事图像反映了帝国时代的权力现实：紫袍是军队授予的。

因此，骑士等级与"青年元首"的关系在帝国时代发生了重大改变。在奥古斯都时期，这是真正的创新，是骑士等级授予奥古斯都的养子盖乌斯和卢基乌斯的新荣誉，反过来也让该等级有了仪式上的领

[①] Dio 79（78）.17.
[②] *RIC* IV Macrinus nos. 102, 104, 106, 109, 116 – 17.
[③] Horster 2011：88 – 9.
[④] 记录中最后一位"青年元首"是瓦伦提尼安二世，但这个头衔称呼他的是一段来自阿非利加的铭文，年代肯定晚于公元375年，因为他也被称为"奥古斯都"（*CIL* VIII 14290）。在公元375年被拥立为奥古斯都前，瓦伦提尼安二世没有官方头衔（McEvoy 2013：58），此后也没有证据表明他成为了青年元首。因此，铭文中可能用了错误的头衔。"青年元首"头衔的消亡很可能与公元4世纪后期"最高贵的男孩"（*nobilissimus puer*）作为皇子的称呼出现有关。这个头衔在公元364年被授予了约维安之子瓦罗尼亚努斯，公元366年授予瓦伦提尼一世之子格拉提安，公元369年授予瓦伦斯之子加拉提亚的瓦伦提尼安（Lenski 2002：90 – 2；McEvoy 2013：49, 52, 58）。
[⑤] Beringer 1954：2306 – 7.

袖。年轻皇子们同样被视作骑士等级青年的模板,比如日耳曼尼库斯和德鲁苏斯,即便没有记录表明他们获得了"青年元首"的头衔。卡里古拉和克劳狄乌斯效仿奥古斯都的继位模式,让自己的继承人拥有了这一头衔。弗拉维乌斯和安东尼皇族同样利用这一联系来指定皇位继承者。不过,骑士等级与"青年元首"之间的关系随着时间的推移而改变,皇子们被视作军事美德的一般代表,而不是骑士青年的真正领袖。到了公元3世纪初,"青年元首"的头衔显然成了元老院的礼物,后来又变成每位皇位继承者的一种形式上的荣誉,以显示他们的军事资质。① 这一变化反映了一个事实,即晚期罗马皇帝及其继承人最需要的不是骑士等级,而是军队本身的支持和认可,前者只代表了理念意义上的军队。②

严格规划的哀悼

在罗马世界,很少有比皇帝葬礼更加仪式化的和经过编排的情感表达。③ 我们关于此类场合最好和最可靠的描述来自卡西乌斯·狄奥和赫罗狄安的史书,他们出于截然不同的动机将皇帝葬礼记于自己的作品中。赫罗狄安是一位身份不明的希腊官员,他用局外人的方式描绘了公元211年塞普提米乌斯·塞维鲁的葬礼,向希腊读者揭示了罗马人的"风俗"($ἔθος$)。④ 从元老和骑士的庄严队列到放在葬礼柴垛上的祭品,赫罗狄安在对仪式程序的解释中展现了细节上的敏锐洞察

---

① 关于晚期罗马的军事勇武理念,见 McEvoy 2013:29 - 30。
② 比如,军队在君士坦丁儿子们继位中的作用(Eus. VC 4.68.1 - 2)。其他例子,见 McEvoy 2013:39。
③ 关于奥古斯都统治时期葬礼仪式中新发展出的帝国特色,见 Sumi 2005:253 - 61。
④ Herodian 4.2.1. 关于赫罗狄安的立场,见 Kemezis 2014:304 - 8 的最新综述。

力，给人一种"民族志附注"的感觉。① 相比之下，卡西乌斯·狄奥对公元193年佩蒂纳科斯葬礼的描绘，虽然有许多与赫罗狄安所述相同的细节，但他是从局内人的视角写的，因为狄奥真的参加了那场仪式。他对元老身份的骄傲意味着他特别关注该等级的集体行动。狄奥常常用第一人称"我们"（ἡμεῖς）来指众元老走向佩蒂纳科斯的遗像，奉上祭品，在塞维鲁的葬礼演说中欢呼，以及他们在战神校场的柴垛周围的座位。② 在皇帝葬礼的语境中，狄奥史书的这一方面特别重要，因为它让人们注意到了这些仪式作为罗马人共同身份之表达的意义。葬礼中有元老、士兵、团体、公民和骑士的参与，他们是国家各组成部分的代表，他们的参加让君主制形式的国家有了合法性。③

骑士等级扮演了重要角色的第一场公共葬礼（*funus publicum*）是公元前78年独裁官苏拉的葬礼。④ 苏拉的遗体由国家祭司护持，身后是元老和行政官、骑士和苏拉的军团士兵。然后，各群体开始放声哀嚎，随后是全体罗马人民的哀悼。⑤ 此类仪式体现了这样的理念，即国家不同群体的代表应该在这种纪念活动上扮演角色。仪式还显示了像苏拉这样的强人在为奥古斯都及其继任者的君主制奠定基础方面的重要性。⑥ 公元前9年，在大德鲁苏斯的葬礼，即奥古斯都家族的第一场葬礼上，骑士等级成员抬着德鲁苏斯的遗体前往战神校场。狄奥指出，这些骑士由元老家族的儿子和骑士等级的其他成员组

---

① Price 1987:58.
② Dio 75(74). 4. 4, 4. 6, 5. 1, 5. 4. 关于狄奥在叙事中采用第一人称复数，见 Davenport 2012a:799－803.
③ 这是 Ps.-Quint. *Decl.* 329 表达的观点。
④ Hug 1918:530；Demougin 1988:261.
⑤ App. *BC* 1. 106. 参见 Plut. *Sulla* 38，他对仪式的描绘没有那么详细。
⑥ 本书第四章探究了这种想法。

成。① 公元 14 年奥古斯都去世时，我们看到骑士等级自愿在他的葬礼游行中发挥显著的作用。未来的皇帝克劳狄乌斯被选为他们的代表，请求执政官允许他们将元首的遗体带进罗马。② 然后，骑士们在波维莱（Bovillae）迎接送葬队伍，带着皇帝的遗体走完了最后一程。③ 骑士们特别要求以此方式参与葬礼的这个事实充分显示了奥古斯都试图营造的等级共识。它表明骑士等级（或者至少是其在罗马的主要代表）忠于元首生前打造的君主制罗马国家。④ 皇帝在战神校场上被火化后，骑士等级的头面人物陪在里维娅身边五天，和她一起等待柴垛冷却，好让她去收集丈夫的遗骸。⑤ 按照苏维托尼乌斯的说法，赤足的骑士随后收拾骨灰，准备葬于奥古斯都陵。⑥

该等级的成员在皇帝葬礼上继续扮演着官方护送者或抬棺人的关键角色，比如当卡里古拉为自己死去的母亲和哥哥平反，让骑士把他们的骨灰护送到奥古斯都陵时。⑦ 不过，他们的参与似乎没有官方的固定程序，每次仪式有所不同。在佩蒂纳科斯的葬礼上，骑士们将皇帝的灵柩抬到战神校场，而在塞普提米乌斯·塞维鲁的葬礼上，骑士等级成员和元老们的儿子把皇帝的遗像带到了罗马广场。⑧ 虽然每次葬礼上都有不同的安排，但一代代人都相信，骑士等级应该在仪式上

---

① Dio 55. 2. 3. 另见 Ps.-Ovid, *Consol. ad Liviam* ll. 202, 207 – 8。
② Suet. *Claud*. 6. 1.
③ Suet. *Aug*. 100. 2; Dio 55. 31. 2. 波维莱是尤利乌斯家族的祖居地、尤利乌斯氏族圣所的所在地（Weinstock 1971:5 – 7, 86）。在日耳曼尼库斯的送葬队伍中，他的遗体由士兵抬着。不过，当队伍经过意大利时，身着特拉比亚袍的骑士迎接了他们（Tac. *Ann* 3. 2）。
④ 见 Price 1987:83 对于奥古斯都时期葬礼上的身份区分的重要性。
⑤ Dio 56. 42. 4.
⑥ 最初的提议是由元老祭司扮演这个角色（Suet. *Aug*. 100. 2, 4）。
⑦ Suet. *Cal*. 15. 1. 参见 Dio 59. 3. 5，他表示卡里古拉在扈从的陪同下埋葬了他们的骨灰。
⑧ Pertinax: Dio 75(74). 3. 2 – 3. Septimius Severus: Herodian 4. 2. 4.

发挥关键作用,以符合他们在国家中的地位。

除了作为官方护送者的角色,骑士等级成员还会骑马参加环绕皇帝葬礼柴垛的官方军队游行,称为 decursio。与每年的骑士游行一样,葬礼游行纪念的是骑士们作为罗马国家骑兵的起源和他们的军事勇武。罗马士兵从共和时代就开始绕着死去将领的柴垛或墓进行这种游行。① 绕行是净化的象征,这解释了为何圆形的陵墓内部常常有迷宫般的蜿蜒廊道。② 有据可查的骑士等级集体参加绕行的最早例子是公元前78年苏拉的公共葬礼,当时骑士们和军队列队经过他的柴垛旁。③ 此后,书面文献描绘了骑士们骑马在大德鲁苏斯、奥古斯都、日耳曼尼库斯、德鲁希拉、佩蒂纳科斯和塞普提米乌斯·塞维鲁的葬礼柴垛绕行的仪式。④ 在罗马的安东尼·庇护记功柱的底座两侧也用纪念碑的形式描绘了这一仪式(图8.11)。⑤ 因此,骑士等级的成员参加皇帝葬礼游行的情况似乎最多延续到公元3世纪。⑥

公元19年对日耳曼尼库斯葬礼做的规定要求公共马骑士穿着特拉比亚袍出现在战神校场。⑦ 在游行中,骑士们骑着马,分成各个方阵,由元老阵官率领,就像每年的骑士游行那样;然后,他们会绕着柴垛进行复杂的表演。⑧ 近卫军步兵和骑兵会伴随骑士参

---

① Toynbee 1971:55. 见 Livy 25.17.4.5; Tac. *Ann.* 2.7。关于这种仪式的古老起源,见 M. L. West 2007:502–3。
② P. J. E. Davies 2000:124–6.
③ App. *BC.* 1.106.
④ Drusus the Elder: Ps.-Ovid, *Consol. ad Liviam* ll. 217–18; Suet. *Claud.* 1.3. Augustus: Dio 56.42.2. Germanicus: RS 37, *Tabula Hebana* ll. 55–7. Drusilla: Dio 59.11.2. Pertinax: Dio 75(74).5.5. Septimius Severus: Herodian 4.2.9.
⑤ Vogel 1973:56–66.
⑥ Price 1987:59–61.
⑦ RS 37, *Tabula Hebana* I.57. 安东尼·庇护记功柱上的骑士穿着特拉比亚袍(Vogel 1973:59–60)。
⑧ 从安东尼·庇护记功柱底座上的描绘可以推断出这点(Vogel 1973:56–60)。Herodian 4.2.9认为,其动作与皮洛士舞相似。

第八章 仪式和共识

图 8.11 罗马安东尼·庇护记功柱的基部，描绘了葬礼骑士游行

加。① 马可·奥勒留和卢基乌斯·维鲁斯都参加了他们的养父安东尼·庇护的葬礼游行，率领骑士和阵官的队伍。② 在塞普提米乌斯·塞维鲁的葬礼上，载着已故罗马将领和皇帝画像的战车表演使游行锦上添花。③ 由此，葬礼游行颂扬了罗马国家的过去、现在和未来，把领导角色赋予了骑士等级及其军事遗产，赋予了将披上紫袍的皇位继承人。④ 与骑士游行以及骑士和皇子之间的关系一样，葬礼让骑士具

---

① Dio 54. 46. 2, 59. 11. 2, 75 (74). 5. 5. Demougin 1988: 263 – 9; Swan 2004: 342. 安东尼·庇护记功柱上只描绘了近卫军步兵（Vogel 1973: 56 – 7）。
② Vogel 1973: 65 – 6.
③ Herodian 4. 2. 10.
④ 帝国时代任命骑士担任国家祭司的背后也有同样的想法，本书第十章将探究这点。

有了意识形态上的内在性，确保了其成员在帝国时代仍是一种值得尊敬和重视的身份。

公元 3 世纪的事件严重扰乱了皇帝葬礼举行的方式。后塞维鲁时代的绝大部分皇帝都是在战场上阵亡或是被对手谋害的，因此没能在罗马举行正式的葬礼。① 公元 235 年到 284 年之间的皇帝中，只有伽利埃努斯被真正葬在罗马，公元 268 年他在米兰遇害。他的接任者、"哥特征服者"克劳狄乌斯二世下令将伽利埃努斯封神，但不确定他的葬礼上举行了什么仪式。② 直到君士坦丁时代，葬礼柴垛才继续出现在献给已故皇帝的钱币上，但这可能只是作为皇帝去世和封神的象征。③ 事实上，作为罗马丧葬习俗更广泛的变化的一部分，公元 3 世纪及以后的大部分皇帝都是土葬而非火葬。④ 没有柴垛可绕行，葬礼游行在仪式中也就没了用武之地。现存于梵蒂冈的君士坦丁的母亲海伦娜的斑岩石棺上面描绘了骑马士兵的形象，让人想起安东尼·庇护的记功柱。有人暗示，这具石棺最初是为某个男性皇帝准备的，可能是君士坦提乌斯一世或君士坦丁，甚至是马克森提乌斯。⑤ 然而，石棺上描绘的不是仪式化的游行，因为那些骑士是骑在马上踩踏落败的蛮族。⑥

很能说明问题的是，在公元 4 世纪皇帝葬礼的描述中看不到骑士等级的身影。相反，描述中重新强调了军队和军官的角色，就像我们在该撒利亚的优西比乌对君士坦丁葬礼的描绘中所看到的。他描绘了皇帝的遗体如何被人从其去世时所在的尼科美狄亚城外庄园带到君士

---

① Arce 2000:120. 见 Johnson 2009:203 – 9 中罗列的皇帝死亡和埋葬地点。
② Victor, *Caes.* 33. 关于伽利埃努斯的陵墓，见 Johnson 2009:42 – 7。
③ MacCormack 1981:102; Johnson 2009:181.
④ Price 1987:96 – 7; Johnson 2009:15.
⑤ Drijvers 1991:75; Johnson 2009:118.
⑥ Elsner 1998:21 – 2.

坦丁堡的皇宫供人吊唁。① 在那里，最重要的官员前来向君士坦丁致敬：军队指挥官、侍从官和"全体行政官"（πᾶν τὸ τάγμα）。跟着他们的是元老，"所有人按照他们的等级"（οἵ τ᾽ ἐπ᾽ ἀξίας πάντες），接着是成群的人民。② 虽然这些军官和官员中无疑包含了具有骑士身份的公民（当时他们仍然存在），但作为群体的骑士等级没有被提到。③ 相反，我们看到罗马国家被分成军队、元老院和人民三个部分，其中军人是卓越超群的。④ 军队有至高无上的地位，让骑士等级的参与及其古老的美德展示变得没有必要。⑤ 骑士的缺席也可以用这样一个事实来解释，即对君士坦丁的吊唁和随后的葬礼并没有在罗马城进行，这让该城的居民非常沮丧。⑥ 如果君士坦丁像佩蒂纳科斯和塞普提米乌斯·塞维鲁一样被葬在罗马，骑士等级成员可能会扮演更重要的仪式性角色。⑦ 由于仪式的基督教性质，君士坦丁堡没有为君士坦丁准备葬礼柴垛，而这也意味着没有仪式性的游行。⑧ 不过，对葬礼游行的记忆还是保留了下来，甚至在匈人王阿提拉的葬礼上还由骑兵进行了表演——但这些都是真正的武士。⑨

骑士在公共葬礼中发挥的象征性和仪式性作用是他们作为国家组

---

① Eus. *VC* 4.66.1.
② Eus. *VC* 4.67.1. τῶν ἀρχόντων 的另一种译法可以是"总督"。
③ 关于公元 4 世纪的骑士身份，见本书第十二章。
④ Cameron and Hall 1999:344.
⑤ 公元 361 年，当君士坦提乌斯二世去世时，是军官约维安（Jovian）和士兵们护送他的遗体前往君士坦丁堡（Amm. 21.16.20-1; Greg. Naz. *Or.* 5.17）。Arce 2000:125 认为，君士坦提乌斯二世的葬礼上有骑士绕行，但没有给出证据，我也没能找到任何证据。
⑥ Eus. *VC* 4.69.1-2. 骑士仪式的确在罗马得到延续，比如本章早前讨论的骑士游行。
⑦ Price 1987:100 认为，在罗马为君士坦丁举行的任何葬礼都会按照传统的"异教徒模式"。
⑧ MacCormack 1981:118-21; Price 1987:99-101; Cameron and Hall 1999:346-8.
⑨ Jord. *Getica* 49; Arce 2000:126.

成部分而诞生并巩固的结果。在格拉古的改革帮助勾勒出该等级的轮廓后不久,他们在公元前78年的苏拉葬礼上第一次作为确定的群体出现,这个事实有力地表明了这种联系。在奥古斯都的元首统治时期,我们更清楚地看到骑士参与这些公共葬礼的方式表明了他们对皇帝统治的支持。由骑士和近卫军成员进行的葬礼游行显示了该等级在多大程度上被精心地纳入这些国家仪式。骑士参与葬礼有助于传递与骑士游行相同的信息,即骑士等级继续效仿他们的祖先,展示自己的军事勇武。在塞维鲁时期和奥古斯都时期都是这样。但公元3世纪和4世纪的变化——包括皇帝的迅速更替和基督教仪式的兴起——意味着骑士等级在这些葬礼中不再是重要的参与者。骑士从这些仪式中消失了,被军队取代,后者是罗马帝国真正的军事力量。

结论:共识的模式

罗马皇帝图密善一定是个非常令人生畏的人物。据说他闲暇时会用笔戳苍蝇,并以对他要处决的人示恩而闻名,还在信中自称为"主人和神明"(dominus et deus)。① 因此便可以理解元老等级有时会过于谄媚来讨图密善的欢心。有一次,元老院投票决定为皇帝配备特别的荣誉卫队,在他担任执政官期间(在保守者看来太频繁了)护卫他穿行罗马的街道。② 卫队由抽签选出的骑士组成,他们身着军服,即特拉比亚袍,挥舞着仪式性的投矛护卫着图密善前进。③ 皇帝最终拒绝了这一荣誉,因为他担心自己有朝一日会死于武器之下(事实证

---

① Suet. *Dom*. 3.1, 11.1, 13.2.
② 关于对图密善担任执政官此事的抱怨,见 Pliny the Younger, *Pan*. 58.4。
③ Suet. *Dom*. 14.3.

第八章　仪式和共识

明，这一恐惧非常有预见性）。苏维托尼乌斯用这则轶事揭示了图密善臭名昭著的偏执性格，但也证明了骑士在展示皇帝权力方面的重要仪式性角色。虽然图密善拒绝了他的荣誉卫队，但另一些皇帝更愿意把自己的性命交到骑士等级手中。当尼禄在近西班牙的总督塞尔维苏斯·苏尔皮基乌斯·加尔巴称帝时，他想证明自己得到了不同等级的支持。于是，他从自己的亲信中选出重要成员作为元老院的替身，并召来自骑士等级的年轻人在自己的寝殿周围站岗，而不是依赖普通士兵。① 上述两个荣誉卫队证明了骑士青年作为美德代表的持久价值，以及他们的支持和保护对在位的皇帝的意识形态重要性。

　　骑士等级的仪式是其对国家重要性的表演式展示。每年7月15日举行的骑士游行加强了骑士与皇帝的联系，而他们获准加入骑士等级是有条件的。游行将骑士塑造成罗马国家骑兵的合法传人和后继者，展现了准备保卫国家的贵族的勇武。奥古斯都的元首制下对这种仪式的重新强调与该等级更广泛的团体化及其作为国家的一个组成部分有关。奥古斯都的养子和继承人盖乌斯·恺撒成了骑士阵官，在游行中率领骑士方阵。授予盖乌斯和他弟弟卢基乌斯"青年元首"头衔之举看似自发，但无疑是事先安排的，让骑士等级和皇子的这种关系得到了进一步的巩固。通过让皇子成为该等级的领袖，骑士们展示了自己对帝国的认同和效忠。因此，骑士在该时期的皇帝葬礼中扮演着关键角色并不让人意外。他们带着悲痛积极支持皇族成员，还与军队一起绕着柴垛进行复杂的游行表演。这些表演旨在证明该等级同皇族之间的关系是相互的。它们确保了骑士在个人和集体层面上被公开承认为国家的重要代理人，巩固和扩大了他们在共和时代就得到的认

---

① Suet. *Galba*. 10. 3.

可。骑士等级从君主制重回罗马中受益匪浅。

所有这些仪式性元素在奥古斯都时期这个罗马国家发展的关键时刻汇聚在一起,此后又分道扬镳。奥古斯都的政治天才的一部分是他为自己的目的调整了现有的制度(比如骑士游行),而且他对仪式实践的改变催生了自发的共识展示,仿佛那来自骑士自己的意愿。这些可能是经过周密安排的,但并不影响其重要性。骑士游行也许是最持久的制度,一直延续到公元4世纪。行省骑士会在碑文中提到自己参加了这一仪式,这证明了它作为骑士等级成员成人仪式的持续重要性。他们知道,自己的身份和地位要归功于皇帝的恩庞。骑士游行的视觉描绘主要出现在意大利的墓碑上,表明居住在半岛的骑士会更经常前往罗马参加游行。行省骑士很可能终生只参加一次,作为他们的成人礼,或者从不参加。

骑士等级同"青年元首"的联系在公元3世纪及以后开始弱化,因为授予这个头衔成了皇位继承的常规部分。我们看到的不再是骑士等级与皇子们的真正联系,而是关于皇位继承者被认为应该具备的美德的更一般的意象和指涉。这些理念无疑与定义骑士等级的那些价值有关,但它们不再像奥古斯都和尤利乌斯-克劳狄乌斯时期那么明确。同样的变化也可以在皇帝的葬礼上找到:虽然直到塞维鲁时期,骑士作为统一的整体参与才得到证实,但此后,骑士在这些仪式上不再发挥决定性作用。这是皇帝的埋葬地点和皇帝权力传承方式改变的结果,也与君士坦丁及其继任者皈依基督教有关。对"青年元首"头衔和皇帝葬礼而言,与真正的军队的联系变得比骑士的象征性军事存在重要得多。虽然我们必须时刻警惕不要把一切重要的帝国创新都归功于奥古斯都的元首统治,但对于把骑士定义为一个等级的那些仪式和相关的荣誉而言,这样的结论几乎是无法避免的。帝国体系在随后几

第八章 仪式和共识

个世纪里的演变反映了他所确立的君主统治的巩固与发展。后期罗马帝国的帝国仪式和意识形态仍然围绕着皇帝需要得到国家各组成群体的共识这一理念。但现在,这些群体是元老院、军队和人民——骑士等级不再有一席之地。①

---

① 比如,科里普斯(Corippus)对公元 565 年查士丁二世被拥立的描述中强调了元老院、军队和人民的支持,声称"所有成员"(*omnia... elementa*)都认可了皇帝(Cor. *Laud. Iust.* I. 360)。关于晚期罗马帝国和拜占庭的共识和民众认可的理念,见 Kaldellis 2015。

第九章 观众与表演者

导言：佩鲁西亚的问题

众所周知，奥古斯都皇帝非常重视维护正当的社会秩序。来自传记作家苏维托尼乌斯的一则轶事暗示，他很早就有了这种想法。公元前41年，在意大利小城佩鲁西亚城墙外驻扎时——他的对手马可·安东尼不幸被困城中——年轻的屋大维借机以表演来犒劳士兵。[①] 结果差点事与愿违，因为有个普通士兵坐进剧场的前十四排观看表演时，屋大维让人将他赶走了。谣言开始流传，说屋大维不仅把那个士兵从他的好席位上赶走，还将其折磨至死。据苏维托尼乌斯所述，多亏这个倒霉的士兵现身，没有受伤的迹象，未来的元首才从一伙暴怒的士兵手里逃脱。屋大维将那个士兵从前十四排坐席赶走是在按公元前67年的《洛斯基乌斯剧场法》条款行事，该法规定这些坐席专为骑士保留。那个士兵很可能没有意识到该法也适用于罗马城以外，或者他可能是在战友的鼓动下试试自己能否蒙混过去。事实上，那个士兵不是唯一在意大利剧场中引发元首怒火的观众。公元前26年，奥古斯都获悉，在普特奥利（Puteoli）一座拥挤的剧场中，没有观众肯为元老让座。[②] 不出所料，奥古斯都大怒，于是元老院发布决议，规

[①] Suet. *Aug.* 14.
[②] Suet. *Aug.* 44.1; Dio 53.25.1.

第九章 观众与表演者

定在整个帝国的所有剧场，前排座位都要留给元老。去剧场在古罗马是件严肃的事，吸引了从元老、骑士到普通士兵乃至社会各界。它如此受欢迎，以至于需要立法来确保有富人、有权者和有身份意识的人能够获得与他们地位相符的最好的座位。

本章将考察可以在个人和集体层面上展示骑士身份的公共娱乐场所，包括剧场、圆形剧场和竞技场。为骑士保留前十四排坐席，代表了共和时代晚期骑士等级作为不同于元老的身份群体的巩固过程中的重要一步。[①] 从此，剧场成了一个生活在罗马的骑士可以进行拥立，从而表达他们的集体政治意志的场所，这在他们一起出现的纯仪式性场合上（比如骑士游行）是不可能的。[②] 本章将会考察罗马，以及意大利和从高卢到小亚细亚的行省的情况。这些特权坐席的准入规定是对骑士等级排他性的最公开展示。闯入者或没有资格的暴发户将被当众赶出前十四排坐席，就像屋大维那个倒霉的士兵一样。等级制和阶层划分是新的君主制罗马国家中身份规定的不可分割的一部分。这些措施有助于让骑士等级意识到自己是不同于人民的真正的群体，具有自己的意识形态意义。

我们还将研究骑士等级成员如何通过从观众变成表演者逾越了公认的社会规范。身份体面的等级的男性（和女性）想要作为演员或哑剧演员表演，在竞技场驾战车比赛或是在角斗场较量，这乍看之下可能有些奇怪。但就像我们在第五章中所讨论的，维持必要的骑士财产条件的压力极其巨大，为报酬而参加角斗是让自己免于陷入可能的贫困的一种方法。此外，尤其不应低估的一点是，公共表演对骑士青年的吸引力。贵族青年喜爱运动和竞赛，希望有机会公开展示他们的技

[①] 见本书第三章。
[②] 见本书第八章。

艺，以获得名声。于是，公共娱乐场所有了奇怪的两面性，既展示了对社会秩序的正当维护，也可以看到社会异常和逾矩的惊人例子。

视野好的坐席

按照等级划分公共娱乐场所座位的想法公元前194年出现在罗马，这一年元老们在罗马赛会上有了专为他们准备的坐席。① 有证据表明，到了公元前1世纪，为市镇精英分配座位在意大利已是常事。② 骑士们需要等待更久才在罗马获得了指定坐席，那是公元前67年的《洛斯基乌斯剧场法》分配给他们的，正如我们在第三章中讨论的。保民官洛斯基乌斯·奥托提出的该法规定，公共剧场的前十四排坐席将留给骑士等级，后者看的是财产条件，而非有没有公共马。后来，奥古斯都在他的《尤利乌斯剧场法》中确认了前十四排坐席分给骑士，该法对所有社会等级在剧场中的座位做了新的安排，就像第五章中所提到的。通过这两部关键的立法，"十四排坐席"（*quattuordecim* 或 XIV *ordines*）成了骑士身份在公共领域的一个决定性方面。奥古斯都的坐席方案旨在映照出整个社会的构成。作为"最高贵的等级"（*amplissimus ordo*），元老有资格坐在乐池区域，骑士等级则占据了他们身后观众席（*cavea*）的前十四排。③ 如果我们从字面上理解尤维纳利斯所说的，那么骑士不仅拥有剧场中最好的坐席，而且还坐在垫子上，至少在公元2世纪时如此。④ 最晚在尼禄统治时期，为骑

---

① Livy 34. 44, 34. 54. 3 – 8.
② E. Rawson 1987:107; Jones 2009:130 – 1.
③ Edmondson 2002:12 – 13.
④ Juv. Sat. 3. 154: *pulvino... equestri*（骑士的坐席）。元老在卡里古拉统治时期首次坐在垫子上（Dio 59. 7. 8）。

士等级分配坐席的原则被用于圆形剧场，并被这位皇帝在公元63年正式沿用到竞技场。① 在后一项措施出台前，有的骑士不得不晚上偷偷溜进大竞技场，以确保有个尽可能好的座位。② 弗拉维乌斯新圆形剧场（通常称为斗兽场）在石头上记录了《尤利乌斯剧场法》的安排，即大理石座位上刻着"供罗马骑士使用"（equiti［bus］Rom［anis］）的字样。③

奥古斯都的《尤利乌斯剧场法》中对罗马各等级所做的区分意味着每个人都知道自己在他的国家中的位置。女性和奴隶闷闷不乐地坐在后排；身着深色衣服的哀悼者（pullati）同样被赶到后面；身着托袈、外表光鲜的公民坐在中间坐席；士兵、已婚男性和"穿着镶边托袈的男孩"（pueri praetextati）被分到内场坐席，以示对他们在罗马社会的重要性的承认；前排是身着窄边短袍的骑士以及穿着宽边短袍的元老。④ 就这样，骑士被划为一个独立的贵族等级，作为比共和时代社会分层更严重和界限更分明的更大社会等级体系的一部分。

不过，鉴于男性可以通过多种不同方式获得骑士身份，这不一定是让所有相关人员都满意的安排。奥维德回忆说，在从骑士坐席的前两排观看大地母赛会时，有位久经沙场的恺撒战争老兵对他说："我是入伍才获得这个座位的，而你是在和平时获得的，因为你在十人委员会任职"。⑤ 即便考虑到诗歌中的夸张，所传递的情感仍然是清楚

---

① Tac. Ann. 15. 32; Pliny the Elder, NH 8. 21. 这些场所中似乎并不要求分配所有前十四排坐席（Edmondson 1996：89, 2002：16 – 18）。参见 Dio 55. 22. 4，他记录了公元5年的一条将竞技场中的坐席分给骑士的元老院决议，很可能没有起到什么效果。
② Suet. Cal. 26. 4；当卡里古拉派心腹驱赶占位者时，有20名骑士被杀。
③ CIL VI 32098b. 另见 Stat. Silv. 1. 6. 43 – 4。
④ Edmondson 2002：12 – 14.
⑤ Ovid. Fasti. 4. 383 – 4: hanc ego milita sedem, tu pace parasti, | inter bis quinos usus honore viros.

482

的：军政官认为自己更配坐那十四排坐席（无疑还有罗马骑士的头衔本身），因为他在战场保家卫国。[1] 但所有的骑士可能都会认同将他们同罗马社会的其他成员区分开来的那条线，特别是直接隶属于骑士军官的士兵。塔西佗写道，提比略皇帝将尤尼乌斯·加里奥（Iunius Gallio）逐出元老院，因为此人暗示近卫军的老兵应该被允许坐在前十四排。[2] 皇帝不愿把这种荣誉授予近卫军，即便他长久以来一直靠他们维持自己的权威；这种公开承认将暴露其政权权力的真实性质，更别说会破坏现有的社会秩序了。相比之下，苏维托尼乌斯记录说，为了煽动骑士等级和人民不和，卡里古拉怂恿民众坐到前十四排。[3] 虽然苏维托尼乌斯的轶事旨在揭露这位皇帝的残暴，而不是作为有意义的社会评价，但人民显然会经常试探传统的身份界限，坐在骑士的座位上。[4]

图密善皇帝在担任终身监察官时试图大力执行有关剧场座位的规定。[5] 马提亚尔的《铭辞》卷5中的"《洛斯基乌斯剧场法》组诗"展现了他的措施的成果。这些诗中有许多描绘了罗马人试图假装成骑士在前十四排落座，直到热心的剧场侍者把他们赶走。[6] 我们不太清楚图密善的具体做法。马提亚尔提到了一条皇帝诏令，它似乎专门用于骑士的坐席，而不是奥古斯都早前的《尤利乌斯剧场法》中对剧场座位安排的其他任何方面。[7] 这解释了为何《铭辞》中没有提到奥古

---

[1] 见 Osgood 2006:269 富有洞察力的观点。
[2] Tac. *Ann*. 6.3.
[3] Suet. *Cal*. 26.4.
[4] Reinhold 1971:280–3. Quint. *Inst*. 6.3.63 提到有个骑士不想回家吃饭，害怕失去自己的位子。
[5] Suet. *Dom*. 8.3; Martial *Ep*. 5.8, 23.
[6] Mart. *Ep*. 5.8, 14, 23, 25, 27, 35, 以及 38 和 41。
[7] Mart. *Ep*. 5.8.1.

斯都法令中的更多条款。① 这些诗歌只与图密善恢复骑士等级应有荣誉的诏令有关。马提亚尔表示，骑士们赢回了他们"未被他人染指的坐席"（puros ... ordines），因为现在他们是"更稳固的骑士［等级］"（certior ... eques）。② 马提亚尔对骑士身份的关心和对图密善做法的认同源于他本人被授予了骑士身份这个事实。③ 图密善的诏令无疑得到了他的赞成。骑士等级成员小心翼翼地守护着自己的特权，这些特权会证明他们是一个地位高于广大人民的身份群体。

马提亚尔给人的印象是，人们非法占据前十四排坐席很常见，就像南奈乌斯（Nanneius）"在占座被允许时"（tunc cum liceret occupare）所做的那样。④ 面对图密善更严格的规定，南奈乌斯不得不一再起身，从一个座位换到另一个，最终在某排座位的尽头半蹲半站着，试图向邻座假装自己是骑士，但没能骗过侍者。另一些试图坐在前十四排坐席的假骑士常常穿着招摇的五颜六色的斗篷，天真地试图扮成贵族一员。但艳丽的服饰马上就暴露了他们是假骑士。⑤ 当有个叫法希斯（Phasis）的人炫耀地对在场的观众宣称"骑士等级的荣誉现在恢复了"（nunc est reddita dignitas equestris）时，他马上被剧场侍者莱图斯（Leitus）揭穿是个闯入者。⑥ 有个骑士具有获得骑士身份所需的 40 万塞斯特斯财产条件，但没有被皇帝授予骑士身份；他亦被驱

---

① 比如，Juv. Sat. 3. 159（浮夸的奥托［vano ... Othoni］），14. 324（奥托的法律［lex Othonis］）。
② Mart. Ep. 5. 8. 3, 5. 23. 4.
③ Sullivan 1991:4, 35 – 6, 145. 关于马提亚尔的骑士身份，见本书第五章。
④ Mart. Ep. 5. 14. 2. 这些诗中所有有名有姓的个人当然都是虚构的，但他们代表了马提亚尔在剧场中看到的各色人等。
⑤ Mart. Ep. 5. 8. 5（紫色斗篷），5. 23. 1 – 5（把绿色换成紫色）；另见 2. 29。关于紫色是身份的象征，见 Reinhold 1971:282 – 3 的讨论。
⑥ Mart. Ep. 5. 8. 8.

离。① 有一首特别妙的铭辞是关于两兄弟的,其中一个拥有骑士的财产条件,另一个没有。② 这位骑士有了个"卡斯托尔"的笔名,而他没有资格的兄弟则被称作波吕克斯,暗合了卡斯托尔是双子神中骑马者的典故。鉴于双子神是骑士的传统保护神,这一比较就更有意思了。当然,皇帝的垂青是重大的加分项,让许多之前地位低下的人跻身骑士等级。因此,与马提亚尔同时代的尤维纳利斯挖苦道,来自古老家族的骑士不得不与新爬上来的暴发户——拍卖商、角斗士和训练师的儿子——分享坐席。③ 一旦骑士身份获得法律认可,新的骑士就可以合法享有该等级成员的特权。这首诗还反映了那些只是勉强达到最低财产条件的骑士的不确定性——如果境况不好,他们就会被驱离前十四排,而且弄得人尽皆知。④

这种坐席安排上的优待在罗马实行了多久?一些零散的文献证据让我们可以追溯它在整个元首制时代的执行情况。写于公元 2 世纪初的伪昆体良的《短篇演说词》(*Minor Declamations*)中有一篇提到,自由出身和达到骑士财产条件对于坐在前十四排是必需的。⑤ 公元 2 世纪末,菲洛斯特拉托斯描绘了元老和骑士冲出剧场,前往雅典学校(Athenaeum)听智术师提尔的哈德良演说的事。⑥ 最后,赫罗狄安指出,元老和骑士按照自己在剧场中的坐席安排观看了埃拉伽巴鲁斯在太阳神埃拉伽巴鲁斯神庙外献祭。⑦ 由此,

---

① Mart. *Ep*. 5. 35. 关于骑士身份是一种皇帝的恩赏,见本书第五章。
② Mart. *Ep*. 5. 38.
③ Juv. *Sat*. 3. 153 – 9;Malnati 1987 – 8:133 – 4. 参见 Colton 1966:157。
④ 另见本书第五章,我讨论了尤维纳利斯《讽刺诗》第三首中的翁布里基乌斯的例子。
⑤ Ps. – Quint. *Min. Decl.* 302. 1.
⑥ Phil. *VS* 589.
⑦ Herodian 5. 5. 9. 另见 Herodian 1. 9. 3,他提到了康茂德时期剧场中的指定座位。

485

传统的等级制度一直维持到塞维鲁时期。但公元 3 世纪末出现了新的社会区分，当时阿尔诺比乌斯（Arnobius）描绘了祭司和行政官们坐在剧场中的指定座位，不过没有提到骑士。① 有趣的是，在阿尔诺比乌斯的描述中，他特别提到"担任过执政官的元老"（consulatibus functi patres），暗示前执政官当时可能拥有自己的指定坐席。公元 5 世纪的情况无疑是这样，当时元老等级被分为"著名者""显要者"和"最显赫者"。② 随着时间的推移，最初分给骑士的坐席被人遗忘：马克罗比乌斯认为，前十四排是留给元老的。③ 公元 4 世纪，随着元老人数的扩张和吸收了担任官职的重要骑士，更多的低级别元老可能被安排到从前为骑士等级保留的看台坐席上。这暗示坐席安排在公元 3 世纪中期发生了变化，此时骑士等级本身正在变成一系列不同的身份等级。④

神圣之城以外

　　古代的书面材料主要描绘了《洛斯基乌斯剧场法》和《尤利乌斯剧场法》在罗马城中的影响。鉴于不同的社会等级情况，这些座位安排在整个意大利和行省无法以同样的方式被复制或实施。⑤ 公元前 45 年左右的《尤利乌斯自治市法》基于《尤利乌斯剧场法》的先例，对意大利自治市的座位安排做了规定。该法宣布，在赛会或角斗士表演中，不得坐在指定给元老或市议员的座位上。⑥ 几乎同期出现的《乌

---

① Arnob. *Adv. Nat.* 4. 35.
② E. Rawson 1987:109.
③ Macrob. *Sat.* 7. 3. 8.
④ 关于骑士等级在公元 3 世纪和 4 世纪的转变，见第十一、十二章。
⑤ Demougin 1988:810 – 11; Rowe 2007:79.
⑥ *CIL* I² 593 = *RS* 24, l. 138.

尔索法》（*lex Ursonensis*，约公元前44年，来自西班牙的乌尔索[Urso]）为罗马行政官、代行政官、罗马元老及其儿子、总督部属中的骑士工程兵长官、当地的行政官和市议员分配了座位。① 该法没有像《洛斯基乌斯剧场法》那样提到为骑士保留前十四排坐席，这可能解释了公元前41年屋大维那名士兵的出格行为。

关于《洛斯基乌斯剧场法》在行省的实施，最常被引用的证据来自西班牙的自治市加迪斯。② 公元前43年6月8日，盖乌斯·阿西尼乌斯·波里奥致信西塞罗，向其讲述了财务官卢基乌斯·科尔内利乌斯·巴尔布斯在加迪斯举行赛会上的所作所为。相关段落值得全文引用：

> 除了偷窃、抢劫和用束棒殴打外省人，他还有以下他自夸是在效仿盖乌斯·恺撒的功绩：在加迪斯举行赛会期间，他在最后一天赠了一枚金指环给演员赫瑞尼乌斯·伽卢斯，并领其到前十四排坐席（这些座位他指定给了骑士）。③

在此，巴尔布斯的首要目的似乎是模仿恺撒授予德基姆斯·拉贝利乌斯50万塞斯特斯和金指环，这使他能重新坐进骑士在前十四排的坐席。④ 加迪斯是否有足够的骑士坐满那十四排坐席呢？尽管斯特拉波

---

① *CIL* II²/5 1022 = *RS* 25, chapters 66, 126-7; Jones 2009:129-30.
② Edmondson 2002:11; Jones 2009:130.
③ Cic. Fam. 10. 32. 2[SB 415. 2]: *sed praeter furta et rapinas et virgis caesos socios haec quoque fecit, ut ipse gloriari solet, eadem quae C. Caesar: ludis, quos Gadibus fecit, Herennium Gallum histrionem summo ludorum die anulo aureo donatum in XIIII sessum deduxit (tot enim fecerat ordines equestris loci).*
④ Suet. *Iul.* 39. 2. Reinhold 1971:279 指出，巴尔布斯无权授予金指环，因为他不具备治权。

表示，该城在奥古斯都时期有 500 名登记在册的骑士，但他也指出他们大多并不真正生活在加迪斯。① 巴尔布斯的行动代表了在自己家乡重构罗马社会等级的尝试，但就十四排骑士坐席而言，他的做法似乎不太可能长期有效。加迪斯的骑士根本不需要那么多位子。

奥古斯都的《尤利乌斯剧场法》的文本已经失传。不过，苏维托尼乌斯特别提到，该法规定整个帝国都要把第一排留给元老，"无论何地只要有公开演出时"（*quotiens quid spectaculi usquam publice ederetur*）。② 我们从一段关于弗拉门行省祭司的铭文中了解到，在纳尔波高卢的纳尔波是这样执行的。③ 来自西班牙伊尔尼（Irni）的一条弗拉维乌斯时代的市镇决议确认了按照各种元老院决议和皇帝诏令对城中的"各类人"（*genera hominium*）的座位安排。④ 其中想来包括元老、骑士和市议员等，但缺乏具体细节，让我们无法确定情况如何。公元 19 年的一条元老院决议对剧场中的骑士表演做了规定，提到"有权坐在骑士坐席"（*sedendi in equestribus locis ius*）的罗马人。⑤ 这条元老院决议被刻在青铜版上，放在拉里努姆（位于阿普利亚，靠近亚得里亚海岸）公开展示，暗示它和《尤利乌斯剧场法》都旨在适用于整个意大利。⑥

不过，我们不能忘记，该立法是由生活在罗马的个体制定的。事实上，在其他大部分地区为骑士保留整个十四排座位是完全没必要的，规定必须适应当地情况。⑦ 在纳尔波高卢的阿劳西奥（Arausio），

---

① Strabo 3. 5. 3.
② Suet. Aug. 44. 1. 另见 Dio 53. 25. 1；Patterson 2006：146 – 7。
③ *CIL* XIII 6038.
④ González 1986 = *AE* 1986, 333, section 81.
⑤ Tab. *Lar*. l. 12.
⑥ 本章下文将更详细地讨论这条决议。
⑦ Kolendo 1981：303；Jones 2009：127 – 9.

有铭文表明剧场的两块中间区域有"三排骑士坐席"（eq［uitum］g［radus］III）。① 这几排坐席无疑仅限于两块划定区域，而不是布满整个剧场的宽度方向（否则空间就太大了）。② 我们知道，意大利和行省城市往往会将乐池保留给市议员（其中许多是骑士），就像维特鲁威在其《论建筑》（*On Architecture*）中所指出的。③ 相比市议员和个别城市特有的其他群体，似乎并不会优先考虑专为骑士等级指定空间。④ 比如，在阿拉伯行省的格拉萨（Gerasa）的有顶剧场，全部坐席（275个）的四分之一被分给了市议会成员。⑤ 雅典的雷吉拉剧场有留给雅典公民和侨民的空间，然后公民再按各个部落来分。⑥ 在阿芙洛狄西亚斯，体育场和有顶剧场中都为青年团留出了座位。⑦ 像卡尔农图姆（Carnuntum）、萨尔米兹格图萨（Sarmizgetusa）和维伊（Veii）这样截然不同的城市都为奥古斯都祭司团分派了座位。⑧ 在整个帝国都能找到类似的情况。⑨ 这暗示在大部分城镇，市议员阶层和其他地方性群体在当地背景下要比骑士等级重要得多。⑩ 为了按照地位和职务落座，生活在这些城镇的骑士在当地群体中会表现得更易

---

① *CIL* XII 1241 = ILS 5655.
② Kolendo 1981：309 – 10. 关于骑士坐席仅剩的另一条证据有点不可靠。Rámon Mélida 1925：144 no. 711 将奥古斯都老兵殖民市（Augusta Emerita）剧场坐席上刻着的字母 *E X D* 还原为 *E*（*quites*）*X D*（*ecreto*）［*D*（*ecurionum*）］（"根据市议会决议，骑士的十排坐席"），但这种解读似乎有极大的不确定性。
③ *Vit．Arch．*5.6.2；Kolendo 1981：306；Jones 2009：129.
④ 见 van Nijf 1997：216 – 39 关于希腊东方为协会和其他团体分配坐席的出色讨论。
⑤ Retzleff and Mjely 2004：37 – 40.
⑥ Small 1987：86.
⑦ Roueché 1993：94 – 5, 118, 123, 134 – 6.
⑧ Kolendo 1981：310；Jones 2009：131.
⑨ Kolendo 1981.
⑩ Dio Chrysostom, *Or．* 34. 29 – 30 指责市议会成员沉迷于获得荣誉和身份象征，包括剧场前排的坐席。

识别。①

通过在剧场中被分配具体的坐席可以突出个体骑士的身份。而让他们获得这种荣誉的,依然不一定是他们的骑士身份。事实上,在整个罗马帝国发现的所有标出指定给某人的坐席中,只有一段铭文提到坐在上面的是罗马骑士。②铭文来自西西里的叙拉古,那里的讲台上有个位置留给了骑士身份者([—] ni eq [uitis] R [omani] lo [cus—])。③在卡利亚的阿芙洛狄西亚斯,有一处座位上的铭文表示那是留给埃里乌斯·贝努塞伊诺斯(Aelius Benuseinos)的,他被称为κράτιστος,相当于拉丁语中的"出众者"。④他可能就是阿芙洛狄西亚斯的市议长(archon)马尔库斯·奥雷利乌斯·埃里乌斯·贝努塞伊诺斯。那样的话,他是通过在当地的官职,而非骑士身份获得特别坐席的。⑤

在庞贝,有引人注目的证据显示了公元前3/前2年当时的骑士显贵马尔库斯·霍尔柯尼乌斯·鲁弗斯对剧场的改造。鲁弗斯根据奥古斯都的《尤利乌斯剧场法》对座位进行了新的安排。⑥他本人的坐席上标有他的履历,刻在剧场中央的一排坐席的中间(图9.1)。铭文的雕刻方式表明那是为本来放在中间的象牙椅准备的:

根据市议会决议,献给马尔库斯·霍尔柯尼乌斯·鲁弗斯,五次当选双执法官,两次担任五年期监察官,人民选定的军政

---

① 塞维鲁时期的法学家卡里斯特拉图斯(Callistratus)提到在一些行省城市,青年骑士会煽动暴民(Dig. 48.19.28.3),但青年团不等同于骑士等级。
② 关于个人座位的指定,见Kolendo 1981:312-14。
③ CIL X 7130.1.
④ I. Aph. 8.255.
⑤ 关于市议长的职务,见I. Aph. 5.204。
⑥ Jones 2009:129.

图9.1 刻在剧场座位上的马尔库斯·霍尔柯尼乌斯·鲁弗斯的履历,庞贝官,奥古斯都祭司,殖民地庇主。①

唯一表明鲁弗斯的骑士身份的是他作为人民选定的军政官。② 他被授予纪念坐席是因为他对庞贝城的巨额捐助,而非他是罗马骑士。因此,尽管奥古斯都的剧场立法旨在为全帝国设置标准,但在罗马以外的剧场中并不能清楚地看到骑士的集体存在。在意大利和行省,是当地的等级和分类方式决定了坐席安排。这并未减弱骑士身份在罗马之

---

① CIL X 838: M(arco) Holconio M(arci) f(ilio) Rufo | IIv(iro) i(ure) d(icundo) quinquiens | iter(um) quinq(uennali) trib(uno) mil(itum) a p(opulo) | flamini Aug(usti) patr(ono) colo(niae) d(ecreto) d(ecurionum).
② 见本书第五章。

外的内在价值和重要性,但表明了它如何与其他身份和威望的标志互补。①

作为表演者和角斗士的骑士:意识形态与规定

骑士不仅喜欢在剧场中观看表演,在圆形剧场中观看赛会;他们当中有一部分人也喜欢参与,虽然人数不多但不容忽视,特别是年轻人。这让他们可以展示自己的勇武或竞技训练成果,有时还能获得金钱回报。② 此外,这还有可能为他们赢得可观的人气。比如,塞克斯图斯·维图莱努斯·拉维卡努斯(Sex. Vetulenus Lavicanus),他的青年同伴在罗马为他立碑,而他作为"人民的宠儿"(*delicium populi*)被铭记,并被刻画成马车夫的样子。③ 不过,受雇为表演者是违规之举,在帝国时代会引发严重的社会和法律后果。④

就骑士的当众表演而言,盖乌斯·尤利乌斯·恺撒的独裁官统治被证明是一道分水岭。⑤ 在公元前 46 年恺撒的胜利赛会上,拥有骑士身份的剧作家德基姆斯·拉贝利乌斯被独裁官强迫参演了自己的一部哑剧。⑥ 而在舞台上表演,拉贝利乌斯会有遭受公开羞辱(*infamia*)和失去骑士身份的危险。⑦ 作为回报,恺撒赐给他 50 万塞斯特斯和

---

① 本书第五章全面陈述了这种观点。
② 关于后一种动机,见 Ps.-Quint. *Min. Decl.* 260.21-4;Lebek 1990:48-9;Wiedemann 1992:108-9;Bodel 2015:41-2。
③ *AE* 1971,44. 最早由 Panciera 1970 发表。他并非骑士;铭文的目的是显示民众对表演者的喜爱。
④ Bodel 2015:31 对这部法律做了有用的概述。
⑤ Lebek 1990:44.
⑥ 关于他的等级,见 Panayotakis 2010:38-9。
⑦ Edwards 1997:69-71;Ulpian, *Dig*. 3.2.2.5 援引了公元 1 世纪的更早观点。这一证据无疑晚于公元前 46 年,但恺撒后来赐予金指环暗示,拉贝利乌斯因为表演而面临某种法律后果。

金指环，拉贝利乌斯在表演后坐到了前十四排坐席。[1] 当然，拉贝利乌斯并没有一登上舞台就不再是骑士，要等到监察官正式将他从该等级中除名才行。[2] 但恺撒的举动首先是象征性的，旨在表明通过他的干预，拉贝利乌斯不会被剥夺骑士身份。[3] 拉贝利乌斯的行为并非完全史无前例，因为演员昆图斯·洛斯基乌斯甚至在被苏拉赐予金指环后仍然登台表演。[4] 西塞罗的《为喜剧演员洛斯基乌斯辩护》中的一段被解读为洛斯基乌斯此后拒绝接受酬劳，从而确保了自己行为的合法性，但证据并非定论。[5] 不过，拉贝利乌斯的确因为表演收到了50万塞斯特斯，因此无法要求同样的东西。

公元前45年的《尤利乌斯自治市法》(lex Iulia municipalis)表明，恺撒后来采取法律措施，阐明对自由出身者上台表演的惩罚，禁止他们担任公职。[6] 虽然法令中没有直接提到骑士等级，但该法的惩罚应该也适用于骑士和其他罗马公民。恺撒对待拉贝利乌斯的方式足够令人难忘，以至于被卢基乌斯·安东尼乌斯·巴尔布斯在加迪斯效仿，后者授予赫瑞尼乌斯·伽卢斯金指环，就像我们之前看到的。恺撒和巴尔布斯的举动都旨在显示他们对其他罗马人拥有的权力。这是唯一合理的解释，即为何独裁官会鼓励骑士上台表演，同时又立法禁止这种行为。[7] 支付给演员的大笔报酬表明了剧场对某些骑士的吸引

---

[1] Suet. *Iul*. 39. 2；Sen. *Controv*. 7. 3. 9；Macrob. *Sat*. 2. 7. 1 – 3. Panayotakis 2010：45 – 56认为这些事件发生在公元前47年，但这跟苏维托尼乌斯的证据对不上，后者清楚地将其放在公元前46年的背景下。
[2] Edwards 1997：72.
[3] 参见Jory 1988，他认为这是为了向拉贝利乌斯提供让他保有骑士身份所需要的资金而演的戏。
[4] Macrob. Sat. 3. 14. 13.
[5] Cic. Rosc. com. 23；Y. Hunt 2012：49.
[6] *RS* 24, l. 123.
[7] 注意Levick 1983：110关于苏拉、恺撒和巴尔布斯给予这些人的特权所带来的好处的评点。

力，特别是那些有可能达不到财产条件的。①

年轻骑士还想在角斗中展现自己的美德。公元前46年，恺撒在自己的赛会上允许包括大法官儿子在内的骑士参加决斗，尽管他禁止元老参加，因为他们的地位更高。② 对于之前为女儿尤利娅举行的葬礼，恺撒委托元老和骑士担任角斗教练，这暗示他们有相当的角斗专业知识。③ 这种展示继续存在于三头时期，就像参加公元前41年阿波罗赛会的狩猎表演（venationes）的骑士所证明的。④ 恺撒和三头时期的骑士角斗者不会面临惩罚，因为他们参加较量是为了展示自己的军事才能，因此也没有受雇为角斗士。⑤ 法律对受雇为角斗士的立场很清楚。恺撒的《尤利乌斯剧场法》规定，任何"已经或将会受雇为角斗士搏斗"或"曾经或将会担任角斗士教练者"都会被禁止担任公职。⑥

《尤利乌斯自治市法》并非判定此事的最终依据。公元前38年，有个已经登记为元老的年轻人表示想要作为角斗士参加搏斗。作为回应，元老院发布决议，禁止元老参加此类活动。⑦ 这很可能是想要限制元老受雇为职业角斗士。⑧ 莱维克（Levick）令人信服地指出，这一禁令并不限于角斗场，也涵盖了元老在剧场中的表演；但关键在于，它似乎不适用于骑士等级。⑨ 元老仍然被允许参加角斗以展示自

---

① Lebek 1990:47-8; Potter 1999:269.
② Dio 43.23.5; Suet. Iul. 39.1.
③ Suet. Iul. 26; Wiedemann 1992:109.
④ Dio 48.33.4.
⑤ K. E. Welch 2007b:99.
⑥ RS 24, ll. 112-13 (*queive depugnandei* | *caussa auctoratus est erit fuit fuerit*), 123 (*queive lanistaturam ... fecit fecerit*).
⑦ Dio 48.43.2.
⑧ Lebek 1990:50.
⑨ Levick 1983:106.

494

己的勇武，只要他们并非受雇如此。公元前29年，在屋大维主持的神圣的尤利乌斯神庙的落成仪式上，不仅有贵族元老参加战车比赛，有个叫昆图斯·维特利乌斯的元老甚至公开参加角斗。① 第二年，屋大维招募贵族男子和男孩参加在亚克兴赛会上举办的战车比赛。② 苏维托尼乌斯称，当时出现在竞技场上的马车夫、运动员和斗兽人有时来自"最高贵的青年"（*ex nobilissima iuventute*）。③ 就像莱贝克（Lebek）所指出的，参加公元前29年和前28年竞赛的贵族很可能不是被花钱雇来参赛的，只是作为业余者参加，以展示自己的勇武。④ 因此，屋大维最初并未阻止元老在角斗场和竞技场较量，因为他们不是受雇而来。

奥古斯都很快实施了新措施。公元前23年，马尔克鲁斯举办的营造官赛会上有骑士作为哑剧舞者上场；这是在罗马第一次看到这种新的娱乐形式。⑤ 因此，在公元前22年，尽管奥古斯都婉拒了监察官的正式职务，但还是通过了关于宴会和角斗表演花费的禁奢法令。⑥ 通过元老院决议，他禁止元老的后人和骑士等级成员作为演员和哑剧演员表演，或者作为角斗士搏斗，从而将公元前38年的法令条款扩大到罗马社会的两个上层等级。从此，骑士也有了遭受公开羞辱的危险。⑦ 伪昆体良在公元2世纪所写的《短篇演说词》中有个修辞场景充分证明了这点。它说的是一个罗马人为了给父亲的葬礼筹钱而受雇成为角斗士。在从角斗场光荣归来后，此人最终挣了足够的

---

① Dio 51.22.4. *RG* 21.2中显示奥古斯都亲自参加了落成仪式。
② Dio 53.1.4.
③ Suet. Aug. 43.2.
④ Lebek 1990:50. See also Wardle 2014:324-5.
⑤ Dio 53.31.3. 关于年代，见 Jory 1981; Y. Hunt 2012:69-71.
⑥ Dio 54.2.3-5.
⑦ Edwards 1997:86-9.

钱，有资格去争取骑士身份，但因为他的不光彩经历，他仍被禁止坐在剧场的前十四排。①

公元前22年的决议是奥古斯都更大的社会和道德计划的第一炮，其中包括公元前20年到前17年之间通过的《尤利乌斯剧场法》、公元前18年通过的《尤利乌斯等级婚姻法》、公元前17年通过的《尤利乌斯惩治通奸法》（lex Iulia de adulteriis coercendis）。②公元前22年关于限制在剧场和角斗场表演的决议同后来的《尤利乌斯剧场法》有着特别密切的联系：罗马贵族被认为应作为观众坐在合适的位置，不得越过他们与表演者之间的界线。该立法强调了骑士作为奥古斯都的国家中第二大等级的地位，他们有责任和元老等级一起维护罗马的社会准则。这肯定了他们有更高的社会地位，让他们对于自己作为一个集体的重要性和意义有了更强的意识。身为骑士的价值恰恰在于皇帝和国家为这种身份赋予了荣誉和特权。

但与此同时，有人意识到骑士等级正在被元首操纵或"驯化"。韦尔奇合理地指出，公元前22年的元老院决议背后可能还有别的政治理由，因为奥古斯都试图遏制"贵族在公共领域的自我宣传"。③英勇无畏的战士在罗马很受欢迎，而元首在勇武方面不能有对手。④通过限制贵族（包括元老和骑士）展示自己的英勇，奥古斯都试图驯化精英，将他们作为道德上正直的贵族纳入他的新国家中。

奥古斯都时期的确有一些表演者违反了该法，且通常并未得到元首本人的授权。⑤比如，卢基乌斯·多米提乌斯·阿亨诺巴尔布斯

---

① Ps. -Quint. *Min. Decl.* 302. pref.
② 关于这部法律，见 Treggiari 1996:886–93。
③ K. E. Welch 2007b:99.
④ 应该把这与奥古斯都插手各种角斗表演的管理联系起来，见 Wiedemann 1992:8。
⑤ Wardle 2014:327

（L. Domitius Ahenobarbus）让骑士参加他担任大法官（具体年份不明）和公元前16年担任执政官时所办赛会上的哑剧表演；后来，骑士们也在公元前2年表演了哑剧。① 这些骑士很可能是等级中的年轻成员，有运动天赋并在竞技学校受过训练，能胜任这些舞蹈。② 狄奥写到，在后一次表演中，奥古斯都无视了违规，因为他更关心女儿尤利娅的胡作非为，后者用截然不同的方式践踏了他的立法。③ 公元8年，有个曾经很富有但后来出人意料地穷困潦倒的元老作为角斗士参加了日耳曼尼库斯的赛会。这位元老无疑是为了金钱报酬而参加表演的，尽管我们不知道他是受雇，还是以自由人身份为奖金而战。④ 奥古斯都本人只有一次违反了规定，因为观看侏儒吕基乌斯（Lycius）表演的诱惑实在无法抗拒，尽管他是个"出身体面的……年轻人"（*adulescentulum ... honeste natum*）；那一次，侏儒没有拿到钱。⑤

这类情况在公元11年达到高潮。狄奥记载称，那一年，骑士实际上是被允许作为角斗士参加搏斗的，因为他们一直无视公元前22年的元老院决议，不把公开羞辱当成严厉的惩罚。⑥ 因此，元老院觉得最好用在角斗中丧生的可能性来威慑骑士，于是决定允许他们参加。⑦ 结果，对性命的担心并未阻止骑士们走上角斗场，他们甚至出现在大法官举办、奥古斯都本人到场观看的演出中。⑧

来自意大利中部的拉里努姆的一块青铜版残片让我们对公元11

---

① Suet. Nero. 4；Dio 55. 10. 11.
② Lebek 1990：45－8；Slater 1994：132－8.
③ Dio 55. 10. 12.
④ Dio 55. 33. 43；Lebek 1990：52；Swan 2004：217－18.
⑤ Suet. Aug. 43. 3；Wardle 2014：328.
⑥ Dio 56. 25. 7. Levick 1983：108－10认为，狄奥用希腊语的 ἀτιμία 一词来对应拉丁语的 *infamia*。
⑦ 关于对这段话的这种解读，见 Lebek 1990：53，以及后来的 Swan 2004：282。
⑧ Dio 56. 25. 8.

年的元老院法令的理解变得复杂起来。① 今天它被称为《拉里努姆铜版》，上面刻有时间标为公元 19 年的元老院决议（我们在第五章中谈到对骑士身份的定义时已讨论过这一文件）。这条元老院决议提到了公元 11 年的决议，与狄奥在《罗马史》中的描绘截然不同。该决议由公元 11 年的正选执政官马尔库斯·雷必达（M' Lepidus）和提图斯·斯塔提利乌斯·陶鲁斯批准，禁止 20 岁以下自由出身的女性和 25 岁以下自由出身的男性受雇为角斗士或在舞台上表演。② 也有例外，有些人在奥古斯都或提比略统治时期得到了豁免。由于铜版的保存状况，我们并不完全清楚豁免的理由，可能是当事人已经受到了公开羞辱。③

狄奥记载的公元 11 年的举措和《拉里努姆铜版》上提到的同年决议之间的关系有点让人费解。后者可以追溯到那年的上半年，因为它是由正选执政官提出的，被公元 19 年的元老院决议引用表明它在 8 年后仍然有效。最简单的解释似乎是把我们证据结合起来，认为在公元 11 年时骑士仍被允许作为角斗士参加搏斗或者在舞台上表演，就像狄奥所说的，除了那些 20 岁以下的女性和 25 岁以下的男性。④ 这意味着骑士等级中最年轻的成员（很可能是最热衷于角斗和表演的）仍被禁止这样做。⑤

事实上，我们的确知道一些年轻骑士继续给罗马皇帝找麻烦。公元 15 年，两位骑士请求提比略皇帝允许他们在他的儿子德鲁苏斯举

---

① *AE* 1978, 145 = 1990, 189.
② *Tab. Lar.* ll. 17—19，根据 Lebek 1990:60 - 1 的文本。
③ Levick 1983:104 - 5; Demougin 1988:570 - 2; Lebek 1990:53 - 4, 92 - 6.
④ Levick 1983:107.
⑤ 这不是唯一可能的解释。Baltrusch 1989:148 - 9 提出，元老院和奥古斯都对于该问题存在冲突，导致了相互矛盾的裁决。

办的赛会上参加角斗。虽然提比略显然批准了他们的请求,但他选择不到场观看。当其中一名骑士在角斗中身亡后,提比略介入,禁止另一人再次参加。① 提比略的不情愿反而让情况变得更严重,以至于"这两个等级中每一个极其放荡的青年"(*ex iuventute utriusque ordinis profligatissimus quisque*)都自愿通过犯下一些轻罪来让自己带上污名。一旦声名受损,他们就能在舞台上表演或作为角斗士参加搏斗,哪怕提比略的确会用流放来惩罚他们。② 这些事件必须放在提比略统治的更大背景下看待:他对境况不佳的元老和骑士远不如奥古斯都宽容。缺钱是骑士们去当职业演员、舞者或角斗士的一个合理解释。③ 事实上,此类表演可能的确收益丰厚。当年轻的提比略为向其祖父德鲁苏斯致敬而举办赛会时,他向每位参加角斗的退休角斗士支付了10万塞斯特斯。④ 奖金会因皇帝的慷慨程度而异,但通常都很可观。⑤

作为皇帝,提比略对大部分公共娱乐活动都不喜欢,他对哑剧表演的公共拨款的削减引发了公元14年和15年的骚乱。⑥ 这些骚乱很可能是由坐在剧场前十四排的年轻骑士煽动的,引得剧场里的许多职业喝彩人追随,就像斯雷特(Slater)所指出的。⑦ 这是一种有说服力的观点:在整个共和时代,年轻人都热爱剧场,特别喜欢阿特拉滑稽

---

① Dio 57.14.3.
② Suet. *Tib*. 35.2; Levick 1983:112-13; Lebek 1990:55-7; Slater 1994:140-1. 公元19年的元老院决议中提到了这些事件(*Tab. Lar*. ll. 11-14)。
③ Lebek 1990:55-7; Wiedemann 1992:111; Bodel 2015:41.
④ Suet. *Tib*. 7.1. 关于角斗士获得的报酬,见 M. J. Carter 2003:104-8。
⑤ 标准的奖品是棕榈枝,后来改成桂冠,尽管可能还辅以金钱。金钱奖赏的证据来自一则轶事,提到克劳狄乌斯赏赐金币(Suet. *Claud*. 21.9)。马提亚尔也提到装着钱的奉献托盘,称为 *lances*(Mart. *Spec*. 31.5)。另见 Wiedemann 1992:122; Potter 1999:316; Coleman 2006:146-7,229-32,264-5。
⑥ Lebek 1990:54-5; Slater 1994:123-6.
⑦ Slater 1994, esp. 139-44.

499

剧（Atellan farces）。① 而热爱剧场和表演的不一定非得是年轻人。厄比克泰德的《语录》中有一个关于骑士代理官伊庇鲁斯的精彩故事，他让一群奴隶为他最喜欢的演员喝彩，最终引发了一场与其他观众的口水大战。② 剧场是异议与矛盾的火药桶。

鉴于贵族和演剧演员的密切关系，提比略以强硬措施作为回应。元老被禁止进入哑剧舞者的家，骑士不允许公开和他们来往。③ 我们不一定要想象元老和骑士会造访出身低贱者的家：事实上，情况似乎相反。骑士去演哑剧这个事实暗示，提比略试图将他们同上层等级的同行分开。简而言之，在提比略统治的早期，骑士们会积极设法推翻帝国关于公开演出的立法，集体向皇帝施压，要求其收回决定。这代表了贵族对于皇帝试图限制他们在公共展示场所的自由的某种程度的反抗。罗马的精英被驯化成支持君主制罗马国家的贵族并非一帆风顺的过程。④

年轻骑士的反对没能改变该法律，就像公元 19 年的元老院决议中的条款足够清楚证明的。书面材料中完全没有提及这一措施，但其中一部分被保留在了《拉里努姆铜版》上。铭文一上来就提到那些在舞台表演或者在角斗场为钱而战的人"有违自己等级的体面"（contra dignitatem ordinis sui），这是之前的元老院决议（以及提比略皇帝本人）所禁止的。⑤ 公元 19 年的规定要求元老和骑士不得作为表演者

---

① Livy 7. 2. 1；Kleijwegt 1994：88 - 90. 马可·奥勒留年轻时也读过这些（Davenport and Manley 2014：36 - 7）。
② Epict. Diss. 3. 4.
③ Tac. Ann. 1. 77. 4.
④ 对于这方面，另请注意第八章中所讨论的骑士在剧场中反对奥古斯都的婚姻立法一事。
⑤ Tab. Lar. ll. 5 - 6.

出现，或者猎杀野兽、受雇作为角斗士或从事类似的活动。① 但决议不单宣布禁止元老或骑士等级成员从事此类活动，而且具体到元老和骑士的亲属也在禁止之列。从此，对元老来说，禁令的对象包括他们的儿女、孙辈、重孙辈。对骑士等级亲戚的表达略有不同，采用了回溯的方式。这条元老院决议涵盖了父亲、祖父、兄弟和丈夫是"曾经有权在骑士坐席上观看"（[ius] fuisset unquam spectandi in equestribus locis）者的男性和女性。②

通过认定骑士身份的体面涵盖了骑士本人及其亲属，公元19年的元老院决议在界定骑士等级在君主制罗马国家中的地位这点上扮演了至关重要的角色。③ 决议带有强烈的道德色彩，就像奥古斯都和尤利乌斯-克劳狄乌斯时期的其他立法一样，包括同年通过的关于通奸的整治举措。④ 它旨在通过对元老和骑士等级——君主制罗马国家中的贵族——公开展示方式的规定来界定他们的合适行为。

奥古斯都和提比略的立法确立了在元首统治剩下的时间里，罗马国家对于受雇成为角斗士之人的立场。乌尔皮安在公元3世纪写道，让自己服从于角斗士训练师（lanista）或者因为自己的表演而获得酬劳的自由出身者将被公开羞辱，但只为展示美德而参加决斗者除外。⑤ 就像伪昆体良在公元2世纪所说的："因此，有失体面的不是角斗本身，而是不光彩的角斗"（non ergo pugna per se turpis est, sed inhonesta pugna）——也就是受雇角斗。⑥

---

① Tab. Lar. ll. 9–11; Levick 1983：102; Lebek 1990：75–80.
② Tab. Lar. ll. 7–9.
③ 见本书第五章。
④ McGinn 1992指出，来自拉里努姆的元老院决议并未提到通奸罪立法。关于该立法，见 Suet. Tib. 35.2; Tac. Ann. 2.85; Dig. 48.5.11.2。
⑤ Ulpian, Dig. 3.1.1.6; Lebek 1990：49–50; Edmondson 1996：107–8.
⑥ Ps.-Quin. Min. Decl. 302.3.

第九章　观众与表演者

修辞与现实

公元19年的元老院决议所采取的措施没能阻止骑士在舞台上表演或者参加角斗。我们关于帝国时代的主要历史叙述（特别是塔西佗、苏维托尼乌斯和卡西乌斯·狄奥所写的那些）中有一些令人难忘的轶闻提到了骑士参加此类活动。但这些只是例外吗？在骑士等级的成员中，对于表演、舞蹈、歌唱和角斗的渴望有多普遍？想要回答这些问题，我们需要面对一个重要的方法论问题。书面材料中保存的故事首先旨在反映他们所讨论的皇帝的性格。[①] 好皇帝——所谓的"公民元首"（civilis princeps）——会出现在剧场和赛会中，接受人民的欢呼。[②] 他会强制执行有关谁可以出现在这些场合的立法，对令自己的等级蒙羞的元老和骑士施加惩罚。在另一边，坏皇帝则会越过观众和表演者的分界线，以演员、歌者、角斗士或战车手的身份向罗马人民展示自己，并鼓动（或强迫）元老和骑士跟自己一起。[③]

记录中的此类事件大多发生在罗马城或周围。轶闻的年代也有限，因为它们大多来自公元1世纪。这自然映照了塔西佗的《编年史》和《历史》以及苏维托尼乌斯的《罗马十二皇帝传》的现存部分所涵盖的时间。但在卡西乌斯·狄奥续写到公元3世纪20年代末的《罗马史》中也同样可以看到这种模式。狄奥为这件事提供了大量证据，这可以用他个人对大部分公共娱乐形式的厌恶来解释。这促使他记录了社会异常或丑闻，以此来反映某个皇帝的性格。[④] 然而，在尤

[①] Wiedemann 1992:130–1; Edmondson 1996:75–6.
[②] Wallace-Hadrill 1982:42; Edmondson 1996:103.
[③] Edmondson 1996:106.
[④] 关于狄奥对公共娱乐的态度，见 Newbold 1975。

利乌斯-克劳狄乌斯王朝和弗拉维乌斯王朝之后，狄奥叙述中此类故事的数量减少了，这个事实暗示要么此类事件很少发生了，要么克西菲里诺斯（Xiphilinus）对它们不太感兴趣，因为我们对狄奥《罗马史》60卷之后部分的重构主要依靠他的《摘要》。①

这些故事可以大致分成两类，一类是骑士自愿参加表演或角斗的，另一类是他们被迫如此。无论属于哪类，这些轶闻似乎都围绕着"坏"皇帝展开，比如卡里古拉、尼禄和图密善。卡西乌斯·狄奥写了骑士阿塔尼乌斯·塞孔都斯（Atanius Secundus）的故事，他发誓如果卡里古拉皇帝病体康复，他就去当个角斗士；他显然期待从心怀感激的皇帝那里获得某种金钱回报。② 这事没能实现——可怜的塞孔都斯的忠诚只换来了死刑——但的确证明了为赚钱而参加角斗的持续吸引力。公元55年，在尼禄举办的赛会上，有30名骑士等级成员在角斗场搏斗，显然是出于他们自己的意志。③ 关于皇帝强迫的故事也同样耸人听闻。卡里古拉曾经判处一位骑士去角斗场，后者在与野兽搏斗时死去，这种死亡显然不符合他的身份。④ 皇帝无疑清楚法律对公开表演的限制，因此假意请求元老院的许可，甚至在他逼迫骑士和元老参加单挑和列阵对战时也这样做。⑤ 这些故事反映了卡里古拉个人对各种形式的公共娱乐的兴趣，他和尼禄都热衷于此。⑥ 苏维托尼乌斯声称，公元57年，当尼禄为了庆祝他的木质圆形剧场在战神校

---

① 关于克西菲里诺斯改编狄奥原始叙事的方式，见 Mallan 2013。Dio 55.33.4 中简单地提到有个骑士作为角斗士上场。这是克西菲里诺斯从狄奥已经失传的公元8年记述中保存下来的。
② Dio 59.8.3；Suet. Cal. 14.2, 27.2（这个版本中没有提到此人的名字）。
③ Dio 61.9.1. Champlin 2003:68-9 强调了在尼禄统治时期，许多贵族表演的自愿性质。
④ Dio 59.10.4；Suet. Cal. 27.4。
⑤ Dio 59.10.1。
⑥ 关于卡里古拉本人的表演，见 Dio 59.5.4-5；Suet. Cal. 54.1-2。

场落成而举行赛会时，有 400 名元老和 600 名骑士被迫参加了角斗和斗兽。① 这些数字夸大到了可笑的地步，因为让超过一半的元老在角斗场上搏斗可谓奇观。

虽然图密善统治时期的执政官马尔库斯·阿基里乌斯·格拉布里奥（M.' Acilius Glabrio）不是骑士，但他的死显示了这些故事作为对坏皇帝的喻说的持续力量。图密善命令格拉布里奥与狮子搏斗，作为他在阿尔巴庄园举办的青年赛会（Iuvenalia）的一部分。当格拉布里奥成功杀死野兽后，据说图密善心生嫉妒，后来以与野兽搏斗和其他违法行为的罪名（很可能是莫须有的）将他处决。② 就像尤维纳利斯所说的，"当那可怜人赤裸着作为猎手在阿尔巴斗兽场上近距离刺穿努米底亚熊时，他没有任何好处"。③ 格拉布里奥的技艺娴熟和高超到足以用剑成功杀死野兽，但他因为斗兽而被判处死刑，因为他的勇武对皇帝构成了威胁。这提醒我们想起本章早前的想法，即剧场的规定不仅有关道德，也是为了约束贵族的展示和铲除元首的对手。

试图推行正当社会秩序的皇帝会限制此类表演，无论它们是被迫抑或自愿的。克劳狄乌斯采取了不同寻常的做法，要求所有在卡里古拉统治时期登上过舞台的骑士和贵族女性再次表演，好让他们的可耻行径暴露在所有人面前。经过这次展示，他们吸取了教训，便再也看不到这种表演了。④ 维特利乌斯发布了一项诏令，禁止骑士出现在剧场或角斗场的公开表演中，此举实际上是认可了公元 19 年的元老院决议的原则。⑤ 但这起到了想要的效果，把他和尼禄统治时期的放纵

---

① Suet. *Nero*. 12. 1. Dio 61. 9. 5 描绘了这些事件，但没有提到参加的元老和骑士。
② Dio 67. 14. 3. 关于他的死，见 Suet. *Dom*. 10. 2。
③ Juv. *Sat*. 4. 99 – 101: *profuit ergo nihil misero quod comminus ursos | figebat Numidas Albana nudus harena | venator.*
④ Dio 60. 7. 1.
⑤ Tac. Hist. 2. 62. 2; Dio 65. 6. 3.

区分开来：虽然书面材料往往对维特利乌斯充满敌意，这却是少数几个表明他遵守"公民元首"原则的举动之一。①

在有的事例中，很难确定骑士表演者是自愿还是被强征的。公元59年的"至大者朱庇特赛会"（ludi Maximi）上有元老和骑士登台表演，在哑剧中跳舞，作为角斗士参加斗兽和打斗。赛会中还出现了令人难以置信的表演，"一位著名的罗马骑士骑着大象走钢丝"。② 如果这个故事可以相信的话——就连最容易轻信的人也会有所怀疑——那么这种表演将需要骑士在训练和排练上投入很多，这暗示他是自愿参加的。狄奥详细讨论了"至大者朱庇特赛会"，声称那些地位高的表演者中既有自愿的，也有被迫下场的。③ 塔西佗的描述暗示，这两个群体之间可能没有多少差别：

> ［尼禄］用大笔赏赐鼓动一些知名的罗马骑士在角斗场上较量，不过，来自发号施令者的激励无异于强迫。④

在塔西佗看来，这些骑士的参与并非威胁的结果，而是因为皇帝提供的金钱诱惑。但就像他指出的，来自皇帝钱袋的赏赐不是没有代价的。虽然钱普林（Champlin）倾向于否定塔西佗对形势的解读，但我们不应低估皇帝对臣民的影响，特别是那些最接近权力中心的。⑤ 在君主制罗马国家中，骑士（特别是那些可能达不到财产条件的）对皇

---

① Davenport 2014b.
② Suet. Nero. 11.2: *notissimus eques Romanus elephanto supersidens per catadromum decucurrit*. 同样的故事也出现在 Dio 61.17.2。
③ Dio 61.17.3–5.
④ Tac. *Ann.* 14.14.6: *notos quoque equites Romanos operas arenae promittere subegit donis ingentibus, nisi quod merces ab eo, qui iubere potest, vim necessitatis adfert*.
⑤ 参见 Champlin 2003:70–1。

帝的垂青和犒赏的依赖是贵族被驯化的一个关键方面。一方面，元老和骑士精英被要求遵守帝国准则，在剧场和角斗场中充当其他等级的道德榜样，但另一方面，皇帝也可以迫使他们打破那些标准。这就是君主制国家生活的不稳定性。

关于这些骑士越过社会界限的事例，我们完全依赖书面材料，因为他们在角斗场或剧场中的事迹没有记录在墓碑或荣誉雕像的底座上。[1] 一个有趣的模式是，推行针对地位高的表演者的立法的皇帝（提比略、克劳狄乌斯、维特利乌斯）与鼓励这种违法行为的皇帝（卡里古拉、尼禄）会交替出现。这很少能告诉我们有多少骑士真正参加此类活动，以及在整个帝国是否普遍。但的确有一条重要的证据对此提供了一些信息。在讨论维特利乌斯禁止骑士担任角斗士的诏令时，塔西佗称，有年轻骑士受金钱诱惑，在罗马的自治市和殖民市参加角斗。[2] 我们从卡西乌斯·狄奥对奥古斯都时期表演的讨论中了解到，骑士间的较量会吸引大批观众，而意大利城市总是会争相吸引观众，越多越好。[3] 尽管我们以罗马为中心的材料常常不会描绘这些角斗，除非它们是在反映了某个皇帝的统治，但它们似乎很可能也发生在意大利和西部行省的其他城市。[4]

我们的书面叙述中的确出现了一种趋势，那就是公开表演、年轻皇帝和骑士等级的年轻人之间的联系。在公元59年尼禄举办的青年

---

[1] 比较职业角斗士的墓碑，Hope 2000 对此做了考察。
[2] Tac. *Hist*. 2. 62. 2.
[3] Dio 56. 25. 8; Patterson 2006:139; Ash 2007:249. 就像 Sen. *De Prov*. 2. 8 所指出的，表演者越受人尊敬，观众从中获得的快乐就越大。
[4] 缺少来自希腊东方的证据。虽然这可能是书面材料角度所致，但希腊青年的确不会像西部的青年一样接受狩猎或角斗训练（Kleijwegt 1991:115；另见 Kennell 2009:331–6 对竞技学校训练的讨论）。在希腊世界的确举行过角斗赛会，就像 M. J. Carter 2009 所提出的，它们代表了对于被引进到东部行省的罗马理念和价值的一种"文化表演"。

赛会上，有贵族男女在舞台上和哑剧中表演，甚至为此接受了专门训练。①尼禄为这次赛会组建了由年轻骑士组成的皇帝喝彩队，任务是在他的整个表演期间鼓掌。②就像莱贝克和斯雷特在他们对奥古斯都和提比略统治时期的证据的讨论中所证明的，接受过舞蹈、歌唱、表演、角斗和战车比赛训练且身手矫健的是年轻骑士。③狄奥笔下的马伊克纳斯提议说，元老和骑士都应接受骑马和搏斗训练。④皇帝对此类活动的鼓励在奥古斯都时期非常盛行，尤以我们在上一章中讨论过的特洛伊戏中的仪式表演为代表。⑤

一些骑士可能是作为青年团（collegia iuvenum）成员获得这些技能的，这种团体存在于整个意大利和西部行省。⑥其成员包括出身贵族和非贵族的，都被训练像角斗士那样打斗。⑦意大利和行省的各青年团会举办自己的青年赛会，包括斗剑、赛马和斗兽。⑧有个来自阿基塔尼亚的塞克斯提乌斯泉（Aquae Sextiae）、名叫塞克斯图斯·尤利乌斯·菲利基西姆斯（Sex. Iulius Felicissimus）的年轻人学习了在圆形剧场进行角斗和斗兽。⑨在卡尔苏莱（Carsulae），盖乌斯·科米尼恩努斯·富尔纳提亚努斯（C. Cominienus Fortunatianus）担任"抓羽"教练（pinn [irapus] iuvenum），训练年轻人去抓角斗士头盔上的羽毛。⑩后来即位的提图斯年轻时参加过在意大利小城雷亚特

---

① Suet. *Nero*. 11. 2；Dio 61. 19. 1 - 4.
② Tac. *Ann.* 14. 15；参见 Dio 61. 20. 4 - 5，他认为皇帝喝彩队是由士兵组成的。
③ Lebek 1990；Slater 1994.
④ Dio 52. 26. 1；Crowther 2009：351.
⑤ Kleijwegt 1991：113.
⑥ 关于这种制度，见 Kleijwegt 1994。需要指出的是，青年团并非骑士的专属俱乐部，尽管其成员肯定而且的确包括骑士。
⑦ Wiedemann 1992：110 - 11；Edmondson 1996：108.
⑧ Kleijwegt 1991：109 - 13，1994：85 - 8；Patterson 2006：144 - 5.
⑨ *CIL* XII 533.
⑩ *CIL* XI 7852 = *ILS* 6635；Kleijwegt 1994：87.

(Reate)举办的青年赛会,与奥鲁斯·卡伊基纳·阿里亚努斯(A. Caecina Alienus)进行了一场模拟搏斗。① 提图斯擅长骑马和斗剑,成为皇帝后也喜欢角斗场上的乐趣(但是以一种合乎"公民元首"行为的方式)。② 舞台艺术同样吸引着意大利和行省的青年,哑剧舞者更是深受年轻人欢迎。安东尼和塞维鲁王朝时期的两名哑剧演员马尔库斯·奥雷利乌斯·阿基里乌斯·塞普腾特里奥(M. Aurelius Agilius Septentrio)、马尔库斯·塞普提米乌斯·奥雷利乌斯·阿格里帕(M. Septimius Aurelius Agrippa)分别被授予拉努维乌姆和梅狄奥拉努姆的青年组织成员身份。③ 卡拉卡拉皇帝甚至向哑剧演员忒奥克里托斯(Theocritus)学习过舞蹈,证明了这种艺术可以渗透到社会最高层,进入皇帝宫廷。④

就像在本节开头提到的,关于皇帝举办有骑士和元老参加的奢华剧场或角斗表演的轶闻数量在公元1世纪后减少了。这反映了我们书面材料的取向,还是像邓肯-琼斯暗示的那样,反映了更广泛的社会变革呢?⑤ 到了公元2世纪上半叶,皇帝的强迫的确似乎消失了。公元2世纪40年代,科尔内利乌斯·弗隆托让他的弟子、未来的马可·奥勒留皇帝写一篇文章,以执政官在罗马人民面前公开与狮子搏斗并杀死它为题。年轻的皇子问弗隆托,他指的是不是阿基里乌斯·格拉布里奥与图密善在阿尔巴山的那件事——他告诉老师,如果不是,他觉得那样的场景很难想象。⑥ 这表明在罗马已经很久看不到如此骇人的场景了。剧场同样如此。图拉真和卢基乌斯·维鲁斯无疑喜

---

① Dio 65. 15. 2.
② Suet. *Tit*. 3,8.
③ *CIL* XIV 2113 = *ILS* 5193; *IRT* 606.
④ Dio 78(77).21. 2.
⑤ Duncan-Jones 2016:128.
⑥ 关于这番交流,见 Fronto, *Ad M. Caes*. 5. 37 - 38(vdH^2 pp. 75 - 6)。

欢观看哑剧，并让哑剧演员做伴，尽管这似乎并未导致任何发生在舞台上的逾矩行为。① 有些反讽的是，正是马可·奥勒留的儿子康茂德亲自走上角斗场，让罗马人民重新看到了精英角斗士的表演。元老和骑士等级成员都被要求参加他的表演。② 但康茂德似乎并没有让骑士和元老跟他同场较量，很可能是为了限制贵族对手展现他们美德的机会，从而确保他自己获得全部的荣耀。

而与此同时，对此类活动的热情显然并未在上层等级的成员中消亡。从尤维纳利斯的《讽刺诗》第二首来看，放浪贵族之说在公元2世纪初仍然存在，诗中提到贵族格拉古自愿屈尊纡贵充当网斗士（retiarus）。③ 这些人并非为美德，而是为金钱而战。有几则轶事暗示了塞维鲁王朝时期也存在放浪行为。在打败对手克洛迪乌斯·阿尔比努斯（Clodius Albinus），回到罗马后不久，塞普提米乌斯·塞维鲁告诉元老院，他震惊地听说有个执政官级元老与一个扮作豹子的妓女玩斗兽游戏。④ 塞维鲁提到这个故事是为了申斥那些抱怨被迫观看康茂德皇帝在斗兽场表演的元老。⑤ 在卡拉卡拉统治时期，骑士代理官卢基乌斯·卢基利乌斯·普利斯基里亚努斯（L. Lucilius Priscilianus）参加了在图斯库鲁姆的斗兽，据说同时与一头熊、一头黑豹、一头公狮和一头母狮搏斗。与普利斯基里亚努斯一样钟爱这类娱乐的卡拉卡拉将他提拔为元老。⑥ 后来，普利斯基里亚努斯作为卡努西乌姆城的庇

---

① 见 C. P. Jones 1986:69 - 75; Davenport and Manley 2014:189 - 90。
② Dio 73（72）. 20. 1。
③ Juv. Sat. 2. 143 - 148，另见 8. 200 - 10。网斗士在角斗士中地位很低，就像 S. M. Braund 1996:159 - 60 所指出的。
④ Dio 76（75）. 8. 2. Dio 75（74）. 2. 5 提到，在塞维鲁登基时被解散的近卫军士兵成了角斗士或强盗。
⑤ 元老和骑士总是会到场观看康茂德的角斗：Dio 73（72）. 20. 1。
⑥ Dio 79（78）. 21. 3 - 5。关于卡拉卡拉对哑剧舞蹈、战车比赛、斗兽和角斗的喜爱，见 Dio 79（78）. 10. 1, 17. 4, 21. 2。

主获得了一定的社会威望。[1] 因此，显而易见，尽管有一系列的元老院决议、法令和其他措施来限制骑士的表演和展示，这些行为还是延续到了塞维鲁时期。这是因为罗马贵族想要展示自己严格军事训练的成果，特别是年轻人，帝国立法无法完全抑制这点。

结论：身份的界限

在罗马世界，娱乐场所发挥了阐明身份界限的功能。从共和晚期开始，剧场中有了专门留给骑士的坐席，而从帝国早期开始，圆形剧场和竞技场中也开始这样做。这些坐席公开将骑士划为罗马社会层级体系中的第二等级，仅次于元老等级。奥古斯都和图密善对这些特权的实施表明了皇帝对维持应有的地位、荣誉和道德的关注。骑士看重自己的特权正因为它们是独有的，为他们的个人身份赋予了意义和重要性。但这些场所也是颠覆既有贵族准则的舞台。我们考察了骑士通过在舞台上表演或在角斗场上斗兽和搏斗来越过从观众到表演者的界限的方式。书面材料中的这些故事不容忽视。罗马世界的年轻人（特别是来自罗马和意大利的）从小就接受过搏斗、骑马、竞技比赛、诵诗和歌唱的训练。这是他们为成为罗马男人所做准备的一部分。不过，这些天生的热情被要求以合适的文化方式展现：狩猎、作为军官服役以及写作和讨论诗歌、音乐和文学。通过战斗来展示自己的美德是完全可以接受的。但当年轻人选择成为演员、哑剧演员或角斗士，将这些能力用于不恰当的表演时，问题就出现了。这些职业会遭到法律的羞辱，尽管剧场和圆形剧场在罗马世界都很受欢迎。有的骑士是

---

[1] Davenport 2012a: 808 – 9.

因为境况不佳，出于需要钱来保住自己产业的动机，还有的只是想表演，享受观众的鼓掌和喝彩。

将剧场中的前十四排坐席分给骑士发生在公元前67年。此举代表在共和时代，骑士等级作为不同于元老的社会组成群体的巩固迈出了重要一步。它的意义和重要性在君主式"共和国"时代得到了巩固和扩大。奥古斯都的《尤利乌斯剧场法》规定了所有罗马人的座位分配，确保剧场反映了他理想化的社会等级。从恺撒到提比略的统治时期通过的一连串立法，经由禁止元老和骑士在舞台上表演或者作为角斗士参加搏斗来保持他们的体面。所有这些措施都标志着贵族在帝国被驯化。保留坐席无疑是骑士的特权，但也代表了一种控制手段——帝国的《尤利乌斯剧场法》取代了之前的奥托法令，将骑士纳入了对罗马社会更大的计划愿景中。骑士们可以在前十四排坐席欢呼拥护皇帝的政策，用这些表达来公开展示他们的共识。[①] 禁止元老和骑士参加公开表演的立法旨在让他们安于本位，支持皇帝并保持道德标准，而不是把自己弄得像元首在美德方面的对手，或者在剧场的喝彩者中培养自己的支持者。

这是一种关于罗马社会在皇帝统治下应该如何运作的理想化愿景，在现实中的实施并不那么顺利。在罗马，暴发户常常扮作骑士，试图坐进前十四排坐席，而那些失去了骑士财产条件的人也会设法继续享有自己的特权。在罗马以外的意大利和行省城镇，这种骑士统一性的集体展示并没有得到有力的表达。尽管行省的坐席安排试图呼应罗马的立法，但没有必要将前十四排坐席全都留给骑士。在市镇背景下，骑士获得特别坐席的优待是因为他们在这些城市中的职能和职

[①] 见本书第八章。

务，而非因为他们的骑士身份。此外，禁止在剧场和圆形剧场进行公开表演的立法常常被骑士和元老无视。一众年轻的皇帝助长了此类活动，特别是接受过表演、歌唱、舞蹈、角斗和斗兽训练的卡里古拉、尼禄、康茂德和卡拉卡拉。许多年轻骑士欣然接受皇帝的热情，但贵族阶层的其他成员（无论男女）是被迫参加角斗和表演的。皇帝可以无视自己的法律和道德，这种双重标准显示了君主制罗马国家的权力结构。因此，在公共娱乐场所的世界，皇帝和骑士们在规范和颠覆社会地位的持续社会表现中扮演着不同的角色。

第十章　宗教与国家

导言：日耳曼努斯的凯旋式

提图斯·弗拉维乌斯·日耳曼努斯（T. Flavius Germanus）是个成就斐然的人。在为国效力的那些年里，他督办过意大利遗产税的征收，担任过罗马角斗士学校的代理官，还是公元180年康茂德凯旋式的主管。这些和其他一些重要职务都被记录在一座雕像底座上所刻的日耳曼努斯履历上，像是他的三个儿子和释奴在意大利中部的普莱内斯特城为他立的。① 但铭文中不只有日耳曼努斯担任的行政职务，它还告诉我们，他"担任过最显赫的小祭司这一祭司职务"（*exornato sacerdot*［*io*］ *splendidissimo pontif*［*icis*］ *minor*［*is*］）。因此，日耳曼努斯是显赫的罗马祭司团成员，其中既有元老祭司也有骑士小祭司，由作为大祭司（*pontifex maximus*）的皇帝执掌。② 作为这些骑士祭司之一，日耳曼努斯在卡皮托山上协助祭礼，并宣布正式的岁时。③ 官方生涯中结合了神圣和世俗权力在罗马社会是可以接受的。④ 贵族从共和国伊始就同时担任行政和宗教职务，行政官和祭司职务被视为有同

---

① *CIL* XIV 2922 = *ILS* 1420.
② Rüpke 2008：7.
③ Scheid and Granino Cecere 1999：88.
④ Eck 1989：18 - 19；Várhelyi 2010：2 - 6.

第十章 宗教与国家

等威望的荣誉标志。① 我们可以从普莱内斯特的铭文中看到这点，它在日耳曼努斯的众多代理官任命中特别注意到了小祭司职务。

元老等级占据着罗马国家中最有威望的祭司职务。公元前 47 年，盖乌斯·尤利乌斯·恺撒的《尤利乌斯祭司法》（*lex Iulia de sacerdotiis*）确认了四个大祭司团（*amplissima collegia*）的崇高地位，以及其成员仅限元老。② 这些团体是"造桥"祭司（*pontifices*）③、鸟卜师（*augures*）、十五人圣礼团（*quindecimviri sacris faciundis*）和七人节宴团（*septemviri epulonum*）。④ 属于所有四大祭司团的特权由皇帝及其家族独掌，很少有元老被选入其中一个以上，至少在公元 3 世纪之前是如此。⑤ 上述公共祭司（*sacerdotia publica*）最初是选举产生的职务，但在君主制"国家"下，这些职务属于皇帝的个人奖赏，是皇帝垂青的标志。⑥ 奥古斯都要么恢复其他一系列由元老担任的祭司职务，包括阿瓦尔兄弟团（*frates Arvales*）、提提乌斯祭司团（*sodales Titii*）和外务祭司（*fetiales*），要么提高了它们的地位。⑦ 这些祭司团的设立让更多的元老可以参与国家的宗教事务，这有助于确保他们忠于经历了内战暴力之后重新获得众神支持的国家。⑧ 第一位

---

① Beard, North and Price 1998: I, 27 – 30; Rüpke 2007: 215 – 21.
② Rüpke 2008: 7 – 8; Várhelyi 2010: 61 – 2.
③ 也有学者认为，这个词的词源不是"桥"（*pons*），而可能是伊特鲁里亚语中的"路"（*pont*）。——译者
④ 后两个骑士团的成员人数与它们的名字不符：似乎十五人圣礼团一直有 19 名成员，七人节宴团一直有 10 名成员（Scheid 2003: 143）。
⑤ Beard, North and Price 1998: I, 186 – 8; Várhelyi 2010: 66 – 7.
⑥ Wissowa 1912: 489; Talbert 1984: 345 – 6; Eck 1989: 25 – 6.
⑦ Suet. *Aug.* 31; Beard, North and Price 1998: 1, 192 – 6; Scheid 2005: 181 – 2. 除了四大祭司团，奥古斯都本人也是这三个祭司团的成员（*RG* 7）。关于阿瓦尔兄弟团，见 Scheid 1990a; 1990b.
⑧ Scheid 2005: 177. 奥古斯都夸耀道，内战中在他这边作战的元老中有 170 人成为国家祭司（*RG* 25.3）。

元首的去世和封神为宗教荣誉开辟了更多机会：为了维护对奥古斯都本人的崇拜，设立了新的元老祭司团，即奥古斯都祭司团（sodales Augustales）。[1] 当然，最重要的是，为了确保自己的地位不下降，这些祭司团会有一定程度的竞争。[2] 据估计，只有四分之一到三分之一的元老能够成为祭司，这种排他性有助于确保此类职务始终是皇帝手中极有声望的礼物。[3]

奥古斯都的宗教改革并非完全冲着元老院。他的元首统治的特征之一是他决心将从元老到奴隶的罗马社会等级的所有层次都纳入到宗教事务中。[4] 因此，奥古斯都确保了一些国家祭司职务专为骑士保留。[5] 此举认可了骑士等级从公元前2世纪末开始在国家中的重要性，当时他们作为不同于元老院和人民的国家组成部分出现。[6] 本章将考察在罗马和周边的拉丁姆地区担任祭司的角色和社会意义。[7] 我们将从位于罗马城内的祭司职务开始，特别是牧神祭司（luperci）、"造桥"小祭司和弗拉门祭司（flamines）。然后，我们将转向拉维尼乌姆的劳伦图姆-拉维尼乌姆祭司，以及骑士维护整个拉丁姆地区的罗马崇拜场所的职责。被奥古斯都或他的一位继任者分派给骑士的许多祭司职务的一个鲜明特征是，这些宗教团体与埃涅阿斯来到意大

---

[1] Rüpke 2008:9. 并非每位被封神的皇帝都有自己的祭司团，因为有的不得不与其他统治者共用祭司（Várhelyi 2010:73-5）。
[2] Várhelyi 2010:57-69.
[3] Eck 1989:29; Beard, North and Price 1998: I, 192. Pliny the Younger, *Ep.* 10.13 是对这种现象的经典描述。
[4] Galinsky 2011:72-3.
[5] Eck 1989:22; Scheid and Granino Cecere 1999:79-80; Rowe 2002:72; Scheid 2005:182.
[6] 见本书第二和第三章。
[7] 本章不讨论可以由骑士等级和其他身份的罗马人一起担任的祭司职务，诸如行省或市镇职务。我们只关注那些在某个时期仅限于骑士担任的祭司职务。

515

利、阿尔巴隆加的历史、罗慕路斯建立罗马等事件有关。① 骑士不会入选为被封神的皇帝设立的新祭司团,或者担任其他专为他们设立的君主制祭司职务。② 在元首制下为骑士设立的新祭司职务——比如劳伦图姆-拉维尼乌姆祭司——具有复古的特点,将该等级同罗马的过去联系在一起。

推动传统甚至是复古祭司职务的是两种不同但互补的动机。首先,骑士在与罗马起源有关的崇拜或是在宗教历中拥有悠久历史的节日中被任命为祭司这一事实,符合共和晚期和帝国早期的思虑,也就是将骑士等级写入罗马遥远的过去。我们在讨论骑士等级与罗慕路斯的"快马队"之间的联系,以及骑士游行、双子神和庆祝雷古鲁斯湖战役之间的脉络时已经注意到了这点。③ 通过将骑士等级设想成从一开始就是罗马国家的组成部分,罗马人确保了罗马骑士的头衔充满了意涵和重要性。骑士祭司职务让该等级在国家框架内有了一种基本的意识形态上的"内在性"(回到曼恩的社会权力概念),对前两章中所讨论的其他表演性荣耀和特权做了补充。④

这引出了在帝国时代将传统和复古的祭司职务留给骑士等级成员的第二个原因。这些宗教职务与缔造罗马国家和罗马城的神话有关,它们的性质强调了国家内部的传统和传承。应该指出的是,这并不是为了掩盖国家在奥古斯都及其继承者统治下变成了君主制。因为就像我们在第八章中所看到的,骑士参与了罗马城中大量的确认皇帝及其

---

① 关于奥古斯都的复古,见 Scheid 2005:177-83。
② 关于面向地位低于元老和骑士等级的罗马人民的新的宗教机会,见 Galinsky 2011:78-80。Mouritsen 2011:250-61 对释奴奥古斯都祭司做了精彩的讨论,强调了该制度的灵活性。
③ 本书第一章对此做了讨论。
④ 见本书第八章开头。

君主继承概念合法性的仪式和集体表演。相反，这些祭司职务有助于将过去（罗马的遗产和共和国的建立）、现在（新的君主制罗马国家）和未来（国家的延续）连成一个永恒的连续体。通过确保罗马国家得到神明的持久支持，骑士等级的祭司在这一过程中扮演了重要的角色。过去与现在的这种联系被整合进了罗马宗教习俗，就像比尔德（Beard）在对每年节日的讨论中所指出的，这些节日让人想起了过去发生在罗马不同场合的一系列事件。① 骑士等级是罗马历史的这种延续性的一部分，因为其成员会监管节日、祭祀和仪式。所以，不应把骑士祭司职务视作没有任何宗教意义的可收集的荣誉，以为它的主要功能是被向上流动的骑士当作战利品来积累。② 宗教仪式是罗马人关于人与神之间联系的观点的真实而重要的表达，因为他们相信神明的支持（"神明和平"〔$pax\ deorum$〕）对国家的持久存在是必要的。③ 祭司职务确保骑士的身份不仅体现在代理官和薪水等物质条件上，或者剧场坐席和佩戴金指环等特权上，而且通过宗教权力的仪式和表演体现出来，他们在其中充当了神明、人民和皇帝的中介。

准入与意识形态

公元2世纪的某个时候，当40岁的骑士马尔库斯·乌尔皮乌

---

① Beard 1987. 这篇文章所讨论的包括，为恺撒举行的庆祝活动如何映射到之前存在的节日上，从而纳入宗教历。
② Purcell 1983:167 指出，一些学者认为祭司职务"完全无足轻重"。比如 Wallace-Hadrill 1983:5 表示，苏维托尼乌斯的生涯包括了"一些荣誉性祭司职务"。苏维托尼乌斯担任的伏尔甘弗拉门祭司一职将在下文讨论。
③ 关于皇帝崇拜，见 Price 1984，关于整个罗马宗教和社会，见 Beard, North and Price 1998。关于对祭司职务的详细研究，见 Beard and North 1990；Várhelyi 2010。

斯·罗曼努斯咽下最后一口气时,恪守本分的妻子为其安排了葬礼。他的墓志铭简短但感人地描述了夫妇二人的生活。她说她与罗曼努斯共同生活了差不多 18 年,无怨无悔。除了他们的私生活,铭文中还提到了罗曼努斯的官方身份,称其为"作为牧神祭司的罗马骑士"(*eques Romanus qui et | lupercus cucurrit*)。① 为何罗曼努斯的妻子——遗憾的是我们仍不知道她的本名——选择在他的墓碑上记录此事呢?参加牧神节是如何将马尔库斯·乌尔皮乌斯·罗曼努斯定义为一个人和骑士等级成员的呢?牧神节每年 2 月 15 日在罗马城举行,是罗马历上最热闹和令人难忘的节日之一。② 与 2 月相称,牧神节是一个关于净化和繁衍的仪式,代表罗马人为春天的来临做准备。③ 这个节日主要吸引人的地方是祭司本人,称为牧神祭司。他们都是年轻人,除了缠腰布外一丝不挂,身上抹着亮闪闪的油(很可能既是出于美学原因,也是为了抵御 2 月的寒意)。这些人会绕着帕拉丁山奔跑,取悦聚集在此目睹这一活动的观众。用怀斯曼那句令人难忘的话来说,这是个"纯粹性感"的时刻。④ 但当乌尔皮乌斯·罗曼努斯的妻子选择记录他本人在 2 月某个寒冷的日子里的那次奔跑时,她不太可能是在回忆丈夫亮闪闪的样子。牧神节是纪念罗马国家初创的节日,加入牧神祭司的行列——至少在帝国时代——可能标志着生活在罗马城和周围的年轻罗马骑士人生中的重要阶段。

节日开始时,牧神祭司团聚集在位于帕拉丁山西南坡底的牧神圣

---

① *CIL* VI 2160 = *ILS* 4947.
② 对这一仪式的古代描述中存在相互冲突的元素(尤可参见 Dion. Hal. 1. 80; Plut. *Rom*. 21. 3 – 8; Ovid, *Fasti* 2. 267 – 452; Val. Max. 2. 2. 9)。Wiseman 1995b: 77 – 88 and North 2008:147 – 8 对证据做了简要的回顾。
③ 2 月的名字来自萨宾语 *februus*,即一种净化仪式(Varro. *LL* 6. 13)。
④ Wiseman 1995a:15.

所，据说母狼在此哺育了罗慕路斯和雷慕斯。① 在那里，在朱庇特自己的祭司"朱庇特弗拉门祭司"（flamen Dialis）的监督下，牧神祭司用几只山羊和一条狗向牧神献祭。② 这位牧神很可能是希腊的山神潘（Pan），即牧人的神明。它主要被视为罗马的丰收之神法恩（Faunus），但有时也被人与其他的生殖、性能力和战争之神融合起来。③ 罗马人传统上将在这里对潘的崇拜归因于神话中的国王伊万德尔（Evander），他把这种崇拜从阿卡迪亚的帕兰特乌姆（Pallanteum）带到意大利，并在帕拉丁山上建立了定居点。④ 牧神节被认为是罗马的创立者和第一位国王罗慕路斯设立的。据说在打败了他们邪恶的叔外祖父、阿尔巴国王阿姆利乌斯（Amulius）之后，罗慕路斯和兄弟雷慕斯兴高采烈地跑到了牧神圣所。⑤ 因此，牧神节的活动包含了这两种元素：祭司们向潘神献祭，然后是祭司的奔跑，以重现罗慕路斯和雷慕斯当初的奔跑。牧神祭司围绕帕拉丁山奔跑的路线是一种净化仪式，是沿着罗慕路斯用犁划定的罗马最初的定居点边界跑。⑥ 这个节日纪念了罗马在拉丁姆的力量与权威的起源。⑦

牧神祭司按照传统的方式组成祭司团，受行政官管辖。⑧ 在节日那天，加入者将分成两派，即昆体里阿努斯派（Quintiliani，代表罗慕路斯）和法比亚努斯派（Fabiani，代表雷慕斯）。公元前45年又

---

① M. Robinson 2011:725; LTUR s. v. 'Lupercal'(F. Coarelli).
② 朱庇特弗拉门祭司只在 Ovid, Fasti 2. 281 - 2 被提到，他的存在有争议：见 M. Robinson 2011:215 - 17。
③ Ovid, Fasti 2. 267 - 8; Wiseman 1995a; M. Robinson 2011:208.
④ Dio. Hal. 1. 80. 1; Ovid, Fasti 2. 271 - 80.
⑤ Plut. Rom. 21. 3 - 6; Dion. Hal. 1. 32. 3 - 5; Val. Max. 2. 2. 9.
⑥ Varro. LL 6. 34; Wiseman 1995b:81 - 2; Šterbenc Erker 2009:167 - 71.
⑦ Šterbenc Erker 2009:154 - 67.
⑧ Wiseman 1995b:80 - 1 提出只有年轻的祭司才会真的参加奔跑。诚然，普鲁塔克（Ant. 12. 2, Caes. 61. 2）的确提到行政官会和年轻人一起跑。但普鲁塔克讨论的是共和时代的牧神节，行政官在帝国时代似乎不参加奔跑。

第十章 宗教与国家

增加了以尤利乌斯·恺撒命名的尤里亚努斯派（*Iuliani*）。① 在共和晚期和帝国时代，年轻的牧神祭司只围着羊皮缠腰布——然而这比该仪式早期时庄重，当时唯一的遮身之物是山羊皮披肩。② 这些年轻人在朱庇特弗拉门祭司和牧神节长官的注视下献祭了山羊，然后在额头抹上羊血和羊奶的混合物。③ 当年轻人被他们的前辈抹得浑身是血时，无疑是个非常引人注目的景象。接着，牧神祭司剥下献祭山羊的羊皮，把它们切成条状，在节日的下一阶段用作鞭子。④ 年轻的祭司们无疑在大量的葡萄酒的帮助下，⑤ 开始了他们的奔跑，他们会环绕帕拉丁山脚，沿着圣道向北来到罗马广场上的议事广场（*comitium*）。⑥ 这不是真的赛跑（没有优胜者）；相反，其目的是让牧神祭司在这天的大部分时间都在四处奔跑，用沾血的羊皮条抽打观众，奚落和取笑他们。观众中的女性尤其是这种鞭打的目标，这被认为有助于生育，既可以帮助女性怀孕，又可以保证那些已经怀孕的生产顺利。⑦ 作为牧神节的神明，潘和法恩都与性能力和繁衍有关。⑧ 在节日上使用山羊皮让人想起一件事，即罗慕路斯和他的手下是在向光明女神朱诺（Juno Lucina）献祭了山羊之后才成功地让萨宾妇女怀孕，生下了罗马种族。⑨ 从表面上看，被兽皮条抽打似乎有点暴力和攻击性，但整

---

① Suet. *Iul.* 76.1；Wiseman 1995a:15, 1995b:80；Vukovic 2016. 在共和晚期和奥古斯都时期的铭文中可以找到各派的证据（*CIL* VI 1933, 33421，XI 3205）。尤里亚努斯派这一创新似乎没有持续很久（Rüpke 2008:9；Ferriès 2009:386 – 8）。
② Wiseman 1995a:12.
③ Plut. *Rom.* 21.4；North 2008:148.
④ Plut. *Rom.* 21.8；Dion. Hal. 1.80.1.
⑤ Val. Max. 2.2.9，Cic. *Phil.* 13.31 更加不客气。
⑥ Ovid. *Fasti.* 2.31 – 4, 283 – 304；Plut. *Rom.* 21.5；Dion. Hal. 1.80.1. 关于路线，见 Wiseman 1995a:7 – 8。
⑦ Varro. *LL* 6.34；Plut. *Caes.* 61.2；Wiseman 1995:14 – 15；North 2008:148 – 151.
⑧ 见 Wiseman 1995a:8 – 10；North 2008:151 – 2。
⑨ Ovid. *Fasti.* 2.425 – 52；M. Robinson 2011:277 – 80.

件事似乎是在狂欢的氛围中进行的。事实上，观众中的许多女性会伸出胳膊去"接下"牧神祭司的鞭子。① 因此，这个节日部分是净化仪式，部分是生殖仪式，通过将作为国家未来的罗马城年轻骑士变成主要的演员来重演罗马的建城神话。

骑士等级是何时及如何与这一节日联系起来的是个复杂的问题，尽管证据纷纷指向奥古斯都时期。在提比略统治时期写作的瓦雷利乌斯·马克西姆斯将2月的牧神节描述为骑士等级在罗马历上的两大仪式表演之一，另一个是7月15日的骑士游行。② 这无疑是相对晚近的动向，因为共和晚期和三头时期的群体传记信息显示，牧神祭司团的成员身份并不一致。我们知道有两位牧神祭司是元老，即卢基乌斯·赫瑞尼乌斯·巴尔布斯和马尔库斯·安东尼乌斯（后者以在公元前44年带领尤里亚努斯派闻名），还有一些元老家族的子弟，比如受到西塞罗庇护的马尔库斯·卡伊里乌斯·鲁弗斯。③ 这位演说家的侄子昆图斯·图利乌斯·西塞罗也在公元前46年被选为牧神祭司，当时他可能是20岁。西塞罗叔叔对年轻的昆图斯决定成为牧神祭司并不感兴趣，因为这个家族中的两名释奴也是该祭司团的成员。④ 铭文证据表明，释奴的加入一直持续到奥古斯都统治初期，但此后没了。⑤ 选择释奴加入可能是相对有限的现象，元老庇主把支持他们加入作为一种新的荣誉。在奥古斯都统治下，释奴无疑可以从其他宗教上的晋升机会中受益。⑥ 不过，从公元1世纪初到2世纪末，牧神祭

---

① Holleman 1973:261; North 2008:152-3.
② Val. Max. 2.2.9. 关于骑士游行，见本书第八章。
③ North and McLynn 2008:177. Balbus: Cic. *Cael.* 26. Antonius: Cic. *Phil.* 2.85, 13.31; Dio 44.11.2; Plut. *Caes.* 61.3. Caelius Rufus: Cic. *Cael.* 26.
④ Cic. Att. 12.5.1 [SB 242.1].
⑤ Scheid and Granino Cecere 1999:85, 129-30; Ferriès 2009:380-1.
⑥ Beard, North and Price 1998: I, 357-8.

司成员仅限于骑士,这暗示奥古斯都设置了新标准,仅限骑士等级成员加入。①

但这并没有解释在其他所有的节日和祭司团中,为何只有牧神节和牧神祭司与骑士等级联系在一起。怀斯曼认为,牧神节与骑士的联系可以上溯到公元前304年,即昆图斯·法比乌斯·鲁里亚努斯改革骑士游行的那年。② 怀斯曼提出,牧神节正是在那时被重新组织,引入了两派奔跑者,让速度和敏捷在这个节日中发挥了重要作用。按照波吕比乌斯的说法,罗马骑士最初是在近乎裸体的状态下较量,只围缠腰布,方便他们上马下马。③ 无论波吕比乌斯的描述准确度如何,通过强调该仪式的军事元素,公元前304年重新组织的牧神节明确将罗马的青年同共和国的骑士联系了起来。④ 怀斯曼的观点基于博学的文献学分析,无疑很有吸引力,尽管与群体传记证据存在出入,后者表明在共和晚期有非骑士被召入该祭司团。牧神节同骑士的关联可能随着时间的推移而减弱,直到被奥古斯都恢复。

不过,元首对牧神节所采取的确切行动仍然是个谜。苏维托尼乌斯将其列入了在被奥古斯都"恢复"(*restituit*)前已经停办的一系列宗教节日和仪式之列。⑤ 这可能有点夸大,因为公元前44年举办过牧神节,而且没有此后被废止的证据(虽然元老院的确取消了对第三派,即尤里亚努斯派的拨款)。⑥ 苏维托尼乌斯提供的关于奥古斯都所做改变之性质的唯一具体细节是,无须的年轻男性被禁止参加。这

---

① Ulf 1982:50-1; Ferriès 2009:390-1.
② Wiseman 1995a:11-13.
③ Polyb. 6. 25. 3-4.
④ Wiseman 1995a:13.
⑤ Suet. *Aug*. 31. 4; North and McLynn 2008:177-9; Wardle 2011:284,2014:254-5.
⑥ 这是对 Cic. *Phil*. 13. 31 中提到"尤里亚努斯税"(*vectigalia Iuliana*)的最自然的理解。见 Ferriès 2009:386-9。

无疑是一种道德性质的举措，因为苏维托尼乌斯在同一节中讨论了为参加世纪赛会的年轻人设立监护人的制度；没有证据表明这种仪式本身并不那么混乱。① 在《功业录》中，奥古斯都吹嘘他建立了牧神圣所，尽管他实际上是进行了大规模重建，因为已知该圣所在他统治前就存在了。② 牧神圣所同罗慕路斯的关联意味着奥古斯都的重建举动把他和罗马的缔造者等同起来。通过将牧神祭司的成员资格限制为骑士，皇帝把骑士等级写进了更广阔的叙事中，即他的国家标志着内战后宗教传统和公共"忠诚"（pietas）的恢复。③

由于牧神祭司的组成在奥古斯都时期发生了决定性的变化，祭司团仅限骑士参加，所以最好把皇帝的复兴之举的性质理解为将牧神节重新定义为骑士青年特有的准入仪式，就像瓦雷利乌斯·马克西姆斯所描述的。④ 因此，它与其他旨在突出骑士青年在罗马国家中的重要性的仪式和特权联系了起来，就像我们在第八和第九章中已经考察过的。在罗马人的思想中，恢复"暗示着延续和改变"，奥古斯都显然想要突出自己在将昔日的宗教权威还给牧神节的过程中所起的作用。⑤ 可以合理地猜想，奥古斯都还想重新强调矫健的奔跑者同骑士之间的关联，就像怀斯曼所看到的。

与瓦雷利乌斯·马克西姆斯一样，帝国早期两位已故骑士留下的著名浮雕也将牧神节同骑士游行联系了起来。第一个来自提布尔的大

---

① Suet. *Aug*. 31. 4. 参见 North and McLynn 2008：178 - 9，书中提出，帝国时代浮雕中骑士的朴素服装是一种"制服"，不同于在节日那天围羊皮缠腰布。
② *RG* 19. 1；Cooley 2009：186 - 7. 牧神祭出现在埃涅阿斯之盾上，这个事实强调了他们对罗马起源的重要性（Vergil, *Aeneid* 8. 663 - 6）。
③ 关于奥古斯都在这方面的目标，见 Scheid 2005：177。
④ Wrede 1983：186；Scheid and Granino Cecere 1999：85；Wiseman 1995a：16；McLynn 2008：168.
⑤ 关于奥古斯都宗教政策中的恢复概念，见 Galinsky 2011：76。

理石墓葬祭坛，描绘的是骑在马背上的提比略·克劳狄乌斯·利贝拉里斯参加每年的游行（见图8.3）。在纪念碑的另一面，利贝拉里斯身着牧神祭司的服装，手拿皮鞭（图10.1）。[①] 第二个出现在贝内文图姆的一块饰板浮雕上（图10.2）。浮雕上描绘了已故骑士骑马参加游行，在观看者的右侧，而左侧的他被描绘成牧神祭司的样子。[②] 就像韦纳所指出的，这些形象构成了"图像履历"，描绘了年轻的罗马骑士参加标志他进入该等级的两个决定性的公共仪式。[③] 这一仪式在很大程度上是奥古斯都的君主制罗马国家的创造；事实上，在公元1世纪写作的老普林尼认为牧神祭司的形象是新近的创新。[④] 它们的产生是在墓葬和荣誉纪念碑上定义与表达骑士特权的更大范围尝试的一部分。[⑤]

公元23年，德鲁苏斯死后被授予的荣誉进一步证明了牧神祭司和骑士等级之间的这种新的（或被恢复的）联系的成功。骑士等级决定在牧神圣所为德鲁苏斯立像，并且从此之后，在7月15日的骑士游行上要携带绘有他形象的盾牌。[⑥] 由于罗马已经不再有骑士命运女神庙，牧神圣所无疑被视作骑士最合适的宗教"家园"。[⑦] 在这一古老而受人尊敬的崇拜场所——现在被（重新）用作骑士等级青年的公

[①] *CIL* VI 3512 = *XIV* 3624，见 Veyne 1960:104–5 的讨论。Spalthoff 2010:237–8 将这座纪念碑的时间定为公元50年左右，而 Wrede 1983:187 认为是公元2世纪初。
[②] Veyne 1960:105 和 Wrede 1983:187 认为雕像来自安东尼王朝时期。
[③] Veyne 1960:105–6.
[④] Pliny the Elder, *NH* 34.18; Wrede 1983:186, 189–9.
[⑤] 特别见第三章和第七章。
[⑥] *CIL* VI 31200 = *RS* 38 frag e. + f ll. 8–12; Rowe 2002:8–9.
[⑦] Tac. *Ann*. 3.71 表示，在提比略时期，罗马没有骑士命运女神庙，这意味着昆图斯·弗尔维乌斯·弗拉库斯（Livy 40.44, 42.10）建立的神庙在该时期无疑已经被毁。

图 10.1 来自提布尔的提比略·克劳狄乌斯·利贝拉里斯的墓葬祭坛。将利贝拉里斯描绘成牧神祭司的一面

图 10.2　来自贝内文图姆的浮雕，描绘了骑士游行和牧神祭司

开准入之地——奉献德鲁苏斯像，显示了骑士祭司职务在把国家的过去（罗慕路斯）与其现在和未来（皇帝家族）联系起来的过程中所扮演的角色。骑士牧神祭司让作为神明代表的君主制罗马国家有了合法性，他们在神明的支持下向皇帝家族授予荣誉。此外，哀悼德鲁苏斯和授予其死后哀荣的过程包含了多个骑士仪式和场所，包括剧场、骑士游行和牧神圣所。这显示了骑士身份及其同皇帝的联系是如何在整个罗马城通过多种表演表达出来的。它们有助于让该等级的成员身份在君主制罗马国家的框架内有了基本的含义和重要性，确保了罗马骑士的头衔仍然重要，被精英和非精英求取。①

牧神节只在罗马举行：行省没有这类节日。② 这意味着如果想要加入祭司团，新的牧神祭司必须在 2 月时身处罗马；而如果想充分参

---

① 见第五章关于骑士的等级本质上可以实现的观点。
② Woolf 2009:249. 君士坦丁在他的新罗马君士坦丁堡设立了牧神节，但那是"对原型苍白无力的模仿"（McLynn 2008:173）。当然，罗马之外的人知道这个节日：在提斯德鲁斯的那件著名的月份镶嵌画上，2 月那部分描绘了牧神节（Wrede 1983: 185）。

与祭司团的生活,就必须常住罗马。① 在奥古斯都统治伊始,这可能不是问题,当时大部分骑士都是罗马和意大利的居民。但在帝国建立后的头三个世纪中,骑士等级开始囊括来自整个地中海的行省显贵。关于牧神祭司的地理来源,群体传记提供的数据太少,无法得出有意义的结论。在帝国时代有据可查的21名祭司中,我们知道出生地的只有11人,包括可以确定是奥古斯都改革之前的释奴的2人。如果把他们去掉,那么我们只剩下3名来自罗马和6名来自行省的牧神祭司。在没有记录出生地的几人中,铭文记录了这些牧神祭司的生涯始于罗马或意大利城镇。②

可以确定出自行省的祭司出现在公元2世纪末和3世纪。来自高卢内毛苏斯的两名牧神祭司卢基乌斯·萨米乌斯·埃米利亚努斯(L. Sammius Aemilianus)和昆图斯·索洛尼乌斯·塞维里努斯(Q. Solonius Severinus)也是骑士陪审团成员,这需要他们身在罗马。③ 另两位与牧神节有关的行省骑士马尔库斯·尤尼乌斯·阿斯克莱皮亚德斯(M. Iunius Asclepiades)和卢基乌斯·李基尼乌斯·塞孔狄努斯(L. Licinius Secundinus)来自毛里塔尼亚的该撒利亚。④ 两人并没有被称为牧神祭司,而是被描绘为"执行牧神节的圣礼"(*sacris lupercalibus functus*)的人。这一用语可能表示他们只参加过一次该节日及其仪式,然后就返回了该撒利亚,而不是留在罗马作为牧神祭司团的成员。⑤ 我们最后一个例子是来自努米底亚的库伊库尔(Cuicul)

---

① 不幸的是,我们没有关于牧神祭司开会或者祭司团活动的信息。
② Scheid and Granino Cecere 1999:129–34, 185.
③ Aemilianus: *CIL* XII 3183 = *ILS* 5274; Rüpke 2008: no. 2979. Severinus: *CIL* XII 3184 = *ILS* 6981; Rüpke 2008: no. 3112.
④ Asclepiades: *CIL* VIII 21063 + *AE* 1924, 41; Rüpke 2008: no. 2106; Secundinus: *CIL* VIII 9405, 9406 = *ILS* 4949; Rüpke 2008: no. 2257.
⑤ Rüpke 2008:771.

的马尔库斯·帕皮乌斯·马尔基亚努斯（M. Papius Marcianus），他的母亲在该城为他立了一座公共雕像。底座上的铭文记录说，马尔基亚努斯"被授予公共马，并被任命为负责公共圣礼的牧神祭司"（*equo pu | bl（ico）exornato | et sacrorum | publicorum | causa luperco | facto*）。① 铭文的语言强烈地暗示，从皇帝那里获得公共马后不久，帕皮乌斯·马尔基亚努斯就在罗马加入了牧神祭司的行列，可能留在神圣之城履行祭司职责。

行省牧神祭司的人数少，表明牧神节远不是所有骑士生活中的大事，它主要是对生活在罗马或意大利的骑士来说重要的节日。瓦雷利乌斯·马克西姆斯将牧神节描述成骑士等级的两大决定性事件之一，但他的观点属于生活在元首制早期之人的。葬在罗马的马尔库斯·乌尔皮乌斯·罗曼努斯（M. Ulpius Romanus）也是如此，他很可能在罗马城度过了一生：他曾作为牧神祭司参加奔跑，但我们不知道他担任过任何行省的行政或军事职务。一些执行吏也被选入牧神祭司团，显示了这个祭司职务在罗马公民生活中对各个层级的骑士所发挥的重要作用。② 当然，行省牧神祭司的缺乏可能反映出了我们的证据——被选入祭司团的骑士可能会选择不在荣誉或墓葬纪念碑上记录这一职务。但鉴于这些铭文的包容性而非排他性倾向，这似乎不太可能。牧神节是一个因为陪审或其他仪式性职责而来到罗马的骑士都可以参加的节日，就像上面讨论的来自高卢和阿非利加的骑士的例子所证明的。③ 因此，牧神节和骑士等级的联系最紧密的历史时刻——奥古斯

---

① *AE* 1913, 158; Rüpke 2008: no. 2616.
② Purcell 1983: 167-70. 比如，见 *CIL* VI 1933（Rüpke 2008: no. 1289）和 *CIL* VI 33421（Rüpke 2008: no. 3160）.
③ 注意 Woolf 2009: 246 的评论，他表示没有证据表明行省人会前往罗马"朝觐"，参加只在神圣之城中举行的宗教仪式。

都和尤利乌斯-克劳狄乌斯王朝统治时期——是当皇帝用这一祭司职务来强调国家及其制度的连续性之时,以及当大部分骑士生活在意大利而非海外之时。

有证据表明,最晚到塞维鲁王朝时期,牧神祭司不再仅限于骑士,当时祭司团成员既有骑士,也有元老。① 根据记录,在塞普提米乌斯·塞维鲁的世纪赛会上作为元老男童(*clarissimus puer*)献唱的贵族普布利乌斯·阿尔菲乌斯·马克西姆斯·努梅利乌斯·阿维图斯(P. Alfius Maximus Numerius Avitus)曾是牧神祭司,与他同时代的、身为正选执政官后代的盖乌斯·尤利乌斯·卡米利乌斯·阿斯佩尔(C. Iulius Camilius Asper)也是如此。② 阿维图斯和阿斯佩尔都是在年轻时担任过牧神祭司,而比他们年长的同时代人马尔库斯·法比乌斯·马格努斯·瓦雷利亚努斯(M. Fabius Magnus Valerianus)却不是,他的履历记载,他是在大法官和其他元老等级职务之间担任这一祭司职务的。③ 记录中没有给出祭司职务的社会组成发生变化的原因;有人暗示,牧神祭司团的声望上升,变得与四大祭司团相当。④ 然而,也可能是因为骑士等级中无法前往罗马的行省人比例的上升,削弱了这一祭司职务同全体骑士的联系。所有的元老都被要求在意大利拥有财产,一年中至少有部分时间居住在罗马;对骑士则没有这种限制。⑤

---

① Várhelyi 2010:62, 222.
② Avitus: *CIL* VI 41776; Rüpke 2008: no. 573. Asper: *CIL* VI 41184; Rüpke 2008: no. 2015.
③ *CIL* XI 2106 = *ILS* 1138; Rüpke 2008: no. 1590.
④ Rüpke 2008:9. 对于可能的类似例子,有人可能会提到公元3世纪太阳神祭司地位的提高,这是奥勒良皇帝干预的结果(Hijmans 2010:385, 404-9)。
⑤ 在牧神祭司团完全属于元老之前,似乎有一个过渡时期,其间骑士仍然会被接纳为牧神祭司。比如,公元3世纪末的一具石棺上描绘了一名身侧立着军旗的牧神祭司,暗示了他的骑士身份(Wiseman1995a:16)。不过,证据非常少。

(无可否认寥寥无几的)证据暗示,这一祭司职务到了公元 4 世纪时已经完全是元老职务。四帝共治时期的元老卢基乌斯·克雷佩里埃乌斯·洛加图斯(L. Crepereius Rogatus)被称为"太阳神的祭司,七人节宴团成员,杰出的牧神祭司"(*pontifici | dei Solis | septemviro | et insigni | luperco*)。[1] 洛加图斯对待自己的牧神祭司角色非常认真,在自己位于维米纳尔山上的宅邸中建了一处圣祠,那里有一幅镶嵌画描绘了母狼在给罗慕路斯和雷慕斯哺乳,以及裸体的牧神祭司在挥舞皮鞭。[2] 但这一图像中没有明确的骑士元素,暗示当时已经与骑士等级没有关联。在公元 4 世纪的文学作品中,牧神祭司已经被明确理解为元老祭司团;其成员身份很可能被局限于生活在罗马或周边的元老贵族。[3] 这种崇拜的祭祀元素在狄奥多西时代之后完全消失了,但牧神节仍在举行,现在参加奔跑的是演员而非元老家族子弟。在这一点上,壮观的场面要比仪式更重要。[4] 牧神祭司成员身份的这种转变很可能反映了整个骑士等级的变化。该等级的行省化和公职精英骑士贵族的发展(与元老官员有着同样的目标和抱负)很可能削弱了保留准入仪式和牧神祭司职务对骑士的重要性。这催生了骑士身份的多元化,最终变为仅限于元老。[5]

祭司的城市

新的牧神祭司在每年的牧神节庆典上的仪式性准入让骑士青年在

---

[1] *CIL* VI 1397 = *ILS* 1203; Rüpke 2008: no. 1408.
[2] Wiseman 1995a:16; Weiland 1992.
[3] Lact. *Div. Inst.* 1. 21. 45; Prud. *Per.* 2. 517 – 18,以及 McLynn 2008:169 的讨论。*Codex Calendar of AD* 354 将牧神节放在 2 月 15 日。
[4] McLynn 2008:169 – 70.
[5] 关于这里所讨论的骑士等级的变化,见第七章和第十二章。

奥古斯都的"共和国"中有了宗教角色，以配合他们的其他仪式性表演。不过，元首的举措不止于此，他还将罗马城中其他更高级的祭司职务（"造桥"祭司和弗拉门祭司）完全交由骑士等级成员控制。这些祭司的职责包括监督传统的仪式（诸如宣布岁时）和每年的重要节日（诸如火神节和谷神节）。通过将这些历史悠久的祭司职务指派给骑士，奥古斯都让他们拥有了与该等级作为国家组成部分的地位相符的重要宗教角色。就像在本章导言部分所讨论的，此举强调了他的宗教改革是基于传统和复兴，而非革命。但与此同时，君主制罗马国家的新现实意味着祭司职务的任命所依赖的不是真正的选举，而是皇帝的垂青。记录了骑士和元老生涯的履历风格的铭文充分证明了这点，其中不仅提到代理官、军队指挥官和皇帝授予的其他官职，也包括宗教官职。① "造桥"祭司的生涯尤其说明了是否有资格被任命为最高级的骑士宗教职位取决于是否身在罗马，以及在皇帝宫廷是否有人脉。

这个国家最有名望的骑士祭司职务是小祭司，他们同时也是"造桥"祭司团的成员。三名小祭司最初是大祭司的助手，在公元前2世纪初成为独立的祭司。② 在共和时代，该职务由平民元老担任，但在奥古斯都时期，变成了骑士专有的祭司职务。③ 而这是他确保骑士被纳入国家宗教生活的举措的一部分。这些官员的完整头衔是"罗马人民公共圣礼的小造桥祭司"（*pontifex minor publicorum populi Romani*

---

① 元老等级成员往往会在履历铭文中花不少力气来突显自己的宗教职务，常常将其紧接在他们担任的执政官职务之后，或者将其放在他们的生涯等级中的独特类别中，因为它们代表了皇帝本人授予的有威望的荣誉。见 Várhelyi 2010:61；Maurizi 2013：73–89。
② Livy 22.57.3；Bleicken 1957:363–4.
③ 这是基于群体传记信息，因为材料证明社会组成发生了变化。见 Wissowa 1912:519 以及 Scheid and Granino Cecere 1999:114–20 中的祭司名录。

sacrorum），反映了他们主持祭祀仪式的责任。① "造桥"祭司团成员的身份为骑士创造了许多与元老祭司社交的机会，无论是在仪式期间，还是在参加祭司们花天酒地的盛宴时。②

小祭司一职通常被授予那些从事行政职业并构成了骑士公职精英一部分的人，这与他们在骑士祭司等级中的资历相称。③ 杰出的小祭司包括近卫军长官、后来的皇帝马尔库斯·奥佩利乌斯·马克里努斯（M. Opellius Macrinus）和埃拉伽巴鲁斯的近卫军长官提图斯·梅西乌斯·埃克斯特里卡图斯（T. Messius Extricatus），尽管这两人在生涯的早期就被选入了该祭司团。④ 从安东尼·庇护对"造桥"祭司的任命中可以看到皇帝垂青的重要性。公元142年4月，庇护将他的司库官马尔库斯·佩特罗尼乌斯·霍诺拉图斯（M. Petronius Honoratus）提拔为小祭司。⑤ 我们知道公元2世纪40年代时霍诺拉图斯的两名同僚的名字。他们是曾任哈德良的继承人埃利乌斯·恺撒的司信官和铸币长官的卢基乌斯·多米提乌斯·洛加图斯，以及在安东尼·庇护仍然是哈德良指定继承人时担任过他的诉状官，后来在他作为皇帝统治时期担任他的诉状官和监察秘书的卢基乌斯·沃鲁西亚努斯·马伊基亚努斯（L. Volusianus Maecianus）。⑥ 后来，在公元2世纪50年代，一位新的"造桥"祭司取代了霍诺拉图斯或洛加图斯。那是一个名叫卢基乌斯·奥雷利乌斯·尼科美狄斯（L. Aurelius Nico-

---

① Scheid and Granino Cecere 1999：88
② Hor. *Carm.* 2. 14. 28；Mart. *Ep.* 12. 48. 12.
③ Scheid and Granino Cecere 1999：80 – 1，186.
④ Macrinus：Rüpke 2008：no. 2579（接受了 *HA Macr.* 7. 2 的证据）。Extricatus：Rüpke 2008：no. 2439；*CIL* VI 41190 – 1。
⑤ Rüpke 2008：no. 2659；*CIL* VI 31834b = *AE* 1987，138.
⑥ Rogatus：Rüpke 2008：no. 1490；*CIL* VI 1607 = *ILS* 1450. Maecianus：Rüpke 2008：no. 3569；*CIL* XIV 5347 – 8.

medes）的释奴，曾是卢基乌斯·埃利乌斯·恺撒的内侍（a cubiculo）和他儿子卢基乌斯·维鲁斯的保傅（nutritor）。安东尼·庇护将尼科美狄斯提拔为骑士等级，使其可以担任祭司职务。[1] 因此，我们可以看到，在居住于罗马城的高级骑士官员、皇帝的垂青、被任命为小祭司之间有着明显的联系。[2]

奥古斯都还把被归为小弗拉门祭司（flamines minores）的12个祭司职务从平民元老转到了骑士等级。[3] 上述祭司职务的地位要低于朱庇特、马尔斯和奎里努斯的弗拉门祭司（flamen Dialis, Martialis 和 Quirinus），这些大弗拉门祭司仅限贵族元老担任。[4] 不确定小弗拉门祭司是否为"造桥"祭司团的真正成员，但他们很可能在同一社交圈活动。[5] 骑士弗拉门祭司被和特定的宗教节日联系在一起。比如，刻勒斯弗拉门祭司（flamen Cerialis）会主持4月19日举行的谷物女神刻勒斯的谷神节（Cerealia）。[6] 与"造桥"小祭司的祭祀职责一样，弗拉门祭司参与每年的这些活动意味着他们在整个罗马城的宗教仪式上扮演着非常醒目的角色。[7] 曾被任命为刻勒斯或卡尔门提斯弗拉门祭司的供粮长官提图斯·斯塔提利乌斯·奥普塔图斯（T. Statilius

---

[1] Rüpke 2008: no. 850; CIL VI 1598 = ILS 1740. 后来，在塞维鲁王朝时期也有担任过司库官、诉状官和司信官的骑士被任命为小祭司的例子（AE 1960, 163; Rüpke 2008: no. 52），反映了与皇帝宫廷的类似联系。
[2] 虽然 Scheid and Granino Cecere 1999:185 的表格显示祭司有各种地理来源，但他们几乎无一例外地被祭司生涯带到了罗马。最后一个有年代的例子来自公元3世纪中叶（CIL VI 1628 = ILS 1456）。
[3] Rüpke 2008:44. 不过，我们只知道这些弗拉门祭司职务中的10个名字（Vanggaard 1988:26-9; Pasqualini 2008:441）。
[4] 应该把这些同被封神的皇帝的弗拉门祭司区分开来，后者通常是贵族元老（Várhelyi 2010:71-4）。
[5] Rüpke 2008:42-5. Cf. Várhelyi 2010:71.
[6] Scheid and Granino Cecere 1999:89. 参见 Vanggaard 1988:112-13，作者似乎毫无必要地怀疑刻勒斯弗拉门会参与这一节日。
[7] Pasqualini 2008:442-7.

Optatus)，在他的纪念碑上用高浮雕刻着他祭司职务的标志（图10.3）。① 虽然奥普塔图斯担任过许多高级政府职务，他的儿子斯塔提利乌斯·霍穆鲁斯（Statilius Homullus）和斯塔提利乌斯·奥普塔图斯还是决定在铭文履历中加入这些祭司元素，此举提醒我们切勿以为对所有骑士而言行政职务最重要。② 另一位卡尔门提斯弗拉门祭司提比略·克劳狄乌斯·波里奥的履历没有刻在他本人雕像的底座上，而是刻在了奉献给日神、月神、阿波罗和狄安娜的祭坛上（图7.2）。③ 这样的奉献表明，祭司职务和参与宗教仪式受到了骑士等级成员的重视。④ "造桥"小祭司和弗拉门祭司尤其受尊敬，因为只有在罗马而非行省才能担任这些职务，甚至在殖民市也不行。⑤ 这让担任者在整个骑士等级中有了特别的声望。作为翁布里亚的梅瓦尼亚（Mevania）殖民市的庇主，塞克斯提乌斯·凯西乌斯·普罗佩提亚努斯（Sex. Caesius Propertianus）获得了立像的荣誉，雕像底座上刻的铭文将他的祭司职务列在第一位，紧接着是他的名字，被称为"在罗马的刻勒斯弗拉门祭司"（*flamen Cerialis Romae*）。⑥ 因此，作为声望的特殊标志，罗马的弗拉门祭司被赋予了最醒目的位置。⑦ 在来自阿非利加代执政官行省的提斯德鲁斯的卢基乌斯·伊格纳图莱尤斯·萨宾努斯（L. Egnatuleius Sabinus）的荣誉雕像底座上可以看到同样的格式，铭文中将他在罗马担任的帕拉图瓦祭司（*pontifex Palatualis*）

---

① Rüpke 2008: no. 3137; *CIL* VI 41272 = *ILS* 9011.
② Rüpke 2008:47 指出，这些祭司元素充当了"普世象征"，很容易被理解。
③ Rüpke 2008: no. 1222; *CIL* VI 31032 = *ILS* 1418. 关于认清铭文履历的语境的重要性，见 Eck 2009b。
④ 铭文中的文字布局显示了奉献本身的重要性，日神、月神、阿波罗、狄安娜和波里奥本人名字的字体刻得比关于波里奥生涯的文字大得多。
⑤ 见 Woolf 2009:247–8。
⑥ Rüpke 2008: no. 1030; *CIL* XI 5028 = *ILS* 1447.
⑦ Pasqualini 2008:439.

图 10.3 提图斯·斯塔提利乌斯·奥普塔图斯的纪念碑，描绘了他的祭司标志

列在履历的第一位,而奥古斯都祭司这一市镇职务则居于最末。① 这种排序似乎是一种重要的有意为之的选择,因为绝大多数的行省弗拉门祭司没有骑士身份,或者没有进一步开始公职生涯,这对被任命为罗马城中的国家祭司是必需的。② 这些被视为罕见的荣耀,因为它们代表了被皇帝选为凡人和神明之间的沟通者。这表明奥古斯都的目标达成,即应该在宗教、仪式和行政层面上将骑士更紧密地纳入国家的框架。

在"造桥"祭司和小弗拉门祭司之下是其他一系列骑士可以担任的宗教职务。库利亚祭司(curiones),即被称为"库利亚"(curiae)的 30 个罗马公民群体的祭司;他们的领袖被称为库利亚大祭司(curio maximus)。③ 我们对他们职责的具体细节所知寥寥,尽管其完整的头衔"行圣礼的库利亚祭司"(curio sacrorum faciendorum)暗示他们会参加祭祀,就像"造桥"小祭司那样。④ 他们主持福尔纳科斯节(Fornacalia)的仪式,那是为了向熔炉女神福尔纳科斯(Fornax)致敬而举行的。⑤ 不过,虽然骑士常常成为库利亚祭司,但这并非专属骑士的祭司职务,因为有证据表明,有几位元老也担任过。⑥ 事实上,到了公元 3 世纪和 4 世纪,大部分库利亚祭司似乎都是元老。⑦ 六十

---

① Rüpke 2008: no. 1517; *CIL* VIII 1500 = *ILS* 1409 (关于修正,见 Wissowa 1912:483 n. 1)。
② 关于来自北非的弗拉门祭司,见 Bassignano 1974,关于整个帝国的骑士弗拉门祭司,见 Wardle 2002:470 – 80。参见 *AE* 1953, 73,这段铭文记录了盖乌斯·苏维托尼乌斯·特兰基鲁斯的生涯,其中将他担任的当地弗拉门祭司列在第一位,很可能因为职务是按照时间顺序排列的(相关讨论见 Wardle 2002:469)。
③ Varro, *LL* 5. 83; Beard, North and Price 1998: I, 50; Scheid and Granino Cecere 1999: 90 – 3.
④ Scheid and Granino Cecere 1999:90.
⑤ Ovid. *Fasti* 2. 527 – 32; Lact. *Div. Inst*. 1. 20; M. Robinson 2011:320 – 2, 328 – 9.
⑥ Scheid and Granino Cecere 1999:83 – 4.
⑦ 见 Scheid and Granino Cecere 1999:123 – 8 的名单。

人肠卜师团（haruspices de LX）的情况与此类似，其中包括骑士，但并不局限于骑士等级成员。[1] 执行吏身份的低级别骑士可以被选为"罗马人民的公共圣礼吹号手"（tubicines sacrorum publicorum populi Romani Quiritum）。在共和时代，这些官员是宗教仪式上的吹号手，但在奥古斯都时期被提拔为祭司级别。[2] 对他们的提拔可以归因为皇帝想要让执行吏更深入地参与国家仪式。[3] 吹号手的祭司职责是监督号角净化仪式（Tubilustrium），要求对他们的乐器进行净化。[4] 执行吏还担任 sacerdotes bidentales，字面意思是"双排齿祭司"。在帝国时代之前没有这一祭司职务的证据；他们的主要职责是在发生雷击后举行赎罪仪式。[5]

骑士祭司职务有着真正的仪式和宗教意义，这使得该等级在维护神明和平和国家延续方面扮演了关键的角色。哈德良的司信官和罗马皇帝的传记作家盖乌斯·苏维托尼乌斯·特兰基鲁斯也是伏尔甘弗拉门祭司，他很可能是在图拉真统治时期担任这一职务的。[6] 他或许被要求监督 8 月 23 日的伏尔甘节，向伏尔甘和迈雅夫妇奉献牺牲的肉。这很可能在罗马广场的伏尔甘圣所和战神广场上的伏尔甘神庙举行。[7] 这位祭司还要监督 5 月 1 日向迈雅的献祭，以及在 6 月 7 日的渔夫赛会（ludi Piscatorii）进行活鱼献祭，活鱼要投入露天燃烧的火焰中。[8] 当我们考

---

[1] Scheid and Granino Cecere 1999：86－7.
[2] Scheid and Granino Cecere 1999：94.
[3] Purcell 1983：133.
[4] Rüpke 2011：28.
[5] Scheid and Granino Cecere 1999：86，94. 一个双排齿祭司团与奎里纳尔山上的雷电神塞莫桑库斯（Semo Sancus）的神庙有关联（CIL VI 568 = ILS 3473）。这个名字可能指雷电的分岔，或者献祭（只长了两排牙齿的）小羊。
[6] AE 1953，73；Rüpke 2008：no. 3168.
[7] Varro, LL 6. 20；Wissowa 1912：229－30；Pasqualini 2008：446.
[8] Macrob. Sat. 1. 12. 18－20；Festus 274L. 参见 Ovid. Fasti 6. 239－40；Dumézil 1958。

虑到伏尔甘弗拉门祭司所承担的职责时,传记作家苏维托尼乌斯就不再是个孤僻的书呆子,而是神圣之城宗教神话的重要参与者。① 在另一位帝国骑士普布利乌斯·李维乌斯·拉伦西斯(P. Livius Larensis)的案例中,我们幸运地拥有了关于其宗教专业知识的铭文和书面证据。如果我们对拉伦西斯生平的了解完全依赖他的墓志铭,那么我们将只知道他担任过小祭司一职。② 但拉伦西斯也是阿忒纳俄斯的《智者之宴》(Deipnosophistae)中一场所谓宴会的主持人。阿忒纳俄斯的评论表明,拉伦西斯的祭司职务并非仅仅是名义上的:事实上,他不仅对罗马国家的政治结构,也对罗慕路斯和努马确立的宗教制度深感兴趣。③

我们在普布利乌斯·弗拉维乌斯·普利斯库斯(P. Flavius Priscus)这位公元3世纪中期的骑士身上可以看到真正的宗教学问。奥斯提亚的主广场上为普利斯库斯立过像,他是该城的庇主(图10.4)。④ 铭文中提到了他的行政和宗教职务:

> 献给普布利乌斯·弗拉维乌斯·普利斯库斯,普布利乌斯之子,帕拉提努斯部落,"出众者",骑士等级,因其宗教学问而被提拔为10万塞斯特斯级别,"造桥"祭司和阿尔巴独裁官,第一次担任此职时28岁,拥有监察官权力的五年期长官,奥斯提亚殖民市的庇主,该殖民市守护神明的祭司,面包师和丈量员行会

---

① 参见 Townend 1961a:102,作者认为是"低调和学者般的性格"让像苏维托尼乌斯·特兰基鲁斯这样的人被推荐担任祭司职务。他忽视了一个事实,即这种性格的人可能无法胜任监督燔祭活鱼的仪式。
② Rüpke 2008: no. 2273; *CIL* VI 2126 = *ILS* 2932.
③ Ath. Deip. 2C–2D; Motschmann 2002:112–14. 参见 Braund 2000:6–8,他认为这条墓志铭不属于阿忒纳俄斯作品中的那位拉伦西斯,而是一个亲戚。
④ Rüpke 2008: no. 1701.

图 10.4 普布利乌斯·弗拉维乌斯·普利斯库斯刻有铭文的雕像底座，奥斯提亚

第十章 宗教与国家

之父，奥斯提亚粮食商的庇主，阿梅利亚努斯（第二次）和阿奎里努斯担任执政官那年的3月1日奉献。①

普利斯库斯显然是奥斯提亚的要人，因为他是该殖民市几个商人团体的庇主、地方长官，还是奥斯提亚守护神明的祭司。他的"造桥"祭司和阿尔巴独裁官（*dictator Albanus*）职务意味着他参与了监督"拉丁节"（*feriae Latinae*），因而在范围更大的拉丁姆宗教生活中扮演着自己的角色。② 铭文中提到了关于其宗教职责的重要信息，表示他"因其宗教学问而被提拔为10万塞斯特斯级别"（*religiosa disciplina | ad centena provecto*）。乍看之下，普利斯库斯似乎是被提拔为帝国公职中的10万塞斯特斯级别的代理官。但"宗教学问"（*religiosa disciplina*）这一表达暗示那事实上是个宗教职务，可能是薪俸为10万塞斯特斯的肠卜官（因而称为"10万塞斯特斯级别"）。③ 这种说法得到了卢基乌斯·丰特尤斯·弗拉维亚努斯（L. Fonteius Flavianus）的宗教生涯的支持，此人是10万[或20万？]塞斯特斯级别的皇帝肠卜官（*haruspex Augustorum C [C]*），还是"造桥"祭司和阿尔巴独裁官。④ 他是皇帝的私人肠卜官，皇帝们给他的薪俸通常是高级代理官才能获得的。⑤ 因此，普利斯库斯并不是

---

① CIL XIV 4452 = ILS 9507: P(ublio) Flavio P(ubli) fil(io) Pal(atina tribu) | Prisco e (gregio) v(iro) | equestris ordinis | religiosa disciplina | ad centena provecto | pontifici et dictatori | Albano primo annos | viginti octo agenti | q(uin)q(uennali) c(ensoria) p (otestate) patr(ono) colon(iae) Ost(iensis) | sacerd(oti) Geni(i) colon(iae) | patr(i) corpor(is) pistorum | corp(oris) mensorum | frum(entariorum) Ost(iensis) patron(o) || Dedicata Kale | ndis Marti(i)s | Aemiliano ite | rum et Aquilin | o co(n)s(ulibus).
② 本章的下一节中将详细讨论这些祭司职务。
③ Granino Cecere 1996:299 – 300; Scheid and Granino Cecere 1999:87.
④ Rüpke 2008: no. 1737; CIL VI 2161 = ILS 4955, 以及 Granino Cecere 1996:293 – 5 的讨论。
⑤ 关于薪俸，见 Haack 2006:53。

540

个只为了妆点铭文履历而积累祭司职务的当地政客,他是个拥有真正宗教学问的人,这让他获得了皇帝垂青和金钱回报。①

元老和骑士从年轻时就准备好担任这些祭司职务,因为宗教教育是精英儿童社会化的一个组成部分。② 这种教育常常采取口头和非正式的形式,作为儿童培养的正常过程的一部分。③ 不过,从诗人普布利乌斯·帕皮尼乌斯·斯塔提乌斯的父亲老帕皮尼乌斯的生涯中可以看到更正式的教育的证据。④ 据说他曾施教于来自意大利各地的年轻人,斯塔提乌斯形容他们是"高贵的年轻人"(generosaque pubes)以及"罗慕路斯的族裔和未来的领袖"(Romuleam stirpem proceresque futuros)。⑤ 课程包括希腊语和拉丁语文学与宗教知识,他的学生后来担任了萨利祭司、弗拉门祭司和牧神祭司。⑥ 因此,帕皮尼乌斯在元老和骑士青年的社会化中扮演了关键角色,让他们为未来成为政治家和祭司做好准备。⑦ 在斯塔提乌斯对父亲教学活动的描绘中,我们可以看到在罗马人的思想中,为国家服务和为神明效劳之间不可分割的关系。⑧ 这解释了像苏维托尼乌斯、普布利乌斯·李维乌斯·拉伦西斯和奥斯提亚的普布利乌斯·弗拉维乌斯·普利斯库斯等骑士的生涯,以及对宗教的兴趣。通过任命骑士等级成员担任国家祭司,奥古斯都让他们在国家中有了真正且重要的宗教角色,强调了适当和传统

---

① 证据表明,被某位不具名的皇帝授予公共马的盖乌斯·尤利乌斯·多马提乌斯·普利斯库斯(C. Iulius Domatius Priscus)是皇帝肠卜官的助手和阿尔巴祭司(CIL VI 2168 = 32402 = ILS 4956; Haack 2006:67 - 8)。
② Prescendi 2010.
③ Bremmer 1995:37 - 8.
④ 关于他的老师角色,见 McNelis 2002:73 - 4。
⑤ Stat. Silv. 5. 3. 146, 176.
⑥ Stat. Silv. 5. 3. 162 - 84; B. Gibson 2006:337 - 9.
⑦ Stat. Silv. 5. 3. 185 - 190.
⑧ Eck 1989:18 - 19.

的宗教实践在他的元首统治下的复兴。与此同时，奥古斯都确保了骑士需要依靠他及他的继承者获得这些祭司职务的任命，从而有效地掌控了贵族的宗教影响，使其服务于自己的统治需要。

神圣的周边

骑士参与罗马国家的宗教生活并不限于罗马城本身，而是延伸到了整个拉丁姆。这个地区具有意识形态上的重要性，因为埃涅阿斯是在那里登陆意大利并建立了拉维尼乌姆城，他的儿子阿斯卡尼乌斯在此建立了阿尔巴隆加王国，罗慕路斯和雷慕斯一支便出自那里。公元1世纪，整个地区的重要崇拜地点设立（或重设）了几个新的骑士祭司职务。虽然这些宗教职务位于罗马之外的城镇，但仍然构成了国家祭司职务的一部分，因为罗马国家是在这个地区诞生的。[1] 元首制下选择骑士担任拉丁姆崇拜的祭司，这表明历代罗马皇帝都希望延续和加强骑士等级与国家宗教仪式之间的联系。因此，作为将精英纳入君主制罗马国家框架的方式，罗马昔日传奇的意义并不限于奥古斯都的统治时期，而是在元首制确立后仍能找到证据，特别是在安东尼王朝诸帝的时代。[2]

我们首先来看拉维尼乌姆，这是埃涅阿斯抵达意大利后建立的第一座城市，位于罗马以南 30 公里。[3] 一头母猪把他引到了拉维尼乌姆的所在地，在那里生下 30 头猪崽。埃涅阿斯随即将这些猪崽献祭

---

[1] Wissowa 1912：520-1. 注意，比如一位名叫昆图斯·特雷贝利乌斯·鲁弗斯的卡伊尼纳城祭司（*sacerdotes Caeninenses*），他被称为"罗马人民圣礼"（*ἱερῶν δήμου Ῥωμαίων*）的祭司（*IG* II² 4193）。
[2] 关于这些祭司职务来自皇帝的任命，见 Wissowa 1912：489。
[3] Livy 1.1.10-11; Varro, *LL* 5.144. 关于拉维尼乌姆的城址，见 Castagnoli 1972。

给了他从特洛伊带到意大利的家神（Penates）。① 拉维尼乌姆是家神和维斯塔女神的重要崇拜场所，前者被等同于双子神，后者则被描绘成他们的同伴。② 公元前338年，在降服了拉丁同盟后，罗马延长了与拉维尼乌姆的盟约，后者在拉丁战争期间始终忠于罗马。从此，每年的拉丁节上都会庆祝双方的结盟。③ 这个节日相当古老，据说是由"高傲者"塔克文建立，通过向拉丁姆的朱庇特（Jupiter Latiaris）集体献祭来展现拉丁姆47个部落的团结。④ 拥有治权的罗马行政官们被要求每年前往拉维尼乌姆向家神和维斯塔女神献祭，没能履行这一宗教职责者将遭遇不幸。⑤

该城及其崇拜在公元前2世纪开始衰落，直到公元1世纪才复兴。这很可能发生在克劳狄乌斯皇帝统治时期，当时骑士军官斯普利乌斯·图拉尼乌斯·普罗库鲁斯·格里亚努斯（Sp. Turranius Proculus Gellianus）率领一个劳伦图姆人的代表团去延长同罗马的盟约。⑥ 从此，直到公元4世纪初，一直可以看到有关劳伦图姆-拉维尼乌姆祭司团的证据，它由祭司长、"造桥"祭司、弗拉门祭司、萨利祭司和圣礼祭司组成（大部分碑铭证据来自公元2世纪和3世纪初）。⑦ 碑铭证据显示，所有的祭司都是骑士，这表明是有意识地决定将祭司团的位子留给骑士等级成员。劳伦图姆-拉维尼乌姆的骑士

---

① Dion. Hal. 1. 57. 1; Vergil, *Aeneid* 8. 81 – 5.
② Servius s. v. *Aen.* 2. 296; Macrob. *Sat.* 3. 4. 11; Galinsky 1969:154 – 8.
③ Livy 8. 11. 15; Cooley 2000:177.
④ Simón 2011:119 – 21; C. J. Smith 2012:268 – 74.
⑤ Galinsky 1969:146 – 7. 关于这种崇拜延续到了帝国时代，见 C. J. Smith 2012:274。参见 Pina Polo 2011:105 – 6，作者暗示执政官并非每年亲自参加，而是委派他人。
⑥ *CIL* X 797 = *ILS* 5004. 一些学者认同这种联系：Saulnier 1984:524 – 5; Scheid 1993:120; Scheid and Granino Cecere 1999:111 – 12; Cooley 2000:177 – 9。
⑦ Scheid and Granino Cecere 1999:155 – 77 的群体传记研究罗列了该祭司团已知的94名祭司。最后2位具名的祭司是提图斯·弗拉维乌斯·维比亚努斯（*IRT* 567 – 8）和提图斯·弗拉维努斯·弗隆提斯（*IRT* 564）。

543

祭司在地理上和社会地位上并不一致。① 除了罗马和意大利，他们也来自高卢、阿非利加和多瑙河地区，地位从执行吏到高级骑士长官不等。② 将他们统一起来的要素是他们都在奥斯提亚或罗马担任行政职务，往往是在皇帝宫廷，并已赢得了皇帝的垂青。③ 在阿非利加代执政官行省的提斯德鲁斯树立的盖乌斯·尤利乌斯·莱提乌斯·弗勒[—]（C. Iulius Laetius Fl [-]）的一座雕像底座上的铭文证明了元首的个人角色。铭文中说，他被"安东尼和维鲁斯·恺撒·奥古斯都皇帝提拔进罗马骑士方阵"(allecto in turm[as] | equit[um] Romanor(um) a[b] | Imperatoribus Cae | saribus Antonino et | Vero Augustis)，后来又"被提拔进劳伦图姆-拉维尼乌姆祭司的行列"([alle]cto in numer(o) | [Lauren]tium [L]avinatium.)。④ 这些骑士祭司并不居住在拉维尼乌姆，除了履行官方职责，他们可能不会在该城待太长时间。⑤ 他们的祭司职务大多被记录在意大利或行省的其他城镇的雕像底座或墓碑上。⑥ 因此，有理由认为，骑士身份的劳伦图姆-拉维尼乌姆祭司是一个有点人为的群体，与拉维尼乌姆的行政机构平行存在。⑦

为何克劳狄乌斯决定把劳伦图姆-拉维尼乌姆祭司一职授予骑士等级成员，从而将其同拉维尼乌姆联系起来？元老院和这个崇拜圣所

---

① Saulnier 1984:530 – 1; Scheid and Granino Cecere 1999:101 – 4.
② Scheid and Granino Cecere 1999:188. 关于地位的范围，注意，地位最低的是文书卢基乌斯·法布里基乌斯·凯森尼乌斯·伽卢斯（L. Fabricius Caesennius Gallus, CIL XIV 354），地位最高的是近卫军长官卢基乌斯·佩特罗尼乌斯·陶鲁斯·沃鲁西亚努斯（L. Petronius Taurus Volusianus, CIL XI 1836 = ILS 1332）。
③ Saulnier 1984:530 – 3. 四分之一的祭司来自意大利以外，但在罗马和周边地区任职（Scheid and Granino Cecere 1999:103）。
④ CIL VIII 10501.
⑤ Eck 1989:26 n. 33; Nonnis 1995 – 6:255.
⑥ Saulnier 1984:530.
⑦ Saulnier 1984:518; Cooley 2000:179 – 80.

之间已经存在有力的联系，因为执政官和大法官在就职时会被要求在那里献祭；后来，他们会在每年拉丁节结束10天后续签公元前338年的条约。① 通过给拉维尼乌姆增加一个骑士祭司职务，克劳狄乌斯确保了罗马的两个上层等级在该圣所的宗教仪式中都拥有代表。此外，被埃涅阿斯从特洛伊带来并在拉维尼乌姆受到崇拜的家神被统统等同于双子神，即罗马骑士的守护神，后来又被定为骑士等级的守护神。② 因此，将骑士确立为这个圣所的永久看护者是合情合理的。鉴于克劳狄乌斯本人对古物的兴趣，他可能还回想起公元前4世纪忠于罗马的不仅有拉维尼乌姆的居民，还有来自坎帕尼亚的骑士。公元前338年，罗马人在罗马城的双子神庙立了青铜碑，以纪念坎帕尼亚骑士的忠诚。③ 因此，骑士服役、双子神和拉维尼乌姆之间存在多重联系，这使得那里成为新的骑士祭司职务的合适场所，将这个帝国等级的成员同罗马过去的重大事件联系起来。

皇帝是拉维尼乌姆的仪式世界不可或缺的一部分：他们选定了劳伦图姆-拉维尼乌姆骑士祭司，又得到了这一祭司团回报的集体奉献。④ 不过，皇帝安东尼·庇护对拉维尼乌姆及其仪式表现出了特别的兴趣。在他去世和被封神后，该城给庇护立了像，底座上刻着如下铭文：

> 劳伦图姆的议会和人民献给神圣的安东尼奥古斯都，因为在元老马尔库斯·阿尼乌斯·萨宾努斯担任保管官，以及在提比

---

① Val. Max. 1.6.7; Macrob. *Sat.* 3.4.11; Orlin 2010:44–5, 50–1; Hartmann 2017.
② Galinsky 1969:154–61.
③ Livy 8.11.15–16.
④ Cooley 2000:180; *CIL* XIV 2069（为图拉真，拉维尼乌姆）；*CIL* XIV 2072（为尤利娅·多姆娜，奥斯提亚）；*CIL* 2073（为卡拉卡拉，奥斯提亚）。

略·尤利乌斯·奈波提亚努斯和普布利乌斯·埃米利乌斯·伊格纳提亚努斯担任劳伦图姆-拉维尼乌姆祭司团的祭司长和五年期双人监察官时,他不仅守护了他们的特权,还将其扩大。[1]

我们尚不确定安东尼·庇护授予的特权的确切性质,尽管在安东尼王朝时期,拉维尼乌姆的城市确实进行了大幅扩张。[2] 特权可能是在公元148年授予的,即罗马建城900周年之时。[3] 即便雕像的底座与这一周年纪念没有关联,安东尼·庇护还是宣扬了皇帝家族与来自罗马传说的人物之间的关联,以此作为其公共形象的一部分。[4] 他统治期间制作的纪念章上绘有母猪的传说,还有一系列来自罗马早期历史的其他故事,包括埃涅阿斯将安喀塞斯从特洛伊救走,以及母狼哺育罗慕路斯和雷慕斯兄弟。[5] 有一枚特别重要的纪念章正面出现了皇帝的继承人马可·奥勒留的形象,反面则是献祭场景,安东尼·庇护扮成埃涅阿斯的样子进行献祭,马可·奥勒留则扮作阿斯卡尼乌斯站在他身边。[6] 在皇帝家族的公共形象中,他们也与骑士等级的神话遗产有着图像学上的关联。安东尼·庇护的另一枚纪念章上描绘了骑士的庇

---

[1] CIL XIV 2070 = ILS 6183: *Divo Antonino Aug*(*usto*) | *senatus populusque Laurens* | *quod privilegia eorum non* | *modo custodierit sed etiam* | *ampliaverit curatore* | *M*(*arco*) *Annio Sabino Libone c*(*larissimo*) *v*(*iro*) | *curantibus Ti*(*berio*) *Iulio Nepotiano* | *et P* (*ublio*) *Aemilio Egnatiano praet*(*oribus*) | *II q*(*uin*) *q*(*uennalibus*) *Laurentium* | *Lavinatium*.
[2] Cooley 2000:180-1.
[3] 关于同罗马建城纪念可能具有的联系,见Saulnier 1984:532; Cooley 2000:187。拉维尼乌姆的另一处残缺不全的奉献铭文可能也是给庇护的,其中提到城市的恩赐(*indulgentia*),但也可能是给其他皇帝的(CIL XIV 2071 = *AE* 2000, 268; discussed by Cooley 2000:181-7, revised in Cooley 2012:440-8)。
[4] Rowan 2014.
[5] Toynbee 1986:144, 192-3. 这一系列延续了哈德良纪念章上的主题(Beaujeu 1955:151-2, 292)。
[6] Gnecchi 1912: Pius no. 84. Beaujeu 1955:292; Toynbee 1986:218-19; Cooley 2000:187接受了这种解释。

护者双子神,而用来纪念身为恺撒和青年元首的马可·奥勒留的则是一枚描绘了卡斯托尔的纪念章,就像我们在第八章中所看到的(图8.10)。①

这一证据让我们可以在皇帝、神明和骑士等级之间建起一张通过纪念章、纪念碑和仪式来表达的关系网。皇帝家族的公共形象与罗马的建立,特别是与埃涅阿斯来到意大利以及拉维尼乌姆的建城联系了起来。作为劳伦图姆-拉维尼乌姆祭司,骑士等级成员需要纪念埃涅阿斯、家神/双子神和皇帝家族,他们通过这一角色把自己融入了这一丰富多彩的历史画卷中。罗马的过去、现在与未来的结合催生出一种精心设计的"时间复合体"(用比尔德的话说),为宗教仪式赋予了意义和重要性,为骑士赋予了意识形态意义或"内在性"。② 拉维尼乌姆的祭司团包括从高卢到多瑙河的各不同地区来的骑士,他们通过为皇帝服务而来到罗马,这个事实确保了崇拜中心对于行省化了的整个贵族仍有意义。③ 因为就像谢德(Scheid)所指出的,拉维尼乌姆的崇拜纪念的是罗马国家的真正根基,这个国家在公元2世纪时已经远不止罗马和拉丁姆,而是一个横亘地中海的帝国。④ 安东尼·庇护对拉维尼乌姆的兴趣表明,后奥古斯都时代的皇帝们是如何不断延续与罗马的过去的宗教联系,以确保这些联系对其世界主义的当下仍有意义。

只有一位名叫盖乌斯·塞尔维利乌斯·狄奥多鲁斯(C. Servilius Diodorus)的劳伦图姆-拉维尼乌姆祭司被证明以个人而非宗教身份积极为当地城市做出了贡献。⑤ 狄奥多鲁斯来自北非沿岸的吉尔巴岛

---

① Gnecchi 1912: Pius no. 95, Marcus no. 39; Beaujeu 1955:294.
② Beard 1987.
③ 关于罗马宗教仪式共有的希腊-罗马遗产,见 Beard 1987:3。Hartmann 2017 考察了罗马宗教是如何将来自意大利和行省的帝国贵族成员统一起来的。
④ Scheid 1993:112, 118 – 22.
⑤ *AE* 1998, 282. 相关讨论见 Nonnis 1995 – 6; Liu 2014。

(Girba，今杰尔巴岛［Djerba］），曾在骑士军阶中服役，后来开始了在罗马行政体系中的代理官生涯。公元227年，在担任劳伦图姆-拉维尼乌姆祭司期间，他向拉维尼乌姆的伐木工（dendrophori）行会捐献了2万塞斯特斯。[1] 捐款5%的利息被用于每年的布施和举办公共宴会的费用。[2] 布施在每年的11月12日，即狄奥多鲁斯的生日那天进行，以确保人们永远能通过这一捐助行为想到他。作为对其慷慨的回报，伐木工将狄奥多鲁斯选为他们行会的庇主。[3] 参与设立这一基金的各方的往来书信被刻在了一座大理石雕像的底座上，上面还记录了狄奥多鲁斯的官方骑士履历。[4] 狄奥多鲁斯本人的雕像由其妻子伊格纳提娅·萨尔维亚娜（Egnatia Salviana）奉献，位于劳伦图姆大道旁一座带柱廊的大型公共建筑前。[5] 狄奥多鲁斯的捐助行为及其在拉维尼乌姆被纪念的方式非常重要，因为他是第一位（也是迄今唯一的）在该城有碑铭证据的劳伦图姆-拉维尼乌姆祭司。[6]

铭文中最后一封信是狄奥多鲁斯本人写给伐木工行会的，写着他希望自己的举动能成为其他劳伦图姆-拉维尼乌姆祭司的榜样。[7] 这可能表示，祭司们通常不会在拉维尼乌姆进行长期投入。在狄奥多鲁斯的例子中，他的慷慨似乎是由妻子萨尔维亚娜促成的。就像他在写给庞提乌斯·福斯库斯·庞提亚努斯（Pontius Fuscus Pontianus，很

---

[1] A. Wilson 2012:140 提出，dendrophori 是伐木工（译注：字面意思是"扛树人"）而非特定的宗教团体，尽管他们会参与大地母的节日（Nonnis 1995–6:255）。
[2] 这是意大利的常见利率（Nonnis 1995–6:258）。
[3] AE 1998, 282, IV.
[4] 对 AE 1998, 282, IIIa 的复原暗示了这点："在劳伦图姆-拉维尼乌姆城中……我的［雕像］"（s［tatuam］ | mihi in civitate Laurentium Lavinatium）。另见 Nonnis 1995–6:248。
[5] Nonnis 1995–6:235; Fenelli 1998:115–16.
[6] Liu 2014:254 认为，他在该地区可能有经济利益。
[7] AE 1998, 282, V. 在牵涉到行会时，恩庇和施惠中无疑有竞争元素（Liu 2009:242–3）。

可能是元老等级的拉维尼乌姆保管官）的信中所说：

> 伊格纳提娅·萨尔维亚娜，我家族的女主人，出于其对我的忠诚而在劳伦图姆-拉维尼乌姆城中，即我担任祭司之处立了我的［像］；为彰显她的忠顺，大人，我承诺我会向同一城中的伐木工行会奉献2万塞斯特斯。①

因此，伐木工行会第二年也顺理成章地将伊格纳提娅·萨尔维亚娜选为他们的行会之"母"。② 就这样，来自吉尔巴的骑士代理官塞尔维利乌斯·狄奥多鲁斯试图通过他的施惠和后续的纪念在拉维尼乌姆的城市生活中留下永久的印记。不过，狄奥多鲁斯在这方面显然是个例外，因为他是唯一在拉维尼乌姆城中有过投入的祭司。事实上，就像刘津瑜所指出的，碑铭档案表明，行政部门和劳伦图姆-拉维尼乌姆祭司团之间通常不会有大的互动。③ 骑士祭司团并未被纳入当地城市，因为这是帝国而非市镇的宗教团体。他们的关注点不在此，而在他们同罗马皇帝和国家的关系。

拉维尼乌姆的劳伦图姆-拉维尼乌姆祭司团是公元1世纪期间在罗马城神圣的周边地区专为骑士保留的若干祭司职务之一。其他包括阿尔巴祭司（saerdotes Albani）、卡布姆祭司（sacerdotes Cabenses）和卡伊尼纳祭司（sacerdotes Caeninenses），都是位于与罗马建城有关的

---

① AE 1998, 282, IIIa: *Egnatia Salviana mater familias mea pro sua pietate erga me s [tatuam] | mihi in civitate Laurentium Lavinatium ubi sacerdotalis su[m po] | suit; eius obsequia amplianda crededi, domine, ut collegi[o den] | drophororum quod est in eadem civitate dem HS XX (milia) n (ummum).*
② AE 1998, 282, IV. 行会之"母"（*mater*）的头衔是不同于庇主或女庇主的荣誉（Hemelrijk 2008: 122 – 3）。
③ Liu 2014: 259 – 60. 参见 *CIL* XIV 2069，铭文中提到祭司们立的图拉真雕像得到了市议会的授权。

地点的罗马人民的公共祭司职务。① 它们被人与阿尔巴隆加联系起来，那是埃涅阿斯之子阿斯卡尼乌斯建立的定居点，后来与拉维尼乌姆争夺宗教上的至高地位。② 阿尔巴祭司的驻所位于阿尔巴隆加的殖民市波维莱，那里是尤利乌斯家族的祖居地。公元 16 年，城中建立了尤利乌斯家族的圣所，竖立了神圣奥古斯都的雕像，并定期举行竞技赛会来向尤利乌斯家族致敬。③ 帝国早期对波维莱的兴趣重燃，源于奥古斯都和尤利乌斯-克劳狄乌斯家族同埃涅阿斯及罗马的建城神话联系了起来；在此之前，波维莱和尤利乌斯家族的联系似乎并不特别紧密。④ 最早有据可查的阿尔巴祭司来自共和晚期，肯定不是骑士。然后，我们的证据出现了缺口，公元 2 世纪以后的全部有据可查的祭司都是骑士。⑤ 因此，很明显这个祭司职务在元首制早期被改造成了一个骑士祭司团。阿尔巴祭司团有三个要职："造桥"祭司、独裁祭司（*dictator*）和萨利祭司（*salius*，后一个并非必须是骑士等级），以及维斯塔贞女。⑥ 从骑士等级中选择祭司可以归因为试图确保两个上层等级都在阿尔巴有代表，就像在拉维尼乌姆那样。神圣奥古斯都的元老祭司——奥古斯都祭司团（*sodales Augustales*）已经参与了崇拜职责。⑦ 现在，骑士"造桥"祭司也加入了他们的行列，反映了该等级在君主制罗马国家中的地位。

另两个与阿尔巴有关的祭司团体———卡布姆祭司和卡伊尼纳祭

---

① Wissowa 1912:520-1; Rüpke 2007:226.
② Galinsky 1969:141-6; Y. Thomas 1990:155-62. 公元 2 世纪时，尤维纳利斯提到了"被毁的阿尔巴"（*diruta ... Alba*）仍然在守护着维斯塔女神和长明火（Juv. *Sat.* 4.60-1）。
③ Tac. *Ann.* 2.4.1, 15.32.2.
④ Badian 2009:14-15.
⑤ Scheid and Granino Cecere 1999:97.
⑥ Wissowa 1915:2-3; Granino Cecere 1996:284-5, 302-3.
⑦ Várhelyi 2010:74-5.

司——同样在公元1世纪被转到骑士等级手中。① 卡布姆祭司的名字很可能源于阿尔巴山上的卡布姆定居点。② 卡布姆祭司会和阿尔巴祭司一起参与每年为纪念罗马和拉丁同盟结盟而举行的拉丁节。这种对城邦同盟和开战前的仪式祭祀的强调,激发了对罗马霸权持久性的象征性联想。③ 拉丁节的举行一直延续到公元4世纪后期,显示了这个节日的持久和重要。"阿尔巴独裁祭司"是从骑士身份的阿尔巴"造桥"祭司中选出的,负责监督拉丁节的仪式。④ 铭文记录中显而易见,卡布姆祭司参与了这个节日。公元3世纪晚期的一条铭文中称宗教官员为"阿尔巴山的拉丁节的卡布姆祭司"(Caben［ses］｜［s］acerdote［s］｜［feria］rum Latinarum｜mon［tis］Albani)。⑤

卡伊尼纳祭司的名字源自卡伊尼纳城,该城在帝国时代已不复存在。⑥ 按照传统的说法,罗慕路斯在决斗中打败了卡伊尼纳国王阿克戎(Acron),将战利品盔甲(*spolia opima*)献给了费瑞特利乌斯朱庇特(Jupiter Feretrius)。⑦ 可以把罗慕路斯的行为和奥古斯都在罗马进献战利品盔甲之举联系起来,但这并不必然意味着他设立了这一祭司职务。⑧ 铭文中关于这些祭司的最早证据直到公元1世纪后期才

---

① 这是基于铭文证据:见 Scheid and Granino Cecere 1999:98 - 9, 151 - 5。邻近的拉努维乌姆的祭司(*sacerdotes Lanuvini*)同样是骑士等级,尽管他们往往地位不高(Gordon 1937:46 - 7)。安东尼·庇护也表现出对这一崇拜场所的兴趣,他修复了这里的神庙(*HA Pius* 8.3; Beaujeu 1955:293)。
② Dion Hal. 5. 61. 3; Pliny the Elder, *NH* 3. 64; Granino Cecere 1996:276.
③ C. J. Smith 2012:276 - 8; Simón 2011:129 - 30.
④ Scheid and Granino Cecere 1999:106.
⑤ *CIL* XIV 2228; Granino Cecere 1996:276 - 9. 另见 *CIL* VI 2174 = *ILS* 5009。
⑥ Pliny the Elder, *NH* 3. 68 - 70.
⑦ Plut. Rom. 16. 1 - 4; *CIL* X 809 = *ILS* 64。(对 Feretrius 这个尊号的来源有不同的解释。有的认为来自 *ferio*［砍,击打］,比如向朱庇特发誓,如果食言就被其雷电棒击打。还有的认为来自 *fero*［带来］,因为胜利者会把战利品盔甲带给他作为献祭。——译者)
⑧ 参见 Scheid 2005:180 - 1,他认为奥古斯都就是改变了这一祭司团体的那位皇帝。

出现。① 他们中的许多人似乎是崭露头角的年轻骑士，在担任过市镇官员后受命担任此职；因此，这是早早获得皇帝青睐的标志（或者表示在宫廷里有能发挥影响的庇主）。② 在所有上述三个阿尔巴宗教团体中，我们可以看到在创设骑士祭司职务背后有着相同的动机：想让骑士等级在国家重大典礼和仪式上发挥重要作用，符合他们作为罗马国家构成群体的身份。

奥古斯都之后的皇帝们加强了这种联系，比如克劳狄乌斯和安东尼·庇护，他们看到了让骑士在庆祝罗马建城的宗教仪式中拥有一席之地的价值。它让来自不同行省背景的骑士们投入到君主制罗马国家的宗教。但这里也有帝国对行省精英进行驯化的元素（回到我们在之前几章中讨论的主题）。③ 作为罗马国家的职务，所有的拉丁祭司都是皇帝的恩赐。④ 从昔日的皇帝释奴卢基乌斯·奥雷利乌斯·尼科美狄斯的墓志铭中可以看到这点，他被安东尼·庇护授予了公共马，"还被这位皇帝任命为卡伊尼纳祭司和小造桥祭司"（[sac] erdotio Caeniniensi item pontif [icatu] min [ore] exornatus ab eodem）。⑤ 把与拉维尼乌姆和阿尔巴隆加有关的祭司职务交给骑士等级成员创造出了一系列新的荣誉，使得这些骑士可以像元老那样为其展开竞争。这让皇帝除了骑士代理官之外有了更多的赏赐种类，使其可以将数量更多

---

① 见 Scheid and Granino Cecere 1999:151-5 中的名单。
② Camodeca 1981:54-5; Scheid and Granino Cecere 1999:99-100. 有两个例证表明，有骑士在被提拔为元老之前先被任命为祭司（CIL XI2699 = ILS 5013; CIL XI 3103）。
③ 特别见本书第五到七章。
④ Wissowa 1915:4-5.
⑤ CIL VI 1598 = ILS 1740; Camodeca 1981:54; Fishwick 1998:87. 来自法勒里的一段残缺铭文复原后的内容是："由造桥祭司团任命卡伊尼纳祭司"（[sacerdos] Caeniniensis a pon [tificibus creatus], CIL XI 3103），暗示选举在技术上由造桥祭司团掌控，尽管皇帝的影响应该是决定性的。

的荣誉赐予更多的骑士等级成员。这些祭司职务的物质好处可能包括额外的特权，就像从库迈的维拉提乌斯·塞维里亚努斯（Veratius Severianus）的例子中所看到的。该城规定，"自从获得了祭司特权，他可以轻易被免担公职和义务"（*qui cum privilegio sacer ｜ doti Caeninensis munitus potuisset ab honorib*［*us*］*et munerib*［*us*］｜ *facile excusari*）。[①] 作为罗马国家的职务，拉丁祭司享有如此的威望，可以在另一个意大利城市中被免去公民义务。帝国的奖赏有很多，但都被一个人掌握，那就是皇帝。

结论：宗教与声望

本章试图解释为何在帝国时代为骑士等级设立了新的祭司职务，或者将这些职务转交给他们。其中包括在牧神节上奔跑的牧神祭司，罗马祭司团中的低级"造桥"祭司和弗拉门祭司，这些都被奥古斯都变成了骑士祭司职务；拉维尼乌姆的劳伦图姆-拉维尼乌姆祭司被克劳狄乌斯分配给了骑士；还有在公元1世纪的某个时候成为骑士职务的阿尔巴祭司。我们已经指出，上述改变可以归因于罗马国家新的君主制形式，它使得强调罗马宗教的延续性，以及罗马国家的过去、现在和未来的联系变得非常重要。通过将骑士等级成员变成人与神的中介，就像元老那样，奥古斯都和他的继承者们确保了将这两个贵族等级都纳入到君主制的罗马国家中。这样做的效果是将骑士等级写进了罗马建城传说的大事中，将他们与埃涅阿斯、罗慕路斯和双子神等人物联系起来，使他们看上去是国家不可分割的一部分。这对帝国当局

[①] Rüpke 2008: no. 3459; *CIL* X 3704 = *ILS* 5054. 关于对 *munitus* 的这种解读，见 Wissowa 1915:6; Solin 2005:284-5。

第十章　宗教与国家

通过仪式、特权和表演将骑士等级纳入罗马国家框架的其他努力做了补充，我们在第八章和第九章中对此进行过探讨。这些努力包括设立青年元首一职，在游行和剧场中授予皇子们的荣誉，以及对骑士道德标准的规范，以确保他们区别于普通人。设立骑士祭司职务不仅为涉及皇帝及其家族的国家宗教仪式增加了合法性，还确保了骑士等级不会被视为公元前2世纪末和公元前1世纪的新发明，而是罗马国家固有和永恒的组成部分。

牧神节极其引人注目地摆明了骑士等级在国家宗教中的作用。骑士与牧神祭司之间的联系在很大程度上是奥古斯都宗教计划的产物，即便他可能只是复兴了可以上溯到公元前4世纪的旧有联系。作为骑士们在罗马的新的宗教"家园"，在牧神圣所奉献德鲁苏斯的雕像将皇帝家族与骑士等级同罗马历史的叙事联系在一起。在提比略时代写作的瓦雷利乌斯·马克西姆斯将牧神节和骑士游行归为骑士占据舞台中心的每年两大奇观。骑士游行以正式的队列展示骑士青年，牧神节则更原始，是一个将年轻人塑造成罗慕路斯及其部众的继承者的仪式。他们近乎赤裸的奔跑是一种净化和繁衍仪式，因为他们对女性观众的鞭打促进了新一代罗马人的诞生。奥古斯都由此展现了骑士等级对罗马的过去的重要性，以及他们在他所创造的体系中的未来地位。牧神祭司团的大部分成员似乎来自罗马及其周边而非行省。最终这意味着牧神节将不再是仅限于年轻骑士的仪式，元老在公元3世纪时也被允许加入。与牧神祭司的命运相反，骑士游行更加持久，延续到了公元4世纪中期。[①] 这两个仪式的存续差异可能是因为一个事实，即作为整个骑士等级的示范性准入仪式，骑士游行仍然很重要。

---

① 见本书第八章。

奥古斯都的宗教复兴远不止牧神祭司团,他还把小祭司和小弗拉门祭司的职务专门留给了骑士等级。虽然我们对这些祭司的职责和确切做法知之甚少,但显然它们在国家仪式中为骑士提供了一系列新的角色。谷神节和火神节由各自的骑士弗拉门祭司主持,而小祭司作为"造桥"祭司团的初级成员在祭祀仪式中协助造桥祭司。骑士还获得了在罗马的神圣腹地拉丁姆担任国家祭司的荣誉,仪式会在拉维尼乌姆以及与阿尔巴隆加和拉丁节相关的一些地点举行。这些祭司团在公元1世纪被恢复(或设立)。劳伦图姆-拉维尼乌姆祭司的设立应归因于克劳狄乌斯。拉维尼乌姆的这个祭司团包括从执行吏到高级长官的各色成员,且来自远及阿非利加、高卢和巴尔干这样的地区。唯一的共同纽带是这些人的生涯把他们带到了罗马,得到了皇帝的注意。在据称由埃涅阿斯从特洛伊带来家神并建立拉维尼乌姆时开始的宗教传统的延续中,这个很大程度上是人为制造的骑士共同体扮演了自己的角色。随着罗马帝国的扩张,这些宗教仪式没有沉寂,事实上反而变得更加重要。公元2世纪,当安东尼·庇护对拉维尼乌姆城进行慷慨赞助时,当地有据可证的大批骑士祭司显示了罗马的传统对于出身意大利和行省的异质贵族的重要性。

在帝国时代,可供骑士担任的祭司职务数量的增加意味着皇帝可以向该等级成员提供更广泛的荣誉,将他们的恩赏扩大到有薪俸的军职和代理官职务以外。公元2世纪40年代到50年代,安东尼·庇护在自己的部属中任命了一系列引人注目的小祭司职务,这证明了皇帝的恩宠在确保这些宗教职务方面的重要性。它们被自豪地记录在荣誉雕像底座和墓碑上的履历铭文中,通常在一系列行政职务里非常醒目。如果作为宗教职务(而不仅是作为受到垂青的象征)的祭司对骑士并不真有吸引力,那么皇帝对贵族的驯化就不会有效。我们看到了让年轻的罗马贵族准备担任宗教官员背后的热情和专业知识,诸如斯塔提乌斯的父亲提供的教育,还看到了这些祭司职务对个体骑士的意义,就像斯塔提利乌斯·奥普塔图斯的纪念碑上的祭司标志,以及李维乌斯·拉伦西斯和弗拉维乌斯·普利斯库斯等宗教专家的生涯所示。在君主制罗马国家中,骑士可以同从元老到释奴的其他等级成员一起参与维护"神明和平"。对于那些获得皇帝垂青并取得了祭司任命的骑士来说,这不仅提高了他们的个人威望,还为他们赢得了众神的青睐。就像弗拉维乌斯·日耳曼努斯的纪念碑告诉我们的那样,这才是真正"最显赫的"。

第四部分 晚期帝国

第十一章 总督与将军

导言：向伽利埃努斯的奉献

公元257年，在下潘诺尼亚的行省治所阿昆库姆（Aquincum），提图斯·克莱门提乌斯·西尔维乌斯（T. Clementius Silvius）和瓦雷利乌斯·马尔克里努斯（Valerius Marcellinus）向皇帝伽利埃努斯的守护神奉献了一座祭坛。这一纪念物上的铭文如下：

> 献给普布利乌斯·李基尼乌斯·伽利埃努斯皇帝，不可战胜的奥古斯都，莱提亚行省的居民，"出众者"克莱门提乌斯·西尔维乌斯，代总督行事，瓦雷利乌斯·马尔克里努斯，军团长官，奥古斯都陛下的保护者，代军团长行事，双双自愿、欣然和理所应当地应誓，在帕特尔努斯和阿尔科西拉俄斯担任执政官的那年。①

虽然在某些方面，这段文本是对皇帝忠诚的典型表达，但铭文也

---

① CIL III 3424 = ILS 545: Genio | Imp(eratoris) [P(ubli) Lic(ini) Gallieni] | Invicti Aug(usti) | Clementius | Silvius v(ir) e(gregius) a(gens) v(ice) p(raesidis) et | Val(erius) Marcellinus | praef(ectus) leg(ionis) prot(ector) | Aug(usti) n(ostri) a(gens) v(ice) l(egati) municipes | ex provincia | Raetia s(olverunt) l(ibentes) l(aeti) m(erito) | Paterno et | Archesilao co(n)s(ulibus).

第十一章 总督与将军

揭示了罗马帝国的行政机构的巨大改变。因为下潘诺尼亚行省传统上由元老等级的军团长管理，从卡拉卡拉的统治时期开始，这些总督都是执政官级别。① 但在这里，我们看到"出众者"级别的骑士克莱门提乌斯·西尔维乌斯拥有 A. V. P. 的头衔，即"代总督行事"（*a* [*gens*] *v* [*ice*] *p* [*raesidis*]）的缩写。而"助手"第二军团（*legio II Adiutrix*）的指挥官瓦雷利乌斯·马尔克里努斯并非大法官级别的元老将军，而是骑士等级的军团长官，被称为"代军团长行事"（*a* [*gens*] *v* [*ice*] *l* [*egati*]）。西尔维乌斯和马尔克里努斯被任命此前为元老保留的职务，这反映了公元 3 世纪中期罗马军队和行政体系上层的彻底变革。到了四帝共治时期，大部分行省总督都将是"最完美者"级别的骑士。元老不再指挥军队作战，并被骑士军官取代。这一改变是如何发生的呢？

《论皇帝》（*On the Caesars*）这部简史的作者元老奥雷利乌斯·维克托尔，是唯一敢于给出解释的古代史学家。他在公元 4 世纪中期写作，毫不怀疑元老军事生涯的终结应归因于伽利埃努斯皇帝：

> 令整个罗马世界雪上加霜的是，元老们因对其等级的冒犯而受辱，因为伽利埃努斯皇帝首开先例禁止元老指挥军队和加入军队，因为他担心由于自身的疏忽，帝国会落入最优秀的贵族之手。②

维克托尔对伽利埃努斯的负面描述很大程度上沿袭了拉丁史学传

---

① A. R. Birley 1981:26 n. 6.
② Victor, *Caes.* 33. 33 – 4: *et patres quidem praeter commune Romani malum orbis stimulabat proprii ordinis contumelia, quia primus ipse metu socordiae suae, ne imperium ad optimos nobilium transferretur, senatum militia vetuit et adire exercitum.*

统,讥讽这位皇帝是懒惰、放荡和堕落的统治者,罗马帝国在他的统治下崩溃。如果我们接受他的解释,那么伽利埃努斯将元老排除在军队指挥之外,是因为害怕他们会利用自己的职位把他赶下台。后来,在对短命的皇帝塔西佗(公元275—276年短暂在位)的描述中,维克托尔再次提到了这一做法。① 在一篇对元老的放肆行为尖锐抨击的文章中,他指责这个"最高贵"等级的成员没能在塔西佗统治时期主张自己对军队的指挥权,这为"他们自己和后代被武夫乃至蛮族所统治铺平了道路"。② 当然,很难相信元老们在公元3世纪60年代能够对伽利埃努斯的权威构成重大挑战,仅仅10年后居然完全沉湎于享乐。这种不连贯的论点突显了维克托尔作品的缺陷,他把对每位皇帝统治时期的简述同对社会和政治变化的道德判断结合了起来。③

面对这个问题,铭文证据对这些变化的性质提供了更积极,但仍然不太确定的指引。它表明,在伽利埃努斯的独自统治(公元260—268年)后没有元老被证明担任过军团长。然而,碑铭证据并没有像我们所希望的那样明确肯定维克托尔的说法。对此有三个原因。首先,有证据表明,直到公元3世纪的最后几十年间,仍有元老在有军团驻扎的执政官行省担任总督,比如空叙利亚。在一些行省,能找到"最完美的"骑士和"最显赫的"元老都担任过总督的例子,在任命上没有任何明显的一致性。这些地区的元老总督仍然对军队拥有行政和后勤上的控制,即便他们并不统兵打仗。第二个原因是,在伽利埃

---

① 就像 Le Bohec 2004:124 所指出的,伽利埃努斯没有必要为此事发布正式诏令,因为他可以决定任命谁担任军职。塔西佗本人很可能曾是元老等级的将军(Davenport 2014a),但没有证据表明他试图撤销这些改变。
② Victor, *Caes.* 37.5 – 7: *munivere militaribus et paene barbaris viam in se ac posteros dominandi.*
③ Bird 1984:90 – 9. 关于"伽利埃努斯诏令",见 Le Bohec 2004; Handy 2006; Cosme 2007 的新讨论。

第十一章　总督与将军

努斯统治之前就有几个骑士以"代总督代理官行事"的头衔代行总督之事的例子。第三个，也是最后一个原因是，公元3世纪早些时候，军队等级体系出现的变化预示了后来的一些改革。这使得学者们认为，公元3世纪时骑士开始在这些职务上取代元老的时间要早得多，伽利埃努斯的决定只是之前存在的趋势达到高潮。任命骑士等级成员取代元老军团长和总督的现象传统上称为"骑士的崛起"，这个模式带有一系列关于皇帝更青睐骑士而非元老的假设。① 近年来，学者们正确地质疑了用这一相当耀武扬威的短语来描绘该时期动向的做法的有效性。② 因为正如本章所示，公元2世纪和3世纪见证了罗马军队和行政等级制度的一系列相互关联的变化。这些变化在瓦勒良和伽利埃努斯统治的公元3世纪50年代和60年代达到了顶峰，当时的一系列军事挫折和篡位事件为军队等级制度的重大转变提供了催化剂。

务实的行政与身份等级

阿昆库姆的献词所显示的第一个重要动向是下潘诺尼亚总督提图斯·克莱门提乌斯·西尔维乌斯的头衔。他被称作 V. E. A. V. P.，即"代总督行事的'出众者'"（v [ir] e [gregius] a [gens] v [ice] p [raesidis]）的缩写。praeses（复数为 praesides）是对总督的通称，既可以表示元老等级的军团长和代执政官总督，也可以表示骑士等级的总督代理官。③ 在给伽利埃努斯的献词中，西尔维乌斯的官方头衔表明他是总督的替补。使用缩写形式说明，潜在的读者是普遍知

---

① Keyes 1915；Osier 1974.
② Christol 1999；Heil 2008a.
③ *OLD* s. v. *praeses* 2；Dig. 1. 18. 1（马克尔）。

道和了解这个头衔的。

这一动向的根源在于之前对代理总督的任命。在公元1世纪很少有这种行政官员替身的证据。他们通常是在任总督意外去世时被任命的。[1] 公元6年，当亚该亚行省的代执政官去世时，（我们无从得知是皇帝还是元老院做出的）决定由他的财务官和副将分享行省的统治权，以科林斯地峡为界。[2] 公元15年，在提比略统治时期，当克里特和昔兰尼的总督突然去世时也遵循了这一先例。[3] 这是解决该问题的务实做法，因为由已经在行省的官员代理显然要好过安排在罗马选出替代总督。公元32年，当维特拉西乌斯·波里奥（Vitrasius Pollio）死后，提比略决定让皇帝释奴西贝鲁斯（Hiberus）掌管埃及，这就更不正规了。[4] 这一任命强调了所有的行省管辖权实质上都是皇帝的赏赐，皇帝可以凌驾于元老、骑士和释奴之间通常的职责划分之上。这是君主制罗马国家的本质：国家可以被皇帝不断重塑。

关于由骑士代理元老总督的最早例子来自亚细亚行省，发生在公元87/88年的代执政官总督任期内。亚细亚的代理官盖乌斯·米尼基乌斯·伊塔鲁斯（C. Minicius Italus）取代了代执政官总督盖乌斯·维图莱努斯·基维卡·克里亚利斯（C. Vettulenus Civica Cerialis），后者被控密谋推翻图密善皇帝。[5] 来自阿奎莱亚的伊塔鲁斯的履历铭文表示，他是"亚细亚行省的代理官，由元首授权代替死去的代执政官统

---

[1] Peachin 1996:154-6.
[2] Dio 55.27.6. 关于财务官和拥有大法官权的副将的任命，见 Dio 53.14.5-7，关于狄奥对这个词的使用，见 Swan 2004:186-7.
[3] Dio 57.14.3.
[4] Dio 58.19.6. 西贝鲁斯可能就是 Philo, *In Flaccum* 1.2 提到的那位代理总督赛维鲁斯。
[5] Suet. *Dom.* 10.2. B. W. Jones 1992:182-3 把他的败亡同亚细亚行省出现假尼禄联系了起来。

治那里"(*proc*［*urator*］ *provinciae Asiae quam ｜ mandate principis vice defuncti proco*［*n*］*s*［*ulis*］*rexit*)。① 这段详细描述突显了伊塔鲁斯被提拔时的非常情况,以及他的临时擢升是奉皇帝的明确命令。② 亚细亚行省本有其他元老官员可以取代克里亚利斯,因为三名元老副将都有资格担任代执政官。图密善没有考虑他们,可能是由于他们也卷入了克里亚利斯的谋反计划。也可能是他们的任期即将结束,这意味着那位骑士代理官是最符合逻辑的选择。③ 在哈德良统治初期,由于一位元老副将被处决,导致需要任命骑士昆图斯·马尔基乌斯·图尔波(Q. Marcius Turbo)暂时执掌达契亚和下潘诺尼亚行省。④ 图尔波在任上一直待到公元 119/120 年,其间主持了对达契亚各行省的重组。⑤ 虽然图尔波是骑士,但他是受哈德良信任的副手,他的提拔正值皇帝觉得自己在高层缺乏朋友之时。

米尼基乌斯·伊塔鲁斯和马尔基乌斯·图尔波的暂时擢升并不标志着当时出现了新的趋势,虽然它们为骑士代替元老总督开创了先例。在皇帝行省,如果现任总督被免职,皇帝常常选择提拔军团长或其他元老官员来代替。这正是公元 97/98 年左右在叙利亚发生的情况,当时行为不端的元老等级副将马尔库斯·科尔内利乌斯·尼格里努斯·库里亚提乌斯·马特尔努斯(M. Cornelius Nigrinus Curiatius Maternus)遭到免职,"斯基泰"第四军团的指挥官奥鲁斯·拉尔基乌斯·普利斯库斯(A. Larcius Priscus)"代替执政官级别的副将"

---

① *CIL* V 875 = *ILS* 1374; Pflaum 1960:141-3(no. 59).
② Syme 1957a:313 暗示,伊塔鲁斯也负责处决那位代执政官。
③ 关于副将,见 Dio 54.14.7。
④ *HA Hadr*. 6.7,7.1,7.3; Pflaum 1960:199-216(no. 94); A. R. Birley 1997:86-8.
⑤ Syme 1962:87-8; A. R. Birley 1997:86-91. 关于他任期的年代,见 Eck and Pangerl 2011:241 n.17。

（pro legato consulare）行事。① 公元 2 世纪 80 年代，当康茂德免去了元老等级的乌尔皮乌斯·马尔克鲁斯的不列颠总督职务时，他任命执法官马尔库斯·安提乌斯·克雷斯肯斯·卡尔普尼亚努斯（M. Antius Crescens Calpurnianu）担任代理总督。② 就像元老官员在元老院行省是自然而然的代理总督，骑士同样常常代替埃及长官。公元 175 年，马可·奥勒留罢免了埃及长官盖乌斯·卡尔维西乌斯·斯塔提亚努斯（C. Calvisius Statianus）并将其流放，因为他支持盖乌斯·阿维狄乌斯·卡西乌斯的叛乱。③ 奥勒留任命盖乌斯·凯基利乌斯·萨尔维亚努斯（C. Caecilius Salvianus）代替斯塔提亚努斯，此人正在埃及担任名为"亚历山大里亚执法官"（dikaiodotes 或 iuridicus Alexandreae）的高级执法官。④ 在公元 176 年的一份诉状中，萨尔维亚努斯被正式称为"最出众的执法官，代理总督职务者"（τῷ κρατίστῳ δικαιοδότῃ, διαδεχομένῳ καὶ τὰ κατὰ τὴν ἡγεμονίαν）。⑤ 萨尔维亚努斯是失宠的斯塔提亚努斯顺理成章的替代者：执法官是 20 万塞斯特斯级别的代理官，在埃及是仅次于长官本人的高级行政官员。⑥ 这些代理任命的例子都维系了元老和骑士行省内既有的地位等级。

公元 2 世纪的一个重要动向是在现任总督仍然活着时就任用代理总督。这发生在大战来临时，总督被要求暂时离开行省。记录中最早的例子来自公元 132 年，当时"斯基泰"第四军团的军团长盖乌斯·尤利乌斯·塞维鲁"在普布利基乌斯·马尔克鲁斯因为犹太人骚乱而

---

① *AE* 1908, 237; *CIL* VIII 17891 = *ILS* 1055. 关于这场危机，见 Alföldy and Halfmann 1973。
② *CIL* VI 1336 = *ILS* 1151; A. R. Birley 2005: 170 – 1.
③ Dio 72（71）. 28. 2 – 4.
④ Schwartz 1976: 101. 关于亚历山大里亚执法官一职，见 Kupiszewski 1954。
⑤ *BGU* 1. 327 = *M. Chr.* 61.
⑥ Stein 1950: 169 – 71; Kupiszewski 1954: 190 – 1.

离开叙利亚时管理叙利亚事务"(διοικήσαντα τὰ ἐν | Συρίαι πράγματα, ἡνίκα Που|βλίκιος Μάρκελλος διὰ τὴν κίν(η)|σιν τὴν Ἰουδαικὴν μεταβεβήκει | ἀπὸ Συρίας).[1] 这里指的显然是巴尔·科赫巴起义时的情况，它使得罗马的军事资源捉襟见肘，让马尔克鲁斯不得不带着"高卢"第三军团从叙利亚出发去助战。[2] 公元 2 世纪 70 年代，在马可·奥勒留的北方战争期间，也做出了类似的任命，当时"双子"第十四军团的军团长盖乌斯·维提乌斯·萨宾尼亚努斯·尤利乌斯·霍斯佩斯（C. Vettius Sabinianus Iulius Hospes）被授予了"上潘诺尼亚的司法权"（cum iurisdicatu Panno | niae superioris）。[3] 由于上潘诺尼亚的副将正与皇帝一起征战，这种临时的提拔是必要的。[4] 这里的关键词是"司法权"（iurisdicatus），暗示霍斯佩斯的首要职责是当总督不在时确保司法体系的连续性。这将为公元 3 世纪开创一个重要的先例，我们稍后会再次讨论。

公元 2 世纪末和 3 世纪初，任命骑士代理官代表总督行事的做法变得普遍得多，无论所涉及的行省通常由元老还是骑士管辖（表 11.1 归纳了这些例子）。简而言之，图密善统治时期米尼基乌斯·伊塔鲁斯的模式更受青睐，此人是从代理官变成署理代执政官总督的。这发生在公元 202 年，阿非利加的代执政官总督提图斯·萨尔维乌斯·鲁非努斯·米尼基乌斯·奥皮米亚努斯（T. Salvius Rufinus Minicius Opimianus）去世后。[5]《佩尔佩图娅和菲利基塔斯的受难》（Passion of Perpetua and Felicitas）中提到，他的替代者"代理官希

---

[1] *IGR* III 174 = *I. Ankara* 74. *IGR* III 175 = *I. Ankara* 75; *AE* 2006, 1476 = *I. Ankara* 76 中可以看到同样的措词。
[2] A. R. Birley 1997:268; Eck 1999b:83.
[3] *AE* 1920, 45 = *ILAfr.* 281.
[4] A. R. Birley 1993:176.
[5] 关于他的身份，见 Barnes 2010:305-6; Heffernan 2012:50-1。

拉里亚努斯当时接手了已故代执政官总督的剑之权"(*Hilarianus procurator, qui tunc loco proconsulis ... defuncti ius gladii acceperat*)。① 这个官员就是普布利乌斯·埃利乌斯·希拉里亚努斯,他的职务是阿非利加四种公共税收的代理官 (*procurator IIII publicorum Africae*)。②《受难》以正确的专业方式使用了罗马的司法语言。"剑之权"(*ius gladii*) 指判处罗马公民死刑的权力。这一最高的司法权力是通过职务赋予所有元老和骑士等级的行省总督的,就像我们在第七章中所看到的。大部分骑士代理官没有这种刑事司法权,尽管他们在其他领域,比如经济案件中拥有司法权。③ 因此,想要真正署理代执政官总督,希拉里亚努斯需要被皇帝正式授予"剑之权"。两份同样来自塞维鲁时期的铭文履历中使用了类似的语言,称骑士代理官获得了"剑之权"。盖乌斯·提提乌斯·西米利斯(C. Titius Similis)被称为"下摩西亚行省的代理官,拥有该行省的剑之权"(*proc*［*uratori*］*prov*［*inciae*］*Misiae inferio*｜*ris eiusdem provinciae ius gladii*),而卢基乌斯·阿尔托利乌斯·卡斯图斯(L. Artorius Castus)则被称为"10万塞斯特斯级别利布尔尼亚行省代理官,拥有剑之权"(*ius gladii*'［*proc*［*urator*］*cente*｜*nario*［*sic*］*provinciae Li*［*burniae iure*］*gladi*［*i*］)。④ 专业语言暗示,西米利斯和卡斯图斯

---

① *Pass. Perp.* 6.3. 这里省略了代执政官总督的名字,因为文中误称其为米尼基乌斯·蒂米尼亚努斯,而非米尼基乌斯·奥皮米亚努斯。
② Rives 1996:4; Heffernan 2012:49 – 50.
③ Millar 1965b:365 – 6; Eich 2005:137 – 45. "亚历山大里亚执法官"(*dikaiodotes/iuridicus Alexandreae*)是个例外,因为他们总是拥有完全的司法权,那是皇帝授予的(Kupiszewski 1954:191 – 202)。
④ Similis: *CIL* II 484 = *ILS* 1372; Pflaum 1960:856 – 8 (no. 330). Castus: *CIL* III 1919 = *ILS* 2770; Pflaum 1960:535 – 7 (no. 196). 有时,剑之权会被授予远征军的元老和骑士指挥官,反映了他们更高的权威。见 *CIL* VIII 20996 = *ILS* 1356 (T. Licinius Hierocles); *CIL* VIII 2582 = *ILS* 1111 (A. Iulius Pompilius Piso)。

分别代理了下摩西亚和达尔马提亚的总督，两人都取代了元老副将。

表 11.1　在元老院行省代理总督的骑士（公元 161—260 年）①

年代	名字	代理总督的行省	原来的职务	参考材料
198/209	赫瑞尼乌斯·格梅里努斯（Herennius Gemellinus）	达契亚	代理官	CIL III 1625
198/209 或 244/249	埃利乌斯·阿格拉乌斯（Aelius Aglaus）	亚细亚	代理官	Keil and von Premerstein 1914 no. 55
202	希拉里亚努斯（Hilarianus）	阿非利加	代理官	Pass. Perp. 6.3; cf. Tert. Scap. 3.1
约 218	盖乌斯·弗里乌斯·萨比尼乌斯·阿奎拉·蒂梅西特乌斯（C. Furius Sabinius Aquila Timesitheus）	阿拉伯（两次）	不详	CIL XIII 1807 = ILS 1330
约 220	马尔库斯·埃迪尼乌斯·尤利亚努斯（M. Aedinius Iulianus）	卢格杜努姆	不详	CIL XIII 3162
221/222	弗拉维乌斯·索西亚努斯（Flavius Sossianus）	努米底亚	不详	AE 1995, 1641
塞维鲁·亚历山大时期	巴蒂乌斯·科姆尼亚努斯（Badius Comnianus）	卢格杜努姆	代理官	CIL XIII 3162

---

① 本表根据 Pflaum 1950: 134 – 5 and Peachin 1996: 229 – 36 的较早期表单，以及 Gerhardt and Hartmann 2008 中的名单绘制。我排除了几个可能的例子：（1）德基乌斯统治时期在近西班牙审理马提亚里斯案的那位 20 万塞斯特斯级别的代理官（Cypr. *Ep.* 67.6.2），他可能是在预审而非宣判（Clarke 1989:155）。（2）公元 258/259 年的卢格杜努姆代理官塞克斯图斯·阿基里乌斯·福斯库斯（Sex. Acilius Fuscus）。铭文（*AE* 1934,161 = CIL VI 40704）最初被复原为"皇帝笔下的代理官，代总督行事"（*proc. Auggg.* ［n］ *nm. et* ［*vice praesidis agens*］），但 Alföldy（CIL VI *ad loc.*）后来辨出其为"皇帝陛下的代理官，拥有监察官权"（*proc. Auggg.* ［n］ *nm. et cen* ［*sitore*］）。（3）亚细亚代理官阿皮乌斯·亚历山大（*AE* 2003,1672 = *SEG* 53,1329），后来成为卢格杜努姆的总督。他不一定在卢格杜努姆代总督行事；他可能被提拔进了元老院。（4）提庇斯·李维乌斯·拉伦西斯（T. Livius Larensis）对其在摩西亚的代理官职务的描绘可能暗示了他也是代理总督，但并不确定（Ath. *Deip.* 398E）。

续表

年代	名字	代理总督的行省	原来的职务	参考材料
225/229	莫迪乌斯·特尔文提努斯（Modius Terventinus）	下摩西亚	（代理官？）	Pflaum 1960 no. 317
约233/235	盖乌斯·弗里乌斯·萨比尼乌斯·阿奎拉·蒂梅西特乌斯	下日耳曼尼亚	贝尔加和上下日耳曼尼亚的皇帝财产代理官	*CIL* XIII 1807 = *ILS* 1330
约235/236	盖乌斯·弗里乌斯·萨比尼乌斯·阿奎拉·蒂梅西特乌斯	本都和比提尼亚	比提尼亚、本都和帕弗拉格尼亚的皇帝财产代理官和私产代理官	*CIL* XIII 1807 = *ILS* 1330①
约238/239	盖乌斯·弗里乌斯·萨比尼乌斯·阿奎拉·蒂梅西特乌斯	亚细亚	代理官	*CIL* XIII 1807 = *ILS* 1330
236/238	昆图斯·阿克西乌斯·埃利亚努斯（Q. Axius Aelianus）	达契亚（两次）	阿普伦西斯达契亚的代理官	*CIL* III 1456 = *ILS* 1371
约239/240	普布利乌斯·埃利乌斯·哈蒙尼乌斯（P. Aelius Hammonius）	下摩西亚	代理官	*IGR* 1.623 = *ILS* 8851
约245/247	埃利乌斯·菲尔姆斯（Ae［l］ius Fir［mus?］）	马其顿	马其顿代理官	*CIL* VI 41281
约245/247	埃利乌斯·菲尔姆斯	未知行省	代理官	*CIL* VI 41281
约244/247	卢基乌斯·提提尼乌斯·克洛狄亚努斯	努米底亚	努米底亚代理官	*AE* 1911, 100 = *ILS* 9490; *CIL* VIII 8328-9
245	盖乌斯·尤利乌斯·普利斯库斯（C. Iulius Priscus）	空叙利亚	美索不达米亚长官	*P. Euphr.* 1; cf. *Zos.* 1.19.2
244/249（约247？）	马尔克鲁斯（Marcellus）	空叙利亚	不详	*P. Euphr.* 2.

---

① 假设对石刻的正确解读是"亦代理总督"（*item vice*〈*praes*（*idis*）〉）。见 Gerhardt and Hartmann 2008: 1167。

续 表

年代	名字	代理总督的行省	原来的职务	参考材料
244/249（？）	乌尔皮乌斯 [-]（Ulpius-）	达契亚	阿普伦西斯达契亚的代理官	CIL III 1464 = ILS 1370 = AE 1980, 758
252/256	庞波尼乌斯·莱提亚努斯（Pomponius Laetianus）	空叙利亚	代理官	P. Euphr. 3-4; P. Dura 97
251/253	奥雷利乌斯·马尔库斯（Aurelius Marcus）	达契亚	代理官	AE 1983, 815, 841
约 253/260	尤利乌斯·尤利亚努斯（Iulius Iulianus）	弗里吉亚和卡利亚	代理官	SEG 32, 1287
约 258/259	不明	阿非利加	代理官	Pass. Mont. et Luc. 6.1
3 世纪初期	卢基乌斯·阿尔托利乌斯·卡斯图斯	达尔马提亚？	利布尔尼亚代理官	CIL III 1919
3 世纪初期	凯基利乌斯·阿雷里亚努斯（Caecilius Arellianus）	奇里乞亚	奇里乞亚的皇帝私产代理官	AE 1924, 83 = I. Eph. 3054
3 世纪初期	盖乌斯·提提乌斯·西米利斯	下摩西亚	下摩西亚代理官	CIL II 484 = ILS 1372
3 世纪中期	盖乌斯·尤利乌斯·塞内基奥（C. Iulius Senecio）	加拉提亚和本都	加拉提亚代理官	CIL III 251 = ILS 1373 = I. Ankara 53; AE 1930, 144 = I. Ankara 54①
3 世纪中期	马尔库斯·奥雷利乌斯·图维西亚努斯（M. Aurelius Tuesianus）	达契亚	阿普伦西斯达契亚的代理官	AE 1979, 506

---

① 他可能就是公元 259 年担任比提尼亚和本都总督的那个塞内基奥（Gerhardt and Hartmann 2008:1168 - 9）。

续 表

年代	名字	代理总督的行省	原来的职务	参考材料
3 世纪中期	［马］格尼乌斯·多纳图斯（［Ma］gnius Donatus）	巴埃提卡	代理官	CIL II.5 1167
3 世纪中期	马尔库斯·奥雷利乌斯·亚历山大（M. Aurelius Alexander）	巴埃提卡	代理官	CIL II.7 259

关于署理总督的代理官的法律证据最早出现在卡拉卡拉皇帝的法令中。公元 212 年，在回应一个叫瓦雷利乌斯的人对自己所受惩罚之合法性的申诉时，皇帝表示"我的代理官未署理总督行事者不得对你做出流放的惩罚"（procurator meus, qui vice praesidis non fungebatur, exilii poenam tibi non potuit inrogare）。① 在公元 215 年的另一份回复中，卡拉卡拉宣称"我的代理官未代理行省总督行事者"（procurator meus, qui vice praesidis provinciae non fungitur）不得做出惩罚，但有权执行已定的惩罚。② 代理总督这一行政概念也出现在乌尔皮安写于公元 213 年的《论代执政官职务》（On the Office of Proconsul）中。③ 在该书第九卷中，这位法学家讨论了官员依据《法比乌斯法》审理案件的能力："在行省，管辖权归属行省总督，但不属于皇帝的代理官，除非他正在履行行省总督的职责。"④ 上述例子大部分是负面的，提到的是代理官在正常情况下不能做什么。不过，通过比较普通代理官和那些被授权代表总督行事的代理官的权力，这些文本揭示出，

---

① *CJ* 9.47.1（公元 212 年）。
② *CJ* 3.26.3（公元 215 年）。
③ Honoré 2002:181-4 讨论了它的年代。
④ *Coll.* 14.3.2: *in provincia est praesidum provinciarum, nec aliter procuratori Caesaris haec cognitio iniungitur, quam si praesidis partibus in provincia fungatur.* 关于戈尔狄安三世后来对代理官署理总督行事的权威所做的裁决，参见 *CJ* 9.20.4（公元 239 年），1.50.1（公元 240 年），3.3.1（公元 242 年）。

到卡拉卡拉的统治时期，代理官署理总督是一个已经确立的法律和行政概念。

从公元202年希拉里亚努斯被任命为阿非利加的代理总督来看，很可能至少前十年就是如此了。来自达契亚的一条公元198/199年的还愿铭文支持了这点，铭文中称代理官赫瑞尼乌斯·格梅里努斯是"出众者，皇帝陛下代理官，代总督行事"（*v* [*iro*] *e* [*gregio*] *proc* [*uratore*] | *Augg* [*ustorum*] *nn* [*ostrorum*] | *agente v* [*ice*] *p* [*raesidis*]）。① 他的官职在石刻中被缩写为 AGENTE V. P.，这个事实表明文本的撰写者（们）认为潜在的读者能很容易明白，应该将其扩展为 *v* (*ice*) *p* (*raesidis*)，也就是卡拉卡拉在其回复中所用的同一术语。② 一个特别有趣的例子来自吕底亚菲拉德尔菲亚一处皇帝庄园里的工人的诉状。他们向两位皇帝（很可能是塞维鲁和卡拉卡拉）抱怨遭到罗马士兵的骚扰。③ 工人们宣称，有9名工友被捕，押往"你们的出众者代理官那里，当时是出众者埃利乌斯·阿格拉乌斯担任代执政官的职务"（ἐπὶ τοὺς κρατίστους ἐπιτρόπ[ους] | [τοὺς ὑμ] ετέρους διέποντ<ο>ς Αἰλίου Ἀγλαοῦ [τοῦ] |[κρατίσ]του καὶ τὰ τῆς ἀνθυπατείας μέρη）。④ 铭文使用了对应于乌尔皮安的《论代执政官职务》中所用拉丁文术语的希腊语，以准确和专业的用语界定了阿格拉乌斯的职务。⑤ 因此，这一证据表明，到了塞普提米乌斯·塞维鲁和卡拉卡拉父子统治时期，通过授予"剑之权"来任用骑士代理官署理总督已经成为一种公

---

① *CIL* III 1625 = *IDR* III. 2 342; Pflaum 1960:688 (no. 254).
② Peachin 1996:156.
③ 这两位皇帝可能是塞普提米乌斯·塞维鲁和卡拉卡拉，或阿拉伯人菲利普父子（Hauken 1998:42-3, 46）。
④ Keil and von Premerstein 1914: no. 55 = Hauken 1998: no. 3, ll. 6-8.
⑤ Mason 1974:131-2. 乌尔皮安使用了复数的 *partes* 来表示这一职务（*OLD* s. v. *pars* 10）。希腊语中对应的是 μέρη（*LSJ* s. v. μέρος）。

572

认的行政惯例。

公元 3 世纪的随后几十年间，在骑士和元老行省中一直可以找到骑士代理官代总督行事的证据。[①] 我们将依次讨论每个类型的行省，以弄清为何要选择骑士，从通常由骑士长官或代理官管辖的地区开始，如表 11.2 所示。在埃及，就像我们已经看到的，执法官是替代长官的天然人选，因为这一官员已经拥有完全的刑事司法权。但我们也看到在塞维鲁时期，该撒利亚毛里塔尼亚的皇帝私产代理官昆图斯·阿格里乌斯·鲁斯提基亚努斯（Q. Agrius Rusticianus）署理了骑士总督代理官。这个任命无疑需要授予"剑之权"。[②]

表 11.2 在骑士行省代理职务的骑士（公元 161—260 年）

年代	名字	代理的行省总督	原来的职务	参考材料
176	盖乌斯·凯基利乌斯·萨尔维亚努斯	埃及	执法官	BGU 1.327
塞维鲁/卡拉卡拉	昆图斯·阿格里乌斯·鲁斯提基亚努斯	该撒利亚毛里塔尼亚	该撒利亚毛里塔尼亚的皇帝私产代理官	AE 2003, 1933
212 年后	不详	埃及	执法官	BGU 7.1578；Parsons 1967 138 n. 46
215—216	奥雷利乌斯·安提诺俄斯（Aurelius Antinous）	埃及	执法官	P. Oxy. 33.2671, 47.3347; W. Chr. 207, 209
218—219	卡里斯提亚努斯（Callistianus）	埃及	执法官	P. Oxy. 43.3117

[①] 关于塞维鲁王朝时期末的行省地位，见 Glas and Hartmann 2008:642。
[②] AE 2003, 1933. 参见 Pflaum 1960:790 – 1（no. 305），这条内容是在新铭文发现前撰写的。

第十一章 总督与将军

续 表

年代	名字	代理的行省总督	原来的职务	参考材料
224/225	提比略·克劳狄乌斯·赫瑞尼亚努斯（Ti. Claudius Herennianus）	埃及	执法官	*P. Harr.* 1.68；*P. Oxy* 34.2705；*P. Oxy.* 42.3076
约 247—259 或 250—252	埃利乌斯·菲尔姆斯	埃及	执法官	*CIL* VI 41281 = *ILS* 1331
252	李森尼乌斯·普罗库鲁斯（Lissenius Proculus）	埃及	执法官	*PSI* 7.870；*P. Oxy.* 42.3050
257—259	卢基乌斯·穆西乌斯·埃米利亚努斯（L. Mussius Aemilianus）	埃及	不确定	*P. Stras.* 5.392-3；*P. Oxy.* 9.1201, 43.3112

现在让我们转向人民行省，它们由大法官或执政官级别的元老代理执政官管辖。代执政官有拥有大法官权的元老副将和财务官辅佐，在尤利乌斯-克劳狄乌斯王朝，当代执政官总督去世时，他们是替代总督的第一人选。这种做法在公元3世纪并没有被完全抛弃。尽管有一位骑士代理官两度替代了阿非利加代执政官总督（公元202年和公元258/259年），该行省还有两位元老等级的代理总督昆图斯·阿拉狄乌斯·鲁菲努斯·奥普塔图斯·埃里亚努斯（Q. Aradius Rufinus Optatus Aelianus）和卢基乌斯·凯索尼乌斯·卢基鲁斯·马刻尔·鲁菲尼亚努斯（L. Caesonius Lucillus Macer Rufinianus）。我们不知道埃里亚努斯在获得任命前的身份，但鲁菲尼亚努斯无疑已经是阿非利加的一名副将（见表11.3）。关于是否任命一位副将或代理官署理总督的决定背后的考虑过程并无定论。这可能取决于皇帝同被任命者的关系，甚至是一年中需要署理总督的时间等因素。财务官和拥有大法官权的副将通常只附属于某位具体的代执政官总督，因此他们的任期会在总督的

一年任期结束时终止。① 代理官不受元老任命的时间表约束；因此，他们可以一直主持司法和行政，直到下一任代理执政官从罗马到来。② 在其他已知有署理总督的代执政官行省（亚细亚、马其顿和巴埃提卡），代理官比元老副将更受偏爱。③

表 11.3　在元老行省或职务上担任代理的元老（公元 161—260）

年代	名字	代理的职务	原来的职务	参考材料
2 世纪 70 年代初	盖乌斯·维提乌斯·萨宾尼亚努斯·尤利乌斯·霍斯佩斯	上潘诺尼亚总督	"双子"第十四军团的军团长	AE 1920, 45 = ILAfr. 281
约 185	马尔库斯·安提乌斯·克雷斯肯斯·卡尔普尼亚努斯	不列颠总督	不列颠执法官	CIL VI 41177
217/218 或 238	昆图斯·阿拉狄乌斯·鲁菲努斯·奥普塔图斯·埃里亚努斯	阿非利加代执政官总督	不详	AE 1971, 490
约 218	不明，可能是提图斯·克洛迪乌斯·奥雷利乌斯·萨图尔尼努斯（T. Clodius Aurelius Saturninus）	"双子"第七军团的军团长④	近西班牙的执法官	AE 1957, 161 = I. Eph. 817
218/225	卢基乌斯·尤利乌斯·阿普洛尼乌斯·麦乌斯·庇护·萨拉马利亚努斯（L. Iulius Apronius Maenius Pius Salamallianus）	贝尔加的总督	皇帝特使	AE 1917/18, 51; CIL VIII 18270 = ILS 1196

---

① A. R. Birley 1981:12 - 13, 17.
② 关于代执政官总督的一年任期，见 Talbert 1984:497 - 8。
③ 关于个体案例和参考材料，见表 11.1。
④ 文本被复原为"近西班牙行省的执法官，代理军团长"（iuridico ∣ ［prov（inciae） Hisp（aniae）ci］teriroris vice ⟨leg（ati）⟩ legionis）。见 Alföldy 1969b:109。

575

续 表

年代	名字	代理的职务	原来的职务	参考材料
230	卢基乌斯·凯索尼乌斯·卢基鲁斯·马刻尔·鲁菲尼亚努斯	阿非利加代执政官总督	拥有大法官权的阿非利加副将	CIL XIV 3902 = ILS 1186; CIL VIII 26262 = AE 2001, 2086 = AE 2006, 1688
238/244	[-]乌斯·阿尼亚努斯（[-]us Annianus）	军团长	军政官	CIL XIII 6763 = ILS 1188

现在我们转向由拥有大法官权的大法官和执政官级别的皇帝代表管辖的皇帝行省。在不驻扎军团的行省，除了总督本人之外没有其他元老等级的官员，这使得骑士代理官成为代理总督最顺理成章的人选。在奇里乞亚，皇帝私产代理官凯基利乌斯·阿雷里亚努斯"被授予了总督的职权"（τὰ μέρη τῆς | ἡγεμονίας ἐνχειρισθέντα）。① 代理官巴蒂乌斯·科姆尼亚努斯在塞维鲁·亚历山大统治时期两次署理总督，铭文中没有给出他的完整头衔。② 但有理由认定他就是负责卢格杜努姆和阿基塔尼亚的20万塞斯特斯级别的代理官。③ 这种模式有一个例外：塞维鲁时期，有位元老出于未知的原因被选为贝尔加总督。④ 在其他没有军团的皇帝行省，骑士代理官通常会被选为替代者（卢格杜努姆、达尔马提亚、本都和比提尼亚、弗里吉亚和卡利亚、加拉提亚和本都）。⑤ 在有一个军团驻扎的皇帝行省，同样会出现缺乏元老官员的

---

① *AE* 1924, 83 = *I. Eph.* 3054.
② *CIL* XIII 3162.
③ Pflaum 1961:1053.
④ L. Iulius Apronius Maenius Pius Salamallianus: *AE* 1917/18, 51; *CIL* VIII 18270 = *ILS* 1196. 通常认为，"拥有大法官权的皇帝代表"（*legati Augusti pro praetore*）应该被放到"代理"（*vice*）和"拥有五位扈从"（*quinque fascium*）之间（Cotton 2000: 223–5）。
⑤ 详细证据见表11.1。

情况。在这些地区,军团长会兼任行省总督,使骑士代理官成为唯一合理的副职。① 当埃拉伽巴鲁斯处决了"昔兰尼"第三军团的军团长和公元218年的阿拉伯总督皮卡·凯西亚努斯(Pica Caesianus)时,不得不让阿拉伯的代理官盖乌斯·弗里乌斯·萨比尼乌斯·阿奎拉·蒂梅西特乌斯作为临时替代者。② 蒂梅西特乌斯代理总督一职,直到一位新元老、皇帝特使弗拉维乌斯·尤利亚努斯接手。③

接着来看执政官级别的皇帝行省,那里有两三个军团驻扎,因此有元老等级的副将可以代理总督。事实上,就像我们在上文看到的,在公元1世纪和2世纪,当总督去世或出征时,任用军团长是一种公认的做法。公元3世纪时出现了明显的变化,有证据表明,当时在下日耳曼尼亚有一名骑士代理总督,在下摩西亚和空叙利亚各有三名,在达契亚有五名。④ 这只能归因于有意识地选择代理官而非军团长。因此我认为,皇帝及其行政官员做出决定,代理官(因为他们可以被授予"剑之权")可以打理司法事务,以便让军团长脱身去作战。在不列颠可以找到类似的例子,即任命不同的元老执法官,这通常发生在战时,那时总督和副将们都在忙于其他事务。⑤ 从整个帝国的角度来看待这个问题也很重要。每个行省的元老官员人数不一:有的地区除总督外没有元老,有的则有拥有大法官权的副将,任期一年,同代执政官本人绑定。不过,无论通常由元老还是骑士管辖,或者是否有军团驻扎,所有行省的一个共同特征是它们都拥有至少一名骑士代理

---

① Piso 1999:335.
② Dio 80(79).3.4-5. 关于蒂梅西特乌斯,见 CIL XIII 1807 = ILS 1330;Pflaum 1960:811-21(no.317)。
③ Davenport 2012c:192.
④ 见表11.2。
⑤ A. R. Birley 2005:268. 在近西班牙这个大行省,经常会任命元老执法官,帮助执政官级别的副将处理司法事务(Alföldy 1969b:236-46,2007:327-32)。

官。因此，提拔骑士官员代理总督有一定的务实性，因为它把政府的基本运作置于按照个人地位来分配行省之上。这个决定强调了在君主制罗马国家，元首作为任命仲裁者的角色。但这也是骑士公职贵族在公元后头两个世纪中演变的自然结果，这一发展削弱了骑士和元老在罗马国家中所扮演角色的区别。①

从选择已在行省的骑士行政官员替代去世或被罢黜的总督，可以看到这种务实做法的好处。② 我们在前文看到，在埃拉伽巴鲁斯处决了元老军团长后，盖乌斯·弗里乌斯·萨宾努斯·阿奎拉·蒂梅西特乌斯如何被任命为阿拉伯的代理总督。从"除名毁忆"，即抹去铭文中的总督名字，可以推测出其他例子。③ 比如，阿普伦西斯达契亚代理官昆图斯·阿克西乌斯·埃里亚努斯在马克西米努斯统治期间两次担任过达契亚的代理总督。④ 其中一次临时提拔，无疑与元老等级的副将尤利乌斯·李基尼亚努斯（Iulius Licinianus）之死有关。⑤ 公元238—244年，来自下摩西亚的两位皇帝特使盖乌斯·佩［……］（C. Pe［...］）和图利乌斯·梅诺菲鲁斯（Tulius Menophilus）得到了同样的下场。⑥ 他们被除名毁忆一事，为代理官普布利乌斯·埃利乌斯·哈蒙尼乌斯被提拔为行省总督提供了合理的背景。⑦ 公元238—244年下摩西亚那份满满的总督名单表明，哈蒙尼乌斯的任期

---

① 全面的讨论见本书第七章。
② B. Campbell 1984：404 - 8.
③ 当然，"除名毁忆"不是古罗马人的术语（Flower 2006：xix）。这里使用这个词只是方便起见。
④ *CIL* III 1456 = *ILS* 1371；Pflaum 1960：851 - 4（no. 328）.
⑤ *AE* 1983,802；Piso 1982：230 - 2.
⑥ C. Pe［...］：*CIL* III 7606a, 7607；*AE* 1993, 1375. Tullius Menophilus：*IG Bulg* II 641 - 2.
⑦ *IGR* I 623 = *ILS* 8851.

一定很短,是政治动荡所致。①

这类问题也影响了埃及长官,从公元215年到225年,那里才十年有三个执政官代理总督的例子(见表11.2)。他们是公元215—216年的奥雷利乌斯·安提诺俄斯,公元218—219年的卡里斯提亚努斯,以及公元224/225年的提比略·克劳狄乌斯·赫瑞尼亚努斯。②安提诺俄斯是在卡拉卡拉(他在亚历山大里亚停留期间引发了混乱)处决了总督马尔库斯·奥雷利乌斯·塞普提米乌斯·赫拉克里图斯(M. Aurelius Septimius Heraclitus)之后被任命的。③卡里斯提亚努斯同样是在马克里努斯的长官尤利乌斯·巴西里亚努斯(Iulius Basilianus)听到皇帝败亡的消息逃离行省后被任命的。④最后,提比略·克劳狄乌斯·赫瑞尼亚努斯在马尔库斯·奥雷利乌斯·埃帕加图斯(M. Aurelius Epagathus)死后担任了代理长官,后者对塞维鲁·亚历山大的近卫军长官乌尔皮安被害负有责任。亚历山大最初任命埃帕加图斯为埃及长官,是为了将他逐出罗马,但后来还是处决了他。⑤这些例子表明,政治动荡对埃及的影响与对其他行省的一样大,这使得有必要从现有的行省行政人员中做出临时任命。不能认为对骑士代理官的上述任命是故意牺牲元老以提拔骑士,而这种说法构成了旧的"骑士崛起"范式的关键部分。⑥相反,这些任命是对元老和骑士行省所出现的问题的切实回应。皇帝有权任命任何他看中的人担任总督,而增加代理官的委任归根到底是一种明智的做法。

---

① 关于那些年里的总督,见 Gerhardt and Hartmann 2008:1145-7。
② 表11.2汇编了证据。Bastianini 1975:307-9,1980:86 列出了这些长官的年表。
③ Benoît and Schwartz 1948; Schwartz 1976:102.
④ Davenport 2012c:193.
⑤ Dio 80(80).2.4; Modrzejewski and Zawadzki 1967:600-1; Schwartz 1976:102-3.
⑥ 参见 Keyes 1915:4-7; Osier 1974:75-6。

第十一章 总督与将军

行省总督的倒台不能解释所有骑士代理总督的例子（无论该时期的政治多么动荡）。就像皮索所认为的那样，代理官很可能也被临时提拔来承担总督的行政和司法职能。[1] 正如我们已经讨论过的那样，这种类型的代理总督在公元2世纪的科赫巴起义和马尔科曼尼战争期间是有据可查的，但在公元3世纪变得更加普遍。在下日耳曼尼亚、下摩西亚、达契亚和空叙利亚都有骑士代理总督的证明，这似乎不是巧合。那些都是靠近主要战区的行省，特别是在公元3世纪30年代至50年代，其间代理总督的数量大幅增加。在达契亚，作为行省的高级骑士官员，阿普伦西斯达契亚的代理官经常会在执政官级别的总督出征时承担一些司法职能。[2] 空叙利亚的情况与之类似，公元3世纪40年代至50年代，那里出现过三位代理总督。其中第一位是菲利普皇帝的兄弟、"最完美者"盖乌斯·尤利乌斯·普利斯库斯，他担任了美索不达米亚长官一职，也于公元245年在空叙利亚"行使执政官权"（διέποντι τὴν ὑπατείαν）。[3] 几年后，很可能是在公元247年，"最完美者"马尔克鲁斯"担任了总督职务"（διέπον [τ]ι τ ὰ[μέ]ρ [η τῆς] ἡγεμονείας）。[4] 这两种表述很可能是相同的意思，应该把"行使执政官权"这一表达同普利斯库斯后来对整个东方的管辖权区分开来，那是在公元247/249年前后，当时他是"东方总管"（rector Orientis）。[5] 这一点得到了用来描绘公元3世纪50年代的骑士庞波尼乌斯·莱提

---

[1] Piso 1999:337–45, 2014:131.
[2] Piso 1999:337–40.
[3] P. Euphr. 1.
[4] P. Euphr. 2.
[5] Feissel and Gascou 1995:82–3; Gerhardt and Hartmann 2008:1178–9. 比如，IGR III 1201–2 只称普利斯库斯为美索不达米亚的长官，当时他还没有被任命为总管（CIL III 14149. 5 = ILS 9005）。参见 Vervaet 2007:134–7，作者认为普利斯库斯"行使执政官权"时是"东方总管"。

580

亚努斯的代理总督职务的术语的支持。公元251年，莱提亚努斯作为"出众者"和叙利亚的代理官出现。后来，在公元252/256年的某个时候，他又被证明"行使执政官权"（τοῦ τὴν ὑπατίαν διέ [π]οντος）。他从未像普利斯库斯那样获得最高指挥权，但似乎是署理总督的正选代理官。① 对莱提亚努斯的临时任命似乎与公元252/253年沙普尔一世入侵的后果有关，那次有6万名罗马士兵阵亡，所有重要的军团要塞都被占领。② 由于对空叙利亚的执政官级别副将的任命一直持续到四帝共治时期，对这些骑士代理总督的提拔并不是取代担任此职的元老的任何系统性尝试的一部分。相反，这可以归因于在元老总督外出作战时把他的司法责任交给代理官的需要。③

公元3世纪上半叶，骑士官员被提拔为代理总督的现象吸引了许多学者的注意，因为这预示着在四帝共治时期大部分行省将最终被交给骑士总督。④ 但考虑公元3世纪初的背景至关重要，当时这种任命变得更加频繁，以表明这并非皇帝更偏爱骑士而非元老，就像过去的"骑士崛起"范式所认为的。⑤ 因为我们不仅看到骑士代理元老和骑士总督的例子，还看到骑士代理其他非总督官员的例子，比如埃及的执法官、某些地区的代理官或者负责收税的官员（见表11.4所示）。

---

① P. Dura 97（代理官），P. Euphr. 3-4（"行使执政官权"）；Feissel and Gascou 1995:105. 关于公元3世纪50年代瓦勒良对波斯作战，见 Goltz and Hartmann 2008:234-7, 248-54，这些战事为署理总督提供了合理的背景。
② 本章稍后的"伽利埃努斯的变革"一节将讨论此事。需要指出的是，公元250/251年，叙利亚有一位执政官级别的总督阿提里乌斯·科斯米努斯（Atilius Cosminus, P. Dura 95, 97）。他可能在沙普尔入侵中阵亡。
③ Peachin 1996:177; Piso 1999:342-5. 关于对元老总督的继续任命，见 Gerhardt and Hartmann 2008:1178-82 的名单。
④ 相关书目数量庞大，但尤可参见 Keyes 1915；Osier 1974:68-93；Petersen 1955；de Blois 1976:47-54；Pflaum 1976；Heil 2008a:756-9；Mennen 2011:137-42。
⑤ 传统观点认为塞普提米乌斯青睐骑士超过元老，相关反对意见，见 B. Campbell 1984:404-8, 2005a:117 and Lo Cascio 2005:159。

第十一章 总督与将军

有时，这可能是严重的政治动荡所致，就像公元 217 年的埃及，当时代理官（*dioiketes*）赫拉克利德斯任职代执法官，而皇帝财产代理官（*procurator usiacus*）奥雷利乌斯·特尔普西拉乌斯（Aurelius Terpsilaus）为署理代理官。这些临时任命显然与从卡拉卡拉到马克里努斯统治的艰难过渡有关。① 另一些例子与政治变化的关系不那么明显；因此可能是由于某位官员去世，或缺乏合适的人选马上填补职务空缺。比如，当昆图斯·阿格里乌斯·鲁斯提基亚努斯"署理廿一税代理官"（*vice proc [uratoris] X [X l] ib [ertatis] functo*）时，他是作为劳伦图姆和阿尔迪亚大道的代理官驻意大利。② 这一提拔是奉皇命，与那些担任署理总督的代理官情况一样。从盖乌斯·波斯图米乌斯·萨图尔尼努斯·弗拉维亚努斯的例子中可以看到这点，他是"哈德鲁门图姆地区的 10 万塞斯特斯级别的代理官，还奉皇帝诏令担任该地区的 20 万塞斯特斯级别的职务"（*procura | tori centenario regio | nis Hadrumentinae fun [c] | to etiam partibus duce | nari [i] ex sacro praecepto | in eadem regione*）。③ 萨图尔尼努斯被提拔为哈德鲁门图姆的高级代理官并非元老总督对地方做的决定，而是直接受命于皇帝本人。可以认为所有其他的代理官员的也是这样的情况，他们无疑会收到皇帝的委任信，简述他们被任命更高的职位。④ 这些提拔，无论临时多久，都会被记入履历铭文，因为它们是受皇帝青睐的标志，加强了个体为元首和罗马国家效忠的自我形象展示。

---

① *P. Oxy.* 43.3092 - 3, with J. Rea ad loc.；Hagedorn 1985：184 - 6.
② *AE* 2003,1933.
③ *CIL* VIII 11174 = *ILS* 1440；*CIL* VIII 11175. 这与亚历山大里亚执法官克劳狄乌斯·赫瑞尼亚努斯被提拔为代理埃及总督类似（*P. Oxy.* 42.3076）。
④ 所有获得帝国任命者都会收到皇帝的委任信，就像第七章开头讨论的昆图斯·多米提乌斯·马尔西亚努斯的例子那样。

表 11.4 代理其他骑士官职的骑士（公元 161—260）

年代	名字	代理的职务	原来的职务	参考材料
141 年	尤利亚努斯（Iulianus）	执法官	代理官	BGU 4.1019
197 年	克劳狄乌斯·第欧根图斯（Claudius Diogentus）	大祭司	代理官	W. Chr. 81；P. Oxy. 8.1113
塞维鲁王朝时期	盖乌斯·波斯图米乌斯·萨图尔尼努斯·弗拉维亚努斯	哈德鲁门图姆地区的 20 万塞斯特斯的代理官	哈德鲁门姆地区的 10 万塞斯特斯的代理官	CIL VIII 11174 = ILS 1440；CIL VIII 11175
塞维鲁王朝时期	昆图斯·阿格里乌斯·鲁斯提基亚努斯	意大利的释奴廿一税代理官	劳伦图姆和阿尔迪亚代理官	AE 2003, 1933
209/211	卢基乌斯·尤利乌斯·维克托·莫狄亚努斯	特维斯特地区代理官	努米底亚代理官	CIL VIII 7053①
215	奥雷利乌斯·伊塔利库斯（Aurelius Italicus）	大祭司	皇帝财产代理官	BGU 2.362
217	赫拉克利德斯	执法官	代理官	P. Oxy. 43.3093
217	奥雷利乌斯·特尔普西拉俄斯（Aurelius Terpsilaus）	代理官	皇帝财产代理官	P. Oxy. 43.3092
约 225	盖乌斯·阿提乌斯·阿尔基姆斯·菲利基亚努斯	高卢卌一税代理官	弗拉米尼亚、翁布里亚和皮克努姆代理官	CIL VIII 822 = 23963 = ILS 1347
约 235/236	盖乌斯·弗里乌斯·萨比尼乌斯·阿奎拉·蒂梅西特乌斯	比提尼亚港口卌一关税代理官	比提尼亚、本都、帕弗拉戈尼亚皇帝财产和私产代理官	CIL XIII 1807 = ILS 1330
约 238/239	盖乌斯·弗里乌斯·萨比尼乌斯·阿奎拉·蒂梅西特乌斯	亚细亚港口的廿一遗产税和卌一关税代理官	亚细亚代理官	CIL XIII 1807 = ILS 1330

---

① 这是高级官员替代地位较低的官员的一个例子（Pflaum 1960:733）。

续　表

年代	名字	代理的职务	原来的职务	参考材料
241/244	尤利乌斯·马格努斯（Iulius Magnus）	副治安长官	副供粮长官	CIL XIV 4398 = ILS 2159
247/248	穆罗（Myro）	大祭司	不详	W. Chr. 73
252	萨宾尼亚努斯（Sabinianus）	大祭司	不详	P. Oxy. 50.3567
260/268	弗拉维乌斯·鲁弗斯（Flavius Rufus）	代理官	执法官	P. Flor. 1.89①

任命代理官员的做法甚至延伸到了国家的最高官职。公元211/212年，皇帝私产代理官塞克斯图斯·瓦雷利乌斯·马尔克鲁斯代理了近卫军长官和城市长官。② 在父亲塞普提米乌斯·塞维鲁去世和弟弟盖塔被谋杀后的动乱中，卡拉卡拉选中皇室的亲戚马尔克鲁斯担任这些职务。③ 后来的任命与近卫军长官不在罗马城有关，就像弗拉维乌斯·马特尔尼亚努斯的例子那样，后者是卡拉卡拉信任的副手，当皇帝和两位近卫军长官在东方时，他一直留守罗马城。④ 公元3世纪40年代有不下3位代理近卫军长官：治安队长官瓦雷利乌斯·瓦伦斯；巴苏斯，身份不详；以及供粮长官盖乌斯·阿提乌斯·阿尔基姆斯·菲利基亚努斯。⑤ 在瓦伦斯的例子中，他的临时提拔无疑与戈尔狄安三世的波斯战争有关。在该时期，近卫军长官盖乌斯·弗里乌斯·萨比尼乌斯·阿奎拉·蒂梅西特乌斯和尤利乌斯·普利斯库斯陪

---

① 这是一个高级官员代理级别较低官员职务的罕见例子。
② CIL X 6569 = ILS 478; Pflaum 1960:638 – 42 (no. 237).
③ Halfmann 1982:227 – 35; Peachin 1996:157, 236; Davenport 2012a:806.
④ Herodian 4.12.4; Dio 79 (78).4.2; Peachin 1996:236 将其列为骑士，但古代材料中并未提到他的身份。
⑤ 完整的参考材料见表 11.5。

皇帝远征，而瓦伦斯留在了罗马，统率留守的"帕提亚"第二军团。① 在政府高层中，这种代理任命也并非完全托付给骑士：公元3世纪中叶，有两个元老代理城市长官的例子（见表11.5）。

表11.5 代理罗马的城市和近卫军长官②

年代	名字	代理的职务	原来的职务	参考材料
211/212	塞克斯图斯·瓦雷利乌斯·马尔克鲁斯（骑士）	近卫军长官和城市长官（元老）	皇帝私产（罗马）	CIL X 6569 = ILS 468
213—217	弗拉维乌斯·马特尔尼亚努斯（身份不详）	近卫军长官和城市长官（?）	不详	Herodian 4.12.4; Dio 79（78）.4.2
241/244	瓦雷利乌斯·瓦伦斯（骑士）	近卫军长官	治安长官	CIL XIV 4398 = ILS 2159; AE 1981, 134
244/248	巴苏斯（骑士）	近卫军长官	不详	CIL VIII 9611a-b
3世纪40年代	盖乌斯·阿提乌斯·阿尔基姆斯·菲利基亚努斯（骑士）	近卫军长官	供粮长官	CIL VIII 822 = 23963 = ILS 1347; CIL VIII 23948
3世纪中叶	不详（元老）	城市长官（[P] raef [（ectus） Urbi?]）③	不详	AE 1961, 37
3世纪中叶	-乌斯·保利努斯（[-]us Paulinus）（元老）	近卫军长官和城市长官	不详	IG V.1, 538 = AE 1913, 244

上述动向与公元2世纪末和3世纪初罗马帝国政府中的另一个重要变化有关，即任用元老官员担任皇帝本人的司法代表。元首统治伊

---

① *AE* 1981，134.
② 本表依据的是 Peachin 1996:236-8。
③ 对这一铭文的解读，见 Christol 1986:306-11。

585

第十一章 总督与将军

始,皇帝就任命忠诚的支持者(无论是释奴、骑士或元老)代自己管事,比如奥古斯都时期的马伊克纳斯和阿格里帕,或者尼禄时期的赫里俄斯(Helios)。这是皇帝在君主制框架内用人的能力和权威的一个基本方面。不过,就像皮钦(Peachin)所指出的,塞维鲁时期见证了这种权力转移的正式化。① 公元197—202年,塞普提米乌斯·塞维鲁选中波利埃努斯·奥斯佩克斯(Pollienus Auspex)担任他在罗马的司法代理,开启了任命元老代表皇帝本人审判(*vice sacra*)的做法。这是为了确保当皇帝在东方忙于第二次帕提亚战争时,能有代表处理他的司法事务。② 塞维鲁的继任者们遵循了这一先例,塞维鲁·亚历山大和戈尔狄安三世参加波斯战争期间,提图斯·克洛迪乌斯·奥雷利乌斯·萨图尔尼努斯和卢基乌斯·凯索尼乌斯·卢基鲁斯·马刻尔·鲁菲尼亚努斯分别扮演了同样的角色。③ 任命元老担任皇帝司法代理的做法是为了应对罗马日益复杂的行政事务,以及皇帝必须处理的越来越多的司法事务。④ 出于同样的理由,城市长官和近卫军长官都拥有重要的司法责任,城市长官掌握着罗马城周围100里内的司法权,而这个范围之外的整个意大利由近卫军长官管辖。⑤ 近卫军长官的权威甚至扩大到作为对行省总督决定的最终上诉法庭的程度。⑥ 在公元3世纪的某个时候,可能是在塞维鲁王朝时期,规定不能对近卫军长官的裁决提出上诉。⑦ 考虑到这些长官的权力范围,在近卫军长官本人

---

① Peachin 1996:154–87.
② *IGR* III 618 = *ILS* 8841; Peachin 1996:93–4.
③ Peachin 1996:108–14.
④ Peachin 1996:162–3.
⑤ 城市长官:*Dig*. 1.12.1.4(乌尔皮安)。关于近卫军长官的司法责任,见 Howe 1942:32–40; de Blois 2001; Eich 2005:216–22; Mennen 2011:169–75。
⑥ Eich 2005:219.
⑦ *Dig*. 1.11.1.1(卡里西乌斯);Peachin 1996:165–6。

忙于边境战事的情况下,在罗马任命代理长官处理司法事务是合乎逻辑的。① 因此,在公元 2 世纪末和 3 世纪初,在整个帝国范围内任命一系列财政、行政和司法职位的临时替代者的做法逐渐变得正式化,成为罗马国家的标准做法。无论是铭文和纸上证据,还是乌尔皮安等塞维鲁时期的法学家的著作,都证明了这一点。

如果放在更广泛的背景下,那么任命骑士代理总督不能被看作以牺牲元老为代价来提拔骑士的具体尝试的一部分,就像旧的"骑士崛起"范式所宣称的那样。相反,上述做法源于这样一个事实:皇帝可以任命最适合的官员担任临时总督,而不考虑他们是元老还是骑士,为的是确保特定行省的行政和司法的延续性。因为事实上,大多数代理总督的骑士并不是从其他行省或平民中调来代替元老副将的。② 相反,他们已经在自己代理总督的行省中任职了。此外,碑铭证据显示,他们的任命明显是临时性的。例如,在公元 198 年和 209 年之间的某个时间点,代理官赫瑞尼乌斯·格梅里努斯在达契亚的头衔是代理总督,但在公元 209/211 年的铭文中,他只被称为代理官,表示他已经回归原来的职务。③ 盖乌斯·弗里乌斯·萨比尼乌斯·阿奎拉·蒂梅西特乌斯和昆图斯·阿克西乌斯·埃里亚努斯的情况也是如此,他们都曾两次担任同一省份的代理总督,蒂梅西特乌斯在阿拉伯,埃里亚努斯在达契亚。④ 这表明他们在两次署理总督之间回归了代理官本职。代理总督的任命并没有改变骑士代理官的职业生涯,后者在很大程度上继续遵循既定模式。例如,卢基乌斯·提提尼乌斯·克洛狄亚努斯

---

① 本章下文将考察近卫军长官的军事指挥权。
② 在空叙利亚行使执政官权的美索不达米亚长官尤利乌斯·普利斯库斯是少数几个例外之一,很可能因为他是皇帝的兄弟而担任了一个特别的职务。
③ *CIL* III 7901 = *IDR* III. 2 188.
④ Timesitheus: *CIL* XIII 1807 = *ILS* 1330. Aelianus: *CIL* III 1456 = *ILS* 1371.

在3世纪40年代担任了努米底亚的临时总督，随后又在罗马担任负责收税和至大者宙斯赛会的代理官，接着才成为埃及总督。① 盖乌斯·弗里乌斯·萨宾尼乌斯·阿奎拉·蒂梅西特乌斯是个例外，他曾担任阿拉伯、下日耳曼尼亚、本都、比提尼亚和亚细亚的代理总督，还在比提尼亚署理负责征收关税的代理官，在亚细亚署理负责遗产税和关税的代理官。蒂梅西特乌斯的生涯无论如何都不能被认为是典型的，而且肯定与他在3世纪30年代受到皇帝垂青有一定关系，这一时期他的许多职位都是连着担任的。②

上述临时任命表明，罗马皇帝有权选择他看中的人担任行省总督，无论他们现有的地位等级如何。这种特权早在提比略统治时期就已经使用了，当时他选中释奴西贝鲁斯担任埃及总督。在随后的几个世纪里，奥古斯都将一些行省分配给元老代执政官，将另一些分配给皇帝代理官或骑士总督代理官的制度变得过时了。就像埃希（Eich）所指出的，这是因为该体制同帝国政府的现实不符，在后者中，全部的恩赏和任命都来自皇帝。③ 在君主制罗马国家中，元老行政官员和骑士行政官员的区别变得越来越无关紧要。骑士被任命某官职，需要有元老被任命此职时所具有的相同资格和能力，而且职责范围也类似，就像我们在前几章所看到的。④ 长久以来，行省代理官在罗马行政体系中的地位一直是模糊的，因为他们听命的不是行省总督，而是皇帝本人。⑤ 由于他们已经身在行省，因此成了在特殊情况和紧急状况下替代总督的天然人选，比如在任总督突然（非自然）死亡、失宠或被处

---

① Pflaum 1960:859–64 (no. 331 *bis*).
② 见 Pflaum 1960:815–19 的假说。
③ Eich 2005:350–4.
④ 见本书第四、六、七章。
⑤ Eich 2005:98–145. 关于代理官体系的建立，见第四章；关于其后续发展，见第七章。

决，或者因为边境战事而不得不临时把司法权力托付他人。

这些骑士代理官的临时提拔并不代表"骑士的崛起"：他们被选中并非因为他们的骑士身份，或者他们天生比元老更有能力或经验。事实上，选中骑士官员恰恰是因为无论从哪个方面来看，他们都与元老一样有资格担任总督——区别仅在于身份。① 整个骑士等级中出现新的公职贵族，意味着有一群骑士愿意且有能力同元老等级中有职业抱负的成员一起为罗马国家服务。因此，任命骑士代理总督是历代皇帝重视实用甚于恪守传统的结果，他们选了最合适的替代者，无论其官方身份如何。这种做法为公元3世纪末行省总督中传统地位等级的崩溃埋下了伏笔。

士兵的野心

阿昆图姆的奉献铭文所揭示的第二个重要动向是军团指挥权从元老军团长那里交到了骑士长官手中。虽然伽利埃努斯统治时期的环境为这一变化提供了催化剂（正如我们在本章中稍后会看到的），但它发生的背景需要结合罗马军队中的其他动向来解释。首先是士兵及其家族成员进入了骑士等级，这是在公元2世纪后期之前无从证实的新现象。② 罗马军队中，骑士身份从未在百人队长级别之下广泛存在。即便在百人队长中，这种身份也仅限于那些从罗马骑士中委任的（*ex equite Romano*）。有百人队长被皇帝升入骑士等级的零星例子，但即

---

① 见 Kulikowski 2014:138 – 9，作者认为骑士比元老更有资格。就像我在第七章中所指出的，我对骑士和元老公职贵族一视同仁，并不认为哪个群体比另一个更"有资格"。
② Stein 1927:155 – 60. 本节是根据 Davenport 2012b 修改而成。

第十一章 总督与将军

便那样,他们的后人也无法自动继承骑士身份。① 骑士身份通常仅限于前首席百人队长,他们一生都在服役。留在军中的首席百人队长可以被提拔为军营长官,或者(治安队、城市大队、近卫军或皇帝骑兵队中的)某个罗马军政官。② 因此,当我们看到士兵之子被提拔进骑士等级,士兵本人被直接升入骑士军阶时,这是一个重要的动向。

我们的第一个关于士兵之子获得骑士身份,并有可靠年代的例子来自康茂德统治时期:

> 献给赫丘利神,马尔库斯·奥雷利乌斯·巴西努斯,皇帝骑兵队的训练官百人队长,和他的儿子,罗马骑士奥雷利乌斯·萨宾努斯,自愿还愿。③

我们知道巴西努斯不是从罗马骑士中委任的百人队长,因为他是从粮食商被提拔起来的。④ 因此,康茂德决定只提拔巴西努斯的儿子奥雷利乌斯·萨宾努斯进入骑士等级。有 26 个士兵之子拥有骑士身份的例子被记录了下来。⑤ 虽然只有略多于一半是像萨宾努斯那样的百人队长之子,另一些是地位更低的士兵之子,比如马夫(*strator*)尤利乌斯·瓦伦斯(Iulius Valens),掌旗者(*signifer*)昆图斯·卡提尼

---

① E. Birley 1953:104-24; Dobson 1970. 关于骑士身份是皇帝的个人恩赏,从技术上讲无法被继承,见本书第五章。
② Dobson 1974:413-20, 1978:68-91.
③ CIL VI 273 = M. P. Speidel 1994a: no. 34: [Deo] | Herculi | M(arcus) Aur(elius) Bas | sinus | 7(centurio) ex | ercita(tor) n(umeri) | eq(uitum) sing(ularium) | cum Aur(elio) Sa | bino eq(uite) R(omano) | fil(io) v(otum) l(ibens) s(olvit).
④ M. P. Speidel 1994a:66.
⑤ Stein 1927:158-60. 完整的名单见 Davenport 2012b:105。

乌斯（Q. Catinius）和老兵（*veteranus*）盖乌斯·阿尔托尼乌斯·特尔图鲁斯（C. Artonius Tertullus）。① 有些例子明确提到，儿子"被授予了公共马"（*equo publico exornatus*），就像老兵之子门米乌斯·维克托里努斯（Memmius Victorinus）那样，这排除了他们是冒称身份的可能性。② 有些孩子很小就获得了荣誉。"弗拉维乌斯"第四军团的一名百人队长之子马尔库斯·瓦雷利乌斯·乌尔皮乌斯（M. Valerius Ulpius）在8岁去世前被授予了公共马，另一些还只是婴儿，最小的才8个月。③ 对孩子的这类恩赏在军队以外也有例证；比如，盖乌斯·维勒伊乌斯·乌尔班努斯（C. Velleius Urbanus）在5岁时被安东尼·庇护授予了公共马。④ 此举旨在为孩子的父亲增光，在皇帝释奴中特别常见。⑤ 同样的原则似乎也适用于士兵之子。那些成为罗马骑士的人是一个特权群体的一部分，他们的父亲属于与皇帝关系密切的部队，比如近卫军、皇帝骑兵队或"帕提亚"第二军团。⑥ 他们被提升为骑士等级代表了对他们父亲服务的一种尊重。

差不多在军人之子开始被提拔为骑士等级的同时，士兵也开始被直接任命为骑士军阶中的军官。⑦ 有10个来自军团和近卫军的老兵获得这些军官职务的例子，他们的级别都低于百人队长。最早有确切年代的例子是公元212年坎帕尼亚志愿军第一大队（*cohors I*

---

① Valens：*CIL* VI 32878. Catinius：*CIL* VI 3242 = XI 2625. Tertullus：*CIL* VIII 4882.
② *CIL* VIII 14344.
③ Ulpius：*CIL* III 4327. 关于最年幼的荣誉获得者，见 *CIL* III 14403a（8个月）；*AE* 1999，1335（1岁）；*AE* 1976，494（2岁）；*CIL* VI 1596（4岁）。
④ *CIL* X 3924 = ILS 6305；Castagnoli 1949/50.
⑤ Weaver 1972：289 - 90；Demougin 1980：160；Duncan-Jones 2006：218，2016：125 - 6.
⑥ Duncan-Jones 2006：216 - 17，2016：124 - 5. 本章稍后将讨论这些部队的重要性。
⑦ 完整的名单见 Devijver 1993：219 - 23，Davenport 2012b：99 - 100 对其做了更新和修订。除了这份名单，还应该加上一个我之前忽略的例子：马尔库斯·凯勒里尼乌斯·奥根都斯（M. Celerinius Augendus，*PME* C 104），这位骑士长官的兄弟是士兵，因此他本人很可能也出身行伍（M. P. Speidel 1991：117）。

Campanorum voluntariorum）的军政官普布利乌斯·埃利乌斯·瓦雷利乌斯（P. Aelius Valerius），他被称为"军政官，前老兵"（*trib*［*uno*］*ex vet*［*erano*］）。① 这暗示他在入伍和被提拔为军政官之间没有担任过其他职务。在不列颠服役的昆图斯·佩尔特拉希乌斯·马克西姆斯（Q. Peltrasius Maximus）自称"军政官，'最突出者'级别的近卫军长官的前戴角盔副官"（*trib*［*unus*］| *ex corniculario* | *praef*［*ectorum*］*pr*［*a*］*etorio e* | *m*［*inentissimorum*］*v*［*irorum*］）。② 这些提拔对士兵来说代表了新的非传统路径，因为在克劳狄乌斯统治后，他们不会升入骑士军阶，而是会通过首席百人队长和"罗马军政官"获得更高的地位。骑士军阶中的辅助军指挥官和军团军政官职位大多被留给了市镇贵族。③

除了上述例子，还有一些士兵获得了"军阶申请人"（*militiae petitor*）的头衔。这表示他们被准许在骑士军阶中寻求委任，但尚未获得具体职务，想来是因为当时没有空缺。④ 最早的例子出现在康茂德统治时期马尔库斯·乌尔皮乌斯·西尔瓦努斯的墓志铭中：

> 向神圣的亡灵致敬。致马尔库斯·乌尔皮乌斯·西尔瓦努斯，由康茂德皇帝授予公共马，军阶申请人，阿提利乌斯·霍斯皮塔利斯为他最亲爱的兄弟所立。⑤

---

① *CIL* III 3237.
② *RIB* 989 = *ILS* 4721.
③ 完整的讨论见第六章。
④ Henzen 1868; Stein 1927:158.
⑤ *CIL* VI 3550 = *ILS* 2759: *D(is) M(anibus) | M(arco) Ulp(io) Silvano eq(uo) | publ(ico) ornato ab Imp(eratore) | Commodo Aug(usto) pet(i)t(ori) | mili(tiae) Atil(ius) Hospitalis | fratri dulcissimo | fecit.*

我们对乌尔皮乌斯·西尔瓦努斯的出身所知寥寥，但他很可能是个士兵。墓志铭由阿提利乌斯·霍斯皮塔利斯献给他最亲爱的兄弟（dulcissimo fratri）；两人姓名明显不同，表明他们不是亲兄弟而是战友。① 虽然西尔瓦努斯在成为军阶申请人之前就获得了骑士身份，但显然其他许多有这种身份的人并非骑士。相反，他们是来自军团或近卫军的老兵，或者级别低于百人队长的军官，比如优待兵（beneficiarii）。② 从马尔库斯·奥雷利乌斯·塞孔狄努斯（M. Aurelius Secundinus）的墓碑上可以看出这点（图11.1）：

> 向神圣的亡灵致敬。致马尔库斯·奥雷利乌斯·塞孔狄努斯，马尔库斯之子，皇帝陛下的老兵，③ 出身近卫军第三大队，军阶申请人，潘诺尼亚人。他的继承人，妻子埃里娅·瓦伦蒂娜，和儿子奥雷利乌斯·塞孔都斯为这个名至实归的人所立，他活了40岁零1个月又4天。他的释奴马尔库斯·奥雷利乌斯·普利姆斯生前所刻。

如果塞孔狄努斯是骑士，那么他的墓志铭中无疑会记载"罗马骑士"或"公共马骑士"等头衔。而他的后人提到他所拥有的最高身份是军阶申请人。事实上，只有一个例外，当"军阶申请人"一词只出现在墓志铭中，想来是因为获得这种身份的士兵最终得到了军官任命，所

---

① 关于士兵偏爱互称兄弟，见 Phang 2001:162。
② Stein 1927:157–8; Davenport 2012b:100.
③ CIL VI 2488: D(is) M(anibus) | M(arco) Aur(elio) M(arci) f(ilio) Secundino vet(erano) Aug(usti) | n(ostri) ex coh(orte) III pr(aetoria) mil(itiae) petit(ori) nat(ione) | Pannonio Aelia Valentina | soror et Aur(elius) Secundus filius | heredes bene merenti fecerunt | qui vixit ann(is) XL m(ense) I d(iebus) IIII | M(arcus) Aur(elius) Primus lib(e)rtus viv(u)s fe(cit).

第十一章 总督与将军

图 11.1 马尔库斯·奥雷利乌斯·塞孔狄努斯的墓碑,罗马城外

以这个头衔变得多余了。① 对死者而言，这项荣誉被记入他们的墓志铭中，以强调他们在军中升迁和跻身军官的可能。

老兵进入骑士军阶，而其他士兵也能作为军阶申请人申请这些职位，这产生了一些严肃的问题。这些人怎么会获得骑士身份的？他们很可能缺乏达到骑士财产条件的财力。② 实际上，他们很可能是得到军阶中的军官职务任命时被授予骑士身份的。我们可以比较一下大队军政官埃米利乌斯·帕尔达拉斯的例子，他因"被授予骑士等级身份和第二个军阶职务的恩赏"（*pro conlatis in se beneficiis | equestr* [*is*] *ord* [*inis*] *item secundae militiae*）而向维斯塔贞女坎皮娅·塞维里娜奉献了一座雕像。这暗示帕尔达拉斯是同时获得这两项荣誉的。③ 军阶申请人的头衔很可能是皇帝亲自授予的，表明士兵得到了他的许可去谋求骑士军官职务。在铭文证据中，大部分军阶申请人来自近卫军等与皇帝关系很近的部队——就像那些儿子被授予骑士身份的士兵的例子——这肯定不是巧合。另一些军阶申请人可能在生涯的某个时刻遇到了皇帝或其心腹谋士，就像盖乌斯·托里基乌斯·维鲁斯（C. Tauricius Verus）那样。④ 不过，这种皇帝恩赏也可能来自有权势的庇主的游说，诸如显赫的元老、骑士和维斯塔贞女。前优待兵卡西乌斯·蒂莫特乌斯（Cassius Timotheus）通过与皇帝菲利普的兄弟、美索不达米亚长官尤利乌斯·普利斯库斯的关系得以申请军阶职务。⑤ 在这些提拔中，骑士的财产要求——公元 3 世纪初仍在正式实

---

① "军阶申请人"一词只有一次被用来指活人，那就是昆图斯·加尔基利乌斯·马提亚里斯（Q. Gargilius Martialis, *CIL* VIII 20751），他获得军官职务后并未使用（*CIL* VIII 9047 = *ILS* 2767）。
② Davenport 2012b: 101–2.
③ *CIL* VI 2131 = *ILS* 4929.
④ 关于维鲁斯的生涯，见 Haensch 2001。
⑤ *IGR* III 1202 = *ILS* 8847.

施——很可能被抛在了一边。① 这一点也适用于成为骑士的士兵之子。虽然百人队长之子靠着父亲的财产可能已富有到能满足40万塞斯特斯的要求，但普通士兵之子不太可能。对不符合必要标准的士兵授予骑士身份或委任为骑士官员，是对皇帝特权的动用的一种惊人展示。与之前讨论的代理总督的例子一样，它们显示了传统的地位等级制度可以怎样被皇帝推翻。大约同一时间，我们看到"出众者"的头衔被授予了未担任过代理官的首席百人队长。② 由于这一更高的骑士荣誉并没有授予所有的首席百人队长，那么获得该头衔的人很可能是得到了皇帝的特别恩典。③ 骑士公职贵族的头衔正逐渐扩大到军队的指挥官。

一些学者提出，提拔士兵进入骑士军阶之所以有必要，是因为市镇贵族的骑士中缺乏军官候选人。④ 这种观点主要源于加雷特（Jarrett）对来自阿非利加的铭文材料的解读，它显示在公元3世纪，来自军事化地区的骑士军官比例有所增加，特别是在努米底亚和毛里塔尼亚。⑤ 他对这种现象的解读是，来自较为城市化的沿海地区的骑士不愿服役，因此征兵集中在从前的军队殖民市。虽然军官短缺并非不可能，但鉴于市镇精英对参军始终抱有兴趣，这似乎不太可能是个

---

① 对公元3世纪时骑士人口调查的全面讨论，见第十二章。
② Dobson 1978:120-1. 比如，首席百人队长拉贝利乌斯·伽卢斯在公元225年被称为"出众者"。(CIL XI 2702 = ILS 7217)
③ 两条墓志铭证明了这点：(i) 首席百人队长塞克斯图斯·阿提利乌斯·洛加提亚努斯（Sex. Atilius Rogatianus）的墓志铭，为他的继承人普布利乌斯·诺尼乌斯·菲利克斯（P. Nonius Felix）所立，后者同为首席百人队长，拥有"出众者"的较高地位（CIL VIII 12579）；(ii) 首席百人队长帕皮里乌斯·斯波鲁斯（Papirius Sporus）的墓碑，为他的兄弟帕皮里乌斯·苏格拉底（Papirius Socrates）所立，后者拥有"出众者"的头衔（CIL VI 2861）。
④ 比如，见 Jarrett 1963:226; E. Birley 1969:76-7, 1983:83; Dobson 1970:104, 1974:401; Devijver 1991a:190, 1992:221, 1993:227-30, 1995:184; Handy 2009:206-9。
⑤ Jarrett 1963:225-6.

大问题。① 我们反倒是应该考虑士兵寻求在骑士军阶中晋升为军官的原因。这不太可能是因为薪俸——军官的薪俸并不比百人队长和首席百人队长高——或持续的职业生涯的保障，因为正如我们在第六章中看到的，军阶的委任取决于是否有空缺职位和人脉广的庇主的支持。骑士军阶的吸引力无疑在于军官身份本身，以及附带的所有特权。士兵从普通小卒到军官的传统路径是通过晋升为首席百人队长，那时他们可能已经55岁左右了。② 公元3世纪初，新的骑兵部队的等级结构发生了一些变化，预示了后来罗马军队的职业架构确实允许士兵晋升为高级军官。③ 但这些似乎是孤例，仅限于新部队，并没有改变军官职务的既有路径——它漫长曲折且大多数人无法企及。因此，如果士兵获得提拔进骑士军阶的机会，让他绕过这条漫长而艰难的职业路径，他很可能会觉得难以拒绝。

　　士兵的野心得到了罗马军队文化的鼓励，军队虽然灌输要团结一致，但一直是个竞争激烈、等级森严的组织。军阶的差异通过军服上的标志和符号构成的复杂语言表达了出来。④ 当士兵死去，被其战友和亲属缅怀时，墓碑上的形象会展现他们生前的特别之处。比如，优待兵会和他们独特的投矛一起被描绘在墓碑上，而百人队长则被刻画成拿着藤杖（*vitis*）。纪念碑是军队内部存在的等级和地位竞争的外在表现。⑤ 这种等级社会的后果是鼓励士兵（其中许多人出身相当寒微）寻求晋升，并向往高级军官的生活方式，包括元老和骑士等级

---

① 见 Davenport 2012b:118-20; Davenport forthcoming；以及本书第十二章。
② Breeze 1974:256-7, 275-8; Dobson 1974:411.
③ 关于新的地位，见 M. P. Speidel 的几部重要作品：1977:703, 1992a, 1994b:79-81, 2005, 2008:688。4世纪的等级结构出现在 Jerome, *Contra Ioh. Hier.* 19, A. H. M. Jones 1964:634, 1263-4 做了讨论。
④ James 2004:64-5; Coulston 2007:533-5.
⑤ Lendon 1997:238-47; Coulston 2007:545.

第十一章 总督与将军

图 11.2 奥雷利乌斯·克劳狄亚努斯墓碑（罗马城外，已不复存在）的素描

的。① 军人创作的诗歌充分证明了这点，比如在努米底亚的布恩杰姆（Bu Njem）发现的那些，它们是由并不精通拉丁语诗格和韵律的百人队长所写。② 对社会流动的渴望甚至延伸到了辅助部队的士兵那里，驻扎在温多兰达的巴塔维亚军官展现了这种趋向，他们效仿罗马精英的生活方式，举行奢华的宴会，培养对狩猎的爱好。③

为了向取得骑士身份的士兵之子致敬而立的纪念碑，从略有不同的角度展现了同样的现象。这些骑士中有许多去世时还是孩子，他们的墓志铭概括了父母对他们离世的悲伤。3 岁的罗马骑士奥雷利乌斯·克劳狄亚努斯（Aurelius Claudianus）的墓志特别令人心酸（图 11.2）：

向神圣的亡灵致敬。献给奥雷利乌斯·克劳狄亚努斯，罗马

---

① Lendon 2005:276 - 7.
② Adams 1999.
③ Bowman 2006:87.

骑士，他活了3年零10个月又28天，弗拉维乌斯·维亚托尔，他的父亲，扈卫，为最亲爱的儿子立下此碑，他完全配享这个。①

碑身上，克劳狄亚努斯以骑着马、手拿花环的形象示人，这幅场景旨在描绘如果他活下来可能会过的生活。这在夭折孩子的墓碑和墓志上是特别常见的做法。② 9岁的罗马骑士多米提乌斯·马里尼亚努斯(Domitius Marinianus)的石棺上体现了同样的价值观（图11.3），尽管他并非士兵之子。石棺中央描绘了马里尼亚努斯身着军官服装的样子，虽然他生前从未担任过此职。③ 莫里岑指出，罗马释奴为他们的孩子立的墓志铭所传达的不仅是他们由衷的悲伤，还有对家族未来

图11.3 多米提乌斯·马里尼亚努斯的石棺，罗马城外

① CIL VI 1595: *D(is) M(anibus) | Aur(elio) Claudiano | eq(uiti) R(omano) qui vix(it) | annis III m(ensibus) X | die(bus) XXVIII | Fla(vius) Viator | protector | pater | filio dulcissimo | b(ene) m(erenti) fecit.* （译者：图11.2上写作"兄弟"[*frater*]，而非"父亲"[*pater*]）。
② B. Rawson 2003:356-63.
③ CIL VI 41432："献给弗洛伦提乌斯·多米提乌斯·马里尼亚努斯，罗马骑士，他活了8年零2个月……最亲爱的儿子。"(*Florentio | Domitio Mariniano | eq (uiti) R (omano) qui vixit ann (is) VIIII | mens (ibus) duobus ... filio dulcissimo*)。

599

第十一章 总督与将军

和通过社会等级崛起的潜在可能的深深失落感。① 这些小骑士的铭文揭示了罗马军队的世界中也出现了类似的现象：士兵哀悼的不仅是他们死去的儿子，还有他们希望后代获得更高地位的野心。

在骑士军阶中服役让士兵们得以跻身可以自称为"军阶出身"（*a militiis* 或 *ἀπο στρατειῶν*）的享有特权的个人群体。从公元 2 世纪后期开始，这些字眼醒目地出现在荣誉或墓葬铭文中。② 即便只在军阶中担任过一个军官职务的人也会使用上述头衔，就像任何担任过一个代理官职务的人都会位列"出众者"一样。如果有军官特别希望表明自己担任过三四个军阶职务，他就会使用更准确的字眼，比如"四次担任军阶"（*a IIII militiis*）或"担任过所有的骑士军阶职务"（*omnibus equestribus militiis perfunctus*）。③ 使用这一术语表明了对服役和军官身份的极大自豪。④ 更重要的是，在骑士军阶中服役者很快有资格获得之前只授予代理官的更高的骑士荣誉。公元 3 世纪 40 年代在努米底亚服役的军官门米乌斯·瓦雷利亚努斯证明了这点。他在为他的总督所立的雕像底座上骄傲地自称"四次担任军阶，出众者"（*a IIII militiis v[ir] e [gregius]*）。⑤ 甚至能从马尔库斯·刻勒里尼乌斯·奥根都斯（M. Celerinius Augendus）那里找到更早的例子，他是一位在塞维

---

① Mouritsen 2005：61－2.
② Deviiver 1989c：61－72.
③ 变体包括"三次担任军阶"（*a militiis III*, CIL VIII 2399）；"四次担任军阶"（*a IIII militiis*, CIL VIII 2732）；"三次担任军阶"（*ἀπὸ τριῶν χιλιαρχιῶν*, IGR 4 1204 = TAM V. 2 913）；"担任过所有的骑士军阶"（*omnib[us] equestrib[u]s milit[iis] perfunc[to]*, CIL III 1198 = ILS 8113）；"担任过所有的骑士军阶"（*om[nibu]s militiis equestribus ornato*, CIL III 6055）。
④ Deviiver 1989c：71－2.
⑤ CIL VIII 2732 = ILS 1154. 其他的例子见侧翼骑兵长官提图斯·克诺利乌斯·萨宾尼亚努斯（T. Cnorius Sabinianus, CIL III 4183 = ILS 7117；PME C 211）；军官马尔库斯·卢基利乌斯·奥菲狄亚努斯（M. Lucilius Aufidianus, AE 2007，1614）；提图斯·瓦伦尼乌斯·萨宾努斯（T. Varenius Sabinianus, CIL III 1198 = ILS 8113；Bianchi 1987）。

鲁·亚历山大统治时期升任驻努米底亚格梅莱（Gemellae）的潘诺尼亚人第一侧翼骑兵队长官的巴塔维亚士兵。① 奥根都斯是因皇帝从行伍中提拔军阶成员而受益的士兵之一。奥根都斯的兄弟刻勒里尼乌斯·菲德里斯（Celerinius Fidelis）去世时只是卢格杜努姆代理官部属中的一名会计（*exactus*），奥根都斯则欣喜地获得了"出众者"和"军官"的头衔。② 很容易理解为何士兵们觊觎这条获得骑士身份的路径，而不是通过首席百人队长这条漫长而曲折的路。直到公元3世纪中叶，对于市镇贵族和行伍者来说，骑士军阶始终是很有吸引力的机会。③

本节提出了这样一种论点，即从公元2世纪后期开始，皇帝为士兵提供了更多成为骑士等级的机会，以此奖励他们的服役。这可以通过将他们提拔进骑士军阶，或者授予他们儿子公共马来达成。罗马的皇帝们非常重视与军队的关系，那是他们权威的终极基础。④ 确保军队忠诚的最有效方式是在登基时赏赐士兵，并在重要的帝国纪念日进一步赏赐。⑤ 这类赏赐在公元2世纪期间变得更加豪阔。记录中最大的单笔赏赐达到2万塞斯特斯，是马可·奥勒留和卢基乌斯·维鲁斯在公元161年即位时赏给近卫军的。⑥ 在康茂德统治时期，个别部队因其忠诚而被授予"康茂德部队"（*Commodiana*）的称号，这种做法在3世纪变得普遍起来，军团或辅助军被授予了"安东尼部队"（*Antoniniana*）、"马克西米努斯部队"（*Maximiniana*）和"戈尔狄安部队"（*Gordiana*）等称号。⑦

---

① M. P. Speidel 1991:116 – 17.
② *CIL* XIII 1847 = *ILS* 2389.
③ 关于详细的证据和讨论，见我即将出版的新作。
④ B. Campbell 1984 是经典的研究。
⑤ Duncan-Jones 1994:82 – 90.
⑥ *HA Marcus* 7. 9.
⑦ B. Campbell 1984:49 – 51; M. P. Speidel 1993; Hekster 2002:164 – 8. 关于公元3世纪的部队称号，见 Fitz 1983。

传统上认为，士兵进入骑士军阶与塞普提米乌斯·塞维鲁的军队改革有关。① 但就像我们看到的，这种做法实际上出现得更早，在公元2世纪后期康茂德统治时就有据可查了。不过，我们不必把这些改变同某位具体的皇帝联系起来。随着皇帝将骑士身份授予他们注意到的士兵之子，或者根据亲信的推荐提拔士兵进入骑士军阶，他们是随时间的推移而增多的。塞普提米乌斯·塞维鲁统治的氛围无疑推动了这一过程。他清楚地意识到是军团在公元193年帮助他上台，他们的持续支持对其统治的长久必不可少。因此，他对士兵做了几次让步，包括提高军饷，允许现役军士（*principales*）建立社团。② 这些恩赏是塞维鲁对士兵慷慨的直接结果，有几条铭文中，接受者本人提到了这点。③ 塞维鲁还允许军人佩戴金指环。这个本身并不会授予骑士等级，但会表明该士兵是"尊贵者"（*honestiores*），并享有随之而来的全部法律特权，可免除低贱的惩罚。④ 上述各种提拔和荣誉——老兵升入骑士军阶、军人家庭的幼子获得骑士身份以及授予金指环——是皇帝在回应士兵对更高的地位和晋升的渴望。但与此同时，这些变化为罗马军队等级更广泛的转变奠定了基础。

帝国的高级指挥官

想要跻身骑士军阶的士兵们的志向，突显了罗马军队和行政体系中往往显得奇怪和曲折的晋升道路。通常从行伍中晋升的模式（通过首席

---

① E. Birley 1969:63-4; R. E. Smith 1972:496; Handy 2009:206.
② 新的综述见 Handy 2009。
③ Ginsburg 1940; *CIL* VIII 2554 = *ILS* 2445; *CIL* VIII 2553 = *ILS* 2438; *ILS* 9099; *ILS* 9100.
④ Garnsey 1970:245-51; Duncan-Jones 2006:215-16, 2016:124-5. 关于元首制下的金指环，见本书第五章。

百人队长和罗马军政官）绕过军阶中的骑士军官，直接通往代理官的生涯。前士兵被置于更高层面上直接指挥军队的机会包括担任舰队长官、总督代理官，或治安长官和近卫军长官。不过，几乎没有迹象表明，罗马行政体系喜欢优先考虑前士兵担任这些职务，许多首席百人队长后来成了财务代理官。[1] 高级的军团和行省指挥官仅限于元老；有经验的首席百人队长已经人到中年，通常不适合加入元老院。[2] 这意味着在元首制下，没有从士兵到将军的连贯的职业路径。前士兵被提拔进骑士军阶代表了对这一体系的挑战，但这本身不足以推动对军队职业体系的彻底改造。这种改造是在公元2世纪末和3世纪逐渐发生的。

传统上，皇帝会把军事权力授予他们的元老军团长，代执政官和代大法官行省的总督，以及任何奉命行使临时跨行省指挥权的元老，就像格奈乌斯·多米提乌斯·科尔布洛（Cn. Domitius Corbulo）或盖乌斯·阿维狄乌斯·卡西乌斯（C. Avidius Cassius）那样。[3] 在需要大量兵力的重要战事中，比如图拉真的达契亚和帕提亚战争，皇帝和他的元老将军们会掌握军团的指挥权。[4] 骑士军官（通常属于骑士军阶）会被安排统率辅助军或较小的部队。[5] 比如，在卢基乌斯的帕提亚战争中，"弗拉维乌斯阿格里帕"第二侧翼骑兵队（*ala II Flavia Agrippiana*）的长官马尔库斯·瓦雷利乌斯·洛里亚努斯（M. Valerius Lollianus）被任命为叙利亚的骑兵辅助部队的队官（*praepositus*）。[6] 在这场战事期间，洛里亚努斯要

---

[1] 见 Dobson 1974：421 - 6，1978：92 - 11，以及本书第七章中对这点的讨论。
[2] Dobson 1970：107 - 8.
[3] Vervaet 2007：128 - 9，132 - 4.
[4] 关于图拉真的战争中的指挥权，见 Syme 1958：239，242 - 3，645 - 8；Saxer 1967：25 - 7；Bennett 2001：194 - 5，200 - 1。
[5] Saxer 1967：25 - 7；R. E. Smith 1979：264 - 73；Tully 1998：230 - 2.
[6] *CIL* III 600 = *ILS* 2724 = *LIA* 188. 关于年代，见 Haensch and Weiß 2012：448 - 50，他们取代了 D. L. Kennedy 1997 的观点，后者认为那是在图拉真统治时期。

听命于高级元老指挥官，包括卡帕多奇亚的总督马尔库斯·斯塔提乌斯·普利斯库斯·李基尼乌斯·伊塔利库斯（M. Statius Priscus Licinius Italicus），以及负责一支由军团和辅助军组成的远征部队的皇帝代表马尔库斯·克劳狄乌斯·弗隆托（M. Claudius Fronto）。① 在占据了2世纪70年代大部分时间的日耳曼战争期间，马可·奥勒留的高级指挥官也大多是元老将军。② 统率近卫军大队和皇帝骑兵队（*equites singulars Augusti*）的近卫军长官是这份元老指挥官名册上的例外。③ 近卫军长官有时会被赋予更高级的权力，比如当摩西亚的元老总督奥皮乌斯·萨宾努斯（Oppius Sabinus）阵亡后，图密善把他的第一次达契亚战争的领导权交给了科尔内利乌斯·福斯库斯（Cornelius Fuscus）。④ 在公元177年他的第二次日耳曼战争伊始，马可·奥勒留同样把一支远征军的指挥权交给了他的近卫军长官塔鲁提埃努斯·帕特尔努斯（Taruttienus Paternus）。⑤ 这些短期任命并未令元老的军事权威产生变化。

元老面前有着清晰的军职阶序：他们可以担任军政官，然后成为军团长，接着担任有两三个军团的行省的总督。骑士则没有如此明确的路径，有才干的骑士没有机会以高级军官的身份统率大规模远征军。这意味着不得不设计出临时的解决办法，就像公元2世纪60—70年代在马可·奥勒留统治期间所发生的。以骑士军阶开始生涯的马尔库斯·瓦雷利乌斯·马克西米亚努斯被安排统率骑兵部队前往东

---

① A. R. Birley 1993:123, 128 – 30. Italicus: *CIL* VI 1523 = *ILS* 1092. Fronto: *CIL* VI 41142.
② A. R. Birley 1993:155 – 7.
③ Howe 1942:22; M. P. Speidel 1994b:99 – 100; Bingham 2013:41.
④ Suet. *Dom.* 6. 1; Dio 67. 6. 5 – 6; B. W. Jones 1992:179. 元老指挥官在第二次达契亚战争中回归（B. W. Jones 1992:141）。
⑤ Dio 72(71). 33. 3 – 4^1; A. R. Birley 1993:207.

方行省，协助镇压阿维狄乌斯·卡西乌斯（Avidius Cassius）的叛乱。由于他已经晋升到超出军阶的位置，马克西米亚努斯被授予了10万塞斯特斯级别的地位（相当于代理官），以示对他地位的认可。① 与他同时代的卢基乌斯·尤利乌斯·维西里乌斯·伽卢斯·尤利亚努斯（L. Iulius Vehilius Gallus Iulianus）也获得了同样的提拔，被晋升到比第四军阶更高的位置。② 尤利亚努斯获得了"皇帝代理官和分队队官"的特别头衔，以表彰他在这一时期的几场战事中的资历。③ 这些代理官级别的委任代表了创造一种相当于元老军团长的骑士身份的尝试。另一个唯一的选择是将这些骑士提拔为前大法官级别的元老。这最终发生在马尔库斯·瓦雷利乌斯·马克西米亚努斯和他一样生活在安东尼王朝的两个人身上，即普布利乌斯·赫尔维乌斯·佩蒂纳科斯和马尔库斯·马克里努斯·阿维图斯·加图尼乌斯·温德克斯（M. Macrinius Avitus Catonius Vindex）。④ 但尤利亚努斯仍然是骑士，最终升任康茂德的近卫军长官。⑤

必须强调的是，上述提拔并不代表任何将久经沙场的士兵从行伍提升到高级指挥官的企图。马克西米亚努斯是来自潘诺尼亚的波伊托维奥的元老阶层，而温德克斯是近卫军长官马尔库斯·马克里努斯·温德克斯之子。⑥ 佩蒂纳科斯是释奴之子，但凭借拥有显赫的元老庇

---

① Pflaum 1960:476-94 (no. 181 *bis*). 在描述其生涯的铭文中，他的头衔是"骑士长官……获得10万塞斯特斯级别的荣誉"（*praep* [*osito*] *equitib* [*us*] ... *honor* [*e*] *centenariae dig | nitatis, AE* 1956,124）。
② Pflaum 1960:456-64 (no. 180). *SEG* 7,145 = *AE* 1933, 208 提到了授予第四军阶。
③ *CIL* VI 41271.
④ Pertinax: *HA Pert.* 2.1-5; Pflaum 1960:451-4 (no. 179). Vindex: *CIL* VI 1449 = *ILS* 1107; Pflaum 1960:510-13 (no. 188).
⑤ *CIL* XIV 4378; Dio 72.14.1.
⑥ Maximianus: *AE* 1956,124; *CIL* VIII 4600. MacriniusVindex: Pflaum 1960:388-9 (no. 161).

主，他获得了骑士身份和军阶委任。[1] 我们不清楚尤利亚努斯的出身，但他肯定是从军阶开始自己生涯的。[2] 马可·奥勒留的部属中只有一位久经沙场的老兵：近卫军长官马尔库斯·巴塞乌斯·鲁弗斯（M. Bassaeus Rufus），此人出身贫寒，经由首席百人队长和代理官生涯得到晋升。[3] 由此，马可·奥勒留的战争引入了一些重大革新，这突显了发展骑士阶序的一些值得注意的问题。公元2世纪见证了骑士公职贵族的地位巩固，这些人准备像元老一样文武兼顾地为国效劳。但作为骑士，他们没有担任高级军队指挥官的清晰路径，这导致了临时安排的代理官任命。

塞普提米乌斯·塞维鲁统治期间，罗马的军队体系和骑士等级的地位有了重要的发展。塞维鲁组建了三个新军团，即"帕提亚"第一、第二和第三军团，每个军团都由骑士军政官而非元老军团长统率。[4] 第一和第三"帕提亚"军团驻扎在新的美索不达米亚行省，那里按照埃及行省的模式交由骑士长官管辖。[5] 因此，军团指挥官必须是骑士，以避免出现元老听命于骑士总督的情况。[6] 当奥古斯都将在埃及的"德约塔鲁斯"第二十二军团（legio XXII Deiotariana）和"昔兰尼"第三军团交给骑士长官统率时，他也是这么做的。"图拉真"第二军团维持了同样的指挥架构，那是塞维鲁王朝时期唯一驻扎

---

[1] Dio 74(73).3.1; HA Pert. 1.5-6.
[2] 他并非像之前所认为的那样是帕尔米拉人（见 Pflaum 1960:458-9）。
[3] CIL VI 1599 = ILS 1326; Pflaum 1960:389-93 (no. 162); Dobson 1978:254-6. 关于他的寒微出身，见 Dio 72 (71).5.2-3。
[4] Dio 55.24.4. 该行省和军团早在公元 195 年就已设立。(D. L. Kennedy 1987:59-60; Cowan 2002:78-81; M. A. Speidel 2007:408-15)。
[5] Dio 75.3.2. 第一任长官是提比略·克劳狄乌斯·苏巴提亚努斯·阿奎拉 (Ti. Claudius Subatianus Aquila, AE 1979, 625; D. L. Kennedy 1979)。这些军团分别驻扎在尼西比斯和辛加拉 (D. L. Kennedy 1987:60-2)。
[6] B. Campbell 1984:404-5.

在埃及的军团。① 作为塞维鲁组建的第三个新军团，"帕提亚"第二军团驻扎在罗马城外不远的阿尔巴努姆（Albanum），从而成为第一个常驻意大利的军团。"帕提亚"第二军团的一位长官提图斯·李基尼乌斯·希埃罗克勒斯（T. Licinius Hierocles）拥有"代理军团长的长官"（praefectus vice legati）这一不同寻常的头衔，尽管很可能只是形式上的，因为该军团的记录中没有元老军团长。②

"帕提亚"军团的军官们的职业道路沿袭了驻埃及军团的模式。它们的军政官职务被纳入了骑士军阶，"帕提亚"军团的一些军政官以通常的方式继续代理官生涯。③ 通往埃及的"图拉真"第二军团长官的传统路径是经由首席百人队长和罗马军政官。④ 在安东尼王朝时期，该军团的指挥官被定为 20 万塞斯特斯级别的代理官，新的"帕提亚"军团的长官也被赋予了同样的地位。⑤ "帕提亚"军团的第一任长官盖乌斯·尤利乌斯·帕卡提亚努斯（C. Iulius Pacatianus）是从骑士军阶晋升的，但此后，指挥权似乎是按照埃及的先例授予了首

---

① Dobson 1982:322-3; M. P. Speidel 1982.
② 在塞维鲁·亚历山大统治时期，提图斯·李基尼乌斯·希埃罗克勒斯是"帕提亚"第二军团的长官（CIL VIII 20996 = ILS 1356; AE 1966, 596）。Pflaum 1960:810 认为，"代理军团长"的头衔是为了让希埃罗克勒斯区别于军营长官。来自阿帕米亚的三条铭文提到了"帕提亚"第二军团的军团长（AE 1971, 469; 1993, 1586-7），很可能也只是使用标准惯例的结果。参见 Balty 1988:102; van Rengen 2000:410; B. Campbell 2005b:23-4; Cosme 2007:103，他们都认为该军团在某个时候被元老统率，很可能是征战时。
③ 见下列例子：昆图斯·佩托洛尼乌斯·昆提亚努斯（Q. Petronius Quintianus, PME P 2; AE 1958, 239-40）；乌尔皮乌斯·维克托尔（Ulpius Victor, CIL III 1464 = ILS 1370 = AE 1980, 758; Pflaum 1960:691-4 [no. 257]）；提图斯·凯西乌斯·安提亚努斯（T. Caesius Anthianus, AE 1908, 206 = ILS 9014; Pflaum 1960:827-8 (no. 321)）。
④ Pflaum 1960:229; Dobson 1978:71-4, 1982:322-4.
⑤ 关于"图拉真"第二军团，见卢基乌斯·柯米尼乌斯·马克西姆斯（L. Cominius Maximus），他被称为"英勇的图拉真第二军团的长官，20 万塞斯特斯级别"（praef [ecto] leg [ionis] II Troianae [sic] fortis CC）（CIL XIV 3626 = ILS 2742; Pflaum 1960:513-14 [no. 189]）。关于"帕提亚"第二军团，见尤利乌斯·尤利亚努斯（Iulius Iulianus, CIL III 99）。

第十一章 总督与将军

席百人队长。① 这暗示，塞普提米乌斯·塞维鲁在组建新的"帕提亚"军团时遵循了传统的身份等级制度。在帝国其他地方，显然没有用骑士长官取代元老军团长的举动。当不列颠的军团拥立元老军团长普利斯库斯为帝后，康茂德的近卫军长官塞克斯提乌斯·提吉狄乌斯·佩瑞尼斯（Sex. Tigidius Perennis）曾尝试这样做。② 当佩瑞尼斯试图让骑士统率军团时，这种惩罚之举引发了军队叛乱，最终导致了他的倒台。③ 塞维鲁不想重蹈覆辙，因此他的新军团按照现有的骑士模式和职业路径行事。

不过，"帕提亚"军团的建立确实导致了远征军的改变，特别是它们的整体指挥架构。"帕提亚"第二军团是为了随同皇帝出征而设计的，它在塞普提米乌斯的两次帕提亚战争和不列颠远征中都扮演了这样的角色。④ 该军团是否直接受近卫军长官指挥是一个令人困扰的问题。在卡西乌斯·狄奥的《罗马史》中，马伊克纳斯这个人物向屋大维建议，应该让近卫军长官控制驻扎在意大利的所有军队，这一说法可以被认为指涉了狄奥本人所生活时代的状况。⑤ 作为塞维鲁的帕提亚战事期间一名正式的皇帝副手，近卫军长官弗尔维乌斯·普劳提

---

① Pacatianus: *CIL* XII 1856 = *ILS* 1353; Pflaum 1960:605 - 10 (no. 229); Cowan 2002: 80 - 2. 关于后来各长官的生涯，证据最多的是提图斯·李基尼乌斯·希埃罗克勒斯（Pflaum 1960:808 - 10 [no. 316]）。其他例子将在下文讨论，比如埃利乌斯·特里基亚努斯（Aelius Tricicianus）。

② HA Comm. 6. 2; Dio 73 (72). 9. 2^2 - 10. 1. 就像 Alföldy 所暗示的，这位普利斯库斯可能就是来自罗马的那条残缺不全的铭文中（*CIL* VI 41127）所纪念的同名之人。

③ 关于对这些事件的还原，见 A. R. Birley 2005:168 - 9, 260 - 1。参见 Herodian 1. 9. 1 - 10，他表示，佩瑞尼斯的儿子们在潘诺尼亚反叛，想推翻康茂德，却加速了父亲的败亡。Kolb 1977a:467 - 8 猜测，佩瑞尼斯的一个儿子其实是在不列颠被任命的骑士指挥官。

④ E. Birley 1969:78; A. R. Birley 1999:175, 2007:367; Cowan 2002:83 - 4, 89 - 92, 136 - 7; M. P. Speidel 2008:676.

⑤ Dio 52. 24. 3.

608

亚努斯无疑同皇帝一起前往了东方,但没有人提到他任何具体的军队职务,这与塞维鲁的元老将军率军作战的丰富证据形成了反差。① 因此,近卫军长官对"帕提亚"第二军团的权威是逐渐形成的。② 在卡拉卡拉对帕提亚人的战事中,他的远征军是由"帕提亚"第二军团、近卫军大队、皇帝骑兵队以及驻扎在日耳曼、多瑙河和叙利亚前线的军团组成的,总数约八九万人。③ 学者们称之为"野战军",这个为方便起见而使用的现代术语,是要描绘一支由多个军团和辅助部队组成的大军,随皇帝或领军将领参加作战。④ 除了"帕提亚"第二军团,唯一可能作为一支完整的部队参加卡拉卡拉的战事的军团是潘诺尼亚的"助手"第二军团(*legio II Adiutrix*)。⑤ 这意味着"帕提亚"第二军团实际上是这支军队的核心,而且——虽然古代文献没有明确证实这点——野战军的指挥官理应是近卫军长官。我们知道,卡拉卡拉的两位近卫军长官马尔库斯·奥佩利乌斯·马克里努斯和马尔库斯·奥科拉提尼乌斯·阿德文图斯(M. Oclatinius Adventus)都陪同他前往了东方。⑥ 这就需要在罗马任命一位代理长官,负责该职务的司法责任(我们在本章前文已经讨论过这个问题)。

"帕提亚"第二军团后来构成了塞维鲁·亚历山大和戈尔狄安三世为了对复兴的波斯帝国作战而集结的军队的核心。⑦ 事实上,在戈尔狄安三世统治时期,我们第一次清楚地看到了该军团同近卫军长官

---

① Cowan 2002:83-4. 关于普劳提亚努斯的参战,见 CIL VI 225; CIL VI 1074 = ILS 456. 关于塞维鲁的将军们,见 Mennen 2011:194-215。
② Howe 1942:21-31; Eich 2005:214-16; Mennen 2011:166-9。
③ Cowan 2002:136-55。
④ 有关公元3世纪野战军的综述,见 Strobel 2009:917。
⑤ Cowan 2002:143-5。
⑥ Dio 79(78).14.1-4; Herodian 4.14.1-2。
⑦ 这个军团驻扎在叙利亚的阿帕米亚(Balty 1998:97-100; Ricci 2000:399)。

609

第十一章　总督与将军

之间的联系。皇帝的两位近卫军长官盖乌斯·弗里乌斯·萨宾尼乌斯·阿奎拉·蒂梅西特乌斯和盖乌斯·尤利乌斯·普利斯库斯是公元242年离开罗马前往波斯前线的随行人员。[①] 同年，治安长官瓦雷利乌斯·瓦伦斯在罗马"代理近卫军长官"（*vice praef* [*ecti*] *praet* [*orio*] *agentis*）。他以此身份主持了"帕提亚"第二军团老兵的退伍。这些人是在公元216年入伍的，被留在了罗马而不是前往东方。[②] 同皇帝一起征战的近卫军长官成了极有权势的人：接替蒂梅西特乌斯的盖乌斯·尤利乌斯·菲利普安排了戈尔狄安三世在东方战死，自己以皇帝的身份返回罗马。[③] 公元3世纪50年代，黑海边一位名叫苏克西亚努斯（Succesianus）的骑士指挥官被瓦勒良召去担任他在东方的近卫军长官，统率对波斯人作战的野战军。[④] 瓦勒良军队的构成通过波斯国王沙普尔对罗马军队的引人注目的描述（被称为《神圣沙普尔的功业录》[*Res Gestae divi Saporis*]）被证实了。其中包括这位近卫军长官在公元260年同皇帝和元老院成员一起被波斯人俘虏的细节。[⑤] 将"帕提亚"第二军团作为皇帝自己的野战军的永久核心，这提高和巩固了近卫军长官作为元老将领之外的高级军队指挥官的地位。

依附于皇帝和近卫军长官的野战军的崛起，有时也为其他等级的士兵提供了新的机会。在上一节中，我们注意到在近卫军卫队皇帝骑

[①] Howe 1942：78 - 80；Huttner 2008：185 - 7。*HA Gord*. 27. 2 将蒂梅西特乌斯英年早逝之前战事的胜利归功于他，Zos. 1. 18 也提到了他的协调角色。

[②] AE 1981, 134；另见 CIL XIV 4398 = *ILS* 2159；Holder 1994。Tomlin 2008：152 - 3 指出，野战军是从军团较年轻的成员中挑选出来的。

[③] Zos. 1. 18 - 19；*HA Gord*. 28 - 30；Victor, Caes. 27. 8.

[④] Zos. 1. 32. 1 - 2.

[⑤] 关于军队的组成，见 Loriot 2006。Howe 1942：80 - 1；Gerhardt and Hartmann 2008：1172 - 3 提出，苏克西亚努斯是那位被俘的近卫军长官。

兵队和"帕提亚"第二军团服役的士兵与那些晋升为骑士军阶或其子被提拔为骑士等级的士兵之间有着显著的相似性。同皇帝和他战时的高级幕僚关系亲近，显然有其优势。同样的现象也可以在"帕提亚"第二军团长官的生涯中观察到，由于随卡拉卡拉东征，该军团同公元217—218年的政治阴谋密切相关。在该时期，帝国从卡拉卡拉之手落入了他的近卫军长官马克里努斯之手，然后又到了年幼的埃拉伽巴鲁斯手中，所有重要的战役都发生在叙利亚。"帕提亚"第二军团的指挥官中包括埃利乌斯·特里基亚努斯，此人的生涯起点是潘诺尼亚的普通士兵和总督的"门卫"(ostiarius)。① 有其他门卫被提拔为百人队长的例子，因此特里基亚努斯本人可能担任过百人队长和首席百人队长，这是一条已被证实有类似的骑士军团长官走过的职业道路。② 虽然这是一个辉煌的生涯，但并非史无前例或不正当。普布利乌斯·瓦雷利乌斯·科马宗（P. Valerius Comazon）也是如此，他在生涯早期曾在色雷斯当过兵，后来被提拔为"帕提亚"第二军团的长官。③ 还是那句话，那些经由首席百人队长升任罗马军政官或军营长官的士兵本身并没有什么不同寻常。④ 但"帕提亚"第二军团的指挥官职务提供了与同皇帝宫廷的联系，而马克里努斯和埃拉伽巴鲁斯的垂青分别让埃利乌斯·特里基亚努斯和瓦雷利乌斯·科马宗跻身元老行列。他们的晋升激怒了元老史学家卡西乌斯·狄奥，他不喜欢士兵被提拔进这个"最高贵的等级"。⑤ 狄奥并不反感骑士本身的晋升，但

---

① Dio 79(78). 13. 3 - 4, 80(79). 4. 3; HA Cara. 6. 7.
② Fitz 1978; Dobson 1978:291 - 2. 有两个"门卫"成为百人队长的类似例子（AE 1910, 77 = ILS 9074; AE 1949, 108）。
③ Dio 80（79）. 3. 5 - 4. 2; Pflaum 1960:752 - 6 (no. 290). Pflaum 1960:754 - 5 提出了这种观点，并得到由 Syme 1971:141; Dobson 1978:293; Salway 2006:124 - 5 的认同。
④ 见 Dobson 1978:16 - 51 对首席百人队长的职业路径的讨论。
⑤ Davenport 2012c:186 - 7, 197.

第十一章 总督与将军

讨厌能让士兵进入骑士等级，然后又跻身元老院的提拔。特里基亚努斯和科马宗都与马尔库斯·瓦雷利乌斯·马克西米亚努斯截然不同，后者出身潘诺尼亚的元老等级。随着皇帝们花更多的时间与自己的野战军一起征战，这种机会只会越来越多。

除了"帕提亚"军团的创建以及野战军的重要性日益增长，公元3世纪上半叶还见证了骑士受命担任特设的代理官军职。我们已经在马可·奥勒留的战争中注意到了这种现象，当时马尔库斯·瓦雷利乌斯·马克西米亚努斯和卢基乌斯·尤利乌斯·维西里乌斯·伽卢斯·尤利亚努斯以代理官的职衔指挥军队，以弥补在骑士军阶之后骑士没有明确的晋升路线的缺憾。在塞维鲁·亚历山大统治时期，普布利乌斯·撒鲁斯提乌斯·森普洛尼乌斯·维克托尔（P. Sallustius Sempronius Victor）获得了"剑之权"，被特别委任去清剿海盗，这一指挥权很可能与他原本担任的比提尼亚和本都代理官职务有关。① 这种在代理官体系内设立新的军事指挥官的做法也生动地体现在了埃利乌斯·菲尔［姆斯］的例子中。② 在历任本都和比提尼亚以及近西班牙的一系列财务代理官后（本身是高级职务），菲尔［姆斯］在戈尔狄安的帕提亚战争中被安排统率近卫军舰队支队，第一军团（可能是"帕提亚"或"助手"）的分队，以及另一些分队。③ 在这一职位上，他被列为20万塞斯特斯级别的军队指挥官和代理官，但事实上并没有担任常设的军职（比如舰队长官、总督代理官或近卫军长官）。有个叫乌尔皮乌斯的人的例子展现了骑士生涯适应新要求的能力。④ 在历任

---

① *IGR* IV 1057; Pflaum 1960:840-2 (no. 325); Herz 1995:196-8.
② *CIL* VI 41281.
③ Nasti 1997:284-6.
④ *CIL* III 1464 = *ILS* 1370 = *AE* 1980,758. Pflaum 1960:691-4 (no. 257) 的观点现在被 Piso 1980 的讨论所取代。

612

一系列行政代理官职务后，乌尔皮乌斯成了"双子"第七军团的队官。由于这一军团通常驻守在西班牙北部，乌尔皮乌斯很可能统率该军团的分队参加了菲利普统治时期的一场战争。[1] 然后，他回到了正常的代理官阶序，在罗马担任副供粮长官。

一些骑士被特别任命为"将军"（*dux*），负责某一个或一系列行省。[2] 在埃及可以看到这种情况，公元3世纪30—40年代，那里的将军被冠以 *dux* 或 στρατηλάτης 的头衔。在帝国时代，古体希腊语单词 στρατηλάτης 在公元3世纪之前很少使用；唯一的例外来自图拉真时期的元老和将军盖乌斯·尤利乌斯·夸德拉图斯·巴苏斯在以弗所的履历铭文。[3] 但它在公元3世纪再次出现，被用来描绘高级的骑士军队指挥官。[4] 埃及最早的例子是马尔库斯·奥雷利乌斯·芝诺·亚努亚里乌斯（M. Aurelius Zeno Ianuarius），他在公元231年取代了埃及长官的部分或者也可能是全部职能。他在军中的责任应该与塞维鲁·亚历山大的波斯战争的开始有关。[5] 第二位 *dux*/στρατηλάτης 出现在十年后的公元241/242年，当时正值戈尔狄安三世统治时期的罗马人再次与波斯人爆发战争。这一次的将军是治安长官格奈乌斯·多尼提乌斯·菲利普（Cn. Domitius Philippus），他似乎被直接派到埃及，但保

---

[1] Piso 1980:282.
[2] 不过，*dux* 的头衔并不总是表示这样的职务。比如，"帕提亚"第一军团的长官尤利乌斯·尤利亚努斯在口头上被称为"最忠诚的将军"（*duci devotissimo*）（CIL III 99 = ILS 2771）。杜拉欧罗波斯的"河岸将军"（*dux ripae*）很可能是地位比原先设想的更低的官员，并非像4世纪的那些地区将军。见 Edwell 2008: 128 – 43。
[3] Habicht 1969: no. 21.
[4] Mason 1974:13, 87. 公元4世纪时，它在希腊语中对应"军队长官"（*magister militum*）（LSJ s. v. σρατηλάτης）。
[5] *P. Lond*. 3.946；*P. Oxy*. 42.3077；*SB* 22.15468；*ChLA* 5.281；Parsons 1970: 393 – 5.

留了他作为治安队指挥官的职务。① 在这两个例子中，新的军事指挥官职务都是对他们惯常的骑士阶序的临时补充。② 最后一个例子来自公元 3 世纪 50 年代，当时"最完美者"级别的马尔库斯·科尔内利乌斯·屋大维亚努斯（M. Cornelius Octavianus）被称为"阿非利加、努米底亚和毛里塔尼亚的将军"（duci per Africam | Numidiam Maureta | niamque），受命对巴瓦尔人（Bavares）作战。③ 这一重要指挥权是在他被任命为该撒利亚毛里塔尼亚总督之后授予的。④ 后来，屋大维亚努斯又改任米塞努姆舰队的长官，一直晋升到骑士代理官阶序中的高级职位。

上述事例都显示了帝国体系所必不可少的适应性，它让公元 3 世纪的皇帝们可以在适合的时候任命骑士担任高级军队指挥官。这可能是因为某位骑士是皇帝在当时的情况下最信任的人；比如治安长官格奈乌斯·多米提乌斯·菲利普，他是帝国最高级的官员之一。这与我们在任命骑士代理总督时看到的务实做法是一样的。在实际层面上，军队指挥官是罗马骑士还是元老并不重要，因为他们能执行的和受皇帝委托的军事任务本质上是相同的。新的临时军队指挥官职务让骑士贵族成员有了更多机会同元老公职精英一起文武兼顾地为国效力。

与此同时，需要指出的是，在伽利埃努斯统治之前，这些改变并

---

① *P. Oxy.* 19. 2231；P. Berl. Leihg. 1. 9；*CIL* VI 1092. 特别见 Rea 1970，以及 Parsons 1970：395－6，Gilliam 1961：390－2。关于菲利普的生涯，见 Sablayrolles 1996：509－11。
② Parsons: 1970：396.
③ *CIL* VIII 12296 = *ILS* 2774；Pflaum 1960：905－23（no. 347 bis）；Gerhardt and Hartmann 2008：1139. 关于对屋大维亚努斯生涯的讨论，现在可见 Christol 1997：236－7, 2003：155－7。
④ *AE* 1954，136. 一段残缺不全的铭文对职务的顺序做了强有力的暗示，其中提到"先担任总督，后担任将军"（*et in* | [*p*] *riori praesidatu* | [*e*] *t post* (*ea*) *in ducatu*）（*AE* 1907，4 = *ILS* 9006）。

未导致元老被排除在军队指挥官职务之外。丰富的碑铭证据，加上狄奥和赫罗狄安提供的例证，保留了一长串塞普提米乌斯的元老将军的名字。普布利乌斯·科尔内利乌斯·阿努利努斯（P. Cornelius Anullinus）、卢基乌斯·法比乌斯·基洛、卢基乌斯·马里乌斯·马克西姆斯（L. Marius Maximus）、提比略·克劳狄乌斯·康狄杜斯（Ti. Claudius Candidus）和卢基乌斯·维里乌斯·鲁普斯（L. Virius Lupus）作为将军或总督统率塞维鲁的军队，参加了他对佩斯科尼乌斯·尼格尔（Pescennius Niger）和克洛狄乌斯·阿尔比努斯（Clodius Albinus）的一场或全部两场内战。① 康狄杜斯还与提比略·克劳狄乌斯·克劳狄亚努斯（Ti. Claudius Claudianus）、提图斯·塞克斯提乌斯·拉特拉努斯（T. Sextius Lateranus）、克劳狄乌斯·伽卢斯（Claudius Gallus）、尤利乌斯·拉埃图斯（Iulius Laetus）和某个普罗布斯（Probus）一起参加了皇帝的帕提亚战事。② 这些元老获得了一系列荣誉，从执政官和总督职位，到钱财和地产（唯一的例外是拉埃图斯，他因为太受军队欢迎而被处决）。③ 面对如此丰富的例证，很难让人支持仍然流行的学界观点，即塞维鲁会优先考虑骑士军官而非元老。④ 骑士指挥官继续作为元老将军的下属参加战事，就像我们在

---

① Anullinus: Dio 75(74).7.1, 75(75).3.2. Cilo: *AE* 1926, 79; *CIL* VI 1408 = *ILS* 1141. Maximus: *CIL* VI 1450 = *ILS* 2935. Candidus: *CIL* II 4114 = *ILS* 1140. Lupus: Dio 76(75).6.2. 我们还应该在名单中加入某个"[-]亚努斯"(*AE* 2003, 1189 = 2011,764)，最近发现的此人履历无法与其他任何已知的塞维鲁将军的相匹配。
② Claudianus: *CIL* VIII 7978 = *ILS* 1147. Lateranus: Dio 75(75).2.3. Gallus: *AE* 1957,123. Laetus: Dio 75(75).2.3, 3.2, 76(75).6.8, 9.1, 10.3; Herodian 3.7.3. Probus: Dio 75(75).3.2.
③ Mennen 2011:204 – 8.
④ 比如，见 de Blois 1976:67 – 8; Christol 1986:38; Lo Cascio 2005:160; Strobel 2007:272; Rankov 2007:73. 我倾向于 B. Campbell 1984:408 – 9, 2005b:9 – 10 较为谨慎的观点。

卢基乌斯·瓦雷利乌斯·瓦勒良亚努斯（L. Valerius Valerianus）的例子中所看到的。在伊索斯战役（Battle of Issus）中，他在执政官级别的军团长普布利乌斯·科尔内利乌斯·阿努利努斯的麾下指挥骑兵。①

同一模式也能在公元 231—233 年塞维鲁·亚历山大的波斯战争中看到。② 赫罗狄安的《罗马史》是我们关于这场冲突的重要历史记述，但在人物传记的细节方面是出了名的不足。③ 不过，有关于元老们的碑铭证据，比如陪同亚历山大东征的执政官级别的高级副将提图斯·克洛狄乌斯·奥雷利乌斯·萨图尔尼努斯的。④ 腓尼基叙利亚的代大法官总督和"高卢"第三军团的军团长、元老卢基乌斯·鲁提里乌斯·普登斯·克里斯皮努斯（L. Rutilius Pudens Crispinus）在这场战争中同样担任分队指挥官。⑤ 但我们对克里斯皮努斯的指挥权的了解仅仅来自一条帕尔米拉的铭文，铭文中描述了当地显贵尤利乌斯·奥雷利乌斯·泽诺比乌斯（Iulius Aurelius Zenobius）对亚历山大、克里斯皮努斯和罗马军队的支持。⑥ 来自罗马的铭文在描述克里斯皮努斯的生涯时仅仅表示他是腓尼基叙利亚的拥有大法官权的皇帝代表。⑦ 像空叙利亚的执政官级别副将德基姆斯·西蒙尼乌斯·普罗库鲁斯·尤利亚努斯（D. Simonius Proculus Iulianus）这样的元老总督，很可能继续在戈尔狄安三世统治时期的东方冲突中扮演着重要的角

---

① AE 1985，829；Dio 75（74）.7.1；Pflaum 1982:75‑8（no. 297A）．关于瓦勒良亚努斯在美索不达米亚远征的完成中的作用，见 M. P. Speidel 1985:323。
② 参见 Heil 2008a:747，他认为没有元老参加。
③ Herodian 6.5.1‑7. 关于亚历山大军队的可能构成，见 Edwell 2008:161‑2。
④ AE 1972,792 = I. Eph. 657.
⑤ IGR III 1033 = OGIS 640.
⑥ IGR III 1033 = OGIS 640.
⑦ CIL VI 41229. 来自塔拉科的一条残缺不全的铭文显示，他的前名是卢基乌斯（CIL II.14.2 992a）。

色。① 事实上，上文讨论的骑士代理官在空叙利亚署理总督的证据暗示，代理官会在执政官总督忙于战事时承担司法责任。这表明，元老总督继续在军事行动中扮演重要角色，即便记录他们履历的铭文中没有特别提到。

这种观点得到了文献材料的支持，它显示，直到公元3世纪中叶，元老一直负有军事指挥权。我们尤其可以在多瑙河和巴尔干地区看到这点，那里几乎一直是战区。② 在戈尔狄安三世统治时期，图利乌斯·梅诺菲鲁斯（Tullius Menophilus）曾作为下摩西亚的拥有大法官权的皇帝代表同哥特人作战。③ 公元250/251年，在哥特人入侵期间，摩西亚总督盖乌斯·维比乌斯·特雷波尼亚努斯·伽卢斯（C. Vibius Trebonianus Gallus）成功守住了诺瓦城。④ 公元253年，摩西亚一个行省的总督马尔库斯·埃米利乌斯·埃米利亚努斯（M. Aemilius Aemilianus）参加了对哥特人的作战，然后被拥立为皇帝。⑤ 元老也继续获得特别指挥权，就像未来的皇帝盖乌斯·梅西乌斯·昆图斯·德基乌斯·瓦雷里努斯（C. Messius Quintus Decius Valerinus）和普布利乌斯·李基尼乌斯·瓦勒良（P. Licinius Valerianus），他们俩分别被菲利普和埃米利乌斯·埃米利亚努斯皇帝安排统率远征军。⑥ 在努米底亚，总督盖乌斯·马克里努斯·德基亚努斯

---

① *CIL* VI 41232 = *ILS* 1189.
② Heil 2008b：723 - 4.
③ Petrus Patricius, frag 8. = *FHG* IV 186；*IG Bulg*. II 641 - 2；Dietz 1980：233 - 45.
④ Jord. *Getica* 102；Zos. 1. 23. 2. 两条提到他之前担任过色雷斯总督的铭文证实了他的元老身份（*AE* 2006, 1249 - 50）。
⑤ Victor, *Caes*. 31. 1；Zos. 1. 28. 1 - 2；Huttner 2008：215 - 16. 我们不清楚埃米利亚努斯究竟在哪个行省：很可能是上摩西亚，因为在维米纳基乌姆铸造了有他名字的钱币（Peachin 1990：293）。
⑥ Decius： Victor, *Caes*. 29. 1； Zos. 1. 21. 1 - 3. Valerian： Victor, *Caes*. 32. 2；Eutrop. 9. 7. 公元3世纪中叶，还有一位不知姓名的元老获得了诺里库姆和莱提亚的管辖权（［per No］| ricum et R（a）etia［m］，*AE* 1993, 672）。

第十一章 总督与将军

在公元3世纪50年代中期对几个蛮族部落发动了大规模战事。[1] 事实上，如果我们考查到伽利埃努斯的统治为止（包括他在内）的披上皇袍的将军们的背景，他们其实大多是元老，这个事实被通常用来描绘该时期统治者的"士兵皇帝"一词遮蔽了。[2] 作为少数几个来自潘诺尼亚的知名元老之一，德基乌斯娶了极为相配的赫瑞尼娅·库普雷森尼娅·伊特鲁斯基拉（Herennia Cupressenia Etruscilla），成功让自己同一个伊特鲁里亚的元老家族结盟。[3] 他的继任者特雷波尼亚努斯·伽卢斯有着与伊特鲁斯基拉非常相似的背景，来自意大利中部的佩鲁西亚。[4] 瓦勒良皇帝同样与意大利元老贵族关系密切，他娶了伊格纳提乌斯家族（Egnatii）的成员。[5] 一些在位时间较短的皇帝也值得注意，比如在菲利普统治期间造反的提比略·克劳狄乌斯·马里努斯·帕卡提亚努斯（Ti. Claudius Marinus Pacatianus），他是塞维鲁王朝时期一位元老总督的后代。[6] 公元260年，普布利乌斯·卡西乌斯·雷加里亚努斯（P. Cassius Regalianus）起兵反叛伽利埃努斯时很可能是上潘诺尼亚的执政官级别的副将，他本人是塞维鲁王朝时期的递补执政官的后代。[7] 这些人并非从行伍中提拔起来的士兵，而是企图利用

---

[1] *CIL* VIII 2615 = *ILS* 1194; Christol 2003:143-8.
[2] Alföldi 1939:196; Syme 1983:346,356; Heil 2006:421-2, 2008a:753.
[3] Syme 1971:197, 1983a:341.
[4] Syme 1983:342. 他的妻子是阿菲尼娅·格米娜·巴依比亚娜（Afinia Gemina Baebiana, *CIL* XI 1927 = *ILS* 527），她本人很可能有着执政官血统。
[5] 他的妻子伊格纳提娅·马里尼亚娜（Egnatia Mariniana）的父亲和兄弟都是执政官级别的元老（Christol 1986:192）。
[6] Zos. 1. 20. 2; Zon. 12. 19. 他是克劳狄乌斯·索莱姆尼乌斯·帕卡提亚努斯（Claudius Sollemnius Pacatianus, 塞维鲁·亚历山大时期的阿拉伯总督）的后代，很可能就是儿子——元老男童 C [-] Marinus（*CIL* III 94）。
[7] Victor, *Caes*. 33. 2; Eutrop. 9. 81. Gerhardt and Hartmann 2008:1163 认为，雷加里亚努斯的指挥权在上潘诺尼亚。关于他的家族，见 Eck 2002b. Syme 1971:198，作者认为他的妻子苏尔皮基娅·德吕扬提拉（Sulpicia Dryantilla）来自已有一定地位的吕喀亚家族。

自己的身份披上皇袍的元老将军。

因此，公元3世纪上半叶的罗马军队等级制度兼有延续和改变的特点。无论是建立"帕提亚"第二军团，还是皇帝和近卫军长官经常征战的需要，这些都意味着皇帝同远征军成员有密切接触。野战军的军官可以获得皇帝垂青，开启引人注目的生涯，就像埃利乌斯·特里基亚努斯或瓦雷利乌斯·科马宗，甚至是尤利乌斯·菲利普那样，后者曾是近卫军长官，在东征中从戈尔狄安三世手中夺走了皇位。许多拥有骑士身份的士兵之子都属于近卫军、皇帝骑兵队和"帕提亚"第二军团，这并非巧合。与此同时，帝国当局试图为有前途的骑士创造军中的高级角色，类似于元老军团长，为此设立了临时的代理官指挥权（就像在瓦雷利乌斯·马克西米亚努斯和维西里乌斯·伽卢斯·尤利亚努斯的例子中所看到的）。这让骑士公职贵族能够在骑士军阶之上担任军队指挥官。应该指出的是，这些人大多不是出身普通士兵的平民子弟，而是市镇贵族成员，他们以类似于元老的方式为罗马国家服务，就像他们的前辈那样。还必须指出的是，高级指挥权之中的传统具有持久性。在皇帝的对外战争中，元老军团长和将军仍然在莱茵河、多瑙河和幼发拉底河前线统率军队。在公元3世纪上半叶，他们的军事权威让他们继续成为皇位的可行和理想的人选。至此还没有人企图削弱元老军政官或军团长的地位。正是公元3世纪50—60年代的戏剧性发展为帝国走上一条截然不同的道路提供了催化剂。

伽利埃努斯的变革

瓦勒良与他的儿子伽利埃努斯共同统治（公元253—260年）期间的第一个重要动向是设立了扈卫制（protectorate）这一新的军队制

度。扈卫（protectores）原本是从皇帝骑兵队中抽调，担任行省总督和近卫军长官部属的侍卫。① 但在公元3世纪50年代后期，近卫军的军政官开始被称为"皇帝扈卫"（protectores Augusti），这个荣誉头衔表明了他们同皇帝的亲近。② 最著名的例子是卢基乌斯·佩特罗尼乌斯·陶鲁斯·沃鲁西亚努斯（L. Petronius Taurus Volusianus），"近卫军第一大队的军政官，皇帝陛下的扈卫"（trib [uno] | coh [ortis] primae praet [oriae] protect- [ori] | Augg [ustorum] nn [ostrorum]）。③ "扈卫"的头衔还被授予百人队长和首席百人队长，但仅限于他们在军团或作为野战军一部分的军团分队服役的情况下，就像克里斯托尔所指出的。④ 比如，一位佚名士兵的生涯记录中显示，他从"奥古斯都"第三军团的百人队长被提拔到了"弗拉维乌斯"第四军团。⑤ 由于他在作为野战军的"弗拉维乌斯"第四军的分队中服役，他获得了"百人队长扈卫"（centurio protector）的新头衔。后来，这位军官被提拔为地位更高的"首席百人队长扈卫"（primipilaris protector）。在其他几个类似的例子中，百人队长被提拔进野战军分队时也荣获了"扈卫"头衔。⑥

---

① M. P. Speidel 1978:130 – 3, 1986:451 – 2。
② 见 Mommsen 1884:126 – 8，尽管他认为这个头衔的出现要更早，来自菲利普或德基乌斯统治时期。
③ CIL XI 1836 = ILS 1332。这个职务可以追溯到公元3世纪50年代末，因为他在公元259年左右担任了治安队长官（Sablayrolles 1996:515）。这一时期，近卫军军政官被称为扈卫的其他例子包括公元256/260年左右的未具名军长官（CIL III 3126；Dobson 1978:310 – 11），以及奥雷利乌斯·萨宾尼亚努斯，可以肯定后者最晚生活在公元3世纪60年代（CIL III 3126）。
④ Christol 1977:402 – 8。关于瓦勒良和伽利埃努斯统治下的不同野战军，见 Strobel 2009:917 – 1。
⑤ AE 1954, 135；Christol 1977:405 – 6。关于野战军中的"弗拉维乌斯"第四军团的分队，见 Alföldi 1929:254；Nicasie 1998:36；Strobel 2009:917 n. 19。
⑥ 比如，图拉扬努斯·穆基亚努斯（Traianus Mucianus, IGBulg III. 2, 1570）和奥雷利乌斯·普洛克萨努斯（Aurelius Processanus, CIL XI 837 = ILS 2778）。

620

鉴于罗马的军事机器在公元3世纪中期发生了变化，被授予"扈卫"的荣誉尤为重要。作为更庞大军队的一部分参加了重要战事后，分队通常会返回原来的军团。但现在，这些军团分队不再回到自己的大本营，而是留在野战军中。① 这意味着远征军及其军官拥有了自己的特点，不同于他们原来的部队。通过授予百人队长和近卫军军政官"扈卫"的荣誉头衔，瓦勒良和伽利埃努斯实际上把自己变成了这些军官的庇主。② 在野战军服役比在其他部队更有声望。在许多方面，扈卫制的设立是从公元2世纪后期以来的一连串动向的顶峰，特别是在"帕提亚"第二军团、近卫军或皇帝骑士团中服役的士兵和他们的儿子被提拔为骑士等级或骑士军阶中的军官职务。现在，他们可以在继续作为帝国野战军一部分的同时获得新的荣誉，并巩固与近卫军长官和皇帝的关系。

第二个动向与军团中的元老军官有关，即宽边袍军政官和军团长。元老等级的宽边袍军政官完全从该时期的铭文记录中消失了：最后几位已知担任该职的军官出现在公元3世纪50年代和3世纪60年代初。③ 在伽利埃努斯控制的行省，关于元老军团指挥官的最后的明确证据出现在公元262/263年；在波斯图姆斯的高卢帝国，则是公元262/266年。表11.6和11.7中列出了最后几位已知的元老军政官和军团长。④

表11.6 最后几位有据可查的元老军团军政官

年代	名字	军团	参考材料
249	提图斯·[-]·提贝利尼亚库斯 (T. [-] Tiberianicus)	"双子"第十军团	CIL III 4558

① M. P. Speidel 2008:674-84; Tomlin 2008:151-2.
② Ensslin 1939:378; de Blois 1976:46-7; Christol 1977:407.
③ Christol 1986:40-3; Le Bohec 2004:124-5.
④ 这些表格依据 Christol 1982 和 1986:35-44，做了必要的更新。

第十一章 总督与将军

续　表

年代	名字	军团	参考材料
3 世纪 50 年代初	马尔库斯·弗拉维乌斯……霍诺拉图斯（M. Flavius ... Honoratus）	不详	CIL VI 1478
3 世纪 50 年代初	不详	"助手"/"胜利者"（[Adiu?/Vic?] trix）	AE 1957, 325
3 世纪 50 年代末	阿克西里乌斯·[霍]诺拉图斯（Axilius [H]onoratus）	……第三军团	CIL V 8921
约 260	普布利乌斯·巴尔萨米乌斯·萨比尼亚努斯（P. Balsamius Sabinianus）	不详	CIL III 8571

表 11.7　最后几位有据可查的元老军团长

年代	名字	参考材料
"奥古斯都"第二军团（上不列颠）		
公元 3 世纪 50 年代初	提图斯·弗拉维乌斯·波斯图米乌斯·瓦卢斯（T. Flavius Postumius Varus）	RIB 316
253—258 年	维图拉西乌斯·莱提尼亚努斯（Vitulasius Laetinianus）	RIB 334
"胜利者"第六军团（下不列颠）[高卢帝国][1]		
262/266 年	屋大维乌斯·萨宾努斯（Octavius Sabinus）	RIB 605 = ILS 2548
"昔兰尼"第三军团（阿拉伯）		
253/256 年	马尔库斯·埃利乌斯·奥雷利乌斯·忒奥（M. Aelius Aurelius Theo）	CIL III 89 = ILS 1193; CIL III 90
253/260 年	日耳曼努斯（Germanus）	AE 1996, 1602a
3 世纪 50 年代	维里乌斯·鲁普斯（Virius Lupus）	CIL VI 41235 = ILS 1210

---

[1] A. R. Birley 2005:337, 365 认为，波斯图姆斯也许没有实施伽利埃努斯的改革，这很有可能。下文对此做了讨论。

续 表

年代	名字	参考材料
256/257 年	？—菲鲁斯（？—philus）	AE 2000,1536
259/260 年	[-] 尤斯·伽罗尼亚努斯（[-] ius Gallonianus）	AE 1953,231；IGR 3.1326
？260/262 年	科克尤斯·鲁菲努斯（Coc［ceius］ Rufinus）	AE 1905,213；IGR 3.1288
262/263 年	尤尼乌斯·奥林波斯（Iunius Olympus）	IGR 3,1286 = SEG 50,1519
"奥古斯都"第三军团（努米底亚）		
253/254 年	盖乌斯·马克里尼乌斯·德基亚努斯（C. Macrinius Decianus）	CIL VIII 2615 = ILS 1194
254/256 年	盖乌斯·庞波尼乌斯·马格努斯（C. Pomponius Magnus）	CIL VIII 2748；AE 1917/18,76
256—258 年	卢基乌斯·马基乌斯·瓦雷利亚努斯（L. Magius Valerianus）	AE 1950,63
258—259 年	马尔库斯·维图利乌斯·维图里亚努斯（M. Veturius Veturianus）	CIL VIII 2634 = ILS 2296
260 年之后	盖乌斯·尤利乌斯·撒鲁斯提乌斯·福尔图纳提亚努斯（C. Iulius Sallustius Fortunatianus）	AE 1971,508 - 10
军团不详		
3 世纪 50 年代初	不详	AE 1966,376

公元 253 年到 256 年担任上不列颠行省的"奥古斯都"第二军团军团长的维图拉西乌斯·莱提尼亚努斯，是最后一位有据可查的在有两三个军团的行省中统率军团的元老。在只有一个军团的阿拉伯和努米底亚行省，"昔兰尼"第三军团和"奥古斯都"第四军团的军团长同时担任行省总督。在阿拉伯，公元 262/263 年之后发生了明显的决定

623

第十一章　总督与将军

性的变化，因为尤尼乌斯·奥林波斯的继任者都是骑士总督。① 努米底亚的情况更多靠推测。有明确证据表明，盖乌斯·尤利乌斯·撒鲁斯提乌斯·福尔图纳提亚努斯在伽利埃努斯统治时期担任过行省总督和"奥古斯都"第三军团的军团长。② 当时，"奥古斯都"第三军团似乎维持了传统上的指挥权架构，因为福尔图纳提亚努斯的地位要高于"出众者"和军团的军营长官奥雷利乌斯·叙鲁斯（Aurelius Syrus）。③ 不幸的是，记录中没有福尔图纳提亚努斯任期结束的时间，而下一任总督骑士特纳基诺·普罗布斯（Tenagino Probus），直到公元267年才被提到。④ 因此，我们无法确定伽利埃努斯是在哪年决定停止任命元老军团长的，而事实上这很可能是个逐进的过程。⑤

在公元3世纪60年代期间，元老军团长被骑士等级的军官取代。这些新的军官拥有军团长官的头衔，就像埃及的"图拉真"第二军团和"帕提亚"军团那样。表11.8罗列了这些新长官。

马尔库斯·奥雷利乌斯·维特拉努斯（M. Aurelius Veteranus）被称为"军团长官"，这意味着我们不能完全排除他在像奥雷利乌斯·叙鲁斯这样的元老军团长麾下效力的可能。不过，名字旁带 * 号的军官拥有"代理军团长的军团长官"（*praefectus legionis a [gens] v [ice] l [egati]*）的头衔，表明他们取代了元老将军。这些新的骑士长官具有"出众者"的级别，就像之前的那些公元3世纪的军营长官一样。

---

① 见 Gerhardt and Hartmann 2008:1100-1。
② CIL VIII 2797 = ILS 2413. 这段铭文支离破碎，但有一个事实可以确定福尔图纳提亚努斯的身份，即竖立雕像的优待兵也为军团长的妻子奉献了雕像（AE 1917/18, 52）。见 A. R. Birley 1991:601-2, 他认为此人担任总督是在3世纪60年代，尽管并不知道确切的时间（Le Bohec 2004:125）。
③ AE 1971, 508; Piso 2014:142 n. 106.
④ Gerhardt and Hartmann 2008:1156.
⑤ 关于之前将年代定为公元262年的尝试，见 Le Bohec 2004:124。

表 11.8 军团长官（公元 260—285）

年代	名字	军团	参考材料
260/268	马尔库斯·奥雷利乌斯·维特拉努斯	"双子"第十三军团	CIL III 1560 = ILS 3845
261/267	普布利乌斯·埃利乌斯·埃里亚努斯（P. Aelius Aelianus）*	"助手"第二军团	CIL III 3529；AE 1965, 9
267	克莱门提乌斯·瓦雷利乌斯·马尔克里努斯（Clementius Valerius Marcellinus）*	"助手"第二军团	CIL III 3425 = ILS 545
268	奥雷利乌斯·弗隆提努斯（Aurelius Frontinus）	"助手"第二军团	CIL III 3525 = ILS 2457
268	奥雷利乌斯·蒙塔努斯（Aurelius Montanus）*	"双子"第十三军团	AE 2011, 1007①
269	奥雷利乌斯·苏佩里努斯（Aurelius Superinu）*	"助手"第二军团	CIL III 4289 = ILS 3656
270/275	马尔库斯·奥雷利乌斯·福尔图纳图斯（M. Aurelius Fortunatus）*	"奥古斯都"第三军团	CIL VIII 2665 = ILS 584
283/285	埃利乌斯·帕特尔尼亚努斯（Aelius Paternianus）*	"助手"第二军团	CIL III 3469

伽利埃努斯的统治之后，再也没有元老担任军团长的证据。但问题在于，从元老军团长到骑士长官的这种权力转移是否在 3 世纪 60 年代之前就开始了。皮索不久前发表了来自达契亚的波泰萨（Potaissa）的两个雕像底座上的铭文，年代是埃米利乌斯·埃米利亚努斯的统治时期（公元 253 年）。它们证明了某个叫马尔库斯·普布里基亚努斯·

---

① 这条铭文最初作为 CIL III 14359. 27 = ILS 9268 发表，但 Alföldy 2011 的解读和断代对其做了很大的修正。

雷苏斯（M. Publicianus Rhesus）的人为"巴塔维千人侧翼骑兵队长官，代理军团长官"（praef［ectus］alae Bat［avorum］［milliariae］agens vice praef［ecti］leg［ionis］）。这里提到的军团是驻扎在波泰萨的"马其顿"第五军团。[①] 雷苏斯所代理的长官仅仅是听命于元老军团长的军营长官，还是说他是军团的指挥官？皮索认为，他不太可能是军营长官，因为附近的辅助部队（"巴塔维"第一千人侧翼骑兵大队驻扎在波泰萨以南的萨利奈［Salinae］）的骑士长官会被调任此职是很难令人接受的。这就提出了一种可能性，即公元255年某个叫多纳图斯的"马其顿"第五军团的军团长也是一名独立的军团指挥官，而不是军营长官。[②] 皮索的观点当然不无可能，但在没有更多信息的情况下，我们无法确信雷苏斯取代的不是军营长官。现在还不是陪审团入场的时候。我们可以确定的只是碑铭证据表明，在伽利埃努斯的统治之后，不再有元老军政官和军团长得到任命，即便该过程可能始于公元3世纪50年代之前。

直到3世纪50年代，元老仍在继续统率远征军。事实上，瓦勒良本人便是从这一职位上夺取皇位的。不过，从伽利埃努斯的单独统治开始，这些军队便只由骑士掌控，他们大多出自军队中的普通士兵，而非通过代理官生涯晋升而来。[③] 比如，公元265年负责监督维罗纳城防的军官、"最完美者"奥雷利乌斯·马尔克里努斯拥有前所未见的头衔——"将军中的将军"（duc［e］duc［um］）。[④] 新的等级体系极好

[①] Piso 2014:125-8.
[②] CIL III 875 = ILS 4345; Piso 2014:129.
[③] Heil 2008a:753-4; Mennen 2011:244-5.
[④] CIL V 3329 = ILS 544. 采用这种读法，而不是 duc（e）duc（enario）（20万塞斯特斯级别的将军），得到了一条来自努米底亚的铭文的支持，其中用同样的头衔 duci ducum 称呼马尔克里努斯，无需扩充完整（AE 2006, 1803）。见 Buonopane 2008:129-33.

地体现在了参与抗击小亚细亚和巴尔干入侵的军官身上。[1] 公元 268 年对哥特人战事的总指挥权掌握在奥雷利乌斯·马尔基亚努斯（Aurelius Marcianus）手中。[2] 来自色雷斯的菲利普波利斯（Philippopolis）的一尊雕像底座上的铭文给出了他的完整头衔——"最完美者马尔基亚努斯，我们不可战胜的伽利埃努斯皇帝陛下的扈卫，近卫军军政官，统帅和将军"（τὸν διασημότατον | Μαρκιανόν, προτήκτο|ρα τοῦ ἀνεικήτου δεσπό|του ἡμῶν Γαλλιηνοῦ Σεβ(αστοῦ)| τριβοῦνον πραιτωριανῶν | καὶ δοῦκα καὶ στρατηλάτην）。[3] 这里再次出现了表示高级将领的希腊语单词 στρατηλάτην，它之前被用于埃及的芝诺·亚努亚里乌斯和多尼提乌斯·菲利普，此处强调了他的指挥权的重要性。在这场战事中，马尔基亚努斯得到了"帕提亚"第二军团和"奥古斯都"第三军团分队的支持，后者驻扎在马其顿，由将军奥雷利乌斯·奥古斯提亚努斯（Aurelius Augustianus）和队官克吕恩图斯·辛弗里亚努斯（Clyentus Synforianus）统率。[4] 在伽利埃努斯统治时期，多瑙河沿岸也有类似的野战军部队。日耳曼和不列颠军团及其辅助部队的分队驻扎在潘诺尼亚的西尔米乌姆，由队官维塔利亚努斯统率。[5] "出众者"卢基乌斯·弗拉维乌斯·阿佩尔（L. Flavius Aper）统率着"马其顿"第五军团和驻扎在附近波伊托维奥的"双子"第十三军团的分队。[6]

---

[1] Goltz and Hartmann 2008:283–7.
[2] Zos. 1. 40. 1；*HA Gall*. 13. 10；Goltz and Hartmann 2008:286–7.
[3] *AE* 1965,114 = *IGBulg*. V 5409. 他很可能就是罗得岛上被用同一头衔尊称的那位奥雷利乌斯·马尔基亚努斯（*SEG* 47,1256）。
[4] *AE* 1934，193 = *IG* X 2. 2，364.
[5] *CIL* III 3228 = *ILS* 546；M. P. Speidel 2008:675. 不列颠军团的分队在欧洲大陆服役的证据还有很多（*RIB* II. 3, 2427. 26*；*CIL* XIII 6780）。
[6] *AE* 1936, 53–4, 57.

第十一章　总督与将军

　　许多新的军团长官和野战军指挥官都拥有"扈卫"头衔。① 这表明他们是通过近卫军军政官、百人队长或首席百人队长等野战军职务被提拔上来的。伽利埃努斯在其父瓦勒良死后任命的第一位近卫军长官卢基乌斯·佩特罗尼乌斯·陶鲁斯·沃鲁西亚努斯便是如此，此人在成为治安队长官之前是近卫军军政官和扈卫。② 公元268年对哥特人作战的指挥官奥雷利乌斯·马尔基亚努斯是"最完美者"和近卫军军政官，这表明伽利埃努斯直接从野战军中选择将领。在前几代中，作为"罗马军政官"，马尔基亚努斯将有资格开始财政和行政方面的代理官生涯。但在伽利埃努斯统治时期，他被直接安排为军队指挥官。其他被提拔为高级军职的扈卫包括队官维塔利亚努斯，以及两名军团长官克莱门提乌斯·瓦雷利乌斯·马尔克里努斯和普布利乌斯·埃利乌斯·埃里亚努斯。"助手"第二军团的长官埃里亚努斯是普布利乌斯·埃利乌斯·马尔提亚里斯之子，后者在统一军团中担任过盔甲保管员（*custos armorum*）。③ 图拉扬努斯·穆基亚努斯是伽利埃努斯统治时期通过不同级别的扈卫一路晋升的一名军官，他由辅助军大队里的一名卑微士兵开始了他的军旅生涯。后来，他被调往"帕提亚"第二军团，进入了野战军，在3世纪70年代奥勒留征讨泽诺比娅（Zenobia）的战事中扮演了关键的指挥角色。④ 他的提拔得益于伽利埃努斯的近卫军长官、"最突出者"奥雷利乌斯·赫拉克里亚努斯

---

① Christol 1977; Goltz and Hartmann 2008:279; Mennen 2011:227–31.
② Gerhardt and Hartmann 2008:1073.
③ CIL III 3529；"向神圣的亡灵致敬，怀念父亲普布利乌斯·埃利乌斯·马尔提亚里斯，曾经是老兵，'助手'第二军团的盔甲保管员，以及母亲弗拉维娅·阿加特……"（D [*is*] M [*anibus*] | *memoriae* P [*ublii*] Ael [*i*] Martialis q [*uon*] d [*am*] | *vet* [*erani*] *exc* [*ustode*] *a* [*rmorum*] *leg* [*ionis*] II Adi [*utricis*] *patris et* | *Flaviae Agathes matris* ...）.
④ *IGBulg.* III. 2 1570.

(Aurelius Heraclianus)的恩庇，他在自己的家乡奥古斯塔图拉扬那（Augusta Traiana）为其立了一座像，称其是自己的恩人。① 必须指出的是，并非所有得到伽利埃努斯任命的人都如此卑微。近卫军长官沃鲁西亚努斯其实有着传统的意大利市镇背景，被授予公共马，并在市议会任职，然后被委任为罗马骑士出身的百人队长。现在，像沃鲁西亚努斯那样出身市镇贵族的骑士同像埃利乌斯·埃里亚努斯、图拉扬努斯·穆基亚努斯这样从行伍中提拔起来的人并肩作战。从士兵到将军这一新的职业路径之所以成为可能，是因为公元2世纪末到3世纪发生的变化。②

伽利埃努斯的第二项重要创新是他对骑兵部队的使用，这是一种特别适合在不同战线之间快速移动的机动部队。有人认为，伽利埃努斯建立了新的骑兵打击部队，由皇帝骑兵队和一系列其他的骑兵辅助部队组成。③ 古代文献提到了伽利埃努斯时期的最高骑兵指挥官，这个职务先后由奥雷奥鲁斯（Aureolus）和未来的皇帝克劳狄乌斯二世担任。④ 奥雷奥鲁斯无疑在多条战线的战斗中扮演了重要角色，不仅是在对哥特人的多瑙河战争中，而且在高卢对波斯图姆斯的战斗中。⑤ 奥雷奥鲁斯和克劳狄乌斯很可能都是皇帝骑兵队的军政官。⑥ 从塞普提米乌斯·塞维鲁的统治开始，总是有这样两位军官监督皇帝骑

---

① *IG Bulg.* III. 2 1568, 1569. 关于这些人的生涯，见 Christol 1976, 1977。
② Handy 2006:75-9.
③ Ritterling 1903; D. Hoffmann 1969/70: I, 247-8.
④ Ritterling 1903:346; Zos. 1. 40. 1; Zon. 12. 124(ed. Dindorf p. 143); *HA Aurel.* 18. 1. 关于对这种理论的认同，见 M. P. Speidel 1994b:72; Nicasie 1998:37。
⑤ Goltz and Hartmann 2008: 288. Danube：*HA Gall.* 3. 3. Postumus：Zos. 1. 40. 1; Victor, *Caes.* 33. 17; *HA Gall.* 4. 6, 7. 1.
⑥ M. P. Speidel 1987:376-7. 关于克劳狄乌斯，见 Zon. 12. 15(ed. Dindorf pp. 148-9), 12. 26(ed. Dindorf pp. 150); D. Hoffmann 1969/70: I, 247。

兵队的"新营"(castra nova)和"老营"(castra priora)。① 这些军政官是"出众者"级别，通常是前首席百人队长。② 骑兵部队在伽利埃努斯的野战军中的重要性提高了其指挥官的地位。③ 作为骑兵卫队的军政官之一，奥雷利乌斯·瓦伦提努斯（Aurelius Valentinus）拥有"最完美者"的高级骑士级别。④ 随着新的下级军官职务（普通骑兵可以企及）的引入，辅助骑兵部队的指挥官等级也发生了变化。高于百人队长地位的10万和20万塞斯特斯级别的职务，首次在伽利埃努斯统治时期的侧翼骑兵队中得到证实。⑤ 其中一位军官是奥雷利乌斯·普罗克萨努斯（Aurelius Processanus），他从第六近卫军大队的百人队长被提拔为骑兵部队的20万塞斯特斯级别的扈卫。⑥

在格勒诺布尔，献给"哥特人征服者"克劳狄乌斯二世皇帝的一段铭文描绘了在伽利埃努斯（克劳狄乌斯的前任）统治时期成形的新的军事等级制度。石碑为准备入侵高卢帝国的军队于公元269年立下：

> 献给皇帝恺撒·马尔库斯·奥雷利乌斯·克劳狄乌斯，尽职、幸运、无畏的奥古斯都，最伟大的日耳曼征服者，大祭司、两次获得保民官权、执政官、祖国之父、代执政官总督，驻扎在纳尔波行省，"最完美者"级别的普拉基狄亚努斯治安队长官麾下的分队的骑兵、队官、20万塞斯特斯的扈从（奉献），忠于他

---

① M. P. Speidel 1994b：59–60,95.
② Dobson 1974：417–20.
③ Cosme 2007：107–9.
④ *IG* X. 2. 1,151; M. P. Speidel 1994a：102–3.
⑤ M. P. Speidel 2005：206–7,2008：681. 应把它们与同名的代理官头衔区分开来。
⑥ *CIL* XI 837 = *ILS* 2778.

的神圣意志和威严。①

这个野战军部队的最高指挥官是被派往罗马之外的治安队长官尤利乌斯·普拉基狄亚努斯,与戈尔狄安三世统治时期派驻埃及的多尼提乌斯·菲利普非常相似。第二年,身在高卢的普拉基狄亚努斯将被提拔为近卫军长官。② 他的下属是统率步兵分队的骑士队官,以及统领骑兵部队的20万塞斯特斯级别的扈卫。现在,这支野战军有了自己的独立身份,是一支由骑士等级军官指挥的完整部队。

还有一个问题。为什么元老不再被任命为军团长和远征军指挥官?这可能是几个因素共同作用的结果。首先,在3世纪40至50年代,北部和东部边境大量几乎持续不断的战事使得常规军团被分割成若干分队,被派往远离大本营的地方,而且通常不会返回,而是驻扎在那里。③ 莱提亚的"意大利"第三军团(legio III Italica)就是一个好例子。传统上,该军团由大法官级别的元老军团长统率,他同时也是行省总督。公元3世纪中叶,该军团的分队在普布利乌斯·李基尼乌斯·瓦勒良的麾下效力,当时他还是一名元老,被皇帝埃米利乌斯·埃米利亚努斯授予了特别指挥权。④ 在瓦勒良统治期间,"意大利"第三军团的分队组成了帝国野战军的一部分,在公元260年的埃

---

① CIL XII 2228 = ILS 569: *Imp(eratori) Caesar[i] | M(arco) Aur(elio) Claudio | Pio Felici Invicto | Aug(usto) Germanico | max(imo) p(ontifici) m(aximo) trib(uniciae) potes | tatis II co(n)s(uli) patri pa | triae proc(onsuli) vexil | lationes adque | equites itemque | praepositi et duce | nar(ii) protect(ores) ten | dentes in Narb(onensi) | prov (incia) sub cura Iul(ii) | Placidiani v(iri) p(erfectissimi) prae | fect(i) vigil(um) devoti | numini maiesta | tiq(ue) eius.*
② CIL XII 1551.
③ Strobel 2009:916 - 19.
④ Victor, *Caes.* 32.1; Eutrop. 9.7.

德萨战役中败给了沙普尔统治下的波斯人。① 元老军团长很可能随同军团分队参加了这场灾难性的远征。因为我们知道，公元 260 年，莱提亚有一位"最完美者"级别的骑士代理总督马尔库斯·辛普利吉尼乌斯·格尼亚里斯（M. Simplicinius Genialis）。格尼亚里斯在统率一支由来自莱提亚和日耳曼的部队与当地民众组成的军队期间，击败了入侵的塞姆诺人（Semnones）和尤通吉（Iuthungi），此事后来被刻在一座著名的胜利祭坛上以示纪念。② 该铭文中完全没有提到"意大利"第三军团，而格尼亚里斯的军队包括了相当于当地民兵的部队，这个事实表明该军团的很大一部分兵力是作为元老军政官指挥下的分队被派去参加了瓦勒良的野战军。根据《神圣沙普尔的功业录》的记录，罗马人在埃德萨战役中失败后，元老们和皇帝瓦勒良一起被俘。③ 由此可以得出结论，大批顶尖的元老军官都在这场灾难中丧生了。④

埃德萨战役是公元 3 世纪中叶导致罗马的人力损失巨大的一系列败仗中的最后一次。⑤ 公元 251 年，图拉真·德基乌斯（Trajan Decius）、赫瑞尼乌斯·伊特鲁斯库斯（Herenius Etruscus）和他们的军队在阿布里图斯战役（Battle of Abrittus）中遭到屠杀，必然导致许多军队失去了士兵和指挥官。⑥ 此外，在公元 252 年年或 253 年，波斯国王沙普尔入侵罗马的东部领土，在巴尔巴里索斯（Barbalissu）歼灭了一支 6 万人的罗马军队，还占领了奥龙特斯河畔的安条

---

① Loriot 2006:329.
② *AE* 1993,1231; Piso 2014:141.
③ *Res Gestae divi Saporis* 第 22 行（ed. Huyse）。
④ Cosme 2007:106 – 7. Duncan-Jones 2016:79 也把瓦勒良战败的影响同军队等级体系的改变联系了起来。
⑤ Potter 2004:251.
⑥ 关于这场失利，见 Zos. 1. 23; Potter 2004:242; Drinkwater 2005:39。

克。① 就像波特所指出的，沙普尔声称占领的城市名单中包括一些重要的军团要塞。② 公元252年到256年间的某个时候，空叙利亚出现了一位名叫庞波尼乌斯·莱提亚努斯的代理总督，可能是因为在任的元老总督被杀，也可能因为他需要将司法权交给代理官署理。③ 因此，公元260年的危机是导致罗马兵力和军官减员的长达十年的军事挫折的顶点。所以，有理由认为，当元老军团长在埃德萨战役中被俘或阵亡后，伽利埃努斯试图通过从军队等级体系内提拔士兵来填补军队指挥官的空缺。最顺理成章的选择是现在代理军团长的军营长官级别的军官，于是就有了我们在碑铭材料中看到的"代理军团长的长官"这一头衔。④ 此举符合罗马政府用代理官员取代已故官员的习惯，就像我们在本章前面已探讨过的。

在伽利埃努斯独自统治期间，指挥军团的元老短缺还有另一个原因：他没能控制帝国的绝大部分地区。公元260年夏，下日耳曼尼亚总督马尔库斯·卡西亚尼乌斯·拉提尼乌斯·波斯图姆斯（M. Cassianius Latinius Postumus）反叛。⑤ 在这次篡位期间，伽利埃努斯的儿子和恺撒普布利乌斯·科尔内利乌斯·李基尼乌斯·萨洛尼努

---

① *Res Gestae divi Saporis* 第9—13行（ed. Huyse）；Zos. 1. 27。关于公元252年的说法，见 Potter 2004:249；关于公元253年这个年份，见 Barnes 2009。
② Potter 2004:249.
③ *P. Euphr.* 3 - 4.
④ 关于军营长官一职同后来的军团长官之间可能具有的联系，见 Heil 2008a:755 n. 6。当然，随同军团分队前往波斯的军营长官不是可行的候选人，因为他们亦会阵亡或被俘。我们在这里指的是统率那些并非远征军一部分的部队或分队的军营长官。
⑤ 波斯图姆斯指挥权的具体范围并不确定，但现在的共识是，他是下日耳曼尼亚的总督（Eck 1985:222 - 3；Drinkwater 1987:25 - 6, 2005:45；Potter 2004:257；Gerhardt and Hartmann 2008:1125 - 6）。认定是该行省的理由很充分。如果波斯图姆斯是贝尔加、卢格杜努姆、阿奎塔尼亚或纳尔波高卢的总督，那么他就没有能在他的统率下发动叛乱的军团了。波斯图姆斯几乎可以肯定是元老等级，因为他宣称自己在261年第二次任执政官（Peachin 1990:100），这意味着他在篡位前已经担任过执政官（Drinkwater 1987:67, 168 n. 121）。

斯·瓦勒良努斯（P. Cornelius Licinius Saloninus Valerianus，简称萨洛尼努斯）与近卫军长官西尔瓦努斯一起在阿格里帕殖民市遇害。① 这对皇帝来说是一次重创，因为他在公元 258 年失去了自己的长子和副皇帝普布利乌斯·李基尼乌斯·科尔内利乌斯·瓦勒良努斯（P. Licinius Cornelius Valerianus），在公元 260 年早些时候失去了父亲兼共治皇帝瓦勒良。② 现在，伽利埃努斯成了共治皇帝中的仅存者。③ 当波斯图姆斯反叛时，伽利埃努斯本人正在其他地方，忙着应付阿拉曼尼人和尤通吉人对意大利的入侵。④ 第二年，波斯图姆斯的领地扩大到囊括了西部帝国的很大一部分，包括高卢和西班牙，甚至不列颠。⑤ 波斯图姆斯的反叛，不仅让伽利埃努斯失去了对这些行省的控制，还使他与留在波斯图姆斯控制地区的元老和骑士精英隔开。⑥ 来自波斯图姆斯行省的公认稀少的碑铭证据显示，有个叫屋大维乌斯·萨宾努斯的元老仍在其势力范围内指挥军队（"胜利者"第六军团），这暗示他没有像伽利埃努斯那样取代元老军团长。⑦ 公元 268 年反叛波斯图姆斯的乌尔皮乌斯·科尔内利乌斯·莱利亚努斯（Ulpius Cornelius Laelianus）同样很可能是上日耳曼尼亚的元老总督，或是驻扎在莫贡提亚库姆（Mogontiacum）的"始祖女神"第二十二军团

---

① Zos. 1. 38. 2；Zon. 12. 24（ed. Dindorf p. 144）；*Epit*. 32. 3. 关于西尔瓦努斯，另见 Zos. 1. 37. 2；Howe 1942：81；Drinkwater 1987：88 - 9。
② 瓦勒良努斯恺撒在公元 258 年死于多瑙河前线（Victor, *Caes*. 33. 3；*Epit*. 33. 1；Drinkwater 2005：43）。
③ 公元 268 年的马里尼亚努斯（Marinianus）可能是伽利埃努斯的第三个儿子或侄子（Grandvallet 2006）。
④ Zos. 1. 37 - 38. 1；Victor, *Caes*. 33. 3；Drinkwater 2005：43 - 4, 2007：56 - 7。
⑤ Lafaurie 1975：869 - 72；Drinkwater 1987：27；A. R. Birley 2005：364.
⑥ Kulikowski 2014：142. 按照法规，元老应该住在罗马，但若得皇帝许可，亦可生活在别处（*Dig*. 50. 1. 22. 6［保卢斯］；Salzman 2002：31）。这意味着在 3 世纪 60 年代，波斯图姆斯或伽利埃努斯的帝国均有元老存在。
⑦ A. R. Birley 2005：337, 365.

(*legio XXII Primigenia*) 的军团长。① 因此,"高卢"帝国确实仍在任用元老担任军团指挥官,也许是与骑士军官一起。②

波斯图姆斯的叛乱并非公元260年困扰伽利埃努斯的唯一一次篡位;事实上,他父亲的瓦勒良被俘引发了整个帝国史无前例的一系列叛乱,其中许多是元老总督发起的。其中包括多瑙河某行省的总督英格努斯(Ingenuus),管辖上潘诺尼亚的普布利乌斯·卡西乌斯·雷加里亚努斯。③ 虽然这些得到了相对迅速地解决,但东部又发生了新的叛乱。瓦勒良幸存的近卫军长官巴利斯塔(Ballista)和司库官提图斯·弗尔维乌斯·马克里亚努斯(T. Fulvius Macrianus)将后者的两个儿子提图斯·弗尔维乌斯·尤尼乌斯·马克里亚努斯(T. Fulvius Iunius Macrianus)和提图斯·弗尔维乌斯·尤尼乌斯·奎耶图斯(T. Fulvius Iunius Quietus)推上了皇位。④ 在安条克、尼喀亚和拜占庭铸造的钱币表明,在公元261年被打败前,他们在整个叙利亚和小亚细亚得到了承认。⑤ 马克里亚努斯兄弟的称帝引发了整个东部行省的混乱和动荡。亚该亚的代执政官总督,一个我们只知道他叫瓦伦斯的元老被拥立为帝,可能是反对马克里亚努斯兄弟的统治,也可能是反对伽利埃努斯本人的统治。⑥ 他的反叛失败了,可能是被一位忠于

---

① Luther 2008:333.
② 这些元老很可能出自"高卢"帝国的元老院,而非罗马元老院。关于莱利亚努斯和该地区其他皇帝的高卢出身,见 Drinkwater 1987:34 - 9。
③ Goltz and Hartmann 2008:262 - 6. 英格努斯的叛乱可能酝酿了很久,如果一则轶闻可信,即伽利埃努斯的妻子萨罗妮娜怀疑这位总督怀有野心(*Anon. Cont. Dio.* frag. 5 = *FHG IV* p. 194)。
④ Goltz and Hartmann 2008:259 - 62.
⑤ Peachin 1990:38,366.
⑥ 瓦伦斯出现在 *HA Gall*. 2. 2 - 3 和 *Trig. Tyr*. 19. 1 - 3 之中,但他的真实性也得到了其他材料的证实(Epit. 32. 4; Amm. 21. 16. 10)。

马克里亚努斯兄弟的贵族将军所镇压。①

在埃德萨战役中丧生的元老和波斯图姆斯的"高卢"帝国的分裂只是故事的一部分，但这一系列叛乱让奥雷利乌斯·维克托尔的暗示有了一定的可信度，他认为元老被剥夺对军队的直接指挥权是源于伽利埃努斯害怕被篡位。② 事实上，鉴于波斯图姆斯、英格努斯和雷加里亚努斯的叛乱，再加上说他父亲和儿子之死，伽利埃努斯觉得自己无法信任元老同僚也就不足为奇了。但需要指出的是，被他排除在外的不仅有担任军团长和野战军指挥官的元老，还有骑士代理官精英，正如我们所看到的，后者构成了一个公职贵族阶层。这些人是自马可·奥勒留统治以来一直担任临时军事指挥官的代理官级别的骑士。考虑到像巴利斯塔和马克里亚努斯这样的著名骑士策划的叛乱，他们可能也被伽利埃努斯视为觊觎皇位之人。于是，伽利埃努斯专门从野战军中挑选新的军官——也就是说，这些人是从行伍而不是代理官阶序中提拔起来的。元老将军们被瓦勒良和伽利埃努斯培养的扈卫出身的军团军政官、队官和长官所取代，这个事实不可能是偶然的巧合。当然，就像维克托尔所说，伽利埃努斯实际上不太可能颁布关于元老任命的诏令。诏令是向帝国人民颁布的——皇帝不会向自己颁布。③ 相反，他只是不再在他控制的地区挑选元老担任军政官和军团长等军队指挥官。一旦有了先例，就再也不会回头。

---

① 据 HA 记载，马克里亚努斯派一个叫皮索的执政官去处决瓦伦斯，逼得瓦伦斯篡位（HA Trig. Tyr. 19.1 – 3）。皮索只出现在 HA Gall. 2.2 和 Trig. Tyr. 19.2 – 3, 21.1 – 7 中，因此并不确定他甚至是否存在。不过，Amm. 21.16.10 称，瓦伦斯名叫特撒罗尼库斯（Thessalonicus），HA（Gall. 2.4；Trig. Tyr. 21.1）中提到的皮索之名与此非常类似（Thessalicus）。亚该亚可能只有一个篡位者，HA 将其变成了两个人物，以便为其 Tyranni Triginta 的叙述增加一个反叛者。
② De Blois 1976:82；Le Bohec 2004:129 – 30.
③ Le Bohec 2004:124.

军队指挥权的重组加速了作为一系列连贯的军官职位的骑士军阶的消亡。[1]"军阶出身"（a militiis 和 ἀπὸ στρατειῶν）等术语最后有明确年代的证据来自 3 世纪 80 年代。[2] 现在，被提拔为军队指挥官需要担任过扈卫之职，后者在 3 世纪 70 年代从荣誉头衔变成了实际职务。扈卫构成了一个由下级军官组成的精英团体，准备晋升到更高的职位，如军团长、队官、侧翼骑兵长官和军团长官。[3] 因此，扈卫扮演了之前首席百人队长的角色，因为在伽利埃努斯的统治之后，作为军团高级百人队长的首席百人队长一职变成了一个军需供应职务。[4] 这些军官在获得指挥权之前不必是骑士；相反，他们在接受任命时会得到"出众者"的头衔。于是，骑士身份成了对作为军官服役的奖赏而不是先决条件，因此也不再要求具备骑士财产条件。这种改变对士兵很有吸引力，因为他们渴望成为军队指挥官和获得骑士身份，就像我们在公元 2 世纪末和 3 世纪初已经看到的。

那么，这对之前垄断这些军阶职务的市镇贵族有何影响呢？从晚期罗马法典来看，在公元 4 世纪，市议员阶层仍然试图直接被委任为扈卫，因为这能让他们免于参加市镇的宗教仪式。军人家庭也在新的体制下获得优待。当军官及文官之子在公元 4 世纪选择参军时，他们会被任命为扈卫，而不是从普通士兵开始晋升。[5] 但有一个显著的区别：与骑士军阶不同，扈卫在罗马军队中会获得任职多年的承诺。[6] 因此，成为扈卫的市议会成员的职业道路与那些在帝国盛期被

---

[1] 我会在即将出版的新作中全面提出这种观点。
[2] AE 1973, 550; AE 1987, 1084; AE 1989, 869.
[3] M. P. Speidel 2008: 687 – 8.
[4] Dobson 1978: 139 – 45; M. P. Speidel 2008: 688.
[5] A. H. M. Jones 1964: 641 – 2; Matthews 1989: 77 – 80, 270, 519 n. 33.
[6] Trombley 1999: 18 – 21.

任命为出身罗马骑士的百人队长类似。

伽利埃努斯的改革对行省总督的任命有着重要的影响。由于军团从元老等级的军团长交到了骑士等级的长官手里,元老不再继续管辖那些只有一个军团且由军团指挥官兼任总督的行省(阿拉伯、下不列颠、诺里库姆、努米底亚、莱提亚和腓尼基叙利亚)。① 这最初很可能是临时举措:我们已经讨论过马尔库斯·辛普利吉尼乌斯·格尼亚里斯的例子,当元老军团长可能与瓦勒良一起在东方时,他被任命为莱提亚的代理总督。在阿拉伯行省,公元262/263年在任的元老尤尼乌斯·奥林波斯与公元263/264年被记录为代理总督($διέποντος\ τὴν\ ἡγεμονίαν$)的"出众者"斯塔提利乌斯·阿米亚努斯之间有显著的不同。② 公元3世纪60年代后期,有个佚名的"最完美者"(可能正是阿米亚努斯的继任者)"被授予了总督职权"($ἐγκεχ[ειρισμένου]\ τὴν\ ἡγεμον[ίαν]$)。③ 类似的情况也出现在没有军团的大法官行省,比如马其顿和色雷斯。在马其顿,伽利埃努斯时期的"最完美者"马尔库斯·奥雷利乌斯·阿波里纳里乌斯(M. Aurelius Apollinarius)被称为"皇帝代理官,署理代执政官总督的治权"($ἐπί|τροπον\ τοῦ\ Σεβ[αστοῦ],\ πράσσοντα\ |\ τὰμ[έ]ρη\ τῆς\ ἀν[θ]υπατείας$)。④ 这个头衔表明,在被提拔署理代执政官总督时,他已经担任财政代理官,用的是之前几十年常见的程序。公元267/268年,这位阿波里纳里乌斯成为色雷斯的行省总督,不过是作为"管辖行省"($ἡγούμενον\ [τῆς]|\ ἐπαρχείας$)的"最完美者"。⑤ 阿波里纳里乌斯从在

---

① Glas and Hartmann 2008:662; Heil 2008a:750.
② *IGR* III 1287.
③ *SEG* 16,810.
④ *IG* X 2.1,140; Pflaum 1982:97-8 (no. 357A).
⑤ *IGBulg*. III. 2 1569; Christol 1976:870-4.

某个行省暂时行使总督权力的代理官变成了另一个地区的正选总督。这一转变很可能得益于他是奥雷利乌斯·赫拉克里亚努斯的兄弟这一事实，后者是伽利埃努斯皇帝的近卫军长官。[1] 碑铭证据暗示，这种转变在整个帝国并不一致，因为在3世纪60和70年代，各行省是在不同的时间有了骑士总督。

执政官行省的情况同样复杂。我们对下潘诺尼亚的等级体系了解得最多，这要得益于该行省留存下来的一些铭文。3世纪60年代有一系列骑士长官统率过"助手"第二军团，证明了军团指挥权的转手，如普布利乌斯·埃利乌斯·埃里亚努斯（公元261/267年）、克莱门提乌斯·瓦雷利乌斯·马尔克里努斯（公元267年）和奥雷利乌斯·弗隆提努斯（公元268年）。马尔克里努斯和弗隆提努斯都在"出众者"级别的总督克莱门提乌斯·西尔维乌斯（Clementius Silvius）麾下效力。第一条铭文来自公元267年，其中，西尔维乌斯的头衔是"代总督行事"（a［gens］v［ice］p［raesidis］），到了公元268年变成"总督"。[2] 由于他在第三条没有年代的铭文中被称为"代总督行事"，我们不应对这种区别做过多解读。[3] 同样的问题也出现在卢基乌斯·弗拉维乌斯·阿佩尔身上，这位"最完美者"在奥勒良时期担任过下潘诺尼亚总督，在不同的铭文中被分别称作"代总督行事"或"总督"。[4] 鉴于西尔维乌斯和阿佩尔都没有代理官头衔，他们很可能是被直接任命为下潘诺尼亚行省总督的。按照规定，作为骑士，他们的头衔是替代元老总督的"代总督行事"，但无论从哪点来看，他们都是实际上的总督。用"代总督行事"的头衔不仅是过时

---

[1] *IGBulg*. III. 2 1569 的文本中明确提到了这一关系。
[2] *CIL* III 3425 = *ILS* 545；*CIL* III 3525 = *ILS* 2457 = *AE* 1993,1310。
[3] *CIL* III 10424。
[4] *AE* 2003,1417b；*CIL* III 15156。

的传统主义遗产：它表明元老仍可以被任命来管理行省。事实上，在普罗布斯统治时期，元老马尔库斯·奥雷利乌斯·瓦伦提尼亚努斯担任过下潘诺尼亚总督，头衔是传统的"拥有大法官权的皇帝代表"。① 在邻近的下摩西亚，提图斯·萨图尔尼努斯在公元268/270年代理总督，但后来，两位元老等级的"拥有大法官权的皇帝代表"萨利乌斯·阿里斯泰内图斯（Sallius Aristaenetus）和马尔库斯·奥雷乌斯·塞巴斯提亚努斯（M. Aurelius Sebastianus）在奥勒良统治时期也担任过此职。② 同样的模式也出现在巴勒斯坦叙利亚：奥雷利乌斯·马龙（Aurelius Maron）在3世纪60年代或更晚担任过代理官和代理总督，但在普罗布斯统治时期有过两位元老总督。③

虽然伽利埃努斯不再任命元老担任军团指挥官，但并没有系统的计划剥夺他们行省总督的职务。④ 事实上，按照目前的证据，元老直到四帝共治时期都担任着关键的空叙利亚执政官行省的总督。⑤ 所有的行省总督，无论他们是元老还是骑士，就像勒伯埃克（Le Bohec）所指出的，必定仍对驻扎在这些行省的军队有监督权。⑥ 这无疑是公元4世纪初的情况，我们可以看到当时在整个帝国有一些参与军事工程和后勤工作的总督。⑦ 因此，公元3世纪末的皇帝会任命元老和骑

---

① *CIL* III 3418 = *ILS* 3654.
② Saturninus: *AE* 1993,1377. Aristaenetus: *AE* 1994,1532. Sebastianus: *SEG* 44,635 = *SEG* 50,688; *IGR* I 591 = *SEG* 50,679.
③ Maron: *AE* 1978,824. 这两位元老总督是阿基里乌斯·克莱奥布洛斯（Acilius Cleobulus, *AE* 1993, 1620）和克洛迪乌斯·帕森尼亚努斯（Clodius Passenianus, *AE* 1993,1623）。
④ Glas and Hartmann 2008:663 – 4.
⑤ 见 Gerhardt and Hartmann 2008:1180 – 2 的名单。关于四帝共治时期，见卢基乌斯·埃利乌斯·赫尔维乌斯·狄俄尼修斯（L. Aelius Helvius Dionysius）的例子（*CIL* VI 1673 = *ILS* 1211）。
⑥ Le Bohec 2004:125 – 8.
⑦ A. H. M. Jones 1964:43 – 4; Bowman 1978:33; Davenport 2010:353 – 6.

士来管理行省，而不在意那些总督职务是否像过去一样留给大法官或执政官级别的元老。

在有些例子中，这导致了元老代执政官行省和皇帝行省的传统区别的最终崩溃。巴埃提卡和马其顿不再由代执政官管辖，而是有了元老和骑士总督。[1] 随着至少一部分代执政官行省转交给皇帝任命的人选，行省财务官一职消失了，最后的例证是公元260年的。[2] 无论是亚该亚，还是作为执政官行省的亚细亚和阿非利加，都在继续任命代执政官总督，它们对元老来说仍是有很高声望的职位。[3] 这些发展承认了一个实际情况，即总督是骑士还是元老并不重要，因为这两个等级的成员都同样具备承担所要求职责的能力。这是骑士公职精英的出现和巩固的结果，他们的职位和职责与元老非常相似。正如我们将在下一章中看到的，直到四帝共治时期，绝大多数行省总督的职位才以由"最完美者"级别的骑士担任为标准。

公元268年，伽利埃努斯被他的高级军官而非元老组成的阴谋集团刺杀。到头来扈卫背叛了他们的皇帝，从他们自己人中选出骑兵指挥官马尔库斯·奥雷利乌斯·克劳狄乌斯（M. Aurelius Claudius，通称"哥特征服者"克劳狄乌斯二世）来即位。军官晋升为高级军事指挥官意味着这些人现在可以自己做皇帝。元老对这个消息的反应显然是兴奋的，因为他们下令将伽利埃努斯的支持者们从格莫尼亚台阶上扔下去，并在罗马组织了对故去皇帝家人的谋杀。[4] 这让我们对元老

---

[1] 巴埃提卡：Alföldy 1995。马其顿：Gerhardt and Hartmann 2008：1136 - 8。
[2] Christol 1986：84。
[3] 亚该亚行省：Davenport 2013：225 - 6。亚细亚和阿非利加：Gerhardt and Hartmann 2008：1090 - 5, 1102 - 8。唯一的例外发生在公元276年，当时亚细亚的代理官署理了代执政官总督（AE 1924, 70）。但这显然是临时任命，类似于之前的例子，就像图密善统治时期的米尼基乌斯·伊塔鲁斯。
[4] Victor. Caes. 33. 21; Zon. 12. 26.

院就伽利埃努斯决定不再任命他们担任军职的反应有所认识，不再任命代表了"对他们等级的冒犯"，就像奥雷利乌斯·维克托尔所说的。公元4世纪的拉丁史学中对这位皇帝怀有公开的敌意，特别是在维克托尔、欧特罗皮乌斯和《罗马皇史》中的叙述。①《罗马皇史》甚至用一整卷记录了挑战伽利埃努斯的腐朽统治的三十僭主——其中许多人完全是虚构的。② 元老再也没能重获军团指挥权，尽管在伽利埃努斯死后的十年里，元老院及其成员并未自动地在政治上失势。他们继续对皇帝构成挑战，尽管他们的叛乱最终没有成功，比如从新的军事精英中崛起的奥勒良。③ 我们已在这里讨论过，伽利埃努斯原先的意图是用从野战军中提拔起来的骑士长官取代在东方阵亡的元老军团长。在危机时刻，包括帝国各地的元老叛乱和高卢诸行省落入波斯图姆斯之手时，他转而选择了一群他可以信赖的军官。但这些行动被证明是一种催化剂，给罗马军队和行政体系的传统等级制度带去了一系列酝酿已久的挑战，使士兵更容易成为军队指挥官和获得骑士身份，并让骑士代理官能够接手之前由元老管辖的行省。

结论：罗马国家的重塑

本章提出，公元3世纪时罗马国家的变革是一系列相关因素共同作用的结果。首先是既有地位等级制度的消亡，这种制度传统上把行省划分为元老等级的皇帝行省、元老等级的代执政官总督行省和骑士

---

① Victor. *Caes.* 33. 3, 15, 29, 33 - 4; Eutrop. 9. 7 - 8; *HA Gall.* 1. 1, 3. 6 - 9, 4. 3, 9. 3 - 8, 16. 1 - 18. 6. Zos. 1. 38 - 41 和 Zon. 12. 25 所代表的希腊史学传统，并不依赖于这些放荡的皇帝的传统主题。
② 见 *HA Trig. Tyr.*，其中的反叛和叛乱常常被归因于伽利埃努斯的耽于享乐（如 5. 1, 8. 9, 9. 1, 11. 1, 12. 8）。
③ Davenport 2014a.

等级的总督代理官行省。这种划分本质上是人为的，是奥古斯都在共和政府的框架基础上建立其君主制罗马国家的结果。在元首制下，出现了一群新的职业骑士行政官员（骑士公职贵族），他们与元老一样秉持文武兼顾地为国效劳的精神。这群人的职责与能力同元老没什么分别。[①] 任命骑士代理官担任署理总督，承担总督的司法职责，或者在后者死亡或发生危机时替代他们，这些都代表了这一发展的逻辑延伸。对这些代理官的提拔并不是用骑士代替元老的帝国政策的一部分。相反，皇帝实行了一种行政替代政策，从最合适的人选中挑选各种各样的帝国官员的替代者——从皇帝本人到长官、总督和代理官——而不是基于他们的元老或骑士身份。虽然这挑战了现有的等级制度，但罗马行政体系本质上的惰性并没有使这一阶段发生任何长期的变化。

第二个动向与罗马军队有关。经由首席百人队长晋升为军队指挥官的曲折道路阻碍了许多渴望获得更多机会的士兵。从公元2世纪后期开始，这些士兵请求获得骑士军阶中的指挥官职务，而想巩固与军队的关系的皇帝会让他们如愿。这些士兵中有许多人在近卫军、皇帝骑兵队或随皇帝出征的帝国野战军中服役。皇帝对这些士兵的垂青也能从其授予他们的儿子骑士身份看出来。这些军人大多低于百人队长级别，他们自己或他们的儿子不太可能具备骑士等级必需的财产条件。而给他们骑士身份是作为一种皇帝恩赏。对野战军士兵的垂青在3世纪50年代被正式化，当时瓦勒良和伽利埃努斯向近卫军军团长和野战军中的百人队长授予"皇帝扈卫"的荣誉头衔。这些动向虽然意义重大，但其本身并没有挑战元老的军事权威，后者直到3世纪中

---

① 见本书第六和第七章。

第十一章 总督与将军

叶仍在担任军政官、军团长和远征军的将军。即便是骑士被任命为作为代理官阶序一部分的指挥官职务，也并非在试图剥夺元老的权威。相反，这代表了一种务实的行政做法，承认了元老和骑士同样适合担任这类职务，尽管两者存在身份差异。

一场重大危机最终推翻了既有的秩序。公元 260 年，瓦勒良皇帝同他的近卫军长官和元老将军们一同被波斯人俘虏。同年，他的儿子、现在唯一的皇帝伽利埃努斯面临着来自帝国各地行省总督的一系列叛乱。为了接替死去的元老军团长，弥补因变节投向波斯图姆斯而损失的人力，伽利埃努斯转向了他的扈卫，即他和他父亲提拔、扶植的野战军军官团体。最初的应急反应很快成为既定的做法，因为他不再任命元老担任军团长或远征军的指挥官。他也没有选择骑士代理官精英来担任这些职务。相反，这些指挥官职务由从行伍中提拔上来的士兵担任，现在他们凭借新的指挥官职务获得了"出众者"的骑士身份。这一决定的结果是，元老不再被任命管辖只有一个军团且由军团长兼任总督的行省。这种做法还传到了其他行省，尽管没有任何明显的一致性：有时总督是"出众者"或"最完美者"级别的骑士，有时则是"最显赫者"级别的元老。虽然骑士最初被任命为"代理总督"，因为他们自塞维鲁王朝时期以来一直被临时任命，但他们很快就被认可为正选的总督。

上述讨论不可避免地集中于伽利埃努斯的改革最具革命性的影响，诸如军中的军官被提升为骑士等级，以及传统的军队和行省等级体系的崩溃。但这给我们留下了一个重要问题。前几代中通过代理官阶序晋升的骑士等级成员怎么样了？他们是在骑士军阶中服役的罗马骑士，然后担任了财政和行政职务，甚至可能升任大长官。他们曾是代理总督的官员，确保了行省的统治和司法的延续性。简而言之，骑士公职贵族的命运如何？就像我们将在下一章中看到的，这些行政官员仍然是晚期罗马帝国当局的基石。但到了公元 4 世纪后期，当他们管理帝国财政、以皇帝的名义发布信件和政令、管辖行省时，他们不是作为骑士，而是作为元老。

第十二章　最后的罗马骑士

导言：李基尼乌斯的诏令

公元317年7月21日，皇帝李基尼乌斯向比提尼亚行省的人民发布了诏令。[1] 该诏令的部分内容通过《狄奥多西法典》（*Codex Theodosianus*）和《查士丁尼法典》复原了，具体规定了允许谁和不允许谁获得"出众者"、20万塞斯特斯级别、10万塞斯特斯级别和"最完美者"的头衔。这些都是骑士等级的头衔——只有名声最大的"最突出者"级别不在其内——尽管这次诏令没有提到该等级本身。相反，李基尼乌斯提到这些头衔时，仿佛它们的授受可以不需要骑士等级成员身份。由于这条诏令是专门针对比提尼亚人的，李基尼乌斯此举可能是为了回应一个行省代表团。[2] 诏令的内容暗示，比提尼亚人担心政府官员和市议员阶层有违公正地获得这些头衔，然后被宣布免除他们的强制性公民义务，即 *munera*。

《狄奥多西法典》中李基尼乌斯诏令的三段节选，规定了特定群体获得这些骑士身份的能力，包括首席百人队长（负责军队供粮 [*annona militaris*]）、皇帝私产代理官（*Caesariani*）和帝国铸币工

---

[1] 关于将这条诏令归于李基尼乌斯而非君士坦丁，见 Corcoran 2000:193, 283-4。
[2] Millar 1983:93.

（monetarii）。① 现在，首席百人队长成了世袭的军需官职位，因此按照法规构成了一种公共义务（munus）。② 于是，李基尼乌斯授权首席百人队在"退役后"（post emeritam militiam）可以被授予"出众者"、10万塞斯特斯级别、20万塞斯特斯级别和"最完美者"的身份。皇帝私产代理官因其腐败和堪称对帝国行政机构构成威胁的代表而臭名昭著，如果皇帝在他们服役期间授予他们"出众者"或更高的身份，那将是政治上的一步昏招。③ 不过，李基尼乌斯还是允许皇帝私产代理官在卸任时获得骑士头衔，只要他们的账本收支正确（即看不出贪腐）。④ 另一方面，帝国铸币工被明确禁止获得骑士头衔，因为他们"应该总是保持自己的状态"（in sua semper durare condicione oportet）。⑤ 铸币工和他们的后代注定要为帝国服务，这意味着要摆脱这个只有通过见不得人的手段获得骑士身份。⑥

李基尼乌斯诏令存世的最后部分规定了骑士头衔只能授予已在自己的城市履行了所担义务的帝国官员和市议员。它值得全文引用，因

---

① CTh. 8.4.3（首席百人队长），CTh. 10.7.1（皇帝私产代理官），CTh. 10.20.1 = CJ 11.8.1（帝国铸币工）。
② 关于首席百人队长职务的变迁，见 CJ 12.62.1（公元253/60年）；Frag. Vat. 278 (AD 286)；Dobson 1978：139 - 45。
③ 关于皇帝私产代理官，见 Corcoran 2000：183 - 4, 347 - 52, 2007：235 - 6, 2012：267 - 9；Haensch 2006；Dillon 2012：91 - 2, 207 - 8。
④ 现在他们是自由出身的官员，而不是释奴（Haensch 2006：162；Corcoran 2012：268）。
⑤ CTh. 10.20.1. Codex Justinianus 的版本（11.8.1）省略了骑士头衔，称铸币工"不得通过任何头衔的特权脱离这种状态"（oportet nec dignitatis cuiuscumque privilegio ab huiusmodi condicione liberari）。
⑥ 见 A. H. M. Jones 1964：435 - 6（他提到许多铸币工非常富有）和 Bond 2016：241 - 3。君士坦提乌斯二世后来确认，铸币工和其他低级职官"不得试图享有任何头衔"（aliqua frui dignitate pertemptet）（CJ 12.1.6，公元357/360年）。按照《克劳狄乌斯元老院决议》（senatus consultum Claudianum），嫁给铸币工的女性会面临自身法律地位的下降，该决议禁止女子嫁给奴隶（CTh. 10.20.10 = CJ 11.8.7，公元379年）。参见 Evans-Grubbs 1995：263 - 77 对君士坦丁关于女子与奴隶结合的立法的讨论。

第十二章 最后的罗马骑士

为它的法律辞令为了解公元 4 世纪初帝国政府对这些头衔的看法提供了重要见解:

> 那些在宫廷服务的,那些被派去管辖行省的,那些通过担任最尊贵职务而获得"最完美者"或"出众者"荣誉的,还有那些被任命为市议员或士官,完成了对他们家乡的全部义务的,都应该享有他们被授予的头衔。但如果哪位市议员想逃避自己的义务而通过买来的推荐获得"最完美者"或 20 万塞斯特斯或 10 万塞斯特斯或"出众者"的头衔,那么在放弃任命书之后,他必须回到自己的真实身份,经过所有的公民职务和义务的检验,依照城市的法律才能获得某种特权。此外,对于那些因出身、居所或财产状况而被召去加入市议会者,即使获得推荐,"最完美者"的头衔也无法庇护,应免去这种头衔,交市议会处理。①

李基尼乌斯的措辞堂皇、做作且晦涩。总的意思是强调皇帝是所有在其行政体系中效力之人的一切恩赏和荣誉之来源。② 就像我们在之前几章中看到的,这是皇帝在君主制罗马国家对精英进行驯化和控制的一个基本方面。经皇帝允许,帝国官员都有资格"享有他们被授

---

① CTh. 12. 1. 5: eos qui in palatio militarunt et eos quibus provinciae commissae sunt quique merito amplissimarum administrationum honorem perfectissimatus vel egregiatus adepti sunt, nec nonet illos, qui decuriones vel principales constituti cuncta suae patriae munera impleverunt, frui oportet dignitate indulta. si vero decurio suffragio comparato perfectissimatus vel ducenae velcentenae vel egregiatus meruerit dignitatem declinare suam curiam cupiens, codicillis amissis suae condicioni reddatur, ut omnium honorum et munerum civilium discussione perfunctus iuxta legem municipalem aliquam praerogativam obtineat. eum quoque, qui originis gratia vel incolatus vel ex possidendi condicione vocatur ad curiam, perfectissimatus suffragio impetrate dignitas non defendit, qua remota tradi eum curiae oportebit.
② Dillon 2015:52 – 3.

予的头衔"（frui ... dignitate indulta），同样的特权也扩大到了市议员，条件是他们已经履行了自己的义务。接着，李基尼乌斯提到了一个相当惊人的事实，即有的公民不是通过皇帝的个人恩赏，而是"通过买来的推荐"（suffragio comparato）获得骑士头衔。[1] 这表明到了公元4世纪初，市议员阶层的成员能够买到授予他们骑士头衔的正式的皇帝委任状（codicilli）（可能来自帝国官员），以此逃避市议员的义务。很可能正是这种特别骇人听闻之事促使比提尼亚的行省议会派出代表团，后者对市议员凭借获得的头衔来豁免自己义务的做法感到不安。

这并非比提尼亚或者李基尼乌斯的东部帝国（他在与西部统治者君士坦丁岌岌可危的和睦中治理着那里）特有的问题。[2] 因为君士坦丁在回应自己的总督和官员时也不得不就有关市议员阶层的类似问题做出裁决。公元317年1月，即李基尼乌斯诏令颁布的那年，君士坦丁就市议员的特权对西班牙大区的总管屋大维亚努斯做出了回应。[3] 他裁定"想要获取不应得的职务之荣誉者"（qui honoris indebiti arripere insignia uoluerunt）应被强迫于当地的市议会站立，而市议员是有权坐着的。通常认为君士坦丁关于此事的决定促成了李基尼乌斯本人在7月做出的裁决，但它们其实针对的是相关却不相同的问题。[4] 在关于骑士头衔的问题上，更适合与李基尼乌斯诏令类比的是君士坦丁向某个叫帕塔尔努斯·瓦雷利乌斯（Paternus Valerius）的

---

[1] 关于 suffragio comparato 被译成"通过买来的推荐"，见 C. Kelly 2004：293-4。
[2] 这一诏令发布时，李基尼乌斯刚刚结束了与君士坦丁的短暂内战"基巴莱（Cibalae）战争"，两人握手言和（Barnes 2011：103-4）。
[3] CTh. 12. 1. 4.
[4] Corcoran 2000：283；Barnes 2011：104.

人下达的政令,其年代只能被定到公元 312/337 年。① 皇帝写道:

> 获得委任状者,如果不是奴隶,或者没有欠国库或市议会的钱,或者不是面包师,或者没有从事过任何买卖,或者不是通过买来的推荐获得这一荣誉,或者没有管理他人财产,那他可以享有"最完美者"级别的身份。②

君士坦丁裁决的言下之意很清楚。皇帝可以通过御制证明授予"最完美者"的身份。但也有人通过"买来的推荐"获得这些委任状。在公元 317 年的李基尼乌斯诏令和君士坦丁的这封信中,"推荐"(suffragium)都带有修饰语,表明皇帝指的不是纯粹的恩庇,而是买来的头衔。不过,到了公元 338 年,根据上下文,没有进一步修饰的 suffragium 一词也可以指"买来的推荐"。③ 这暗示收买荣誉、恩惠和官职在罗马的行政体系中已经变得根深蒂固。④

李基尼乌斯、君士坦丁和其他众多罗马皇帝在该问题上的严厉裁决并非为了终结恩庇做法,而是为了确保皇帝本人被视作恩赏的唯一来源。⑤ 皇帝可以将"出众者"或"最完美者"的头衔授予个人,作为对为国效力一定时间的奖赏或者直接作为恩赏。这标志着与帝国盛期的不同,当时骑士必须担任代理官才能获得这一头衔。⑥ 获得御笔

---

① *CTh.* 6. 38. 1 (残缺) = *CJ* 12. 32. 1 (完整)。Seeck 1919:165 将这封信的年代定为公元 317 年 1 月 19 日,依据是他在那天早些时候写给屋大维亚努斯的信,但并非定论。
② *codicillis perfectissimatus fruantur, qui impetraverint, si abhorreant a condicione servili vel fisco aut curiae obnoxii non sint vel si pistores non fuerint vel non in aliquo negotio constiterint nec sibi honorem venali suffragio emerint nec rem alicuius administraverint.*
③ C. Kelly 2004:293 – 4.
④ A. H. M. Jones 1964:391 – 6; C. Kelly 1998, 172 – 3, 2004:211 – 16.
⑤ C. Kelly 1998:152.
⑥ 见本书第七章。

签发的委任状体现了皇帝在授予高级等级或职务中的个人角色。①

对于什么样的人不适合获得骑士头衔的恩赏，李基尼乌斯和君士坦丁的看法相同。在罗马世界，所有头衔的拥有者都应该没有道德缺陷或刑事过失的观念仍然存在，就像公元314年君士坦丁在对罗马城市长官沃鲁西亚努斯的裁决中所表明的。② 但公元4世纪初关于骑士身份的立法，暗示皇帝的目标远不止于此：他们想要确保即便是那些自由出身的体面者也无法得到更高的地位，如果这种地位不适合帝国行政体系的话。奴隶，铸币工人，甚至市议员都无法通过获得骑士头衔而提升到超出他们"生来状态"（condicio）的地位，甚至面包师也被禁止获得"最完美者"头衔。③ 这些群体的出身并不平等——比如，奴隶的"生来状态"与市议员的截然不同。但为了罗马帝国的利益，他们都必须维持自己的"生来状态"。罗马行政体系需要铸币工来确保钱币的稳定生产，需要面包师来实现罗马和君士坦丁堡帝国的面包供应，需要市议员在地方和行省层面上代表国家来举行昂贵的宗教仪式。④ 各种骑士头衔豁免了他们担负的责任，因此政府试图限制这些群体的成员获得这些头衔。市议员是其中最有特权的，但即便是他们也无法在履行了自己的公民义务后获得较高的骑士身份。那么，他们为什么会被迫花钱购买"出众者"或"最完美者"的证明，以便能免除这些负担，也就不难理解了。因此，帝国政府有点弄巧成拙：皇帝规定头衔只能由他本人授予，或是通过正式的帝国服务获得；但

---

① C. Kelly 1998:151-2, 2004:193-4.
② *CJ* 12.1.1. 关于该政令的其他部分，即关于那些被马克森提乌斯降低了身份的罗马公民，见 *CTh*. 5.8.1, 13.5.1(Corcoran 2000:304)。
③ 关于这些证明，见 Garnsey 1970:225-7。
④ 关于从公元3世纪开始向罗马和君士坦丁堡供应面包，见 Erdkamp 2005:252-4。

与此同时，国家官僚正忙着售卖这些头衔。①

李基尼乌斯的诏令和同一时间君士坦丁的裁决中提出的问题显示了将骑士等级分成若干身份级别的更广泛的社会影响。当"出众者"和"最完美者"等头衔在公元2世纪被引入时，它们的作用是将骑士代理官和高级行政官员从普通罗马骑士中区分开来。但就像我们在第七章中看到的，很快，只担任一个代理官职务就有可能被归为"出众者"，即便是纯荣誉性的。这揭示出一种在不承担必要的帝国服务的情况下获得地位和特权的愿望，如果不加阻止，就会导致我们在公元4世纪初看到的情况，即这些荣誉被人买卖。在本章中，我们将探究骑士身份级别及其相关特权的变化，这个过程与我们在上一章中讨论的3世纪时罗马军队和行政体系的变革是同时进行的。然后，我们将进一步考察公元3世纪政府动荡对代理官和行省总督的任命的影响。这终结了文官与军人合一的骑士官阶，并巩固了一条独立的军人职业道路。最后，我们将考虑作为罗马国家组成部分的骑士等级如何继续存在到公元4世纪末和5世纪中期。骑士等级的消亡对学术界的想象力产生了相当大的影响，但它的确至少继续存在到了公元5世纪中期。因此，同样值得一问的是，为何该等级能存活那么久。

财产条件的终结

在帝国盛期，骑士等级的成员有三个基本特点。他们都是自由出身，拥有40万塞斯特斯的财产条件，而且已被皇帝正式授予骑士身

---

① 关于皇帝对自己官员的辞令，见 Dillon 2012:159-91。C. Kelly 1998:171-80 考察了帝国行政体系中重叠和常常相互冲突的目标。

份。① 虽然确切提到财产条件数字的绝大部分是公元1世纪和2世纪初的文献,但没有迹象表明财产条件在下一个世纪里因为通胀或其他问题而有所调整。② 塞维鲁王朝时期的史学家卡西乌斯·狄奥常常会注意到自己的时代和罗马历史上之前时期的差异,但在他现存作品的各卷中并没有对骑士财产条件本身发表评论,尽管他的确讨论了元老的财产条件。③ 骑士财产条件在3世纪初继续执行,因为该等级的成员受一个名为"罗马骑士监察秘书"(*a censibus equitum Romanorum*)的官员监督。④

尽管古代材料中没有提到财产条件被废止或抛弃,但有证据暗示,它在某个时候的确不再是骑士身份的首要标准之一。从公元5世纪开始,贺拉斯和尤维纳尔的注疏者提到财产条件时视其为过去的遗迹。⑤ 贺拉斯《诗艺》的382—383行谈到了人口调查,伪阿克洛在评论时表示:"因为从前,如果没有一定数量的财产,即40万塞斯特斯,是无法成为罗马骑士的。"⑥ 尤维纳利斯的"旧注"对《讽刺诗》

---

① 见本书第五章。
② Demougin 1988:78-9. 写于公元2世纪初的 Ps.-Quint. *Min. Decl.* 302 序言提到了当时仍然有效的关于确定骑士财产条件的法律,但没有给出具体数字。公元139年一封弗隆托的信中提到,马可·奥勒留的财产远多于骑士财产条件,但也没有给出确切数字(Fronto. *Ad M. Caes.* 4.3.6 [vdH² pp. 56-9] = Davenport and Manley 2014:22-6 no. 1)。
③ 奥古斯都最初设定的是40万塞斯特斯,后来提高到100万塞斯特斯(Dio 54.17.3, 54.26.3-5)。
④ 马尔库斯·阿奎里乌斯·菲利克斯担任过这个职务(M. Aquilius Felix, Pflaum 1960:598-601 [no. 225])。皇帝埃拉伽巴鲁斯闹出过让演员担任此职的丑闻(Herodian 5.7.7)。3世纪的注疏家波菲利奥在他对 Hor. *Epist.* 1.1.62 (*quibus census et SS CCCC* [他们的财产条件是40万塞斯特斯])的评注中解释了财产条件,但这并不表明在他写作时是否仍然有效。
⑤ 叙马库斯在描述庞培牵着自己的马走进罗马广场时(*Or.* 3.8,发表于公元369或370年)提到了财产条件,但没说这些条件在自己的时代是否仍然适用。
⑥ Ps.-Acro on Hor. *Ars P.* 382-3: *non enim licebat antea equitum Romanum fieri nisi habuisset certam summam pecuniae, hoc est quadringentorum sestertiorum.*

653

1.106 评价说:"从前,罗马骑士的财产条件是 40 万塞斯特斯。"① 古代晚期的注疏家们以把早期注疏家的现在时改成过去未完成时而闻名,此举是为了更准确地反映过去和现在情况的差异。② 公元 5 世纪的罗马人需要被提醒,曾经有过骑士的财产条件,以及他们坐在剧场前十四排的保留座位。③

从塞维鲁王朝时期的狄奥的《罗马史》到公元 5 世纪的注疏家,时间过去了很久。在第十一章中,我们考察了来自军团和近卫军的老兵如何在没有必要的骑士财产条件的情况下,直接获得骑士军阶中的军官委任的。在伽利埃努斯统治时期,当这些军官取代元老成为军团的指挥官时,他们被授予了更高的骑士地位,即"出众者"或"最完美者"。但这并没有阻止皇帝按正常方式把骑士身份授予具备财产条件的自由出身的公民。直到四帝共治时期,从阿非利加、意大利和东部行省的铭文中都能看到拥有罗马骑士头衔的市镇贵族的例证。④ 直到公元 284 年,潘诺尼亚人马尔库斯·奥雷利乌斯·克莱门斯仍然可以自称获得了公共马。⑤ 大莱普提斯当地的显贵奥雷利乌斯·森普洛尼乌斯·塞雷努斯·杜尔基提乌斯(Aurelius Sempronius Serenus Dulcitius)在公元 4 世纪的一段荣誉铭辞中被称为"奥索尼乌斯人的

---

① *Schol. on Juv. Sat.* 1.106: *quadringenta qui erat census antea equitum Romanorum*。关于这位注疏家的年代,见 Cameron 2010。
② Cameron 2011:576 - 8.
③ 参见 Macrob. *Sat.* 7.3.8,他声称前十四排坐席是为元老保留的。见本书第九章。
④ Chastagnol 1988:201; Lepelley 1999:632. 比如奥雷利乌斯·埃克苏佩拉图斯(Aelius Exuperatus, *AE* 2003, 1421,公元 286 年),科克尤斯·多纳图斯(Cocceius Donatus, *CIL* VIII 2480, 2481,公元 286/293 年内),马尔库斯·鲁提里乌斯·菲利克斯·菲利基亚努斯(M. Rutilius Felix Felicianus, *AE* 1920, 15,公元 295 年,),弗拉维乌斯·狄奥法内斯(Flavius Diophanes, *SEG* 51, 916 = *AE* 2001, 1743,公元 4 世纪初)。北非的证据特别丰富:见 Duncan-Jones 1967 和 Lefebure 1999 的表格。
⑤ *AE* 2003, 1420.

骑士"([ίπ]πεὺς Αὐσονίων)。① 因此，难怪公元301年的戴克里先《限价令》(Edict of Maximum Prices) 中在元老和贵族靴子的价格之外还包含了"骑士靴"(calicae equestres) 的条目。② 当然，这并不能证明仍在实行40万塞斯特斯的财产条件，到了戴克里先的时代，这个数目要比塞维鲁时代贬值很多。③ 但关于骑士官员薪俸的其他证据强烈地暗示，财产条件直到4世纪初才发生改变。

帝国政府中的行政官员按照薪俸定级。④ 卡西乌斯·狄奥提到，在公元3世纪初，这些级别的头衔（比如10万塞斯特斯和20万塞斯特斯）与官员获得的真正薪俸是相匹配的。⑤ 有点让人意外的是，我们知道这种情况延续到了公元297/298年，当时高卢演说家欧门尼乌斯（Eumenisu）发表了名为《论重建学校》(For the Restoration of the Schools) 的公共演说。⑥ 其中，欧门尼乌斯透露，作为君士坦提乌斯一世皇帝的备忘官（magister memoriae），他的薪俸是30万塞斯特斯，而当他成为奥屯（Autun）的麦尼亚奈（Maenianae）修辞学校的校长后，他的薪俸将翻倍。⑦ 欧门尼乌斯的话表明，骑士官员的薪俸在公元3世纪没有变化。⑧ 与欧门尼乌斯同一时期的盖乌斯·卡伊利乌斯·萨图尔尼努斯（C. Caelius Saturninus）的生涯同样暗示了这种延续性。此人很可能在马克西米安或君士坦提乌斯一世的宫廷中开始担任帝国公职，历任6万塞斯特斯的档案助手（sexagenarius

---

① SEG 53,1166。在另一个雕像底座上，他的头衔是更标准的"罗马骑士"(eq[ues] R[omanus], IRT 559)。
② Edictum de pret. max. IX. 7 – 9.
③ 参见 Stein 1927:30; Demougin 1988:79 的评论。
④ 全面的讨论见本书第七章。
⑤ Dio 53.15.4 – 5, 另见马伊克纳斯演说中的介绍（52.25.2 – 3）。
⑥ 关于年代，见 Nixon and Rodgers 1994:148。
⑦ Pan. Lat. 9 (4).11.2.
⑧ Segrè 1943:103 – 6; A. H. M. Jones 1953:306,1964:51.

studiorum adiutor)、6万塞斯特斯级别的顾问官（*sexagenarius a consiliis*）和20万塞斯特斯级别的顾问官（*ducenarius a consiliis*）。[1] 通常认为，6万塞斯特斯和20万塞斯特斯等头衔指的是萨图尔尼努斯获得的实际薪俸，就像欧门尼乌斯的例子中那样。[2] 晋升到不同薪俸水平的代理官这种情况，与安东尼王朝时期的行政官员马尔库斯·奥雷利乌斯·帕皮里乌斯·狄俄尼修斯的生涯类似。[3] 另有明确的证据显示，公元3世纪时，档案官一职也会有基于薪俸等级的提拔，当时马尔库斯·奥雷利乌斯·赫尔墨根尼斯（M. Aurelius Hermogenes）"从6万塞斯特斯级别的皇帝档案代理官被提拔为10万塞斯特斯级别"。[4] 因此，3世纪的骑士继续获得与他们的头衔匹配的薪俸。[5] 如果像欧门尼乌斯和卡伊利乌斯·萨图尔努斯这样的四帝共治时期的行政官员的薪水同他们在塞维鲁王朝时期的前辈们一样，而且继续用塞斯特斯计算，那么几乎没有理由认为骑士财产条件会有改变。[6] 如果放在近年来对公元3世纪罗马经济的学术研究的背景下，这一结论是合理的，因为研究表明，尽管银币不断贬值，但直到奥勒留统治之

---

[1] CIL VI 1704 = *ILS* 1214；*PLRE* I Saturninus 9.
[2] Segrè 1943:108. 另见普弗劳姆的论文中，沙斯塔尼奥尔对通胀和骑士头衔的评点（Pflaum 1978:314）。
[3] 另见3世纪中期时凯基乌斯·赫尔米亚努斯的例子，他是"10万塞斯特斯级别的皇帝参谋"（[δ]ουκινά[ριο]ν ἐπὶ συμβουλίου τοῦ Σεβ(αστοῦ)），在瓦勒良皇帝在东方作战时担任此职（*I. Ankara* 116；Mitchell and French 2012:283）。
[4] CIL XIV 5340：proc(uratori) a studi(i)s Aug(usti) n(ostri) ad HS LX (milia) n(ummum) provect(o) | HS C (milia) n(ummum)；Pflaum 1960 935-6 (no. 352).
[5] 这并不意味着所得薪俸总是等于应得薪俸，如果瓦勒良和伽利埃努斯时期的文法学家洛里亚努斯的抱怨是有所依据的话。他的年薪为2000塞斯特斯，却是以劣酒和谷物支付（Parsons 1976）。
[6] 有趣的是，骑士代理官的薪俸在公元3世纪没有提高，而士兵的薪俸则大幅上升。这意味着在公元3世纪，军队在帝国预算中的占比要大得多（Duncan-Jones 1994:45）。不过，尽管有了这些上升，士兵的基本军饷仍然不足，不得不以赏赐作为补充（Rathbone 2009:312）。

后才出现大幅的通胀。①

情况在四帝共治时期迅速改变,使得欧门尼乌斯成为所得薪俸与其在行政体系的级别相匹配的最后一批骑士官员之一。公元4世纪付给帝国官员的报酬常常是实物而非现金。② 欧门尼乌斯作为奥屯的修辞学教授的60万塞斯特斯薪酬是以现金价值,而非以现金和实物相加的价值计算的国家教授薪酬的最后证据。③ 盖乌斯·卡伊利乌斯·萨图尔尼努斯的履历铭文中非常准确地记录了他早年获得的不同级别的任命,但在他被提拔为20万塞斯特斯的顾问官后就再未提到他的薪俸。萨图尔尼努斯是在公元3世纪末担任这些职务的,与欧门尼乌斯同时期,因此我们可以说这个头衔与他的实际薪俸匹配,一如欧门尼乌斯。所以,改变是发生在这之后,即公元4世纪初。6万塞斯特斯级别最后一次有确切时间记载的出现是在公元313年或314年末君士坦丁写给阿非利加代执政官总督埃里亚努斯的一封信中,他在信中提到了这一级别的帝国税务官员。④ 当然,这一裁决并不能证明6万塞斯特斯级别的实际上因其服务而获得相当于6万塞斯特斯的报酬,而只是表明那个头衔仍在使用。

这一改变最好的证据来自公元317年的李基尼乌斯诏令,其中提到20万塞斯特斯和10万塞斯特斯级别是处于"出众者"和"最完美者"之间的骑士级别。⑤ 不过,就像李基尼乌斯所表明的,皇帝可以

---

① Rathbone 1996.
② A. H. M. Jones 1964:396-8. 关于戴克里先时期用现金和食物发放士兵军饷之事,见 Duncan-Jones 1990:105-15。
③ Kaster 1988:116. 关于欧门尼乌斯作为教授的薪酬,见 Pan. Lat. 9(4).11.2, 14.5; B. S. Rodgers 1989:256-8。
④ CTh. 11.1.2, 11.7.1 = CJ 10.9.1(公元313或314年)。关于不同的日期,见 Barnes 1982:170; Corcoran 2000:304。
⑤ Lepelley 1999:632; Christol 2006:248.

在人们完成行政服务后授予这些身份。这肯定了10万塞斯特斯或20万塞斯特斯级别的头衔在当时与薪俸无关。李基尼乌斯也没有提到取得这些头衔或者"出众者""最完美者"所必需的任何财产条件。在一部如此精确地描绘了级别奖赏的帝国立法中,我们本可期待看到对财产条件的确切说明,如果那些重要的话。最后,我们从公元380年的一部格拉提安、瓦伦提尼安二世和狄奥多西一世的法律中了解到,君士坦丁皇帝将骑士等级头衔授予了全体船主（navicularii）。① 君士坦丁法令的原件没有留存下来,具体日期也不明,尽管它可能是在公元329年发布的,因为皇帝在那年把其他特权授予了船主,包括免除公民责任。② 将骑士身份授予某个特定群体极其明显地暗示了财产条件最终被抛弃了。③ 鉴于这里给出的证据,改变最有可能发生在公元297/298年的欧门尼乌斯的演说和公元317年的李基尼乌斯诏令之间。在这20年里,戴克里先和君士坦丁的经济改革大规模重组了罗马的货币体系,使得元首制的财政体系实际上失去了意义。④

骑士身份的结构与特权

不过,财产条件在公元4世纪初的消亡并不标志着骑士身份及其意义的终结。这是因为骑士等级现在被分为一系列级别,"出众者"和"最完美者"等骑士头衔能够提供值得争取的特权。在第七章中我

---

① *CTh.* 13.5.16.pr（公元380年）。
② *CTh.* 13.5.5（公元329年）。公元324年,在写给罗马长官维里努斯（Verinus）的信中,君士坦丁仍然把罗马骑士和船主视作两个不同群体（*CTh.* 2.17.1.2）,表明授予骑士身份是在此之后。
③ Davenport 2012b:107-8。
④ Corbier 2005:335-8；Abdy 2012:584-92。帝国晚期引入了新的行省总督薪俸体系（Rathbone 2009:312-13）。

们看到，在帝国盛期，这些地位如何只能通过服务帝国军队和行政体系来取得。"出众者"级别的官员常常还会在铭文中使用10万塞斯特斯或20万塞斯特斯级别等头衔，以示他们被皇帝提拔为更高级别的代理官。这种种头衔对于界定骑士等级内部的身份群体的等级体系非常重要。马可·奥勒留规定，对"最突出者"和"最完美者"的儿子、孙辈和重孙不予以平民的惩罚。① 在奥勒留统治时期，这些头衔仅限于近卫军长官、其他"大长官"和一些宫廷官员。尤利乌斯-克劳狄乌斯王朝时期的社会立法明确提到，骑士的男女亲属天生拥有更高的地位，即便其本人不是骑士，这使得他们不同于普通的罗马公民。因此，他们被禁止从事低贱的职业。② 奥勒留的规定从不同的角度探讨了身份的性质，他授予这些代理官家族成员特权，这等于认可他们的"高贵者"身份可以传承数代。

在塞维鲁王朝统治时期，法学家乌尔皮安写道，同样的原则——免受平民所受惩罚——也适用于市议员及其儿子。③ 因为如果地位更高的"出众者"和罗马骑士不享有市议员阶层所享有的特权会显得很奇怪，所以前者很可能同样被免受这种低贱的待遇，而且至少他们的下一代也能享有豁免。④ 公元3世纪，"出众者"在大众意识中是该等级内部地位明显较高的群体。公元258年瓦勒良向元老院发出了一条关于对有地位的基督徒施以合适惩罚的诏令，其中提到"出众者"和"罗马骑士"时将其作为不同群体。⑤ 这一点，在居普良写给另一位主教苏凯苏斯的信中得到了证明：

---

① *CJ* 9.41.11（戴克里先和马克西米安，提到了早前马可·奥勒留的规定）；Garnsey 1970:141-2; Alföldy 1981:199-200。
② 见本书第五章的讨论。
③ 戴克里先和马克西米安的同一裁决（*CJ* 9.41.11）中也引用了乌尔皮安之语。
④ Garnsey 1970:241-2.
⑤ Seeck 1905:2006.

第十二章 最后的罗马骑士

事情实际上是这样的，据说瓦勒良向元老院发布诏令，主教、长老和执事应该立即被处以死刑，但元老、"出众者"和罗马骑士必须被免去头衔，然后没收财产。①

信中没有提到"最突出者"和"最完美者"，居普良是在描述诏令的主旨而非逐字引用。主教特别提到了"出众者"，可能是由于在阿非利加生活着许多这一级别的人，因为它只需担任过一个职务就能获得（就像第七章中所讨论的）。② "出众者"的数量多到足以视为居于普通骑士之上的独立群体，来自该撒利亚毛里塔尼亚的祖卡巴尔（Zucchabar）的一条铭文暗示了这种想法。铭文称某个叫曼利娅·塞孔狄拉（Manlia Secundilla）的人是"身为'出众者'和罗马骑士的兄弟们和舅舅们的姐妹"（*sorori fra | trum et av [u] nculor [um] e [gregiorum] v [irorum] et | eq [uitum] Romanor [um]*）。③ 这表明虽然骑士等级仍然是构成罗马国家的一个等级，但更高级的骑士身份等级提供了超出罗马骑士头衔的重要声望和特权。④

到了公元 3 世纪末，从未在帝国军队和行政体系服务的罗马公民也拥有了"出众者"头衔。市镇官职成为授予它的依据，特别是城市

---

① Cypr. *Ep.* 80: *quae autem sunt in vero ita se habent, rescripsisse Valerianum ad senatum ut episcopi et presbyteri et diacones in continenti animadvertantur, senatores vero et egregii viri et equites Romani dignitate amissa etiam bonis spolientur.*
② 在这位主教去世后不久庞提乌斯所写的 *Vita Cyprian* (14.3) 中，他描绘了"许多'出众者'和'最显赫者'级别和血统的人"（*plures egregii et clarissimi ordinis et sanguinis*）鼓励居普良流亡。
③ CIL VIII 9616.
④ 公元 3 世纪中期，仍有来自罗马和奥斯提亚的铭文提到骑士等级（CIL VI 2131 = ILS 4929, AD 240; CIL XIV, 4452 = ILS 9507, AD 249; CIL XIV 42 = ILS 526, AD 251/3）。

660

主管（curator rei publicae）一职。[1] 这一职务，从皇帝选派监督城市财政的外来官员变成了从市议员阶层中任命的当地行政官员。[2]"出众者"埃利乌斯·鲁弗斯是这种现象的一个早期例子，他在奥勒良或普罗布斯统治时期担任过兰拜西斯的终生弗拉门祭司和城市主管。[3] 在四帝共治时期的意大利和北非可以找到其他许多例子。[4] 这些主管很可能获得了"出众者"头衔，以表明他们在当地城市中的较高地位。[5] 担任终生弗拉门祭司的祭司职务者同样是"出众者"级别。[6] 公元284年，阿昆库姆的两位五年期监察官向至善至大者宙斯奉献的纪念铭文证明了在城市背景下，这种做法所产生的细致的身份等级。马尔库斯·奥雷利乌斯·波利德乌克斯（M. Aurelius Polideuces）和马尔库斯·奥雷利乌斯·克莱门斯（M. Aurelius C [l] emen [s]）都是行政官，但由于波利德乌克斯还是弗拉门祭司，因此他被列为"出众者"，而克莱门斯只被称为"有公共马的"。[7]

公元4世纪初，所有履行了市镇责任的市议员按照惯例都会获得"出众者"的头衔，就像李基尼乌斯在公元317年向比提尼亚人发布的诏令中所确认的。卢基乌斯·奥雷利乌斯·多洛特乌斯（L.

---

[1] Millar 1983:87-94; Chastagnol 1988:201-2.
[2] Lucas 1940:63-4; Burton 1979:473-4, 477-9. 公元331年君士坦丁的一条裁决证明了该过程的完成，他在其中规定，市议员只有在完成了所有的公民责任后才能成为城市主管（CTh. 12.1.20）。
[3] CIL VIII 2661 = ILS 5788.
[4] 部分例子是：尤利亚努斯（Iulianus），公元275年之后卡塞纳（Casena）的主管（CIL XI 556）；鲁皮利乌斯·皮索尼亚努斯（Rupilius Pisonianus），公元290/293年马克塔（Mactar）和米迪迪（Mididi）的主管（CIL VIII 11774）；盖乌斯·翁布里乌斯·特尔图鲁斯（C. Umbrius Tertullus），公元286/305年努米底亚图布利斯库（Thuburiscu Numidarum）的主管（AE 1904, 5; 1940, 18）。
[5] 虽然是当地官员，他们还是与国家保持联系（A. H. M. Jones 1964:726; Corcoran 2006:48）。
[6] 北非的证据特别丰富（CIL VIII 1646, 5142, 25834; AE 1966, 512）。
[7] AE 2003, 1420.

Aurelius Dorotheus）是"出众者"，也是他的家乡——意大利普特奥利的庇主，当地市议会在他"诚实地履行了全部职责、责任和宗教义务后"（omnibus honoribus | oneribus muneribusq［ue］ | honeste perfuncto）授予其荣誉。① 在骑士等级现在已经变得普遍的市镇中，"出众者"实质上构成了一个新的高等精英群体。② 公元283/284年，在努米底亚的兰拜西斯，有几位市镇显贵（包括三名"出众者"级别的）捐资修建了柱廊。③ 记录显示，公元3世纪后期，在坎帕尼亚的拉维尼乌姆有不下6位"出众者"为他们的庇主——元老维里乌斯·卢普斯（Virius Lupus）立了一座雕像。④ 在论战作品《论迫害者之死》（On the Deaths of the Persecutors）中，拉克坦提乌斯提到加雷利乌斯皇帝拷问市议员以及拥有"出众者"或"最完美者"身份的"城市……首脑人物"（primores ... civitatum）。⑤ 一块来自罗马，时间为公元322年的庇主任命青铜版上极好地展示了"出众者"荣誉在市镇精英中散布的这一最后阶段。当年，元老昆图斯·阿拉狄乌斯·瓦雷利乌斯·普罗库鲁斯（Q. Aradius Valerius Proculus）成为北非城市扎玛雷吉亚（Zama Regia）的庇主，他接见了以城市主管盖乌斯·穆基乌斯·布鲁提亚努斯·福斯提努斯·安东尼亚努斯（C. Mucius Brutianus Faustinus Antonianus）为首的"十人首脑"（decemprimi）代表团。⑥ 安东尼亚努斯和他的9位同僚都担任过扎玛雷吉亚的重要

---

① AE 1983, 196. 关于这种现象的其他例子，见 CIL III 5111（诺里库姆）；CIL V 4333（意大利布里克西亚）。
② Lepelley 1986:237.
③ AE 1989, 869.
④ CIL XIV 2078 = ILS 1209.
⑤ Lact. DMP 21.3; Barnes 1973:137; Millar 1983:93. Lact. Div. Inst. 5.14.18 也提到了"出众者""最完美者"和"最显赫者"这三个关键身份，但只是为了用隐喻提出宗教观点。
⑥ CIL VI 1686 = ILS 6111c.

祭司，也都是"出众者"级别。曾作为对服务于罗马军队和行政体系之奖赏的这种骑士身份，此时已在整个帝国的行省贵族中普遍起来。

"出众者"身份不可能在没有得到皇帝首肯的情况下扩散，因为那是一种仍然掌握在他们手中的恩赏。扩大这种身份的范围可能是他们在对自下而来的压力做出反应。[①] 担任弗拉门祭司或城市主管的市镇首脑公民想把自己与同为罗马骑士的市议员同僚区分开。当然，他们可以寻求在帝国行政体系中的任命。比如，完成在奥克西林科斯的宗教仪式义务后，别名"阿蒙"（Ammon）的马尔库斯·奥雷利乌斯·阿喀琉斯（M. Aurelius Achilleus）成为了皇帝财产代理官。[②] 但这些职务取决于行贿和恩庇，而且根本没有保障。因此人们更愿意在不担任这些职务的情况下获得头衔，就像亚历山大的阿皮安和其他在公元2世纪寻求荣誉代理官的人那样。[③] 事实上，我们确实掌握了一位市镇显贵成功请求授予 $\kappa\rho\alpha\tau\iota\sigma\tau\iota\alpha$（"出众者"的希腊语写法）的证据。一份公元299年的纸草上保留了呈交给埃及公教会某个案件的记录副本，其中提到有个叫奥雷利乌斯·普鲁塔克斯（Aurelius Plutarchus）的人宣称自己的"出众者"身份可以让他免除被指定的责任：[④]

那位出现在阁下面前的"出众者"普鲁塔克斯试图规避公民

[①] 比较我们在第十一章中对士兵野心的讨论。另见 Kautsky 1997: 213 – 17 and Dillon 2015: 56 对贵族的"区分的需要"的讨论，即精英们需要界定他们相对于彼此的地位，以及获得他们能够企及的更高荣誉。
[②] Bagnall 1991: 289 – 93; *P. Oxy.* 12. 1514 (AD 274 or 280).
[③] 本书第七章对此做了讨论。
[④] *P. Oxy.* 9. 1204. 纸草中使用的是希腊语术语 $\kappa\rho\acute{\alpha}\tau\iota\sigma\tau\sigma\varsigma$ 和 $\kappa\rho\alpha\tau\iota\sigma\tau\iota\alpha$，我以对应的拉丁语翻译了出来。关于对这一重要文本的讨论，见 A. H. M. Jones 1964: 70; Carrié 1979: 221 – 3; Millar 1977: 289, 1983: 91 – 2.

的责任，他曾请求我们的奥古斯都和恺撒陛下授予"出众者"的身份，陛下同意并授予了他，现在他拥有了（这身份）①

我们不清楚普鲁塔克斯向戴克里先及其共治者请求授予"出众者"身份的依据是什么。从诉状的其他部分来看，他似乎在按照埃及长官的命令遣散士兵时扮演了某种角色。不过，这一服务本身不足以获得"出众者"的身份。② 如果他本人不是代理官或军官，这一身份必须通过皇帝恩赏获得，而皇帝显然同意了普鲁塔克斯的请求。早至3世纪90年代，在意大利、西西里和北非也有一些没有在军队和行政体系服务记录的城市主管与弗拉门祭司成为"最完美者"的记录。③ 这表明皇帝不仅惯于向市镇精英授予"出众者"身份，而且还会授予"最完美者"的身份。如果奥雷利乌斯·普鲁塔克斯的案例有什么象征意义的话，那就是有许多人想要获得这些荣誉来逃避作为市议员的负担。

这无疑是相对较近才出现的改变，因为无论是士兵还是行政人员，帝国官员曾经只有在为国家服务时才能免除城市义务。当他们回

---

① P. Oxy. 9. 1204, ll. 13 – 16：ἀπαλλαγὴν εὔρασθαι πειρώμενος ὁ παρεστὼς τῇ σῇ ἀρετῇ Πλούταρχος ὁ κράτιστος τῶν πολειτικῶν λειτουργιῶν δεδέηται τῆς θείας τύχης ἔτι ἄνωθεν τῶν δεσποτῶν ἡμῶν τῶν Σεβαστῶν καὶ τῶν Καισάρων μεταδοῦναι αὐτῷ τοῦ τῆς κρατιστίας ἀξιώματος, καὶ ἐπένευσεν ἡ θεία τύχη αὐτῶν καὶ μετέδωκεν, καὶ νῦν ἐστιν ἐν αὐτῷ..

② Millar 1983：92.

③ 利吕拜乌姆（Lilybaeum）的主管盖乌斯·瓦雷利乌斯·庞培亚努斯（C. Valerius Pompeianus）（Eph. Ep. 696，公元293/304年，Barnes 1982：165）；萨布拉塔（Sabrath）的终生弗拉门祭司卢基乌斯·沃［-］阿姆斯（Lucius Vo［-］amus）（Tantillo and Bigi 2010：no. 93，公元303/315年）；大莱普提斯的主管卢基乌斯·多米提乌斯·尤斯图斯·埃米利亚努斯（L. Domitius Iustus Aemilianus）（Tantillo and Bigi 2010：no. 45，公元280/320年）；普莱内斯特的主管尤利乌斯·拉伦提乌斯（Iulius Larentius）（CIL XIV 2919 = ILS 1219，公元333年）。更多例子见Ensslin 1937：672；Millar 1983：93.

到家乡时，仍要履行。① 公元282年，卡鲁斯、卡里努斯和努梅里安皇帝规定，就连代理官（他们至少是"出众者"）也要履行他们城市的义务。② 不到20年后——不幸的是，无法确定准确时间——戴克里先做出了里程碑式的裁决，代表了帝国政策的改变。③ 在回应安条克主要官员派来的使者时，他下达诏令："我们为拥有某些头衔的人免除了城市和个人义务，即那些前扈卫或前队官。"④ 戴克里先只提到军官，这个事实很可能与他裁决的具体案子有关；如果骑士代理官没有被免除这些义务，那将是非常奇怪的。

事实上，为帝国服务可以让所有罗马公民永久免除市议员义务的原则被扩大到了行政体系的整个下层部分。⑤ 公元314年的一条诏令中涉及刚刚卸任的宫廷官员（palatini），君士坦丁概括了他们的特权:⑥

> 对于那些在我们个人家庭中诚实履行职责的宫廷官员，以及担任我们的秘书职务，即备忘官、司信官和诉状官的人，我们要求让他们远离各种恶意起诉或委派，这种特权要延续到他们至亲血脉的儿子和孙子。这些人，连同他们的动产和城中奴隶将继续免除所有低贱的和个人的义务，任何人都不得以不公待之。如果

---

① 见 Millar 1983:87-94 的基础讨论，本节受其启发。
② CJ 10.48.1.
③ CJ 10.48.2. Corcoran 2000:254-5 认为这段文本的年代要早于公元293年，因为其中只提到戴克里先和马克西米安皇帝，可见是3世纪80年代，当时戴克里先在叙利亚（Barnes 1982:51）。但 Potter 2004:395 倾向于公元299年或300年，当时戴克里先的一系列政令表明他在安条克。
④ CJ 10.48.2: *certis dignitatibus data a nobis indulgentia est munerum civilium et personalium, id est his, qui aut ex protectoribus sunt aut ex praepositis.*
⑤ Millar 1983:84.
⑥ CTh.6.35.1 = CJ 12.28.1. 另见 CTh.6.35.4（公元328年）。

有谁无视这些，就将受到处罚，无论身份如何。①

君士坦丁因此确认了为帝国服务、对骑士等级的奖赏、终生豁免城市义务（无论是官员本人，还是他们的两代后人）三者之间的密切关系。② 这意味着现在别无他法（比如收买或直接授予），只有通过为帝国服务获得"出众者"和"最完美者"的身份才能有这些特权。公元 318 年和 326 年之间的某个时候，君士坦丁致信一位叫塞维鲁的高级行政官员，明明白白地把矛头对准了不曾为帝国服务过的市议员阶层。③ 他写道："无论'最完美者'还是属于'出众者'行列的，都应被委任为市议员。"④ 后来，在公元 327 年，君士坦丁致信阿非利加大区的总管阿尼乌斯·提贝利亚努斯（Annius Tiberianus），让其向所有总督传达他的决定，即老兵之子应该担任市议员，"最完美者"同样如此。⑤

公元 299 年，埃利乌斯·普鲁塔克斯声称"出众者"身份可以免除城市义务，但到了 4 世纪 20 年代，甚至"最完美者"身份也不足以获得这一特权，除非是通过担任军队或政府职务获得的。⑥ 这一改

---

① a palatinis tam his, qui obsequiis nostris inculpata officia praebuerunt, quam illis, qui in scriniis nostris, id est memoriae epistularum libellorumque, versati sunt, procul universas calumnias sive nominationes iubemus esse summotas, idque beneficio ad filios eorum atque nepotes ipso ordine sanguinis pervenire atque inmunes eos a cunctis muneribus sordidis et personalibus permanere cum universis mobilibus et mancipiis urbanis, neque iniurias eis ab aliquibus inferri, ita ut, qui haec contempserit, indiscreta dignitate poenas debitas exigatur.
② Millar 1977:108-9, 1983:94-5.
③ CTh. 6. 22. 1.
④ CTh. 6. 22. 1: sive perfectissimi sunt sive inter egregiorum ordinem locumque constiterint, decuriones nominentur.
⑤ CTh. 12. 1. 15; Barnes 1982:146.
⑥ Ensslin 1937:674-5.

变表明帝国行政当局想要把特权局限于那些曾为罗马国家服务的人。4世纪的罗马人在他们的墓志铭和荣誉铭文中会被描绘成前总督、前副将、前代理官和前司库官，强调他们曾为帝国效力。这意味着在身份等级中，他们要高于那些仅仅拥有"罗马骑士""出众者"或"最完美者"头衔，但从未担任过帝国职务的骑士。① 在军人中也能看到同样的趋势。在公元4世纪中叶的某个时候，扈卫获得了"最完美者"的身份。② 扈卫在铭文中带着"最完美者"的头衔出现，这个事实暗示那是他们最不重要的身份标志。③ 不过，扈卫或前扈卫（*ex protectoribus* 或者 *ex protectore*）等头衔在墓志中出现的频率要高得多。④ 这表明当士兵在碑铭中被纪念时，他们的军队地位和服役经历被认为是最重要的荣誉。这与3世纪中叶的情况明显不同，当时从行伍中提拔起来的长官和扈卫会自豪地宣示他们的"出众者"和"最完美者"身份。

让我们暂停下来总结一下这些复杂的发展，它经历了四个阶段。在第一阶段，即公元2世纪期间，帝国行政当局只向在军队和行政体系中担任要职的骑士授予"出众者"和"最完美者"的荣誉。到了第二阶段，即公元3世纪后期，他们也把这些荣誉授予没有担任过任何帝国职务的市镇贵族阶层的罗马公民。情况在第三阶段——四帝共治期间——变得复杂起来，皇帝们向担任过帝国职务与高级军官的"出众者"和"最完美者"授予了市议员责任的豁免权。这意味着像奥雷利乌斯·普鲁塔克斯这样没有担任过官方职务的人开始宣称他们的

---

① 关于授予这些官员的特权，见 Millar 1983:94-5。
② G. Kelly 2008:131-2.
③ 关于4世纪中后期唯一的一个碑铭例证，见 *CIL* III 4185。
④ 部分例证包括 *AE* 1939,45；*AE* 1981,731；*CIL* III 371,7440,8741；*CIL* V 6226；*CIL* VI 32945；*CIL* XI 835。

"出众者"和"最完美者"身份也能让他们免于义务。这催生了第四个阶段，即君士坦丁皇帝统治时期，他规定只有通过为帝国效力而获得"出众者"和"最完美者"头衔的人才能得到豁免。其结果就是，罗马国家再次确认，在军队和行政体系中服务是获得皇帝赏赐中最重要的荣誉和奖赏的基础，有效地填补了四帝共治时期出现的漏洞。

这对没有担任过帝国官职，但获得了"最完美者"身份的市镇骑士有何影响呢？这个级别仍然重要，因为它代表了市镇贵族的最高级别，其成员像帝国行政当局所希望的那样履行了自己的市议员责任。君士坦丁在4世纪20和30年代颁布的社会立法将"最完美者"同地位较低的骑士等级公民区分开来，将前者同元老级的"最显赫者"归在一起，创造了哈珀尔（Harper）所谓的"荣誉的共同体"。① 君士坦丁关于婚姻和遗产的立法修改了奥古斯都的两部法律，即《尤利乌斯惩治通奸法》以及《尤利乌斯和帕皮乌斯婚姻法》（lex Iulia et Papia）。② 一部特别的立法禁止地位高的男性将与地位低的女性（诸如奴隶、女演员、旅店主人、堕落女性、皮条客和角斗士之女）所生的孩子当作婚生子，或者赠其财产。法令的原文没有留存下来，可能是在公元326年通过的。③ 其主要条款在公元336年发布的一条诏令中有所描述，诏令是君士坦丁发给阿非利加的近卫军长官格雷戈里乌斯的。④ 法令中提到的公民是"元老或'最完美者'，或者是城市中

---

① Harper 2011：424.
② Evans Grubbs 1995：350 – 2；Harper 2011：444 – 54.
③ Evans Grubbs 1995：286；Harper 2011：449 – 50. 关于公元326年的其他社会立法，见 *CTh*. 9.7.1 = *CJ* 9.9.28；*CTh*. 9.24.1 = *CJ* 7.13.3；*CTh*. 9.7.2 = *CJ* 9.9.29；*CJ* 5.26.1。
④ *CTh*. 4.6.3 = *CJ* 5.27.1，公元336年7月31日在迦太基宣读。它和之前的诏令（*CTh*. 4.6.2）是因"李基尼乌斯之子"案而颁发的，此人用不正当手段获得了授予他元老身份的皇帝证明。他并非李基尼乌斯皇帝的儿子。（Evans Grubbs 1995：285 – 6；McGinn 1999：62 – 3；Corcoran 2000：291）

的双执法官、五年期监察官，或者是拥有行省弗拉门祭司、祭司头衔者"。① 因此，该法令将元老、"最完美者"和整个罗马帝国的部分市议会官员与祭司归为一个精英集体。② 这代表了对奥古斯都的婚姻立法的重大改动，后者专注于骑士等级的排外性，实际上允许骑士与女释奴的通婚。③ 君士坦丁在诏令中只包括了"最完美者"，这个事实表明地位较低的骑士（即20万塞斯特斯级别、10万塞斯特斯级别、"出众者"和普通的罗马骑士）通常不被视为这个地位更高的新社会群体的一部分，除非他们担任过双执法官、五年期监察官、祭司或弗拉门祭司等市镇职务。④ 现在，骑士身份在市议员精英中变得普遍，因此其最高特权只能授予那些履行了城市义务的成员。

公元3世纪末和4世纪初，随着更高级别的骑士荣誉在整个市议员阶层中的扩散，"罗马骑士"这个引以为傲的头衔在四帝共治时期之后几乎从碑铭记录中消失了。⑤ 这可以用一个事实来解释，即相比"出众者"和"最完美者"这些更高的身份，最低级别的骑士身份缺乏必要的声望，无法让人觉得它们值得被记入铭文。当然，他们仍是罗马骑士：这个头衔在碑铭材料中的消失并不意味着该等级本身被废除了。上面讨论过的君士坦丁在公元329年授予全体船主骑士身份的举动只是显示了其继续存在的一条证据。⑥ 此外，骑士身份本身仍是

---

① *senatores seu perfectissimos, vel quos in civitatibus duumviralitas vel quinquennalitas vel flamonii vel sacerdotii provinciae ornamenta condecorant.*
② 公元336年的法令中没有出现"出众者"级别，并不意味着它被废除了。君士坦丁在诏令中也没有提到10万塞斯特斯和20万塞斯特斯级别者，但我们知道这些级别继续存在到了4世纪80年代（CTh. 6. 30. 7 = CJ 12. 23. 7，公元384年）。关于"出众者"的头衔，见Davenport 2015b。
③ Evans Grubbs 1995:289 - 90；McGinn 1999:60.
④ Matthews 2000b:434 - 5注意到，该法令中没有非官员的市议员，也没有自由出身的罗马公民，表明君士坦丁试图勾勒出一个帝国精英群体。
⑤ Chastagnol 1988:201 - 2, 205；Lepelley 1986:240, 1999:632.
⑥ CTh. 13. 5. 16 pr. （公元380年）引用了现已失传的君士坦丁诏令。

宝贵的，无论对船主抑或其他罗马公民，因为它确认了他们是"高贵者"，让他们可以免除卑贱者才会受的惩罚。[1] 因此，我们不能说出现了"身份通胀"，罗马骑士身份"贬值了"，就像狄龙（Dillon）非常中肯地指出的那样。[2] 但在城市的市镇贵族中，作为公开自我展示之元素的罗马骑士头衔显然不再具有同样的声望，这解释了这种尊称为何会从铭文中消失。

"出众者"身份很快也遭遇了同样的命运，它在公元4世纪20年代中叶之后基本上从碑铭证据中消失了。[3] 大莱普提斯的城市主管克劳狄乌斯·奥雷利乌斯·格内罗苏斯（Claudius Aurelius Generosus）在公元324/326年的记录中被称为"出众者"，他常被视为最后一位有确切年代拥有该头衔者。[4] 沙斯塔尼奥尔（Chastagnol）甚至提出，君士坦丁在公元326年废除了"出众者"级别，更晚近的学者对此表示怀疑。[5] 事实上，从北非的碑铭文本中仍能找到"出众者"更晚的零星例证。在为神圣的格拉提安（瓦伦提尼安一世和瓦伦斯的父亲）立的雕像底座上，奉献铭文中祭司瓦雷利乌斯有"出众者"头衔。雕像是公元364/367年在努米底亚的君士坦提纳（Constantina）立的。[6] 沙斯塔尼奥尔认为，这一称呼是个错误，但没有令人信服的理

---

[1] Lepelley 1986:238, 1999:640; Dillon 2015:49.
[2] Dillon 2015:43-5.
[3] 法典中最后一次提到"出众者"是在 *CTh*. 6.22.1 中。这道诏令的年代存在争议：Barnes 1982:130, 144（修正为公元318年）；Seeck 1919:172-3（修正为公元324年）；Mommsen 1905:268（修正为公元325/326年）。它在希腊语中对应的 κράτιστος 最后一次有据可查的出现是在 *P. Stras*. 6.560，时间应为公元326年（Davenport 2015b. Cf. Coles 1985; Sirks 1995）。
[4] Tantillo and Bigi 2010: no. 71.
[5] Chastagnol 1966:549-50, 1970:309, 1988:205-6. 现在见 Lepelley 1986:238; Lizzi Testa 2009:114; Davenport 2015b.
[6] *CIL* VIII 7014.

由解释为何如此。① 还有一条来自比扎凯纳（Byzacena）米迪迪的残缺不全的铭文，其中写到"通过城市总管、'出众者'沃鲁西乌斯·卡尔普尼亚努斯的不懈努力"（per instantiam [v(iri)] e [gregii] Vol [usii] Calpurniani curat [oris]）纪念碑才得以修复。② 以帝国头衔来看，铭文似乎可以追溯到公元5世纪初，因此《碑铭年鉴》（L'année épigraphique）的编辑们援引沙斯塔尼奥尔关于该级别在公元326年被废除的观点，认为不能复原成 [v(iri)] e (gregii)。③ 但是修复应是被允许的。因此，"出众者"身份并未在公元326年被君士坦丁废止，只是越来越少作为头衔出现在公开自我展示中。

市镇贵族中"最完美者"数量的增加可能加速了该过程。公元324年，君士坦丁在打败了李基尼乌斯后的那段时间里慷慨地授予了"最完美者"身份。④ 君士坦丁试图以此奖赏市议员阶层的精英，创造一个忠于他的新的精英群体，尤其是在他从李基尼乌斯手中获得的东部行省。⑤ 就像狄龙所指出的，对于君士坦丁和他的财库来说，授予很多人"最完美者"并不比奖赏"出众者"的花费多，因为这些荣

---

① Chastagnol 1966. 现在见 LSA 2320（U. Gehn），它同样将 VE 补充为 v(ir) e (gregius)。
② AE 2000, 1661.
③ 注意另两个例子：(i)"出众者"和普特奥利港的代理官尤利乌斯·苏尔皮基乌斯·苏克赛苏斯的雕像，年代很可能是公元4世纪中期（D'Arms 1972；AE 1972, 79）；(ii) 塔诺尼乌斯·波伊奥尼乌斯·克吕桑提乌斯（Tannonius Boionius Chrysantius），他在普特奥利的一座雕像底座上被称为"出众者男孩"（puer egregius）（CIL X 1815）。他是公元4世纪后期该城一位重要庇主之子。不过，这可能是形容词 egregius 的非正式用法。见 Camodeca 1980 - 1:121。
④ Eus. VC 4.1.2. 不幸的是，Cameron and Hall 1999:154 误译了这段话，把希腊语的 διασημότατοι 译成拉丁语的"最显赫者"（clarissimi，元老等级），而正确的应是骑士头衔"最完美者"（perfectissimi）。
⑤ Heather 1994:12 - 16；C. Kelly 2006:195 - 7.

誉不再与薪俸级别挂钩，所以并不涉及财政支出。① 此外，君士坦丁的社会立法证明，在他的"荣誉的共同体"（再次使用哈珀尔的说法）里，现在只有这些"最完美者"才能和元老等级的"最显赫者"联系在一起。② 普特奥利庇主卢基乌斯·阿拉狄乌斯·瓦雷利乌斯·普罗库鲁斯（L. Aradius Valerius Proculus）的雕像完美地涵盖了这些，雕像由"'最完美者'和城市长官，以及普特奥利最高贵的等级和人民"在公元 340 年竖立。③ 铭文显然区分了"最完美者"和主要官员，但没有"出众者"。这意味着作为个人公共身份的一个方面，"出众者"不再像过去那样珍贵。与"罗马骑士"的头衔一样，"出众者"的头衔几乎从铭文中消失了。

这些改变对于作为罗马国家组成部分的"骑士等级"有何影响呢？首先，需要指出的是，骑士等级和罗马骑士仍然正式存在。骑士身份在公元 4 世纪的延续可以归因于一个事实，即那是一种表现身份和特权的可以理解的荣誉。因此，君士坦丁在公元 329 年左右将骑士身份授予船主，以认可他们在确保神圣之城的粮食供应中发挥的重要作用。每年 7 月 15 日穿越罗马城的骑士游行至少持续到 4 世纪中期，就像《公元 354 年历表》所表明的；对当地骑士来说，这一直是仪式历中的重要典礼。④ 但也可以说，到了君士坦丁时代，将骑士定义为一个等级的共同体凝聚力的许多方面已不复存在，比如参加皇帝葬

---

① Dillon 2015:48－9.
② 关于这点的影响，见努米底亚的塔姆加迪的名单，年代为公元 4 世纪 60 年代；名单中列出了 10 名"最显赫者"级别和 2 名"最完美者"级别的庇主，没有较低的骑士级别（CIL Ⅷ 2403）。
③ CIL VI 1691: viri perfectissimi et prin | cipales, et splendidissimus or | do et populus Puteolanorum.
④ Stein 1927:457. Zos. 2.29.5 提到的似乎不是骑士游行，而是凯旋式。

礼、剧场中的前十四排坐席，以及专由骑士担任的祭司职位。[1] 没有了这些仪式和表演，骑士的统一性就失去了一个关键的方面："内在感"，即罗马骑士是在罗马国家中拥有稳固地位的集体精英的一部分。[2] 事实上，一路晋升到军队指挥官以及拥有"出众者"和"完美者"身份的军官成员是否会认为自己属于广大骑士等级，这一点存在疑问。虽然拥有军队背景，但他们是否会前往罗马参加骑士游行也令人怀疑。[3] 罗马骑士身份不再仅次于元老，因为现在他们与"最显赫者"之间还隔着"出众者"、10万塞斯特斯级别和20万塞斯特斯级别，尤其是"最完美者"。如今，骑士等级是一系列严格划分的身份等级，每个都有自己内在的价值和声望。但这些骑士级别仍然是罗马国家以及由皇帝及其行政体系所控制的荣誉和特权的社会等级的一部分。[4]

政府的革新

与上述变化并行的是，从伽利埃努斯到君士坦丁的时期，骑士官阶也经历了自己的转变。这些变化的性质复杂，难以还原，尤其是因为公元3世纪后期骑士的履历铭文数量不断下降。[5] 在本节中，我们将首先考虑骑士代理官生涯的结构变化，包括财政职务和行政职务以

---

[1] 见本书第八、九、十章。
[2] 关于内在性的概念，见 Mann 1986：519 和本书第八章。
[3] 比如，来自多瑙河流域、后来当上了皇帝的一些军官（如加雷利乌斯）甚至从未见过罗马城（拉克坦提乌斯 Lact. *DMP* 27. 2）。
[4] 在这方面，注意 Matthews 2000b：436 的评论，他认为骑士等级（特别是"最完美者"）及其所有特权的扩大代表了行政体系"对臣民生活的较大干预"。
[5] 这在一定程度上是碑铭习惯式微，加上转向其他形式的自我展示的影响，相关内容见 Borg and Witschel 2001。

第十二章 最后的罗马骑士

及行省总督职务。这在很大程度上要聚焦于到公元 4 世纪 10 年代为止的骑士任职情况的发展（尽管也会使用来自 4 世纪后期的证据说明之前的变化）。然后，我们将考察总督和高级职务在君士坦丁统治时期从骑士转交给元老等级，以及这对那两个上层等级同罗马政府之间关系的影响。

行省行政体系中和皇帝宫廷中（在帝国盛期并不少见）的传统代理官生涯在公元 3 世纪六七十年代仍然可以看到。比如，盖乌斯·克劳狄乌斯·菲尔姆斯（C. Claudius Firmus）在罗马、高卢、西班牙和加拉提亚担任过代理官职务，之后在公元 264/265 年成为埃及长官，并于公元 274 年担任同一行省的监察使（corrector）。[1] 在罗马本地，尤利乌斯·阿喀琉斯（Iulius Achilleus）从宫廷职务代理备忘官晋升为大角斗学校（ludus magnus，帝国角斗士学校）的 20 万塞斯特斯级别代理官，可能是在伽利埃努斯或其某位继任者统治时期。[2] 不过，我们知道传统的骑士生涯路径的结构发生了两个重要改变。首先，骑士在晋升入代理官生涯前不再在骑士军阶中服役。这一变化的原因是骑士军阶不再是统一体系，而且出现了新的不同的军官生涯路径（通过扈卫之职），就像我们在上一章中看到的。[3] 其次，行省财政管理的整个结构在逐渐改变。名为司库官，作为最高财政部门（summa res）代表的财政官员取代了行省代理官。这并非完全意想不

---

[1] SEG 27, 846; S. Mitchell 1977: 67-70.
[2] CIL VI 41286; Peachin 1989: 175. 他的石棺被嵌入了奥勒良城墙，因此肯定在此之前去世（Pflaum 1950: 317-18）。
[3] 之前在骑士军阶中任过职的代理官的最后几个例子来自公元 3 世纪中期：马尔库斯·奥雷利乌斯·赫尔墨根尼斯（M. Aurelius Hermogenes, CIL XIV 5340; Pflaum 1960: 935-6 [no. 352]）；斯塔提利乌斯·阿米亚努斯（Statilius Ammianus, Pflaum 1982: 98-9 [no. 358]）；还有来自罗马的记录中的两位佚名骑士（CIL VI 41295; Pflaum 1982: 70-2 (no. 278 A); CIL VI 1641; Pflaum 1960: 941-7 (no. 355)）。关于骑士军阶的终结，见我的待出新作。

到的发展，因为早在公元3世纪的埃及，从多个方面已经可以预见到这一点。① 该过程显然是渐进的，直到四帝共治时期，在亚细亚和巴勒斯坦仍能找到负责财政管理的行省代理官的证据。② 在行省，皇帝私产开始由私产长官（magistri rei privatae）管理，尽管有的地区仍会任命代理官。③ 行省的行政官员听命于在罗马的两位宫廷官员，可能是高级私产长官（之前的私产代理官）或者皇帝财产司库官（之前被称为司库官）。④ 中央机构的重组必然最晚始于公元3世纪70年代的罗马，因为自奥勒良统治起，该城就可以找到拥有"出众者"身份的私产司库官和皇帝财产司库官的证据。⑤ 这表明，在戴克里先统治之前罗马帝国行政体系就有了重大变化。

盖乌斯·卡伊利乌斯·萨图尔尼努斯雕像的大理石底座上保留了来自四帝共治和君士坦丁时期的少数骑士生涯铭文的例证之一。这座雕像，年代可追溯至公元324年左右，立于萨图尔尼努斯被提拔进元老院之后的罗马居所中（图12.1）。⑥

> 向多格马提乌斯致敬。献给盖乌斯·卡伊利乌斯·萨图尔尼努斯，最显赫者，在元老院的请求下被提拔进执政官级别，我们的君士坦丁陛下、胜利者、皇帝的伴驾，副城市长官，皇帝法庭的法官，两次罗马城和摩西亚的副近卫军长官，意大利的审计

---

① Delmaire 1989:178 – 85；Eich 2005:164 – 75.
② 亚细亚：AE 1924，70（公元276年）；AE 1966，433（公元293/305年）。巴勒斯坦：AE 1966，494（公元284/286年）；Pflaum 1950:320 – 1；M. P. Speidel 1981。
③ A. H. M. Jones 1964:47 – 8，413 – 14，428；Delmaire 1989:172 – 8，207 – 17.
④ A. H. M. Jones 1964:50.
⑤ Delmaire 1989:26 – 8.
⑥ 关于底座铭文的讨论，见 LSA 1266（C. Machado），关于雕像，见 LSA 903（J. Lenaghan）。

第十二章 最后的罗马骑士

图 12.1 盖乌斯·卡伊利乌斯·萨图尔尼努斯雕像，底座上的铭文记录了他的生涯，罗马

官，罗马城的供粮长官，私产司库官，皇帝财产财库副官，高卢财库副官，监察长官，皇帝副顾问官，档案主管，诉状主管，20万塞斯特斯级别的顾问官，6万塞斯特斯级别的皇帝顾问官，6万塞斯特斯级别的档案官副手，意大利的财库顾问官。盖乌斯·弗拉维乌斯·卡伊利乌斯·乌尔巴努斯，最显赫者，执政官级别，为他的父亲所立。①

这段铭文捕捉到了公元3世纪后期和4世纪初罗马行政体系的复杂性，以及骑士官员的职业路径，这是同时代文件很少能做到的。②虽然雕像是4世纪20年代奉献的，但萨图尔尼努斯在政府中的漫长生涯从四帝共治时期就开始了，可能是在戴克里先的共治皇帝马克西米安统治下。他首先担任的是意大利的财库顾问官，然后是档案部门的副手，接着担任过两个薪俸级别的皇帝代理官，这一路径让人想起了之前来自安东尼王朝和塞维鲁王朝时期的例子（就像我们在本章稍早前讨论骑士财产条件时所看到的）。随后，萨图尔尼努斯成为帝国诉状部门的主管（magister libellorum，之前的诉状官）和档案主管（之前的档案官）。

萨图尔尼努斯的生涯轨迹可以帮助我们了解同一时期其他高级骑

---

① CIL VI 1704 = ILS 1214: *Dogmatii | honori | C(aio) Caelio Saturnino v(iro) c (larissimo) |allecto petitu senatus inter | consulares comiti d(omini) n(ostri) Constantini | Victoris Aug(usti) vicario praefecturae | urbis iudici sacrarum cog(nitionum) vicario | praeff(ectorum) praetorio bis in urbe Roma | et per Mysias examinatori per Ita | iiam [sic] praefecto annon(a)e urbis ratio | nali privat(a)e vicario summae rei | rationum rationali vicario per|Gallias magistro censu(u)m vicario|a consiliis sacris magistro stu | diorum magistro libellorum duce|nario a consiliis sexag(enario) a consiliis|sacris sexag (enario) studiorum adiutori | fisci advocato per Italiam | C(aius) Fl(avius) Caelius Urbanus v(ir) c(larissimus) |consularis patri.*
② 关于萨图尔尼努斯生涯的年代顺序，见 Liebs 2010:86-8, 92-4。

士宫廷官员的背景（没有这些人之前生涯的证据）。他们之中包括公元3世纪后期的档案主管柯米尼乌斯·普利斯基亚努斯（Cominius Priscianus），卡里努斯和戴克里先统治时期的诉状主管格雷戈里乌斯，以及马克西米安和戴克里先统治时期的诉状主管奥雷利乌斯·阿尔卡迪乌斯·卡里西乌斯（Aurelius Arcadius Charisius）。① 格雷戈里乌斯和卡里西乌斯都是从档案主管被提拔为拉丁语司信主管（*magister epistularum Latinarum*，帝国盛期被称为拉丁语司信官［*ab epistulis Latinis*］）。② 他们生涯的最初阶段很可能与萨图尔尼努斯非常类似，担任过不同级别的顾问官，并在帝国官僚体系的下层部门任职，然后升任主管职务。作为骑士生涯的顶点，近卫军长官可以由这类行政官员或军官担任。来自四帝共治时期的两位近卫军长官证明了这点：戴克里先的近卫军长官奥雷利乌斯·赫尔墨格尼亚努斯（Aurelius Hermogenianus）曾任诉状主管，而马克西米安的近卫军长官尤利乌斯·阿斯克勒皮奥多图斯（Iulius Asclepiodotus），是一位在入侵不列颠时指挥过部队的军人。③

萨图尔尼努斯生涯的一个标志性特征是他担任过多个财政职务。他当过高卢的副司库官，然后回到罗马担任皇帝司库官的副手。④ 接着，萨图尔尼努斯成为私库主管，并被任命为大长官，担任供粮长官，很可能是在公元4世纪初。虽然职务的头衔不同，但他的生涯轨

---

① 普利斯基亚努斯：CIL X 1487。格雷戈里乌斯和卡里西乌斯：Corcoran 2000:90-1；Liebs 2010:82-4。
② Corcoran 2000:90-1；Liebs 2010:82-4。
③ AE 1987，456；Corcoran 2000:87-90；Liebs 2010:85-6。当时只有两名近卫军长官在任（Porena 2003:131-52）。
④ 大批记录了在罗马城的司库官的铭文表明，在四帝共治和君士坦丁时期，西部帝国行政体系中的大部分高级官员仍然在那里（比如 CIL VI 1133,1701,31380）。

迹与帝国盛期从司库官晋升为供粮长官的骑士官员并无不同。[1] 萨图尔尼努斯本人基本上一直在高卢和意大利的帝国管理体系中任职，而他的一些同时代人的职业生涯则让他们从财政职务走向行省总督。比如，提图斯·阿提利乌斯（T. Atilius）从罗马城的司库官被提拔为西提菲斯毛里塔尼亚（Mauretania Sitifensis）的总督，[2] 而公元303/305年担任努米底亚和毛里塔尼亚司库官（rationalis）的盖乌斯·瓦雷利乌斯·安东尼努斯（C. Valerius Antoninus），在公元306年被任命为基尔塔努米底亚（Numidia Cirtensis）的总督。[3] 维尼基乌斯·凯基利亚努斯（Vinicius Caecilianus）担任过多个总督职务，他的生涯始于在罗马和阿非利加担任司库官，然后在公元4世纪初成为卢济塔尼亚的总督，以及阿普利亚和卡拉布里亚的监察使。[4] 作为这段讨论的尾声，特别有意思的一点是，人们用一座2世纪穿托袈袍的雕像来纪念萨图尔尼努斯，但雕像的鞋子是骑士等级而非元老等级的。这很可能反映了雕像是在他被提拔进元老院之前选定的。[5] 一边是罗列了他行政职务履历的铭文，一边是展示了他穿骑士鞋子的雕像，两者结合表明了骑士公职精英继续存在至公元4世纪初。

大部分行省总督职务被并入骑士职业道路是四帝共治时期的一个重要发展。在伽利埃努斯及其继任者的统治时期，任命代大法官或代执政官行省的骑士或元老总督并没有定规，就像我们在第十一章中所讨论的那样。戴克里先将原有的行省分成更小的单位，依据维罗纳列

---

[1] 关于这一职业路径，见Sablayrolles 1999:363。
[2] *CIL* VIII 8484 = 20349.
[3] 财务官：*CIL* VIII 7067 = *ILS* 674. 努米底亚：*AE* 1895, 80; *CIL* VIII 4766; *CIL* VIII 5526 = 18860 = *ILS* 651。
[4] *CIL* XI 831 = ILS 1218. 关于他的生涯的时间，见Porena 2006。
[5] Lenaghan 2016:270 - 1, 276.

表所示，他实际上将行省数量从 54 个增加到了 100 多个。[1] 这是一项重大举措，那些经历过的人对此留下了深刻的记忆：拉克坦提乌斯以令人难忘的方式描绘了因为戴克里先将"行省分成小块"（*provinciae in frusta concisae*）而导致的官员数量大增。[2] 行省分割从公元 293 年左右开始，与帝国铸币的改革及君士坦提乌斯和加雷利乌斯被任命为恺撒同时。这些改革很可能还包括设立大区（dioceses），即区域性的行省群，由拥有"最完美者"身份的知事（*vicarii*）管辖。[3] 行省分割并非一蹴而就，可能持续了数年。[4] 现在，行省大多由"最完美者"级别的骑士总督管辖，亚细亚和阿非利加代执政官行省以及意大利一些地区除外。[5] 经过了后伽利埃努斯时期的混乱，这建立了一种秩序感。它还意味着旧有的骑士、元老代大法官和元老代执政官行省的区别几乎消失了。比如，埃及长官一直被归为大骑士长官，仅次于近卫军长官。到了四帝共治时期，我们看到有一位从埃及被提拔到努米底亚的总督，后者在元首制下归大法官级别的元老管辖。[6]

为何戴克里先要把大多数行省交到骑士手中呢？是因为他是"贵族之锤"并且反对元老，就像阿恩海姆（Arnheim）认为的那样

---

[1] Barnes 1982:224 – 6; Bowman 2005:76. 应该指出的是，之前在公元 3 世纪也对行省做过分割，但规模无法与戴克里先的重组相比。关于对新分割的描述，见 Wilkes 2005。
[2] Lact. *DMP*. 7. 4. 精辟的翻译见 Corcoran 2006:46。
[3] 设立知事和大区体系传统上被归功于戴克里先（比如 Barnes 1982:140 – 7, 224 – 5）。Zuckerman 2002 提出了令人信服的观点，即新的大区是由君士坦丁和李基尼乌斯在公元 314 年创设的（Barnes 2011:92; Davenport 2013:231 接受了这一观点）。新发现的一段公元 301 年的戴克里先货币诏令的残篇让事情变得复杂，其中明显提到了 [*d*] *ioecesi* (Chaniotis and Fujii 2015) 一词。
[4] Bowman 2005:76; Davenport 2013:227 – 8.
[5] 需要指出的是，即使在当时，仍有其他一些地区拥有元老总督，比如公元 303 年的巴勒斯坦总督是元老埃利乌斯·弗拉维亚努斯（*AE* 2008，1569）。他可能是在总督任期内被提拔进元老院的。见 Davenport 2010:352。
[6] *PLRE* I Diogenes 7.

吗？① 现在，学者们知道情况并非如此，因为有继续任用元老担任要职的证据。虽然戴克里先偏爱军中战友担任共治皇帝，但他也积极尝试与元老合作。② 这些人中包括卢基乌斯·埃利乌斯·赫尔维乌斯·狄俄尼修斯（L. Aelius Helvius Dionysius）。公元3世纪90年代，当戴克里先本人忙于波斯战事时，他任命其为叙利亚总督，以及"整个东方的皇帝法庭法官"（*iudex sacrarum cognitionum totius Orientis*）。③ 戴克里先的目的不是排斥元老，而是在行省任命中引入一定程度的标准化，从而纠正伽利埃努斯之后的不确定性。从理论上讲，他本可以撤销对骑士的任命，着手恢复旧的行省等级。但考虑到军团指挥官结构的变化，那样做会很难。此外，由于戴克里先的行政体系下行省数量翻番，他需要两倍数量的总督——任何时候都超过100人。元老等级只有600名成员，显然不够填补总督职务，而骑士等级有数万之众，没有这种限制。这就解释了将大多数行省的总督标准化为"最完美者"身份的决定。④

不过，行省数量的翻番毕竟意味着需要由高级骑士填补的高层职位的数量显著增加。这些总督从哪里来呢？群体传记证据的缺失在一定程度上限制了我们作答。比如，我们知道至少一位总督名字的行省只有71个（且常常只有单独一位总督，往往只留下一个名字）。⑤ 不过，还是可以辨出两个成为总督的主要骑士群体。第一个由通过被升

---

① 这种令人遗憾的说法见 Arnheim 1972:39。
② Lepelley 1999:633. Cf. Arnheim 1972:5,48-9; Chastagnol 1992:233-4.
③ *CIL* VI 1673 = ILS 1211; Barnes 1982:63; Peachin 1996:167-82.
④ 必须指出的是，由于帝国的分裂，这一体系在戴克里先退隐后无法被推翻。马克森提乌斯的统治（公元306—312年）导致罗马及其元老院孤立于其他大部分行省。见 Salway 2015:203。
⑤ 此处依据的是 Barnes 1981，以及我本人为博士论文收集的群体传记证据（Davenport 2009）。

入公职而获得骑士身份的前军人组成，包括伽利埃努斯的扈卫成员。比如，普布利乌斯·埃利乌斯·埃里亚努斯和克莱门提乌斯·瓦雷利乌斯·马尔克里努斯都是3世纪60年代的"助手"第二军团的长官，后来分别被提拔去管辖该撒利亚毛里塔尼亚和廷吉斯毛里塔尼亚。① 这一类别中的其他人包括前外族营长（princeps peregrinorum）马尔库斯·奥雷利乌斯·德基姆斯，以及前戴角盔的副官，在3世纪80年代担任过努米底亚总督的弗拉维乌斯·弗拉维亚努斯。② 即便当我们无法理出准确的职业路径时，人名也往往会有效地暗示出身，比如公元3世纪末的下摩西亚总督奥雷利乌斯·狄佐（Aurelius Dizzo）；狄佐是色雷斯常见的名字，暗示了他的军人背景。③ 未来的皇帝君士坦提乌斯一世的生涯是出身多瑙河行省的人通过军队升任总督的例证，他在担任扈卫和军政官后成为了达尔马提亚的总督。④ 加雷利乌斯和马克西米努斯·达扎（Maximinus Daza）统治时期的巴勒斯坦总督瓦雷利乌斯·菲尔米利亚努斯（Valerius Firmilianus）曾在军中服役。⑤ 不过，从军队指挥官到行省总督的路径在4世纪初发生了改变，当时第一次任命了拥有"将军"（dux）或"军务卿"（comes rei

---

① Gerhardt and Hartmann 2008:1140, 1142.
② *PLRE* I Decimus 1；*PLRE* I Flavianus 9.
③ *AE* 1980, 793b；Chastagnol 1988:204.
④ *PLRE* I Constantius 12；Anon. Val. *Origo* 2.
⑤ *PLRE* I Firmilianus 2；Eus. *Mart. Pal.* (L) 8.1；*AE* 1993, 1618. 更多的例子见：(i) 奥雷利乌斯·马克西米亚努斯（Aurelius Maximianus, *PLRE* I Maximianus 4），"幸运的弗拉维乌斯"第四军团长官（*CIL* III 1646 = *ILS* 2292），后来被任命为努米底亚总督（*CIL* VIII 2572 = *ILS* 5786；*CIL* VIII 2660 = *ILS* 5787）。但需要指出的是，没有铭文被表明确认定为属于这位长官和总督；(ii) 奥雷利乌斯·雷吉努斯（Aurelius Reginus, *PLRE* I Reginus），"奥古斯都"第三军团的长官（*CIL* VIII 2761）他很可能就是同名的那位公元301年的忒拜总督（*AE* 1934, 9）；(iii) 瓦雷利乌斯·康科尔狄乌斯（Valerius Concordius, *PLRE* I Concordius 4），记录中称为公元295年的努米底亚总督（*AE* 1920, 15；*CJ* 9.9.27），他可能是公元293—305年特里尔的一条铭文中提到的将军（*CIL* XIII 3672）。

militaris）头衔的地区军队指挥官。① 最早的有据可查的例子是公元308/310年的埃及、忒拜和利比亚的将军奥雷利乌斯·马克西米努斯（Aurelius Maximinus）。② 从此，军官通常会被提拔担任这些地区的官职，而非行省总督。这一改变代表了公元3世纪中期的动荡后，一个独立的军队等级体系的巩固。

第二个成为总督的群体更大，由来自市议员阶层的骑士组成，他们开始行政生涯时几乎没有在军队中服过役。③ 我们已经提到过几个司库官晋升为行省总督的例子。公元3世纪末和4世纪初的许多骑士总督名字里都有奥雷利乌斯，特别是东部行省的。这表明他们的家族是在公元212年通过《安东尼诏令》（*Constitutio Antoniniana*）获得罗马公民权的。④ 这些骑士并非出身低贱的暴发户，因为来自东部的富有家族在被卡拉卡拉授予公民权后完全能够满足骑士身份的条件。⑤ 我们知道埃及几个著名地主的例子，包括骑士奥雷利乌斯·阿皮安努斯（Aurelius Appianus），其女嫁给了前代理官和"出众者"安东尼乌斯·菲洛克赛诺斯（Antonius Philoxenos）。⑥ 我们可以猜测像奥雷利乌斯·奥雷利亚努斯这样的总督有着类似的背景，他是公元3世纪后期的加拉提亚总督，他的儿子奥雷利乌斯·菲拉德尔弗斯获得了伊科尼乌姆殖民市的尊崇。⑦ 公元3世纪后期担任过行省总督的多

---

① A. H. M. Jones 1964:43-4, 125-6, 609-10.
② *AE* 1934, 7-8; *AE* 2004, 1636, 1641.
③ A. H. M. Jones 1964:44-5.
④ 关于东部的奥雷利乌斯绝大多数是从卡拉卡拉而不是之前的安东尼王朝时期皇帝那里获得的公民权，见 Blanco-Pérez 2016。
⑤ Garnsey 2004:134. 这一观点借鉴了我的待出新作。
⑥ 在阿尔希诺埃拥有大片庄园的奥雷利乌斯·阿皮安努斯在公元231/232年获得了骑士身份。见 Rathbone 1991:46, 51-2。关于3世纪埃及其他有骑士身份的名为奥雷利乌斯者，见 Rowlandson 1996:109-10。
⑦ *RECAM* IV 2.

个奥雷利乌斯可能是新人,但这并不意味着他们家世普通。事实上,罗马国家在公元 3 世纪后期可能发现了一些未使用的行政人手。但它也继续从市镇贵族中吸纳骑士为国家服务,就像之前几个世纪里那样。[1]

有证据表明,骑士仍有可能长时间在帝国效力,担任行政、法律和财政职务。他们可以接着升任宫廷高官(就像卡伊利乌斯·萨图尔尼努斯)或行省总督。帝国官僚体系需要识文断字和受过教育的官员担任这些职务,他们也继续出现在意大利和行省的市镇贵族中。[2] 该城首脑公民维塞狄乌斯·尤斯图斯(Vesedius Iustus)之子贝内文图姆的盖乌斯·维塞狄乌斯·鲁菲努斯(C. Vesedius Rufinus)就是一个这样的人,他"由皇帝决定提拔为皇帝财库的顾问官"(*advocato fisci | summ [a] e rei iudicio | sacro promoto*)。[3] 这些至关重要的精英常常因为自己的法律或雄辩能力而引起中央行政部门的注意。[4] 他们之中包括像来自高卢奥屯的教授欧门尼乌斯这样的人(我们在讨论薪俸级别时说起过他)。公元 3 世纪 90 年代,欧门尼乌斯在西部宫廷中担任备忘官,因为"口才好和性格稳重"(*eloquentiam et gravitatem morum*)而受到君士坦提乌斯一世的称赞。[5] 另一位高卢显贵埃米利乌斯·马格努斯·阿尔伯里乌斯(Aemilius Magnus Arborius)曾是律师,后来奉诏担任君士坦丁一个儿子的老师。[6]

关于加入帝国行政体系的行省贵族群体的最佳证据,来自一位佚

---

[1] A. H. M. Jones 1964:48 – 9.
[2] A. H. M. Jones 1964:741.
[3] *CIL* IX 1682 = *ILS* 6502. 关于他的父亲,见 *CIL* IX 1683 = *ILS* 6501。
[4] Kaster 1988:104.
[5] *Pan. Lat.* 9(4).6.2, 11.2.14.3 (引文); B. S. Rodgers 1989:250 – 2; Nixon and Rodgers 1994:128; Corcoran 2000:91, 132 – 3, 268 – 9.
[6] Hopkins 1961:240 – 3; Kaster 1988:100 – 6.

名演说家笔下，此人公元310年发表了给君士坦丁的一篇颂词。在收束全文时，他向皇帝举荐了他的孩子们——其中一个已担任财库顾问官。[1] 这位演说家还提到了他的弟子们的成就，他们升任了宫廷官员和行省总督。他以一种让人想起小普林尼的推荐信的方式宣称："我为他们的成功感到高兴，他们的出类拔萃令我与有荣焉"（*quorum successibus laetor omniumque honorem pro meo duco*）。[2] 总督职务对于像律师这样受过良好教育的精英特别有吸引力，以至于这条生涯路径在罗马晚期的笑话书《爱笑者》（*Philogelos*）中被戏仿。[3] 从那位佚名演说家的儿子到卡伊利乌斯·萨图尔尼努斯，这些骑士中有几位的生涯是从财库顾问官开始的，这似乎并非巧合。公元334年，在写给近卫军长官帕卡提亚努斯的信中，君士坦丁强调必须以诚实、文学才能和可信为标准来选拔顾问官。[4] 这些品质与帝国盛期骑士行政官员所推崇的品质并无二致，揭示了罗马帝国政府的精神在本质上的延续。[5]

行政体系的一个新方面是，人们可以从帝国公职系统内部升到高级职位和获得骑士身份。在元首制下，即便是代理官阶序中最低级别者也仅限于已是骑士等级成员的人。皇宫部门中的次级官员都是皇帝释奴，而行省总督的部属则都由借调的士兵担任。不过，公元3世纪见证了释奴角色的减少，他们大多被自由出身者取代。[6] 这些人包括我们在本章开头提到的皇帝私产代理官：如果光荣地完成了自己的职责，他们就可以获得骑士身份。在后来的罗马帝国，所有的行省总督

---

[1] *Pan. Lat.* 6（7）.23.1.
[2] *Pan. Lat.* 6（7）.23.2.
[3] *Philogelos* 202. 另见 *AE* 1904, 108 = *ILS* 8376；Amm. 29.3.6。
[4] *CTh*. 10.15.2；Pedersen 1976:30–2.
[5] 关于帝国盛期的推荐信，见本书第六、七章。
[6] H. M. Jones 1964:564–6, 594–5；Lepelley 1999:630；Haensch 2006.

都要求有自己的部属，更别说大区知事和近卫军长官了。① 这些职务由被称为"佐吏"（cohortales）的自由罗马公民担任，而非像过去那样是士兵。② 这一新的等级体系的演化导致了有关任命和提拔的复杂规则和规章体系的引入，特别是在较低等级上。③ 佐吏名义上被禁止升到官僚体系的更高层次，获得更高的位置。事实上，君士坦丁皇帝规定，儿子必须接替父亲的职务。④ 但这似乎只是理论上的区别，因为我们知道一些社会流动的特例。出身寒微的弗拉维乌斯·阿布拉比乌斯（Flavius Ablabius）从克里特总督的部属升任近卫军长官和公元331年的正选执政官，而一位浴场侍者之子达提亚努斯（Datianus）从文书（notarius）晋升为公元358年的执政官。⑤ 利巴尼乌斯的一篇演说中详细描绘了这些人的生涯，尽管货真价实，却是用来贬低君士坦丁堡元老院的新元老的，应被视作特例。⑥ 许多佐吏其实来自中等级别的市议员家族，有足够的财富和财产接受更多的教育和训练，使他们的后代成为成功的宫廷官员。⑦ 随着这些人在行政体系中一路晋升，他们获得了骑士身份（如果还没拥有的话），以及"出众者"和"最完美者"的更高荣誉。这条道路为财产一般（但相比大部分人仍算富裕）的人在政府公职中晋升提供了新的机会。⑧

---

① Lact. DMP 7.4 对此做了令人难忘的描绘。
② Heather 1994:21.
③ 见第七章中关于资历和晋升的讨论。
④ CTh. 7.22.3（公元 331 年）。
⑤ PLRE I 阿布拉比乌斯 4；PLRE I 达提亚努斯 1。虽然阿布拉比乌斯在君士坦丁统治时期达到了生涯顶峰，但他在总督部属中任职是在四帝共治时期，因为他在公元 324/326 年是亚细亚大区的知事（CIL III 352 = 7000）。
⑥ Lib. Or. 42.23-4；Heather 2008:112-13；Skinner 2013:22-28.
⑦ A. H. M. Jones 1964:595；Matthews 1975:41-3；Heather 1994:21.
⑧ 这让我们回到了导言部分讨论过的 Mosca 1939:404 的观点，即在专制统治下，总是有一批积蓄起来的下层精英愿意和能够晋升到更高的职务，取得更高的荣誉。在整个罗马帝国时代，市议员都在这种积蓄中。见 Heather 1998。

骑士总督是跻身元老等级的首要候选人，这个等级总是需要新人的补充，就像霍普金斯和伯顿所证明的。① 这两个等级之间有明确的联系。比如，公元3世纪末的马其顿总督马尔库斯·乌尔皮乌斯·尤利亚努斯（M. Ulpius Iulianus）的女儿是"最显赫的女性"，她很可能是通过婚姻获得这一身份的。② 许多元老与骑士同名，这暗示前者可能是新人。比如上面提到的加拉提亚的总督奥雷利乌斯·奥雷利亚努斯，与阿拉伯的总督、当选执政官、元老奥雷利乌斯·奥雷利亚努斯。③ 我们知道有两位元老总督是父子，都叫马尔库斯·奥雷利乌斯·瓦伦提尼亚努斯，在伽利埃努斯和卡卢斯皇帝统治时期分别管辖过下潘诺尼亚和近西班牙。④ 他们与四帝共治时期一位本都的骑士总督同名。⑤ 行政精英和市议员阶层继续通过骑士身份这一关键渠道进入罗马元老院。固然有一些近卫军被提拔为元老等级的突出例子（它们将永远是例外，而非常态），但这并非新的军人精英所循的路径。⑥ 获得骑士身份的市镇贵族，成为元老的骑士行政官员——这个故事似乎与帝国盛期的十分相似。⑦ 但在四帝共治的世界中，现在有了一个关键的不同：前几代中的骑士会被提拔进元老院，以便担任行省指挥职务，而现在他们被直接任命为总督，无需让他们成为元老。经过几个世纪后，这代表着最终承认了骑士和元老的能力与水平没有差别，他们可以担任相同的职务，承担同样的责任。⑧

---

① Hopkins and Burton 1983.
② *AE* 2002, 1283.
③ *AE* 1965, 23.
④ 下潘诺尼亚：*AE* 2008, 1142. 近西班牙：*CIL* II 4102, 4103.
⑤ *CIL* III 14184. 31 = *AE* 1986, 663a.
⑥ 见下一节。
⑦ 见本书第七章。
⑧ 本书第四、六、七和十一章盘点了这一主题。

第十二章　最后的罗马骑士

戴克里先确立的行政职务和行省长官的等级体系不会持续很久，因为在君士坦丁统治时期该体系再次开始发生变化。高级长官职务——治安长官、供粮长官和近卫军长官——都被晋升为元老身份的"最显赫者"；这意味着"最突出者"的头衔不再使用，因为大约公元325年之后，它不再被授予任何官员。① 被称为知事、管辖着行省大区的副近卫军长官同样从"最完美者"被晋升为元老身份。② 最后，君士坦丁将一些行省的总督提拔到元老级别。公元317年左右，亚该亚再次成为代执政官行省，与亚细亚和阿非利加一起成为高级元老总督行省。③ 空叙利亚、腓尼基、比提尼亚、欧罗巴和色雷斯、比扎凯纳、努米底亚和意大利大部分地区从此同样由元老管辖。④ 在其中许多行省，最富有的元老贵族拥有大片土地。⑤ 这是发生在公元312年到公元324年的一个渐进过程，当时君士坦丁从马克森提乌斯手中夺取了对罗马城、意大利和阿非利加的控制，后来又获得了之前属于李基尼乌斯势力范围的东部行省。⑥ 在这些新的元老行省中，总督的头衔从 praeses 变成了 consularis，尽管被选定者实际上无需担任过执政官。⑦

这些元老总督职务特别重要，因为君士坦丁允许骑士在受命担任时被授予元老级别的身份。⑧ 因此，元老等级成了对服务政府的奖

---

① Salway 2006:132–3, 2015:203, 213; Lizzi Testa 2009:115.
② A. H. M. Jones 1964:106–7.
③ Davenport 2013:233–4.
④ 见 Barnes 1982 的行省名单，以及 Arnheim 1972:52。
⑤ Wickham 2005:163.
⑥ Dillon 2015:46–7. 关于这一过程在东部的情况，见 Davenport 2013:231–2。
⑦ Arnheim 1972:56. 关于没有对担任过执政官的要求，见 Bagnall et al. 1987:2 n. 14。君士坦丁时代第一位腓尼基叙利亚（下文简称腓尼基）的元老总督尤利乌斯·尤利亚努斯因其指出自己是"第一位执政官总督"（*primus consularis*）而让人注意到对他的新任命。
⑧ A. H. M. Jones 1964:106–7, 526–7; Lizzi Testa 2009:114–16.

688

赏，而不是为政府服务的先决条件。① 在获得任命时被提拔为元老的骑士将获得新的特权。从技术上说，骑士身份是不能继承的，更高级别的"出众者"或"最完美者"也不能，因为它们都是属于某一个体的个人荣誉。② 不过，元老的"最显赫者"荣誉可以传给几代人，因而总督之子本人也成了"最显赫者"。③ 这意味着"最显赫者"的数量在现在（因为会在任命职务时授予该身份）和未来（因为新晋"最显赫者"的儿子将继承这一身份）都增加了。君士坦丁用这种方式创造的新元老的数量无法估量。沙斯塔尼奥尔提出，公元312年至326年间，至少在西部行省，"最显赫者"的数量是迅速增加的，但其他学者对于增加的程度和速度更加谨慎。④ 元老等级的规模（包括罗马和君士坦丁堡的元老院）直到公元4世纪晚期才达到常常被引用的2000人这一数字。⑤ 很重要的一点是，君士坦丁没有把所有行省都提升为元老级别，因为许多较小的地区仍由骑士总督掌管。但他开启的改变最终将让所有的行省总督在公元5世纪初时都拥有元老级别的身份。⑥

君士坦丁改革的结果是，行省和宫廷行政体系中的职务不仅可以由来自世家的元老贵族担任，也可以由通过为帝国服务而获得元老身份的前骑士担任。⑦ 对此，与卡伊利乌斯·萨图尔尼努斯和上

---

① A. H. M. Jones 1964:525-30. 关于士兵获得更高的骑士荣誉，见本书第十一章。
② 虽然就像本章前文中所讨论的，马可·奥勒留的立法授予"最完美者"的后人特权，但并没有改变这点，因为这些后人自己并不真正拥有"最完美者"身份。
③ A. H. M. Jones 1964:107; Dillon 2015:45-6,50.
④ Chastagnol 1992:236-41. 现参见 Lizzi Testa 2009:113-15 的修正主义和更加均衡的观点。沙斯塔尼奥尔的许多早期证据来自皇帝颂词的修辞（*Pan. Lat.* 12 [9]. 20. 1，公元313年发表，*Pan. Lat.* 4 [10] . 35. 2，公元321年发表）。
⑤ A. H. M. Jones 1964:527; Heather 1994:13; Salzman 2002:31; Lizzi Testa 2009:114-16.
⑥ 本章下文中将讨论这点。
⑦ Dillon 2015:46-7.

第十二章 最后的罗马骑士

面讨论过的其他骑士行政官员背景相似的人担任新的执政官级别总督,便是证明。比如,被君士坦丁任命为叙利亚的执政官级别总督的弗拉维乌斯·狄俄尼修斯曾是律师。① 另一位元老总督盖乌斯·尤利乌斯·鲁菲尼亚努斯·阿布拉比乌斯·塔提亚努斯(C. Iulius Rufinianus Ablabius Tatianus)曾是艾米拉和利古里亚的执政官级别总督,还是图斯基亚和翁布里亚的监察使,他在担任财库主管后被提拔进元老院。② 这些人,与像卢基乌斯·阿拉狄乌斯·瓦雷利乌斯·普罗库鲁斯这样来自从塞维鲁王朝时期就是执政官级别的家族的显贵成为同僚。普罗库鲁斯担任过比扎凯纳的总督,欧罗巴和色雷斯的执政官级别总督,以及西西里的执政官级别总督。③

从另一位元老贵族马尔库斯·麦基乌斯·普拉基杜斯(M. Maecius Placidus)的铭文履历中可以看到这种新的生涯,铭文来自普特奥利的一座雕像的底座:

> 献给马尔库斯·麦基乌斯·门米乌斯·弗里乌斯·巴布里乌斯·凯基里亚努斯·普拉基杜斯,最显赫者,大祭司,罗马人民的公共鸟卜师,十五人圣礼团,威尼提亚和伊斯特里亚的监察使,有"剑之权"的神圣之城的供粮长官,一等伴驾,埃及和美索不达米亚的东方卿,皇帝法庭法官,第二次由皇帝委派的法官,近卫军长官,第三次皇帝法庭的法官,正选执政官,巴勒斯

---

① *PLRE* I Dionysius 11; Lib. *Or.* 1.36.
② *PLRE* I Tatianus 4; *CIL* X 1125 = *ILS* 2942. 关于财库主管,见 Delmaire 1989:83 n. 100。
③ *PLRE* I Proculus 11; *CIL* VI 1690 = *ILS* 1240.

坦地区为最杰出的庇主所立。①

普拉基杜斯的履历中经历了从行省总督到供粮长官，接着他还升任了东方卿（相当于东部的知事）和近卫军长官，后来获得正选执政官的荣誉。这一履历代表了之前在帝国盛期是骑士级别的职务与那些始终是元老级别职务的结合——它们现在都被并入同一个元老生涯。② 的确，君士坦丁时期过后，官职阶序铭文不再被下层骑士官员用作公开自我展示的形式，而是成为元老生涯的体现。③ 这在许多方面是对骑士公职精英的出现画上了一个合适的句号，他们与元老等级成员拥有同样的价值观，都致力于为罗马国家服务。④

在任何记录中都无法找到君士坦丁的行政决定背后的理由，但可以提出一些合理的假设。首先，将高级长官（诸如供粮长官和近卫军长官）以及像大区知事这样的其他高级官员提拔为元老级别，消除了罗马行政等级体系内部一定程度的身份摩擦。从此，元老级别的"最显赫者"无需听命于骑士等级的人。选择骑士担任大长官是奥古斯都在元首制诞生时做出的决定，当时他试图把不会威胁其统治的人安排在关键位置。⑤ 公元4世纪，当皇帝主要出自罗马军队，这一区别变

---

① PLRE I Placidus 2; CIL X 1700 = ILS 1231: M(arco) Maecio Memmio Furio Baburio | Caeciliano Placido c(larissimo) v(iro) | pontifici maiori auguri pu | blico p (opuli) R(omani) Quiritium quindecem | viro sacris faciundis correc | tori Venetiarum et Histriae | praefecto annonae urbis | sacrae cum iure gladii comiti | ordinis primi comiti orientis | Aegypti et Mesopotamiae iudi | ci sacrarum cognitionum | [tertio] iudici iterum ex de | legationibus sacris prae | fecto praetorio et iudici | sacrarum cognitionum | tertio consuli ordinario | patrono pr(a)estantissimo | regio Palatina | posuit.
② 有趣的是，关于执政官级别任命的证据和先例，表明皇帝更看重的是在帝国宫廷服务而非高贵出身（Salway 2015:219-20）。
③ Davenport 2015a:281-3.
④ 关于这些发展的源头，见本书第七章。
⑤ 见本书第四章。

得不再重要。其次，戴克里先的改革——与当时大多数总督职务标准化为"最完美者"级别的事一样合乎情理——已经使行政层级扁平化。这意味着绝大部分行省之间实际上没有区别——上利比亚、老伊庇鲁斯、第一纳尔波或瓦雷利亚行省的总督都在同一级别。本质上，没有阶序，即没有更高职位可追求这个事实对罗马贵族来说是个问题——因为与所有的精英一样，他们得意乃是因为将他们与同僚区分开的身份差异。[①] 就像我们在第七章中所看到的，帝国时代元老和骑士使用的铭文履历体裁代表了他们作为罗马国家贵族等级成员的集体团结，以及他们对新的荣誉、奖赏和特权的渴望。通过将一些有影响力的行省升级为元老级行省，让新任总督在被任命时有资格获得"最显赫者"身份，君士坦丁让行省行政部门恢复了一定水平的竞争。

再次，通过选择元老（既有来自世家的，也有来自骑士级别的新人）担任这些新的总督职务，君士坦丁在行政体系的最高层面上为自己赢得了盟友和支持者。[②] 大家早已认识到的一点是，君士坦丁政权的首要目标之一是将整个帝国的贵族元素统一为忠于他的统治精英。[③] 这是一项必要而重要的工作，因为君士坦丁是在公元 306 年到 324 年之间逐步获得对整个帝国的统治权的。打败李基尼乌斯后，君士坦丁成为两代人中第一位作为唯一的奥古斯都统治整个帝国的皇帝。君士坦丁的几项举措——诸如将"最完美者"头衔授予市镇贵族（根据优西比乌的记载）和创立三个新的皇帝伴驾（comites）级别——都是他想在自己和行省精英之间建立强有力的联系的证

[①] 关于帝国中的贵族竞争的一般情况，见 Kautsky 1997：212 – 17；Scheidel 2013：19 – 20。关于这对君士坦丁政府的重要性，见 Dillon 2015：56。
[②] Dillon 2015：52。
[③] Heather 1994：14 – 16。

据。① 这一策略本质上是一种帝国驯化，一如奥古斯都及其继任者所为。罗马贵族依赖皇帝给予荣誉和特权——所有形式的认可基本上都源自帝国中心。②

为帝国服务的好处产生了如此大的吸引力，以至于那些不想终生在行政体系供职的市议员精英也趋之若鹜。就像我们在第六和第七章中所讨论的，在帝国盛期，来自市镇贵族的骑士会寻求骑士军阶中的一两个指挥官或者一任代理官职务，然后回到家乡，这种情况非常普遍。他们的军事和行政职务能带给他们更高的声望，甚至还有"出众者"的头衔（如果他们担任过代理官）。公元4世纪时，为帝国服务还会带来另一项特权，即广受垂涎的免除城市义务。因此，不同于帝国盛期，此时担任总督变得特别有吸引力。前总督能够以 ex praesidibus 的身份衣锦还乡，可以免除市议员的责任。许多行省总督只任职一到两年，低于元首制下元老副将的平均任期，后者往往为三年左右。③

总督的快速更替在4世纪中期是公认的现实，就像利巴尼乌斯的名言所揭示的：官员们总是看向身后，看他们的接任者来了没有。④ 事实上，晚期罗马国家积极阻止人多次担任总督。当不幸的律师阿非利加努斯请求瓦伦提尼安一世让他再当一任总督时，皇帝将他处死了。⑤ 乍看之下，可能会认为这是个非典型的例子，但在公元5

---

① 关于 comites，见 A. H. M. Jones 1964:104-5, 333-4。关于君士坦丁的"统治建设"，见 Heather 1994；Dillon 2015:50-1。
② 关于国家作为社会的组织力量，见 Mann 1986:267-70；Poulantzas 1978:127。关于市镇精英转而追求帝国政府职位，见 Skinner 2013:49-50；Sirks 2015:301。
③ A. H. M. Jones 1964:381.
④ Lib. Or. 2. 42；Liebeschuetz 1972:111-12；Roueché 1998:34-5；Slootjes 2006:25-7.
⑤ Amm. 29. 3. 6.

693

世纪其实是禁止两次担任总督的。① 就像我在其他地方所指出的，帝国盛期在骑士军阶中担任过一两个军职的市镇贵族的野心与公元4世纪担任总督的市镇贵族的野心，有着惊人的相似之处。② 像盖乌斯·卡伊利乌斯·萨图尔尼努斯这样的人拥有长期在宫廷和行省行政体系中任职的生涯，另一些人则放弃了这条路径，转而在离家乡更近的行省做一任总督。比如，一位来自卡利亚的希腊人可能选择在家乡行省做一两年总督，他在帝国行政部门的短暂任期会被一尊赞扬他美德的雕像和铭文纪念。③ 而这对于他作为罗马国家的忠实公仆却是一个持久的纪念。政府结构、职务头衔和官员身份的变化并没有改变人们的野心。

元老与士兵

骑士军官并不太能融入这个新的元老贵族群体。公元3世纪，从军团普通士兵晋升上来的伽利埃努斯的将军们有着不同于元老贵族、市镇要人和骑士代理官精英的背景。新的军官成员团结起来，通过共同的服役经历成为一体，这使得他们能脱颖而出乃至黄袍加身。戴克里先这位皇帝，曾是扈卫的指挥官，他特意从军政官和扈卫行列中挑选了马克西米安、君士坦提乌斯和加雷利乌斯作为共治皇帝。④ 加雷利乌斯后来提出任命塞维鲁和李基尼乌斯二人来填补共治团体中的空缺，因为他们曾是忠实的军官，这表明他希望同僚能有和他一样的倾

---

① *CTh*. 9.26.4（霍诺利乌斯）。
② 见我的待出新作。
③ Horster 1998; Slootjes 2006:25–6.
④ Barnes 1982:32–8评点了他们的生涯。

向和价值观。① 马克西米安皇帝是来自潘诺尼亚的西尔米乌姆的士兵，但与马可·奥勒留的潘诺尼亚将军马尔库斯·瓦雷利乌斯·马克西米亚努斯不同，他的父母并非市议员阶层，而是普通劳动者。② 马克西米亚努斯在安东尼王朝时期的同时代人佩蒂纳科斯不得不找到一位有影响的元老庇主，并确保被提拔进"最高贵的等级"，然后才能管辖最重要的边境行省。在后伽利埃努斯时代，世界变了样，这一生涯将在军中完成——有些当过兵的人并不羞于承认这点。公元284年的努米底亚总督马尔库斯·奥雷利乌斯·德基姆斯（M. Aurelius Decimus），在十多条铭文中自称为前外族营长。③ 德基姆斯的继任者之一弗拉维乌斯·弗拉维亚努斯立了好些奉献碑铭，他在上面表示他是前近卫军长官的一名戴角盔副官。④ 这些碑铭多由德基姆斯和弗拉维亚努斯本人所立（他们的名字以主格出现），这个事实意味着他们必然亲自允准将他们从前的职务写进去。他们从军中青云直上显然是他们公开自我展示的核心。

有一个重要的地方并没有出现新的军事精英的形象，那就是罗马城的碑铭和雕像记录。没有公共或私人的雕像、铭文纪念他们在公元3世纪末或4世纪初的成就。⑤ 在某种层面上，这反映了一个事实，即他们的生涯是围绕着行省的军队或流动的皇帝部属的军队进行的，以致他们并不去罗马。但没有公共雕像来向保卫边疆的骑士致敬，这

---

① Severus: Lact. *DMP* 18.12; Anon. Val. *Origo* 9. Licinius: Lact. *DMP* 20.2.
② *Epit.* 40.10.
③ *PLRE* I Decimus 1. 关于他的头衔"努米底亚总督，前外族营长（p [raeses] p [rovinciae] Numidiae ex principe peregrinorum），见 *CIL* VIII 2529 = *ILS* 2291, VIII 2530, 2663, 2670, 4578, 7002, 18288; *AE* 1919, 26, 28; 1973, 630; 1993, 1769a-b。
④ *PLRE* I Flavianus 9; *CIL* VIII 4325; *AE* 1916, 18, 21.
⑤ Davenport 2015a: 278-81. 成为"最显赫者"的近卫军长官是例外，我们下面会提到。

695

与对参加了马尔科曼尼战争的马可·奥勒留的元老将军们的纪念形成了鲜明的反差。① 这表明，这些骑士军官还没有获得足够的社会威望，让他们在神圣之城中得到荣誉作为认可。

这个事实在某种程度上反映了新的军队精英同元老和骑士行政官员之间的矛盾。四帝共治时期的皇帝以及像德基姆斯和弗拉维亚努斯等军官的确会有意识地强调他们的军队背景，因为那是元老不再拥有的资历。② 公元 3 世纪末向马克西米安致敬的颂词中充分显示了这点，在称赞他的文治成就的同时，还宣称美德和卓越军事能力是其首要品质。在这些演说家设想的世界里，现在只有这位皇帝的统治能文武兼顾；元老和元老院沦为一个受人尊重的仪式性角色。③ 伽利埃努斯的统治之后，元老一般不再被任命去指挥军队作战，虽然他们可能会担任皇帝伴驾。④ 公元 4 世纪初，元老领兵只有一个非常特殊的例子，那就是篡位者马克森提乌斯的近卫军长官盖乌斯·克约尼乌斯·鲁菲乌斯·沃鲁西亚努斯（C. Ceionius Rufius Volusianus），他被派往埃及镇压卢基乌斯·多米提乌斯·亚历山大（L. Domitius Alexander）的叛乱。⑤ 因此，军队指挥权是骑士军官团体拥有而大部分元老并不具备的关键能力。

但与此同时，这两个群体之间有着明显的联系。军官们——包括伽利埃努斯的将军尤利乌斯·马尔克里努斯以及奥勒留统治时期的"奥古斯都"第三军团的长官马尔库斯·奥雷利乌斯·福尔图纳图

---

① 关于这些雕像，见 Chenault 2012：118 - 22。
② 关于最后一代元老将军，见 Davenport 2014a：182 - 4。
③ Davenport 2016. 另见 Symm. *Or*. 1，演说是献给瓦伦提尼安一世的，其中罗列了皇帝的军事成就，然后是关于其文治的部分（*Or*. 1. 23）。言下之意，瓦伦提尼安一世在文治武功上都很出色。
④ 比如伽利埃努斯统治时期的庞波尼乌斯·巴苏斯（*CIL* VI 3836 = 31747 = *IGR* I 137）以及卡鲁斯和努梅里安东征期间的凯索尼乌斯·巴苏斯（*AE* 1964，223 = *AE* 1980，215）。
⑤ Zos. 2. 14. 2（提到有一位叫泽纳斯［Zenas］的将军与他同行）；Victor，*Caes*. 40. 18。

斯——会迎娶元老家族的女人。① 这些妻子没有因此跌入骑士等级，而是保有了她们"最显赫的女性"的尊贵地位。② 在最高层面上，近卫军长官在公元2世纪后期继续被授予正选执政官的头衔，从而正式跻身元老等级。③ 这一群体包括公元285年的递补执政官提比略·克劳狄乌斯·奥雷利乌斯·阿里斯托布鲁斯（Ti. Claudius Aurelius Aristobulus）、公元292年的阿弗拉尼乌斯·汉尼拔利亚努斯（Afranius Hannibalianus），以及公元292年的正选执政官尤利乌斯·阿斯克勒皮奥多图斯。④ 阿里斯托布鲁斯甚至成为阿非利加代执政官总督和城市长官，升到了元老官阶之巅。⑤ 前军官们显然想要分享元老生活中的荣誉和职位，以此获得对他们作为将军的资历和重要性的认可。

的确，军官团体的上层为自己的军旅生涯以及通过军队缔结的关系感到自豪，但这并不意味着他们总是会否定现有的元老的思想面貌。就像华莱士-哈德里尔所指出的，文化身份可以很好地理解为一种"规则切换"，个体在其中会强调他们身份中最符合具体情况的方面。⑥ 虽然军队精英肯定赞同罗马士兵的价值和理想，但有时也寻求与元老等级的融合或者寻求其认可，在必要时其成员可以强调有修养的贵族身份。我们在第十一章中讨论了当士兵试图按他们军官的生活方式过活时，元首制下的罗马军队中已经存在了一种渴望的文化。在4世纪的纪念碑中，我们可以看到同样的特征，比如瓦雷利娅为她死去的丈夫——军政官达西亚努斯（Dassianus）所立的墓志铭。⑦ 铭文

---

① *AE* 2006, 1803; *CIL* III 2665 = *ILS* 584.
② Evans Grubbs 1993: 133 – 4.
③ Salway 2006: 129 – 30.
④ 关于阿里斯托布鲁斯担任递补执政官，见 Barnes 1996: 537。
⑤ *PLRE* I Aristobulus.
⑥ Wallace-Hadrill 2008: 63 – 4.
⑦ Drew-Bear, Malay and Zuckerman 2004 = *AE* 2004, 1396a.

不仅强调了他的逐级晋升,还用两行让人联想起《埃涅阿斯纪》的文字强调了他的个人英勇。① 另一篇诗体墓志是为 4 世纪时达契亚大区的一位名叫弗拉维乌斯·埃米利亚努斯的军官所立,显示了类似的文化诉求。用德鲁-贝尔的话说,这篇铭文的"特点在于它是一种奇怪的组合,一方面是较低的文学素养,一方面又孜孜以求表达的优雅"。② 教育和文化造诣的水平的提高取决于军官的背景和能获得的机会。4 世纪的证据表明,扈卫往往是识字和有文化的,其中阿米安·马尔克里努斯只是最著名的例子。③ 在社会的最高层面上,我们看到在共治的四帝中成长起来、本人曾是军官的君士坦丁在异教徒和基督徒的文献中一直被描绘成一个有智慧有文化的人。④ 他在尼科美狄亚的戴克里先宫廷中接受教育,能够说流利的拉丁语和希腊语,尽管像所有的罗马皇帝那样,他在处理官方事务时用拉丁语。⑤

高级军官——诸如从公元 4 世纪初开始任命的新的地区将军——位列"最完美者"级别,这个事实意味着根据他们的身份,这些人被自动归入君士坦丁的"荣誉的共同体"(再次援引哈珀尔的精辟表述)。但他们明显被排除在"最显赫者"之外。在君士坦丁的改革中被提拔为元老的近卫军长官并未放弃所有的军事职责,因为有证据表明,直到公元 4 世纪中叶仍有一些近卫军长官随同皇帝征战。⑥ 最晚在公元 4 世纪 40 年代,一个新的高级将领职位——"军队长官"

---

① 铭文的第 8—9 行提到了 Vergil, *Aeneid* 5.67 (Drew-Bear, Malay and Zuckerman 2004:412)。
② *AE* 1977,806; Drew-Bear 1977:259。
③ Trombley 1999. 关于阿米安的出身和背景,见 Matthews 1989:77 – 80; G. Kelly 2008:119 – 32。
④ Eus. *VC* 3.13.1 – 2; Eutrop. 10.7.2; Epit. 41.14. 只有一位作者指出了不足之处,见瓦雷西乌斯匿名抄本, Val. *Origo* 2。
⑤ 见 Barnes 1981:73 – 4; Corcoran 2000:259 – 60, 263 – 4 的评述。
⑥ Barnes 1992:241, 251。

（magister militum）已经设立。通常总是同时有两名军队长官，即步兵的步兵长官（magister peditum）和骑兵的骑兵长官（magister equitum）。[1] 这些新职位在帝国军事指挥体系的高层形成了一个自然的顶点，那里之前没有这样的将领；相反，就像我们在本书中看到的，统帅权会被交给元老总督或统率野战军的近卫军长官。军队长官拥有"最显赫者"的身份，首次被任命为正选执政官是在君士坦丁的儿子们治下。第一个例子是公元 344 年的正选执政官弗拉维乌斯·博诺苏斯（Flavius Bonosus）以及公元 347 年的正选执政官弗拉维乌斯·优西比乌（Flavius Eusebius）。[2] 这些将领同样是"荣誉的共同体"的一部分。

不过，有人认为军人——特别是等级体系中的下层的——并不适合元老职位。比如，阿米安称赞君士坦提乌斯二世没有把将军提拔为元老等级："在他治下，没有一位将军被提拔为'最显赫者'，因为（我们还记得）他们已是'最完美者'。"[3] 鉴于阿米安本人是扈卫，这种想法让人有点意外。但他坚信文职和军事之权要分离，并指出"只有经过战争洗礼变得坚强的人才可以统率士兵"。[4] 阿米安的话很重要，因为它显示了公元 3 世纪后期文官和军人生涯道路的分离对罗马世界产生的真切且重要的影响。对阿米安来说，军官成为元老或者担任文官完全是不可思议的——他们几乎肯定无法做到文武兼顾。

---

[1] Barnes 2011:153-6. 参见佐西摩斯 2.33.2，他表示是君士坦丁设立了军队长官一职。关于设立这一职务的证据并不确凿，因此我们采取的观点是，它最晚出现在 4 世纪 40 年代。
[2] PLRE I Bonosus 4; PLRE I Eusebius 49.
[3] 阿米安 21.16.2: nec sub eo dux quisquam cum clarissimatu provectus est. erant enim (ut nos quoque meminimus), perfectissimi. Ensslin 1937:671-2 收集了关于"最完美者"级别的将军的证据。
[4] 阿米安 21.16.3: non nisi pulvere bellico indurati, praeficiebantur armatis。

第十二章 最后的罗马骑士

这种观点想来契合了元老贵族的想法。尽管马克西米安的颂词作者们试图声称军事和公民美德的真正结合只存在于皇帝身上,阿米安相信只有战斗锻造出来的人才应该统率军队,而来自贵族和元老世家的元老们仍然自许以文武兼顾为己任。在他们的履历铭文中,元老会提到自己作为伴驾随皇帝征战,仿佛他们拥有真正的军事权威。[①] 公元368—370年,当昆图斯·奥雷利乌斯·叙马库斯作为元老院派到瓦伦提尼安一世那里的特使在特里尔的宫廷待了几年后,他获得了三等伴驾(*comes ordinis tertii*)的头衔。这样的荣誉让他与皇帝本人建立了有形的联系。[②] 随后,叙马库斯利用他造访皇帝宫廷的经历及其各种军事意涵来提升他在贵族中的形象。尽管他在瓦伦提尼安一世的征战中作用微不足道,但在写给奥索尼乌斯的信中他还是急切地强调了自己在前线的出现。[③] 在公元368年发表的写给瓦伦提尼安一世的第一篇颂词中,叙马库斯对皇帝统治下文职和军事精英的关系提出了不同寻常的主张:

> 现在,军营和元老院地位相当,因为你可以看到近卫军大队听命于贵族,而扈从举着城市的旗帜走在功成名就的将军前面。我们常常把托袈换成军用斗篷,为士兵披上特拉比亚袍。[④]

[①] Davenport 2015a:284 - 5.
[②] 关于这次造访的时间和背景,见 Sogno 2006:2 - 3,8 - 9。关于伴驾一职,见 *CIL* VI 1699 = *ILS* 2946; *AE* 1966,518。叙马库斯追随了自己父亲的脚步,后者多次担任使者(*CIL* VI 1698 = *ILS* 1257)。关于用伴驾的头衔来强调自己同皇帝的关系,见 Horster 1998:51; Humphries 2003:33 - 5.
[③] Matthews 1989:284 - 5,援引了 Symm. *Ep.* 1. 14 和 1. 32。
[④] Symm. *Or.* 1. 23: *castrorum curiaeque parem nunc esse fortunam, cum uideas praetorianas cohortes parere nobilibus et ante emeritos duces urbana insignia gestare lictores. togas paludamentis saepe mutamus, armatis trabeas frequenter induimus* … 不幸的是,文本在这个关键的地方中断了。

叙马库斯对于在瓦伦提尼安一世的善政下恢复正常的罗马国家的愿景显然是不合时宜的。这段话中的部分内容让人想起了普林尼的《图拉真颂》中的一段,他描绘了图拉真的所为,跟共和时代的将军们一样,"把官员的托袈换成了军装"(paludamento mutare praetextam)。① 叙马库斯并没有以此描述皇帝从文职生活转向军人生活,而是转而提到他自己和其他贵族——也就是从罗马前往前线的元老伴驾。② 叙马库斯喜欢在写给将军们的信中用军事比喻,仿佛是为了表示对他们的世界多少有些熟悉。③ 叙马库斯的演说和书信的修辞策略得到了一个事实的佐证,那就是在帝国晚期,所有的行政职务都被称为(在服)"兵役",这些官员的制服也都是军服性质的。④ 不过,当他想象贵族元老真正承担军事职责时,他的描绘进入了幻想的世界。对于谁能够自许为罗马国家伟大将领的真正继承人,军队指挥官同元老之间存在意识形态上的分歧。

阿米安和叙马库斯的世界在公元372年发生了改变,当时瓦伦提尼安一世和瓦伦斯两位皇帝将罗马国家的军职与文职整合成了一个统一的等级体系。他们规定了帝国军队与行政部门中所有官员的地位和优先次序,从级别最高的城市长官、近卫军长官和军队长官到行省总督和其他元老官员。⑤ 正是在这个时候,将军从"最完美者"被擢升为"最显赫者",正式变成更广泛的元老等级的一部分。⑥ 阿米安对

---

① Pliny the Younger, *Pan.* 56. 4. G. Kelly 2013:273 n. 41 认为,叙马库斯和小普林尼都独立引用了 Sall. *Hist.* 1. 87。
② B. S. Rodgers 2015:17 n. 95.
③ Tomlin 1976:191‑2.
④ 关于"兵役"和官员的制服,见 A. H. M. Jones 1964:564‑6; C. Kelly 1998:168; Halsall 2007:110。
⑤ *CTh.* 6. 7. 1, 6. 9. 1, 6. 11. 1, 6. 14. 1, 6. 22. 4; A. H. M. Jones 1964:142‑4; Schmidt-Hofner 2008:103‑16.
⑥ A. H. M. Jones 1964:144, 527.

第十二章 最后的罗马骑士

此举所代表的不断下降的标准表示遗憾:

> 既然这工作让我有机会说出自己的感受,那我就坦白地说:这位皇帝是第一个通过将军人的职位和奖赏提升到更高的高度,助长军人的傲慢,损害我们公共利益的人。[1]

但事实上,为了让将军在罗马帝国中拥有符合他们资历的地位,这些提拔是必要的,因为要考虑到公元4世纪"最完美者"队伍的大幅扩张。瓦伦提尼安一世和瓦伦斯的立法意味着从此帝国政府的所有部门,包括军事和文职,都被统一为一个阶序和等级体系,以授予元老身份为最高。[2] 身着新式托袈和军用斗篷(chlamys)的官员全身雕像(而非在公元2世纪穿托袈的人像上进行修改)显示了这种变化的社会影响。[3] 这是对文官和军官在为皇帝服务方面被统一起来的一种承认。

公元4世纪末,罗马广场上为步兵和骑兵长官弗拉维乌斯·斯提里科(Flavius Stilicho)立了几座雕像。底座上的铭文按照传统的履历模式记录了他从一开始担任的军事和行政职务。[4] 公元5世纪的弗拉维乌斯·埃提乌斯(Flavius Aetius)和弗拉维乌斯·君士坦提乌斯的雕像底座上的铭文也采用了同样的纪念风格。[5] 这些铭文纪念了他们

---

[1] Amm 27.9.4: *et quoniam adest liber locus dicendi quae sentimus, aperte loquemur: hunc imperatorem omnium primum in maius militares fastus ad damna rerum auxisse communium, dignitates opesque eorum sublimius erigentem.*

[2] Heather 1998:188.

[3] R. R. R. Smith 2016:19.

[4] *CIL* VI 1730 = *ILS* 1277; *CIL* VI 1731 = *ILS* 1278; *CIL* VI 41381. 关于斯提里科的独特地位和他与皇帝家族的关系,见 McEvoy 2013:153 – 86。

[5] 埃提乌斯:VI 41389;君士坦提乌斯:*CIL* VI 1719, 1720; Chenault 2012:125 – 9。

担任过的执政官职务和贵族身份以及军队指挥官职务，如马步军长官（*magister utriusque militiae*）。像斯提里科和埃提乌斯这样的将军实际上也是他们各自的皇帝霍诺利乌斯和瓦伦提尼安三世的首席国务大臣。① 这一发展酝酿了很久——早在一个半世纪前，即公元3世纪中期，元老就不再指挥军队作战，伽利埃努斯的扈卫被提拔进了军官行列。这些高级将领的地位和威望最终赶上了元老贵族，因为他们自己也成了元老。② 把"最显赫者"、"显要者"（*spectabiles*）和"著名者"（*illustres*）这样的贵族统一起来，并不能完全掩盖出身贵族家族的元老和元老身份的将领之间持续存在的紧张关系。③ 任何新头衔都无法让老牌贵族相信新人真的认同他们的价值观。但在某种程度上，元老贵族同军人出身者之间的矛盾的确营造了一种团结感。双方都想要对方拥有的东西：军人希望其荣誉和威望被承认，并因为他们守卫边疆的努力而受到尊敬，而元老贵族仍然声称自己拥有军事上的传承。这种矛盾，导致对军队不感兴趣的文官贵族和不担任政府文职的真正的武士精英之间无法泾渭分明。④ 到了斯提里科的时代，贵族和将军都能在某种意义上称自己在文武兼顾地为帝国效力。

骑士身份的留存

公元4世纪时，帝国行政生涯的终极目标是通过获得"最显赫者"身份跻身元老等级。公元358年后，为防止市议员阶层成员成为

---

① McEvoy 2013:153-86, 251-72.
② Davenport 2015a:285.
③ Salzman 2006:352-60; Lee 2007:153-63.
④ 因此，罗马帝国后期的军官并不等同于匈人的武士贵族（相关讨论见 Maenchen-Helfen 1973:190-9）。

"最完美者"而颁布的帝国法律消失了,因为这一身份已经不足以让人逃脱城市义务。现在,市议员需要并且在寻求更高的"最显赫者"身份。① 后者成为元老的入门级别,在它之上还有更高的"显要者"和"著名者"。② 但元老身份仍然是行政生涯的顶峰,对于试图从低级官僚职务晋升的官员来说,需要服务多年才能达到。公元384年的一条皇帝法令显示了帝国公职体系中许多不同的骑士级别。那一年,格拉提安、瓦伦提尼安二世和狄奥多西一世致信圣库卿(*comes sacrarum largitionum*)特里弗里乌斯(Trifolius),明确了他部门中各官员的级别。③ "最完美者"身份被分成一、二、三等(*ordo primus, secundus* 和 *tertius*)。"最完美者"之下是20万塞斯特斯和10万塞斯特斯级别,然后是信使官(*epistulares*),这个职位同样是骑士身份(可能是"出众者"级别)。④ 接着是下层级别(称为 *formae*),其成员构成了圣库卿部门的全部行政人员的四分之三。⑤ 地位最高的一等"最完美者"数量很少,因为只有银币铸造和衣物购置部门的主管才可拥有这一身份。⑥ 因此,"最完美者"身份的价值是个视角问题。虽然它不再被急于摆脱城市义务的市议员所追求,但对于努力在行政等级中晋升的官僚来说,它仍然是珍贵的头衔,只有经过许多下层级别才能获得。这些官员往往很容易被忽视,因为碑铭习惯的式微导致

---

① A. H. M. Jones 1964:528; Lepelley 1999:642-3; Dillon 2015:53-4,64-5.
② A. H. M. Jones 1964:143-4,528; Heather 1998:190. 瓦伦提尼安一世和瓦伦斯的继任者们继续对这方面进行立法,以便规范元老等级不断扩大的级别数量。见 *CTh*. 6.7.2(公元380年)、6.6.1(公元382年)和6.5.2(公元384年)。
③ *CTh*. 6.30.7(残篇)= *CJ* 12.23.7(公元384年6月10日在赫拉克利亚发布)。
④ A. H. M. Jones 1964:584. 能够确认20万塞斯特斯和10万塞斯特斯级别的继续存在是可喜的,因为碑铭习惯的式微减少了我们的证据的范围。一个孤例是尤里安统治时期来自阿非利加代执政官总督行省的马道洛斯的20万塞斯特斯级别的[马]尔基亚努斯([Ma]rcianus)(*ILAlg*. 2100)。
⑤ A. H. M. Jones 1964:583-4; C. Kelly 2004:42.
⑥ *CJ* 12.23.7.12-13.

很难重现他们在更广大的社会环境中的存在。

由君士坦丁开始的将行省升级为元老级别的行动贯穿了整个公元4世纪,到了4世纪末,只有少数几个地区仍由"最完美者"级别的总督管辖。[1] 它们包括北非的三个毛里塔尼亚行省(该撒利亚、西提菲斯和廷吉斯)、的黎波里塔尼亚和上利比亚,以及意大利的萨莫尼乌姆、阿普利亚和卡拉布里亚、撒丁尼亚。[2] 在一直有碑铭习惯的地区,这些总督在雕像底座的铭文中会继续把自己的身份记录为"最完美者",标志着这个头衔仍然带有一定的威望。[3] 我们的证据中有相当一部分来自的黎波里塔尼亚的大莱普提斯,那里有很深厚的立像和碑铭习惯,直到公元378年仍能找到拥有"最完美者"头衔的总督的例证。[4]

"最完美者"的头衔也出现在了公元4世纪后期罗马城中的铭文里。比如,治安长官弗拉维乌斯·马克西姆斯(Flavius Maximus)在他为瓦伦提尼安一世和瓦伦斯皇帝所立的雕像底座上使用了这个头衔。[5] 公元379年,有个叫弗拉维乌斯·克劳狄乌斯·鲁弗斯(Flavius Claudius Rufus)的"最完美者"为他的女庇主提拉尼娅·阿尼基娅·尤利娅娜(Tyrrania Anicia Iuliana)立了一座像,后者是著名的元老和前执政官昆图斯·克洛狄乌斯·赫尔墨根尼亚努斯·奥利布里乌斯(Q. Clodius Hermogenianus Olybrius)的妻子。[6] 由于鲁弗斯没有列出正式的政府职位,可以推测他是作为平民被授予"最完美

---

[1] Heather 1998:190. 见 A. H. M. Jones 1964:1451–61 的列表。
[2] *PLRE* I Fasti, 1083–1110.
[3] 另见 Bodnaruk 2016:157–8。
[4] Tantillo and Bigi 2010: nos. 35–43. 特别注意第42号,年代被确切地定为公元378年。
[5] *CIL* VI 1180 = *LSA* 1291 (C. Machado); *CIL* VI 1181 = *LSA* 1292 (C. Machado). 他拥有该头衔这一事实本身就很奇怪,因为在君士坦丁时代,治安长官职务成了"最显赫者"级别。因此,这些雕像可能是在他获得提拔前立的(Ensslin 1937:669)。
[6] *CIL* VI 1741 = *LSA* 1270 (C. Machado).

者"头衔的。对弗拉维乌斯·庞培亚努斯（Flavius Pompeianus）也可以做出同样的假设，在他为公元 4 世纪后期的亚该亚代执政官总督弗拉维乌斯·鲁弗斯立的雕像底座上被称为"最完美者，前伴驾"（τοῦ διασημοτάτου καὶ | ἀπὸ κομίτων）。① 他是市议员精英，骑士头衔一直是他公共形象的一部分，特别是在与"前伴驾"（ex comitibus）的荣誉头衔结合起来时。②

最后有确切年代的、在铭文中用"最完美者"头衔称呼的官员是弗拉维乌斯·塞克西奥（Flavius Sexio），公元 379/395 年的阿普利亚和卡拉布里亚的监察使。他为狄奥多西一世皇帝的父亲、被封神的老狄奥多西立了一尊骑马像。③ 因此，直到公元 4 世纪末，在拥有深厚碑铭传统的地区，"最完美者"身份作为公开自我展示的元素仍然具有一定的意义。④ 这表明它继续被视作一种身份通货。如果碑铭习惯在帝国的其他地区也同样普遍，我们可能会有更多的"最完美者"记录。公元 5 世纪初，所有剩余的骑士总督也成了"最显赫者"。⑤ 此后，"最完美者"身份继续被授予帝国行政体系的成员。但人们不再用记载了政府官僚生涯的铭文来纪念他们，因为这成了统一的元老公职贵族的专属。

骑士身份的长久性是个伤脑筋的问题。在《狄奥多西法典》和

---

① *IG* II/III² 13274 = *LSA* 103（U. Gehn，他讨论了其年代）。
② 关于在市镇精英中，"伴驾"这一荣誉头衔的证据，见 *CTh*. 12.1.4（公元 339 年）。
③ *CIL* IX 333 = *LSA* 1695（C. Machado）. 另见 *CIL* VIII 8480 = *ILS* 5596，年代被定为公元 388/392 年。西提菲斯毛里塔尼亚总督弗拉维苏斯·马伊基乌斯·君士坦斯（Fl. Maecius Constans）的"最完美者"头衔是复原的，但原文中可能就有这个词。
④ Bodnaruk 2016。
⑤ A. H. M. Jones 1964:142–3,528,1221. 在 *Not. Dig. Occ.* xlv 中，达尔马提亚总督仍被称为"最完美者"（A. H. M. Jones 1964:1221 暗示那是个错误），反映了这一总督职务直到公元 5 世纪初才变成"最显赫者"级别。

《查士丁尼法典》中,只有"关于骑士身份"(De Equestri Dignitate)下有一个条目。① 该标题下唯一的法令是公元364年10月瓦伦提尼安一世和瓦伦斯发给意大利、阿非利加以及伊利里库姆的近卫军长官克劳狄乌斯·马梅尔提努斯(Claudius Mamertinus)的:

> 我们希望城中所有人中拥有第二等级身份的罗马骑士应该从生来就是罗马人和公民的人中挑选,或者从那些不必结成社团的外族人中挑选。既然这些人没有诸种特权是不合适的,那么他们不应担心受体罚或被起诉的恐惧所扰,并且应被免除元老等级需缴的税收。②

皇帝的裁决证实了骑士身份在4世纪60年代仍作为一项特权存在。它让拥有者不同于普通平民,后者要受更痛苦的折磨。瓦伦提尼安一世和瓦伦斯诏令的措辞中提到了那些"在城中的"(in urbe)人,乍看之下可能暗示罗马骑士的法律身份现在基本上被限制在罗马城中,为体面的公民所有。③ 不过,我们需要慎之又慎地从这一表述中

---

① *CTh*. 6.37 = *CJ* 12.31.
② *CTh*. 6.37.1: *equites Romani, quos secundi gradus in urbe omnium optinere volumus dignitatem, ex indigenis Romanis et civibus eligantur, vel his peregrinis, quos corporatis non oportet adnecti. et quia vacuos huiusmodi viros esse privilegiis non oportet, corporalium eos iniuriarum et prosecutionum formido non vexet, ab indictionibus quoque, quae senatorium ordinem manent, habebuntur immunes.* *CJ* 12.13.1 的版本略有不同(见下文)。
③ 关于骑士现在仅限于罗马城的观点,见 Stein 1927:458; Lepelley 1986:237-9; Chastagnol 1988:205; Marcone 1998:339,359。在这点上,*CTh*. 2.17.1(公元324—325年向罗马城市长官维里努斯发布)被引为有关骑士等级的罗马城属性的证据,因为他们被要求在治安长官面前证明自己的身份。不过,该法专门用于罗马,因为它要求其他居民出现在驻神圣之城的官员面前:元老去到城市长官面前,"最完美者"去到知事面前,船主去到供粮长官面前。这并不意味着这些群体的所有成员都被限制在罗马。

707

得出一概而论的假设：瓦伦提尼安一世和瓦伦斯可能是就罗马城的骑士特权问题回答马梅尔提努斯具体的问询。这并不意味着罗马骑士只存在于这一个城市。公元 380 年，格拉提安、瓦伦提尼安二世和狄奥多西这几位皇帝致信船主行会说："我们确认永恒的元首、神圣的君士坦丁和尤里安授予你们的骑士等级身份"。① 这是《狄奥多西法典》中明确提到骑士等级的最后一条有确切日期的法令。该《法典》中有一条名为"论骑士身份"的条目，这表明法令在公元 438 年颁布，骑士身份仍有现实意义。狄奥多西二世和瓦伦提尼安三世皇帝还专门在该《法典》中明确规定了与所有立法相关的原则。② 如果没有可以适用该法律的罗马骑士，为什么还要加入关于骑士身份的部分呢？③ 因此，我们可以得出结论，骑士和骑士身份至少持续到公元 5 世纪中期。

公元 6 世纪的《查士丁尼法典》中也保留了"关于骑士身份"和"关于'最完美者'身份"的部分，分别作为第 11 卷的第 31 和 32 节的标题。④ 关于骑士身份的第一部分内容是对公元 364 年瓦伦提尼安一世和瓦伦斯对马梅尔提努斯所做的裁决进行大量删改后的版本："我们要求罗马骑士占据最完美者身份之后的第二等级"（*equites Romanos secundum gradum post clarissimatus dignitatem obtinere iubemus*）。⑤ 琼斯认为，《查士丁尼法典》中的这部分内容可能是行政

---

① *CTh.* 13.5.16. pr.：*delatam vobis a divo Constantino et Iuliano principibus aeternis equestris ordinis dignitatem nos firmamus.*
② *CTh.* 1.1.5（公元 429 年），1.1.6（公元 435 年）。关于相关性原则，见 Matthews 2000a：57 – 71。
③ 见 Sirks 2015：292："法律的安排反映了对社会安排的看法。"
④ *CJ* 12.31, 12.32.
⑤ *CJ* 12.31.1.

惰性所致。① 我们可以援引《查士丁尼法典》中另一条关于铸币工社会地位的裁决来支持这一论点，该裁决确实删去了《狄奥多西法典》的相应条目中具体的骑士级别（"最完美者"、20万塞斯特斯、10万塞斯特斯和"出众者"）。② 这暗示编撰者的确做了一些编修，去掉了在公元6世纪已经不再有现实意义的身份。另一方面，《查士丁尼法典》中保留了"关于骑士身份"的标题，或可表明它符合作为结论的标准。③ 此外，编撰者特意修改和删节了该标题下的唯一条目，而不是将其完全删除。④ 这表明他们认为骑士身份仍有现实意义，即便它只是关于罗马国家形态的古老概念的一部分。更让人意外的是，骑士身份也出现在编撰于公元9世纪、被称为《王律》（*Basilika*）的拜占庭法典中，那是整个查士丁尼法律主体的希腊语版。⑤《王律》的第6卷第34节的标题是"关于骑士身份和前长官的身份"（*περὶ ἱππέως ἀξιώματος καὶ ἀπὸ ἐπάρχων ἀξιώματος*）。⑥ 其中第一个条目是上面所列的《查士丁尼法典》中瓦伦提尼安一世和瓦伦斯法令的希腊语版："罗马骑士应排在'最显赫者'之后"（*οἱ ἱππεῖς Ῥωμαίων μετὰ τοὺς λαμπροτάτους τῇ τάξει ταττέσθωσαν*）。⑦ 这看上去似乎只是一个制度记忆的例子，因为《王律》没有系统地修订《查士丁尼法典》，而是收入了该法典早前的希腊语版。⑧

---

① A. H. M. Jones 1964：1221. 另见 Stein 1927：458，他认为这条内容是因袭前人的，反映了6世纪时对骑士等级的理解。
② *CTh*. 10. 20. 1 和 *CJ* 11. 8. 1.
③ 关于《查士丁尼法典》的编修程序和相关性原则，见 *Const. Haec* 2；*Const. Summa* 1, 3；Corcoran 2016：xcix, cx‐cxiii。
④ 查士丁尼在 *Const. Summa* 3 许可这样做。
⑤ Corcoran 2016：cxix.
⑥ 感谢 Stein 1927：458 n. 2 提供这条材料。
⑦ *Basil*. 6. 34. 1. 下一个条目 6. 34. 2 与 *CTh*. 12. 32. 1 相似，但把拉丁语的"最完美者"（*perfectissimi*）译成了"前长官"（*ἀπὸ ἐπάρχων*）。
⑧ Stolte 2014：66‐7；Corcoran 2016：cxix‐cxx。

那么，为何骑士身份持续到了公元 5 世纪，甚至可能到了 6 世纪呢？罗马通常不会废除构成了他们国家的官员和制度——它们或者被允许存续，就像元老院和执政官，或者演化、重塑为新的形式，就像我们看到的贵族身份和近卫军长官职务。传统的名称和头衔让职务和个人有了意义和目的。公元 5 世纪的罗马骑士就是如此。他们当然不是贵族，但骑士身份让他们成为一个保有特权和荣誉的群体，即便他们与他们那些拥有同一头衔的先辈截然不同。想要获得更高的地位并作为"出众者"跻身元老等级的骑士需要担任帝国公职。在许多方面，这一发展是从奥古斯都开始并被他的继任者（特别是君士坦丁）推动的过程的自然结果，即通过让荣誉主要取决于为皇帝效劳而把精英纳入君主制罗马国家的框架内。

结论：改变的东西越多……

公元 326 年，塞萨洛尼卡和尼科美狄亚的帝国铸币场为庆祝君士坦丁统治二十周年而发行了一系列多枚索里都斯（*solidi*）纪念章。这是为了向罗马国家的组成元素致敬：人民、元老院和骑士等级分别有自己的纪念章。[①] 为骑士等级铸造的纪念章的反面是骑马人像，附有"罗马骑士"（EQVIS ROMANVS）字样（本书英文版封面上是尼科美狄亚发行的 1.5 个索里都斯的纪念章）。[②] 这不失为一种承认骑士等级漫长而自豪的历史及其在罗马国家中的地位的合适方式。它象征着君士坦丁的统治得到了人民、元老院和骑士的一致支持，就像奥

[①] Alföldi 1947:13 – 14; Toynbee 1986:116 – 17.
[②] *RIC* VII Thessalonica 145, Nicomedia 99 – 100.

古斯都的元首统治那样。[1] 不过,这将是骑士等级最后一次在意识形态上展示共识。他们的那枚纪念章铸造时,正值向上流动的罗马公民不再满足于罗马骑士的头衔,转而追求更高的荣誉。他们希望被称为"出众者"、10万塞斯特斯级别、20万塞斯特斯级别或"最完美者",甚至是"最显赫者"级别的元老。骑士等级从技术上讲仍是一个等级,但现在被明确划分为一系列身份等级,每一个等级都拥有比骑士等级本身更大的威望和特权。公元4世纪的皇帝立法——比如李基尼乌斯和君士坦丁所颁布的——继续强调这些更高的身份等级只能奉皇帝之命授予。这是从奥古斯都开始的对贵族驯化过程的高峰。

尽管有了这些改变,我们还是能看到公元4世纪的罗马帝国同元首制之间惊人的延续性。仍有骑士想长期为国家服务;这些人在他们的公职经历中可以担任各种各样的行政职务,而公职现在是以进入元老院为顶点。这是帝国盛期出现的骑士公职精英的最终结果,其成员会承担各种与元老类似的职能。两者的全部区别仅仅是身份。公元4世纪时,贵族和新人被统一成元老公职贵族。军官最初被排除在这一模式外,该模式是公元3世纪变革的产物,它将军队的生涯路径同主流的行政体系区分开。不过,到了公元4世纪后期,他们又被召回,将军和军队长官分别获得了元老身份和执政官职务。这意味着罗马帝国没能演化出一个独立的军人阶层,而是出现了一个被文武兼顾地为国效力的精神统一起来的贵族阶层,尽管其成员有着不同的出身。

延续性的另一个重要元素体现在那些不想在帝国行政体系中长期任职,但又想获得特权的精英所做的选择中。就像亚历山大里亚的阿皮安让他的朋友弗隆托去求皇帝授予他代理官职务,或者一位来自穆

---

[1] 关于这种共识与帝国,见本书第八章。

提纳（Mutina）的骑士可能只做过一任军团长就返回了家乡，公元 4 世纪的罗马为授予身份和特权的有限（或荣誉性质）的帝国职务提供了机会。在古代晚期，许多市镇贵族选择在家乡行省或邻近地区担任一两年的总督。这段任职经历可以让他们免除城市义务，还能得到赞美他们美德的雕像和铭文，这对一年的**辛劳**来说可谓是不错的回报。

虽然骑士等级和骑士身份至少持续到公元 5 世纪中期，但骑士身份已经失去其贵族意义。在为感谢格拉提安公元 379 年的执政官任期而发表的演说中，这位皇帝的昔日老师奥索尼乌斯夸口说，皇帝无需像其共和时代的前任们那样通过拉票或讨好人民来获得执政官的荣誉。他宣称：

> 罗马人民、战神校场、骑士等级、讲坛、投票场、元老院和元老议事厅——对我来说，一个格拉提安就是这一切。①

就这样，骑士等级的影响力和威望——及其作为罗马国家组成部分的作用——被奥索尼乌斯明确归为过去时代的遗迹。② 骑士等级不再被视为罗马国家的组成部分。公元 458 年，西多尼乌斯·阿波里纳利斯（Sidonius Apollinaris）在其发表的一篇给皇帝马约里安的颂词中宣称"人民、元老和军人，每个等级依次将统治权交给您"（*ordine vobis | ordo omnis regnum dederat, plebs, curia, miles*）。③ 生活在罗马帝国晚期的罗马骑士仍然通过皇帝的恩赏获得这一头衔。④ 他们仍然

---

① *Aus. Grat.* 3: *Romanus populus, Martius campus, equester ordo, rostra, ovilia, senatus, curia, unus mihi omnia Gratianus.*
② Lepelley 1999:643.
③ *Sid. Apoll. Carm.* 5. 386 – 7.
④ 见《狄奥多西法典》中收录的瓦伦提尼安和瓦伦斯的裁决（6. 37. 1），其中强调骑士是"被选定的"（*eligantur*）。

拥有超越普通人的特权，但远不如他们这个等级的成员在西塞罗、奥古斯都或马可·奥勒留的时代所拥有的。现在，他们必须加入帝国公职体系，成为元老或"最显赫者"才能获得曾经授予骑士的奖赏。君主制罗马国家的身份驯化使得精英们要仰赖皇帝才能得到特权、荣誉和地位，而皇帝可以按自己的意愿重塑所有这些。

结　语

公元244年4月，人们在意大利中部小城普莱内斯特为卢基乌斯·阿雷利乌斯·佩特罗尼乌斯·卡鲁斯（L. Arellius Petronius Karus）立了一座公共雕像。底座上的铭文是这样的：

> 献给卢基乌斯·阿雷利乌斯·佩特罗尼乌斯·卡鲁斯，卢基乌斯之子，法比乌斯部落，最高贵的罗马骑士，神圣奥古斯都的祭司，殖民市的双执法官、营造官和财务官，市场区的"圣物库保护神"朱庇特的崇拜者为最可敬的庇主进献，此地由市议会决议提供。阿里亚努斯和帕普斯担任执政官的那年4月9日奉献，由皇帝崇拜祭司提比略·克劳狄乌斯·维克托尔监督。[①]

卡鲁斯名字后面跟着的四个字母概括了他在罗马国家中的地位——SP EQ R。这些缩写应被还原为"最高贵的罗马骑士"（*sp*

[①] AE 1998, 286: L(*ucio*) Arellio L(*uci*) f(*ilio*) Fab(*ia tribu*) | Petronio Karo | *sp*(*lendido*) *eq*(*uiti*) R(*omano*) *fl*(*amini*) *divi* Aug(*usti*) | IIvir(*o*) aed(*ili*) q(*uaestori*) col(*oniae*) | *cultores Iovis* | *Arkani* | *regionis macelli* | *patrono* | *dignissimo* | l(*ocus*) d(*atus*) d(*ecreto*) d(*ecurionum*) | Dedicata V Idus April(*es*) | Arriano et Papo co(*n*)s(*ulibus*) | cur(*ante*) Ti(*berio*) Cl(*audio*) Victore | IIIIIIvir(*o*) Aug(*ustali*).

714

[*lendido*] *eq* [*uiti*] R [*omano*]）。卡鲁斯与其他数以万计的罗马公民分享这一身份，其中许多人也拥有自己的致敬铭文，上面称他们的身份为 *eques Romanus*，*eques equo publico*，ἱππεὺς Ῥωμαίων 或 ἱππικός。人们也为这些人立像，可能把他们塑造成身着军服，或是穿戴着该等级的身份象征（比如骑士靴或金指环）的样子。到了公元3世纪，罗马的骑士等级已经作为国家的组成部分存在了400多年，而在此之前，骑士已存在了好几个世纪。虽然卡鲁斯和他的大多数同僚并非骑兵成员，但对他们来说，罗马骑士的地位和头衔以及它与美德、荣誉、身份和皇帝垂青的联系仍然重要。骑士和骑士等级存在了1000多年，这份持久性清楚地表明了他们对罗马国家的社会和政治结构至关重要。

角色与职能

从第一页开始，这本书带着三个目标而来。首先是考察骑士为罗马国家服务的职能范围，以及这些角色如何随着时间的推移而变化和发展。从公元前8世纪到前6世纪的古风时代，罗马由国王统治，被骑兵武士贵族主导，就像许多前现代社会一样。罗马政体从君主制到共和国的演变，改变了武士精英的性质，于是到公元前5世纪，他们已成为土地贵族，这构成了新生的罗马共和国的骑兵。这一过程意味着骑兵从一个依靠他们的"传统权威"——骑着马征服敌对部族并展现军事勇气的能力——获得权力的集体，转变为一个由其在国家中的官方职能定义的"职业身份群体"（按照导言中简述过的韦伯的术语）。在罗马国家，公民群体就是军队，最富有的公民在军队中担任骑兵。这些贵族仍然从他们的军事成就，特别是勇武中获得权威和威望，就像他们之前的武士精英一样。不同的是，在共和时代的国家，

结语

定义他们的还有财富和道德状况，这方面由罗马监察官负责监管。在百人队大会上被监察官登记进 18 个骑士百人队的公民将获得公共马的荣誉，即由公费购买作战的马匹。这些公共马骑士每年 7 月 15 日会列队穿过罗马的街道，向所有人展现他们的勇武和贵族凝聚力。这种仪式让骑士有了"内在性"，即通过共同的价值观和为罗马国家服务的理念表达的目标意识。即便骑士在罗马国家中扮演的角色在随后的世纪里扩大，他们最初作为罗马国家的骑兵和保护者的身份的重要性仍在继续赋予罗马骑士的头衔传统、权威和目的。

随着共和时代中期罗马国家的扩张，符合财产要求的公民数量增加，成员的目标和志向也变得多样化。服兵役仍然是罗马公民的一项必要且重要的义务，尽管随着对辅助骑兵的日益依赖，骑士开始担任军官而非普通的骑兵。非元老身份的骑士会在土地收益之外投资利润丰厚的私人买卖。在追求这一目标的过程中，许多骑士寻求担任罗马国家的承包商的临时工作。正如我们所知，这些人被称为包税人，他们为军队提供给养，征收部落税，并监督公共工程。他们为罗马国家服务并非出于利他主义，而是被获利的欲望所驱使。他们并非确切的政治团体——这些人没有改变社会的政策或愿景——但在个人利益受到威胁时，他们的确会涉足政治舞台。

公元前 2 世纪末，元老被排除在骑士百人队之外，这一变化导致形成了独立的骑士等级。正是在那个时候，骑士意外地获得了一种新的政治影响力。他们被任命为刑事法庭的陪审员，因为保民官盖乌斯·格拉古相信，与元老没有关联的骑士能够遏制元老的贪腐。骑士并未进行集体游说来让自己扮演这一有影响力的角色，不过一旦获得了这一特权，他们就会愤恨任何想要将其剥夺的企图。作为陪审员，骑士是罗马国家的公仆，但他们不愿接受伴随这些职责而来的约束和义务，特别是接受在法律面前为自己的行为负责。在这方面，他们得到了像西塞罗这样的元老政治家的帮助，后者则需要骑士的支持来推动自己的政治生涯。这种见利忘义的态度与共和时代晚期、三头时期和奥古斯都时代早期的骑士军官纪念碑所表达的理想形成了反差，那些纪念碑上骄傲地将骑士描绘成罗马国家的英勇捍卫者。可以用一个事实来解释这两种观点的差异，即兵役和军事勇武一直被视作骑士集体身份的决定性因素。但任用骑士担任陪审员——以及他们影响政治事务的潜力，这种事常常在刑事法庭上演——代表了最近的发展。骑士们热衷于利用这一新角色为自己牟利，因此要求被免除惩罚和起诉。新的骑士等级从未真正转变成韦伯所说的"政治身份群体"，即便是在共和晚期，因为他们没有垄断政治权力，也并不寻求扩大自己的权威来获得它。

罗马在奥古斯都统治下回归君主制为骑士等级的成员带来了新的机会。在这个君主制的罗马国家中，骑士不仅担任军官、陪审员和包税人——此后他们还可以被任命为罗马和行省的财政和行政官员。元首制时代，这些职务被塑造成了一种骑士职业体系，在许多方面与元老的官职阶序类似。骑士可以做文官和军官（文武兼顾），经由各种薪俸级别晋升，最后到达大长官。这催生了骑士公职贵族的出现，他们由整个等级中的精英构成。奥古斯都任用骑士担任其私人官员的动机是显而易见的。元首想要确保全体精英——元老、骑士和其他人——主要依靠他获得声望。在前工业时代的君主制社会中，这种"驯化过程"司空见惯。驱使奥古斯都的还有他想任用骑士担任高级职务的愿望，因为他们无法像他的元老同僚一样对他的政权构成威胁。在君主制国家诞生之初，一个骑士占据元首的位置是不可想象的。

结语

　　骑士自己的动机是什么呢？他们为何在新的君主制罗马国家中接受了官方职务，而在共和时代，他们对政治的参与主要专注于他们自己的利益呢？答案之一是国家的统治在几个世纪中的缓慢演变。当奥古斯都任用骑士担任其私人代理人时，他遵循的是罗马共和时代最后一代人中像庞培和恺撒这样的"原始皇帝"开启的传统。此外，奥古斯都还付给骑士可观的薪俸，以吸引他们乐意去效力。这一时期的骑士并没有投身"行政生涯"，而是作为奥古斯都的代表，接受他给予的荣誉和奖赏。如果他们拒受来自奥古斯都的这些荣誉，那么就没有别的地方能够证明他们个人在这个君主制国家的地位了。不过，服务元首的与服务罗马国家的官员和代表之间的差别很快就消失了。出现了一个真正的行政体系，并在奥古斯都的继任者们的统治下发展起来。骑士可以担任的军事和行政职务的数量增加，再加上独立的骑士生涯体系的壮大，特别是在公元2世纪和3世纪，这些反映了罗马作为一个明显是君主制的国家的发展与巩固。

　　新的罗马国家仍然能够适应骑士等级成员的不同志向。对于骑士贵族成员来说，他们文武兼顾地为国家服务的承诺通过铭文履历这种体裁得到了表达。到了公元2世纪，他们被授予了新的头衔，这让他们不同于骑士等级中的大部分人。随着时间的推移，元老和骑士官员之间的职责分工的人为性变得明显，这种人为性基于共和时代传统的身份等级，并经过了奥古斯都的改造。骑士公职精英欣然接受了为君主制国家服务的机会，而这一体制也足够灵活，能够让那些不愿毕生为政府服务的骑士也参与进来。他们可以在骑士军阶中担任一两个指挥官或者一个代理官职务。对所有的骑士来说，无论他们是否正式踏上职业生涯，服兵役和担任文职都被视为个人性格和品质的体现。这些荣誉和奖赏只会流向善良、诚实和正直的个人，从贵族庇主和皇帝的信中都可以看到这种理想。这种服务理念代表了君主制世界骑士身份的重新表述。当然，现实要复杂得多。驱动一些骑士任职的并非崇高的服务理想：代理官职务有丰厚的薪俸，提供了一条不受元老生活约束的致富之路。贪腐是帝国不可避免的副产品。从帝国的中心输出了军事指挥官、代理官和祭司职务，更不用说骑士身份本身这一荣誉。由于皇帝本人并不认识所有的公民，他需要依赖朋友和朝臣的建议，有些人不如其他人合适，或者更容易收受贿赂。骑士同元老、释奴、奴隶和女性一起参与了在皇帝宫廷中寻求微不足道的职务的阴谋。

公元2世纪后期和4世纪初期之间，罗马军队和行政机构的等级体系发生了变化，极大地改变了罗马国家的框架。这是一系列相互关联的因素所致。首先，军队的军官以下等级中对骑士身份非常渴望，对他们来说没有一条连贯的晋升之路当上军队指挥官。皇帝开始向这些士兵及其孩子授予骑士身份，以巩固自己与军队的关系（在帝国时代，军队作为左右权力的力量占据了首要位置）。其次，骑士公职贵族的巩固意味着骑士贵族与元老的官方职责之间没有多少区别。其结果是，骑士受命担任之前专门分配给元老的职务。上述两点都为理解公元3世纪下半叶发生的变化提供了关键的背景。当伽利埃努斯（出于各种后勤和政治原因）决定不再任命元老统兵作战时，他转向了从行伍中提拔起来的骑士。与此同时，骑士代理官开始取代元老担任正式的行省总督。这承认了元老和骑士之间的首要区别是身份，而非能力或经验。

公元4世纪时，君士坦丁和他的继任者们将骑士与元老的生涯路径整合成了一个统一的公职贵族。从前是骑士身份的人员和职务现在变成了元老的。他们仍然是同一类人，担任同一类政府职务——除了

结语

现在他们是作为"最显赫者"任职。① 在罗马帝国晚期的行政体系中，身份成为对任职的奖赏而非其先决条件。但那些具有骑士级别的职务的地位变得越来越低：现在它们是帝国各部门中的文书和监督员，而非高级财政和行政官员。就这样，随着罗马国家自身的转变，即从王政到共和国，再到君主制的罗马国家，向骑士开放的官职的数量和性质也发生了变化。这在一定程度上是国家日益复杂的结果，罗马和其他许多前现代社会都经历了这一过程。② 不过，罗马也存在一些特殊情况，比如盖乌斯·格拉古的法律，西塞罗的政治手段，奥古斯都、伽利埃努斯和君士坦丁的决定，这解释了骑士有哪些公共角色。我们也不应忘记骑士本身的目标和志向，他们接受了这些危机、过渡和转型时刻所提供的机会和荣誉，无论是内在的还是物质的。

阐明身份

本书的第二个目标是考察在罗马城、意大利和行省，骑士身份是如何在个体和集体层面上发挥作用的。我们已经探究了在共和时代和帝国时代，罗马骑士究竟由哪些人构成，以及这种身份是如何授予的。在罗马国家，所有具备必要的财产条件的罗马公民——从共和晚期开始是40万塞斯特斯——都可以认为自己是骑士。被监察官登记为骑士百人队的1800名公共马骑士构成了该等级中的精英。情况在帝国时代发生了变化，奥古斯都首次增加了公共马骑士的人数，这种做法被他的继任者们延续。最迟在公元1世纪末，所有的骑士——现在大约有2万到3万人——都是公共马骑士。因此，骑士身份成为一

---

① 见 Heather 2008:116 对晚期罗马帝国的市议员阶层所做的类似评论。
② 结语最后一节中将对此进行更多的讨论。

种皇帝的恩赏，成为皇帝奖励各行省富裕的精英，让他们融入罗马国家社会政治框架的主要方式。皇帝的垂青不仅针对居住在罗马和意大利的公民，也面向整个帝国的居民，因此从加迪斯到格拉萨，各行省都能看到骑士。骑士身份被认为是对市镇和行省职务与荣誉的补充，而不是天生高人一等。这意味着它可以在整个帝国被广泛接受。比如，在骑士军阶中服役可能从不为来自小亚细亚的本地希腊人所欢迎，但他们仍然看重骑士身份本身。也有人担任像财库顾问官这样的政府职务，那不需要大量出差或投入时间。对于来自罗马的荣誉和特权，除了天生顽固不化、具有哲学倾向的人，似乎没有什么真正的抵触。就连在舞台上表演和参加角斗的骑士也没有挑战恩赏这一基本程序；他们只是想避开它，沉浸于自己的嗜好中。

军事勇武已经成为骑士的个人和公共身份表达的一个重要甚至是范式性的方面。即便贵族骑士不再是真正的国家骑兵的一部分，骑士直到共和时代晚期都担任着军官，他们常常将军事指挥权同他们的商业利益、法律辩护或文学追求结合起来。在帝国时代，骑士军官职位被重组为一系列连贯的级别。虽然服役并非强制性的，许多行省人还是会在骑士军阶中寻求委任。虽然他们可能只担任一两个军职，但准备好接受军队指挥官职务被认为是骑士等级成员所拥有的重要品质。在骑士的荣誉和墓葬纪念碑中，以及像小普林尼和科尔内利乌斯·弗隆托这样的元老所写的推荐信中都证明了这一点。

当骑士等级作为不同于元老的罗马国家的"第三部分"出现时，他们借用了罗马骑兵的仪式和身份象征。其中包括每年7月穿过罗马城中心的骑士游行。这是一场关键的社会表演，公开表现了骑士的集体美德以及他们对罗马国家的重要性。该等级的成员还采用了被称为特拉比亚袍的仪式服装以及骑兵的盾牌和投矛，这些常常出现在骑士

结语

个体的纪念碑上。在帝国时代，骑士等级的青年代表了国家在战时可以动用的人力储备。该等级的所有成员都被登记进方阵（turma），在元老阵官（seviri）的率领下参加骑士游行和皇帝葬礼等活动。甚至还有来自皇室的青年领袖，称为青年元首。最早担任这一职务的是奥古斯都的养子和继承人盖乌斯与卢基乌斯，他们被授予了盾牌和投矛——该等级自己的军事象征——作为对他们地位的认可。在公元3世纪的危机期间，为了纪念骑士等级的起源，人们设立了"快马侧翼骑兵队"（ala Celerum），让人回想起罗马早期骑兵的故事，这再合适不过了。[1]

骑士等级的成员身份带来了一系列特权和身份象征。其中包括有权坐在剧场的前十四排，佩戴金指环和穿着镶窄边的短袍。骑士们小心翼翼地守护着这些特权，不容任何企图占据他们坐席的闯入者，还会举报戴着没资格佩戴的指环招摇过市的暴发户。在帝国时代，罗马国家对于规范诸如此类的身份越来越感兴趣。奥古斯都、提比略和图密善等皇帝立法保护元老和骑士等级的特权与荣誉。毕竟，如果不规范骑士的特权，那么骑士身份本身的威望就会被消解。这意味着上层等级的成员应遵守某些贵族的社会和道德标准，以符合他们在罗马国家中的地位。一直到帝国时代，骑士作为骑兵的引以为傲的军事传统给他们带来了目标意识和意义，而额外的特权则带来了荣誉和威望。这些因素结合在一起，使得骑士身份天然令人向往，被整个帝国的精英追捧。

到目前为止，我们已经强调了将骑士等级成员统一起来的共性方面，但它们在地理和时间意义上也有明显的差异。所有的骑士都有坐

---

[1] M. P. Speidel 1992.

在剧场中前十四排的特权，这一荣誉旨在适用于罗马以及意大利和各行省。但在神圣之城以外，这一特权行使起来从未一样，因为在地方背景下，市镇官职和组织被证明是阐明身份等级的更重要方式。骑士可以来罗马担任陪审员，参加骑士游行，在牧神节上裸体奔跑，或者在拉丁姆担任祭司。行省人这样做，要么是因为他们看重这些职位带来的威望，要么是因为他们已经决定开启将带他们前往帝国各地，甚至是罗马城的军队和行政生涯。不过，由于该等级的地理来源多样，许多人不能也没有参与这些典礼和仪式。这就解释了为什么，比如纪念骑士游行的纪念碑多半是为居住在意大利本土的骑士立的，即便该等级的每个成员都会被登记进某个方阵。

骑士特权、仪式和荣誉的重要性会随着时间的推移而改变。骑士游行是其中最经久不衰的，从公元前 5 世纪（也可能是前 4 世纪）延续到至少公元 4 世纪中叶。它的持续存在证明了该仪式在骑士等级新成员准入程序中的角色，以及尚武美德对于该等级的目标意识的重要性。在罗马，将剧场的前十四排坐席分配给他们的做法也很持久，它始于公元前 67 年的《洛斯基乌斯法》，在奥古斯都和图密善的统治时期得到确认，然后一直持续到公元 3 世纪后期。骑士等级的其他特征与帝国时代早期最密切相关，它们在奥古斯都或他的某位继任者统治时期被引入，最终在公元 2 世纪晚期和 4 世纪之间的不同时期被搁置。拥立皇位继承人为青年元首和骑士等级领袖的行为在奥古斯都到安东尼王朝时期最为盛行。到了公元 3 世纪，皇子和尚武美德之间建立了牢固的联系，但与骑士等级之间的具体关系已经不复存在，因为相比一个只用象征和意识形态方式代表军事力量的身份群体，军队本身的支持要重要得多。与之类似，从奥古斯都到塞维鲁王朝时期都能看到骑士参加皇帝葬礼，此后他们不再是这类仪式的一部分，这是皇

结语

帝墓葬地点的改变和基督教的兴起等因素的结果。骑士等级的成员曾经在这些活动中和军队与军官一起游行，但此刻，到了帝国晚期，他们落在军队之后。这承认了一个事实，即真正的军队在皇权的转移中比骑士更重要，而且是君主制罗马国家的组成元素。最后，奥古斯都和他的尤利乌斯-克劳狄乌斯王朝的继任者们在罗马和拉丁姆恢复或创建了新的祭司职务，专门由骑士等级成员担任。这些职务让骑士在国家中拥有了他们在共和时代所不具备的宗教角色，并在安东尼王朝时期的都市世界里享有特别的重要地位。此后，像牧神祭司这样的祭司职位失去了同骑士的特定联系，其成员变得多样化，包括元老在内。

我们不能回避的事实是，奥古斯都的元首制对于这些发展中的许多至关重要。在他的主导下引入了创新，或者为之前存在的骑士等级元素赋予了新的意义。这是因为奥古斯都时代见证了罗马国家的重塑，后者变成了一个君主制国家。奥古斯都需要证明罗马国家及其制度在本质上的延续性，表明他的统治得到了罗马国家全部元素的自愿共识的支持，即元老、骑士和人民。这解释了他个人在骑士游行中的角色，对骑士身份的审核，为盖乌斯和卢基乌斯设立青年元首职务，以及为骑士担任代理官和长官创造了一系列新的机会。不过，我们不应完全从"自上而下"的角度看待这一过程：骑士等级的成员热情接受了新的君主制罗马国家提供的机会，无论是在个人还是集体层面上，因为那能带来荣誉、奖赏和特权。

公元 4 世纪时仍然有骑士等级，直到公元 5 世纪，甚至可能到 6 世纪仍有罗马公民被封为罗马骑士。但到了帝国晚期，财产条件已被抛弃，骑士身份本身被分割成一系列身份级别，每一级别都有新的豁免权、特权和荣誉。这是对欲望分门别类的结果，这种欲望在前工业社会的所有贵族中很常见,在公元2世纪和3世纪凸显出来。从帝国盛期开始,担任政府高官的骑士等级高级成员的卓越地位得到了更高头衔的认可,诸如"最突出者"、"最完美者"和"出众者",或者是高调展现他们薪俸水平的称号,如10万塞斯特斯和20万塞斯特斯级别。这种对欲望加以分门别类的做法得到了皇帝的奖赏,皇帝依靠公职精英来担任帝国的高级代理官。但他们并没有忘记那些只想获得骑士身份,不想为帝国效力的行省精英。很快,这些市镇贵族也被授予了更高的头衔,如"出众者"。皇帝的这种慷慨之举的影响可以从碑铭的陈述模式中看出,因为"罗马骑士"和"出众者"的头衔失去了它们曾经拥有的威望,分别从四帝共治和君士坦丁时代的铭文中消失了(只有少数例外)。随着像行省总督和长官这样的昔日的骑士职位被提升为元老等级,政府官员和军官都渴望获得更高级别的元老身份。从君士坦丁的时代开始,罗马骑士身份本身作为能够免除卑贱惩罚的一种特权仍有其价值,但与它曾经拥有的贵族威望相去甚远。这些改变影响了国家共识在皇帝合法性展示中的表达方式。在罗马帝国晚期的意识形态中,皇帝依靠的是元老院、军队和人民——而不是骑士等级——的支持。

骑士等级的延续

本书的第三个目标是考察骑士等级在罗马世界中的社会学职能。为何罗马有罗马骑士达一千多年?对此的第一个答案无疑是,无论是在共和时代还是帝国时代,骑士身份都为广大富有的非元老精英提供了罗马国家的官方认可。元老院的成员数量有限,因为元老议事厅通常只容纳300—600名元老(虽然人数确实会有波动)。但是骑士可以有数以千计,如果他们满足合适的道德和财产条件,就能被授予骑士身份。① 这在帝国时代变得特别重要,因为它使得皇帝可以既通过骑士身份本身,也通过代理官、长官和祭司等职位向行省精英授予荣誉。皇帝是恩赏的终极来源,这个事实推动了意大利和行省的贵族的驯化过程。这是骑士身份的一大优势在于:它为罗马公民提供了身份、威望和特权,更别说获得宗教、军事或行政荣誉的机会,同时又不会让他们放弃自己生活的其他方面或者做出妥协。当然,鉴于骑士的贵族身份,表演、卖淫和有偿参加角斗通常是不被允许的,但还有许多体面的职业是其他符合规定的:写诗、演讲、种地、造币、做律师、赞助竞技节日,甚至像老普林尼一样撰写37卷的《博物志》。不过,随着罗马进入了古代晚期的世界,情况发生了改变。在公元4世纪,元老的人数急剧增加,远超之前的600人限额,"最显赫者"的身份取代罗马骑士成为将帝国精英统一起来的荣誉。

其次,骑士等级为罗马国家提供了结构和凝聚力。在共和时代中期,元老和非元老骑士被逐渐区分开来,表明共和国需要在其精英之间进行更多的身份区分。公元前129年的公民投票和公元前123年盖乌斯·格拉古的立法,为骑士等级成为元老和普通公民之间的独立社会层级提供了催化剂。从西塞罗的作品揭示的共和时代晚期的政治话语中可以看出,如果没有就这个新等级在共和国内部的地位进行协商,这一过程就不会发生。但身份象征和特权的获得——比如坐在剧场中前十四排坐席的权利,以及骑士在为庇主投票立像或设立像"青年元首"这样的领袖时所展现出的集体行动——让骑士等级在共和晚期和帝国早期有了真正的集体身份(至少在罗马城内)。这意味着对

---

① 当然,在奥古斯都时期之前,公共马骑士的数量被限制在1800人。

于具有中等财富的罗马人来说，骑士等级成了一种向往的身份，他们永远不会梦想跻身元老院，但商业利益可能让他们有朝一日赚到足够的钱来拥有价值40万塞斯特斯的财产。奥古斯都及其继任者们巩固了罗马骑士在国家中的地位，因为后者为君主制形式的国家带来了急需的定义。骑士可以被视作一个有凝聚力的群体，为皇室带来荣誉并参与支持君主制政权的仪式活动。

第三，骑士等级在实现上述目标时的成功可以归功于荣誉、仪式、标志和官职，是它们使该等级及其成员有了目标意识。纵观历史，政权和身份群体一样，都需要一个意识形态基础来证明其存在是合理的。简而言之，骑士必须相信他们的身份具有重要性和意义——或者说"内在性"——才能被视作值得追求和重视的东西。就骑士等级而言，内在性是通过勇武美德的意识形态创造的，表现在仪式、服装和纪念碑上。与此相关的是一种观念，即骑士支持罗马国家，后来还支持皇帝。在共和时代，这一点可以通过在骑兵中服役，在政治危机的关键时刻做出重要姿态（就像喀提林阴谋期间在阿提库斯的带领下登上卡皮托山的那群骑士），以及投票通过法律或者选出合适的人担任官员来表达。在帝国时代，骑士可以通过举行宗教仪式，在葬礼上游行，以及担任文武公职来表现自己作为国家堡垒的地位。最后一点尤其重要。共和时代和帝国时代的骑士地位的一大差异体现在大量他们可以担任的财政、行政和军事职务上。这些新的机会最初出现是因为奥古斯都想安排非元老担任高级职务；但就像我们所看到的，随着时间的推移，出现了一种独立的骑士公职贵族。该等级的这个精英子群体发展出了自己的意识形态，它基于这样的理念，即骑士是"文艺复兴"式的人，可以像元老一样文武兼顾地以文官和军人角色为国家效劳。这促进了贵族的凝聚力，避免了罗马帝国后期形成独立的武

结语

人阶层。

　　骑士等级绵延许多世纪的长久可以归因于一系列的虚构之事。共和时代晚期，当骑士作为罗马国家的一个单独的组成部分出现时，人们发明了关于该等级的起源之说，旨在将当时的包税人、商人、陪审员和军官同罗慕路斯以及其他罗马国王的骑兵联系起来。随着元首将自己作为骑士身份的终极仲裁者（这一职责之前属于监察官）参与审核和骑士游行仪式，传统的发明和再造在帝国中发挥了重要作用。骑士被指派去担任与罗马和阿尔巴隆加的建立相关的（新创造出来的或恢复的）祭司职务，以此把该等级同国家的起源联系起来，并使其成为更大的罗马历史连续体的一部分。通过这种方式，骑士等级跟"帝国"相关的新举动——诸如拥立奥古斯都为"祖国之父"或者推其继承人为"青年元首"——看上去并无内在的革命性，而是罗马国家逐步演变的固有组成部分。奥古斯都及其继任者们必须确保骑士身份一直是备受追捧的重要荣誉，以保证行省精英相信这是值得竞争的社会威望的象征。

　　帝国晚期给骑士等级在罗马社会中的威望和职能带来了挑战，即便它在形式上仍是罗马国家的组成部分（就像本书英文版封面上的君士坦丁纪念章所示）。公元2到3世纪，一个有明确界定的骑士公职贵族（有自己的"出众者"、"最完美者"和"最突出者"等身份级别）的出现对该等级的团结产生了冲击。骑士公职精英和他们的元老同僚的界限越来越不分明。公元4世纪，在君士坦丁的统治时期，这种矛盾得到了解决，因为皇帝成功地将骑士和元老的职业体系融为一个政府层级。现在，一个罗马人的职业生涯可以从帝国行政体系中最低等的文书开始，在这一体系中一路晋升，获得骑士身份和元老身份。瓦伦提尼安一世和瓦伦斯的改革将军队职务整合到这一新的帝国体系中，该体系能使所有的帝国公仆都成为元老。

这些变化并没有从根本上改变罗马精英的许多早就存在的方面和习惯。行省的市议会仍然是新的帝国官员和元老等级的首要来源。长期的生涯也并非强制性的——罗马人仍然可以担任一两个职务来获得新的身份，然后归隐家乡，就像他们的前辈那样，后者在帝国盛期时只担任骑士军阶中的一个职务或者一任代理官。但与此同时，个体骑士必然已经越来越不认同自己的骑士等级成员身份，与这一改变同时发生的是骑士的特权、身份象征和仪式的式微。上述发展反映了该等级在身份金字塔中的位置日益下降。到了公元4世纪后期，骑士身份排在元老级别的"著名者"和"显要者"（这些头衔只能通过担任公职获得）以及数千名世袭的元老级别的"最显赫者"之下。现在，正是"最显赫者"为高级帝国职务提供了人才储备，而以前承担这一功能的是骑士等级的成员。"最显赫者"之下是"最完美者"以及各种骑士等级内部的级别，如10万塞斯特斯和20万塞斯特斯级别，最后才是罗马骑士的身份。这个头衔仍带有特权，使骑士成为高于普通罗马公民的"尊贵者"，但它已经不再是高级的贵族身份，这一点才是关键。晚期罗马世界的皇帝们也不会提到元老等级、骑士和平民的共识，就像奥古斯都所做的那样。

罗马骑士的身份一直延续到公元5世纪，因为罗马人并没有放弃头衔，而是重新设计以便为新的目的服务。罗马骑士作为一种可识别的罗马国家法律区分有其价值，因此它被保留了下来。晚期的罗马骑士是船主等群体的成员或帝国行政体系的较低级别的公民，前者确保了全年都能源源不断地为罗马和君士坦丁堡供应粮食。到了公元5世纪，骑士等级的特征已经是古老的遗迹。这一时期的骑士可能读过贺拉斯和尤维纳利斯的作品，从中了解到骑士等级的公民曾经拥有价值

40万塞斯特斯的财产,享有坐在剧场中前十四排的特权。他们可能会沿着奥斯提亚大道漫步,欣赏着戴金指环、着祭司行头或军服的前辈们的墓。也许,只是也许,他们中的一两人甚至还拥有一匹马。

术语表

本术语表解释了书中用到的关键拉丁语和希腊语术语

IIIvir：三人官
IIIvir capitalis（单数）；*IIIviri capitales*（复数）：死刑三人官
IIIIvir iure dicundo：四人执法官
IIIIvir quinquennalis：五年任期的四人监察官
XIV ordines：剧场前十四排，根据公元前 67 年《洛斯基乌斯法》的条款，专为骑士保留
a censibus equitum Romanorum：罗马骑士监察秘书，负责审查罗马骑士财产条件的皇帝秘书
a cognitionibus：负责皇帝法庭的皇帝秘书
a commentariis：记录官，近卫军长官的行政秘书
a libellis：诉状官，皇帝的诉状秘书
a memoria：备忘官，皇帝秘书，在元首制时代具体职责不明
a militiis：军阶出身，从公元 2 世纪后期开始表示在骑士军阶中担任过职务的骑士
a rationibus：司库官，皇帝的财政秘书
a studiis：档案官，帝国档案主管
a voluptatibus：皇帝娱乐主管
ab epistulis：司信官，负责书信的皇帝秘书
ab epistulis Graecis：希腊语司信官，负责希腊语书信
actio prima and actio secunda：刑事审判的一审和二审，根据公元前 111 年《塞尔维利乌斯法》确立

术语表

advocatus fisci（单数）；*advocati fisci*（复数）：财库顾问官，在庭审案件中代表皇帝财库的律师

aerarium militare：罗马的军队财库，公元 6 年由奥古斯都设立

aes equestre：骑兵费，罗马财库划拨用于购买公共马的资金

aes hordiarium：草料费，罗马财库划拨用于公共马给养的资金

ager publicus：公地，罗马国家的公共土地

agnomen：绰号，罗马人的附加名字，表示他们的军事征服、个人特点和性格或生理特征

agonothetes：希腊语世界的赛会主管

album：刻字板或官方名单

ambitus：贿选指控

amicitia：个人和政治友谊

amplissima collegia：大祭司团，四个最重要的祭司团，包括造桥祭司、鸟卜师、圣礼十五人团、七人节宴团

amplissimus ordo："最高贵的等级"，用以表示元老等级

angustus clavus：骑士穿着的窄边短袍

annona：粮食供应

annona militaris：罗马军队的供给

anulus aureus：金指环，在公元前 1 世纪成为骑士的区分特征

anulus equester：骑士指环，金指环的另一种叫法

apokrimata：希腊语中表示皇帝对诉状的回复

apparitores：执行吏，罗马国家的公仆

arete：德行，希腊语中表示卓越、勇气和勇武

assessor：司法顾问

auxilia：罗马军队的辅助部队

beneficiarius（单数）；*beneficiarii*（复数）：优待兵，罗马军队中的侍从兵

beneficium（单数）；*beneficia*（复数）：恩赏，优待

Caesariani：皇帝私产代理官，晚期罗马帝国皇帝财库任用的下级官员

calcei equestres：骑士靴

calcei patricii：贵族靴

candidatus：被皇帝指派为候选人

cavea：剧场中的观众坐席

censor perpetuus：终生监察官，图密善皇帝拥有的头衔；此后，监察官权

成为皇帝官署的固有权力

censoria potestas：监察官权

census：人口调查，评估罗马公民和他们的财产

census equester：骑士身份的最低条件，从公元前1世纪到公元4世纪被设为40万塞斯特斯

centenarius：(i) 每年10万塞斯特斯薪俸的帝国官员；(ii) 晚期罗马军队中的级别

centuria（单数），*centuriae*（复数）：百人队，即罗马人民在百人队大会的单位，共有193个

centuria praerogativa：优先投票百人队，由抽签产生

clarissima femina："最显赫的女性"，元老的女性亲属的头衔

clarissimus vir："最显赫者"，元老的头衔

classis（单数），*classes*（复数）：(i) 罗马人民的级别或部分，按照财产划分，百人队大会上共有6个级别；(ii) 舰队

clivus Capitolinus：从罗马广场到卡皮托山的上坡道路

codicilli：皇帝的委任状

cohors praetoria（单数），*cohortes praetoriae*（复数）：近卫军大队，在共和时代原本隶属于所有的指挥官，但在元首制下只属于皇帝

collegia iuvenum：青年团，官方的精英青年团体，在罗马帝国的西部城市中设立

comes：官方的皇帝伴驾，后来被君士坦丁皇帝分成三个等级（一等、二等和三等）

comes sacrarum largitionum：圣库卿，晚期罗马帝国的财库主管

comitia centuriata：全体罗马公民参加的"百人队大会"，罗马人相信是由塞尔维乌斯·图利乌斯国王（公元前578—前534年在位）设立

commentarius：记录官，晚期罗马政府的行政官员

concordia ordinum："等级和谐"，西塞罗倡导的政治理想

conductor IIII publicorum Africae：阿非利加四种公共税承包人

consul ordinarius：正选执政官，以其名字为当年命名的执政官。每年有2人

corona muralis："拔城桂冠"，罗马军队给第一个攻上敌军城墙者的奖赏

cuneus（单数），*cunei*（复数）："楔子"，剧场坐席的部分

cura annonae：对罗马粮食供应的监督

curator aquarum（单数），*curatores aquarum*（复数）：供水主管

733

curia：(i) 罗马的元老院议事厅；(ii) 殖民市和自治市的议会

curialis（单数），*curiales*（复数）：市议会成员

cursus honorum："官职阶序"，描绘元老生涯的方式

cursus publicus：公共驿路，帝国的邮政和交通服务

decemvir stlitibus iudicandis：十人审案委员会

decumani：西西里的什一税征收人

decuria（单数），*decuriae*（复数）：陪审团

decuria scribarum：文书团，罗马国家行政官员的团体

decurio（单数），*decuriones*（复数）：罗马殖民市或自治市的议会成员

delator（单数），*delatores*（复数）：政治告密者

designatio：提名程序，皇帝提名他希望当选的元老候选人的程序

destinatio：指名程序，帝国时代的执政官和大法官选举中一种特别的推荐程序

dignitas：(i) 公共地位和个人荣誉；(ii) 罗马国家的官方要职

domi militiaeque："文武兼顾"，关于罗马元老同时擅长文职和军队事务的理想

domi nobiles："家乡贵族"，西塞罗用这一表达来描绘市镇贵族（《为克鲁恩提乌斯辩护》23）

dona militaria：罗马皇帝的军功奖赏

ducenarius（单数），*ducenarii*（复数）：(i) 年薪 20 万塞斯特斯的帝国官员；(ii) 晚期罗马军队中的级别

duumvir iure dicundo：双执法官，罗马殖民市（包括庞贝）的最高长官

epistulares：信使官，晚期罗马行政体系中的秘书官

eques（单数），*equites*（复数）：(i) 骑士百人队成员；(ii) 骑士等级成员；(iii) 骑兵

eques Romanus（单数）；*equites Romani*（复数）：罗马骑士等级成员

eques equo publico（单数），*equites equo publico*（复数）：拥有公共马的骑士，骑士百人队成员

equites equo suo：自备马骑士，自备马匹服役的骑士；他们具备骑士的财产条件，但没有公共马

equus publicus："公共马"，由罗马国家通过购买和喂养马匹的钱为形式提供

exceptor（单数），*exceptores*（复数）：晚期罗马行政体系中的文书官

fasti Praenestini：《普莱内斯特历》

femina stolata："穿斯托拉的女性"，3 世纪时给予精英女性的荣誉头衔

feriae Latinae：拉丁节，向拉丁姆的朱庇特致敬的节日，据说由"高傲者"塔克文设立

flamen：弗拉门祭司，(i) 罗马"造桥"祭司团中的一种祭司，只负责崇拜一位神明；(ii) 罗马城之外的皇帝崇拜祭司

flamen perpetuus："终身弗拉门祭司"，行省的皇帝崇拜祭司

flaminica：弗拉门祭司的妻子

funus publicum：公共葬礼

hasta（单数），*hastae*（复数）：投矛，特别是骑士携带的，通常与他们的圆盾（*parma*）一起

honesta femina："尊贵女性"，公元 2 世纪和 3 世纪时用来指骑士和市议员女性亲属的尊称

honestiores："尊贵者"，公元 2 世纪引入的法律类别，用于表示不必接受卑贱处罚的罗马公民，诸如拷打和罚去矿场做苦力

honestus vir："尊贵者"，公元 2 世纪和 3 世纪时用来指市议员阶层的罗马公民的荣誉头衔

imperator（单数），*imperatores*（复数）：在共和时代本是一种通过欢呼授予的称号，意为"得胜的将军"。后来被奥古斯都用作称号，有了"皇帝"之意

imperium：治权，罗马官员在和平与战争时的权力，包括对罗马公民的管辖权

infamia：公开羞辱；如果骑士遭遇了这种羞辱，他将被等级除名

ingenuitas：自由出身，进入骑士等级的条件

insignia：符合特定职务或地位的身份象征

iudex（单数），*iudices*（复数）：(i) 法官；(ii) 陪审员

iudices selecti：选定陪审员，帝国陪审团中由皇帝选择的陪审员的头衔

iudicium publicum：公共审判，罗马当局对于与国家相关的指控所做的审判

iuniores："青壮者"，17 到 35 岁之间的骑士等级成员

iurisperitus：表示"精通法律的"

ius aureorum anulorum："金指环权"，即拥有治权的官员和后来的罗马皇帝授予作为自由出身标志的金指环的特权

ius gladii："剑之权"，审判罗马公民并判处他们死刑的权力

ius trium liberorum：三子权，拥有者将获得各种政治好处，包括有权更

早竞选官职

iuvenes：(i) 被授予成人托袈,年龄为 14 到 35 岁的青年罗马公民；(ii) 也特指 14 到 35 岁的骑士

latus clavus：骑士等级成员穿着的短袍上的宽镶边

legatus（单数），*legati*（复数）：代表/副将，共和晚期的行政官代表，帝国时代的皇帝代表

legatus Augusti pro praetore（单数），*legati Augusti pro praetore*（复数）：拥有大法官权的皇帝代表

legatus legionis：军团长，军团的元老指挥官

lex（单数），*leges*（复数）：法律，后面通常跟着提议该法的官员的族名（比如公元前 218 年的《克劳狄乌斯法》）

libertas：自由，罗马国家基本的公民权之一

lupercus（单数），*luperci*（复数）：牧神祭司；从奥古斯都到塞维鲁王朝时期都是骑士等级

lustratio：绕圈游行方式的净化仪式

lustrum：由监察官之一在战神校场上举行的净化仪式，表示人口调查正式完成

magister a studiis/magister studiorum：档案主管，公元 3 世纪开始档案官的新头衔

magister equitum et peditum："马步军长官"，指挥两个军种的高级罗马将领的头衔（有时也被称为 *magister utriusque militiae*）

magister militum："军队长官"，公元 4 世纪中期开始出现的罗马高级将领头衔

militiae equestres：骑士军阶，元首制下确立的骑士军队生涯（另见 *tres militiae* 和 *quattuor militiae*）

militiae petitor（单数），*militiae petitores*（复数）：军阶职务的追求者，从公元 2 世纪后期开始出现在铭文中

monetarius（单数），*monetarii*（复数）：帝国铸币工，公元 317 年的一条李基尼乌斯诏令禁止他们获得骑士身份

municipium（单数），*municipia*（复数）：自治的罗马公民城市

munus（单数），*munera*（复数）：在自己的城市中履行的义务（包括任职和出钱）

navicularii：船主；他们被君士坦丁授予骑士身份

nobilis（单数），*nobiles*（复数）："贵族"；在共和时代通常表示来自担任

过贵族官员的家族的元老

notarius：文书，晚期罗马帝国的行政官员，有时会被委派特别使命

novus homo（单数），*novi homines*（复数）："新人"，政治术语，指家族中第一个进入元老院或第一个担任执政官的人

officia：罗马行政体系的部门

official palatina：宫廷部门，与皇帝本人相联系的罗马行政体系的部门，比如负责皇帝书信、诉状和档案的

ordo（单数），*ordines*（复数）：等级，罗马国家中的身份群体

ordo equester：骑士等级

ordo senatorius：元老等级

ornamenta：荣誉饰物或标志，通常是特定职务的

paideia：教化，希腊的教育，以及由此产生的文化成就

palatini：指晚期罗马帝国的皇帝宫廷官员

paludamentum：军用斗篷

parazonium：三角形的短剑，美德的标志

parma（单数），*parmae*（复数）：罗马骑兵使用的小圆盾，后来成为骑士等级的象征

pater patriae："祖国之父"，公元前 2 年授予奥古斯都的头衔

patria（单数），*patriae*（复数）："家乡"，罗马公民的祖籍地或出生地

patrimonium：皇帝财产，有公共行省的皇帝财产代理官和皇帝行省的财政代理官管理。所有的皇帝在继位时继承这一财产

phalerae：装饰骑士马匹的仪式性胸牌

plebiscitum：平民（非贵族的公民）决议，在平民大会（*concilium plebis*）上通过。公元 87 年的《霍滕西乌斯法》（*lex Hortensia*）通过后，所有此类决议都有法律效力

populus Romanus：罗马人民

portoria：罗马国家征收的关税

praefectus（单数），*praefecti*（复数）：长官，可以被用于行政官员和军官的通用头衔

praefectus Aegypti：埃及长官，骑士等级

praefectus alae：侧翼骑兵长官

praefectus annonae：供粮长官，骑士等级

praefectus castrorum：军营长官

praefectus civitatium：城市或城邦长官

praefectus cohortis：大队长官

praefectus equitum：骑兵长官

praefectus fabrum：工程兵长官，后来表示副官或参谋官

praefectus gentium：民族长官

praefectus legionis：军团长官，公元3世纪时取代军团长成为指挥官的骑士军官

praefectus praetorio：元首制时代的近卫军长官，骑士等级。公元4世纪，它逐渐拥有了司法权，变成一个行政职务

praefectus socium：同盟军长官

praefectus urbi：罗马城的城市长官，元老等级

praefectus vigilum：治安长官，骑士等级，巡夜和火警队（*vigiles*）的长官

praeses（单数），*praesides*（复数）：对总督的通称

praetorium：将领的司令部

prima classis：百人队大会上的步兵第一级别

primipilaris（单数），*primipilares*（复数）：曾经是首席百人队长，从公元3世纪中叶开始成为负责军需的职务

primus pilus（单数），*primi pili*（复数）：军团的首席百人队长

princeps iuventutis（单数），*principes iuventutis*（复数）："青年元首"，奥古斯都的养子盖乌斯和卢基乌斯·恺撒获得的头衔，后来被授予其他皇位继承人

pro legato：代理皇帝的代表

procurator（单数），*procuratores*（复数）：代理官。共和时代为负责财产和财政的官员。从奥古斯都的统治开始用来表示释奴和骑士等级的帝国官员

procurator Augusti（单数），*procuratores Augusti*（复数）：皇帝代理官，管理皇帝行省的所有财政事务，包括皇帝和国家的

procurator patrimonii（单数），*procuratores patrimonii*（复数）：皇帝财产代理官，管理皇帝在行省的个人财产和土地

provocatio：申诉权，罗马公民申诉官员行为的权利

publicanus（单数），*publicani*（复数）：包税人，提供与罗马国家的公共财产有关的服务的承包商

quaestio de ambitu：贿选案法庭

quaestio de maiestate：叛国案法庭

quaestio de repetundis：偿还财产案法庭，审理行省行政失当的刑事法庭

quaestio de sicariis：谋杀案法庭

quaestio perpetua（单数），*quaestiones perpetuae*（复数）：常设刑事法庭

quattuor militiae：四级军阶，骑士军阶中的四个级别，骑士军队生涯的代称。第四军阶是在公元 1 世纪末引入的

quinquennalis（单数），*quinquennales*（复数）：五年期监察官，每五年选举一次，负责人口调查的市镇长官

ratio private：私产部门，负责皇帝私人产业（与继承的皇帝财产不同）的帝国部门。在塞普提米乌斯·塞维鲁时期被改写为 *res privata*

recognitio equitum：骑士审核，对骑士的道德和身体健康的正式审核，评判他们是否有资格保有公共马。也称为 *probatio equitum*

repetundae："偿还财产"，指行政失当或勒索案指控

res privata：私产部，从塞普提米乌斯·塞维鲁的统治开始，表示负责皇帝私产的帝国部门

res publica："公共财产"或"共和国"，指罗马国家

rex（单数），*reges*（复数）：王；按照传统纪年，罗马在公元前 753 年到前 509 年被国王统治

rostra：罗马广场上的讲坛

sacerdotia publica：罗马国家的公共祭司

scriba（单数），*scribae*（复数）：文书，被称为"执行吏"的罗马国家官员中级别最高的职务

sella curulis：象牙椅，罗马城的贵族长官和罗马城外的市镇长官使用

senatus consultum（单数），*senatus consulta*（复数）：元老院决议

senatus consultum ultimum："元老院最终决议"，授权执政官确保国家不受到伤害

seniores："年长者"，35 岁及以上的骑士等级成员

sevir equitum Romanorum：罗马骑士六人阵官，骑士方阵的指挥官

sex suffragia：投票六队，在百人队大会的投票中扮演着特权角色的六个骑士百人队

sexagenarius：每年获得 6 万塞斯特斯薪俸的骑士官员

societas（单数），*societates*（复数）：包税人商团

summa res：最高财政，晚期罗马帝国的中央财政部门

tertium corpus："第三群体"，老普林尼用其描绘骑士等级在罗马国家中的位置。国家的第一和第二群体是元老院和人民

toga virilis：成人托袈，传统上在男孩 14 岁时授予他们

torques：项圈，为表彰勇气而授予的军人奖赏

trabea：特拉比亚袍，一种红色或紫色的短托袈，是骑士游行制服的一部分

transvectio equitum：骑士游行，每年 7 月 15 日在罗马举行的公共马骑士游行

trecenarius：年薪 30 万塞斯特斯的骑士官员

tres militiae：三级军阶，指骑士军队生涯

tribuni aerarii：发饷人，原为军团的军饷发放者。关于他们在共和晚期的身份，见第二章附录

tribunus angusticlavius（单数），*tribuni angusticlavii*（复数）：窄边袍军政官，骑士等级，帝国时代每个军团 5 名

tribunus laticlavius（单数），*tribuni laticlavii*（复数）：宽边袍军政官，元老等级，帝国时代每个军团 1 名

tribunus militum（单数），*tribuni militum*（复数）：军政官

tributum：部落税，罗马国家征收的直接税

turma（单数），*turmae*（复数）：骑士游行上的骑士方阵

vectigalia：租金和罗马国家征收的间接税

vexillum：军旗；每个骑士方阵都有自己的军旗

vice sacra：代表皇帝行事，通常是作为法官

vicomagistri：（罗马的）街区（*vicus*）主管

vigiles：奥古斯都设立的罗马的皇帝火警队

virtus：军事美德，阳刚、勇气、个人卓越，身为罗马男性（*vir*）所意味的一切

vis：共和晚期一种特定的政治暴力指控

参考文献

Abdy, R. (2012), 'Tetrarchy and the house of Constantine', in W. E. Metcalf (ed.), *The Oxford Handbook of Greek and Roman Coinage*, Oxford: 584–600.

Absil, M. (1997), *Les préfets du prétoire d'Auguste à Commode*, Paris.

Adams, J. N. (1999), 'The poets of Bu Njem: language, culture and the centurionate', JRS 89:109–34.

(2003), *Bilingualism and the Latin Language*, Cambridge.

Alföldi, A. (1929), 'The numbering of the victories of the emperor Gallienus and of the loyalty of his legions', NC 5th series 9:218–79.

(1939), 'The crisis of the empire (AD 249–270)', in CAH XII[1]: 165–231.

(1947), 'On the foundation of Constantinople: a few notes', JRS 37:10–16.

(1952), *Der frührömische Reiteradel und seine Ehrenabzeichen*, Baden-Baden.

(1968), '*(Centuria) procum patricium*', Historia 17:444–60.

(1976), *Oktavians Aufsteig zur Macht*, Bonn.

Alföldy, G. (1969a), 'Die Generalität des römischen Heeres', *Bonner Jahrbücher* 169:233–46.

(1969b), *Fasti Hispanienses: Senatorische Reichsbeamte und Offiziere in den spanischen Provinzen des römischen Reiches von Augustus bis Diokletian*, Wiesbaden.

(1977), *Konsulat und Senatorenstand unter den Antoninen: Prosopograp-*

hische Untersuchungen zur senatorischen Führungsschicht, Bonn.

(1981), 'Die Stellung der Ritter in der Führungsschicht des Imperium Romanum', Chiron 11:169-215.

(1982), 'Individualität und Kollektivnorm in der Epigraphik des römischen Senatorenstandes', in S. Panciera (ed.), Epigrafia e ordine senatorio I, Rome: 37-53.

(1984), The Social History of Rome, trans. D. Braund and F. Pollock, London.

(1995), 'Der Status der Provinz Baetica um die mitte des 3. Jahrhunderts', in R.

Frei-Stolba and M. A. Speidel (eds.), Römische Inschriften-Neufunde, Neulesungen und Neuinterpretationen: Festschrift für Hans Lieb, Basel: 29-42.

(2001), 'Pietas immobilis erga principem and ihr Lohn: Öfentliche Ehrenmonumente von Senatoren in Rom während der Frühen und Hohen Kaiserzeit', in G. Alföldy and S. Panciera (eds.), Inschriftliche Denkmäler als Medien der Selbstdarstellung in der römischen Welt, Stuttgart: 11-46.

(2007), 'Fasti und Verwaltung der hispanischen Provinzen: Zum heutigen Stand der Forschung', in R. Haensch and J. Heinrichs (eds.), Herrschen und Verwalten: Der Alltag der römischen Administration in der Hohen Kaiserzeit, Cologne: 325-56.

(2011), 'Eine umstrittene Altarinschrift aus Vindobona', Tyche 26: 1-22.

Alföldy, G. (ed.) (2000), Corpus Inscriptionum Latinarum: Volumen Sextum-Inscriptiones Urbis Romae Latinae, Pars Octava, Fasciculus Tertius, Berlin.

Alföldy, G. and Halfmann, H. (1973), 'M. Cornelius Nigrinus Curiatius Maternus, General Domitians und Rivale Trajans', Chiron 3:331-73.

Allen, W. et al. (1970), 'Martial: knight, publisher, and poet', CJ 65: 345-57.

Álvarez Melero, A. (2014), 'Du foyer au forum: la place des matrones équestres dans les activités économiques', in G. de Kleijn and S. Benoist (eds.), Integration in Rome and in the Roman World, Leiden: 161-86.

Anderson, R. D. , Parsons, P. J. and Nisbet, R. G. M. (1979), 'Elegiacs by Gallus from Qaṣr Ibrîm', *JRS* 69:125-55.

Ando, C. (2000), *Imperial Ideology and Provincial Loyalty in the Roman Empire*, Berkeley.

Andreau, J. (1999a), *Banking and Business in the Roman World*, trans. J. Lloyd, Cambridge.

(1999b), 'Intérêts non agricoles des chevaliers romains (IIe siècle av. J.-C.-IIIe siècle ap. J.-C.)', in S. Demougin, H. Devijver and M.-T. Raepsaet-Charlier(eds.), *L'ordre équestre: histoire d'une aristocratie (IIe siècle av. J.-C.-IIIe siècle ap. J.-C.)*, Rome: 271-90.

Arce, J. (2000), 'Imperial funerals in the later Roman empire: change and continuity', in F. Theuws and J. L. Nelson (eds.), *Rituals of Power from Late Antiquity to the Early Middle Ages*, Leiden: 115-29.

Armstrong, D. (1986), 'Horatius *eques et scriba: Satires* 1.6 and 2.7', *TAPA* 116:255-88.

(2012), '*Juvenalis eques*: a dissident voice from the lower tier of the Roman elite', in S. Braund and J. Osgood (eds.), *A Companion to Persius and Juvenal*, Oxford and Malden, MA: 59-78.

Armstrong, J. (2016), *War and Society in Early Rome: From Warlords to Generals*, Cambridge.

Arnason, J. P. and Raaflaub, K. A. (eds.) (2010), *The Roman Empire in Context: Historical and Comparative Perspectives*, Oxford and Malden, MA.

Arnheim, M. T. W. (1972), *The Senatorial Aristocracy in the Later Roman Empire*, Oxford.

Ash, R. (ed.) (2007), *Tacitus: Histories Book II*, Cambridge.

Asirvatham, S. R. (2010), 'His son's father? Philip II in the Second Sophistic', in E. Carney and D. Ogden (eds.), *Philip II and Alexander the Great: Father and Son, Lives and Afterlives*, Oxford: 193-204.

Astin, A. E. (1967), *Scipio Aemilianus*, Oxford.

(1978), *Cato the Censor*, Oxford.

(1988), 'Regimen Morum', *JRS* 78:14-34.

Atkinson, K. M. T. (1962), '*The constitutio of Vedius Pollio at Ephesus* and its analogies', *RIDA* 9:261-89.

参考文献

Austin, N. J. E. and Rankov, N. B. (1995), *Exploratio: Military and Political Intelligence in the Roman World from the Second Punic War to the Battle of Adrianople*, London.

Bablitz, L. (2007), *Actors and Audience in the Roman Courtroom*, London.

Bachrach, B. S. (1999), 'Early medieval Europe', in K. Raaflaub and N. Rosenstein (eds.), *War and Society in the Ancient and Medieval Worlds: Asia, the Mediterranean, Europe, and Mesoamerica*, Cambridge, MA: 271–307.

Badian, E. (1962), 'From the Gracchi to Sulla (1940–59)', *Historia* 11: 197–245.

(1972), *Publicans and Sinners: Private Enterprise in the Service of the Roman Republic*, Oxford.

(1989), 'The *scribae* of the Roman Republic', *Klio* 71: 582–603.

(2009), 'From the *Iulii* to Caesar', in M. Griffin (ed.), *A Companion to Julius Caesar*, Oxford and Malden, MA: 11–22.

Badian, E. and Birley, A. R. (eds.) (1979–91), *Ronald Syme: Roman Papers*, 7 vols, Oxford.

Bagnall, R. (1991), 'Notes on Roman and Byzantine documents', *CdÉ* 66: 282–96.

Bagnall, R. et al. (1987), *Consuls of the Later Roman Empire*, Atlanta, GA.

Balot, R. K. (2006), *Greek Political Thought*, Oxford and Malden, MA.

Balsdon, J. V. P. D. (1960), '*Auctoritas, dignitas, otium*', *CQ* 10: 43–50.

(1962), 'Roman history, 65–50 BC: five problems', *JRS* 52: 134–41.

Baltrusch, E. (1989), *Regimen Morum: Die Reglementierung des Privatlebens der Senatoren und Ritter in der römischen Republik und frühen Kaiserzeit*, Munich.

Balty, J. C. (1988), 'Apamea in Syria in the second and third centuries AD', *JRS* 78: 97–104.

Bang, P. F. (2011), 'Court and state in the Roman empire: domestication and tradition in comparative perspective', in J. Duindam, T. Artan and M. Kunt(eds.), *Royal Courts in Dynastic States and Empires*, Leiden: 103–28.

(2013), 'The Roman empire II: the monarchy', in P. F. Bang and W. Scheidel(eds.), *The Oxford Handbook of the State in the Ancient Near East and Mediterranean*, Oxford and New York: 412 – 72.

Bang, P. F. and Turner, K. (2015), 'Kingship and elite formation', in W. Scheidel (ed.), *State Power in Ancient China and Rome*, Oxford: 11 – 38.

Bang, P. F. and Scheidel, W. (eds.) (2013), *The Oxford Handbook of the State in the Ancient Near East and Mediterranean*, Oxford and New York.

Barber, R. (1995), *The Knight and Chivalry*, revised edition, Woodbridge.

Barker, G. and Rasmussen, T. (1998), *The Etruscans*, Oxford and Malden, MA.

Barnes, T. D. (1973), 'More missing names (AD 260 – 395)', *Phoenix* 27:135 – 55.

(1981), *Constantine and Eusebius*, Cambridge, MA.

(1982), *The New Empire of Diocletian and Constantine*, Cambridge, MA.

(1992), 'Praetorian prefects, 337 – 361', *ZPE* 94:249 – 60.

(1993), *Athanasius and Constantius*, Cambridge, MA.

(1996), 'Emperors, panegyrics, prefects, provinces and palaces (284 – 317)', *JRA* 9:532 – 52.

(2009), 'The Persian sack of Antioch in 253', *ZPE* 169:294 – 6.

(2010), *Early Christian Hagiography and Roman History*, Tübingen.

(2011), *Constantine: Dynasty, Religion and Power in the Later Roman Empire*, Oxford and Malden, MA.

Barnish, S. J. B. (1988), 'Transformation and survival in the western senatorial aristocracy, *c*. AD 400 – 700', *PBSR* 56:120 – 55.

Barrett, A. A. (1990), *Caligula: The Corruption of Power*, London.

(2009), 'Herod, Augustus, and the special relationship: the significance of the procuratorship', in D. M. Jacobson and N. Kokkinos (eds.), *Herod and Augustus: Papers held at the IJS Conference, 21st – 23rd June 2005*, Leiden: 281 – 302.

Bassignano, S. (1974), *Il flaminato nelle province romane dell'Africa*, Rome.

Bastianini, G. (1975), 'Lista dei Prefetti d'Egitto dal 30ª al 299ᵖ', *ZPE* 17:

263 - 328.

(1980), 'Lista dei Prefetti d'Egitto dal 30ª al 299ᴾ: aggiunte e correzioni', *ZPE* 38:75 - 89.

Bauman, R. A. (1968), 'Some remarks on the structure and survival of the *quaestio de adulteriis*', *Antichthon* 2:68 - 93.

(1996), *Crime and Punishment in Ancient Rome*, London.

Beard, M. (1987), 'A complex of times: no more sheep on Romulus' birthday', *PCPhS* 33:1 - 15.

Beard, M. and North, J. (eds.) (1990), *Pagan Priests: Religion and Power in the Ancient World*, Ithaca, NY.

Beard, M., North, J. and Price, S. (1998), *Religions of Rome*, 2 vols., Cambridge.

Beaujeu, J. (1955), *La religion romaine à l'apogée de l'empire*, vol. I: *La politique religieuse des Antonins* (96 - 192), Paris.

Bellandi, F. (2009), '*Naevolus cliens*', in M. Plaza (ed.), *Oxford Readings in Classical Studies: Persius and Juvenal*, Oxford: 469 - 505.

Benario, H. W. (1970), 'The family of Statilius Taurus', *Classical World* 64:74 - 6.

(1980), *A Commentary on the Vita Hadriani in the Historia Augusta*, Atlanta.

Bendix, R. (1978), *Kings or People: Power and the Mandate to Rule*, Berkeley.

Benelli, E. (2001), 'The Romanization of Italy through the epigraphic record', in S. Keay and N. Terrenato (eds.), *Italy and the West: Comparative Issues in Romanization*, Oxford: 7 - 16.

Beness, J. L. (2005), 'Scipio Aemilianus and the crisis of 129 BC', *Historia* 54:37 - 48.

Bengtson, H. (1988), 'Die Freunde des Augustus', in F. Seibert (ed.), *Gesellschaftsgeschichte: Festschrift für Karl Bosl zum* 80 *Geburtstag*, Munich: 9 - 21.

Bennett, J. (2001), *Trajan: Optimus Princeps*, 2nd edition, London.

Benoist, S. (2006), 'Le marbre de Thorigny, une oeuvre au clair', in S. Demougin, X.

Loriot, P. Cosme and S. Lefebvre (eds.), *H.-G. Pflaum, un historien du*

XXe siècle, Geneva: 285 – 303.

Benoît, P. and Schwartz, J. (1948), 'Caracalla et les troubles d'Alexandrie en 215 apres J. -C. ', *Études de Papyrologie* 7:17 – 33.

Beringer, W. (1954), 'Princeps iuventutis', RE 22,2:2296 – 2311.

Bernard, S. G. , Damon, C. and Grey, C. (2014), 'Rhetorics of land and power in the Polla inscription (CIL I2 638)', *Mnemosyne* 67:953 – 85.

Bernstein, N. W. (2008), ' Each man's father served as his teacher: constructing relatedness in Pliny's *Letters*', *Classical Antiquity* 27:203 – 30.

Berry, D. H. (1996), *Cicero: Pro P. Sulla Oratio*, Cambridge.

(2003), '*Equester* ordo tuus est: did Cicero win his cases because of his support for the *equites*?', *CQ* 53:222 – 34.

Bianchi, L. (1987), 'Il sarcofago dei Vareni', in *Studi per Laura Breglia, Parte III: Archeologia e Storia*, Rome: 159 – 63.

Bingham, S. (2013), *The Praetorian Guard: A History of Rome's Elite Special Forces*, Waco.

Bird, H. W. (1984), *Sextus Aurelius Victor: A Historiographical Study*, Liverpool.

Birley, A. R. (1981), *The Fasti of Roman Britain*, Oxford.

(1991), 'A persecuting *praeses* of Numidia under Valerian', *JThS* 42: 598 – 610.

(1992), *Locus virtutibus patefactus? Zum Beförderungssystem in der Hohen Kaiserzeit*, Opladen.

(1993), *Marcus Aurelius: A Biography*, London.

(1997), *Hadrian: The Restless Emperor*, London.

(1999), *Septimius Severus: The African Emperor*, London.

(2000a), 'Q. Lucretius Vespillo (*cos. ord.* 19)', *Chiron* 30:711 – 48.

(2000b), 'Senators as generals', in G. Alföldy, B. Dobson and W. Eck (eds.), *Kaiser, Heer, und Gesellschaft in der römischen Kaiserzeit: Gedenkschrift für Eric Birley*, Stuttgart: 97 – 120.

(2003), 'The commissioning of equestrian officers', in J. J. Wilkes (ed.), *Documenting the Roman Army: Essays in Honour of Margaret Roxan*, London: 1 – 18.

(2005), *The Roman Government of Britain*, Oxford.

(2007), 'The frontier zone in Britain: Hadrian to Caracalla', in L. de Blois and E. Lo Cascio (eds.), *The Impact of the Roman Army (200 BC-AD 476)*, Leiden and New York: 355 - 70.

Birley, E. (1949), 'The equestrian officers of the Roman army', *Durham University Journal* 41:8 - 19.

(1953), *Roman Britain and the Roman Army*, Kendal.

(1969), 'Septimius Severus and the Roman army', *Epigraphische Studien* 8:63 - 82.

(1983), 'A Roman altar from Old Kilpatrick and interim commanders of auxiliary units', *Latomus* 42:73 - 83.

(1986), 'Some military inscriptions from Chester (Deva)', *ZPE* 64: 201 - 8.

(1988), 'Alae and cohortes milliariae', in The *Roman Army: Papers 1929 - 1986*, Amsterdam: 349 - 64. (Originally published in *Corolla Memoriae Erich Swoboda Dedicata*, 1966:54 - 67.)

Bispham, E. (2007), *From Asculum to Actium: The Municipalization of Italy from the Social War to Augustus*, Oxford.

Blanco-Pérez, A. (2016), 'Nomenclature and dating in Roman Asia Minor: (M.) *Aurelius/a* and the 3rd century AD', *ZPE* 199:271 - 93.

Blanshard, A. J. L. (2010), 'War in the law-court: some Athenian discussions', in D. Pritchard (ed.), *War, Democracy and Culture in Classical Athens*, Cambridge: 203 - 24.

Bleicken, J. (1957), 'Oberpontifex und Pontifikalkollegium: eine Studie zur römischen Sakralverfassung', *Hermes* 85:346 - 66.

(1995), *Cicero und die Ritter*, Göttingen.

Bodel, J. (1999), 'The *Cena Trimalchionis*', in H. Hofmann (ed.), *Latin Fiction: The Novel in Context*, London, 38 - 51.

(2015), 'Status dissonance and status dissidents in the equestrian order', in A. B. Kuhn (ed.), *Social Status and Prestige in the Graeco-Roman World*, Munich: 29 - 44.

Bodnaruk, M. (2016), 'Administering the empire: the unmaking of an equestrian elite in the 4th century AD', in R. Varga and V. Rusu-Bolindet (eds.), *Official Power and Local Elites in the Roman Provinces*, London: 145 - 67.

Bollinger, T. (1969), *Theatralis Licentia: Die Publikumsdemonstrationen an den öffentlichen Spielen im Rom der früheren Kaiserzeit und ihre Bedeutung im politischen Leben*, Winterthur.

Bond, S. (2016), 'Currency and control: mint workers in the later Roman empire', in K. Verboven and C. Laes (eds.), *Work, Labour, and Professions in the Roman World*, Leiden: 227 – 45.

Borg, B. E. (2012), 'The face of the social climber: Roman freedmen and elite ideology', in S. Bell and T. Ramsby (eds.), *Free at Last! The Impact of Freed Slaves on the Roman Empire*, London: 25 – 49.

(2013), *Crisis and Ambition: Tombs and Burial Customs in Third-Century CE Rome*, Oxford.

Borg, B. E. and Witschel, C. (2001), 'Veränderungen im Repräsentationsverhalten der römischen Eliten während des 3. Jhs. n. Chr. ', in G. Alföldy and S. Panciera (eds.), *Inschriftliche Denkmäler als Medien der Selbstdarstellung in der römischen Welt*, Stuttgart: 47 – 120.

Bottomore, T. (1993), *Élites and Society*, 2nd edition, London.

Bowersock, G. W. (1969), *Greek Sophists in the Roman Empire*, Oxford.

Bowie, E. (1970), 'Greeks and their past in the Second Sophistic', *P&P* 46:3 – 41.

(1982), 'The importance of sophists', *YCS* 27:29 – 59.

(2013), 'Libraries for the Caesars', in J. König, K. Oikonomopoulou and G. Woolf (eds.), *Ancient Libraries*, Cambridge: 237 – 60.

(2014), 'Becoming wolf, staying sheep', in J. M. Madsen and R. Rees (eds.), *Roman Rule in Greek and Latin Writing: Double Vision*, Leiden: 39 – 78.

Bowman, A. K. (1978), 'The military occupation of Upper Egypt in the reign of Diocletian', *BASP* 15:25 – 38.

(1996a), 'Egypt', in *CAH* X^2:676 – 702.

(1996b), 'Provincial administration and taxation', in *CAH* X^2:344 – 70.

(2005), 'Diocletian and the first Tetrarchy, AD 284 – 305 ', in *CAH* XII^2:67 – 89.

(2006), 'Outposts of empire: Vindolanda, Egypt, and the empire of Rome', *JRA* 19:75 – 93.

Bowman, A. K. and Thomas, J. D. (eds.) (2003), *The Vindolanda*

Writing Tablets, Tabulae Vindolandenses 3, London.

Braund, D. (2000), 'Learning, luxury and empire: Athenaeus' Roman patron', inD. Braund and J. Wilkins (eds.), *Athenaeus and His World: Reading Greek Culture in the Roman Empire*, Exeter: 3-22.

Braund, S. M. (1996), *Juvenal Satires Book 1*, Cambridge.

(2009), *Seneca: De Clementia*, Oxford.

Breeze, D. J. (1974), 'The organisation of the career structure of the *immunes* and *principales* of the Roman army', *Bonner Jahrbücher* 174: 245-92.

Bremmer, J. N. (1995), 'The family and other centres of religious learning in antiquity', in J. W. Drijvers and A. A. MacDonald (eds.), *Centres of Learning: Learning and Location in Pre-Modern Europe and the Near East*, Leiden: 29-38.

Briant, P. (1999), 'The Achaemenid empire', in K. Raaflaub and N. Rosenstein (eds.), *War and Society in the Ancient and Medieval Worlds: Asia, the Mediterranean, Europe, and Mesoamerica*, Cambridge, MA: 105-28.

Bringmann, K. (1973), 'Zur Gerichtsreform des Kaisers Augustus', *Chiron* 3:235-44.

Briscoe, J. (2008), *A Commentary on Livy Books 38-40*, Oxford.

(2012), *A Commentary on Livy Books 41-45*, Oxford.

Brock, R. and Hodkinson, S. (2001), 'Introduction: alternatives to the democratic polis', in R. Brock and S. Hodkinson (eds.), *Alternatives to Athens: Varieties of Political Organization and Community in Ancient Greece*, Oxford: 1-32.

Brown, P. (1992), *Power and Persuasion in Late Antiquity*, Madison.

(2000), 'The study of elites in late antiquity', *Arethusa* 33:321-46.

Brown, T. S. (1984), *Gentlemen and Officers: Imperial Administration and Aristocratic Power in Byzantine Italy, AD 554-800*, London.

Brunt, P. A. (1961), 'The *lex Valeria Cornelia*', *JRS* 51:71-83.

(1971), *Italian Manpower, 225 BC-AD 14*, Oxford.

(1975), 'The administrators of Roman Egypt', *JRS* 65:124-47.

(1983), '*Princeps* and *equites*', *JRS* 73:42-75.

(1988), *The Fall of the Roman Republic and Related Essays*, Oxford.

(1990a), 'Charges of provincial maladministration under the early principate', in P. A. Brunt, *Roman Imperial Themes*, Oxford: 53-95, 487-506. (Revised version with *addenda* of the original in *Historia* 10 (1961), 189-227.)

(1990b), 'Procuratorial jurisdiction', in P. A. Brunt, *Roman Imperial Themes*, Oxford: 163-87. (Revised version of the original in *Latomus* 25(1966):461-87.)

(1990c), 'Publicans in the principate', in P. A. Brunt, *Roman Imperial Themes*, Oxford: 354-432.

(1994), 'The bubble of the Second Sophistic', *BICS* 39:25-52.

(2013), *Studies in Stoicism*, ed. M. Griffin and A. Samuels with M. Crawford, Oxford.

Bruun, C. (1991), *The Water Supply of Ancient Rome: A Study of Roman Imperial Administration*, Helsinki.

(1999), 'Imperial *procuratores* and *dispensatores*: new discoveries', *Chiron* 29:29-42.

(2005), 'Puzzles about procurators in Rome', *Arctos* 39:9-24.

(2006), 'Der Kaiser und die stadtrömischen *curae*: Geschichte und Bedeutung', in A. Kolb (ed.), *Herrschaftsstrukturen und Herrschaftspraxis: Konzepte, Prinzipien und Strategien der Administration im römischen Kaiserreich*, Berlin: 89-114.

(2015), 'Roman government and administration', in C. Bruun and J. Edmondson (eds.), *The Oxford Handbook of Roman Epigraphy*, Oxford: 274-98.

Bumke, J. (1977), *The Concept of Knighthood in the Middle Ages*, trans. W. T. H. Jackson and E. Jackson, New York.

Buonocore, M. (1982), 'Monumenti funerari romani con decorazione ad Alba Fucens', *MEFRA* 94:715-41.

Buonopane, A. (2008), 'Un dux ducum e un *vir egregius* nell'iscrizione di porta Borsari a Verona (CIL, V, 3329)', in P. Basso et al. (eds.), *Est enim ille flos Italiae: Vita economica e soiale nella Cisalpina Romana*, Rome: 125-36.

Burnand, C. (2004), 'The advocate as a professional: the role of the *patronus* in Cicero's *Pro Cluentio*', in J. Powell and J. Paterson (eds.),

Cicero the Advocate, Oxford: 277 – 90.

Burnett, A. (2012), 'Early Roman coinage and its Italian context', in W. E. Metcalf (ed.), *The Oxford Handbook of Greek and Roman Coinage*, Oxford: 297 – 314.

Burton, G. P. (1979), 'The *curator rei publicae*: towards a reappraisal', *Chiron* 9:465 – 87.

——(1993), 'Provincial procurators and the public provinces', *Chiron* 23:13 – 28.

Byrne, S. (1999), 'Pointed allusions: Maecenas and Sallustius in the *Annals* of Tacitus', *RhM* 142:339 – 45.

Caballos Rufino, A. (1988), 'Cities as the basis for supraprovincial promotion: the *equites* of Baetica', in S. J. Keay (ed.), *The Archaeology of Early Roman Baetica*, *Journal of Roman Archaeology* Supplementary Series 29, Portsmouth, RI: 123 – 46.

Cairns, F. (2006), *Sextus Propertius: The Augustan Elegist*, Cambridge.

Cameron, A. (2010), 'The date of the Scholia vetustiora on Juvenal', *CQ* 60:569 – 76.

——(2011), *The Last Pagans of Rome*, Oxford.

Cameron, A. M. and Hall, S. G. (eds.) (1999), *Eusebius: Life of Constantine*, Oxford.

Camodeca, G. (1980 – 1), 'Ricerche su Puteoli tardoromana (fine III-IV secolo)', *Puteoli* 4 – 5:59 – 128.

——(1981), 'La carriera del prefetto del pretorio Sex. Cornelius Repentinus in una nuova iscrizione puteolana', *ZPE* 43:43 – 56.

Campbell, B. (1984), *The Emperor and the Roman Army*, Oxford.

——(2005a), 'The Army', in *CAH* XII^2:110 – 30.

——(2005b), 'The Severan Dynasty', in *CAH* XII^2:1 – 27.

——(2007), 'Anthony Birley', *CR* 57:184 – 6.

Campbell, V. L. (2015), *The Tombs of Pompeii: Organization, Space, and Society*, London.

Capponi, L. (2002), 'Maecenas and Pollio', *ZPE* 140:181 – 4.

Carrié, J. -M. (1979), 'Bryonianus Lollianus de Sidé ou les avatars de l'ordre équestre', *ZPE* 35:213 – 24.

Carter, J. M. (1982), *Suetonius: Divus Augustus*, Bristol.

Carter, M. J. (2003), 'Gladiatorial ranking and the *SC de Pretiis Gladiatorum Minuendis* (*CIL* II 6278 = *ILS* 5163)', *Phoenix* 57: 83-114.
 (2009), 'Gladiators and *monomachoi*: Greek attitudes to a Roman cultural performance', *International Journal of the History of Sport* 26: 298-322.
Casanova, G. (2008), '" A caval donato .... ": *P. Hib.* II 274 riesaminato', *Aegyptus* 88:127-36.
Castagnoli, F. (1949/50), 'Sul limite di età degli *equites*', *Bullettino della Comissione Archeologica Comunale di Roma* 73:89-90.
 (1972), *Lavinium I: Topograpfia generale, fonti e storia delle ricerche*, Rome.
Cenerini, F. (1989), 'Notabili e famiglie curiali sestinati', in *Sestinum: Comunità antiche dell'Appennino tra Etruria e Adriatico*, Rimini: 189-98.
Champlin, E. (2003), *Nero*, Cambridge, MA.
 (2011), 'Tiberius and the heavenly twins', *JRS* 101:73-99.
Chaniotis, A. and Fujii, T. (2015), 'A new fragment of Diocletian's currency regulation from Aphrodisias', *JRS* 105:227-33.
Chastagnol, A. (1966), 'Un gouverneur constantinien de Tripolitaine: Laenatius Romulus, *praeses* en 324-326', *Latomus* 25:539-52.
 (1970), 'L'évolution de l'ordre sénatorial aux IIIe et IVe siècles de notre ère', *RH* 244:305-14.
 (1975), '*Latus clavus et adlectio*: l'accès des hommes nouveaux au sénat romain sous le Haut-Empire', *RHD* 53:375-94.
 (1988), 'La fin de l'ordre équestre: reflexions sur la prosopographie des derniers chevaliers romains', *MEFRM* 100:199-206.
 (1992), *Le sénat romain à l'époque imperial*, Paris.
Chenault, R. (2012), 'Statues of senators in the Forum of Trajan and the Roman Forum in Late Antiquity', *JRS* 102:103-32.
Chenu, M. -D. (1968), *Nature, Man, and Society in the Twelfth Century: Essays on New Theological Perspectives in the Latin West*, ed. and trans. J. Taylor and L. K. Little, Chicago.
Cheynet, J. -C. (2006), 'The Byzantine aristocracy (8th-13th centuries)',

in J. -C.

Cheynet, *The Byzantine Aristocracy and its Military Function*, Aldershot: 1 – 43.

Christol, M. (1976), 'Une carrière équestre sous le règne de l'empereur Gallien', *Latomus* 35:866 – 74.

——(1977), 'La carrière de Traianus Mucianus et l'origine *des protectores*', *Chiron* 7:393 – 408.

——(1978), 'A propos des Aradii: le stemma d'une famille sénatoriale au IIIe siècle ap. J-C. ', *ZPE* 28:145 – 50.

——(1982), 'Les réformes de Gallien et la carrière sénatoriale', in S. Panciera (ed.), *Epigrafia e ordine senatorio* I, Rome: 143 – 66.

——(1986), *Essai sur l'évolution des carrières sénatoriales dans la seconde moitié du IIIe siècle ap. J. C.*, Paris.

——(1997), 'M. Simplicinius Genialis: ses fonctions (*vir perfectissimus, agens vice praesidis*)', *CCG* 8:231 – 41.

——(1999), 'L'ascension de l'ordre équestre: un thème historiographique et sa réalité', in S. Demougin, H. Devijver and M. T. Raepsaet-Charlier (eds.), *L'ordre équestre: histoire d'une aristocratie (IIe siècle av. J. - C. -IIIe siècle ap. J. -C.)*, Rome: 613 – 28.

——(2003), 'Les gouverneurs de Numidie sous Valérien et Gallien et l'histoire militaire de la province entre 253 et 260', *L'Antiquité classique* 72:141 – 59.

——(2006a), 'L'administration et la gestion des ressources de la province d'Afrique à la transition du Haut-Empire et du Bas-Empire', *CCG* 17: 219 – 46.

——(2006b), '*Vir centenarius*', *ZPE* 158:243 – 50.

Christol, M. and Demougin, S. (1984), 'Notes de prosopographie équestre II: Gens Ostoria', *ZPE* 57:171 – 8.

Christol, M. and Drew-Bear, T. (2004), 'Caracalla et son médecin L. Gellius Maximus à Antioche de Piside', in S. Colvin (ed.), *The Greco-Roman East: Politics, Culture, Society*, Yale Classical Studies 31, Cambridge: 85 – 118.

Clarke, G. W. (1964), 'The *destinatio* centuries in AD 14', *Historia* 13: 383 – 4.

Clarke, G. W. (ed.) (1989), *The Letters of St. Cyprian of Carthage*, IV, New York.
Classen, C. J. (1978), 'Cicero, the laws, and the law-courts', *Latomus* 37: 597–619.
Clinton, K. (2001), 'Initiates in the Samothracian Mysteries, September 4, 100 BC', *Chiron* 31:27–35.
Cloud, D. (1992), 'The constitution and public criminal law', in *CAH* IX^2: 491–530.
Coarelli, F. (1984), 'Iside Capitolina, Clodio e i mercanti di schiavi', in N. Bonoacasa and A. di Vita (eds.), *Alessandria e il Mondo ellenistico-romano: Studi in onore di Achille Adriani*, Rome: 461–75.
Cohen, B. (1975), 'La notion d'ordo dans la Rome antique', *Bulletin de l'Association Guillaume Budé*, 259–82.
Coleman, K. M. (1988), *Statius: Silvae IV*, Oxford.
(2006), *Martial: Liber Spectaculorum*, Oxford.
Coles, R. (1985), 'Caecilius [Cons]ultius, *Praefectus Aegypti*', *BASP* 22:25–7.
Colton, R. E. (1966), 'Juvenal and Martial on the Equestrian Order', *CJ* 61:157–9.
Cooley, A. E. (2000), 'Politics and religion in the *ager Laurens*', in A. E. Cooley (ed.), *The Epigraphic Landscape of Roman Italy*, London: 173–91.
(2012), *The Cambridge Manual of Latin Epigraphy*, Cambridge.
Cooley, A. E. (ed. and trans.) (2009), *Res Gestae Divi Augusti: Text, Translation, and Commentary*, Cambridge.
Cooley, A. E. and Cooley, M. G. L. (2014), *Pompeii and Herculaneum: A Sourcebook*, 2nd edition, London.
Corbier, M. (1982), 'Les familles clarissimes d'Afrique proconsulaire (Ier-IIIe siècle)', in S. Panciera (ed.), *Epigrafia e ordine senatorio* II, Rome: 685–754.
(2005), 'Coinage and taxation: the state's point of view', in *CAH* XII^2: 327–92.
Corcoran, S. (2000), *The Empire of the Tetrarchs: Imperial Pronouncements and Government, AD 284–324*, revised edition, Oxford.

(2006), 'Before Constantine', in N. Lenski (ed.), *The Cambridge Companion to the Age of Constantine*, Cambridge: 35 – 58.

(2007) 'Galerius's jigsaw puzzle: the *Caesariani* dossier', *AntTard* 15: 221 – 50.

(2012) 'Emperors and *Caesariani* inside and outside the *Code*', in S. Crogiez-Pétrequin and P. Jaillette (eds.), *Société, économie, administration dans le Code Théodosien*, Villeneuve d'Ascq: 265 – 84.

(2016), 'The Codex of Justinian: the life of a text through 1,500 years', in B. W. Frier (ed.), *The Codex of Justinian: A New Annonated Translation, with Parallel Latin and Greek Text*, Cambridge: xcvii – clxiv.

Cormack, S. (2007), 'The tombs of Pompeii', in J. J. Dobbins and P. W. Foss (eds.), *The World of Pompeii*, London: 585 – 606.

Cornell, T. J. (1995), *The Beginnings of Rome: Italy and Rome from the Bronze Age to the Punic Wars (c. 1000 – 264 BC)*, London.

Cornwell, H. (2015), 'The king who would be prefect: authority and identity in the Cottian Alps', *JRS* 105:41 – 72.

Cosme, P. (2007), 'à propos de l'édit de Gallien', in O. Hekster, G. de Kleijn and D. Slootjes (eds.), *Crises and the Roman Empire: Proceedings of the Seventh Workshop of the International Network Impact of Empire, Nijmegen, June 20 – 24, 2006*, Leiden and Boston: 97 – 110.

Cottier, M. et al. (eds.) (2008), *The Customs of Law of Asia*, Oxford.

Cotton, H. M. (1981), 'Military tribunates and the exercise of patronage', *Chiron* 11:229 – 38.

(1985), '*Mirificum genus commendationis*: Cicero and the Latin letter of recommendation', *AJPh* 106:328 – 34.

(2000), 'Cassius Dio, Mommsen, and the *quinquefascales*', *Chiron* 30: 217 – 34.

Coulston, J. (2007), 'Art, culture and service: the depiction of soldiers on funerary monuments of the 3rd century AD', in L. de Blois and E. Lo Cascio (eds.), *The Impact of the Roman Army (200 BC – AD 476): Economic, Social, Political, Religious and Cultural Aspects*, Leiden: 529 – 65.

Cowan, R. H. (2002), 'Aspects of the Severan Field Army: The Praetorian

Guard, Legio II Parthica, and Legionary Vexillations, AD 193 – 238', Ph. D. thesis, University of Glasgow.

Crawford, M. (1985), *Coinage and Money under the Roman Republic: Italy and the Mediterranean Economy*, London.

(1992), The Roman Republic, 2nd edition, London.

(2000), 'Italy and Rome from Sulla to Augustus', in *CAH* X^2:414 – 33.

(2001), 'Review of J. Bleicken, *Cicero und die Ritter*', *CR* 51:431 – 3.

Crawford, M. (ed.) (1996), *Roman Statutes*, London.

Cresci, G. (1995), 'Maecenas, *equitum decus*', *RSA* 25:169 – 76.

Criniti, N. (1970), *L'epigrafe di Asculum di Gn. Pompeo Strabone*, Milan.

Crone, P. (1980), *Slaves on Horses: The Evolution of the Islamic Polity*, Cambridge.

(2003), *Pre-Industrial Societies: Anatomy of the Pre-Modern World*, 2nd edition, Oxford.

Crook, J. (1955), *Consilium Principis*, Cambridge.

Crowther, N. B. (2009), 'Observations on boys, girls, youths and age categories in Roman sports and spectacles', *International Journal of the History of Sport* 26:343 – 64.

Cugusi, P. (2001), 'Note esegetiche, linguistiche e testuali su papiri latini', *Aegyptus* 81:307 – 21.

D'Agostino, B. (1990), 'Military organization and social structure in archaic Etruria', in O. Murray and S. Price (eds.), *The Greek City from Homer to Alexander*, Oxford: 59 – 82.

D'Ambrosio, E. and De Caro, S. (1983), *Un impegno per Pompei: fotopiano e documentazione della necropoli di Porta Nocera*, Milan.

D'Arms, J. (1972), 'A new inscribed base from fourth-century Puteoli', *PP* 27:255 – 70.

(1981), *Commerce and Social Standing in Ancient Rome*, Cambridge, MA.

(1988), 'Pompeii and Rome in the Augustan age and beyond: the eminence of the *gens Holconia*', in R. I. Curtis (ed.), *Studia Pompeiana et Classica in Honour of Wilhelmina F. Jashemski*, New Rochelle: 51 – 74.

Daguet-Gagey, A. (2011), 'Auguste et la naissance des services publics à Rome', in S. Benoist et al. (eds.), *Figures d'empire, fragments de mémoire: pouvoirs et identités dans le monde romain impérial IIe s. av. n. è-VI s. de n. è.*, Lille: 341–60.

Dakouras, P. (2006), 'Maecenas Eques: A Study in the Creation and Development of an Image', Ph. D. thesis, New York University.

Davenport, C. (2009), 'The Senatorial and Equestrian Orders in the Roman Army and Administration, AD 235 – 337', D. Phil. thesis, Oxford University.

    (2010), 'The building inscription from the fort at Udruh and Aelius Flavianus, Tetrarchic *praeses* of Palaestina', *JRA* 23:349–57.

    (2012a), 'Cassius Dio and Caracalla', *CQ* 62:796–815.

    (2012b), 'Soldiers and equestrian rank in the third century AD', *PBSR* 80:89–123.

    (2012c), 'The provincial appointments of the emperor Macrinus', *Antichthon* 46:184–203.

    (2013), 'The governors of Achaia under Diocletian and Constantine', *ZPE* 184:225–34.

    (2014a), 'M. Claudius Tacitus: senator or soldier?', *Latomus* 73:174–87.

    (2014b), 'The conduct of Vitellius in Cassius Dio's *Roman History*', *Historia* 63:96–116.

    (2015a), 'Inscribing senatorial status and identity, AD 200 – 350', in A. B. Kuhn (ed.), *Social Status and Prestige in the Graeco-Roman World*, Stuttgart: 269–89.

    (2015b), 'The prefecture of Caecilius [Cons]ultius', *BASP* 52:275–81.

    (2016), 'Fashioning a soldier emperor: Maximian, Pannonia, and the panegyrics of 289 and 291', *Phoenix* 70:381–400.

    (forthcoming), 'The end of the *militiae equestres*', in D. Rathbone and A. Wilson (eds.), *Documents and the Mechanics of Roman Rule*, Cambridge.

Davenport, C. and Manley, J. (eds.) (2014), *Fronto: Selected Letters*, London.

Davies, P. J. E. (2000), *Death and the Emperor: Roman Imperial*

Funerary Monuments from Augustus to Marcus Aurelius, Austin.

Davies, R. W. (1989), *Service in the Roman Army*, Edinburgh.

de Angelis, F. (2010), 'The emperor's justice and its spaces in Rome and Italy', in F.

de Angelis (ed.), *Spaces of Justice in the Roman World*, Leiden: 127-59.

de Blois, L. (1976), *The Policy of the Emperor Gallienus*, Leiden.

—— (1994), 'Sueton, *Aug.* 46 und die Manipulation des mittleren Militärkaders als politisches Instrument', *Historia* 43:324-45.

—— (2001), 'Roman jurists and the crisis of the third century AD in the Roman empire', in L. de Blois (ed.), *Administration, Prosopography and Appointment Policies in the Roman Empire*, Amsterdam: 136-53.

De Ste. Croix, G. E. M. (1981), *The Class Struggle in the Archaic Age to the Arab Conquests*, London.

Delmaire, R. (1989), *Largesses sacrées et res privata: l'aerarium impérial et son administration du IVe au VIe siècle*, Rome.

Demandt, A. (1980), 'Der spätrömische Militäradel', *Chiron* 10:609-36.

Demougin, S. (1980), 'Eques: un surnom bien romain', *Annali del Seminario di Studi del Mondo Classico, Archeologia e Storia Antica* 2: 158-69.

—— (1983), 'Notables municipaux et ordre équestre à l'époque des dernières guerres civiles', in *Les 'bourgeoisies' municipales italiennes aux IIe et Ier siècles av. J. C.*, Paris: 279-98.

—— (1988), *L'ordre équestre sous les Julio-Claudiens*, Rome.

—— (1992a), *Prosopographie des chevaliers romains julio-claudiens (43 av. J. -C. -70 ap. J. -C.)*, Rome.

—— (1992b), 'Un proposition de restitution des lignes 54 à 57 de la *Tabula Hebana*', *Athenaeum* 80:65-77.

—— (1993), 'Appartenir à l'ordre équestre au IIème siècle', in W. Eck (ed.), *Prosopographie und Sozialgeschichte: Studien zur Methodik und Erkenntnismoglichkeit der kaiserzeitlichen Prosopographie*, Cologne: 233-50.

—— (1994), 'L'ordre équestre sous Domitien', *Pallas* 40:289-99.

—— (1999), 'L'ordre équestre en Asie mineure: histoire d'une romanisation', in S. Demougin, H. Devijver and M.-T. Raepsaet-Charlier (eds.), *L'ordre équestre: histoire d'une aristocratie (IIe siècle av. J.-C.-IIIe siècle ap. J.-C.*, Rome: 579-612.

——(2001), 'Considérations sur l'avancement dans les carriéres procuratoriennes équestres', in L. de Blois (ed.), *Administration, Prosopography and Appointment Policies in the Roman Empire*, Amsterdam: 24-34.

——(2007), 'L'administration procuratorienne au quotidien: affaires de chancellerie', in R. Haensch and J. Heinrichs (eds.), *Herrschen und Verwalten: Der Alltag der römischen Administration in der Hohen Kaiserzeit*, Cologne: 271-88.

——(2015), 'Titres officiels, titres officieux', in A. B. Kuhn (ed.), *Social Status and Prestige in the Graeco-Roman World*, Munich: 63-85.

Dench, E. (2005), *Romulus' Asylum: Roman Identities from the Age of Alexander to the Age of Hadrian*, Oxford.

——(2013), 'Cicero and Roman Identity', in C. Steel (ed.), *The Cambridge Companion to Cicero*, Cambridge: 122-38.

Develin, R. (1987), 'Sulla and the senate', *AHB* 1:130-4.

Devijver, H. (1968), 'Die Aufgabe eines Offiziers im römischen Heer: Kommentar zu Aemilius Macer, Dig. XLIX, xvi, 12, 2', in J. Cerfaux (ed.), *Antidorum W. Peremans sexagenario ab alumnis oblatum*, Studia Hellenistica 16, Leuven: 23-37.

——(1970), 'Suétone, Claude, 25, et les milices équestres', *Ancient Society* 1:69-81.

——(1972), 'The career of M. Porcius Narbonensis (CIL II 4239): new evidence for the reorganization of the *militiae equestres* by the emperor Claudius?', *Ancient Society* 3:165-91.

——(1976-2001), *Prosopographia militiarum equestrium quae fuerunt ab Augusto ad Gallienum*, 6 vols., Leuven.

——(1986a), 'Equestrian officers from the East', in P. Freeman and D. Kennedy (eds.), *The Defence of the Roman and Byzantine East*, Oxford: 109-225.

——(1986b), 'T. Flavius Mikkalus, Ritteroffizier aus Perinthos', *ZPE* 64:

253 – 6.

(1988), 'Les *militiae equestres* de P. Helvius Pertinax', *ZPE* 75: 207 – 14.

(1989a), 'Equestrian officers and their monuments', in H. Devijver, *The Equestrian Officers of the Roman Imperial Army*, Amsterdam: 416 – 49.

(1989b), 'Equestrian officers in the East', in D. H. French and C. S. Lightfoot (eds.), *The Eastern Frontier of the Roman Empire*, Oxford: 77 – 111.

(1989c), 'Some observations on Greek terminology for the *militiae equestres* in the literary, epigraphical and papyrological sources', in H. Devijver, *The Equestrian Officers of the Roman Imperial Army*, Amsterdam: 56 – 72. (Originally published in *Zetesis. Album amicorum E. de Strycker*, Antwerp-Utrecht (1973):549 – 65.)

(1989d), 'The geographical origins of equestrian officers', *Bulletin of the Institute of Archaeology* 26:107 – 26.

(1991a), 'Equestrian officers from North Africa', *L'Africa Romana* 8: 127 – 201.

(1991b), 'The monument of the equestrian officer Cn. Petronius Asellio (CIL XIII 6816-Mogontiacum)', *Ancient Society* 22:245 – 54.

(1992), '*Successoribus acceptis militare desinunt* (*Digesta*, XXVIIII, 1, 21)', in H. Devijver, *The Equestrian Officers of the Roman Imperial Army: Volume II*, Stuttgart: 212 – 21.

(1993), 'Veränderungen in der Zusammensetzung der ritterlichen Offiziere von Septimius Severus bis Gallienus', in W. Eck (ed.), *Prosopographie und Sozialgeschichte*, Cologne: 205 – 31.

(1995), 'Les milices équestres et la hiérarchie militaire', in Y. Le Bohec (ed.), *La hiérarchie (Rangordnung) de l'armée romaine sous le haut-empire*, Paris: 175 – 91.

(1999), 'Les relations sociales des chevaliers romains', in S. Demougin, H. Devijver and M.-T. Raepsaet-Charlier (eds.), *L'ordre équestre: histoire d'une aristocratie (IIe siècle av. J.-C.-IIIe siècle ap. J.-C.)*, Rome: 237 – 69.

Devijver, H. and van Wonterghem, F. (1990), 'The funerary monuments of equestrian officers of the late Republic and early empire in Italy (50 BC – 100 AD)', *Ancient Society* 21:59 – 98.

Dietz, K. (1980), *Senatus contra principem*, Munich.

Dillon, J. N. (2012), *The Justice of Constantine: Law, Communication, and Control*, Ann Arbor.

—— (2015), 'The inflation of rank and privilege: regulating precedence in the fourth century AD', in J. Wienand (ed.), *Contested Monarchy: Integrating the Roman Empire in the Fourth Century AD*, New York: 42 – 66.

Dimitrova, N. M. (2008), *Theoroi and Initiates in Samothrace: The Epigraphical Evidence*, Hesperia Supplements 37, Princeton.

Dobson, B. (1966), 'The *praefectus fabrum* in the early principate', in M. G. Jarrett and B. Dobson (eds.), *Britain and Rome: Essays Presented to Eric Birley on his Sixtieth Birthday*, Kendal: 61 – 84.

—— (1970), 'The centurionate and social mobility during the principate', in C. Nicolet (ed.), *Recherches sur les structures sociales dans l'Antiquité classique*, Paris: 99 – 115.

—— (1972), 'Legionary centurion or equestrian officer? A comparison of pay and prospects', *Ancient Society* 3:193 – 207.

—— (1974), 'The significance of the centurion and primipilaris in the Roman army and administration', in *ANRW* II. I: 392 – 434.

—— (1978), *Die Primipilares: Entwicklung und Bedeutung, Laufbahnen und Persönlichkeiten eines römischen Offiziersranges*, Bonn.

—— (1982), '*Praefectus castrorum Aegypti*: a reconsideration', *CdÉ* 57: 322 – 7.

—— (2000), 'The *primipilares* in army and society', in G. Alföldy, B. Dobson and W. Eck (eds.), *Kaiser, Heer, und Gesellschaft in der Römischen Kaiserzeit: Gedenkschrift für Eric Birley*, Stuttgart: 139 – 52.

Dobson, B. and Breeze, D. J. (1969), 'The Rome cohorts and the legionary centuriate', *Epigraphische Studien* 8:100 – 24.

Donati, A. (1989), 'La produzione epigrafica sestinate', in *Sestinum: Comunità antiche dell'Appennino tra Etruria e Adriatico*, Rimini: 167 – 74.

Drew-Bear, T. (1977), 'A fourth-century Latin soldier's epitaph from Nakolea', *HSPh* 81:257-74.

Drew-Bear, T., Malay, H. and Zuckerman, C. (2004), 'L'épitaph de Valeria, veuve du tribun Dassianus', in Y. Le Bohec and C. Wolff (eds.), *L'armée romaine de Dioclétien à Valentinien Ier: Acts du Congrès de Lyon, 12-14 Septembre 2002*, Lyons: 409-18.

Drews, R. (2004), *Early Riders: The Beginnings of Mounted Warfare in Asia and Europe*, London.

Drijvers, J. W. (1991), *Helena Augusta: The Mother of Constantine the Great and the Legend of her Finding of the True Cross*, Leiden.

Drinkwater, J. F. (1987), *The Gallic Empire: Separatism and Continuity in the North-Western Provinces of the Roman Empire, AD 260 - 274*, Stuttgart.

(2005), 'Maximinus to Diocletian and the "Crisis"', in *CAH* XII^2: 28-66.

(2007), *The Alamanni and Rome 213 - 496: Caracalla to Clovis*, Oxford.

Drogula, F. K. (2015), *Commanders and Command in the Roman Republic and Early Empire*, Chapel Hill.

Duby, G. (1976), 'Die Ursprünge des Rittertums', in A. Borst (ed.), *Das Rittertum im Mittelalter*, Darmstadt: 349-69.

(1980), *The Three Orders: Feudal Society Imagined*, trans. A. Goldhammer, Chicago.

Dumézil, G. (1958), 'Les pisciculi des Volcanalia', *REL* 36:121-30.

Duncan-Jones, R. P. (1963), 'Wealth and munificence in Roman Africa', *PBSR* 31:159-77.

(1967), 'Equestrian rank in the cities of the African provinces under the principate: an epigraphic survey', *PBSR* 35:147-86.

(1982), *The Economy of the Roman Empire: Quantitative Studies*, 2nd edition, Cambridge.

(1990), *Structure and Scale in the Roman Economy*, Cambridge.

(1994), *Money and Government in the Roman Empire*, Cambridge.

(2006), 'Who were the *equites*?', in C. Deroux (ed.), *Studies in Latin Literature and Roman History XIII*, Brussels: 183-223.

(2016), *Power and Privilege in Roman Society*, Cambridge.
Durry, M. (1938), *Les cohortes prétoriennes*, Paris.
Dyck, A. R. (ed.) (2008), *Cicero: Catilinarians*, Cambridge.
—— (2010), Cicero: *Pro Sexto Roscio*, Cambridge.
—— (2013), Cicero: *Pro Marco Caelio*, Cambridge.
Dyson, S. L. (1992), *Community and Society in Roman Italy*, Baltimore and London.
Eck, W. (1974), 'Beförderungskriterien innerhalb der senatorischen Laufbahn, dargestellt an der Zeit von 69 bis 138 n. Chr.', in *ANRW* II. 1:158 – 228.
—— (1979a), *Die staatliche Organisation Italiens in der hohen Kaiserzeit*, Munich.
—— (1979b), 'Iscrizioni nuove dall'Etruria meridionale', *Epigraphica* 41: 89 – 118.
—— (1982), 'Einfluß korrupter Praktiken auf das senatorisch-ritterliche Beförderungswesen in der Hohen Kaiserzeit?' in W. Schuller (ed.), *Korruption im Alterum*, Munich: 135 – 51.
—— (1984), 'Senatorial self-representation: developments in the Augustan period', in F. Millar and E. Segal (eds.), *Caesar Augustus: Seven Aspects*, Oxford: 129 – 67.
—— (1985), *Die Statthalter der germanischen Provinzen vom 1. – 3. Jahrhundert*, Cologne.
—— (1988), 'Die Leitung und Verwaltung einer prokuratorischen Provinz', in M. Vacchina (ed.), *La valle d'Aosta et l'arco alpino nella politica del mondo antico*, St Vincent: 102 – 17.
—— (1989), 'Religion und Religiosität in der soziopolitischen Führungsschicht der Hohen Kaiserzeit', in W. Eck (ed.), *Religion und Gesellschaft in der römischen Kaiserzeit: Kolloquium zu Ehren von Friedrich Vittinghoff*, Cologne and Vienna: 15 – 51.
—— (1995), '"Tituli honorarii", curriculum vitae und Selbstdarstellung in der Hohen Kaiserzeit', in H. Solin (ed.), *Acta colloquii epigraphici Latini Helsingiae 3. – 6. sept. 1991 habiti*, Helsinki: 211 – 37.
—— (1997), 'Zu kleinasiatischen Inschriften (Ephesos; Museum Bursa)', *ZPE* 117:107 – 16.

(1999a), '*Ordo equitum romanorum, ordo libertorum*: Freigelassene und ihre Nachkommen im römischen Ritterstand', in S. Demougin, H. Devijver and M. -T. Raepsaet-Charlier (eds.), *L'ordre équestre: histoire d'une aristocratie (IIe siècle av. J.-C.-IIIe siècle ap. J.-C.)*, Rome: 5 - 29.

(1999b), 'The Bar Kokhba revolt: the Roman point of view', *JRS* 89: 76 - 89.

(2000), 'Government and civil administration', in *CAH* XI^2: 195 - 292.

(2001), 'Spezialisierung in der staatlichen Administration des Römischen Reiches in der Hohen Kaiserzeit', in L. de Blois (ed.), *Administration, Prosopography and Appointment Policies in the Roman Empire*, Amsterdam: 1 - 23.

(2002a), 'Imperial administration and epigraphy: in defence of prosopography', in A. K. Bowman et al. (eds.), *Representations of Empire: Rome and the Mediterranean World*, Proceedings of the British Academy 114, Oxford: 131 - 52.

(2002b), 'Prosopographische Bemerkungen zum Militärdiplom vom 20.12.202 n. Chr.: Der Flottenpräfekt Aemilius Sullectinus und das Gentilnomen des Usurpators Regalianus', *ZPE* 139: 208 - 10.

(2005), 'Auf der Suche nach Personen und Persönlichkeiten: *Cursus honorum* und Biographie', in K. Vössing (ed.), *Biographie und Prosopographie: Internationales Kolloquium zum 65. Geburtstag von Anthony R. Birley*, Stuttgart: 53 - 72.

(2006a), 'Der Kaiser und seine Ratgeber: überlegungen zum inneren Zusammenhang von *amici, comites und consiliarii* am römischen Kaiserhof', in A. Kolb (ed.), *Herrschaftsstrukturen und Herrschaftspraxis: Konzepte, Prinzipien und Strategien der Administration im römischen Kaiserreich*, Berlin: 67 - 77.

(2006b), 'Sozio-politische Macht und öffentliche Repräsentation: *der equester ordo*', in S. Demougin, X. Loriot, P. Cosme and S. Lefebvre (eds.), *H.-G. Pflaum, un historien du XXe siècle*, Geneva: 485 - 502.

(2008), 'Die Benennung von römischen Amtsträgern und politisch-militärisch-administrativen Funktionen bei Flavius Iosephus: Probleme der korrekten Identifizierung', *ZPE* 166:218-26.

(2009a), 'The administrative reforms of Augustus: pragmatism or systematic planning?' in J. Edmondson (ed.), *Augustus*, Edinburgh: 229-49.

(2009b), 'There are no *cursus honorum* inscriptions: the function of the *cursus honorum* in epigraphic communication', *SCI* 28:79-92.

Eck, W. and Lieb, H. (1993), 'Ein Diplom für die classis Ravennas vom 22. November 206', *ZPE* 96:75-88.

Eck, W. and Pangerl, A. (2011), 'Drei Konstitutionen im Jahr 123 für Truppen von Dacia Porolissensis unter dem Präsidialprokurator Livius Gratus', *ZPE* 176:234-42.

Edmondson, J. (1992), *Dio: The Julio-Claudians. Selections from Books 58-63 of the Roman History of Cassius Dio*, London.

(1996), 'Dynamic arenas: gladiatorial presentations in the city of Rome and the construction of Roman society during the early empire', in W. J. Slater (ed.), *Roman Theatre and Society: E. Togo Salmon Papers 1*, Ann Arbor: 69-112.

(2002), 'Public spectacles and Roman social relations', in T. Nogales Basarrate and A. Castellanos (eds.), *Ludi Romani: Espectáculos en Hispania Romana*, Madrid: 9-29.

(2008), 'Public dress and social control in late Republican and early imperial Rome', in J. Edmondson and A. Keith (eds.), *Roman Dress and the Fabrics of Roman Culture*, Toronto: 21-46.

Edwards, C. (1997), 'Unspeakable professions: public performance and prostitution in ancient Rome', in J. Hallett and M. Skinner (eds.), *Ancient Sexualities*, Princeton: 66-95.

Edwell, P. M. (2008), *Between Rome and Persia: The Middle Euphrates, Mesopotamia and Palmyra under Roman Control*, London.

Eich, P. (2005), *Zur Metamorphose des politischen Systems in der römischen Kaiserzeit: Die Entstehung einer 'personalen Bürokratie' im langen dritten Jahrhundert*, Berlin.

(2007), 'Die Administratoren des römischen Äegyptens', in R. Haensch and J. Heinrichs (eds.), *Herrschen und Verwalten: Der Alltag der römischen Administration in der Hohen Kaiserzeit*, Cologne: 378-99.

(2015), 'The common denominator: late Roman imperial bureaucracy from a comparative perspective', in W. Scheidel (ed.), *State Power in Ancient Rome and China*, Oxford: 90–149.

Eisenstadt, S. N. (1993), *The Political Systems of Empires*, revised edition, New Brunswick and London.

Elias, N. (1982), *The Civilizing Process*, vol. II: *State Formation and Civilization*, Oxford.

(1983), *The Court Society*, trans. E. Jephcott, Oxford.

Elsner, J. (1998), *Imperial Rome and Christian Triumph*, Oxford.

Ensslin, W. (1937), 'Perfectissimus', in *RE* XIX. 1:664–83.

(1939), 'The end of the principate", in *CAH* XII[1]:352–82.

Erdkamp, P. (1995), 'The corn supply of the Roman armies during the third and second centuries BC', Historia 44:168–91.

(2005), *The Grain Market in the Roman Empire: A Social, Political and Economic Study*, Cambridge.

Erskine, A. (2001), *Troy between Greece and Rome: Local Tradition and Imperial Power*, Oxford.

Evans, J. K. (1978), 'The role of *suffragium* in imperial political decision-making: a Flavian example', *Historia* 27:102–28.

Evans Grubbs, J. (1993), '"Marriage more shameful than adultery": slave-mistress relationships, "mixed marriages" and late Roman law', *Phoenix* 47:125–54.

(1995), *Law and Family in Late Antiquity: The Emperor Constantine's Marriage Legislation*, Oxford.

Everdell, W. R. (2000), *The End of Kings: A History of Republics and Republicans*, revised edition, Chicago.

Ewald, B. (2004), 'Men, muscle, and myth: Attic sarcophagi in the cultural context of the Second Sophistic', in B. E. Borg (ed.), *Paideia: The World of the Second Sophistic*, Berlin: 229–75.

Fantham, E. (2004), *The Roman World of Cicero's De Oratore*, Oxford.

(2013), *Cicero's Pro L. Murena Oratio*, Oxford.

Faoro, D. (2011), *Praefectus, procurator, praeses: Genesi delle cariche presidiali equestri nell'Alto Impero Romani*, Florence and Milan.

Farris, W. W. (1999), 'Japan to 1300', in K. Raaflaub and N. Rosenstein (eds.), *War and Society in the Ancient and Medieval Worlds: Asia, the Mediterranean, Europe, and Mesoamerica*, Cambridge, MA: 47-70.

Feissel, D. and Gascou, J. (1995), 'Documents d'archives romains inédits du moyen Euphrate', *Journal des Savants*: 65-119.

Fenelli, M. (1998), 'Lavinium', in L. Drago Troccoli (ed.), *Scavi e ricerche archeologiche dell'Università di Roma 'La Sapienza'*, Rome: 109-19.

Ferguson, R. B. (1999), 'A paradigm for the study of war and society', in K. Raaflaub and N. Rosenstein (eds.), *War and Society in the Ancient and Medieval Worlds: Asia, the Mediterranean, Europe, and Mesoamerica*, Cambridge, MA: 389-437.

Ferrary, J.-L. (1980), 'Pline, N. H. XXXIII, 34, et les chevaliers Romains sous la République', *REL* 58:313-37.

(1991), 'Lex Cornelia de sicariis et veneficiis', *Athenaeum* 79:417-34.

(2009), 'The powers of Augustus', in J. Edmondson (ed.), *Augustus*, Edinburgh: 90-136.

Ferriès, M. (2009), 'Luperci et Lupercalia de César à Auguste', *Latomus* 68:373-92.

Fink, R. O. (1971), *Roman Military Records on Papyrus*, Ann Arbor.

Finley, M. I. (1999), *The Ancient Economy*, updated edition with a new foreword by I. Morris, Berkeley.

Firpo, G. (1985), 'CIL XI 6011 e la grande rivolta dalmatico-pannonica del 6-9 d. C.', *Epigraphica* 47:21-33.

Fishwick, D. (1987), *The Imperial Cult in the Latin West: Studies in the Ruler Cult of the Western Provinces of the Roman Empire. Volume I. 2*, Leiden and New York.

(1998), 'Our first high priest: a Gallic knight at Athens', *Epigraphica* 60:83-112.

(2002), *The Imperial Cult in the Latin West: Studies in the Ruler Cult of the Western Provinces of the Roman Empire. Volume III: Provincial Cult. Part 2: The Provincial Priesthood*, Leiden and Boston.

Fitz, J. (1978), 'Die Laufbahn des Aelius Triccianus', *ActaArchHung* 26: 21-7.

(1983), *Honorific Titles of Army Units in the Third Century*,

Budapest.

Flower, H. I. (1996), *Ancestor Masks and Aristocratic Power in Roman Culture*, Oxford.

(2006), *The Art of Forgetting: Disgrace and Oblivion in Roman Political Culture*, Chapel Hill.

(2010), *Roman Republics*, Princeton.

Forbis, E. (1996), *Municipal Virtues in the Roman Empire: The Evidence of Italian Honorary Inscriptions*, Stuttgart.

Forsythe, G. (2005), *A Critical History of Early Rome: From Prehistory to the First Punic War*, Berkeley.

Fouracre, P. (2000), 'The origins of the nobility in Francia', in A. J. Duggan (ed.), *Nobles and Nobility in Medieval Europe: Concepts, Origins, Transformations*, Woodbridge: 17–24.

Franklin, J. L. (2001), *Pompeis difficile est: Studies in the Political Life of Imperial Pompeii*, Ann Arbor.

Frederiksen, M. W. (1968), 'Campanian cavalry: a question of origins', *Dialoghi di archeologia* 2:3–31.

Freyburger-Galland, M. -L. (1997), 'Dion Cassius et le carrousel troyen', *Latomus* 53:619–29.

Friday, K. F. (2003), *Samurai, Warfare and the State in Early Medieval Japan*, London.

Frier, B. W. (1980), *Landlords and Tenants in Imperial Rome*, Princeton.

Frija, G. (2012), *Les prêtres des empereurs: Le culte imperial civique dans la province romaine d'Asie*, Rennes.

Fuhrmann, C. (2011), *Policing the Roman Empire: Soldiers, Administration, and Public Order*, Oxford.

Gabba, E. (1976), *Republican Rome, the Army and the Allies*, trans. P. J. Cuff, Berkeley.

(1992), 'Rome and Italy: the Social War', in *CAH* IX^2, 104–28.

Gabelmann, H. (1977), 'Die ritterliche trabea', *JDAI* 92:322–74.

Galinsky, G. K. (1969), *Aeneas, Sicily, and Rome*, Princeton.

(2011), 'Continuity and change: religion in the Augustan semi-century', in J. Rüpke (ed.), *A Companion to Roman Religion*, Oxford and Malden, MA: 71–95.

Gardner, J. F. (1986), *Women in Roman Law and Society*, London.

Garnsey, P. (1967), 'Adultery trials and the survival of the quaestiones in the Severan age', *JRS* 57:56-60.

(1968), 'The criminal jurisdiction of governors', *JRS* 58:51-9.

(1970), *Social Status and Legal Privilege in the Roman Empire*, Oxford.

(2004), 'Roman citizenship and Roman law in the late Empire', in S. Swain and M. Edwards (eds.), *Approaching Late Antiquity: The Transformation from Early to Late Empire*, Oxford: 133-55.

(2010), 'Roman patronage', in S. McGill, C. Sogno and E. Watts (eds.), *From the Tetrarchs to the Theodosians: Later Roman History and Culture, 284-450 CE*, Cambridge: 33-54.

Gasperini, L. (1959), 'Nuove iscrizioni Etrusche e Latine di Visentium', *Epigraphica* 21:31-50.

Geagan, D. J. (1991), 'The Sarapion monument and the quest for status in Roman Athens', *ZPE* 85:145-65.

Gerhardt, T. and Hartmann, U. (2008), 'Fasti', in K.-P. Johne, U. Hartmann and T. Gerhardt (eds.), *Die Zeit der Soldatenkaiser: Krise und Transformation des römischen Reiches im 3. Jahrhundert n. Chr. (235-284)*, 2 vols., Berlin: 1055-1198.

Ghiretti, M. (1985), 'Lo status della Giudea dall'età Augustea all'età Claudia', *Latomus* 44:751-66.

Gibson, B. (2006), *Statius: Silvae 5*, Oxford.

Gibson, R. K. (2012), 'Gallus: The first Roman love elegist', in B. K. Gold (ed.), *A Companion to Roman Love Elegy*, Oxford and Malden, MA: 172-86.

Gibson, R. and Morello, R. (2012), *Reading the Letters of Pliny the Younger: An Introduction*, Cambridge.

Gilliam, J. F. (1961), 'Egyptian "duces" under Gordian', *CdÉ* 36:386-92.

Giltaij, J. (2013), 'The problem of the content of the *lex Iulia iudiciorum publicorum*', *Tijdschrift voor Rechtsgeschiedenis* 81:507-25.

Ginsburg, M. (1940), 'Roman military clubs and their social functions',

TAPA 71:149–56.

Giovannini, A. (2010), 'Cheval public et ordre équestre à la fin de la République', *Athenaeum* 98:354–64.

Glas, T. and Hartmann, U. (2008), 'Die Provinzverwaltung', in K.-P. Johne, U. Hartmann and T. Gerhardt (eds.), *Die Zeit der Soldatenkaiser: Krise und Transformation des römischen Reiches im 3. Jahrhundert n. Chr. (235–284)*, 2 vols., Berlin: 641–72.

Gnecchi, F. (1912), *I Medaglioni Romani*, 3 vols., Milan.

Gold, B. K. (1982), 'Propertius 3. 9: Maecenas as *Eques, Dux, Fautor*', in B. K. Gold (ed.), *Literary and Artistic Patronage in Ancient Rome*, Austin: 103–17.

Goldberg, S. M. (2007), 'Performing theory: variations on a theme by Quintilian', in T. Beghin and S. Goldberg (eds.), *Haydn and the Performance of Rhetoric*, Chicago: 39–60.

Goldsmith, R. W. (1984), 'An estimate of the size and structure of the national product of the early Roman empire', *Review of Income and Wealth* 30:263–88.

Goltz, A. and Hartmann, U. (2008), 'Valerianus und Gallienus', in K.-P. Johne, U. Hartmann and T. Gerhardt (eds.), *Die Zeit der Soldatenkaiser: Krise und Transformation des römischen Reiches im 3. Jahrhundert n. Chr. (235–284)*, 2 vols., Berlin: 223–96.

González, J. (1986), 'The Lex Irnitana: a new copy of the Flavian municipal law', *JRS* 76:147–243.

Gordon, A. E. (1938), *The Cults of Lanuvium*, Berkeley.

(1952), *Quintus Veranius, Consul AD 49: A Study Based upon his Recently Identified Sepulchral Inscription*, Berkeley.

Goette, H. R. (1988), 'Mulleus-Embas-Calceus: Ikonografische Studien zu römischen Schuhwerk', *JDAI* 103:401–64.

Graff, D. A. (2002), *Medieval Chinese Warfare*, 300–900, London.

Grandvallet, C. (2006), 'Marinianus, successeur désigné de Gallien?', *AC* 75:133–41.

Granger-Taylor, H. (1982), 'Weaving clothes to shape in the ancient world:

the tunic and toga of the Arringatore', *Textile History* 13:3 - 25.

Granino Cecere, M. G. (1996), 'Sacerdotes Cabenses e sacerdotes Albani: la documentazione epigrafica', in A. Pasqualini (ed.), *Alba Longa: mito, storia, archeologia: atti dell'incontro di studio Roma-Albano Laziale, 27 - 29 gennaio 1994*, Rome: 275 - 316.

Grieve, L. J. (1987), 'Proci patricii: a question of voting order in the centuriate assembly', *Historia* 36:302 - 17.

Griffin, M. T. (1973), 'The leges iudiciariae of the pre-Sullan era', *CQ* 23: 108 - 21.

—— (1984), *Nero: The End of a Dynasty*, London.

—— (2013), *Seneca on Society: A Guide to De Beneficiis*, Oxford.

Gruen, E. (1968), *Roman Politics and the Criminal Courts*, Cambridge, MA.

—— (1974), *The Last Generation of the Roman Republic*, Berkeley.

—— (1984), *The Hellenistic World and the Coming of Rome*, Berkeley.

Haack, M. -L. (2006), *Prosopographie des haruspices romains*, Pisa and Rome.

Habicht, C. (1969), *Altertümer von Pergamon VIII. 3: Die Inschriften des Asklepieions*, Berlin.

Haensch, R. (1998), 'Statthalterinschriften', *ZPE* 122:286 - 92.

—— (2001), 'Veteranus ex beneficiario consularis, equestris militiae petitor: mögliche Gründe für einen außergewöhnlichen Aufstieg', *Kölner Jahrbuch* 34:135 - 9.

—— (2006), 'Von den *Augusti liberti* zu den *Caesariani*', in A. Kolb (ed.), *Herrschaftsstrukturen und Herrschaftspraxis: Konzepte, Prinzipien und Strategien der Administration im römischen Kaiserreich*, Berlin: 153 - 64.

Haensch, R. and Weiß, P. (2012), 'Ein schwieriger Weg: Die Straßnbauinschrift des M. Valerius Lollianus aus Byllis', *MDAI (RA)* 118:435 - 54.

Hagedorn, D. (1985), 'Zum Amt des διοικητής im römischen Aegypten', *YClS* 28:167 - 210.

Haldon, J. F. (1990), *Byzantium in the Seventh Century: The Transformation of a Culture*, Cambridge.

(2004), 'The fate of the Late Roman senatorial elite: extinction or transformation', in J. F. Haldon and L. I. Conrad (eds.), *Elites Old and New in the Byzantine and Early Islamic Near East*, Princeton: 179 – 234.

(2009), 'Social élites, wealth and power', in J. F. Haldon (ed.), *A Social History of Byzantium*, Oxford and Malden, MA: 168 – 211.

Halsall, G. (2007), *Barbarian Migrations and the Roman West, 376 – 568*, Cambridge.

(2010), *Cemeteries and Society in Merovingian Gaul: Selected Studies in History and Archaeology, 1992 – 2009*, Leiden.

Halfmann, H. (1982), 'Zwei syrische Verwandte des severischen Kaiserhauses', *Chiron* 12:217 – 35.

Hammer, D. (2014), *Roman Political Thought: From Cicero to Augustine*, Cambridge.

Hanchey, D. (2013), '*Otium* as civic and personal stability in Cicero's *Dialogues*', *CW* 106:171 – 97.

Handy, M. (2006), 'Bemerkungen zum *edictum Gallieni*', in M. Frass et al. (eds.), *Akten des 10 Öterreichen Althistorkertages*, Vienna: 73 – 81.

(2009), *Die Severer und das Heer*, Berlin.

Hanson, A. E. (1982), 'Publius Ostorius Scapula: Augustan prefect of Egypt', *ZPE* 47:243 – 53.

Harmand, J. (1967), *L'armée et le soldat a Rome de 107 à 50 avant notre ère*, Paris.

Harper, K. (2011), *Slavery in the Late Roman World, AD 275 – 425*, Cambridge.

Harris, W. V. (1979), *War and Imperialism in Republican Rome, 327 – 70 BC*, Oxford.

(2011), *Rome's Imperial Economy: Twelve Essays*, Oxford.

Hartmann, A. (2017), 'Between Greece and Rome: forging a primordial identity for the imperial aristocracy', in W. Vanacker and A. Zuiderhoek (eds.), *Imperial Identities in the Roman World*, London: 16 – 35.

Hassig, R. (1999), 'The Aztec world', in K. Raaflaub and N. Rosenstein (eds.), *War and Society in the Ancient and Medieval Worlds: Asia, the Mediterranean, Europe, and Mesoamerica*, Cambridge, MA: 361 – 87.

Hauken, T. (1998), *Petition and Response: An Epigraphic Study of Petitions to Roman Emperors 181 - 249*, Bergen.

Hawley, R. (2007), 'Lords of the rings: ring-wearing, status, and identity in the age of Pliny the Elder', in E. Bispham and G. Rowe (eds.), *Vita Vigilia Est: Essays in Honour of Barbara Levick*, London: 103 - 12.

Hawthorn, J. R. (1962), 'The senate after Sulla', *G&R* 9:53 - 60.

Heather, P. (1994), 'New men for mew Constantines? Creating an imperial elite in the eastern Mediterranean', in P. Magdalino (ed.), *New Constantines: The Rhythm of Imperial Renewal in Byzantium, 4th - 13th Centuries*, Aldershot: 11 - 33.

—— (1998), 'Senators and senates', in *CAH* XIII: 184 - 210.

—— (2005), *The Fall of the Roman Empire: A New History*, London.

—— (2008), 'Running the empire: bureaucrats, curials and senators', in D. M. Gwynn (ed.), *A. H. M. Jones and the Later Roman Empire*, Leiden and Boston: 97 - 119.

Heffernan, T. J. (2012), *The Passion of Perpetua and Felicity*, New York.

Heil, M. (2006), '"Soldatenkaiser" als Epochenbegriff', in K. P. Johne, T. Gerhardt and U. Hartmann (eds.), *Deleto paene imperio Romano: Transformationsprozesse des Römischen Reiches im 3. Jahrhundert und ihre Rezeption in der Neuzeit*, Stuttgart: 411 - 28.

—— (2008a), 'Der Ritterstand', in K.-P. Johne, U. Hartmann and T. Gerhardt (eds.), *Die Zeit der Soldatenkaiser: Krise und Transformation des römischen Reiches im 3. Jahrhundert n. Chr. (235 - 284)*, 2 vols., Berlin: 737 - 61.

—— (2008b), 'Der Senat', in K.-P. Johne, U. Hartmann and T. Gerhardt (eds.), *Die Zeit der Soldatenkaiser: Krise und Transformation des römischen Reiches im 3. Jahrhundert n. Chr. (235 - 284)*, 2 vols., Berlin: 715 - 36.

—— (2015), 'Die Genese der Rangtitel in den ersten drei Jahrhunderten', in A. B. Kuhn (ed.), *Social Status and Prestige in the Graeco-Roman World*, Munich: 45 - 62.

Hekster, O. (2002), *Commodus: An Emperor at the Crossroads*, Amsterdam.

Hemelrijk, E. (1999), *Matrona Docta: Educated Women in the Roman élite from Cornelia to Julia Domna*, London.

(2005), 'Priestesses of the imperial cult in the Latin west: titles and function', *L'Antiquité classique* 74:137 – 70.

(2008), 'Patronesses and "mothers" of Roman *Collegia*', *Classical Antiquity* 27:115 – 62.

Henderson, J. (2014), 'Was Julius a Caesar?', in T. Power and R. K. Gibson (eds.), *Suetonius the Biographer: Studies in Roman Lives*, Oxford: 81 – 110.

Henderson, M. I. (1963), 'The establishment of the *equester ordo*', *JRS* 53:61 – 72.

Henzen, G. (1868), 'Monumenti: iscrizione militare', *Bullettino dell'Instituto di Corrispondenza Archeologica*: 71 – 3.

Herz, P. (1995), 'Kampf den Piraten? Zur Deutung zweier kaiserzeitlicher Inschriften', *ZPE* 107:195 – 200.

Hijmans, S. (2010), 'Temples and priests of Sol in the city of Rome', *Mouseion* 10:381 – 427.

Hill, H. (1930), 'Livy's account of the *equites*', *CPh* 25:244 – 9.

(1932), 'Sulla's new senators in 81 BC', *CQ* 26:170 – 7.

(1938), '*Equites and celeres*', *CPh* 33:283 – 90.

(1939), '*Census equester*', *AJPh* 60:357 – 62.

(1943), '*Aes equestre, aes hordearium, and triplex stipendium*', *CPh* 38:132 – 4.

(1952), *The Roman Middle Class in the Republican Period*, Sheffield.

Hillard, T. W. (2005), '*Res publica* in theory and practice', in K. Welch and T. W.

Hillard (eds.), *Roman Crossings: Theory and Practice in the Roman Republic*, Swansea: 1 – 48.

Hirt, A. M. (2010), *Imperial Mines and Quarries in the Roman World: Organizational Aspects* 27 BC-AD 235, Oxford.

Hoenigswald, G. S. (1962), 'The murder charges in Cicero's *Pro Cluentio*', *TAPA* 93:109 – 23.

Hoffmann, D. (1969/70), *Das spätrömische Bewegungsheer und die Notitia Dignitatum*, 2 vols., Düsseldorf.

Hoffmann, F. (2010), 'Lost in translation? Beobachtungen zum Verhältnis des lateinischen und griechischen Textes der Gallusstele', in K. Lembke, M. Minas-Nerpel and S. Pfeiffer (eds.), *Tradition and Transformation: Egypt under Roman Rule*, Leiden: 149 – 58.

Hoffmann, F., Minas-Nerpel, M. and Pfeiffer, S. (2009), *Die dreisprachige Stele des C. Cornelius Gallus*, Berlin.

Hogan, P. P. and Kemezis, A. M. (2016), 'Introduction: the empire's second language?', *Classical World* 110:31 – 42.

Holcombe, C. (1994), *In the Shadow of the Han: Literati Thought and Society at the Beginning of the Southern Dynasties*, Honolulu.

Holder, P. A. (1994), '*Legio II Parthica* in the reigns of Gordian III and Philip', *LCM* 19:145 – 6.

Holleman, A. W. J. (1973), 'Ovid and the Lupercalia', *Historia* 22: 260 – 8.

Hollis, A. (2007), *Fragments of Roman Poetry*, Oxford.

Holtheide, B. (1980), '*Matrona stolata-femina stolata*', *ZPE* 38: 127 – 34.

Honoré, T. (2002), *Ulpian: Pioneer of Human Rights*, 2nd edition, Oxford.

Hope, V. (2000), 'Fighting for identity: the funerary commemoration of Italian gladiators', in A. Cooley (ed.), *The Epigraphic Landscape of Roman Italy*, London: 93 – 113.

Hopkins, K. (1961), 'Social mobility in the later Roman empire: the evidence of Ausonius', *CQ* 11:239 – 49.

(1965), 'Elite mobility in the Roman empire', *P&P* 32:12 – 26.

Hopkins, K. and Burton, G. (1983), 'Ambition and withdrawal: the senatorial aristocracy under the emperors', in K. Hopkins, *Death and Renewal*, Cambridge: 120 – 200.

Horsfall, N. (1989), *Cornelius Nepos: A Selection, Including the Lives of Cato and Atticus*, Oxford.

Horster, M. (1998), 'Ehrungen spätantiker Statthalter', *AntTard* 6: 37 – 59.

(2011), '*Princeps iuventutis*: concept, realisation, representation', in

S. Benoist et al. (eds.), *Figures d'empire, fragments de mémoire: Pouvoirs et identités dans le monde romain impérial IIe s. av. n. è-VI s. de n. è.*, Lille: 73 – 103.

Houston, G. W. (1977), 'Vespasian's adlection of men *in senatum*', *AJPh* 98:35 – 63.

(1981 – 2), 'The lusus Troiae and Augustan patriotism', *The Augustan Age* 1:8 – 12.

Howe, L. L. (1942), *The Pretorian Prefect from Commodus to Diocletian (AD 180 – 305)*, Chicago.

Howell, P. (1980), *A Commentary on Book One of the Epigrams of Martial*, London.

Hug, A. (1918), '*Funus publicum*', in *RE* Suppl. III: 530 – 2.

Hughes, J. J. (1997) '*Inter tribunal et scaenam*: comedy and rhetoric in Rome', in W. J. Dominik (ed.), *Roman Eloquence: Rhetoric in Society and Literature*, London: 150 – 62.

Hula, E. (1900), 'Clavus 2', in *RE* IV. 1:4 – 9.

Humm, M. (2015), 'From 390 BC to Sentium: political and ideological aspects', in B. Mineo (ed.), *A Companion to Livy*, Oxford and Malden, MA: 342 – 65.

Humphrey, J. W. (1976), 'An Historical Commentary on Cassius Dio's Roman History Book 59 (Gaius Caligula)', Ph. D. thesis, University of British Columbia.

Humphries, M. (2003), 'Roman senators and absent emperors in Late Antiquity', *Acta ad Archaeologiam et Artium Historiam Pertinentia* 17: 27 – 46.

Hunt, P. (2007), 'Military forces', in P. Sabin, H. van Wees and M. Whitby (eds.), *The Cambridge History of Greek and Roman Warfare*, vol. I: *Greece, the Hellenistic World and the Rise of Rome*, Cambridge: 108 – 46.

Hunt, Y. (2012), 'Imperial Policies towards Pantomime and Public Entertainment'. Ph. D. thesis, University of Queensland.

Hurlet, F. (1997), *Les collègues du prince sous Auguste et Tibère*, Rome.

Hurley, D. W. (1991), 'A Historical and Historiographical Commentary on Suetonius' Life of C. Caligula', Ph. D. thesis, Columbia University.

Hurley, D. W. (ed.) (2001), *Suetonius: Divus Claudius*, Cambridge.

Hutchinson, G. O. (1998), *Cicero's Correspondence: A Literary Study*, Oxford.

Hüttemann, A. (2010), *Pompejanische Inschriften*, Stuttgart.

Huttner, U. (2008), 'Von Maximinus Thrax bis Aemilianus', in K. P. Johne, T. Gerhardt and U. Hartmann (eds.), *Deleto paene imperio Romano: Transformationsprozesse des Römischen Reiches im 3. Jahrhundert und ihre Rezeption in der Neuzeit*, Stuttgart: 161–221.

Hyland, A. (1990), *Equus: The Horse in the Roman World*, New Haven.

Ijsewijn, E. (1983/4), 'Gli *ordines decurionum* come base di reclutamento delle *militiae equestres* sotto il Principato', *BIHBR* 53-4:41–63.

Jackson, W. H. (1990), 'Knighthood and the Hohenstaufen imperial court under Frederick Barbarossa (1152–1190)', in C. Harper-Bill and R. Harvey (eds.), *The Ideals and Practice of Medieval Knighthood III*, Woodbridge: 101–20.

James, S. (2004), *The Excavations at Dura-Europos conducted by Yale University and the French Academy of Inscriptions and Letters 1928 to 1937, Volume 7: Arms and Armour*, London.

Jarrett, M. G. (1963), 'The African contribution to the imperial equestrian service', *Historia* 12:209–26.

Johnson, M. J. (2009), *The Roman Imperial Mausoleum in Late Antiquity*, Cambridge.

Jones, A. H. M. (1953) 'Inflation under the Roman empire', *Economic History Review* n. s. 5:293–318.

(1955), 'The elections under Augustus', *JRS* 45:9–21.

(1960), *Studies in Roman Government and Law*, Oxford.

(1964), *The Later Roman Empire, AD 284–602*, Oxford.

(1972), *The Criminal Courts of the Roman Republic and Principate*, Oxford.

Jones, B. W. (1992), *The Emperor Domitian*, London.

Jones, B. W. (ed.) (1996), *Suetonius: Domitian*, London.

Jones, C. P. (1966), 'Towards a chronology of Plutarch's works', *JRS* 56:61–74.

(1967), 'Julius Naso and Julius Secundus', *HSCPh* 72:279-88.
(1971), *Plutarch and Rome*, Oxford.
(1980), 'Prosopographical notes on the Second Sophistic', *GRBS* 21: 373-80.
(1986), *Culture and Society in Lucian*, Cambridge, MA.
(1999), 'Atticus in Ephesus', *ZPE* 124:89-93.
(2003), 'Epigraphica IV-V', *ZPE* 142:127-33.
Jones, T. (2009), 'Pre-Augustan seating in Italy and the West', in T. Wilmott (ed.),
Roman Amphitheatres and Spectacula: A 21st-Century Perspective, Oxford: 127-39.
Jongman, W. M. (1988), *The Economy and Society of Pompeii*, Amsterdam.
(2007), 'The early Roman empire: consumption', in W. Scheidel, I. Morris and R. Saller (eds.), *The Cambridge Economic History of the Greco-Roman World*, Cambridge: 592-618.
Jördens, A. (2009), *Statthalterliche Verwaltung in der römischen Kaiserzeit: Studien zum Praefectus Aegypti*, Stuttgart.
Jory, E. J. (1981), 'The literary evidence for the beginnings of imperial pantomime', *BICS* 28:147-61.
(1988), 'Publilius Syrus and the element of competition in the theatre of the Republic', in N. Horsfall (ed.), *Vir bonus discendi peritus: Studies in Celebration of Otto Skutsch's Eightieth Birthday*, London: 73-81.
Judge, E. A. (1974), '"*Res publica restituta*": a modern illusion?', in J. A. S. Evans (ed.), *Polis and Imperium: Studies in Honour of Edward Togo Salmon*, Toronto: 279-311.
Kaeuper, R. W. (2009), *Holy Warriors: The Religious Ideology of Chivalry*, Philadelphia.
Kaldellis, A. (2015), *The Byzantine Republic: People and Power in New Rome*, Cambridge, MA.
Kallet-Marx, R. (1990), 'The trial of Rutilius Rufus', *Phoenix* 44: 122-39.
Kamen, D. (2013), *Status in Classical Athens*, Princeton.
Kantor, G. (2011), 'Procuratorial jurisdiction in the lex portorii Asiae',

ZPE 179:155-8.

(2013), 'Law in Roman Phrygia: rules and jurisdictions', in P. Thonemann (ed.), *Roman Phrygia: Culture and Society*, Cambridge: 143-67.

Kay, P. (2014), *Rome's Economic Revolution*, Oxford.

Kaster, R. A. (1988), *Guardians of Language: The Grammarian and Society in Late Antiquity*, Berkeley.

Kaster, R. A. (ed.) (2006), *Cicero: Speech on Behalf of Publius Sestius*, Oxford.

Kautsky, J. H. (1997), *The Politics of Aristocratic Empires*, revised edition, New Brunswick.

Kazhdan, A. P. and Wharton Epstein, A. (1985), *Change in Byzantine Culture in the Eleventh and Twelfth Centuries*, Berkeley.

Keaveney, A. (2005), *Sulla: The Last Republican*, 2nd edition, London.

Kehoe, D. (1985), 'Tacitus and Sallustius Crispus', *CJ* 80:247-54.

Keil, J. and von Premerstein, A. (eds.) (1914), *Bericht über eine dritte Reise in Lydien und den angrenzenden Gebieten Ioniens*, Vienna.

Kelder, J. M. (2012), 'Horseback riding and cavalry in Mycenaean Greece', *Ancient West and East* 11:1-18.

Kelly, C. (1998), 'Emperors, government and bureaucracy', *CAH* XIII: 138-83.

(2004), *Ruling the Later Roman Empire*, Cambridge, MA.

(2006), 'Bureaucracy and government', in N. Lenski (ed.), *The Cambridge Companion to the Age of Constantine*, Cambridge: 183-204.

Kelly, G. (2008), *Ammianus Marcellinus: The Allusive Historian*, Cambridge.

(2013), 'Pliny and Symmachus', *Arethusa* 46:261-87.

Kemezis, A. M. (2014), *Greek Narratives of the Roman Empire under the Severans: Cassius Dio, Philostratus, and Herodian*, Cambridge.

(2016), '*Inglorius labor*? The rhetoric of glory and utility in Plutarch's *Precepts* and Tacitus' *Agricola*', *Classical World* 110:87-177.

Kennedy, D. L. (1979), 'Ti. Claudius Subatianus Aquila, "First Prefect of Mesopotamia"', *ZPE* 36:255-62.

(1987), 'The garrisoning of Mesopotamia in the late Antonine and early Severan period', *Antichthon* 21:57-66.

(1997), 'The special command of M. Valerius Lollianus', in E. Dabrowa (ed.), *Donum Amicitiae: Studies in Ancient History*, Krakow: 79-81.

Kennedy, G. (1972), *The Art of Rhetoric in the Roman World*, Princeton.

Kennell, N. M. (2009), 'The Greek ephebate in the Roman period', *International Journal of the History of Sport* 26:323-42.

Keppie, L. (1983), *Colonisation and Veteran Settlement in Italy, 47-14 BC*, London.

(1984), *The Making of the Roman Army: From Republic to Empire*, London.

(1996), 'The praetorian guard before Sejanus', *Athenaeum* 84:101-24.

(2003), 'Having been a soldier: the commemoration of military service on funerary monuments of the early Roman empire', in J. J. Wilkes (ed.), *Documenting the Roman Army: Essays in Honour of Margaret Roxan*, London: 31-53.

Keyes, C. W. (1915), 'The Rise of the Equites in the Third Century of the Roman Empire', Ph. D. thesis, Princeton University.

Kienast, D. (1966), *Untersuchungen zu den Kriegsflotten der römischen Kaiserzeit*, Bonn.

(2009), *Augustus: Prinzeps und Monarch*, 4th edition, Darmstadt.

Kleijwegt, M. (1991), *Ancient Youth: The Ambiguity of Youth and the Absence of Adolescence in Greco-Roman Society*, Amsterdam.

(1994), '*Iuvenes* and Roman imperial society', *Acta Classica* 37: 79-102.

Kleiner, D. E. E. (1977), *Roman Group Portraiture: The Funerary Reliefs of the Late Republic and Early Empire*, New York and London.

Kleiner, D. E. E. and Kleiner, F. S. (1975), 'A heroic funerary relief on the Via Appia', *AA* 90:250-64.

Kolb, F. (1977a), 'Der Aufstand der Provinz Africa Proconsularis im Jahr 238 n. Chr: Die wirtschaftlichen und sozialen Hintergründe', *Historia* 26: 440-78.

(1977b), 'Zur Statussymbolik im antiken Rom', *Chiron* 7:239-59.

Kolendo, J. (1981), 'La répartition des places aux spectacles et la stratification sociale dans l'Empire Romain: à propos des inscriptions sur les gradins des amphithéâtres et théâtres', *Ktema* 6:301-15.

König, J. (2005), *Athletics and Literature in the Roman Empire*, Cambridge.

Kuhn, A. B. (2010), 'Senatorial and Equestrian Rank in the Cities of Roman Asia Minor, *c.* 30 BC-AD 212', D. Phil. thesis, University of Oxford.

——(2015), 'The dynamics of social status and prestige in Pliny, Juvenal and Martial', in A. B. Kuhn (ed.), *Social Status and Prestige in the Graeco-Roman World*, Stuttgart: 9-28.

Kulikowski, M. (2014), 'Regional dynasties and imperial court', in J. Wienand (ed.), *Contested Monarchy: Integrating the Roman Empire in the Fourth Century AD*, New York: 135-48.

Kupiszewski, H. (1954), 'The *Iuridicus Alexandreae*', *JJP* 7-8: 187-204.

Lacey, W. K. (1996), *Augustus and the Principate: The Evolution of the System*, Leeds.

Ladjimi Sebai, L. (1977), '*Egregiae memoriae filia?* À propos d'une inscription inedited d'Haidra (Tunisie)', *Antiquités africaines* 11:161-5.

Laes, C. and Strubbe, J. (2014), *Youth in the Roman Empire: The Young and the Restless Years?*, Cambridge.

Lafaurie, J. (1975), 'L'empire gaulois: apport de la numismatique', in *ANRW* II. 2:853-1012.

Laffi, U. (1977), 'La procuratela quadriennale di Q. Octavius Saggita in Vindalicis et Raetis et in valle Poenina', *Athenaeum* 55:369-79.

Lamoine, L. (2003), 'Préteur, vergobret, *princeps* en Gaule Narbonnaise et dans les trois Gaules: pourquoi faut-il reprendre le dossier?', in M. Cébeillac-Gervasoni and L. Lamoine (eds.), *Les élites et leurs facettes: les élites locales dans le monde hellénistique et romain*, Rome: 187-204.

Le Bohec, Y. (2004), 'Gallien et l'encadrement senatorial de l'armée romaine', *REMA* 1:123-32.

Leach, E. W. (2003), '*Otium as luxuria*: economy of status in the Younger Pliny', *Arethusa* 36:147-65.

Lebek, W. (1990), 'Standeswürde und Berufsverbot unter Tiberius: das SC der Tabula Larinas', *ZPE* 81:37-96.

(1991), 'Das SC der Tabula Larinas: Rittermusterung und andere Probleme', *ZPE* 85:41-70.

(1993), 'Roms Ritter und Roms Pleps in den Senatsbeschlüssen für Germanicus Caesar und Drusus Caesar', *ZPE* 95:81-120.

Lee, A. D. (2007), *War in Late Antiquity: A Social History*, Oxford and Malden, MA.

Lefebure, S. (1999), 'Donner, recevoir: les chevaliers dans les hommages publics d'Afrique', in S. Demougin, H. Devijver and M.-T. Raepsaet-Charlier (eds.), *L'ordre équestre: histoire d'une aristocratie (IIe siècle av. J.-C.-IIIe siècle ap. J.-C)*, Rome: 513-78.

Leigh, R. (2015), *On Theriac to Piso, Attributed to Galen*, Leiden.

Lenaghan, J. (2016), 'Re-use in fourth-century portrait statues', in R. R. R. Smith and B. Ward-Perkins (eds.), *The Last Statues of Antiquity*, Oxford: 267-79.

Lendon, J. E. (1997), *Empire of Honour: The Art of Government in the Roman World*, Oxford.

(2005), *Soldiers and Ghosts: A History of Battle in Classical Antiquity*, New Haven.

Lenski, N. (2002), *Failure of Empire: Valens and the Roman State in the Fourth Century AD*, Berkeley.

Lepelley, C. (1986), 'Fine dell'ordine equestre: le tappe dell'unificazione della classe dirigente romana nel IV secolo', in A. Giardina (ed.), *Società romana et impero tardoantico* I, Rome: 228-44.

(1999), 'Du triomphe à la disparition: le destin de l'ordre équestre de Dioclétien à Théodose', in S. Demougin, H. Devijver and M.-T. Raepsaet-Charlier (eds.), *L'ordre équestre: histoire d'une aristocratie (IIe siècle av. J.-C.-IIIe siècle ap. J.-C.)*, Rome: 629-46.

Letta, C. (1976), 'La dinastia dei Cozii e la romanizzazione delle Alpi occidentali', *Athenaeum* 54:37-76.

Leunissen, P. M. M. (1993), 'Conventions of patronage in senatorial careers under the Principate', *Chiron* 23:101-20.

Levene, D. S. (2004), 'Reading Cicero's narratives', in J. Powell and J. Paterson (eds.), *Cicero the Advocate*, Oxford: 117-46.

Levick, B. (1983), 'The *senatus consultum* from Larinum', *JRS* 73: 93 – 115.

——(1990), *Claudius*, London.

——(1991), 'A note on the *latus clavus*', *Athenaeum* 79:239 – 44.

——(2010), *Augustus: Image and Substance*, London.

——(2011), 'Velleius Paterculus as senator: a dream with footnotes', in E. Cowan (ed.), *Velleius Paterculus: Making History*, Swansea: 1 – 16.

——(2013), 'C. Plinius Secundus', in T. J. Cornell et al. (eds.), *The Fragments of the Roman Historians*, Oxford: 525 – 34.

Lewis, R. G. (2006), *Asconius: Commentaries on Speeches of Cicero*, Oxford.

Leyser, K. (1994), 'Early medieval canon law and the beginnings of knighthood', in T. Reuter (ed.), *Communications and Power in Medieval Europe: The Carolingian and Ottonian Centuries*, London: 51 – 71.

Liebeschuetz, J. H. W. G. (1972), *Antioch: City and Imperial Administration in the Later Roman Empire*, Oxford.

Liebs, D. (1981), 'Das *ius gladii* der römischen Provinzgouverneure in der Kaiserzeit', *ZPE* 43:217 – 23.

——(2010), *Hofjuristen der römischen Kaiser bis Justinian*, Munich.

Linderski, J. (1977), 'Review of C. Nicolet, *L'ordre équestre à l'époque républicaine* (312 – 43 av. J.-C.). Vol. 2: *Prosopographie des chevaliers romains*', *CPh* 72:55 – 60.

——(2002), 'Romans in the province of Pesaro and Urbino', *JRA* 15: 577 – 80.

Lindsay, H. (1994), 'Suetonius as *ab epistulis* to Hadrian and the early history of the imperial correspondence', *Historia* 43:454 – 68.

Lindsay, H. (ed.) (1993), *Suetonius: Caligula*, London.

——(1995), *Suetonius: Tiberius*, London.

Lintott, A. (1981), 'The *leges de repetundis* and associate measures under the Republic', *ZSS* 98:162 – 212.

——(1992), *Judicial Reform and Land Reform in the Roman Republic*, Cambridge.

(1994), 'Political history, 146 - 95 BC', *CAH* IX^2:40 - 103.
(1999), *The Constitution of the Roman Republic*, Oxford.
(2001), 'Aristotle and the mixed constitution', in R. Brock and S. Hodkinson (eds.), *Alternatives to Athens: Varieties of Political Organization and Community in Ancient Greece*, Oxford: 152 - 66.
(2004), 'Legal procedure in Cicero's time', in J. Powell and J. Paterson (eds.), *Cicero the Advocate*, Oxford: 61 - 78.
(2008), *Cicero as Evidence: A Historian's Companion*, Oxford.
Liu, J. (2009), *Collegia Centonariorum: The Guilds of Textile Dealers in the Roman West*, Leiden.
(2014), 'AE 1998, 282: A case study of public benefaction and local politics', in N. Dimitrova and J. Bodel (eds.), *Ancient Documents and their Contexts*, Leiden: 248 - 62.
Lizzi Testa, R. (2009), 'Alle origini della tradizione pagana su Costantino e il senato romano', in P. Rousseau and M. Papoutsakis (eds.), *Transformations of Late Antiquity: Essays for Peter Brown*, Farnham: 85 - 128.
Lo Cascio, E. (2000), *Il Princeps e il suo Impero: Studia di storia amministrativa e finanziaria romana*, Bari.
(2005), 'The emperor and his administration', in *CAH* XII^2:131 - 83.
(2015), 'The imperial property and its development', in P. Erdkamp, K. Verboven and A. Zuiderhoek (eds.), *Ownership and Exploitation of Land and Natural Resources in the Roman World*, Oxford: 62 - 70.
Lobur, J. A (2008), *Consensus, Concordia, and the Formation of Roman Imperial Ideology*, London.
(2011), 'Resuscitating a text: Velleius' history as cultural evidence', in E. Cowan (ed.), *Velleius Paterculus: Making History*, Swansea: 203 - 18.
Löhken, H. (1982), *Ordines Dignitatum: Untersuchungen zur formalen Konstituierung der spätaniken Führungsschicht*, Cologne and Vienna.
Lomas, K. (2004), 'A Volscian mafia? Cicero and his Italian clients in the forensic speeches', in J. Powell and J. Paterson (eds.), *Cicero the Advocate*, Oxford: 96 - 116.
Loriot, X. (2006), 'Les contingents de l'armée de Valérien', in M. -H. Quet

(ed.), *La 'crise' de l'Empire romain de Marc Aurèle à Constantin*, Paris: 329 – 44.

Lott, J. B. (2012), *Death and Dynasty in Early Imperial Rome: Key Sources, with Text, Translation, and Commentary*, Cambridge.

Louis, N. (2010), *Commentaire historique et traduction du Diuus Augustus de Suétone*, Brussels.

Low, P. (2002), 'Cavalry identity and democratic ideology in early fourth-century Athens', *PCPhS* 48:102 – 22.

Lucas, C. (1940), 'Notes on the curatores *rei publicae* of Roman Africa', *JRS* 30:56 – 74.

Luscombe, D. E. and Evans, G. R. (1988), 'The twelfth-century renaissance', in J. H. Burns (ed.), *The Cambridge History of Medieval Political Thought, c. 305 – 1450*, Cambridge: 306 – 38.

Luther, A. (2008), 'Das gallische Sonderreich', in K.-P. Johne, U. Hartmann and T. Gerhardt (eds.), *Die Zeit der Soldatenkaiser: Krise und Transformation des Römischen Reiches im 3. Jahrhundert n. Chr. (235 – 284)*, 2 vols., Berlin: 325 – 42.

Lyne, R. O. A. M. (1995), *Horace: Behind the Public Poetry*, New Haven.

MacCormack, S. G. (1981), *Art and Ceremony in Late Antiquity*, Berkeley.

Madsen, J. M. (2006), 'Intellectual resistance to Roman hegemony and its representativity', in T. Bekker-Nielsen (ed.), *Rome and the Black Sea Region: Domination, Romanisation, Resistance*, Aarhus: 63 – 84.

—— (2009), *Eager to be Roman: Greek Response to Roman Rule in Pontus and Bithynia*, London.

Maenchen-Helfen, O. J. (1973), *The World of the Huns: Studies in their History and Culture*, ed. Max Knight, Berkeley.

Magioncalda, A. (1999), 'I governatori delle province procuratorie: carriere', in S. Demougin, H. Devijver and M.-T. Raepsaet-Charlier (eds.), *L'ordre équestre: histoire d'une aristocratie (IIe siècle av. J.-C.-IIIe siècle ap. J.-C.)*, Rome: 391 – 462.

Mallan, C. T. (2013), 'The style, method, and programme of Xiphilinus'

Epitome of Cassius Dio's *Roman History*', *GRBS* 53:610-44.

Malloch, S. J. V. (ed.) (2013), *The Annals of Tacitus: Book 11*, Cambridge.

Malnati, T. P. (1987-8), 'Juvenal and Martial on social mobility', *CJ* 83: 133-41.

Mander, J. (2013), *Portraits of Children on Roman Funerary Monuments*, Cambridge.

Mankin, D. (ed.) (1995), *Horace: Epodes*, Cambridge.

Mann, M. (1986), *The Sources of Social Power, vol. I: A History of Power from the Beginning to AD 1760*, Cambridge.

Manuwald, G. (ed.) (2007), *Cicero, Philippics 3 - 9: Introduction, Translation and Commentary*, Berlin.

Marcone, A. (1998), 'Late Roman social relations', in *CAH* XIII: 338-70.

Marshall, B. A. (1975), 'Q. Cicero, Hortensius and the *lex Aurelia*', *RhM* 118:136-52.

(1985), *A Historical Commentary on Asconius*, Columbia, MO.

Marshall, E. A. (1986), 'A Biography of Titus Pomponius Atticus', Ph. D. thesis, Harvard University.

Mason, H. (1974), *Greek Terms for Roman Institutions: A Lexicon and Analysis*, Toronto.

Massa-Pairault, F. -H. (1995), '"Eques Romanus-eques Latinus" (Ve-IVe siècle)', *MEFRA* 107:33-70.

Mathisen, R. W. (1993), *Roman Aristocrats in Barbarian Gaul: Strategies for Survival in an Age of Transition*, Austin.

Matthews, J. F. (1975), *Western Aristocracies and Imperial Court*, Oxford.

(1989), *The Roman Empire of Ammianus*, London.

(2000a), *Laying Down the Law: A Study of the Theodosian Code*, New Haven.

(2000b), 'The Roman empire and the proliferation of elites', *Arethusa* 33:429-46.

(2010), *Roman Perspectives: Studies in the Social, Political and Cultural History of the First to Fifth Centuries*, Swansea.

Mattingly, H. B. (1970), 'The extortion law of the *Tabula Bembina*', *JRS* 60:154-68.

(1975a), 'The extortion law of Servilius Glaucia', *CQ* 25:255-63.

(1975b), 'The jury-panel of the *lex repetundarum*', *Latomus* 34:726-28.

Maurizi, L. (2013), *Il cursus honorum senatorio da Augusto a Traiano: sviluppi formali e stilistic nell'epigrafia latina e greca*, Helsinki.

Maxfield, V. (1981), *The Military Decorations of the Roman Army*, Berkeley.

Mayer, E. (2012), *The Ancient Middle Classes: Urban Life and Aesthetics in the Roman Empire, 100 BCE - 250 CE*, Cambridge, MA.

Mayer, R. (ed.) (1994), *Horace: Epistles Book 1*, Cambridge.

McCall, J. B. (2002), *The Cavalry of the Roman Republic: Cavalry Combat and Elite Reputations in the Middle and Late Republic*, London.

McCormick, M. (1986), *Eternal Victory: Triumphal Rulership in Late Antiquity, Byzantium and the Early Medieval West*, Cambridge.

McDonnell, M. (2006), *Roman Manliness: Virtus in the Roman Republic*, Cambridge.

(2011), '*Virtus* as a specialization in the middle Republic', in W. Blösel and K. -J. Hölkeskamp (eds.), *Von der militia equestris zur militia urbana: Prominenzrollen und Karrierefelder im antiken Rome*, Stuttgart: 29-42.

McEvoy, M. A. (2013), *Child Emperor Rule in the Late Roman West, AD 367-455*, Oxford.

(2016), 'Becoming Roman? The not-so-curious case of Aspar and the Ardaburii', *Journal of Late Antiquity* 9:482-511.

McGinn, T. A. J. (1992), 'The SC from Larinum and the repression of adultery at Rome', *ZPE* 93:273-95.

(1999), 'The social policy of emperor Constantine in *Codex Theodosianus* 4,6,3', *Tijdschrift voor Rechtsgeschiedenis* 67:57-73.

(2003), *Prostitution, Sexuality, and the Law in Ancient Rome*, Oxford.

McGushin, P. (ed.) (1992), *Sallust: The Histories. Volume I*, Oxford.

McLynn, N. (2008), 'Crying wolf: the pope and the Lupercalia', *JRS* 98:161-75.

McNelis, C. (2002), 'Greek grammarians and Roman society during the early empire: Statius' father and his contemporaries', *Classical Antiquity* 21:67-94.

Meier, C. (1966), *Res Publica Amissa: Eine Studie zu Verfassung und Geschichte der späten römischen Republik*, Wiesbaden.

Mennen, I. (2011), *Power and Status in the Roman Empire, AD 193 - 284*, Leiden.

Merkelbach, R. (1985), 'Grabmal eines *tribunus militum* aus Perinthos', *ZPE* 59:40.

Millar, F. G. B. (1963a), 'The *fiscus* in the first two centuries', *JRS* 53: 29-42.

(1963b), 'Review of H.-G. Pflaum, *Les carrières procuratoriennes équestres sous le haut-empire romain*', *JRS* 53:194-200.

(1964a), 'Some evidence on the meaning of Tacitus, *Annals* XII. 60', *Historia* 13:180-7.

(1964b), 'The *aerarium* and its officials under the empire', *JRS* 54:33-40.

(1965a), 'Epictetus and the imperial court', *JRS* 55:141-8.

(1965b), 'The development of jurisdiction by imperial procurators: further evidence', *Historia* 14:362-7.

(1966), 'Emperors at work', *JRS* 57:9-19.

(1973), 'Triumvirate and principate', *JRS* 63:50-67.

(1977), *The Emperor in the Roman World*, London.

(1983) 'Empire and city, Augustus to Julian: obligations, excuses and status', *JRS* 73:76-96.

(1984), 'The political character of the classical Roman Republic, 200-151 BC', *JRS* 74:1-19.

(1986), 'Politics, persuasion and the people before the Social War (150-90 BC)', *JRS* 76:1-11.

(1988), 'Cornelius Nepos, "Atticus" and the Roman Revolution', *G&R* 35:40-55.

(1989), 'Senatorial provinces: an institutionalized ghost', *Ancient World* 20:93-7.

(1993), 'Ovid and the Domus Augusta: Rome seen from Tomoi', *JRS*

83:1-17.

(1998), *The Crowd in Rome in the Late Republic*, Ann Arbor.

(2002), *The Roman Republic in Political Thought*, Hanover and London.

Milner, N. P. (2011), 'Athletics, army recruitment and heroisation: L. Sep. Fl. Flavillianus of Oinoanda', *AS* 61:151-67.

Milnor, K. (2014), *Graffiti and the Literary Landscape in Roman Pompeii*, Oxford.

Minas-Nerpel, M. and Pfeiffer, S. (2010), 'Establishing Roman rule in Egypt: the trilingual stela of C. Cornelius Gallus from Philae', in K. Lembke, M. Minas-Nerpel and S. Pfeiffer (eds.), *Tradition and Transformation: Egypt under Roman Rule*, Leiden: 265-98.

Mitchell, S. (1977), 'R. E. C. A. M. notes and studies no. 1: inscriptions of Anycra', *AS* 27:63-103.

(2003), 'Inscriptions from Melli (Kocaaliler) in Pisidia', *AS* 53: 139-59.

Mitchell, S. and French, D. (2012), *The Greek and Latin Inscriptions of Ankara (Ancyra)*, vol. I: *From Augustus to the End of the Third Century AD*, Munich.

Mitchell, T. N. (1979), *Cicero: The Ascending Years*, New Haven and London.

Mittag, A. and Mutschler, F.-H. (2008), 'Epilogue', in F.-H. Mutschler and A. Mittag (eds.), *Conceiving the Empire: Rome and China Compared*, Oxford: 421-47.

Modrzejewski, J. and Zawadzki, T. (1967), 'La date de la mort d'Ulpien et la préfecture du prétoire au début du règne d'Alexandre Sévère', *RD* 40: 565-611.

Momigliano, A. (1966), '*Procum patricium*', *JRS* 56:16-24.

Mommsen, T. (1884), '*Protectores Augusti*', *Ephemeris Epigraphica* 5: 121-41.

(1887-8), *Römisches Staatsrecht*, 3 vols., Leipzig.

(1905), *Theodosiani libri XVI cum constitutionibus Sirmondianis et leges novellae ad Theodosianum pertinentes*, Berlin.

Morris, C. (1978), '*Equestris ordo*: chivalry as a vocation in the twelfth century', *Studies in Church History* 15:87–96.

Morstein-Marx, R. (1998), 'Publicity, popularity and patronage in the *Commentariolum Petitionis*', *Classical Antiquity* 17:259–88.

(2004), *Mass Oratory and Political Power in the Late Roman Republic*, Cambridge.

Mosca, G. (1939), *The Ruling Class*, ed. A. Livingston, trans. H. D. Kahn, New York.

Motschmann, C. (2002), *Die Religionspolitik Marc Aurels*, Stuttgart.

Mouritsen, H. (1998), *Italian Unification: A Study in Ancient and Modern Historiography*, *Bulletin of the Institute of Classical Studies* Supplement 70, London.

(2001), *Plebs and Politics in the Late Roman Republic*, Cambridge.

(2005), 'Freedmen and decurions: epitaphs and social history in imperial Italy', *JRS* 95:38–63.

(2011), *The Freedman in the Roman World*, Cambridge.

Murphy, T. (1998), 'Cicero's first readers: epistolary evidence for the dissemination of his works', *CQ* 48:492–505.

Mutschler, F.-H. and Mittag, A. (eds.) (2008), *Conceiving the Empire: Rome and China Compared*, Oxford.

Näf, B. (1995), *Senatorisches Standesbewusstsein in spätrömischer Zeit*, Freiburg.

Nasti, F. (1997), 'Il prefetto del pretorio di CIL VI 1638 (=D. 1331) e la sua carriera', *ZPE* 117:281–90.

Neri, V. (1981), 'L'elogio della cultura e l'elogio delle virtù politiche nell'epigrafia latina del IV secolo d. C.', *Epigraphica* 43:175–201.

Nesselhauf, H. (1964), '*Patrimonium* and *res* privata des römischen Kaisers', *BHAC* 1963, Bonn: 73–94.

Newbold, R. F. (1975), 'Cassius Dio and the games', *L'Antiquité Classique* 44:589–604.

Newby, Z. (2005), *Greek Athletics in the Roman World: Victory and Virtue*, Oxford.

Nicasie, M. (1998), *Twilight of Empire: The Roman Army from the Reign of Diocletian until the Battle of Adrianople*, Amsterdam.

Nicholson, J. (1994), 'The delivery and confidentiality of Cicero's letters', *Classical Journal* 90:33 – 63.
Nicolet, C. (1962), '*Les equites campani* et leurs réprésentations figurées', *MEFRA* 74:463 – 517.
—— (1967a), '*Eques Romanus ex inquisitione*: à propos d'une inscription de Prousias de l'Hypios', *BCH* 91:411 – 22.
—— (1967b), '*Tribuni militum a populo*', *MEFRA* 79:29 – 76.
—— (1974), *L'ordre équestre a l'époque républicaine (312 –43 av. J. -C.)*, 2 vols., Paris. (Vol. I originally published in 1966.)
—— (1976), 'Le cens senatorial sous la Republique et sous Auguste', *JRS* 66:20 – 38.
—— (1980), *The World of the Citizen in Republican Rome*, trans. P. S. Falla, Berkeley.
—— (1984), 'Augustus, government, and the propertied classes', in F. Millar and E. Segal (eds.), *Caesar Augustus: Seven Aspects*, Oxford: 89 – 128.
Nicols, J. (2014), *Civic Patronage in the Roman Empire*, Leiden.
Nicols, M. (2010), 'Contemporary perspectives on luxury building in secondcentury BC Rome', *PBSR* 78:39 – 61.
Nisbet, R. G. M. and Hubbard, M. (1978), *A Commentary on Horace: Odes Book II*, Oxford.
Nisbet, R. G. M. and Rudd, N. (2004), *A Commentary on Horace: Odes Book III*, Oxford.
Nixon, C. E. V. and Rodgers, B. S. (1994), *In Praise of Later Roman Emperors: The Panegyrici Latini*, Berkeley.
Nonnis, D. (1995 – 6), 'Un patrono dei dendrofori di Lavinium: onori e munificenza in un dossier epigrafico di età severiana', *RPAA* 68:235 – 62.
Noreña, C. (2011), *Imperial Ideals in the Roman West: Representation, Circulation, Power*, Cambridge.
North, J. A. (1990), 'Democratic politics in Republican Rome', *P&P* 126: 3 – 21.
—— (2008), 'Caesar at the Lupercalia', *JRS* 98:144 – 60.
North, J. A. and McLynn, N. (2008), 'Postscript to the Lupercalia: from Caesar to Andromachus', *JRS* 98:176 – 81.

Nowakowski, P. (2011), 'The family of Titus Flavius Glaukos, procurator of βυθίη Κύπρος'', *Cahier du Centre d'études Chypriotes* 41:283 – 8.
Nutton, V. (1971), 'L. Gellius Maximus, physician and procurator', *CQ* 21:262 – 72.
— (1977), 'Archiatri and the medical profession in antiquity', *PBSR* 45: 191 – 226.
— (1978), 'The beneficial ideology', in P. D. A. Garnsey and C. R. Whittaker (eds.), *Imperialism in the Ancient World*, Cambridge: 209 – 21.
Oakley, S. P. (1985), 'Single combat in the Roman Republic', *CQ* 35:392 – 410.
— (1998), *A Commentary on Livy Books VI – X. Volume II: Books VII – VIII*, Oxford.
— (2005a), *A Commentary on Livy Books VI – X. Volume III: Book IX*, Oxford.
— (2005b), *A Commentary on Livy Books VI – X. Volume IV: Book X*, Oxford.
Ogilvie, R. M. (1970), *A Commentary on Livy Books 1 – 5*, Oxford.
Oliver, J. H. (1949), 'Two Athenian poets', in *Commemorative Studies in Honour of Theodore Leslie Shear*, Hesperia Supplements 8:243 – 58.
— (1970), *Marcus Aurelius: Aspects of Civic and Cultural Policy in the East*, Princeton.
— (1989), *Greek Constitutions of Early Roman Emperors from Inscriptions and Papyri*, Philadelphia.
Oost, S. I. (1963), 'Cyrene, 96 – 74 BC', *CP* 58:11 – 25.
Orlin, E. (2010), *Foreign Cults in Rome: Creating a Roman Empire*, Oxford.
Osgood, J. (2006), *Caesar's Legacy: Civil War and the Emergence of the Roman Empire*, Cambridge.
— (2011), *Claudius Caesar: Image and Power in the Early Roman Empire*, Cambridge.
Osier, J. F. (1974), 'The Rise of the Ordo Equester in the Third Century of the Roman Empire', Ph. D. thesis, University of Michigan.
Panayotakis, C. (ed.) (2010), *Decimus Laberius: The Fragments*,

Cambridge.
Panciera, S. (1970), 'Tra epigrafia e topografia (I)', *Archeologia Classica* 22:131-63.
(2006), 'L'epigrafia Latina nel passaggio dalla repubblica all'impero', in *Epigrafi, epigrafia, epigrafisti*, Rome: 83-101.
Parsons, P. J. (1967), 'Philippus Arabs and Egypt', *JRS* 57:134-61.
(1970), 'M. Aurelius Zeno Januarius', in D. H. Samuel (ed.), *Proceedings of the Twelfth International Congress of Papyrology, Ann Arbor, 1968*, Toronto: 329-97.
(1976), 'Petitions and a letter: the grammarian's complaint', in *Collectanea Papyrologica: Texts Published in Honor of H. C. Youtie*, Bonn: 409-46.
Pasqualini, A. (2008), 'Mappa liturgica dei flamini minori di Roma', in M. L. Caldelli, G. L. Gregori and S. Orlandi (eds.), *Epigrafia 2006: Atti della XIV recontre sur l'epigraphie in onore di Silvio Panciera con altri contributi di colleghi, allievi e collaboratori*, Rome: 437-52.
Paterson, J. (2007), 'Friends in high places: the creation of the court of the Roman emperor', in A. J. S. Spawforth (ed.), *The Court and Court Society in Ancient Monarchies*, Cambridge: 121-56.
Patterson, J. R. (2006), *Landscapes and Cities: Rural Settlement and Civic Transformation in Early Imperial Italy*, Oxford.
Pavis d'Escurac, H. (1976), *La préfecture de l'annone: service administratif impérial d'Auguste à Constantine*, Rome.
Peachin, M. (1989), 'The office of the memory', in E. Chyrsos (ed.), *Studien zur Geschichte der römischen Spätantike: Festgabe für Professor Johannes Straub*, Athens: 168-208.
(1990), *Roman Imperial Titulature and Chronology, AD 235-284*, Amsterdam.
(1996), *Iudex vice Caesaris: Deputy Emperors and the Administration of Justice during the Principate*, Stuttgart.
(2004), *Frontinus and the curae of the curator aquarum*, Stuttgart.
Pedersen, F. S. (1976), *Late Roman Public Professionalism*, Odense.
Pedroni, L. (2010), 'Il nome die cavalieri Romani in età medio-Repubblicana', *REA* 112:353-61.

Pelling, C. (1988), *Plutarch: Life of Antony*, Cambridge.
Petersen, H. (1955), 'Senatorial and equestrian governors in the third century AD', *JRS* 45:47–57.
Pflaum, H. -G. (1948), *Le marbre de Thorigny*, Paris.
 (1950), *Les procurateurs équestres sous le Haut-Empire romain*, Paris.
 (1959), 'Lucien de Samosate, *Archistator Praefecti Aegypti*, d'après une inscription de Césarée de Maurétanie', *MEFRA* 71:281–6.
 (1960), *Les carrières procuratoriennes équestres sous le Haut-Empire romain*, vols. I-II, Paris.
 (1961), *Les carrières procuratoriennes équestres sous le Haut-Empire romain*, vol. III, Paris.
 (1968), 'Les juges des cinq décuries originaires d'Afrique romaine', *Antiquités africaines* 2:153–95.
 (1970), 'Titulature et rang social sous le Haut-Empire', in C. Nicolet (ed.), *Recherches sur les structures sociales dans l'antiquité classique*, Paris: 159–85.
 (1971), 'Une lettre de promotion de l'empereur Marc Aurele pour un procurateur ducenaire de Gaule Narbonnaise', *BJ* 171:349–66.
 (1974), *Abrégé des procurateurs équestres*, Paris.
 (1976), 'Zur Reform des Kaisers Gallienus', *Historia* 25:109–17.
 (1978), 'Les salaires des magistrats et fonctionnaires du Haut-Empire', in *Les 'dévaluations' à Rome: époque républicaine et impériales. Volume 1*. Paris: 311–15.
 (1982), *Les carrières procuratoriennes équestres sous le Haut-Empire romain: Supplèment*, Paris.
Phang, S. E. (2001), *The Marriage of Roman Soldiers (13 BC –AD 235): Law and Family in the Imperial Army*, Leiden.
Pina Polo, F. (2011), 'Consuls as *curatores pacis deorum*', in H. Beck et al. (eds.), *Consuls and Res Publica: Holding High Office in the Roman Republic*, Cambridge: 97–115.
Piso, I. (1980), 'Beiträge zu den Fasten Dakiens im 3. Jahrhundert', *ZPE* 40:273–82.
 (1982), 'Maximinus Thrax und die Provinz Dazien', *ZPE* 49:225–38.
 (1999), 'Les chevaliers romains dans l'armée impériale et les implications

de *l'imperium*', in S. Demougin, H. Devijver and M.-T. Raepsaet-Charlier (eds.), *L'ordre équestre: histoire d'une aristocratie (IIe siècle av. J.-C.-IIIe siècle ap. J.-C.)*, Rome: 321-50.

　　　(2014), 'Zur Reform des Gallienus anläßlich zweier neur Inschriften aus den Lagerthermen von Potaissa', *Tyche* 29:125-46.

Pleket, H. W. (1969), '*Collegium iuvenum Nemesiorum*: a note on ancient youthorganisations', *Mnemosyne* 22:281-98.

　　　(2012), 'Ephebes and horses', *Mnemosyne* 65:324-8.

Pobjoy, M. (2000), 'Building inscriptions in Republican Italy: euergetism, responsibility, and civic virtue', in A. E. Cooley (ed.), *The Epigraphic Landscape of Roman Italy*, London: 77-92.

　　　(2007), 'Epigraphy and numismatics', in N. Rosenstein and R. Morstein-Marx (eds.), *A Companion to the Roman Republic*, Oxford and Malden, MA: 51-80.

Pollard, N. (2000), *Soldiers, Cities, and Civilians in Roman Syria*, Ann Arbor.

Porena, P. (2003), *Le origini della prefettura del pretorio tardoantica*, Rome.

　　　(2006), 'L'Italia prima di Ponte Milvio e la carrier di Caecilianus', *Epigraphica* 68:117-54.

Potter, D. S. (1999), 'Entertainers in the Roman empire', in D. S. Potter and D. J. Mattingly (eds.), *Life, Death, and Entertainment in the Roman Empire*, Ann Arbor: 256-325.

　　　(2004), *The Roman Empire at Bay, AD 180-395*, London.

　　　(2010), 'Caesar and the Helvetians', in G. Fagan and M. Trundle (eds.), *New Perspectives on Ancient Warfare*, Leiden: 305-29.

　　　(2011), 'Holding court in Republican Rome (105-44)', *AJPh* 132:59-80.

Poulantzas, N. (1978), *State, Power, Socialism*, trans. P. Camiller, London.

Poulson, B. (1991), 'The Dioscuri and ruler ideology', *Symbolae Osolenses* 66:119-46.

Powis, J. K. (1984), *Aristocracy*, Oxford.

Prag, J. R. W. (2007), '*Auxilia and gymnasia*: a Sicilian model of Roman imperialism', *JRS* 97:68 – 100.

(2010), 'Troops and commanders: *auxilia externa* under the Roman Republic', in D. Bonanno, R. Marino and D. Motta (eds.), *Truppe e Comandanti nel mondo antico*, Palermo: 101 – 13.

(2011), 'Provincial governors and auxiliary soldiers', in N. Barrandon and F. Kirbihler (eds.), *Les gouverners et les provinciaux sous la République romaine*, Rennes: 15 – 28.

Prescendi, F. (2010), 'Children and the transmission of religious knowledge', inV.

Dasen and T. Späth (eds.), *Children, Memory, and Family Identity in Roman Culture*, Oxford: 73 – 93.

Price, S. R. F. (1984), *Rituals and Power: The Roman Imperial Cult in Asia Minor*, Cambridge.

(1987), 'From noble funerals to divine cult: the consecration of Roman emperors', in D. Cannadine and S. R. F. Price (eds.), *Rituals of Royalty: Power and Ceremonial in Traditional Societies*, Cambridge: 56 – 105.

Purcell, N. (1983), 'The *apparitores*: a study in social mobility', *PBSR* 51:125 – 73.

Raaflaub, K. (1999), 'Archaic and Classical Greece', in K. Raaflaub and N.

Rosenstein (eds.), *War and Society in the Ancient and Medieval Worlds: Asia, The Mediterranean, Europe, and Mesoamerica*, Cambridge, MA: 129 – 61.

Raaflaub, K. and Rosenstein, N. (eds.) (1999), *War and Society in the Ancient and Medieval Worlds: Asia, The Mediterranean, Europe, and Mesoamerica*. Cambridge, MA.

Raaflaub, K. A. and Samons II, L. J. (1990), 'Opposition to Augustus', in K. A. Raaflaub and M. Toher (eds.), *Between Republic and Empire: Interpretations of Augustus and his Principate*, Berkeley: 417 – 54.

Raber, K. and Tucker, T. J. (eds.) (2005), *The Culture of the Horse: Status, Discipline, and Identity in the Early Modern World*, New York.

Raepsaet-Charlier, M. -T. (1999), '*Matrones equestres*: la parenté feminine de l'ordre équestre', in S. Demougin, H. Devijver and M. -T. Raepsaet-

Charlier (eds.), *L'ordre équestre: histoire d'une aristocratie (IIe siècle av. J.-C.-IIIe siècle ap. J.-C.)*, Rome: 215–36.

Ramón Mélida, J. R. (1925), *Catálogo Monumental de España: Provincia de Badajoz*, vol. I, Madrid.

Ramsay, J. T. (2005), 'Mark Antony's judiciary reform and its revival under the triumvirs', *JRS* 95:20–7.

Ramsay, J. T. (ed.) (2003), *Cicero: Philippics I-II*, Cambridge.

Rankov, B. (1987), 'M. Iunius Congus the Gracchan', in M. Whitby, P. Hardie and M. Whitby (eds.), *Homo Viator: Classical Essays for John Bramble*, Bristol: 89–94.

—— (2007), 'Military forces', in P. Sabin, H. van Wees and M. Whitby (eds.), *The Cambridge History of Greek and Roman Warfare, vol. II: Rome from the Late Republic to the Late Empire*, Cambridge: 30–75.

Rathbone, D. (1991), *Economic Rationalisation and Rural Society in Third Century AD Egypt*, Cambridge.

—— (1993), 'The *census* qualifications of the *assidui* and the *prima classis*', in H. Sancisi-Weerdenburg, R. J. Van der Spek, H. C. Teitler and H. T. Wallinga (eds.), *De Agricultura: In Memoriam Pieter Willem de Neeve (1945–1990)*, Amsterdam: 121–52.

—— (1996), 'Monetisation, not price-inflation, in third-century AD Egypt', in C. E. King and D. G. Wigg (eds.), *Coin Finds and Coin Use in the Roman World*, Berlin: 329–33.

—— (2008), 'Nero's reforms of *vectigalia* and the inscription of the *lex portorii Asiae*', in M. Cottier et al. (eds.), *The Customs Law of Asia*, Oxford: 251–78.

—— (2009), 'Earnings and costs: living standards and the Roman economy', in A. Bowman and A. Wilson (eds.), *Quantifying the Roman Economy: Methods and Problems*, Oxford: 299–326.

Rawlings, L. (1998), '*Condottieri* and clansmen: early Italian raiding, warfare and the state', in K. Hopwood (ed.), *Organised Crime in Antiquity*, London: 97–128.

Rawson, B. (2003), *Children and Childhood in Roman Italy*, Oxford.

Rawson, E. (1971), 'The literary sources for the pre-Marian army', *PBSR*

39:13-31.

(1987), 'Discrimina ordinum: the *lex Julia theatralis*', *PBSR* 55: 83-114.

Rea, J. (1970), 'Cn. Domitius Philippus, praefectus vigilum, dux', in D. H. Samuel (ed.), *Proceedings of the Twelfth International Congress of Papyrology, Ann Arbor, 1968*, Toronto: 427-9.

Rebecchi, F. (1999), 'Per l'iconograpfia della *transvectio equitum*: alter considerazioni e nuovi documenti', in S. Demougin, H. Devijver and M.-T. Raepsaet-Charlier (eds.), *L'ordre équestre: histoire d'une aristocratie (IIe siècle av. J.-C.-IIIe siècle ap. J.-C.)*, Rome: 191-214.

Rees, R. (2007), 'Letters of commendation and the rhetoric of praise', in R. Morello and A. D. Morrison (eds.), *Ancient Letters: Classical and Late Antique Epistolography*, Oxford: 149-68.

Reinhold, M. (1933), *Marcus Agrippa: A Biography*, Geneva, NY.

(1971), 'Usurpation of status and status symbols', *Historia* 20: 275-302.

(1988), *From Republic to Principate: An Historical Commentary on Cassius Dio's Roman History Books 49-53 (36-29 BC)*, Atlanta.

Retzleff, A. and Mjely, A. M. (2004), 'Seat inscriptions in the Odeum at Gerasa (Jerash)', *BASOR* 336:37-48.

Ricci, C. (2000), 'Legio II Parthica: una messa a punto', in Y. Le Bohec and C. Wolff (eds.), *Les légions de Rome sous le Haut-Empire*, 2 vols., Lyons: 397-406.

Rich, J. W. (1990), *Cassius Dio: The Augustan Settlement (Roman History 53-55. 9)*, Warminster.

Rich, J. W. and Williams, J. H. C. (1999), '*Leges et iura p. R. restituit*: a new aureus of Octavian and the settlement of 28-27 BC', *NC* 159: 169-213.

Richard, J. C. (1995), 'Patricians and plebeians: the origins of a social dichotomy', in K. Raaflaub (ed.), *Social Struggles in Archaic Rome: New Perspectives on the Conflict of the Orders*, Oxford and Malden, MA: 107-27.

Richardson, J. S. (1976), 'The Spanish mines and the development of provincial taxation in the second century BC', *JRS* 66:139-52.

(1987), 'The purpose of the lex Calpurnia de repetundis', JRS 77:1-12.

(1997), 'The senate, the courts, and the SC de Cn. Pisone patre', CQ 47:510-18.

(1998), 'Old statutes never die: a brief history of abrogation', in M. Austin, J. Harries and C. Smith (eds.), *Modus Operandi: Essays in Honour of Geoffrey Rickman*, London: 47-61.

(2012), *Augustan Rome, 44 BC to AD 14: The Restoration of the Republic and the Establishment of the Empire*, Edinburgh.

Richardson, L., Jr. (1978), '*Honos et Virtus and the Sacra Via*', AJA 82:240-6.

Richardson, L., Jr. (ed.) (1977), *Propertius: Elegies I-IV*, Norman.

Rickman, G. E. (1971), *Roman Granaries and Store Buildings*, Cambridge.

(1980), The Corn Supply of Ancient Rome, Oxford.

Ritterling, E. (1903), 'Zum römischen Heerwesen des ausgehenden dritten Jahrhunderts', in *Festschrift zu Otto Hirschfelds*, Berlin: 345-9.

Rives, J. B. (1996), 'The piety of a persecutor', JECS 4:1-25.

Robert, L. (1954), *La Carie II: Le plateau de Tabai et ses environs*, Paris.

Robinson, M. (2011), *Ovid: Fasti, Book 2*, Oxford.

Robinson, O. F. (2007), *Penal Practice and Penal Policy in Ancient Rome*, London.

Rodgers, B. S. (1989), 'Eumenius of Augustodunum', AncSoc 20:249-66.

(2015), *Symmachus. Oration 1. To Valentinian. 25 February 368 or 369.* www.uvm.edu/~bsaylor/rome/Symmachus1.pdf.

Rodgers, R. H. (2004), *Frontinus: De Aquaeductu Urbis Romae*, Cambridge.

Rogers, G. M. (1991a), 'Demosthenes of Oenoanda and models of euergetism', JRS 81:91-100.

(1991b), *The Sacred Identity of Ephesos: Foundation Myths of a Roman City*, London and New York.

Roncaglia, C. (2013), 'Client prefects? Rome and the Cottians in the western Alps', *Phoenix* 67:353-72.

Rosenstein, N. (2007), 'Military command, political power, and the Republican elite', in P. Erdkamp (ed.), *A Companion to the Roman*

Army, Oxford and Malden, MA: 132 – 47.

(2008), 'Aristocrats and agriculture in the middle and late Republic', *JRS* 98:1 – 26.

(2009), 'War, state formation, and the evolution of military institutions in ancient China and Rome', in W. Scheidel (ed.), *Rome and China: Comparative Perspectives on Ancient World Empires*, Oxford: 24 – 51.

(2011), 'War, wealth and consuls', in H. Beck (ed.), *Consuls and Res Publica*, Cambridge: 133 – 57.

Rostagni, A. (1944), *Suetonio: De Poetis e Biografi Minori*, Turin.

Rothfus, M. A. (2010), 'The *gens togata*: changing styles and changing identities', *AJPh* 131:425 – 52.

Rouèché, C. (1993), *Performers and Partisans at Aphrodisias in the Roman and Late Roman Periods*, London.

(1998), 'The functions of the governor in late antiquity: some observations', *AntTard* 6:31 – 6.

Rowan, C. (2014), 'Showing Rome in the round: reinterpreting the "Commemorative Medallions" of Antoninus Pius', *Antichthon* 48: 109 – 25.

Rowe, G. (2002), *Princes and Political Cultures: The New Tiberian Senatorial Decrees*, Ann Arbor.

Rowland, R. J. (1965), 'C. Gracchus and the *equites*', *TAPA* 96:361 – 73.

Rowlandson, J. (1996), *Landowners and Tenants in Roman Egypt: The Social Relations of Agriculture in the Oxyrhynchite Nome*, Oxford.

Rüpke, J. (2007), *Religion of the Romans*, trans. R. Gordon, London.

(2008), *Fasti Sacerdotum: A Prosopography of Pagan, Jewish, and Christian Religious Officials in the City of Rome, 300 BC to AD 499*, Oxford.

(2011), *The Roman Calendar from Numa to Constantine: Time, History and the Fasti*, Oxford and Malden, MA.

Russell, B. (2013), *The Economics of the Roman Stone Trade*, Oxford.

Ryan, F. X. (1997), 'The praetorship of L. Roscius Otho', *Hermes* 125: 236 – 40.

(1993), 'Some observations on the censorship of Claudius and Vitellius, AD 47 – 48', *AJPh* 114:611 – 18.

Sabin, P. and De Souza, P. (2007), 'Battle', in P. Sabin, H. van Wees and M. Whitby (eds.), *The Cambridge History of Greek and Roman Warfare, vol. I: Greece, the Hellenistic World and the Rise of Rome*, Cambridge: 399 – 460.

Sablayrolles, R. (1996), *Libertinus Miles: les cohortes de vigils*, Rome.

(1999), '*Fastigium equestre*: les grades préfectures équestres', in S. Demougin, H. Devijver and M. -T. Raepsaet-Charlier (eds.), *L'ordre équestre: histoire d'une aristocratie (IIe siècle av. J. -C. -IIIe siècle ap. J. -C.)*, Rome: 351 – 89.

Saddington, D. B. (1990), 'The origin and nature of the German and British fleets', *Britannia* 21:223 – 32.

(1996), 'Early imperial praefecti *castrorum*', *Historia* 45:244 – 52.

(2000), '"Honouring" Tiberius on inscriptions, and in Valerius Maximus: a note', *Acta Classica* 43:166 – 72.

(2003), 'An Augustan officer on the Roman army: *militaria* in Velleius Paterculus and some inscriptions', in J. J. Wilkes (ed.), *Documenting the Roman Army: Essays in Honour of Margaret Roxan*, London: 19 – 29.

(2007), 'Classes: the evolution of the Roman imperial fleets', in P. Erdkamp (ed.), A Companion to the Roman Army, Oxford and Malden, MA: 201 – 17.

Sailor, D. (2008), *Writing and Empire in Tacitus*, Cambridge.

Saller, R. P. (1980), 'Promotion and patronage in equestrian careers', *JRS* 70:44 – 63.

(1982), *Personal Patronage under the Early Empire*, Cambridge.

(2001), 'The family and society', in J. Bodel (ed.), *Epigraphic Evidence: Ancient History from Inscriptions*, London: 95 – 117.

Salmeri, G. (2000), 'Dio, Rome and the civic life of Asia Minor', in S. Swain (ed.), *Dio Chrysostom: Politics, Letters, and Philosophy*, Oxford: 53 – 92.

Salmon, E. T. (1972), 'Cicero, *Romanus an Italicus anceps*', in J. R. C. Martyn (ed.), *Cicero and Vergil: Studies in Honor of Howard Hunt*, Amsterdam: 75 – 86.

Salomies, O. (1994), 'Observations on the development of the style of Latin honorific inscriptions during the empire', *Arctos* 28:63 – 106.

(2015), 'The Roman Republic', in C. Bruun and J. Edmondson (eds.), *The Oxford Handbook of Roman Epigraphy*, Oxford: 153 – 77.

Salway, R. W. B. (2006), 'Equestrian prefects and the award of senatorial honours from the Severans to Constantine', in A. Kolb (ed.), *Herrschaftsstrukturen und Herrschaftspraxis: Konzepte, Prinzipien und Strategien der Administration im römischen Kaiserreich*, Berlin: 115 – 35.

(2015), 'Redefining the Roman imperial elite in the fourth century AD', in P. Briks (ed.), *Elites in the Ancient World*, Szczecin: 199 – 220.

Salzman, M. R. (1990), *On Roman Time: The Codex-Calendar of 354 and the Rhythms of Urban Life in Late Antiquity*, Berkeley.

(2002), *The Making of a Christian Aristocracy: Social and Religious Change in the Western Roman Empire*, Cambridge, MA.

(2006), 'Symmachus and the "barbarian" generals', *Historia* 55: 352 – 67.

Samuel, L. R. (2012), *The American Dream: A Cultural History*, Syracuse.

Santangelo, F. (2007), *Sulla, the Elites and the Empire: A Study of Roman Policies in Italy and the Greek East*, Leiden.

Saulnier, G. (1984), '*Laurens Lauinas*: quelques remarques à propos d'un sacerdoce équestre à Rome', *Latomus* 43:517 – 33.

Saxer, R. (1967), *Untersuchungen zu den Vexillationen des römischen Kaiserheeres von Augustus bis Diokletian*, Cologne.

Scamuzzi, U. (1969), 'Studio sulla *lex Roscia theatralis*', *Rivista di Studi Classici* 17:133 – 65, 259 – 319.

Schäfer, N. (2000), *Die Einbeziehung der Provinzialen in den Reichsdienst in augusteischer Zeit*, Stuttgart.

Schäfer, T. (2003), 'Die Rezeption römischer Herrschaftsinsignien in Italien und im Imperium Romanum im 1. und 2. Jh. n. Chr.', in G. Weber and M. Zimmerman (eds.), *Propaganda-Selbstdarstellung-Repräsentation im römischen Kaiserreich des I. Jhs. n. Chr*, Stuttgart: 243 – 73.

Scheid, J. (1990a), *Le collège des frères arvales: études prosopographique* du recrutement(69 -304), Rome.

(1990b), *Romulus et ses Frères: Le College des Frères arvales. Modèle du culte public dans la Rome des empereurs*, Rome.

(1993), 'Cultes, mythes et politique au début de l'Empire', in F. Graz (ed.), *Mythos in mythenloser Gesellschaft: Das Paradigma Roms*, Stuttgart 109 - 27.

(2003), *An Introduction to Roman Religion*, trans. J. Lloyd, Bloomington and Indianapolis.

(2005), 'Augustus and Roman religion: continuity, conservatism, and innovation', in K. Galinsky (ed.), *The Cambridge Companion to the Age of Augustus*, Cambridge: 175 - 93.

Scheid, J. and Granino Cecere, M. G. (1999), 'Les sacerdoces publics équestres', in S. Demougin, H. Devijver and M. -T. Raepsaet-Charlier (eds.), *L'ordre équestre: histoire d'une aristocratie (IIe siècle av. J. -C. - IIIe siècle ap. J. -C.)*, Rome: 79 - 189.

Scheidel, W. (2006), 'Stratification, deprivation and quality of life', in M. Atkins and R. Osborne (eds.), *Poverty in the Roman World*, Cambridge: 40 - 59.

(2009a), 'Introduction', in W. Scheidel (ed.), *Rome and China: Comparative Perspectives on Ancient World Empires*, Oxford: 1 - 10.

(2009b), 'From the "Great Convergence" to the "First Great Divergence": Roman and Qin-Han state formation and its aftermath', in W. Scheidel (ed.), *Rome and China: Comparative Perspectives on Ancient World Empires*, Oxford: 11 - 23.

(2009c), 'New ways of studying Roman incomes', in A. Bowman and A. Wilson (eds.), *Quantifying the Roman Economy: Methods and Problems*, Oxford: 346 - 52.

(2009d) *Rome and China: Comparative Perspectives on Ancient World Empires*, Oxford.

(2013), 'Studying the state', in P. F. Bang and W. Scheidel (eds.), *The Oxford Handbook of the State in the Ancient Near East and Mediterranean*, Oxford: 5 - 57.

Scheidel, W. (ed.) (2015), *State Power in Ancient China and Rome*, Oxford.

Scheidel, W. and Friesen, S. J. (2009), 'The size of the economy and the distribution of income in the Roman empire', *JRS* 99:61-91.

Schmidt-Hofner, S. (2008), *Reagieren und Gestalten: der Regierungsstil des spätrömischen Kaisers am Beispiel der Gesetzgebung Valentinians I*, Munich.

Schneider, K. (1927), 'Lusus Troiae', in *RE* XIII: 2059-67.

Scholz, P. (2005), 'Zur öffentlichen Repräsentation römischer Senatoren und Magistrate: einige Überlegungen zur (verlorenen) materiellen Kultur der republikanischen Senatsaristokratie', in T. L. Kienlin (ed.), *Die Dinge als Zeichen: Kulturelles Wissen und materielle Kultur*, Bonn: 409-31.

Schwartz, J. (1976), 'Préfecture d'Egypt et intérim', *ZPE* 20:101-7.

Seager, R. (1992), 'Sulla', in *CAH* IX^2, 165-207.

Seeck, O. (1905), 'Egregiatus', in *RE* V. 2:2006-10.

(1919), *Regesten der Kaiser und Päpste für die Jahre 311 bis 476 n. Chr.*, Stuttgart.

Segenni, S. (1992), 'Amiternum-Ager Amiterninus', *Supplementa Italica* 9:11-209.

Segrè, A. (1943), 'A note on the classes of Roman officials in the age of Diocletian', *TAPA* 74:102-8.

Sekunda, N. V. (2013), 'War and society in Greece', in B. Campbell and L. A. Tritle (eds.), *The Oxford Handbook of Warfare in the Classical World*, Oxford: 199-215.

Severy, B. (2003), *Augustus and the Family at the Birth of the Roman Empire*, London.

Shackleton Bailey, D. R. (ed.) (1965a), *Cicero's Letters to Atticus*, vol. I: *68-59 BC*, Cambridge.

(1965b), *Cicero's Letters to Atticus*, vol. II: *58-54 BC*, Cambridge.

(1968), *Cicero's Letters to Atticus*, vol. III: *51-50 BC*, Cambridge.

(1977a), *Cicero: Epistulae ad Familiares*, vol. I: *62-47 BC*, Cambridge.

(1977b), *Cicero: Epistulae ad Familiares*, vol. II: *47-43 BC*, Cambridge.

(1980), *Cicero: Epistulae ad Quintum Fratrem et M. Brutum*, Cambridge.

Shatzman, I. (1975), *Senatorial Wealth and Roman Politics*, Brussels.

Sherwin-White, A. N. (1939), 'Procurator Augusti', *PBSR* 15:11-26.

—— (1966), *The Letters of Pliny: A Historical and Social Commentary*, Oxford.

—— (1973), *The Roman Citizenship*, 2nd edition, Oxford.

—— (1982), 'The *lex repetundarum* and the political ideals of Gaius Gracchus', *JRS* 72:18-31.

Siani-Davies, M. (ed.) (2001), *Marcus Tullius Cicero: Pro Rabirio Postumo*, Oxford.

Simón, F. M. (2011), 'The *feriae Latinae* as religious legitimation of the consuls' *imperium*', in H. Beck et al. (eds.), *Consuls and Res Publica: Holding High Office in the Roman Republic*, Cambridge: 116-32.

Sirks, A. J. B. (1995), 'Aurelius Neilammon alias Hiërax and Caecilius [Cons]ultius, prefect of Egypt, in a case of extortion (*P. Strasb.* VI 560)', *Tyche* 10:179-84.

—— (2015), 'Status and rank in the Theodosian Code', in A. B. Kuhn (ed.), *Social Status and Prestige in the Graeco-Roman World*, Munich: 291-302.

Skinner, A. (2013), 'Political mobility in the later Roman empire', *P&P* 218:17-53.

Slater, W. J. (1994), 'Pantomime riots', *Classical Antiquity* 13:120-44.

Slootjes, D. (2006), *The Governor and his Subjects in the Later Roman Empire*, Leiden.

Small, D. B. (1987), 'Social correlations to the Greek cavea in the Roman period', in S. Macready and F. H. Thompson (eds.), *Roman Architecture in the Greek World*, London: 85-93.

Smith, C. J. (2012), 'The *feriae Latinae*', in J. Rasmus Brandt and J. W. Iddeng (eds.), *Greek and Roman Festivals: Content, Meaning, and Practice*, Oxford: 267-88.

Smith, C. J. and Cornell, T. J. (2014), 'C. Oppius', in T. J. Cornell (ed.), *The Fragments of the Roman Historians*, Oxford: 380-3.

Smith, R. E. (1972), 'The army reforms of Septimius Severus', *Historia* 21:481-500.

—— (1979), '*Dux, praepositus*', *ZPE* 36:263-78.

Smith, R. R. R. (1998), 'Cultural choice and political identity in honorific portrait statues in the Greek east in the second century AD', *JRS* 88:56 – 93.

——(2016), 'Statue practice in the late Roman empire: numbers, costumes, and style', in R. R. R. Smith and B. Ward-Perkins (eds.), *The Last Statues of Antiquity*, Oxford: 1 – 27.

Smith, R. R. R. et al. (2006), *Roman Portrait Statuary from Aphrodisias (Aphrodisias II)*, Mainz.

Smith, R. R. R. and Ratté, C. (1997), 'Archaeological research at Aphrodisias in Caria', *AJA* 101:1 – 22.

Sogno, C. (2006), *Q. Aurelius Symmachus: A Political Biography*, Ann Arbor.

Solin, H. (2005), '*Munitus*', in S. Kiss et al. (eds.), *Latin et langues Romanes*, Tübingen: 283 – 6.

——(2011), 'Una nuova iscrizione con carriera equestra da Limatola', in S. Cagnazzi et al. (eds.), *Scritti di stori per Mario Pani*, Bari: 469 – 75.

Sordi, M. (1995), 'La centralità dell'Etruria nella politica di Mecenate', *RSA* 25:149 – 56.

Spalthoff, B. H. (2010), *Repräsentationsformen des römischen Ritterstandes*, Rahden.

Spawforth, A. J. S. (1996), 'Roman Corinth: the formation of a colonial elite', in A. D. Rizakis (ed.), *Roman Onomastics in the Greek East: Social and Political Aspects*, Athens: 167 – 82.

——(2002), 'Italian elements among the Roman knights and senators from Old Greece', in C. Müller and C. Hasenohr (eds.), *Les Italiens dans de monde grec: IIe siècle av. J.-C.-Ier siècle ap. J.-C. (circulation, activités, integration)*, Paris: 101 – 7.

Speidel, M. A. (2007), 'Ein Bollwerk für Syrien: Septimius Severus und die Provinzordnung Nordmesopotamiens im dritten Jahrhundert', *Chrion* 37: 405 – 33.

Speidel, M. P. (1977), 'The Roman army in Arabia', in *ANRW* II. 8:687 – 730.

——(1978), *Guards of the Roman Armies: An Essay on the Singulares of the*

Provinces, Bonn.

　　(1981), 'The last of the procurators', *ZPE* 43:363-4.

　　(1982), 'Augustus' deployment of the legions in Egypt', *CdÉ* 57:120-4.

　　(1985), 'Valerius Valerianus in charge of Septimius Severus' Mesopotamian campaign', *CPh* 80:321-6.

　　(1986), 'The early *protectores* and their *beneficiarius* lance', *AKB* 16:451-4.

　　(1987), 'The later Roman field army and the guard of the high empire', *Latomus* 46:375-9.

　　(1991), 'The shrine of the *dii campestres* at Gemellae', *AntAfr* 27:111-18.

　　(1992), '*Ala Celerum Philippiana*', *Tyche* 7:217-20.

　　(1993), 'Commodus the god-emperor and the army', *JRS* 83:109-14.

　　(1994a), *Die Denkmäler der Kaiserreiter Equites Singulares Augusti*, Cologne.

　　(1994b), *Riding for Caesar: The Roman Emperors' Horseguard*, London.

　　(2005), 'The origin of the late Roman army ranks', *Tyche* 20:205-7.

　　(2008), 'Das Heer', in K.-P. Johne, U. Hartmann and T. Gerhardt (eds.), *Die Zeit der Soldatenkaiser: Krise und Transformation des Römischen Reiches im 3. Jahrhundert n. Chr.* (235-284), 2 vols., Berlin: 673-90.

Spence, I. G. (1993), *The Cavalry of Classical Greece: A Social and Military History with Particular Reference to Athens*, Oxford.

　　(2010), 'Cavalry, democracy and military thinking in classical Athens', in D. Pritchard (ed.), *War, Democracy and Culture in Classical Athens*, Cambridge: 111-38.

Spencer, D. (2007), 'Rome at a gallop: Livy, on not gazing, jumping, or toppling into the void', in D. H. J. Larmour and D. Spencer (eds.), *The Sites of Rome: Time, Space, Memory*, Oxford: 61-101.

Stadter, P. (2014), *Plutarch and his Roman Readers*, Oxford.

Starr, C. G. (1941), *The Roman Imperial Navy, 31 BC-AD 324*, New York.

Staveley, E. S. (1953), '*Iudex selectus*', RhM 96:201-13.
Stein, A. (1927), *Der römische Ritterstand: Ein Beitrag zur Sozial- und Personengeschichte des römischen Reiches*, Munich.
(1950), *Die Präfekten von Ägypten in der römischen Kaiserzeit*, Bern.
Steel, C. W. (2001), *Cicero, Rhetoric, and Empire*, Oxford.
(2013), *The End of the Roman Republic, 146 to 44 BC: Conquest and Crisis*, Edinburgh.
Šterbenc Erker, D. (2009), 'Das Lupercalia-Fest im augusteischen Rom: Performativität, Raum und Zeit', *Archiv für Religionsgeschichte* 11:145-78.
Stevenson, T. R. (2007), 'Roman coins and refusals of the title *pater patriae*', NC 167:119-41.
(2009), 'Acceptance of the title *pater patriae* in 2 BC', *Antichthon* 43:97-108.
(2013), 'The succession planning of Augustus', *Antichthon* 47:118-39.
Stockton, D. (1971), *Cicero: A Political Biography*, Oxford.
(1979), *The Gracchi*, Oxford.
Stolte, B. H. (2014), 'Codification in Byzantium: from Justinian to Leo IV', in J. Hudson and A. Rodríguez (eds.), *Diverging Paths? The Shapes of Power and Institutions in Medieval Christendom and Islam*, Leiden: 55-74.
Stone, A. M. (2005), '*Optimates*: an archaeology', in K. Welch and T. W. Hillard (eds.), *Roman Crossings: Theory and Practice in the Roman Republic*, Swansea: 59-94.
Strobel, K. (2007), 'Strategy and army structure between Septimius Severus and Constantine the Great', in P. Erdkamp (ed.), *A Companion to the Roman Army*, Malden, MA: 267-85.
(2009), 'From the imperial field army of the principate to the late Roman field army', in A. Morillo, N. Hanel and E. Martín (eds.), *Limes XX: Estudios sobre la frontera romana*, Madrid: 913-27.
Stroszeck, J. (2008), 'Römische Gräber und Grabbauten vor dem Dipylon', in S. Vlizos (ed.), Η *Αθήνα κάτα τη ρωμαϊκή εποχή : Πρόσφατες ανακαλύψεις, νέες έρευνες* . *Akten des Symposions im Benakimuseum Oktober* 2006, *Μουσείο Μπενάκι Suppl. 6*, Athens: 291-309.

Sullivan, J. P. (1991), *Martial, the Unexpected Classic: A Literary and Historical Study*, Cambridge.

Sumi, G. S. (2005), *Ceremony and Power: Performing Politics in Rome between Republic and Empire*, Ann Arbor.

—— (2009), 'Monuments and memory: the aedes Castoris in the formation of Augustan ideology', *CQ* 59:167-86.

Suolahti, J. (1955), *The Junior Officers of the Roman Army in the Republican Period: A Study on Social Structure*, Helsinki.

Swain, B. (2016), 'Goths and Gothic identity in the Ostrogothic kingdom', in J. J. Arnold, M. S. Bjornlie and K. Sessa (eds.), *A Companion to Ostrogothic Italy*. Leiden: 203-33.

Swain, S. (1996), *Hellenism and Empire: Language, Classicism, and Power in the Greek World*, AD 50-250, Oxford.

Swan, P. M. (2004), *The Augustan Succession: An Historical Commentary on Cassius Dio's Roman History Books 55-56(9 BC-AD 14)*, Oxford.

Syme, R. (1937), 'The colony of Cornelius Fuscus: an episode in the *bellum Neronis*', *AJPh* 58:7-18.

—— (1938a), 'Caesar, the senate and Italy', *PBSR* 14:1-31.

—— (1938b), 'The origin of Cornelius Gallus', *CQ* 32:39-44. (*Roman Papers* I: 47-54.)

—— (1939), *The Roman Revolution*, Oxford.

—— (1957a), 'Antonine Relatives: Ceionii and Vettuleni', *Athenaeum* 35: 306-15. (*Roman Papers* I: 325-32.)

—— (1957b), 'C. Vibius Maximus, prefect of Egypt', *Historia* 6:480-7. (*Roman Papers* I: 353-60.)

—— (1958), *Tacitus*, 2 vols., Oxford.

—— (1960), 'Pliny's less successful friends', *Historia* 9:362-79. (*Roman Papers* II: 477-95.)

—— (1961), 'Who was Vedius Pollio?', *JRS* 51:23-30. (*Roman Papers* II: 518-29.)

—— (1962), 'The wrong Marcius Turbo', *JRS* 52:87-96. (*Roman Papers* II: 541-56.)

—— (1964), 'Pliny and the Dacian wars', *Latomus* 23:750-9. (*Roman Papers* VI: 142-9.)

(1968), 'The Ummidii', *Historia* 17: 72 – 105. (*Roman Papers* II: 659 – 93.)
(1969), 'Pliny the procurator', *HSCPh* 73:201 – 36. (*Roman Papers* II: 742 – 73.)
(1971), *Emperors and Biography*, Oxford.
(1977), 'Helvetian aristocrats', *Museum Helveticum* 24: 129 – 40. (*Roman Papers* III: 986 – 97.)
(1978a), *History in Ovid*, Oxford.
(1978b), 'Sallust's wife', *CQ* 28:292 – 5. (*Roman Papers* III: 1085 – 9.)
(1983), 'Emperors from Etruria', *BHAC* 1979/1981, Bonn: 333 – 60.
(1985), 'Correspondents of Pliny', *Historia* 34: 324 – 59. (*Roman Papers* V: 440 – 77.)
(1986), *The Augustan Aristocracy*, Oxford.
(1991a), 'Consular friends of the elder Pliny', in A. R. Birley (ed.), *Roman Papers* VII, Oxford: 496 – 511.
(1991b), 'Domitius Apollinaris', in A. R. Birley (ed.), *Roman Papers* VII, Oxford: 588 – 602.
(1991c), 'M. Favonius, Proconsul of Asia', in A. R. Birley (ed.), *Roman Papers* VI, Oxford: 150 – 3.
(1999), *The Provincial at Rome and Rome and the Balkans 80 BC – AD 14*, edited by A. R. Birley, Exeter.
Talbert, R. J. A. (1984), *The Senate of Imperial Rome*, Princeton.
(1996), 'The senate and senatorial and equestrian posts', in *CAH* X^2: 324 – 43.
Tanner, J. J. (2000), 'Portraits, power, and patronage in the late Roman Republic', *JRS* 90:18 – 50.
Tantillo, I. and Bigi, F. (2010), *Leptis Magna: una città e le sue iscrizioni in epoca tardoromana*, Cassino.
Tatum, W. J. (2002), 'Q. Cicero, *Commentariolum Petitionis* 33', *CQ* 52: 394 – 8.
Taylor, L. R. (1924), '*Seviri equitum Romanorum* and municipal *seviri*: a study in pre-military training among the Romans', *JRS* 14:158 – 71.
(1925), 'Horace's equestrian career', *AJPh* 46:161 – 70.

(1949), *Party Politics in the Age of Caesar*, Berkeley.

(1960), *The Voting Districts of the Roman Republic*, Rome.

(1961), 'Freedmen and freeborn in the epitaphs of imperial Rome', *AJPh* 82:113-32.

(1964), 'Magistrates of 55 BC in Cicero's *Pro Plancio* and Catullus 52', *Athenaeum* 42:12-28.

(1966), *Roman Voting Assemblies from the Hannibalic War to the Dictatorship of Caesar*, Ann Arbor.

(1968), 'Republican and Augustan writers enrolled in the equestrian centuries', *TAPA* 99:469-486.

Taylor, R. (2010), 'Bread and water: Septimius Severus and the rise of the *curator aquarum et Miniciae*', *MAAR* 55:199-220.

Tempest, K. (2011), *Cicero: Politics and Persuasion in Ancient Rome*, London.

Thébert, Y. (1973), 'La romanisation d'une cité indigène d'Afrique: Bulla Regia', *MEFRA* 85:247-312.

Thomas, C. (2004), 'Claudius and the Roman army reforms', *Historia* 53: 424-52.

Thomas, Y. (1990), 'L'institution de l'origine: *sacra principiorum populi romani*', in M. Detienne (ed.), *Tracés de fondation*, Leuven: 143-70.

Thonemann, P. (2004), 'Polemo, son of Polemo (Dio, 59.12.2)', *EA* 37:144-50.

(2011), *The Maeander Valley: A Historical Geography from Antiquity to Byzantium*, Cambridge.

Tomlin, R. S. O. (1976), '*Notitia dignitatum omnium, tam civilium quam militarium*', in R. Goodburn and P. Bartholomew (eds.), *Aspects of the Notitia Dignitatum: Papers presented to the Conference in Oxford, December 13 to 15, 1974*, Oxford: 189-209.

(2008), 'A. H. M. Jones and the army of the fourth century', in D. M. Gwynn (ed.), *A. H. M. Jones and the Later Roman Empire*, Leiden: 143-65.

Torelli, M. (1995), *Studies in the Romanization of Italy*, trans. H. Fracchia and M. Gualtieri, Edmonton.

(2002), *Benevento Romana*, Rome.

Townend, G. B. (1961a), 'The Hippo inscription and the career of Suetonius', *Historia* 10:99 – 109.

(1961b), 'The post of *ab epistulis* in the second century', *Historia* 10: 375 – 81.

Toynbee, J. M. C. (1971), *Death and Burial in the Roman World*, London.

(1986), *Roman Medallions*, New York.

Treggiari, S. (1969), *Roman Freedmen during the Late Republic*, Oxford.

(1991), *Roman Marriage: Iusti Coniuges from the time of Cicero to the time of Ulpian*, Oxford.

(1996), 'Social status and social legislation', in *CAH* X^2:873 – 904.

Trombley, F. (1999), 'Ammianus and fourth-century warfare: a *protector*'s approach to historical narrative', in J. W. Drijvers and D. Hunt (eds.), *The Late Roman World and its Historian: Interpreting Ammianus Marcellinus*, London: 17 – 28.

Tully, G. D. (1998), 'The στρατάρχης of *legio* VI Ferrata and the employment of camp prefects as vexillation commanders', *ZPE* 120:226 – 32.

Tyrrell, W. B. (1978), *A Legal and Historical Commentary to Cicero's Oratio pro C. Rabirio perduellionis reo*, Amsterdam.

Ulf, C. (1982), *Das römische Lupercalienfest: Ein Modellfall für Methodenprobleme in der Altertumswissenschaft*, Darmstadt.

vander Leest, J. (1985), 'Lucian in Egypt', *GRBS* 26:75 – 82.

van den Hout, M. P. J. (1999), *A Commentary on the Letters of M. Cornelius Fronto*, Leiden.

van der Blom, H. (2010), *Cicero's Role Models: The Political Strategy of a Newcomer*, Oxford.

van Minnen, P. (2016), 'Three edicts of Caracalla? A new reading of P. *Giss.* 40', *Chiron* 46:205 – 21.

van Nijf, O. (1997), *The Civic World of Professional Associations in the Roman East*, Amsterdam.

(1999), 'Athletics, festivals and Greek identity in the Roman east', *PCPhS* 45:176 – 200.

(2001), 'Local heroes: athletics, festivals and elite self-fashioning in the Roman east', in S. Goldhill (ed.), *Being Greek under Rome: Cultural*

Identity, the Second Sophistic and the Development of Empire, Cambridge: 306 – 34.

(2004), 'Athletics and paideia: festivals and physical education in the world of the Second Sophistic', in B. E. Borg (ed.), *Paideia: The World of the Second Sophistic*, Berlin and New York: 203 – 27.

(2008), 'The social world of Roman tax-farmers and their personnel', in M. Cottier et al. (eds.), *The Customs Law of Asia*, Oxford: 279 – 311.

van Rengen, W. (2000), 'La IIe légion parthique à Apamèe', in Y. Le Bohec and C. Wolff (eds.), *Les légions de Rome sous le Haut-Empire*, Lyon: 407 – 10.

Vanggaard, J. H. (1988), *The Flamen: A Study in the History and Sociology of Roman Religion*, Copenhagen.

Várhelyi, Z. (2010), *The Religion of Senators in the Roman Empire: Power and the Beyond*, Cambridge.

Vasaly, A. (2009), 'Cicero, domestic politics, and the first action of the Verrines', *Classical Antiquity* 28:101 – 37.

Vassileiou, A. (1984), 'Caius ou Lucius Caesar proclamé *princeps iuventutis* par l'ordre équestre', in H. Walter (ed.), *Hommages à Lucien Lerat 2*, Paris: 827 – 40.

Vervaet, F. (2007), 'The reappearance of the supra-provincial commands in the late second and early third centuries CE: constitutional and historical considerations', in O. Hekster, G. de Kleijn and D. Slootjes (eds.), *Crises and the Roman Empire*, Leiden: 125 – 39.

Veyne, P. (1960), 'Iconographie de la "transvectio equitum" et des lupercales', *REA* 62:100 – 12.

(1961), 'Vie de Trimalcion', *Annales: économies, Sociétés, Civilisations* 16:213 – 47.

(1990), *Bread and Circuses: Historical Sociology and Political Pluralism*, trans. B. Pearce, London.

Vittinghoff, F. (1980), 'Soziale Struktur und Politisches System der hohen römischen Kaiserzeit', *Historische Zeitschrift* 230:31 – 55.

Vogel, L. (1973), *The Column of Antoninus Pius*, Cambridge, MA.

Vuković, K. (2016), 'Roman myth and ritual: groups of Luperci and epigraphic evidence', *Epigraphica* 78:43 – 52.

Walbank, F. W. (1956), *A Historical Commentary on Polybius I*, Oxford.

Wallace-Hadrill, A. (1982), '*Civilis princeps*: between citizen and king', *JRS* 72:32 – 48.

(1983), *Suetonius*, London.

(1990a), 'Pliny the Elder and man's unnatural history', *G&R* 37: 80 – 96.

(1990b), 'Roman arches and Greek honours: the language of power at Rome', *PCPhS* 36:143 – 81.

(1996), 'The imperial court', in *CAH* X^2:283 – 308.

(2008), *Rome's Cultural Revolution*, Cambridge.

(2011), 'The Roman imperial court: seen and unseen in the performance of power', in J. Duindam, T. Artan and M. Kunt (eds.), *Royal Courts in Dynastic States and Empires*, Leiden: 91 – 102.

Wardle, D. (2002), 'Suetonius as *ab epistulis*: an African connection', *Historia* 51:462 – 80.

(2011), 'Augustus and the priesthoods of Rome: the evidence of Suetonius', in J. H. Richardson and F. Santangelo (eds.), *Priests and State in the Roman World*, Stuttgart: 271 – 89.

Wardle, D. (ed.) (1994), *Suetonius' Life of Caligula*, Brussels.

(2014), *Suetonius: Life of Augustus*, Oxford.

Watson, A. (2005), 'Bacchanlian rewards: Publius Aebutius and Hispala Faecenia', *Fundanina* 11:411 – 14.

Watson, L. C. (2003), *A Commentary on Horace's Epodes*, Oxford.

Watson, L. C. and Watson, P. (eds.) (2003), *Martial: Select Epigrams*, Cambridge.

Weaver, P. R. C. (1972), *Familia Caesaris: A Social Study of the Emperor's Freedman and Slaves*, Cambridge.

(1980), 'Two freedman careers', *Antichthon* 14:143 – 56.

(1994), 'Confusing names: Abascantus and Statius, *Silvae* 5.1', *ECM* 38:333 – 64.

Weber, M. (1968), *Economy and Society: An Outline of Interpretive Sociology*, ed. G. Roth and C. Wittich, Berkeley.

Webster, D. (1999), 'Ancient Maya warfare', in K. Raaflaub and

N. Rosenstein (eds.), *War and Society in the Ancient and Medieval Worlds: Asia, the Mediterranean, Europe, and Mesoamerica*, Cambridge, MA: 333–60.

Weeber, K.-H. (1974), '*Troiae lusus*: Alter und Entstehung eienes Reiterspiels', *Ancient Society* 5:171–96.

Wei, R. (2013), 'Fronto and the rhetoric of friendship', *Cahiers des etudes anciennes* 50. URL: http://etudesanciennes.revues.org/558.

Weiland, A. (1992), 'Bemerkungen zur Datierung der ehemaligen Luperkal-Kapelle im Vicus Patricius zu Rome', in *Memoriam Sanctorum Venerantes: Miscellanea in onore di Monsignor Victor Saxer*, Vatican City: 773–93.

Weinrib, E. J. (1990), *The Spaniards in Rome: From Marius to Domitian*, London.

Weinstock, S. (1937a), 'Römische reiterparade', *Studi e materiali di storia delle religioni* 13:10–24.

(1937b), '*Transvectio equitum*', in *RE* VIA: 2178–87.

(1971), *Divus Iulius*, Oxford.

Weisweiler, J. (2015), 'Domesticating the senatorial elite: universal monarchy and transregional aristocracy in the fourth century AD', in J. Wienand (ed.), *Contested Monarchy: Integrating the Roman Empire in the Fourth Century AD*, Oxford and New York: 17–41.

Welch, K. (1990), 'The *praefectura urbis* of 45 BC and the ambitions of L. Cornelius Balbus', *Antichthon* 24:53–69.

(1995), 'The office of *praefectus fabrum* in the late Republic', *Chiron* 25:131–45.

(1996), 'T. Pomponius Atticus: a banker in politics?', *Historia* 45:450–71.

Welch, K. E. (2007a), 'Pompeian men and women in portrait sculpture', in J. J. Dobbins and P. W. Foss (eds.), *The World of Pompeii*, London: 550–84.

(2007b), *The Roman Amphitheatre: From its Origins to the Colosseum*. Cambridge.

West, A. B. (ed.) (1931), *Corinth: Results of Excavations Conducted by the American School of Classical Studies at Athens. Volume VIII, Part*

II: *Latin Inscriptions 1896 – 1926*, Cambridge, MA.

West, M. L. (2007), *Indo-European Poetry and Myth*, Oxford.

White, P. (1973), 'Vibius Maximus, the friend of Statius', *Historia* 22: 295 – 301.

—— (1978), '*Amicitia* and the profession of poetry in early imperial Rome', *JRS* 68:74 – 92.

—— (2001), 'Ovid and the Augustan milieu', in B. W. Boyd (ed.), *Brill's Companion to Ovid*, Leiden: 1 – 25.

Whitmarsh, T. (2005), *The Second Sophistic*, Greece and Rome New Surveys in the Classics 35, Oxford.

Whitton, C. (ed.) (2013), *Pliny the Younger: Epistles Book II*, Cambridge.

Wickham, C. (1984), 'The other transition: from the ancient world to feudalism', *P&P* 103:3 – 36.

—— (2005), *Framing the Early Middle Ages*, Oxford.

Wiedemann, T. (1992), *Emperors and Gladiators*, London.

Wilkes, J. (2005), 'Changes in Roman provincial organization, AD 193 – 337', in *CAH* XII^2:705 – 23.

Wilkinson, S. (2012), *Republicanism during the Early Roman Empire*, London.

Williams, G. W. (1995), '*Libertino patre natus*: true or false?', in S. J. Harrison (ed.), *Homage to Horace*, Oxford: 296 – 313.

Williams, R. D. (ed.) (1960), *P. Vergili Maronis Aeneidos Liber Quintus*, Oxford. Wilson, A. (2012), 'Raw materials and energy', in W. Scheidel (ed.), *The Cambridge Companion to the Roman Economy*, Cambridge: 133 – 55.

Wilson, R. J. A. (1996), 'Sicily, Sardinia and Corsica', in *CAH* X^2: 434 – 48.

Winterling, A. (1999), *Aula Caesaris: Studien zur Institutionalisierung des römischen Kaiserhofes in der Zeit von Augustus bis Commodus (31 v. Chr – 192 n. Chr.)*, Oldenbourg.

—— (2009), *Politics and Society in Imperial Rome*, Oxford and Malden, MA.

Wiseman, T. P. (1970a), 'The census in the first century BC', *JRS* 59:

59 - 75.

(1970b), 'The definition of eques Romanus in the late Republic and early empire', *Historia* 19:67 - 83.

(1971), *New Men in the Roman Senate 139 BC - AD 14*, Oxford.

(1973), 'Review of E. Badian, *Publicans and Sinners: Private Enterprise in the Service of the Roman Republic*', *Phoenix* 27:189 - 98.

(1995a), 'The god of the Lupercal', *JRS* 85:1 - 22.

(1995b), *Remus: A Roman Myth*, Cambridge.

Wissowa, G. (1912), *Religion und Kultus der Römer*, 2nd edition, Munich.

(1915), 'Die römischen Staatspriestertümer altlatinischer Gemeindekult', *Hermes* 50:1 - 33.

Woloch, M. (1969), 'Four leading families in Roman Athens (AD 96 - 161)', *Historia* 18:503 - 10.

Wood, I. (1994), *The Merovingian Kingdoms 450 - 751*, London and New York.

Wood, N. (1991), *Cicero's Social and Political Thought*, Berkeley.

Woodman, A. J. (ed.) (1977), *Velleius Paterculus: The Tiberian Narrative (2. 94 - 131)*, Cambridge.

(1983), *Velleius Paterculus: The Caesarian and Augustan Narrative (2. 41 - 93)*, Cambridge.

Woodman, A. J., with Kraus, C. S. (eds.) (2014), *Tacitus: Agricola*, Cambridge.

Woolf, G. (2009), 'Found in translation: the religion of the Roman diaspora', in O.

Hekster, S. Schmidt-Hofner and C. Witschel (eds.), *Ritual Dynamics and Religious Change in the Roman Empire*, Leiden: 239 - 52.

Wörrle, M. (1988), *Stadt und Fest im kaiserzeitlichen Kleinasien*, Munich.

Woytek, B. E. (2012), 'The *denarius* coinage of the Roman Republic', in W. E.

Metcalf (ed.), *The Oxford Handbook of Greek and Roman Coinage*, Oxford: 315 - 34.

Wrede, H. (1983), 'Statuae Lupercorum habitu', *MDAI (RA)* 90: 185 - 200.

(1988), 'Zur trabea', *JDAI* 103:381-400.

Yakobson, A. (1999), *Elections and Electioneering in Rome: A Study in the Political System of the Late Republic*, Stuttgart.

Yates, R. D. S. (1999), 'Early China', in K. Raaflaub and N. Rosenstein (eds.), *War and Society in the Ancient and Medieval Worlds: Asia, the Mediterranean, Europe, and Mesoamerica*, Cambridge, MA: 7-45.

Yavetz, Z. (1962), 'The policy of C. Flaminius and the *plebiscitum Claudianum*', *Athenaeum* 40:325-44.

―― (1984), 'The *Res Gestae* and Augustus' public image', in F. Millar and E. Segal (eds.), *Caesar Augustus: Seven Aspects*, Oxford: 1-36.

Youtie, H. C. (1967), 'Publicans and sinners', *ZPE* 1:1-20.

Zanker, P. (1975), 'Grabreliefs römischer Freigelassener', *JDAI* 90:267-315.

―― (1981), 'Das Bildnis des M. Holconius Rufus', *AA* 1981:349-61.

―― (1988), *The Power of Images in the Age of Augustus*, trans. A. Shapiro, Ann Arbor.

―― (1998), *Pompeii: Public and Private Life*, Cambridge, MA.

Zetzel, J. E. G. (ed.) (1995), *Cicero: De Re Publica. Selections*, Cambridge.

―― (1999), *Cicero: On the Commonwealth and On the Laws*, Cambridge.

Zmora, H. (2001), *Monarchy, Aristocracy, and the State in Europe, 1300-1800*, London.

Zoumbaki, S. (2008), 'The composition of the Peloponnesian elites in the Roman period and the evolution of their resistance and approach to the Roman rulers', *Tekmeria* 9:25-51.

Zuckerman, C. (2002), 'Sur la Liste de Vérone et la province de Grande Arménie, la division de l'Empire de la date de la création des diocèses', *Travaux et Mémoires* 14:617-37.

Zuiderhoek, A. (2008), 'On the political sociology of the imperial Greek city', *GRBS* 48:417-45.

―― (2009), *The Politics of Munificence in the Roman Empire: Citizens, Elites and Benefactors in Asia Minor*, Cambridge.

致 谢

本书源于我在牛津大学的博士论文《罗马军队和行政体系中的元老和骑士等级，公元235—337年》(The Senatorial and Equestrian Orders in the Roman Army and Administration, AD 235‑337)，于2009年12月通过答辩。当初论文中的材料构成了本书第十一、十二章的核心，以及第六、七章的部分内容，尽管在随后的几年里经过了大幅重写和修订。我非常感谢约翰·克兰普顿旅行奖学金（John Crampton Travelling Scholarship）的受托人的经济支持，如果没有他们的资助，我不可能在牛津大学花三年时间追求我的学术梦想。我特别感激我的导师Alan Bowman在我撰写这篇论文的过程中提供的有益建议和反馈，还有他在随后的岁月中对我的研究和事业的坚定不移的支持。我的论文评审老师Roger Tomlin和John Wilkes对论文的观点提出了睿智而善意的批评，并就发表的可能性给出了建议。Peter Thonemann和Neil McLynn为我在牛津大学的身份转换和确认程序期间提供了有用的"大方向"想法。与Richard Duncan-Jones的讨论也让我受益匪浅，他对年轻学者表现出了极大的善意。2008年10月到12月，罗马英国学院的考古、历史和文学部慷慨地授予我为期三个月的罗马奖金。事实证明，在罗马英国学院的那段时间对我的研究来

致谢

说是一个转折期,让我更好地理解了碑铭和纪念碑证据对骑士等级的重要性;本书中随处可见我的意大利时光留下的影响。感谢 Sue Russell 在这段时间里让罗马英国学院成为我真正的第二个家。我非常感激罗马英国学院的 Maria Pia Malvezzi 和 Stefania Peterlini 多年来为我能获得参观和拍摄纪念碑的许可而做的不懈努力。

昆士兰大学通过新员工起步奖金(New Staff Start-Up Grant)和艺术系研究卓越奖金(Faculty of Arts Research Excellence Award)资助了本书的研究。这些资金使我能够聘请研究助理,参观欧洲的遗址和博物馆,多次回访罗马英国学院并参加海外会议。我要感谢历史与哲学研究学院(原历史、哲学、宗教和古典学院)的两任院长 Clive Moore 和 Martin Crotty,他们的支持确保我在入职之初减少了工作量。学院的研究激励计划提供了资金,供我支付照片许可费。我在昆士兰大学的本科老师们激励我走上了学术生涯。我想要特别感谢 Tom Stevenson 和 Tim Parkin 的支持和鼓励,还有 Brian Jones,他对罗马历史和拉丁语的研究和教学激励我去成为一名罗马史学家(并使我沉浸于群体传记的乐趣中)。Steven Cosnett 和 Nicola Linton 一直是模范的研究助理,通过为文献和碑铭材料编目给了我宝贵的支持。昆士兰大学的夏季研究奖金(Summer Research Scholarship)资助了 Nicola 的部分工作。我要感谢昆士兰大学社会科学和人文图书馆的文献传递团队,感谢他们多年来为我寻找书籍和文章所做的努力。他们的这些付出像金子一样可贵。承认受到昆士兰大学的这些帮助特别重要,因为本书将在我搬到悉尼麦考瑞大学的新家后出版。

剑桥大学出版社的 Michael Sharp 一直乐于助人,我要特别感谢他和出版社的代表们对这个项目表现出如此的信心。出版社的三位审稿人审阅了最初的提纲和最终的书稿,提供了大量有用的建议和反馈，我对此深表感谢。他们的详细批评令本书有了不可估量的改进，并在许多方面改变了它。Hannah Cornwell 对共和晚期和奥古斯都时期的章节做出了有益的回应，Tom Stevenson 一直慷慨地为我关于这一时期的想法提供反馈。我感谢 Annika Kuhn 允许我引用她关于小亚细亚的元老和骑士等级的出色论文。Chris Mallan 是一位真正的绅士和学者，他已经多次阅读本书的每一章，而且常常是在临时收到通知的情况下读完的。我从他挑剔的眼光和多年来坚定不移的友谊中获益匪浅。Meaghan McEvoy 阅读了书稿，提出了许多富有洞见的建议，特别是关于晚期罗马帝国的建议。我非常感谢文字编辑 Mary Starkey 对细节的一丝不苟。至于本书中的观点和众多不完美之处，与上面提到的任何人无关。

我要感谢下列各位在图片和许可方面的帮助，他们是 Lenaghan 和 R. R. R. Smith（阿芙洛狄西亚斯发掘项目，Aphrodisias Excavations），Amy Taylor（牛津阿什莫尔博物馆），Iain Calderwood（伦敦大英博物馆），Alessandra Giovenco（英国罗马学院），Manfred Schmidt 和 Marcus Dohnicht（柏林勃兰登堡科学院拉丁铭文集成计划，CIL, BBAW），Ramona Rütt（德国考古学会阿拉克涅数据库，DAI, Arachne Database），Ulrich Mania（伊斯坦布尔德国考古学会，DAI, Istanbul），Daria Lanzuolo（罗马德国考古学院，DAI, Rome），Federico Fischetti（摩德纳埃斯特美术馆，Gallerie Estensi, Modena），Zeynep Kızıltan（伊斯坦布尔考古博物馆，Istanbul Archaeological Museum），Ramona Messerig（美因茨州立博物馆，Landesmuseum, Mainz），Dominique Darde（尼姆考古博物馆，Musée archéologique, Nîmes），Parisi Presicce 和 Angela Carbonaro（罗马卡皮托山博物馆，Musei Capitolini, Rome），Rosanna Di Pinto（梵蒂冈博物馆），Isabella

致谢

Nobile 和 Valentina Catelli（科莫公民博物馆，Museo Civici, Como），Ruth Bowler（巴尔的摩沃尔特斯艺术博物馆 Walters Art Museum, Baltimore），以及 Rea Alexandratos（伦敦瓦尔堡学会）。

在研究与撰写论文和本书的 11 年间，牛津、罗马和布里斯班的许多朋友和同事都一直尽其所能地让我避免投入太多时间在"骑士"身上，包括 Ross 和 Ali Williams, Ceri Hunter, Jennifer Sigafoos, Alexandra Sofroniew，以及周二晚间酒吧问答队的所有成员（牛津），Beth Munro 和 Christina Triantafillou（罗马），Chris Mallan, Helen Tanner, Jennifer Manley, Liz Townsley, Rashna Taraporewalla, Shushma Malik, Amelia Brown 和 Alastair Blanshard（布里斯班），而 Liz Pullar, Lynn Petrie, David West，以及 Leilani 和 Malcolm House 是我在希腊、土耳其和意大利时的出色旅伴。我对爱妻 Meaghan McEvoy 的感激不胜言表。Meaghan 用不可胜数的方式丰富了我的生活；她始终不渝的无条件的爱与支持对我意味着一切。最后，我要把本书献给我的父母，作为他们为我所做的一切的小小感谢。

This is a Simplified Chinese Edition of the following title published by Cambridge University Press:
A History of the Roman Equestrian Order
978-1-107-03253-8
© Caillan Davenport 2019
This Simplified Chinese Edition for the People's Republic of China (excluding Hong Kong, Macau and Taiwan) is published by arrangement with the Press Syndicate of the University of Cambridge, Cambridge, United Kingdom.
© Shanghai Translation Publishing House 2024
This Simplified Chinese Edition is authorized for sale in the People's Republic of China (excluding Hong Kong, Macau and Taiwan) only. Unauthorized export of this Simplified Chinese Edition is a violation of the Copyright Act. No part of this publication may be reproduced or distributed by any means, or stored in a database or retrieval system, without the prior written permission of Cambridge University Press and Shanghai Translation Publishing House.
Copies of this book sold without a Cambridge University Press sticker on the cover are unauthorized and illegal.
本书封面贴有 Cambridge University Press 防伪标签，无标签者不得销售。

图字：09-2020-823号

图书在版编目(CIP)数据

剑桥罗马骑士等级史/(澳)凯兰·达文波特(Caillan Davenport)著；王晨译.—上海：上海译文出版社，2024.3
(历史学堂)
书名原文：A History of the Roman Equestrian Order
ISBN 978-7-5327-9430-0

Ⅰ.①剑… Ⅱ.①凯…②王… Ⅲ.①骑兵-军队史-研究-古罗马 Ⅳ.①E546.51

中国国家版本馆 CIP 数据核字(2024)第035425号

剑桥罗马骑士等级史
[澳]凯兰·达文波特　著　王　晨　译
责任编辑/钟　瑾　装帧设计/柴昊洲

上海译文出版社有限公司出版、发行
网址：www.yiwen.com.cn
201101　上海市闵行区号景路159弄B座
山东韵杰文化科技有限公司印刷

开本 890×1240　1/32　印张 27.375　插页 5　字数 677,000
2024年3月第1版　2024年3月第1次印刷
印数：0,001—4,000 册

ISBN 978-7-5327-9430-0/K·324
定价：228.00元

本书中文简体字专有出版权归本社独家所有，非经本社同意不得转载、摘编或复制
如有质量问题，请与承印厂质量科联系。T:0533-8510898